실전

자미두수

이론편

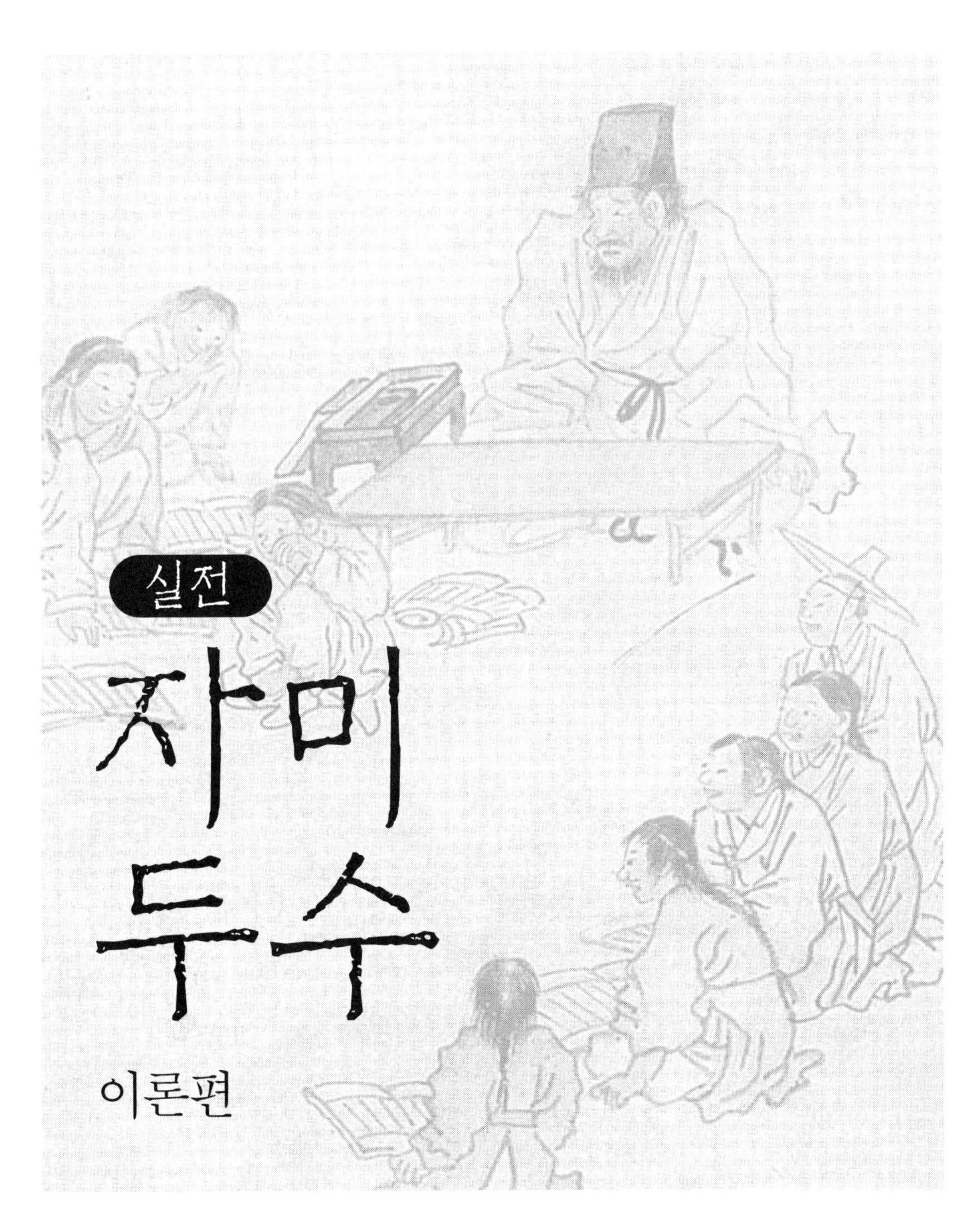

실전

자미두수

이론편

자미두수 전문가

김갑진 편저

보고사
BOGOSA

서문

뒤돌아보면 東洋五術과는 참으로 길고 긴 인연의 연속이었던 것 같다. 젊은 시절 청운의 뜻을 펼치지 못하고, 서울서 직장생활을 하는 기간에도, 주말이면 고향인 지방 소도시에 내려와, 철학원을 운영하시는 여러 선배님들과의 사랑방모임에 참석하며, 밤새 역술학 전반에 대한 토론과 대화를 나누었던 시절이 있었고, 현재는 대학의 평생교육원에서 역술학 강의를 이어가고 있으니, 40여년의 세월이 지난 지금에도, 옛날 역술학에 관심이 많던 젊은 시절의 감회어린 여러 생각이 문득 문득 소중했던 추억으로 떠오르곤 한다.

그 사랑방모임에서 자주 토론의 과제가 되었던 분야가 "기문둔갑"과 "자미두수"였던 것이다. 당시에는 이 두 학문에 대한 나의 공부와 탐구가 일천하여 토론의 장에 직접 뛰어들지 못하고 경청만 하던 시절이었지만, 그 후 역술학 관련 현업에 종사하며, 역술학 전반에 대한 공부의 내공이 소금씩 쌓여가면서, 이제는 후학들에게 "기문둔갑"과 "자미두수" 관련하여 보다 쉽게 이해하고 깨우칠 수 있는 책을 집필하여야겠다는 결심을 굳히게 되었던 것이다. 그러고도 또 한참의 세월동안 이 두 학문에 대한 깊이 있는 궁구를 하며, 또한 중국의 여러 "기문둔갑"과 "자미두수" 관련 서적을 집중 탐구한 후 "실전 기문둔갑"이란 책을 지난 戊戌 年에 출간하게 된 것이고, 이후 또 여러 해가 지난 금년 甲辰 年에서야 자미두수와 관련하여 "실전 자미두수"란 책을 출간하게 된 것이다.

"자미두수"는 宋代 初의 진박 희이선생이 창안한 학문으로, 사람들 미래운명에 대한 적중률이 매우 뛰어나지만, 그 해석과 통변의 난해함과 명반작성의 복잡함으로 인해 쉽게 접근하여 공부하기가 어려웠던 것이다. 이에 중국에서 발간된 여러 고서들을 깊이 있게 탐구하여, 비교적 실전에 적용시 적중률이 높았던 이론들을 모아 정리하고 분석하여, 후학들에게 공부하는데 있어 조금이라도 도움이 되고,

또한 우리나라 역술학 발전에 일익이라도 담당해야겠다는 소박한 마음으로 집필에 임했던 것이다.

동양오술과 함께한 세월이 40여년이 되지만, 손에 쥐었다고 할 것이 없으니 펼쳐 보일 것도 없는 것이고, 뜬 구름과 같은 명성을 얻으려고 연연해하지도 않았으니, 뒤돌아보면 휭하니 찬바람만 스쳐 지나갈 뿐이다.

중국 唐代의 시인 李商隱의 "曲江"이 마음의 일면을 잘 대변하고 있는 것 같아 인용해 본다.

望斷平時翠輦過
망 단 평 시 취 련 과

평상시에 다니던 임금과 왕비의 수레를 더 이상 볼 수가 없고

空聞子夜鬼悲歌
공 문 자 야 귀 비 가

밤에는 하늘로부터 귀신들의 울부짖는 소리가 들려오는 구나

金輿不返傾城色
금 여 불 반 경 성 색

임금의 수레는 더 이상 경국지색에게 돌아오지 않는데

玉殿猶分下苑波
옥 전 유 분 하 원 파

예전의 궁궐은 아직도 하원의 파도에 우뚝 남아 있구나!

死憶華亭聞唳鶴
사 억 화 정 문 려 학

陸機(육기)는 죽음에 화정의 학 울음소리를 더 이상 못 듣게 됨을 안타까워했고

老憂王室泣銅駝
노 우 왕 실 읍 동 타

索靖(색정)은 동타의 땀 흘리는 모양을 보고 왕실이 망하게 될 것임을 슬퍼했다.

天荒地變心雖折
천 황 지 변 심 수 절

하늘이 거칠어지고 땅이 변하여 마음이 비록 꺾어질망정

若比傷春意味多
약 비 상 춘 의 미 다

지나가는 봄을 슬퍼하는 마음에야 어찌 비교할 수가 있겠는가?

인생사 어느 것이건 땀과 고통과 번뇌 없이 이루어지는 것이 하나라도 있을 것인가? 40여년의 세월을 역술학과 함께하며, 인생사 고락의 길을 묵묵히 걸어왔으나 아직도 이정표의 끝은 저 멀리 있는 것 같다.

그동안 "실전사주비결" 1,2,3,4권과 "실전기문둔갑", "실전육임신과", "실전풍수지리", "실전생활명리" 등의 8권의 책에, 금번에 "실전자미두수"라는 책을 한권 더 더하게 되니, 감회에 앞서 이러저러한 困擾만 깊어질 따름이다.

이제까지의 삶에 여러 우여곡절이 많았지만, 역술공부를 중단 없이 할 수 있었고 또한 여러 권의 책을 출간할 수 있었던 것은, 조상님들의 음덕과, 묵묵히 長男의 집필과정을 지켜보시고 응원을 아끼지 않으신 연로하신 어머님 덕분이었고, 음으로 양으로 도움을 준 가족들과 여러 제자 분들의 지지가 있어서이다. 아울러 비인기서적이지만 변함없이 출간을 허락해주신 보고사출판사 김흥국 사장님과 출판까지의 과정을 세세하게 보살펴주신 직원 여러분들께 심심한 감사의 말씀을 드립니다.

甲辰年 辰月 구궁연구회 사무실에서

김갑진 배상

목차

서문 / 5

제1장 입문入門 21

1. 자미두수 기원 紫微斗數 紀元 23

2. 음양오행 陰陽五行 24

1) 생성원리(生成原理) 24

2) 오행의 정의(五行의 正義) 29

3) 오행의 성상 및 왕상휴수사(五行의 性狀 및 旺相休囚死) 30

4) 오행의 상생·상극(五行의 相生·相剋) 33

5) 수리오행(數理五行) 33

3. 주역팔괘론 요약 周易八卦論 要約 34

1) 태극(太極) 34

2) 팔괘표(八卦表) 36

3) 육십사괘 조견표(六十四卦 早見表) 39

4) 팔괘의 속성(八卦의 屬性) 40

5) 팔괘의 오행배속(八卦의 五行配屬) 48

4. 구궁론 九宮論 49

1) 낙서구궁(洛書九宮) 49

2) 구궁배속(九宮配屬) 50

5. 하도河圖 · 낙서洛書와 선 · 후천팔괘도先 · 後天八卦圖 ... 52

1) 하도(河圖) ... 52

(1) 하도의 원리(河圖의 原理) … 52
(2) 수의 생성과 삼천양지(數의 生成과 參天兩地) … 53
(3) 사상(四象)의 자리수 … 54

2) 낙서(洛書) ... 55

(1) 낙서의 원리(洛書의 原理) … 55
(2) 문왕 후천팔괘도(文王 後天八卦圖) … 56

6. 간지 오행론干支 五行論 ... 57

1) 지반 정국표(地盤 定局表) ... 57
2) 간지 오행론(干支 五行論) ... 58
3) 간지의 인체 배속(干支의 人體 配屬) ... 58
4) 오행의 성상 요약(五行의 性狀 要約) ... 59
5) 천간과 지지 상의(天干과 地支 象意) ... 60

7. 이십팔숙二十八宿 ... 65

1) 개요(槪要) ... 65
2) 이십팔숙(二十八宿) 길흉 해설 ... 66

제2장 이론理論 ... 69

1. 기본 지식基本 知識 ... 71

1) 정의(定義) ... 71
2) 학습(學習) ... 72
3) 명궁십이궁(命宮十二宮) ... 73

(1) 개요(槪要) … 73
(2) 십이궁(十二宮) … 73
(3) 명궁십이궁(命宮十二宮) … 74
(4) 본궁(本宮) … 75
(5) 대궁(對宮) … 75
(6) 삼합궁(三合宮) … 76
(7) 암합궁(暗合宮) … 78
(8) 협궁(夾宮) … 78

4) 명궁십이궁 해의(命宮十二宮 解義) ... 79

5) 성요(星曜) 82
(1) 좌(坐) … 82
(2) 동궁(同宮) … 83
(3) 대조(對照) … 84
(4) 회조(會照) … 85
(5) 협조(夾照) … 86

2. 두수성요斗數星曜의 명칭名稱과 오행五行 87

3. 두수성요 성상斗數星曜 性狀 88
1) 두수성요 배속(斗數星曜 配屬) 88
2) 십사정성 속성(十四正星 屬性) 89
3) 중천성 속성별 분류(中天星 屬性別 分類) 90

4. 두수성요 개요斗數星曜 槪要 91
1) 북두성계 개요(北斗星系 槪要) 91
(1) 자미(紫微) … 91
(2) 탐랑(貪狼) … 92
(3) 거문(巨門) … 94
(4) 녹존(祿存) … 95
(5) 문곡(文曲) … 96
(6) 염정(廉貞) … 98
(7) 무곡(武曲) … 99
(8) 파군(破軍) … 101
(9) 좌보(左輔) … 103
(10) 우필(右弼) … 104
(11) 경양(擎羊) … 106
(12) 타라(陀羅) … 107
2) 남두성계 개요(南斗星系 槪要) 108
(1) 천부(天府) … 108
(2) 천기(天機) … 110
(3) 천상(天相) … 111
(4) 천량(天梁) … 113
(5) 천동(天同) … 114
(6) 문창(文昌) … 116
(7) 칠살(七殺) … 117
(8) 천괴(天魁) … 119
(9) 천월(天鉞) … 120
(10) 화성(火星) … 121
(11) 영성(鈴星) … 122
3) 중천성계 개요(中天星系 槪要) 123
(1) 태양(太陽) … 123
(2) 태음(太陰) … 124
(3) 천마(天馬) … 126
(4) 천희(天喜) … 128
(5) 홍란(紅鸞) … 129
(6) 천재(天才) …130
(7) 천수(天壽) … 131
(8) 태보(台輔) … 131
(9) 봉고(封誥) … 132
(10) 은광(恩光) … 133
(11) 천귀(天貴) … 134
(12) 천관(天官) … 135
(13) 천복(天福) … 136
(14) 삼태(三台) … 137
(15) 팔좌(八座) … 138
(16) 용지(龍池) … 139

(17) 봉각(鳳閣) … 140
(18) 해신(解神) … 141
(19) 천상(天傷) … 142
(20) 천사(天使) … 143
(21) 지공(地空) … 143
(22) 지겁(地劫) … 144
(23) 천형(天刑) … 145
(24) 천요(天姚) … 146
(25) 천허(天虛) … 148
(26) 천곡(天哭) … 149
(27) 고신(孤辰) … 150
(28) 과숙(寡宿) … 151
(29) 겁살(劫殺) … 152
(30) 화개(華蓋) … 153
(31) 함지(咸池) … 154
(32) 대모(大耗) … 155
(33) 천공(天空) … 155
(34) 절공(截空) … 157
(35) 음살(陰煞) … 157
(36) 재살(災殺) … 158
(37) 순공(旬空) … 159
(38) 파쇄(破碎) … 160
(39) 천무(天巫) … 161
(40) 천주(天廚) … 162
(41) 천월(天月) … 163
(42) 비렴(蜚廉) … 164

4) 사화성계 개요(四化星系 概要) … 165

(1) 화록(化祿) … 165
(2) 화권(化權) … 166
(3) 화과(化科) … 168
(4) 화기(化忌) … 170

5) 성요 속성 요약(星曜 屬性 要約) … 172

(1) 십사정성(十四正星) … 172
(2) 기타 성요(其他 星曜) … 173
(3) 장생십이신(長生十二神) … 176
(4) 장전십이신(將前十二神) … 177
(5) 박사십이신(博士十二神) … 178
(6) 태세십이신(太歲十二神) … 179

5. 성요星曜의 왕쇠旺衰 … 180

1) 성요의 묘왕평약함(星曜의 廟旺平弱陷) … 180
2) 宮星五行의 生化剋制에 따른 廟旺平弱陷(묘왕평약함) … 181
3) 십사정성의 묘왕평약함(十四正星의 廟旺平弱陷) … 189
4) 성요의 묘왕평약함 조견표(星曜의 廟旺平弱陷 早見表) … 191

6. 육십갑자 납음오행六十甲子 納音五行 … 193

1) 납음오행 조견표(納音五行 早見表) … 194
2) 납음오행 쉽게 찾는 법 … 194

7. 월두법月頭法(=月建遁法) … 195

제3장 명반 조식命盤 造式 …… 197

1. 개요槪要 …… 199

1) 명반 작성(命盤 作成) …… 199

2) 육십갑자 납음오행(六十甲子 納音五行) …… 203

3) 오국배속(五局配屬) …… 203

(1) 개요(槪要) … 203

(2) 명궁(命宮=命垣宮) … 205

(3) 오국 배속 실례(五局 配屬 實例) … 206

4) 육십갑자 납음오행 오국배속 조견표(六十甲子 納音五行 五局配屬 早見表) .. 207

2. 궁·성의 배속宮·星의 配屬 …… 208

1) 명궁(命宮=命垣宮)을 정하는 법 …… 208

2) 신궁(身宮)을 정하는 법 …… 208

3) 명궁십이궁 지반정반 부법(命宮十二宮 地盤定盤 附法) …… 211

4) 자미성(紫微星)을 정하는 법 …… 212

5) 천부(天府), 천기(天機), 태양(太陽), 무곡(武曲), 천동(天同), 염정(廉貞) 附法 …… 217

6) 태음(太陰), 탐랑(貪狼), 거문(巨門), 천상(天相), 천량(天梁), 칠살(七殺), 파군(破軍) 附法 …… 219

7) 천사(天使), 천상(天傷) 附法 …… 220

8) 좌보(左輔), 우필(右弼), 천형(天刑), 천요(天姚), 천월(天月) 附法 …… 222

9) 천괴(天魁), 천월(天鉞), 녹존(祿存), 경양(擎羊), 타라(陀羅), 천관(天官), 천복(天福), 천주(天廚) 附法 …… 224

10) 문창(文昌), 문곡(文曲), 지겁(地劫), 지공(地空) 附法 …… 226

11) 천마(天馬), 홍란(紅鸞), 천희(天喜), 용지(龍池), 봉각(鳳閣), 천공(天空), 천곡(天哭), 천허(天虛), 고신(孤辰星), 과숙(寡宿), 겁살(劫殺), 화개(華蓋), 함지(咸池), 대모(大耗), 파쇄(破碎), 비렴(蜚廉) 附法 …… 228

12) 태보(台輔), 봉고(封誥) 附法 …… 230

13) 삼태(三台), 팔좌(八座) 附法 …… 232

14) 천귀(天貴), 은광(恩光) 附法 …… 233

15) 천재(天才), 천수(天壽) 附法 ··· 234

16) 화성(火星), 영성(鈴星) 附法 ··· 235

17) 화록(化祿), 화권(化權), 화과(化科), 화기(化忌) 附法 ··· 237

18) 묘왕평약함 부법(廟旺平弱陷 附法) ··· 239

19) 십이포태운성 부법(十二胞胎運星 附法) ··· 242

20) 명주·신주 부법(命主·身主 附法) ··· 244

21) 유년 천간 신살 부법(流年 天干 神殺 附法) ··· 248

22) 유년 지지 신살 부법(流年 地支 神殺 附法) ··· 250

23) 유년 삼살(流年 三殺) ··· 253

24) 박사십이신 부법(博士十二神 附法) ··· 255

25) 태세십이신 부법(太歲十二神 附法) ··· 260

26) 장전십이신 부법(將前十二神 附法) ··· 264

27) 유성 부법(流星 附法) ··· 268

28) 순공 및 절공 부법(旬空 및 截空 附法) ··· 269

3. 행운 부법行運 附法 ··· 271

1) 대한(大限)을 정하는 법 ··· 271

2) 소한(小限)을 정하는 법 ··· 274

(1) 소한 부법(小限 附法) ··· 274

(2) 소한 십이궁의 간지 부법(小限 十二宮의 干支 附法) ··· 276

(3) 소한 성요 부법 예(小限 星曜 附法 例) ··· 278

3) 동한(童限)을 정하는 법 ··· 281

4) 유년(流年)을 정하는 법 ··· 283

5) 행운(行運)에 따른 地盤宮의 干支 附法 要約 ··· 287

4. 두군법斗君法 ··· 290

1) 두군(斗君) ··· 290

2) 두군 유월법(斗君 流月法) ··· 291

3) 두군 유일법(斗君 流日法) ··· 292

4) 두군 유시법(斗君 流時法) ··· 293

5. 천반天盤 · 지반地盤 · 인반人盤 294
1) 지반법(地盤法) 294
2) 인반법(人盤法) 294
3) 요약 295

제4장 응용應用 297

1. 궁宮 · 성星의 상호관계 299
1) 사생(四生) 299
2) 사패(四敗) 300
3) 사묘(四墓) 300
4) 천라지망(天羅地網) 300
5) 정성(正星) 300
6) 조성(助星) 300
7) 사화성(四化星) 301
8) 잡성(雜星) 301
9) 악성(惡星) 301
10) 육길성(六吉星) 301
11) 칠길성(七吉星) 301
12) 사살성(四煞星) 301
13) 육살성(六煞星) 301
14) 유성(流星) 302
15) 충과 조(沖과 照) 302
16) 살과 살(殺과 煞) 302
17) 십사정성(十四正星) 302
18) 주성(主星) 302
19) 보좌살화성(輔佐煞化星) 302

20) 살기형모성(煞忌刑耗星) ········· 303
21) 살기성(煞忌星) ········· 303
22) 성계(星系) ········· 303
23) 공성(空宮) ········· 303
24) 쌍성(雙星) ········· 303
25) 십사정성(十四正星) 조합의 약자 ········· 304
26) 녹마(祿馬) ········· 304
27) 쌍록·쌍기(雙祿·雙忌) ········· 304
28) 도화성계(桃花星系) ········· 305
29) 질병성계(疾病星系) ········· 305
30) 문성(文星) ········· 305
31) 형성(刑星) ········· 305
32) 기성(忌星) ········· 305
33) 공망성(空亡星) ········· 306
34) 궁주사(宮主事) ········· 306
35) 궁선(宮線) ········· 306
36) 인동(引動) ········· 307
37) 자사화(自四化) ········· 307
38) 독좌궁(獨坐宮) ········· 309
39) 삼멸관(三滅關) ········· 309
40) 차성안궁(借星安宮) ········· 309
41) 조합(組合) ········· 309
42) 묘왕평약함(廟旺平弱陷) ········· 310

2. 십사정성十四正星의 궁위별宮位別 해의解義 ········· 310

1) 자미성계(紫微星系) ········· 310
(1) 자미(紫微) ··· 310
(2) 천기(天機) ··· 325
(3) 태양(太陽) ··· 338
(4) 무곡(武曲) ··· 352
(5) 천동(天同) ··· 365
(6) 염정(廉貞) ··· 379

2) 천부성계(天府星系) ... 393
(1) 천부(天府) … 393
(2) 태음(太陰) … 406
(3) 탐랑(貪狼) … 422
(4) 거문(巨門) … 439
(5) 천상(天相) … 454
(6) 천량(天梁) … 469
(7) 칠살(七殺) … 483
(8) 파군(破軍) … 499
3) 육길성계(六吉星系) ... 515
(1) 文昌星 坐命 … 516
(2) 右弼星 坐命 … 518
(3) 天魁星 坐命 … 520
4) 육살성계(六煞星系) ... 522
(1) 陀羅星 坐命 … 523
(2) 火星 坐命 … 525
(3) 地空星 坐命 … 527
3. 사화 상론四化 詳論 ... 529
1) 십간 사화(十干 四化) ... 529
(1) 화록(化祿) … 529
(2) 화권(化權) … 532
(3) 화과(化科) … 534
(4) 화기(化忌) … 536
2) 자사화(自四化) ... 539
(1) 자화록(自化祿) … 539
(2) 자화권(自化權) … 540
(3) 자화과(自化科) … 541
(4) 자화기(自化忌) … 542
3) 사화 상론(四化 詳論) ... 544
(1) 화록(化祿) … 544
(2) 화권(化權) … 554
(3) 화과(化科) … 564
(4) 화기(化忌) … 573
제5장 격국格局 ... 587
1) 권귀격(權貴格) ... 589
2) 재부격(財富格) ... 593
3) 문인격(文人格) ... 596
4) 무인격(武人格) ... 597
5) 빈천격(貧賤格) ... 598

6) 단명격(短命格) 601

7) 기타(其他) 601

제6장 간명통론看命通論 605

제7장 통변通辯 621

(1) 원인 불명의 怪疾(괴질)을 앓은 명조 – 圖55 623

(2) 政治人의 명조 – 圖56 627

(3) 결혼생활에 破折(파절)이 있는 명조 – 圖57 633

(4) 疾病관련 大厄을 겪은 명조 – 圖58 637

(5) 무속인의 명조 – 圖59 640

(6) 吉한 태몽의 명조 – 圖60 643

(7) 政治人의 명조 – 圖61 646

(8) 凶한 태몽의 명조 – 圖62 649

(9) 行政官僚(행정관료)의 명조 – 圖63 652

(10) 사업가의 명조 – 圖64 656

(11) 경찰직을 역임한 명조 – 圖65 658

(12) 정치인의 명조 – 圖66 662

(13) 정치인의 명조 – 圖67 667

(14) 법조인의 명조 – 圖68 670

(15) 차량관련 인사사고가 발생한 명조 – 圖69 673

(16) 선천적인 질환자의 명조 – 圖70 677

(17) 短命人(단명인)의 명조 – 圖71 680

(18) 溺死者(익사자)의 명조 – 圖72 683

(19) 短命人(단명인)의 명조 – 圖73 686

(20) 短命(단명)한 자녀가 있는 명조 – 圖74 689

(21) 桃花殺(도화살)의 태동으로 인한 흉액을 겪은 명조 – 圖75 692
(22) 職業軍人(직업군인)의 명조 – 圖76 696
(23) 예술대교수의 명조 – 圖77 700

참고문헌 / 705

제1장

입문入門

1. 자미두수 기원紫微斗數 紀元

자미두수학의 기원은 唐宋(당송)시대 修道者이며 鍊氣之士(연기지사)였던 姓은 陳(진)이고 이름은 博(박)인, 진박 希夷(희이)선생에서 기원이 되는데, 字(자)는 圖南(도남)이고 號(호)는 扶搖子(부요자)이다. 陳博(진박) 선생은 풍수지리, 服氣辟穀(복기벽곡), 易學命理(역학명리), 天文地理(천문지리)에 능통하여 능히 앞날을 예지할 수 있는 능력이 있어, 장차 송나라가 천하를 통일하고 趙匡胤(조광윤)이 건국황제가 될 것임을 예언했던 것이다. 후에 宋太祖(송태조) 趙匡胤(조광윤)이 진박선생에게 "希夷(희이)"라는 호를 하사하여 후대의 사람들은 희이선생 혹은 희이조사라 칭했던 것이다.

당시 희이선생이 華山(화산)에서 수도하고 있을 때에, 천상의 각종 성요들을 깊이 관찰하여 명칭을 부여하고, 또한 이러한 별들이 인간세에 미치는 길흉화복에 대해 깊이 있게 통찰한 후, 사람의 생년·월·일·시를 기준하여, 천상의 성요들을 명반에 배속시켜 사람의 命運(명운)을 추단하여 그 길흉을 논했던 것이 자미두수학의 기원인 것이다.『紫微(자미)』는 성좌의 명칭으로 천상의 각종 성요들을 주재하는 제왕지성으로 추명술적인 명칭인 것이고,『斗(두)』는 천상의 각종 성요들을 의미하는 것이며,『數(수)』는 천상의 각 성요들이 지상에 照臨(조림)할시 필연적으로 나타나게 되는 인간세의 길흉화복에 대해 推算(추산)해 보는 術數學(술수학)을 지칭하는 것이다. 紫微斗數(자미두수), 紫斗(자두), 斗數(두수), 紫微命學(자미명학) 등으로 불리기도 한다.

2. 음양오행陰陽五行

1) 생성원리(生成原理)

五行이란 목(木), 화(火), 토(土), 금(金), 수(水) 다섯 가지를 말한다. 동양의 전통적 우주관은 우주는 陰陽과 五行으로 구성되어졌으며, 지구에 살고 있는 우리 사람들도 음양오행의 영향을 받아 태어났고 또 살아가고 있으며, 고대에 성현들께서 사람이 태어난 生年, 月, 日, 時를 조합하여 하늘을 상징하는 十干과 땅을 상징하는 十二支로 분류 적용하고, 이를 다시 음양오행으로 구분 상호간의 生化剋制(생화극제)의 연관관계속에서 사람의 운명을 예지했던 것이다.

사주명리학의 조종이라 할 수 있는 淵海子平(연해자평)에 五行의 기원에 설하였는데 이를 보완하여 부연설명하면 다음과 같다. 과거 오랜 세월 전에 우주가 대폭발을 한 이후로 무한한 팽창의 과정을 거치면서, 天地가 아직 開判(개판)되지 않았음을 混沌(혼돈)이라 이름하고, 乾坤(건곤)이 始分(시분)되기 이전을 胚運(배운)이라 하니 日月星辰(일월성신)이 생기지 않았고, 陰陽寒暑(음양한서)가 존재하지 않았다. 上虛에는 비와 이슬이 없으며 바람과 구름이 없으며, 우뢰와 천동이 없어서 杳杳(향향=깊고 어두운 모양)하고 冥冥(명명=고요하고 허령하며 어두움)할 따름이었고, 下에는 초목이 없으며 소천이 없으며, 금수가 없으며, 인민이 없었으니, 昧昧(매매=날이 새기 전의 어두운 모양)하고 昏暗(혼암=날이 어둘 때의 어둡고 질서 없는 모양)할 뿐이었다. 이때에 홀연히 動함이 있고 엉기는 힘이 생기었으니 이를 "太易(태역)"이라 한다.

太易의 시기에는 氣라는 것도 없고, 물질(원자·분자)이라는 것도 없었으며, 따라서 자연히 형태라는 것도 존재하지 않았던 것이다. 이 太易의 시기에 水가 생성되었던 것이다. 그 후 이제 氣라는 것이 존재하게 되었으나, 아직 물질과 형태는 이루어지지 않은 시점을 "太初(태초)"라 하는데 이 시기에 火를 생하였던 것이다. 다음으론 氣는 이미 존재하고, 다시 물질이라는 것이 존재하게 되었으나, 아직 형태가 존재하지 않은 시기를 "太始(태시)"라 한다. 이 太始의 시기에 木이 생성되었던 것이다. 다음에는 氣와 물질이 이미 존재했고, 이제는 형태가 존재하게 된 시기를 "太素(태소)"라 하는데, 이 太素의 시기에 金이 생성되었던 것이다. 다시 氣와 물질과 형태가 존재하게 된 연후에, 中央이라는 구심점이 있어 이로써 상하와 전후좌우 등의 방향과 높낮이와 거리 등이 존재하게 되었으니 이 시기를 "太極(태극)"이라 한다. 이 太極(삼라만상 일체의 본존)의 시기에 土가 생성되었던 것이다.

그리하여 水의 數는 1이 되고, 火의 數는 2가 되고, 木의 數는 3이 되고, 金의 數는 4가 되고, 土의 數는 5가 된 것이며, 이를 “生水”라 하고, 天地人 三元의 極9극)을 이루었으며, 혼돈은 열리었으며, 배운이 시성되어서 가볍고 맑은 것은 하늘이 되고, 무겁고 흐리며 탁한 것은 땅이 되었으니 이에 2기(天地)가 성립된 것이며 兩儀(양의=陰·陽)가 생출된 것이므로 우주는 바야흐로 전개되기에 이른 것이다. 요약하면 아래와 같다.

우주의 대폭발		生成	生數	中央數	成數
↓					
太易(氣× 質× 形×)	→	水	1	⑤	6
↓					
太初(氣○ 質× 形×)	→	火	2	⑤	7
↓					
太始(氣○ 質○ 形×)	→	木	3	⑤	8
↓					
太素(氣○ 質○ 形○)	→	金	4	⑤	9
↓					
太極(氣○ 質○ 形○)+方位	→	土	5	⑤	10
↓					

太極(태극)에서 가벼운 것은 위로 올라가 하늘이 되고, 무거운 것은 아래로 내려와 땅이 되어 천지가 開判(개판)되고 兩儀(양의=陰·陽)를 생하였으니, 生數 1, 2, 3, 4, 5에 中央數 5를 더하여 成數인 6, 7, 8, 9, 10이 되고, 이로써 음양의 배합이 이루어졌고 우주의 數는 10이라는 완성수가 있어 균형과 조화를 이루며 전개되게 된 것이다.

木은 靑色(청색)을 띠고 東方을 차지하고, 火는 赤色(적색)을 띠고 南方을 차지하고, 土는 黃色(황색)을 띠고 中央을 차지하고, 金은 白色(백색)을 띠고 西方을 차지하고, 水는 黑色(흑색)을 띠고 北方을 차지하고 있다.

陽數는 1, 3, 5, 7, 9이고 陰數는 2, 4, 6, 8, 10이다. 陽의 數의 合은 25인데, 우주의 본체인 天元인 1을 빼면 24로써 1년 동안의 24節氣(절기)를 상징하고, 陰의

數의 合은 30인데, 이는 每月의 日數가 이에 해당하는 것이다. 또한 상기의 시기는 先天運의 시기라 하는데, 數가 1부터 10까지 陰과 陽이 짝을 이루어 어느 한쪽으로 치우치지 않으며 균형을 이루니, 상기의 시대는 화평하며 시기질투가 없고, 전쟁과 탐욕이 없었으며, 또한 나눔과 베풂이 있었으며, 상호 상부상조를 이루어 相生의 시대였던 것이다. 아래표의 오행상생도와 같다.

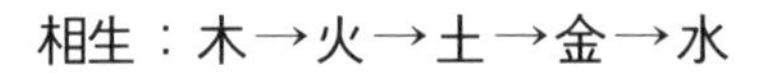

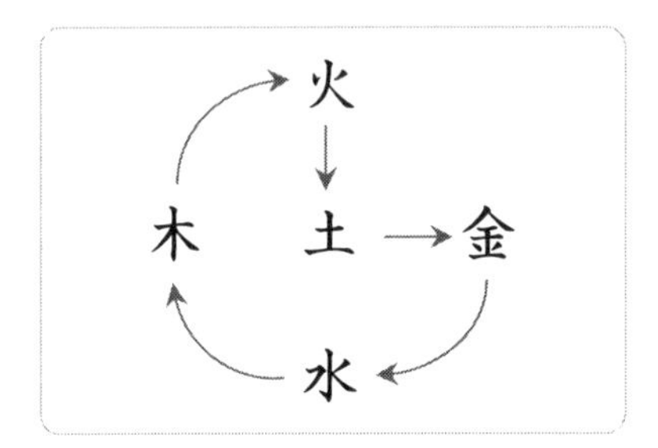

木의 數는 3.8
火의 數는 2.7
土의 數는 5.10
金의 數는 4.9
水의 數는 1.6이다.

상기의 오행상생도에 숫자를 대입하고 陰·陽(●·○)으로 표시하면 아래의 도표와 같은데 이것이 河圖(하도)이다.

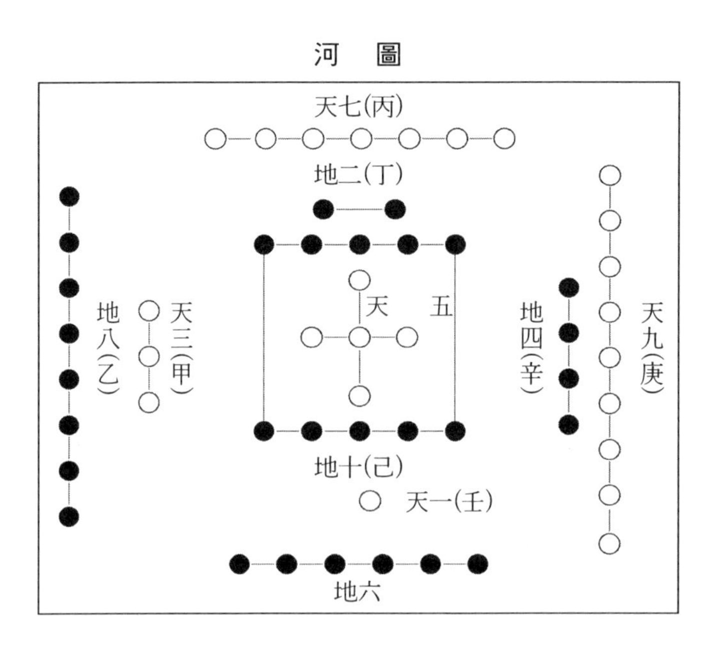

이후 오랜 시간이 지나 우주의 氣가 혼탁해지고, 天地의 법도가 제대로 세워지지 않았고, 대자연의 운행질서가 定軌(정궤)대로 움직임이 없어 온갖 재앙이 빈번하게 발생하고, 人倫(인륜)의 기강이 제대로 정립되지 않고, 시비다툼과 전쟁과 사악한 기운이 창궐하니 창생은 도탄에 빠졌고, 간사함과, 요괴스러움과, 황폭함과 무질서가 極(극)에 이르게 된 것이다. 先天의 相生의 시대에는 5.10 土가 있어 중앙에 위치하며 가장 완벽하게 힘의 균형을 이루고 각기 定位에 자리매김하였지만, 後天 相剋의 시대는 우주의 氣는 왜곡되고 뒤틀려지게 운행하게 되었으니 가장 완성된 숫자 10이 隱伏(은복)하게 된 것이다.이를 後天의 相剋의 시대라 하는 것이다.

그 중 1, 3, 5, 7, 9는 陽의 數로써 그래도 기세가 있고 柔弱(유약)하지 않으니 東西南北 4正方과 중앙을 차지할 수 있었으나, 陰의 數인 2, 4, 6, 8은 기세가 약하고 柔(유)하므로 자기 자리를 고수하지 못하고 이동하게 된 것이다. 陽의 기운은 左旋(左에서 右로 旋=시계바늘 진행 방향)하고, 陰의 기운은 右旋(右에서 左로 旋=시계바늘 진행 반대방향)하는 것이다. 먼저 木은 東方의 青色에 해당하고 數는 3.8인데 陽數 3은 그대로 東方에 남아있고 陰數 8은 右旋하니, 東方과 北方의 사이 隅方(우방)인 艮方(간방)으로 이동한 것이다. 이어 木剋土하니 土의 數는 5.10인데 中央의 陽數 5는 그대로 남아있으나 陰數 10이 隱伏(은복)되게 된 것이고, 이어 土剋水하니 水의 數는 1.6으로 陽數 1은 그대로 北方을 차지하고 있으나 陰數 6이 右旋하여 西方과 北方 사이 隅方(우방)인 乾方(건방)으로 이동하게 된 것이다. 이어 水剋火하니 火의 數는 2.7인데 陽數 7은 그대로 西方에 남아있고 陰數 2는 右旋하여 西方과 南方의 사이 隅方(우방)인 坤方(곤방)으로 이동하게 된 것이다. 이어 火剋金하니 金의 數는 4.9인데 陽數 9는 그대로 자신의 자리인 南方을 지키고, 陰數인 4는 右旋하여 南方과 東方 사이 隅方(우방)인 巽方(손방)으로 이동하게 된 것이다. 아래표의 五行相剋圖(오행상극도)와 같고 이를 洛書(낙서)의 九宮圖(구궁도)라 한다.

相剋 : 木→土→水→火→金

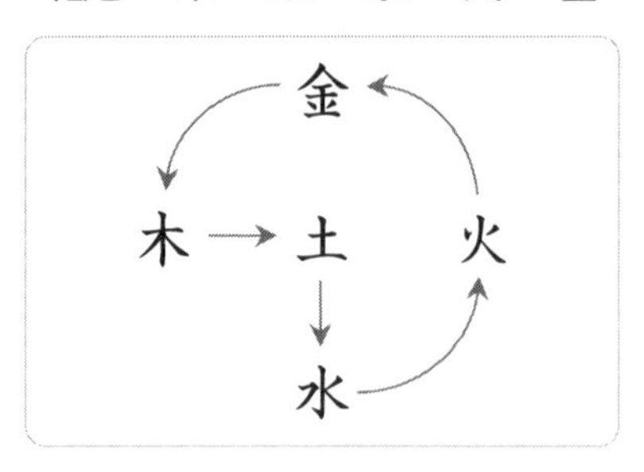
金
木
土
火
水

洛 書

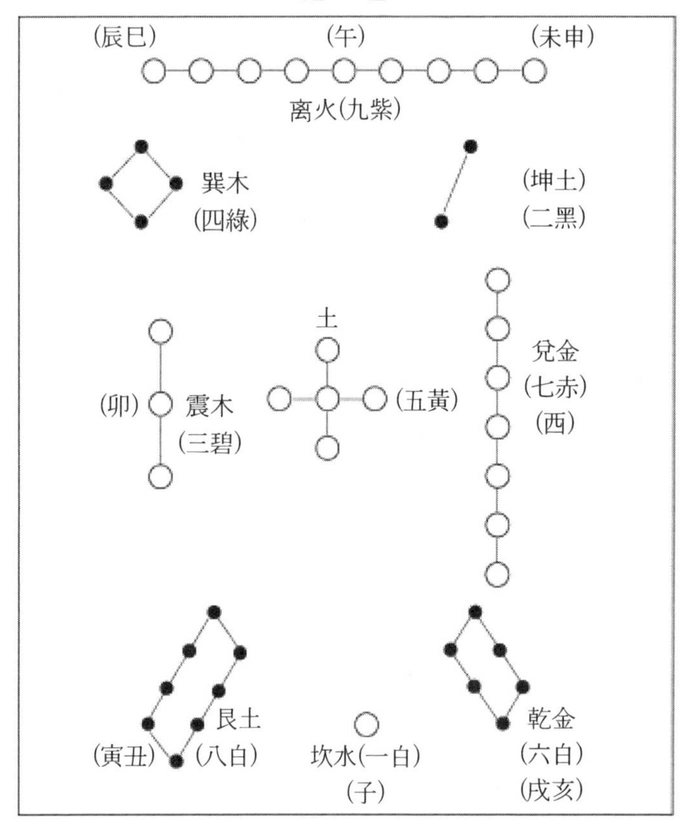
(辰巳)
(午)
(未申)
离火(九紫)
巽木
(四綠)
(坤土)
(二黑)
土
兌金
(七赤)
(西)
(卯)
震木
(三碧)
(五黃)
艮土
(寅丑)
(八白)
坎水(一白)
(子)
乾金
(六白)
(戌亥)

2) 오행의 정의(五行의 正義)

五行 正義

		木	火	土	金	水
干	陽	甲	丙	戊	庚	壬
	陰	乙	丁	己	辛	癸
支	陽	寅	午	辰戌	申	子
	陰	卯	巳	丑未	酉	亥
方角		東	南	中央	西	北
季節		春	夏	中季節	秋	冬
時刻		아침	점심	대낮	저녁	밤
氣		生氣	旺氣	鈍氣	肅殺之氣	死氣
色		青色	赤色	黃色	白色	黑色
性質		仁	禮	信	義	智
맛		신맛	쓴맛	단맛	매운맛	짠맛
氣象		바람	청명	흐림	뇌성	비
感情		노여움	즐거움	편안함	서러움	두려움
部類		기는 종류	나는 종류	걷는 종류	껍질 종류	비늘 종류
形態		길고 뻣뻣	활발 돌출	무겁고 투박	단단하고 네모진 것	부드럽고 수려함
性質		仁	禮	信	義	智
氣運		양육 밀어줌 나아감 낮은 것	활력 들어 올림 올라감 마른 것	중후함 받아들임 머무름 평탄한 것	엄숙함 잡아 담김 버팀 높은 것	감춤 내맡김 내려감 습한 것
身體		다리. 코	어깨. 눈	머리. 얼굴	등. 귀	꼬리. 혀
五臟		간장	심장	비장	폐장	신장
數		3 . 8	2 . 7	5 . 10	4 . 9	1 . 6
事物		나무	불	흙	금	물

3) 오행의 성상 및 왕상휴수사(五行의 性狀 및 旺相休囚死)

五行의 性狀(오행의 성상)

天干	甲	乙	丙	丁	戊	己	庚	辛	壬	癸		
五行	木	木	火	火	土	土	金	金	水	水		
陰陽	+	−	+	−	+	−	+	−	+	−		
性狀	巨木	花草 灌木 벼 芝蘭 蒿草	太陽 大火	燈燭 火爐 불	大土 山 제방토	小土 庭園土 담장토	미가공 금속 도끼	가공 금속 수술칼 차바퀴	大海水 먹구름 大雪	甘露水 澗溪水 이슬비 안개		
地支	子	丑	寅	卯	辰	巳	午	未	申	酉	戌	亥
五行	水	土	木	木	土	火	火	土	金	金	土	水
陰陽	+	−	+	−	+	−	+	−	+	−	+	−
性狀	大海水 강 호수	진흙	巨木	花草 灌木 벼 芝蘭 蒿草	濕土	燈燭 火爐불	大火	모래	미가공 금속 도끼	귀금속 차바퀴 수술칼	大土 山	작은물 산골물 도랑물

木(목)

木의 성질은 위로 솟아오를 생각만 하고 그침이 없다. 氣가 너무 솟으면 剪伐(전벌)하여 줌이 좋다. 고로 木은 어떤 형태로든 金을 떠나 생각할 수 없다.

木이 있고 또한 金이 있으면 오직 높이 거두어 줌이 있다. 土의 重함이 필요하니 두터우면 뿌리가 깊이 뻗어 단단해진다. 土가 적고 가지만 무성하면 뿌리가 위태로울 근심이 있다. 木은 水를 의지하여 살고 물이 적으면 滋潤(자윤)하여 주고 너무 많으면 떠내려간다.

火(화)

火는 불길이 있고 따뜻함이 있는 것이 眞火다. 南方을 차지하고 있으므로 밝지 않을 이유가 없고, 輝光(휘광)은 오래가지 못하니 伏藏(복장)됨을 요한다. 이리되면 찬란하지는 않으나 밝음은 오래간다. 火는 木에 의지하는데 많으면 빛을 가리게 되니 흉하고 成格을 이루기 위해서는 金의 쪼개줌이 필요하다. 또한 물이 필요하고 물이 없으면 너무 燥熱(조열)해져 오래가지 못한다. 가을인 金旺節과 四季인 土旺節엔 死囚가 되므로 미약해지고 겨울엔 감추어지고 隱匿(은익)되어 있으나 또한 水生木하여 旺相함을 감추고 있다.

土(토)

土는 네 모퉁이에 흩어져 있으므로 木火金水가 이것을 의지하여 또한 만물이 성장하게 된다. 土는 四季節(사계절)에 고루 旺하다. 대개 土는 火運을 의지하게 되니 火死하면 土囚하게 된다. 水가 있으면 만물의 생장의 터가 되나 너무 많으면 씻겨 떠내려간다. 土가 너무 많으면 묻히고 滯(체)하게 되나 흩어지면 輕(경)하게 된다.

金(금)

金은 至陰으로 형성된 것이나 그 가운데는 至陽의 精을 가지고 있어 堅剛(견강)하므로 다른 사물과 특이하다. 만일 金이 陰으로만 되어 있으면 단단하지 못하니 火를 만나면 소멸되나 金이 火의 鍛鍊(단련)이 없으면 貴器(귀기)를 만들지 못한다. 金은 土를 의지하나 重하면 파묻히게 되고, 輕하면 단단해지지 못한다. 또한 물로 씻어 眞價를 나타냄이 필요하다.

水(수)

水는 炎炎(염염)하여 건조함을 大忌(대기)하고, 金의 근원이 있어 물이 마르지 않음을 요한다. 너무 많으면 土의 제방이 필요하고 水火가 고르게 있으면 旣濟(기제)의 功이 있다. 水土가 혼잡되면 탁하게 되니 貴하지 못하고, 土重하면 물길을 막으니 흉하게 된다.

五行의 旺·相·休·囚·死
오행의 왕·상·휴·수·사

陰曆	旺	相	休	囚	死
春(木)	木	水	火	土	金
	寅卯	亥子	巳午	辰戌丑未	申酉
夏(火)	火	木	土	金	水
	午巳	寅卯	辰戌丑未	申酉	亥子
四季(土) 辰戌丑未	土	火	金	水	木
	辰戌丑未	巳午	申酉	亥子	寅卯
秋(金)	金	土	水	木	火
	申酉	辰戌丑未	亥子	寅卯	巳午
冬(水)	水	金	木	火	土
	子亥	申酉	寅卯	巳午	辰戌丑未

목(木)

木은 봄에 가장 왕성하고, 여름에는 木生火로 여름에 기운을 빼앗기어 쇠약해져 休 즉 쉬게 되고, 가을엔 金의 肅殺氣運(숙살기운)에 꺾이게 되어 가장 쇠약해지게 되어 死가 되고, 四季인 土旺季節엔 木이 土에 갇히게 되므로 囚가 되고, 겨울엔 봄에 나무를 생장시킬 水氣가 있어 水生木하여 相生의 기운을 띄게 되므로 相이라 한다.

화(火)

火는 여름에 가장 왕성하고, 四季엔 休가 되고, 겨울엔 死가 되고, 가을엔 囚가 되고, 봄엔 相이 된다.

토(土)

土는 四季에 가장 왕성하고, 가을에 休가 되고, 봄에 死가 되고, 겨울에 囚가 되고, 여름에 相이 된다.

금(金)

金은 가을에 가장 왕성하고, 겨울에 休가 되고, 봄에 水가 되고, 여름에 死가 되고, 四季에 相이 된다.

수(水)

水는 겨울에 가장 왕성하고, 봄에 休가 되고, 四季에 死가 되고, 여름에 囚가 되고, 가을에 相이 된다.

4) 오행의 상생·상극(五行의 相生·相剋)

오행의 상생순서도

원을 그리며 진행되지 않고, 화→토→금에서 땅속으로 한번 꺾여 들어갔다가 나오는 형태를 취한다.

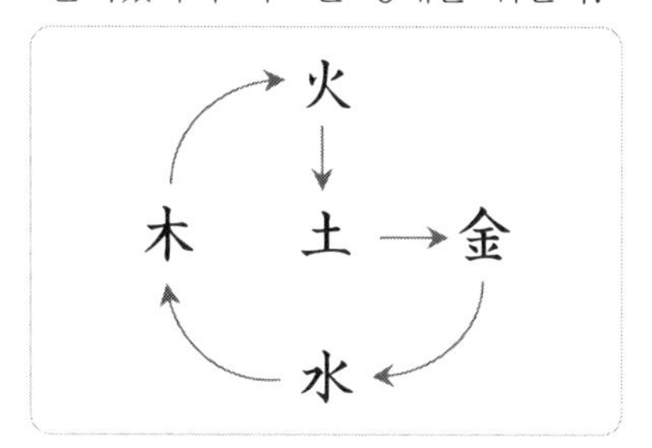

相生 : 木→火→土→金→水

오행의 상극순서도

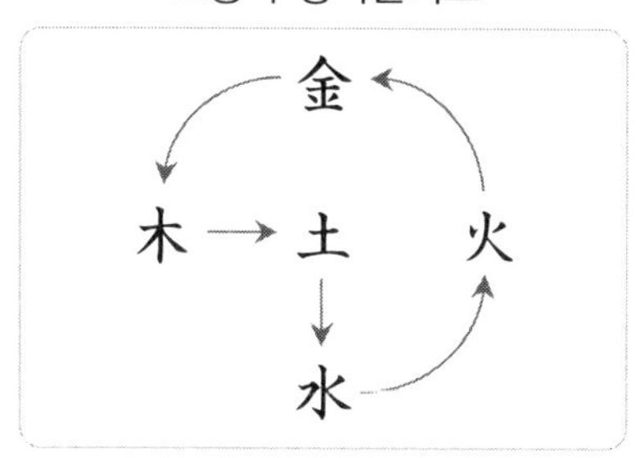

相剋 : 木→土→水→火→金

5) 수리오행(數理五行)

先天數(선천수)												
天干	甲	乙	丙	丁	戊	己	庚	辛	壬	癸		
數	9	8	7	6	5	9	8	7	6	5		
地支	子	丑	寅	卯	辰	巳	午	未	申	酉	戌	亥
數	9	8	7	6	5	4	9	8	7	6	5	4

後天數(후천수)												
天干	甲	乙	丙	丁	戊	己	庚	辛	壬	癸		
數	3	8	7	2	5	10	9	4	1	6		
地支	子	丑	寅	卯	辰	巳	午	未	申	酉	戌	亥
數	1	10	3	8	5	2	7	10	9	4	5	6

陰·陽水					
五行	木	火	土	金	水
陽數	3	7	5	9	1
陰數	8	2	10	4	6

3. 주역팔괘론 요약周易八卦論 要約

1) 태극(太極)

우주만물이 생성되기 전의 공허하고 혼돈된 상태를 말한다.

无極(무극)의 상태에서 일점 변화가 태동하여 太極이 되고, 太極의 상태에서 일점 변화가 태동하여 皇極(황극)이 된다.

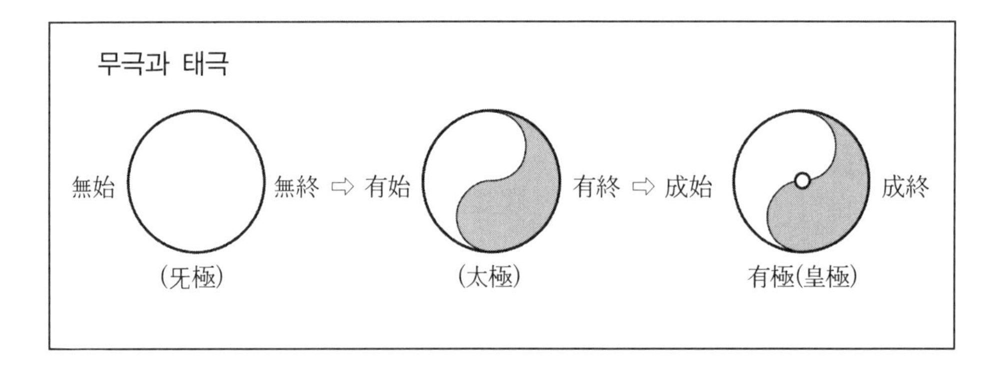

太極에 대한 이론

⊙ 太極圖說(태극도설) : 끝이 없는 것이 태극이다. 주렴계.

⊙ 易傳序(역전서) : 나타난 것이나 보이는 것에 틈이 없다. 정자.

⊙ 易序(역서) : 멀리로는 상하와 사방의 밖에까지 미치고, 가까이로는 한 몸의가운데에 있다.

⊙ 法性偈(법성게) : 하나가 일체이고 모든 것이 하나이며, 하나의 티끌 속에 상하팔방을 머금고 있는 것. 불교.

⊙ 天符經(천부경) : 하나가 신묘하여 만 가지로 오고가는 것. 우리나라.

兩儀(양의)

兩儀는 '둘 兩' '거동 儀'라는 뜻으로 두 가지 모습이라는 것이다. 太極에서 변화되어 나오는 陽과 陰의 두 모습을 陽儀(양의: ─)와 陰儀(음의: --)라고 한다. 이는 하늘과 땅이 되고, 男과 女가 되고, 낮과 밤이 되고, 動과 靜, 해와 달… 등이 되는 것이다.

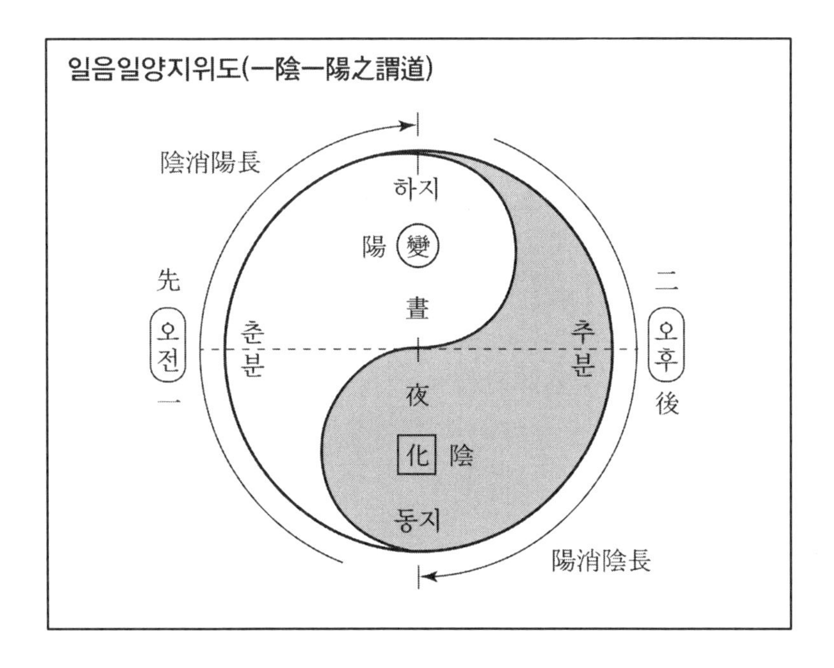

四象(사상)

四象은 네 가지의 형상이란 말로 太陽(태양), 少陰(소음), 少陽(소양), 太陰(태음)을 말한다. 陽이 陽으로 진화한 것이 太陽이고, 陽이 陰으로 분화한 것이 少陰이고, 陰이 陰으로 진화한 것이 太陰이고, 陰이 陽으로 분화한 것이 少陽이다. 이 네 가지의 象이 우주삼라만상을 구성하고 있는 것이다.

예로 한의학에서 사람의 체질을 四象體質(사상체질)로 구분하는데 太陽人, 少陽人, 太陰人, 少陰人으로 구별하는 것도 같은 맥락이다.

先天八卦 次序圖(선천팔괘 차서도)

八坤地	七艮山	六坎水	五巽風	四震雷	三離火	二兌澤	一乾天	卦名
☷	☶	☵	☴	☳	☲	☱	☰	八卦
⚏		⚎		⚍		⚌		四象
⚋				⚊				兩儀
☯								太極

2) 팔괘표(八卦表)

八卦表(팔괘표)

卦名	八卦	形象	數	陰陽	五行	人	方位	地支	卦象	卦德	신체/동물	季節
乾	☰	天	1	+	金	老父	西北	戌·亥	乾三連	健(굳건)	머리/말	暮秋 ~ 初冬
兌	☱	澤	2	−	金	少女	西	酉	兌上絕	說(기쁨)	입/양	仲秋
離	☲	火	3	−	火	仲女	南	午	離中絕	麗(걸림)	눈/꿩	仲夏
震	☳	雷	4	+	木	長男	東	卯	震下連	動(움직임)	발/용	仲春
巽	☴	風	5	−	木	長女	東南	巳·辰	巽下絕	入(들어감)	넓적다리/닭	暮春 ~ 初夏

坎	☵	水	6	+	水	仲男	北	子	坎中連	陷 (빠질함)	귀/돼지	仲冬
艮	☶	山	7	+	土	少男	東北	寅·丑	艮上連	止 (그침)	손/개	暮冬 ~ 初春
坤	☷	地	8	−	土	老母	西南	申·未	坤三絕	順 (유순함)	배/소	暮夏 ~ 初秋

〈八卦의 卦名 해석〉

1. 乾(건) ☰

- 十+日+十+人+乙(새 을)
- 햇볕을 받아 밝은 생명이 싹터 위로 자라는 모습.
- 乾은 天地人 三才를 대표하는 주체이며, 하늘의 굳건한 운행법도가 十干으로 처음과 끝이 연결되어 끊임없이 운행함을 뜻한다.

2. 兌(태) ☱

- 八+口+儿(사람 인)
- 물위에 수증기가 피어오르듯이 사람의 입김이 토해져 흩어지는 모습으로 음의 기운이 밖으로 발산된다는 뜻이다.
- 兌는 陰이 陽들 보다 위에 있어 말이 노릇을 하며 기뻐하는 象이다.

3. 離(이) ☲

- 离(흩어질 리)+隹(새 추)
- 새떼가 흩어지고 불꽃이 타올라 흩어짐을 형상화한 것이다. 또는 그물에 걸린 짐승을 형상하여 걸려 붙는다는 뜻이기도 하다.
- 離는 陰이 陽 사이에 걸려 붙어 있으며, 불과 같이 환히 아름다운 문체를 드러내는 형상이다.

4. 震(진) ☳

- 雨(비 우)+辰(별 진. 다섯째지지 진. 때 신)

- 봄철에 비가 내리며 우레가 울리듯 만물이 힘차게 활동한다는 뜻이다.
- 震은 비록 陰 밑에 陽이 있으나 밖의 陰이 유순한데다 열려있으니 밝은 생명이 생동하여 진출하는 卦象이다.

5. 巽(손) ☴

- 己(몸 기)+己(몸 기)+共(함께 공)
- 두 몸이 하나로 합치어 더불어 안듯이 지극히 공손함의 상이다. 원래 바람은 매우 겸손하여 위에서 아래로 내려 불고 밖에서 안으로 파고드는 습성이 있다.
- 巽은 陰이 강한 陽들 아래에 처하여 공손히 따르는 象이다.

6. 坎(감) ☵

- 土(흙 토)+欠(하품 흠. 빠질 흠)
- 흙이 패여 웅덩이를 이룬 상. 물이 흐르다 보면 자연 흙이 패여 물웅덩이를 이루게 마련이다.
- 坎은 밝은 陽이 어두운 陰 사이에 빠져들어 험난함을 겪는 卦象이지만, 가운데가 陽이므로 건실하여 물 흐르듯이 잘 이겨낸다는 象이다.

7. 艮(간) ☶

- 日(날 일)+氏(각시 씨. 성 씨. 나라이름 씨)
- 해가 동트는 뿌리(씨). 곧 새벽이 동트는 곳인 동북방을 말한다.
  뿌리를 뽑으면 초목이 죽게 되므로 근본 이치는 산과 같이 옮길 수 없다.
- 艮은 밝은 陽이 아래의 어린 陰을 보호하고 지켜서 그릇되지 않도록 굳건히 지키는 象이다.

8. 坤(곤) ☷

- 土(흙 토)+申(납 신. 아홉째지지 신)
- 땅이 초목의 줄기와 가지를 튼튼히 뻗고 자라게 하여 化育하고 伸張함.
- 坤은 종자인 하늘의 甲을 받아들여 만물을 發芽(발아) 숙성시킨다. 초가을에(음력 7월) 해당하는 지지이며 햇곡식을 절구와 공이로 찧음을 뜻하기도 한다.

3) 육십사괘 조견표(六十四卦 早見表)

六十四卦 早見表(육십사괘 조견표)

上卦 下卦	一乾天 ☰	二兌澤 ☱	三離火 ☲	四震雷 ☳	五巽風 ☴	六坎水 ☵	七艮山 ☶	八坤地 ☷
一乾天 ☰	重天乾 ☰一 ☰一 六乾金	澤天夬 ☱二 ☰一 五坤土	火天大有 ☲三 ☰一 三乾金	雷天大壯 ☳四 ☰一 四坤土	風天小畜 ☴五 ☰一 初巽木	水天需 ☵六 ☰一 四坤土	山天大畜 ☶七 ☰一 二艮土	地天泰 ☷八 ☰一 三坤土
二兌澤 ☱	天澤履 ☰一 ☱二 五艮土	重澤兌 ☱二 ☱二 六兌金	火澤睽 ☲三 ☱二 四艮土	雷澤歸妹 ☳四 ☱二 三兌金	風澤中孚 ☴五 ☱二 四艮土	水澤節 ☵六 ☱二 初坎水	山澤損 ☶七 ☱二 三艮土	地澤臨 ☷八 ☱二 二坤土
三離火 ☲	天火同人 ☰一 ☲三 三離火	澤火革 ☱二 ☲三 四坎水	重火離 ☲三 ☲三 六離火	雷火風 ☳四 ☲三 五坎水	風火家人 ☴五 ☲三 二巽木	水火旣濟 ☵六 ☲三 三坎水	山火賁 ☶七 ☲三 初艮土	地火明夷 ☷八 ☲三 四坎水
四震雷 ☳	天雷无妄 ☰一 ☳四 四巽木	澤雷隨 ☱二 ☳四 三巽木	火雷噬嗑 ☲三 ☳四 五巽木	重雷震 ☳四 ☳四 六震木	風雷益 ☴五 ☳四 三巽木	水雷屯 ☵六 ☳四 二坎水	山雷頤 ☶七 ☳四 四巽木	地雷復 ☷八 ☳四 初坤土
五巽風 ☴	天風姤 ☰一 ☴五 初乾金	澤風大過 ☱二 ☴五 四震木	火風鼎 ☲三 ☴五 二離火	雷風恒 ☳四 ☴五 三震木	重風巽 ☴五 ☴五 六巽木	水風井 ☵六 ☴五 五震木	山風蠱 ☶七 ☴五 三巽木	地風升 ☷八 ☴五 四震木
六坎水 ☵	天水訟 ☰一 ☵六 四離火	澤水困 ☱二 ☵六 初兌金	火水未濟 ☲三 ☵六 三離火	雷水解 ☳四 ☵六 二震木	風水渙 ☴五 ☵六 五離火	重水坎 ☵六 ☵六 六坎水	山水蒙 ☶七 ☵六 四離火	地水師 ☷八 ☵六 三坎水
七艮山 ☶	天山遯 ☰一 ☶七 二乾金	澤山咸 ☱二 ☶七 三兌金	火山旅 ☲三 ☶七 初離火	雷山小過 ☳四 ☶七 四兌金	風山漸 ☴五 ☶七 三艮土	水山蹇 ☵六 ☶七 四兌金	重山艮 ☶七 ☶七 六艮土	地山謙 ☷八 ☶七 五兌金
八坤地 ☷	天地否 ☰一 ☷八 二乾金	澤地萃 ☱二 ☷八 二兌金	火地晋 ☲三 ☷八 四乾金	雷地豫 ☳四 ☷八 初震木	風地觀 ☴五 ☷八 四乾金	水地比 ☵六 ☷八 三坤土	山地剝 ☶七 ☷八 五乾金	重地坤 ☷八 ☷八 六坤土

4) 팔괘의 속성(八卦의 屬性)

	乾卦(건괘) ☰
卦象	하늘. 動的. 天體. 宇宙. 天意. 剛健(강건).
社會	名人. 公門人. 宦官.
家庭	尊長人. 老人. 大人. 父親.
事業	금융업계통. 정밀과학기술생산품.
地位	최고위층. 영도자.
職業	관리자. CEO. 전문경영인.
人	領導者(영도자). 금융가. 官吏. 노인.
性格	1) 장점 : 정치적 자질. 유력가. 판단력 및 조직능력이 강함. 두뇌총명 및 민첩 임기응변. 강의적 기질. 자제력 강함. 2) 단점 : 독단적 행동. 무리와 불화. 엄숙. 金氣가 太重. 성격이 강하고 괴팍. 高自我感覺. 淸高. 죄를 범하여 官과 어긋남.
場所	形勝地(형승지). 高亢地(고항지). 京都(경도). 大都市.
方位	西北方. 上方. 高處.
天象	氷(빙). 雹(박). 霰(산).
時間	暮秋~初冬. 음력9.10월. 戌.亥年
數	一(先天八卦數). 六(後天八卦數). 四.九(河洛數).
物象	圓物. 寶石(보석). 冠. 鏡(경). 剛物(강물). 木果. 鐘錶(종표). 古董(고동). 文物. 帽子(모자). 금속제품. 식물표시 소단위. 水果. 瓜(과).
人體	頭. 骨格. 右腿(우퇴). 肺. 男性生殖器(남성 생식기).
動物	馬. 天鵝(천아). 獅子(사자). 象.
五色	白色. 玄色. 大赤色.
五味	辛. 辣(랄).
企業形象	企業文化關聯 形象 1) 主題 : 天. 動. 强. 高大. 寬廣(관광). 明亮(명량). 純淨(순정). 2) 象意 : 眞. 善. 喜. 嚴肅(엄숙). 崇高(숭고). 3) 顔色 : 白色. 赤色. 金黃. 藍色(남색). 4) 形狀 : 圓. 環狀物(환상물).

	兌卦(태괘) ☱
卦象	澤(택). 魚. 喜悅(희열). 言辭(언사).
社會	강사. 교수. 연설가. 번역가. 무당. 역술가. 매파. 가수, 음악가. 성악인. 오락실사람. 娼妓(창기). 치과생. 외과생. 공관보조원.
家庭	소녀. 여아. 키 작은 사람.
事業	교직. 역술. 예체능. 의료계통. 遊技場業(유기장업).
地位	교육직공무원. 평민.
職業	요식업. 금속가공. 교육. 금융. 신문관련업. 소식관련업. 상담가.
人	소녀. 교원.
性格	1) 장점 : 낙관주의. 두뇌우수. 독립성향. 자제력. 친교우. 환경적응. 판단능력 우수. 언어표현능력. 외국어실력. 2) 단점 : 구설시비 빈번. 지나친 외향성.
場所	沼澤地(소택지). 窪地(와지). 湖泊(호박). 池塘(지당). 溜冰場(유빙장). 娛樂室(오락실). 會議室. 音樂室(음악실). 茶室(다실). 판매점. 廢墟(폐허). 舊屋(구옥). 洞穴. 井.
方位	西方. 東南方(先天八卦).
天象	低氣壓(저기압). 露水(노수). 陰雨持續(음우지속). 潮濕天氣(조습천기).
時間	秋月. 幼年.
數	二(先天數). 七(九宮數). 四.九(五行金數).
物象	석류. 호도. 음식기구. 주둥이 있는 기물. 도검류. 완구류. 파손물. 연찬도구. 금속제품.
人體	口. 舌. 齒牙(치아). 咽喉(인후). 肺(폐). 肛門(항문). 右肋(우륵).
動物	羊. 豹(표). 豺(시). 猿猴(원후). 水鳥. 소택지동물. 鷄(계). 鴨(압).
五色	백색. 적색.
五味	辛. 辣(랄).
企業形象	1) 主題 : 澤(택). 歡樂(환락). 柔(유). 單純(단순). 淸亮(청량). 2) 象意 : 친밀. 매력. 경쾌. 3) 顏色 : 백색. 적색. 4) 形狀 : 凹. 小. 矮(왜). 긴밀. 上柔下强(상유하강). 短.

	離卦(이괘) ☲
卦象	火. 日. 光明. 麗(려). 閃光(섬광).
社會	중간계층인. 미인. 미용사. 문인. 작가. 예술가. 연출가. 명성. 혁명가. 화가. 편집인. 정찰원. 검침원. 지식인. 오락관련인.
家庭	중녀. 중년부녀. 허약. 다소 비만형.
事業	전자. 電器. 통신. 조명기구. 광고. 촬영 관련. 미용업. 화장품 관련. 재무관리. 복장설계. 裝潢(장황). 창의방면 자문역. 兵器 제조. 사법관련 대행업. 약품가공.
地位	중간관리자.
職業	사상가. 철학가. 문예 관련업. 연출가.
人	중년 여인. 미인. 완숙한 여자. 처녀. 학자. 문인. 인기직업인. 무기든 병사. 사교적인 사람. 다재다능한 사람. 연애중인 사람.
性格	1) 장점 : 밝아짐. 명쾌. 역동적. 반응 신속. 열심. 2) 단점 : 유시무종. 허영심. 내면 부실. 겉치레가 심함. 의지 不堅.
場所	명승고적. 성지. 예배당. 화려한 街道. 촬영실. 畵室(화실). 도서관. 인쇄소. 간판. 방사실. 治鍊(치련)관련. 밝은 곳.
方位	南方. 東方(先天八卦方位).
天象	晴. 熱(열). 酷暑(혹서). 건한(건한). 무지개. 노을.
時間	夏. 五月.
數	三(先天八卦數). 九(九宮數). 二.七(五行火數).
物象	字畵(자화). 미술품. 보도자료. 발행물. 도서. 잡지. 계약. 문서. 서신. 촬영실. 전광판. 조명기구. 火 관련제품. 주방용품. 의원. 화장품. 乾燥室(건조실).
人體	眼(안). 頭部(두부). 心臟(심장). 小腸(소장).
動物	꿩. 공작. 봉황. 貝類(패류). 甲殼類(갑각류). 반딧불이.
五色	紅色. 赤色. 紫色(자색).
五味	苦味(쓴맛).
企業形象	1) 主題 : 火. 열정. 광명. 향상. 盛大. 분발. 전파력 강. 2) 象意 : 美麗(미려). 장식. 문명. 향상성. 3) 顔色 : 紅色. 花色. 4) 形狀 : 外實內虛(외실내허). 친화적. 飛翔(비상). 향상발전. 망상. 원형. 다소 柔함.

	진괘(震卦) ☳
卦象	雷. 振動(진동). 奮起的(분기적) 성질이나 상태.
社會	경찰. 법관. 군인. 비행승무원. 열차원. 사회활동가. 무도연출가. 축구동호인 광인. 장사. 운동원. 사법기관관련. 음향기기관련. 장남. 좌우.
家庭	장남.
事業	蔬菜(채소)가공. 氣車有關사업. 오락관련업.
地位	정부부처 소속의 기관장.
職業	법조인. 사회활동가. 武科관련. 운송관련 종사원.
人	장남. 큰형. 무인. 정력가. 군자. 바쁜 사람. 협력자. 스포츠맨. 기술자. 쾌활한 사람. 화약 관련자. 전기계통 관련자.
性格	장점 : 담대. 조작능력우수. 반응빠름. 친교성 탁월. 성격상 豪快(호쾌). 일처리 수완이 뛰어남. 단점 : 변덕이 심함. 武斷(무단). 일을 떠벌리고 은연자중함이 적음.
場所	공장. 오락실. 發射場(발사장). 전장, 삼림. 舞蹈所(무도소). 車站(차참). 초목이 무성한 곳. 대형전광판.
方位	東方. 東北方(先天八卦圖).
天象	雷雨(뇌우). 지진. 화산폭발.
時間	春
數	四(先天八卦數). 三(後天八卦數). 八(河洛數).
物象	木. 竹. 草廬(초려). 악기. 채소. 생화. 수목. 전화. 비행기. 열차. 火箭. 통구이 통. 화초무성. 蹄(제:짐승의 발굽). 육. 목제가구.
人體	足. 肝膽(간담). 左肋(좌륵).
動物	龍. 蛇. 百蟲. 잉어.
五色	青. 綠. 碧色(벽색).
五味	酸(산)
企業形象	1) 主題 : 雷. 快. 激烈(격렬). 奮進(분진). 적극적. 창조. 2) 象意 : 健壯(건장). 정복. 용기. 3) 顔色 : 青. 綠. 4) 形狀 : 向上. 外虛內實. 上實下虛. 역삼각형.

	巽卦(손괘) ☴
卦象	風. 泊. 自由, 滲透(삼투). 자라나는 성질 및 상태.
社會	과학기술원. 교사. 僧尼. 仙道人. 기공사. 연공수련자. 상인. 영업사원. 목재경영. 수예인. 직공인. 자유업. 작은 음성. 유화. 이마가 넓고 모발이 길고 곧은 사람. 신체가 큰 사람.
家庭	長女. 寡婦之人(과부지인).
事業	건재. 목재. 채소가공.
地位	하급관리원.
職業	교육관련. 저술가. 광고업관련. 기술관련. 점원. 연예 관련.
人	교육자. 기술자. 광고업자. 연예인.
性格	장점 : 사물에 대한 반응이 민첩. 심성이 세밀함. 순종적이고 화평함. 단점 : 권모술수를 좋아함. 억압. 독단적. 신경긴장. 자아주의. 편향된 성격 침묵비관. 다정다감. 進退不果. 피동적. 사심이 많음. 우유부단하며 욕심이 많음.
場所	우편국. 管道(관도). 線路(선로). 隘路(애로). 過道(과도). 長廊(장랑). 寺觀(사관). 초원. 승강기. 초목류의 흔들림. 전송관련.
方位	東南方. 西南方(先天八卦圖).
天象	바람. 태풍.
時間	暮春~初夏
數	五(先天八卦數) 四(九宮數). 三.八(河洛數).
物象	樹木. 목재. 麻(마). 섬유제품. 건조기. 비행기. 氣球. 범선. 모기향. 초목. 한약. 허리띠. 枝葉(지엽). 냉열설비. 화장품.
人體	넓적다리. 팔뚝. 담. 기혈관. 신경. 왼쪽어깨. 氣功.
動物	꿩. 오리. 거위. 나비. 뱀. 뱅장어. 잠자리. 지렁이. 얼룩말.
五色	녹색. 남색.
五味	酸(산)
企業形象	1) 主題 : 바람. 가벼움. 세밀. 유화. 중복. 지연. 2) 象意 : 유동적. 浮遊(부유). 敎. 巧(교). 3) 顔色 : 綠色. 藍色(남색). 4) 形狀 : 긴 형태. 外實內虛(외실내허). 上實下虛(상실내허). 가지형태.

	감괘(坎卦) ☵
卦象	水. 艱難(간난). 함몰되고 막히고 험난한 상태.
社會	江湖人. 어민. 도적. 비적. 수학가. 의학생. 律師(율사). 도망자. 사기범. 노동자. 娼婦(창부). 작업공. 酒鬼(주귀).
家庭	中男
事業	무역관련. 냉동관련. 선박, 기차 등 운송관련. 인쇄관련. 수산관련사업.
地位	정부부처 주무원. 보통 평민. 서비스 관련원.
職業	의료관련. 법률관련. 교육관련. 노무원. 하천관리원.
人	중년남자. 법률가. 외과의사. 교육자. 철학자. 노동자.
性格	장점 : 정교. 심지가 굳음. 시세 판단이 뛰어남. 총명하고 모사에 능함. 고통을 감수하며 인내심이 있음. 단점 : 내성적. 음몽스러움.
場所	江河. 우물. 하수도, 주점. 욕실. 암실. 음식점. 기생집.
方位	北方. 西方(先天八卦方位).
天象	雨. 露(로). 霜(상).
時間	冬
數	一(先天八卦數) 六(後天八卦數)
物象	물. 기름. 음료. 약품. 水車. 刑具. 냉장설비. 잠수정. 촬영기기.
人體	신장. 방광. 비뇨계통. 생식계통. 혈액. 내분기계통. 귀. 항문.
動物	돼지. 쥐. 이리. 수중동물. 水鳥.
五色	黑色. 紫色. 白色.
五味	鹹味(함미=짠맛)
企業形象	1) 主題 : 수. 流暢(유창). 곡. 근심. 2) 象意 : 노동. 엄숙. 3) 顏色 : 흑색. 지색. 백색. 4) 形狀 : 유동적. 彎曲(만곡).

	간괘(艮卦) ☶
卦象	山. 土. 靜止(정지). 안정적 상태.
社會	소년. 아동. 토건인. 종교인. 관료. 귀족. 순경. 繼承人(계승인). 守門人. 獄吏(옥리). 기술인. 匠人. 石工.
家庭	少男. 청소년.
事業	토목, 건축업. 광산 관련. 기술자.
地位	정부관료. 귀족. 경찰.
職業	기술 관련업. 가정교사. 석공. 경비직.
人	소남. 종교인. 은행원. 은둔인.
性格	장점 : 조리분명. 고적응성. 자주독립. 화순, 충성, 중립. 불호쟁투. 신뢰 분발. 곤란 극복. 단점 : 소극. 보수. 극단적 성격. 편고. 고집.
場所	산. 구릉. 휴게실. 분묘장소. 閣樓(각루). 감옥. 공안기관. 파출소. 城牆. 창고. 宗廟(종묘). 사당. 돌산. 은행. 저장실. 채석장.
方位	東北方. 西北方(後天八卦方位).
天象	雲. 霧(무). 언덕.
時間	暮冬 ~ 初春
數	七(先天八卦數). 八(九宮數). 五.十(五行土數).
物象	암석. 山坡(산파). 분묘. 장벽. 사다리. 석비. 土坑. 樓臺. 탁자. 상.
人體	코. 등. 손가락. 관절. 왼쪽넓적다리. 脚趾(각자:다리·발). 유방. 脾. 위. 결장.
動物	개. 호랑이. 쥐. 이리. 곰. 곤충. 파충류.
五色	황색. 백색.
五味	甘味(감미=단맛)
企業形象	1) 主題 : 山. 高. 거칠고 웅장. 냉정. 침저. 독특한 성격. 2) 象意 : 광명. 개성 강함. 보수. 독립. 표준. 주관. 3) 顔色 : 황색. 백색. 4) 形狀 : 堅硬不動(견경부동). 향상발전. 上硬下軟(상경하연). 정삼각형.

	곤괘(坤卦) ☷
卦象	大地. 靜. 유순. 잠재의식.
社會	大衆. 향촌인. 유약인. 大腹人(대복인). 소인.
家庭	조모. 노모. 계모. 노부인. 모친.
事業	土性. 房地産9방지산). 건축. 방직. 도살장. 육류가공. 모피생산. 농작물. 농산물. 부녀지사. 출판업. 전선망 관련업.
地位	여성 각료. 여성관련 정부부처의 수장. 여성 경호원.
職業	농업. 원예업. 토목, 건축업. 축산업. 육아관련업. 관계수로관련업.
人	모친. 황후. 대중. 보통사람. 노부인. 신체비만. 비서. 시어머니. 농부.
性格	장점 : 성실. 유순. 仁讓(인양). 온유. 후덕. 환희. 靜. 단점 : 지나친 보수적. 인색. 음기 많음. 新文物에 민감.
場所	대지. 평지. 鄕村(향촌). 田畓.
方位	西南方. 北方(先天八卦方).
天象	陰雲(음운). 霧氣(무기). 冰霜(빙상).
時間	暮夏~初秋
數	二(後天八卦數). 八(先天八卦數). 五.十(五行土數).
物象	진흙. 기와. 오곡. 면포. 부드러운 물품. 쇠고기. 식품. 대차. 부녀용품. 書. 놋쇠로 만든 솥.
人體	배. 우측어깨. 脾(비). 胃(위). 여성생식기. 살가죽.
動物	소. 고양이. 암말.
五色	황색. 흑색.
五味	甘味(감미=단맛)
企業形象	1) 主題 : 땅. 靜. 후덕. 유화. 優美(우미). 2) 象意 : 균형. 養. 정직. 근로. 느림. 절선. 3) 顔色 : 황색. 흑색. 4) 形狀 : 方形.

5) 팔괘의 오행배속(八卦의 五行配屬)

		火		
木	巽 ☴ 風 辰.巳 陰 東南 ❹	離 ☲ 火 午 陰 南 ❾	坤 ☷ 地 未.申 陰 西南 ❷	土
	震 ☳ 雷 卯 陽 東 ❸	❺	兌 ☱ 澤 酉 陰 西 ❼	金
土	艮 ☶ 山 丑.寅 陽 東北 ❽	坎 ☵ 水 子 陽 北 ❶	乾 ☰ 天 戌.亥 陽 西北 ❻	
		水		

4. 구궁론九宮論

1) 낙서구궁(洛書九宮)

◆ 상기 洛書의 圖式을 9개의 宮으로 나누어 陰陽의 數를 대입하여 정리하면 아래표의 구궁도와 같다.

九宮圖(구궁도)

4	9	2
3	5	7
8	1	6

◆ 가로, 세로, 대각선 의 합은 각각 15가 되는데, 이는 節과 氣 사이의 日數 15日과 같으며 각각 5일씩인 天地人 三元으로 구성되어 15日이 되는 것이다. 현재의 시대는 투쟁과 전쟁이 빈번한 後天 相剋의 시대이므로, 洛書九宮圖(낙서구궁도)를 활용하여 미래사를 판단하는 근본으로 삼는 것이다.

2) 구궁배속(九宮配屬)

九宮方位圖

東南	南	西南
東		西
東北	北	西北

九宮定位圖

4	9	2
3	5.10	7
8	1	6

九宮月別圖

3.4月	5月	6.7月
2月		8月
1.12月	11月	9.10月

九宮十二支定位圖

辰.巳	午	未.申
卯		酉
寅.丑	子	戌.亥

九宮名稱圖

巽	離	坤
震		兌
艮	坎	乾

天蓬九星定位圖

四 天輔	九 天英	二 天芮
三 天沖	5 天禽	七 天柱
八 天任	一 天蓬	六 天心

九宮五行圖

木	火	土
木	土	金
土	水	今

九宮四季圖

晚春~ 初夏	夏	晚夏~ 初秋
春		秋
晚冬~ 初春	冬	晚秋~ 初冬

紫白九星定位圖

綠	紫	黑
碧	黃	赤
白	白	白

5. 하도河圖 · 낙서洛書와 선 · 후천팔괘도先 · 後天八卦圖

1) 하도(河圖)

(1) 하도의 원리(河圖의 原理)

河　圖

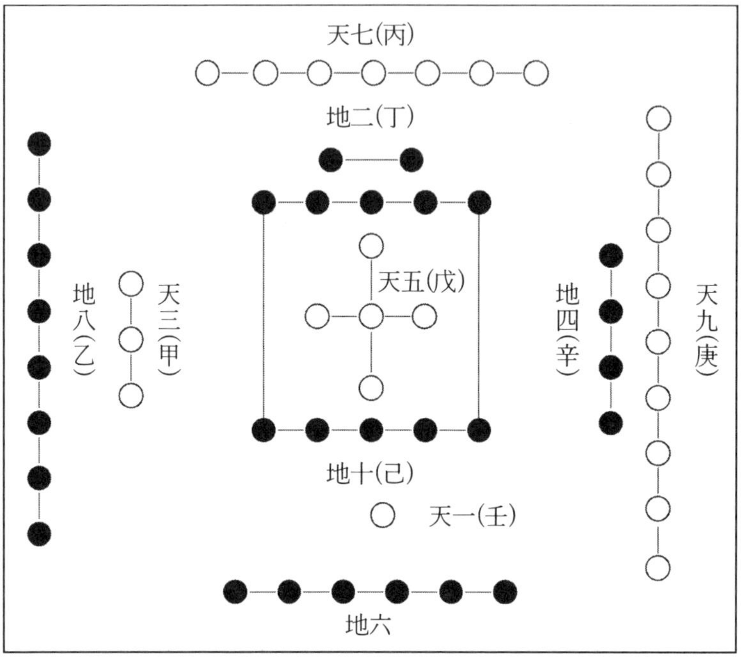

先天八卦圖(선천팔괘도)

兌二 (澤)	乾一 (天)	巽五 (風)
離三 (火)		坎六 (水)
辰四 (雷)	坤八 (地)	艮七 (山)

伏羲 先天八卦 方位圖(복희 선천팔괘 방위도)

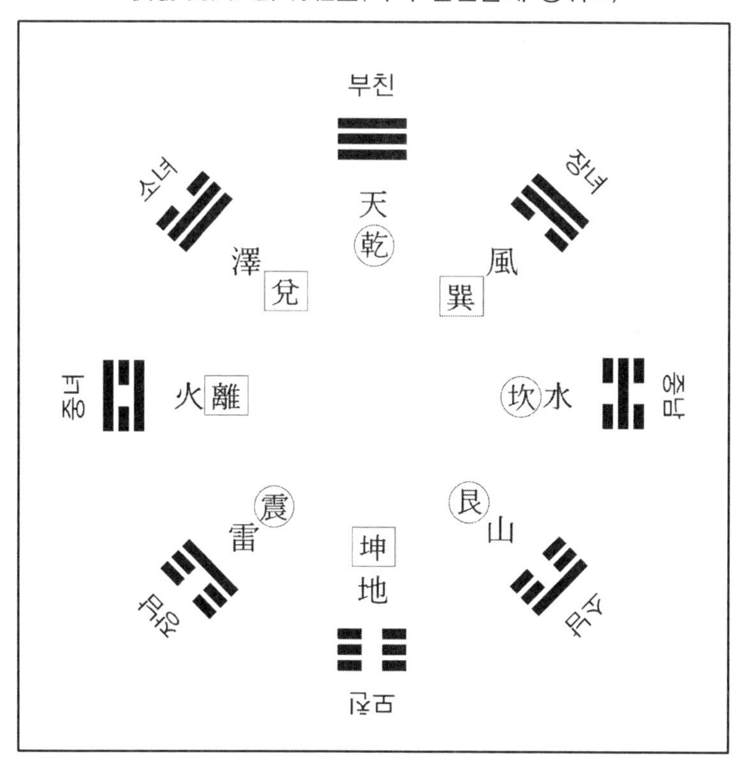

- 중국의 三皇五帝 중 伏羲氏(복희씨)가 黃河(황하)의 물속에서 나오는 龍馬(용마)의 등에 그려진 것을 보고 만들었다는 河圖(하도)는 天干五行의 相生原理를 나타낸 것이다.
- 陽數 1.3.5.7.9 - 하늘　　　　陰數 2.4.6.8.10 - 땅
- 陽數의 合은 25인데 우주본체인 1을 빼면 24로 24節候와 같다.
  陰數의 合은 30인데 이는 매달의 日數와 같다.
- 陽數, 陰數를 合하면 55로 先天數이다. 55는 5+5로 분리되어 중앙의 5陽土로 되고, 합하면 10으로 중앙의 陰10土로 된다.

(2) 수의 생성과 삼천양지(數의 生成과 參天兩地)

우주안의 모든 數는 1에서 10까지로 구성되어졌다. 상기 河圖의 안에 있는 1에서 5까지의 數를 生하는 數라 하여 生數라고 하고, 밖에 있는 6에서 10까지의 數를

이루는 數라 하여 成數라고 한다. 生數 1~5는 內的이며 體가 되고, 成數 6~10은 外的이며 用이 된다. 즉 內體外用이 되는 것이다.

본체가 되는 生數 중에서 홀수는 陽으로서 하늘의 數가 되고, 짝수는 陰으로서 땅의 數인데, 홀수는 1,3,5의 세 자리이고, 짝수는 2,4의 두 자리가 있다. 이를 參天兩地(삼천양지)라 한다. 이 삼천양지는 易의 數에서 가장 기본적인 원리가 되는 것이다.

1~5까지의 生數 중 홀수인 1,3,5를 합하면 9가 되어 陽을 대표하는 老陽(太陽)이 되고, 짝수인 2,4를 합하면 6이 되어 老陰(太陰)이 된다.

따라서 周易은 陰陽學인 동시에 九六學이 되는 것이다. 즉 陰陽은 體가 되고, 九六은 用이 되는 것이다. 陽을 9라는 숫자로 하고, 陰을 6이라는 숫자로 한 이유는 늙은 陽과 늙은 陰은 변하기 때문이다.

9는 하늘이고 아버지이고, 6은 땅이고 어머니로써 천지자연의 조화에 의해 그 사이에 자식이 나오는데 아들에 해당하는 것을 少陽, 딸에 해당하는 것을 少陰이라 한다. 아들에 해당하는 陽卦는 7이고, 딸에 해당하는 陰卦는 8이다. 少陽에는 震卦, 坎卦, 艮卦가 있고 少陰에는 巽卦, 離卦, 兌卦가 있다.

(3) 사상(四象)의 자리수

사상의 위수(位數)

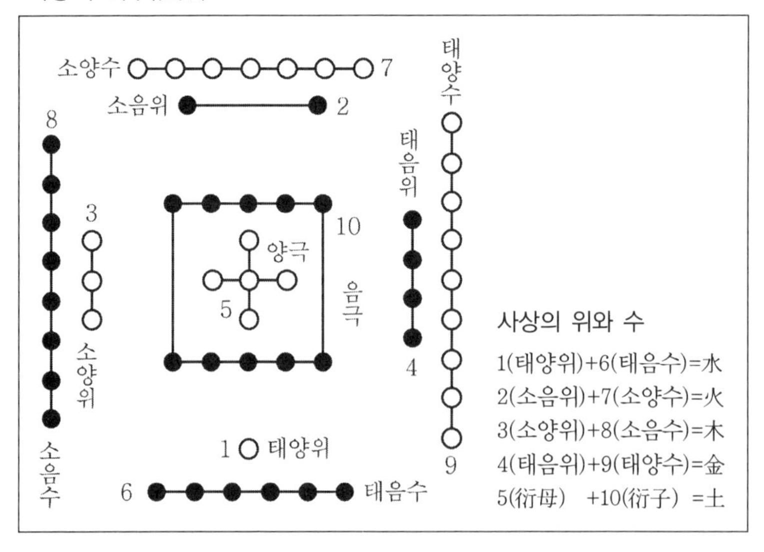

- 四象에서 사방의 生數인 1, 2, 3, 4는 四象位라 하고 사방의 成數인 6, 7, 8, 9는 四象數라 한다.
  1은 太陽位, 2는 少陰位, 3은 少陽位, 4는 太陰位, 5는 중앙·양극, 6은 太陰數, 7은 少陽數, 8은 少陰數, 9는 太陽數.
- 生數인 1, 2, 3, 4(四象位)는 中央 5의 도움으로 成數인 6, 7, 8, 9(四象數)를 낳는다.

2) 낙서(洛書)

(1) 낙서의 원리(洛書의 原理)

洛 書

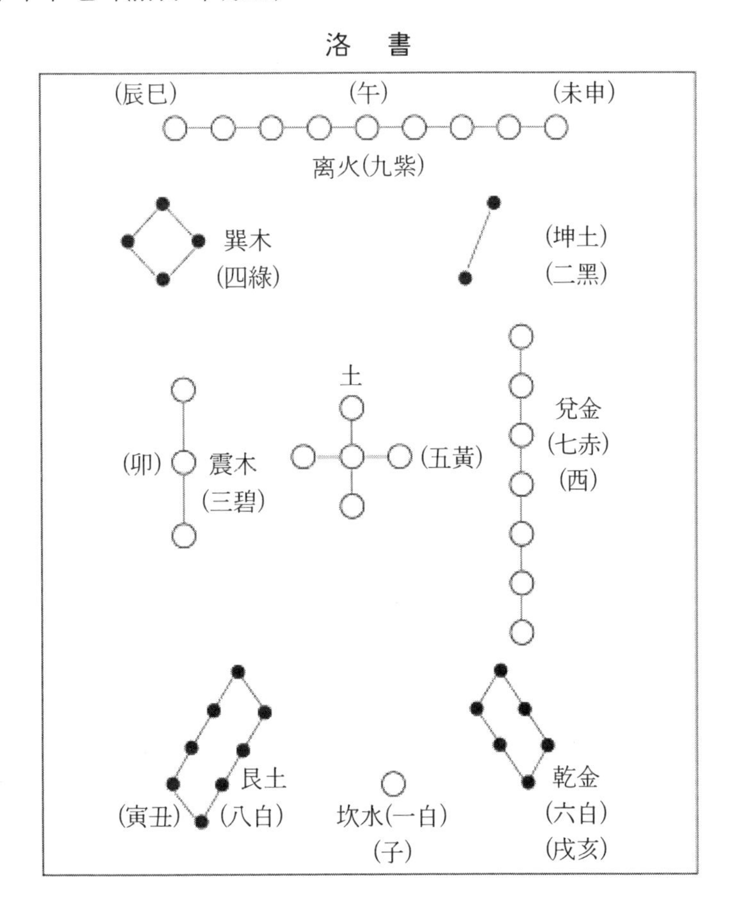

後天八卦圖(후천팔괘도)

巽四 (風)	離九 (火)	坤二 (地)
震三 (雷)		兌七 (澤)
艮八 (山)	坎一 (水)	乾六 (天)

- 상기 낙서구궁팔괘도는 동양오술의 하나인 奇門遁甲(기문둔갑) 학문의 근간이 되는 바, 현재 後天 相剋의 시대를 적용한 상기 洛書九宮의 數理가 기문학설의 근본이 되는 것이다.
- 奇門遁甲(기문둔갑)은 術數豫測學(술수예측학)으로 그 구성요소들은 각 宮의 排盤(배반)과정에서 상기 九宮數理의 法理를 적용하여 造式(조식)되는 것이다.

(2) 문왕 후천팔괘도(文王 後天八卦圖)

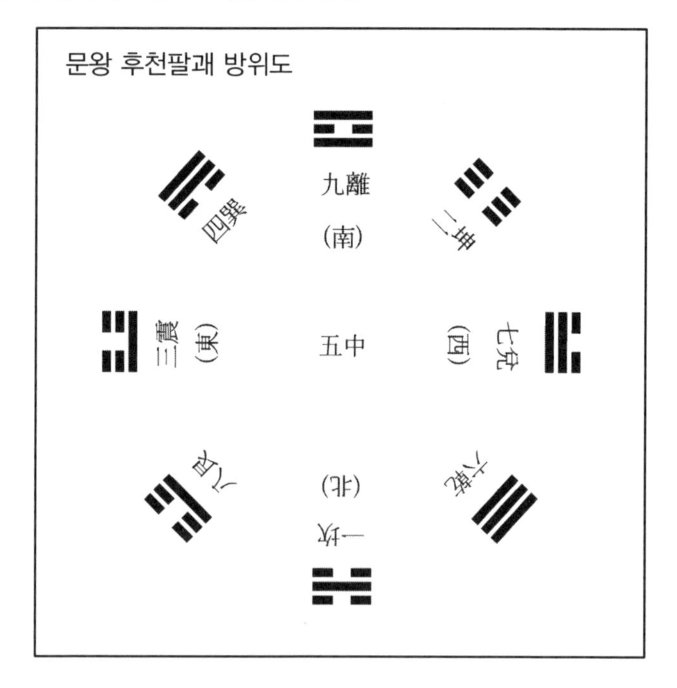

- 河圖(하도) 이후, 禹(우)임금이 중국 黃河(황하) 상류의 洛水에서 거북등에 그려진 문양을 보고 洛書(낙서)를 창안했다.
- 河圖는 천지만물의 본질인 體가 되고, 洛書는 변화와 用事의 근간이 되는 用이 된다.
- 河圖는 천지만물의 완성인 10에서 그치고, 洛書는 1이 부족한 9에 그쳐 완성의 단계로 가고자 하는 相剋과 用事의 원리가 된다.
- 가로, 세로, 대각선 각 合하면 15인데 이는 24節候(절후)의 해당 日數인 15일이다.
- 洛書의 數는 총 45인데 이는 팔괘방향의 한 宮마다 머무는 日數인 것이다.
- 陽數는 해가 뜨기 시작하여 生氣가 돋는 동쪽 震方의 3木에서 시작되어, 3의 배수로 左旋하고, 陰數는 해가 지기 시작하여 陰氣가 돋는 坤方의 2火에 시작되어 2의 배수로 右旋한다.

6. 간지 오행론 干支 五行論

1) 지반 정국표(地盤 定局表)

地盤 定局表(지반 정국표)

<table>
<tr><td>巳</td><td>午</td><td>未</td><td>申</td></tr>
<tr><td>辰</td><td colspan="2" rowspan="2">地盤圖</td><td>酉</td></tr>
<tr><td>卯</td><td>戌</td></tr>
<tr><td>寅</td><td>丑</td><td>子</td><td>亥</td></tr>
</table>

2) 간지 오행론(干支 五行論)

干支 五行論(간지 오행론)

天干	甲	乙	丙	丁	戊	己	庚	辛	壬	癸
五行	木	木	火	火	土	土	金	金	水	水
後天數	3	8	7	2	5	10	9	4	1	6
陰陽	+	−	+	−	+	−	+	−	+	−

陽干	甲	丙	戊	庚	壬
後天數	3	7	5	9	1
陰干	乙	丁	己	辛	癸
數	8	2	10	4	6

地支	子	丑	寅	卯	辰	巳	午	未	申	酉	戌	亥
五行	水	土	木	木	土	火	火	土	金	金	土	水
陰陽	+	−	+	−	+	−	+	−	+	−	+	−
後天數	1	10	3	8	5	2	7	10	9	4	5	6

陽支	子	寅	辰.戌	午	申
後天數	1	3	5	7	9
陰支	亥	卯	丑.未	巳	酉
後天數	6	8	10	2	4

3) 간지의 인체 배속(干支의 人體 配屬)

天干	甲 乙 木	丙 丁 火	戊 己 土	庚 辛 金	壬 癸 水
地支	寅 卯 木	午 巳 火	辰戌 丑未土	申 酉 金	子 亥 水
인체 人體	머리. 이마 간장(肝臟) 쓸개 항(項=목) 신경계통	어깨. 가슴 심장(心臟) 소장(小腸) 눈. 이빨 목젖	갈비. 복부 위장(胃臟) 비장(脾臟) 피부. 중풍 악성종기	배꼽. 맥락 팔. 다리 폐장(肺臟) 대장(大腸) 뼈. 힘줄	정갱이. 허리 허벅지. 발 신장(腎臟) 방광(膀胱) 월경. 혈액 삼초(三焦)

4) 오행의 성상 요약(五行의 性狀 要約)

五行의 性狀 要約(오행의 성상 요약)

천간 天干	甲	乙	丙	丁	戊	己	庚	辛	壬	癸		
五行 오행	木	木	火	火	土	土	金	金	水	水		
陰陽 음양	+	−	+	−	+	−	+	−	+	−		
性狀 성상	巨木 거목	芝蘭 蒿草 지란 호초	太陽 태양	燈燭 등촉	野山 야산	田畓土 전답토	미가공 금속	가공한 금속 귀금속	大海水 대해수	甘露水 감로수		
	미가공 나무	花草 화초	巨火 거화	火爐 화로	堤防土 제방토	庭園土 정원토	철강	수술칼	먹구름	澗溪水 간계수		
		稼花 가화		아궁이 불	大土 대토	담장토	도끼	차바퀴	大雪 대설	雨露 우로		
		灌木 관목					기계류 방앗간		大雨 江湖	小雪 서리 안개		
地支 지지	子	丑	寅	卯	辰	巳	午	未	申	酉	戌	亥
五行 오행	水	土	木	木	土	火	火	土	金	金	土	水
陰陽 음양	+	−	+	−	+	−	+	−	+	−	+	−
性狀 성상	大海水 대해수	진흙	巨木 거목	芝蘭 蒿草 지란 호초	濕土 습토	燈燭 등촉	太陽 태양	沙土 모래토	미가공 금속	귀금속	乾土 건토	澗谿水 간계수
	江湖 강호			花草 화초		火爐 화로	巨火 거화		도끼	가공한 금속		雨露 우로
	大雨 대우			稼花 가화		아궁이 불				차바퀴		小雪 소설
	大雪 대설			灌木 관목						수술칼		안개 서리

5) 천간과 지지 상의(天干과 地支 象意)

다음은 우주만물의 구성요소인 음양오행의 天干과 地支가 나타내는 물상(物象) 및 그 물상과 연관된 사안에 대해 개략을 기술한 것인바, 앞서 설명한 오행의 성상 요약과 더불어 명리학에서 반드시 섭렵하고 넘어야 할 중요한 사항이다. 대체로 사주명리학에서는 干支의 상의(象意)가 비교적 깊이 있게 거론되지는 않지만, 육임(六壬)이나 기문둔갑(奇門遁甲) 등의 여타 학문에서는 매우 비중 있게 다루어지는 바, 명리학도라면 반드시 그 이치를 터득하고 넘어야 할 또 하나의 산인 것이다.

甲(地支 寅木)	
天門천문	**천둥**. 火星. 샛별. 온난함.
地理지리	**삼림**. 고지대. 대로. 교량. 기둥. 시장. 큰집. 풍수(風水)의 좌룡사(左龍砂).
人物인물	국가원수. 국왕. 가장(家長). 주장(主將). 형장(兄長). 의사. 법관. 고위직 관리. 군자.
性格성격	강건. 정직. 굳건. 유쾌. 위엄. 고집 있고 큰 공을 세우기 좋아함.
疾病질병	담. 쓸개. 머리. 정신신경. 다리. 머리카락. 목소리. 뇌신경. 경련. 마비. 조급함. 구토. 눈. 허리.
職業직업	정치인. 창업자. 총무. 농림업. 목재업. 건축업. 감독.
植物식물	소나무. 잣나무. 삼나무. 야자나무. 대나무. 산수유. 갈대. 목초.
動物동물	사자. 호랑이. 표범. 꾀꼬리. 학. 공작. 사슴. 도마뱀. 구렁이. 기린.
器物기물	대들보. 궁전. 탑. 퉁소. 피리. 북. 비파. 거문고. 곤봉. 안마봉. 농기구. 공기구. 직조기. 교통... 건축 및 장식용 목재.
其他기타	청록색. 숫자 3. 종자. 전기학. 호박(琥珀).

乙(地支 卯木)	
天門천문	부드러운 **바람**. 太陰. 산의 기운. 명왕성.
지리지리	**과수원**. **화원**. 공원. 초원. 계곡. 관광지. 기둥. 출입구. 창문. 풍수상(風水上) 좌룡사(左龍砂)
人物인물	고위관료. 왕후. 현자(賢者). 문장가. 승려. 주부. 자매. 아내. 부서장. 약사. 여행객.
性格성격	끈질기고 부드러움. 은근함. 평화. 정에 의지. 능히 펴고 굽힘. 세태에 적응을 잘함.

疾病질병	간장. 담. 눈물샘. 머리카락. 손가락. 발가락. 넓적다리. 후각. 영혼. 목. 신경계통. 과민증. 가려움증.
職業직업	원예. 수공업. 중개업. 혼인. 교역. 감화교육. 인쇄. 출판. 선원.
植物식물	난초. 영지버섯. 차. 버들강아지. 등나무. 끈. 부평초. 기생식물. 향기 있는 식물.
動物동물	닭. 뱀. 사슴. 원앙새. 비둘기. 황새. 고니. 나비. 나방. 누에. 송충이.
器物기물	수공예품. 식당. 회합장소. 부채. 구기자. 등나무 제품. 가발. 향수. 방향제. 서책. 의류. 문구. 향료. 주단. 비단. 넝쿨나무. 지물류. 어패류. 화폐. 곡물류. 한약재. 그림류.
其他기타	벽록색. 숫자 8. 황록색.

丙(地支 午火)	
天門천문	太陽. 목성(木星). 양광(陽光). 전광(電光). 열기. 신월에서 만월까지.
地理지리	**용광로**. 성문. 향화사당(香火祠堂). 궁실. 풍경. 유흥지. 극장. 메마른 땅. 풍수상(風水上)의 조안(朝案). 화산.
人物인물	검찰관. 시인. 전도사. 장군. 원고(原告). 감정사. 미용사. 안과의사. 종교인.
性格성격	내유외강. 공정. 청렴. 결백. 맹렬. 허영. 관용.
疾病질병	소장(小腸). 눈동자. 어깨. 혈압. 염증. 발열. 출혈. 유산. 기침.
職業직업	문서. 송사. 구설시비. 예술품업. 미용업. 오락업. 항공업 관련.
植物식물	당귀. 천궁. 계관화. 단풍나무. 연꽃
動物동물	꿩. 주작. 공작. 까치. 앵무새. 거북이. 달팽이. 게. 소라. 청개구리. 새우. 조개.
器物기물	예복. 고층아파트. 광학제품. 화장품. 사진기. 발전기. 화약. 화력발전. 자동차. 전기. 전자. 통신. 재판소.
其他기타	홍색. 자색. 숫자 7.

丁(地支 巳火)	
天門천문	**별**. 금성. 달빛.
地理지리	**등촉불**. 아궁이 불. 번화가. 조명탄. 등대. 뒷문. 마굿간. 風水上의 조안(朝案). 온천.
人物인물	화가. 연예인. 조종사. 운전사. 여자친구. 연설가. 성숙한 부인. 첩. 과부. 역사학자.
性格성격	간사함. 유순함. 내열외한. 불복종. 반역. 고집.
疾病질병	심장. 유방. 안구. 맹장. 혈구. 의식. 맥박. 부스럼.

職業직업	꽃길. 미용화장. 포장업.
植物식물	마. 작약. 장미. 국화. 빨간콩. 연꽃.
動物동물	반딧불. 매미. 지렁이. 벌. 파리. 모기. 이. 벼룩. 독사. 사마귀. 도마뱀.
器物기물	전자로. 도서관. 연료. 장난감. 못. 전기. 건전지. 레이저 광선. 자동차 헤드라이트. 번개. 난방 열. 치아. 방사선. 빵류. 접시류. 조명기구. 바퀴. 축사.
其他기타	담홍색. 숫자 2.

戊(地支 辰戌土)	
天門천문	**노을** 토성.
地理지리	**산**. **육지**. **제방**. 고개. 보리밭. 가을의 논밭. 사석장(砂石場). 주차장. 풍수상(風水上)의 결혈(結穴). 용암. 물이 고인 땅.
人物인물	장관. 귀인. 시인. 교사. 교도관. 목동. 추녀.
性格성격	의심. 고집. 견고. 보수적. 지조. 절개. 때를 만나면 영웅호걸이고 때를 만나지 못하면 나약하다.
疾病질병	위장(胃腸). 소화기관. 치아. 코. 복부. 관절. 피부. 옆구리.
職業직업	보험. 신탁. 국방부 계통. 부동산.
植物식물	쌀. 박. 표주박. 오이. 참외. 씨 없는 과일. 마늘. 파. 기장.
動物동물	노새. 나귀. 낙타. 개. 곰. 승냥이. 두더쥐.
器物기물	부동산. 건축물. 학교. 상점. 포장지. 우산. 도자기. 가죽. 털옷. 비린내 나는 고기. 국수. 창고. 백화점. 벽돌. 타일. 중화기. 자동차. 불에 달군 토석. 문구. 서적.
其他기타	황색. 숫자 5.

己(地支 丑未土)	
天門천문	**구름**. 먼지. 습기. 저기압. 산에서 일어나는 안개 같은 기운.
地理지리	**전원**. **전답**. 묘지. 진흙. 침실. 우물. 평원. 풍수상(風水上)의 결혈(結穴). 가옥. 모래. 자갈. 레미콘. 음지의 토석. 도로. 구멍. 암초. 섬. 벽. 황토. 주차장.
人物인물	아내. 주부. 임산부. 농부. 타자원. 비서. 무녀(舞女). 가기(歌妓).
性格성격	관대함. 담백. 함축. 유순. 욕심. 인색. 게으름.
疾病질병	비장(脾臟). 피부. 식도. 복부. 결석. 눈꺼풀. 자폐증. 산액. 위염. 영양실조. 종기. 부스럼. 창자. 뒷머리. 치질. 갈비뼈. 종아리. 옆구리.
職業직업	군수물자 관련. 도시계획. 산부인과. 발효공업. 식량물자.

植物식물	벼. 목화. 마. 산약초. 감초. 사탕수수. 콩. 가을의 농작물.
動物동물	소. 고양이. 삵괭이. 노새. 나귀. 꿀벌. 거미. 개미. 까마귀. 오리.
器物기물	내의. 모포. 위생지. 조미료. 양말. 신발. 화장실. 하수구. 화장품. 우유. 기름. 물통. 레미콘배합. 분말류. 주류창고.
其他기타	황색. 숫자 10.

庚(地支 申金)	
天門천문	**달**. 수성. 서리. 봄과 여름의 비.
地理지리	**광물**. 조수. 고속철로. 풍수상(風水上)의 우호사(右虎砂). 호수. 연못. 성각(聖閣)의 지붕. 신당(神堂).
人物인물	군인. 검찰관. 할아버지. 외과의사. 조각가. 무술가. 형집행인. 피고. 무녀(巫女). 간첩.
性格성격	강건. 용감. 거칠고 황폭함.
疾病질병	폐장. 호흡기. 기침. 대장. 배꼽. 골격. 월경. 갑상선. 땀구멍. 갱년기. 조직경락. 골절.
職業직업	질병사상. 교통사고. 군사업무. 철도업. 강철업. 광업. 발목업. 사냥. 수렵.
植物식물	국화. 생강. 마늘. 피마자. 부추. 파. 양배추. 배추. 미나리.
動物동물	호랑이. 표범. 사자. 상어. 원숭이. 메뚜기. 흰개미.
器物기물	철강. 건축용 철재. 기계류. 방앗간. 칼. 검. 종. 도끼. 기차. 운동기구. 직조기. 재봉틀. 톱. 선박. 절단기. 회전하는 기계.
其他기타	백색. 숫자9.

辛(地支 酉金)	
天門천문	**서리**. 우박.
地理지리	**金**. 철물점. 무덤. 신단. 풍수상(風水上)의 우호사(右虎砂). 염전. 창문. 방앗간. 기생집. 황폐한 토지. 사원.
人物인물	법관. 법률가. 의원. 여자경찰. 범죄. 유격대. 소녀. 창녀.
性格성격	냉혹. 결단. 외유내강.
疾病질병	폐. 치아. 목구멍. 다리뼈. 가슴. 신진대사 기관.
職業직업	개발업. 중개업. 수술도구. 바느질 도구.
植物식물	보리. 마. 은행. 수유. 겨자. 해바라기. 마늘. 부추. 상추.
動物동물	사냥개. 지네. 조개. 백호. 코뿔소. 좀. 소쩍새.

器物기물	패물. 기계부속품. 전기기계. 철금속 물질. 쇳물. 진주. 보석. 구슬. 방울. 열쇠. 침. 상아. 종유석. 가죽제품. 석고. 수술용 칼. 차바퀴. 조각칼. 주방기구. 가죽류. 금형. 낚시. 금불상. 바늘. 풍경(風磬).
其他기타	백색. 숫자 4.

壬(地支 子水)	
天門천문	**우로(雨露)**. 먹구름. 월식. 은하수. 천왕성.
地理지리	**바다. 하천(河川). 호수(湖水)**. 폭포. 지하철. 땅속 길. 터널. 감옥. 풍수상(風水上)의 내룡(來龍). 빙산. 매립지. 전쟁터.
人物인물	뱃사공. 기마병. 산모. 유모. 도둑. 흰옷 입은 사람. 요리사. 도적.
性格성격	현실적. 총명. 원활. 음란. 상쾌. 관대함. 외유내강.
疾病질병	방광. 수정관. 비뇨기관. 자궁. 임파선계통. 유방. 혈관. 종아리. 임신. 요통. 종양. 설사. 피고름. 혈액.
職業직업	교통. 선박. 수리. 소방. 어로. 냉동업. 도살업. 性 관련 사업.
植物식물	대두. 흑두. 인삼. 뽕나무. 오디. 갈대. 상수리나무. 가시 있는 식물.
動物동물	제비. 쥐. 자라. 박쥐. 여우. 삵괭이. 바다코끼리. 하마. 수달.
器物기물	얼음상자. 냉동기. 선박. 수도관. 윤활유. 석유. 석회. 우유제품. 주류. 음료수. 공업용수.
其他기타	흑색. 숫자 1.

癸(地支 亥水)	
天門천문	**비**. 일식. 눈. 얼음. 해왕성.
地理지리	**샘물**. 섬. 침수된 곳. 우물. 목욕탕. 지하실. 창고. 감옥. 뒷문. 뒷길. 풍수상(風水上)의 내룡(來龍). 하수구. 지하수. 온천수. 동굴.
人物인물	박사. 은자(隱者). 심리학자. 측량기사. 잠수인. 간첩. 어민. 거지. 어린아이. 살인자. 경찰.
性格성격	다정. 민감. 침묵. 이중인격.
疾病질병	신장. 생식기관. 내분비계통. 귀. 대뇌. 골수. 다리. 타액. 혈액. 평형계통. 기억력. 전립선. 피부질환. 습진. 소변. 염증. 눈물.
職業직업	참모. 설계. 계획. 측량. 음모. 도망. 혼인.
植物식물	수선화. 차꽃. 연꽃. 물속 식물.

動物동물	북극곰. 거위. 갈매기. 수달. 담비. 멧돼지. 굴. 조개. 올챙이.
器物기물	그물. 여과기. 정수기. 장막. 우산. 필묵. 청량음료. 배설물. 탁한 물. 오염된 물. 액체. 유류. 주류. 빙과류. 국물류. 독극물.
其他기타	담색. 숫자 6. 귀신. 암호.

7. 이십팔숙二十八宿

1) 개요(槪要)

二十八宿(이십팔숙)의 "宿(숙)"은 머무른다는 뜻이다. 二十八宿은 고대에 星家法(성가법)으로 사용되어 온 것인데, 天球(천구)를 黃道에 따라 크게 東(靑龍), 西(白虎), 南(朱雀), 北(玄武)의 4구역으로 나누고 구역마다 각각 7개의 별을 배속하여 총 28개의 별자리를 배치한 것을 말한다. 二十八宿(이십팔숙)은 예로부터 "이십팔수"로 불리어져 왔으며 우리들 인간사의 길흉화복에 깊숙이 관련되어 있다고 알려져 왔다. 28이란 숫자는 달의 공전주기인 27.32일에서 유래했다고 하며, 달은 하루에 1구역인 한 개의 별자리를 통과한다고 알려져 있다.

- 東方(靑龍) : 角각 亢항 氐저 房방 心심 尾미 箕기
- 西方(白虎) : 奎규 婁누 胃위 昴묘 畢필 觜자 參삼
- 南方(朱雀) : 井정 鬼귀 柳유 星성 張장 翌익 軫진
- 北方(玄武) : 斗두 牛우 女여 虛허 危위 室실 壁벽

28宿 次序(28숙 차서)									
1	2	3	4	5	6	7	8	9	10
室실	壁벽	奎규	婁누	胃위	昴묘	畢필	觜자	參삼	井정
11	12	13	14	15	16	17	18	19	20
鬼귀	柳유	星성	張장	翌익	軫진	角각	亢항	氐저	房방
21	22	23	24	25	26	27	28		
心심	尾미	箕기	斗두	牛우	女여	虛허	危위		

日宿	亥	子	丑	寅	卯	辰	巳	午	未	申	酉	戌
月將	亥將	子將	丑將	寅將	卯將	辰將	巳將	午將	未將	申將	酉將	戌將

月宿	1月	2月	3月	4月	5月	6月	7月	8月	9月	10月	11月	12月
初1日起	室	奎	胃	畢	參	鬼	張	角	氐	尾	斗	虛
	奎. 張. 井. 翌. 氐. 斗 등은 2日씩 계산한다.											

12支 해당 28宿											
子	丑	寅	卯	辰	巳	午	未	申	酉	戌	亥
女 虛 危	斗 牛	尾 箕	氐 房 心	角 亢	翌 軫	柳 張 星	井 鬼	觜 參	胃 昴 畢	奎 婁	室 壁

2) 이십팔숙(二十八宿) 길흉 해설

二十八宿 次序	曜日	吉凶 事案(길흉 사안)
1. 室실	火	萬事皆吉하다.
2. 壁벽	水	改門(개문). 婚禮(혼례). 建宅(건택). 葬禮(장례). 修造(수조) 등에 吉하다.
3. 奎규	木	建宅에는 吉하다. 改門과 葬禮(혼례)는 불리하다.
4. 婁누	金	건축물의 築造(축조), 開基(개기), 改門 및 婚禮(혼례) 등에는 좋으나, 그믐날은 기피한다.
5. 胃위	土	건축물의 築造(축조), 開基(개기), 改門(개문) 및 葬禮(장례), 婚禮(혼례)에 大吉하다.
6. 昴묘	日	建宅에는 吉하다. 婚禮, 葬禮(장례), 改門에는 凶하다.
7. 畢필	月	葬禮, 婚禮. 건축물 築造 및 開基에 길하다.
8. 觜자	火	萬事皆吉하다. 葬禮는 기피한다.
9. 參삼	水	萬事皆凶이다. 建宅에는 吉하다.

10. 井정	木	建宅과 改門에는 吉하다. 葬禮는 불리하다.
11. 鬼귀	金	萬事皆凶이다. 葬禮는 吉하다.
12. 柳유	土	건축물 築造, 改修, 開基, 葬理 등에 吉하다.
13. 星성	日	건축물 改·補修(개·보수)에 吉하다.
14. 張장	月	任官, 婚禮, 葬禮, 건축물 築造, 開基 등에 大吉하다.
15. 翌익	火	葬禮에는 吉하다. 建宅, 건축물 改補修에는 凶하다.
16. 軫진	水	造船, 出行, 葬禮, 施工, 건축물 築造 등에 吉하다.
17. 角각	木	建宅에는 吉하다. 葬禮, 건축물 改補修는 凶하다.
18. 亢항	金	萬事皆凶이다.
19. 氐저	土	建宅과 婚禮는 吉하다. 葬禮와 改補修 연관 건은 凶하다.
20. 房방	日	萬事皆吉이다. 葬禮, 修理는 불리하다.
21. 心심	月	萬事皆凶이다.
22. 尾미	火	建宅, 建築, 出行, 婚禮, 葬禮, 修理 등에 大吉하다.
23. 箕기	水	建宅, 建築, 出行, 婚禮, 葬禮, 修理 등에 大吉하다.
24. 斗두	木	萬事皆吉이다.
25. 牛우	金	萬事皆凶이다. 보름날은 더욱 凶하다.
26. 女여	土	建宅, 建築, 修理, 葬禮 등에 불리하다.
27. 虛허	日	萬事皆吉이다. 葬禮는 凶하다.
28. 危위	月	建宅, 建築, 修理 등에 凶하다.

제2장

이론理論

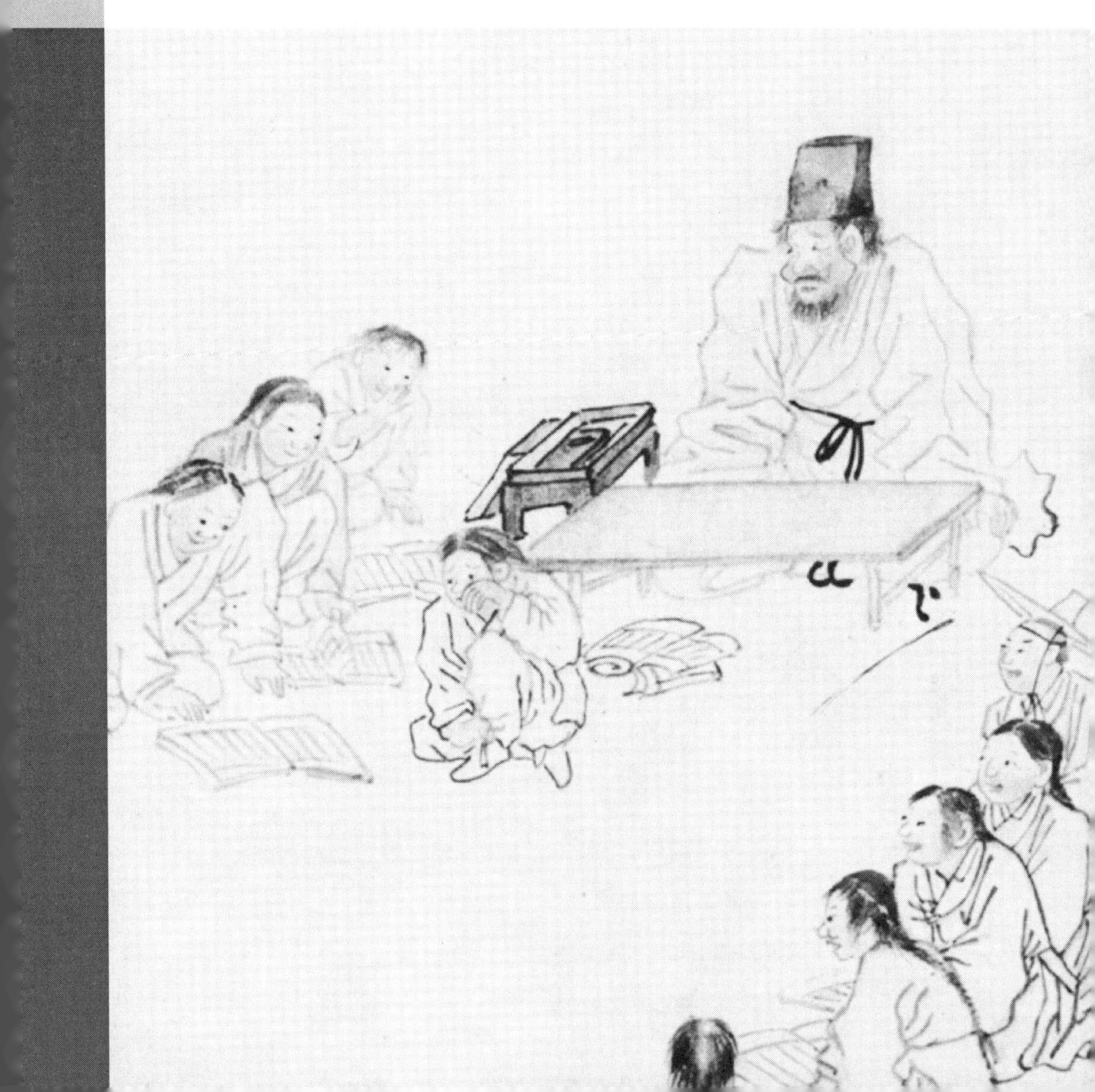

1. 기본 지식基本 知識

1) 정의(定義)

紫微斗數學은 紫微星(자미성)을 중심으로 하는 北斗星系(북두성계) 星曜(성요)와, 天府星(천부성)을 중심으로 하는 南斗星系(남두성계) 星曜(성요), 그리고 太陽星(태양성)과 太陰星(태음성)을 중심으로 하는 中天星系(중천성계) 星曜(성요)를, 사람의 생년·월·일·시에 따라 일정한 법칙대로 분별하여, 아래와 같이 12宮位로 구분된 基本命盤(기본명반)에 배속시켜, 각 성요가 본래 지니고 있는 본성의 길흉과 더불어, 命宮12宮(12事項宮, 12人事宮)이 자리한 각 宮位에, 상기 諸 성요를 배속시켰을 때에 변화되어 나타내는 성요의 성질, 그리고 12宮位 상호간에 작용하는 生化剋制(생화극제)에 따라 도출되는 吉凶禍福(길흉화복)의 旺衰(왕쇠)를 참조하여, 사람에게 닥쳐올 미래운명을 점단해보고자 하는 학문이다.

또한 상기 여러 성요 중 개인의 미래운명을 점단하는 데 있어서, 직접적이면서도 가장 영향력이 큰 十四個 星曜(성요)를, "十四主星(십사주성)" 혹은 "十四正星(십사정성)"이라 칭하는데 다음과 같다.

◆ 紫微星系(자미성계) – 六星

- 紫微星(자미성)
- 天機星(천기성)
- 太陽星(태양성)
- 武曲星(무곡성)
- 天同星(천동성)
- 廉貞星(염정성)

◆ 天府星系(천부성계) – 八星

· 天府星(천부성)

· 太陰星(태음성)

· 貪狼星(탐랑성)

· 巨門星(거문성)

· 天梁星(천량성)

· 天相星(천상성)

· 七殺星(칠살성)

· 破軍星(파군성)

◆ 紫微斗數 基本 命盤圖(자미두수 기본 명반도)

巳	午	未	申
辰	基本命盤 기본명반		酉
卯			戌
寅	丑	子	亥

2) 학습(學習)

따라서 자미두수학의 배움의 첩경은, 다음과 같은 사항을 깊이 통찰하여 궁구하는데 있다고 사료된다.

1) 十四正星 및 기타 雜星의 오행 및 특성 분석.

2) 十四正星 및 기타 雜星의 十二宮位別 배속방법 숙지.

3) 각 宮位에 배속된 여러 성요의 왕쇠 및 길흉관계 분석.

4) 명궁에 배속된 성요의 특성 분석.

5) 명궁과 기타 궁위에 배속된 성요의 동향 및 상호 연계관계 분석.

6) 행운의 분석

3) 명궁십이궁(命宮十二宮)

(1) 개요(槪要)

命宮十二宮은 별칭하여 "十二人事宮(십이인사궁)", "十二事項宮(십이사항궁)" 또는 단순히 "十二宮(십이궁)"이라고도 하는데, 본서에서는 十二宮이라 서술키로 한다. 사람이 태어나서 죽을 때 까지 일생동안 삶을 영위해가는 과정에서 가장 중요하게 대두되는 사안들을 12가지로 요약한 것이라 생각하면 될 것이다. 앞으로의 敍述(서술)에서는 편의상 "十二宮"이라 한다. 命宮을 정한 후 이어서 아래와 같이 地盤宮(지반궁=十二地支定位宮)에 역행하여 兄弟宮(형제궁), 夫妻宮(부처궁), 子女宮(자녀궁), 財帛宮(재백궁), 疾厄宮(질액궁), 遷移宮(천이궁), 奴僕宮(노복궁), 官祿宮(관록궁), 田宅宮(전택궁), 福德宮(복덕궁), 父母宮(부모궁)을 순차적으로 부법한 것을 말한다. 命宮을 정하는 방법은 뒷장에 자세히 설명토록 한다.

순서	1	2	3	4	5	6	7	8	9	10	11	12
12宮	命宮 명궁	兄弟 형제	夫妻 부처	子女 자녀	財帛 재백	疾厄 질액	遷移 천이	奴僕 노복	官祿 관록	田宅 전택	福德 복덕	父母 부모

* 奴僕宮(노복궁)은 일명 交友宮(교우궁)이라고도 칭한다.
* 官祿宮(관록궁)은 일명 事業宮(사업궁)이라고도 칭한다.

(2) 십이궁(十二宮)

十二宮은 12개의 지반의 宮位를 말하는 것으로 12地支宮이라고도 하는데, 상기의 명반도에서 子, 丑, 寅, 卯, 辰, 巳, 午, 未, 申, 酉, 戌, 亥와 같이 12개의 칸에 배속된 오행의 宮을 말하는 것으로 子宮, 丑宮, 寅宮.... 등으로 칭한다. 아래와 같다. 이를 基本命盤(기본명반)이라 한다.

巳	午	未	申
辰	基本命盤 기본명반		酉
卯			戌
寅	丑	子	亥

(3) 명궁십이궁(命宮十二宮)

상기 (2)의 十二宮에, 제반 인생사 전반에 걸쳐 발생하는 사안들을 12가지 요소로 함축시켜, 일정한 순서에 의거하여 배속시켜 놓은 것을 명궁十二宮이라 하는데, "十二사항궁", 혹은 "十二인사궁"이라 칭하기도 한다. 본 책에는 命宮十二宮이라 칭하기로 하고 약하여 "十二宮"이라 칭하기로 한다. 基本命盤圖(기본명반도)의 命宮(명궁)을 기준하여, 逆行하여 兄弟宮(형제궁), 夫妻宮(부처궁), 子女宮(자녀궁), 財帛宮(재백궁), 疾厄宮(질액궁), 遷移宮(천이궁), 奴僕宮(노복궁=交友宮), 官祿宮(관록궁=事業宮), 田宅宮(전택궁), 福德宮(복덕궁), 父母宮(부모궁) 순으로 배속한 것을 칭하는 것이다. 아래는 命宮이 丑宮에 居하는 경우의 命宮十二宮을 부법한 것이다. 아래 도표와 같다.

命宮十二宮(명궁12궁)			
官祿 巳	奴僕 午	遷移 未	疾厄 申
田宅 辰	命盤		財帛 酉
福德 卯			子女 戌
父母 寅	命宮 丑	兄弟 子	夫妻 亥

(4) 본궁(本宮)

主事에 해당하는 宮을 의미한다. 명반이 아래와 같이 造式(조식)된 경우에, 命宮에 대해 묻는 경우라면 지반 丑宮의 명궁이 본궁이고, 官祿(관록)에 대해 묻는 경우라면 地盤 巳宮의 관록궁이 본궁이고, 질병에 대해 묻는다면 申宮의 질액궁이 본궁이 되는 것이다. 예로, 관록 문제가 主事인 경우의 본궁은, 巳宮의 관록궁인 것이다. 아래 도표와 같다.

官祿 巳	奴僕 午	遷移 未	疾厄 申
田宅 辰	命盤		財帛 酉
福德 卯			子女 戌
父母 寅	命宮 丑	兄弟 子	夫妻 亥

(5) 대궁(對宮)

本宮과 대칭되는 宮을 의미한다. 만약 관록이 主事인 경우에는, 巳宮의 관록궁이 본궁이 되며 그 대칭궁인 亥宮의 부처궁이 대궁인 것이다. 만약 본궁이 子宮이라면 그 대칭궁인 午宮이 對宮이다. 아래 도표와 같다.

官祿 巳	奴僕 午	遷移 未	疾厄 申
田宅 辰	命盤		財帛 酉
福德 卯			子女 戌
父母 寅	命宮 丑	兄弟 子	夫妻 亥

(6) 삼합궁(三合宮)

本宮과 三合되는 宮位를 말하는 것이며 三合方이라고도 하며 合宮이라고도 칭한다. 예로 本宮이 子宮이면 三合되는 宮位인 申宮과 辰宮을 포함하여 三合宮이라 한다.

三合宮 : 申子辰, 亥卯未. 寅午戌. 巳酉丑.

상기의 명반에서 主事가 관록문제인 경우의 삼합궁은, 巳宮이 관록궁이 본궁이며 그 삼합되는 酉宮과 丑宮이 삼합궁인 것이다. 아래 도표와 같다.

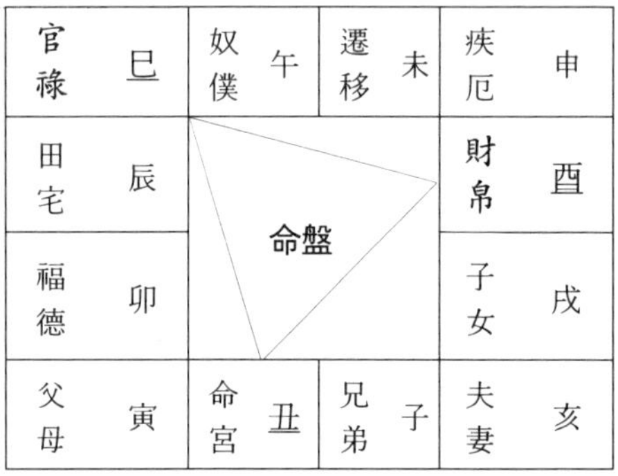

官祿 巳	奴僕 午	遷移 未	疾厄 申
田宅 辰	命盤		財帛 酉
福德 卯			子女 戌
父母 寅	命宮 丑	兄弟 子	夫妻 亥

◆ 三方이란 12宮 중 어느 한 宮을 기준할 때 그 宮을 중심으로 三合되는 宮을 말한다. 만약 명궁을 기준하는 경우에, 丑宮이 명궁이라면, 巳酉丑이 삼합을 이루는바, 丑宮과 酉宮과 巳宮을 三方이라 한다. 아래 도표와 같다.

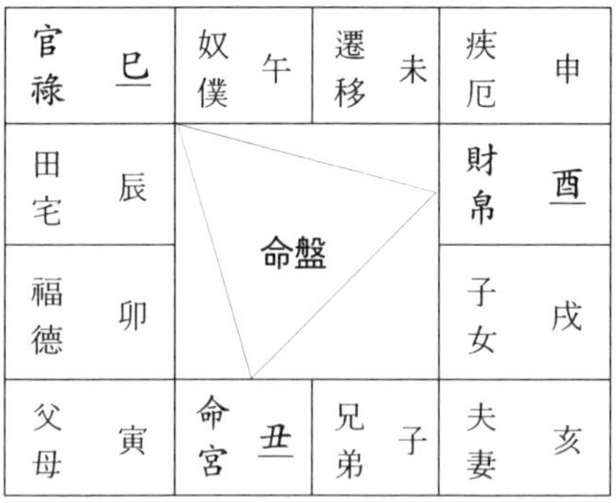

官祿 巳	奴僕 午	遷移 未	疾厄 申
田宅 辰	命盤		財帛 酉
福德 卯			子女 戌
父母 寅	命宮 丑	兄弟 子	夫妻 亥

◆四正은 12地支宮 중 寅申巳亥, 子午卯酉, 辰戌丑未의 각각 네 개의 宮을 말한다. 命宮이 丑宮인 경우라면 辰戌丑未의 4개 宮을 합쳐서 四正이라 한다. 아래 도표와 같다.

官祿 巳	奴僕 午	遷移 未	疾厄 申
田宅 辰	命盤		財帛 酉
福德 卯			子女 戌
父母 寅	命宮 丑	兄弟 子	夫妻 亥

◆통설로 四正에 관한 정의로는, 紫微命學(자미명학)의 看命(간명)에 있어서 주요시 하는 것은 본궁과 대궁이므로, 丑宮이 명궁인 경우에는 丑宮과 그 대궁인 未宮을 주로 四正으로 본다는 것이다.

예를 들어, 본궁이 관록궁으로 巳宮에 居하는 경우의 삼방사정은 아래 도표와 같다.

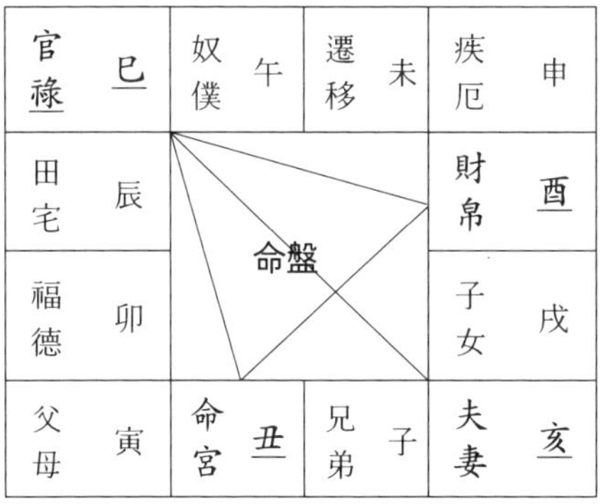

官祿 巳	奴僕 午	遷移 未	疾厄 申
田宅 辰	命盤		財帛 酉
福德 卯			子女 戌
父母 寅	命宮 丑	兄弟 子	夫妻 亥

* 요약하면 三方四正은 本宮의 三合宮과 그 對宮에 한하여 의미를 두고 논한다고 보면 되는 것이다.

(7) 암합궁(暗合宮)

暗合宮은 地支六合의 개념으로 本宮과 六合되는 宮을 暗合宮이라 한다. 예로 命宮이 本宮으로 丑宮이면 六合되는 子宮이 暗合宮이 되는 것이다.

官祿 巳	奴僕 午	遷移 未	疾厄 申
田宅 辰	命盤		財帛 酉
福德 卯			子女 戌
父母 寅	**命宮** **丑**	**兄弟** **子**	夫妻 亥

(8) 협궁(夾宮)

本宮의 양 옆에 인접해 있는 宮을 말한다. 丑宮이 本宮이면 인접한 子宮과 寅宮이 夾宮이 되는 것이다.

官祿 巳	奴僕 午	遷移 未	疾厄 申
田宅 辰	命盤		財帛 酉
福德 卯			子女 戌
父母 **寅**	命宮 ㉾	**兄弟** **子**	夫妻 亥

4) 명궁십이궁 해의(命宮十二宮 解義)

十二宮	十二宮 詳解(십이궁 상해)
命宮 명궁	• 일생에 발생하는 사안을 主宰(주재)한다. • 선천의 본명적 운세와 終命(종명)까지의 命運(명운)을 관장한다. • 相貌(상모), 품격, 재능 등을 관장하며, 재백궁, 관록궁, 천이궁의 추이를 보아 본인의 일생의 부귀빈천, 길흉화복 등의 榮枯盛衰(영고성쇠)를 主한다.
兄弟 형제	• 본인과 형제자매와의 사이에 있어서, 연분관계, 감정관계, 상호 조력의 여부 및 刑剋(형극)관계 등을 主한다. • 직장 동료, 동업자 및 동창, 동문 등과의 유대관계 및 길흉여부를 판단한다. • 형제자매간 운세의 길흉관계를 판단한다. • 六吉星(左輔, 右弼, 天魁, 天鉞, 文昌, 文曲)이 입궁 시는, 형제자매간 연분이 좋고, 화목하고, 상호간 상부상조함이 많다. • 七殺星(擎羊, 陀羅, 鈴星, 火星, 地空, 地劫. 化忌)이 입궁 시는, 형제자매간 연분이 적고, 상호 不睦(불목)과 刑剋(형극) 됨이 많으며 상호 조력이 없다. • 길성과 흉성이 동궁이면 형제자매간의 연분은 평범하다. • 형제궁으로는 부모 중 모친과 연계하여 판단하고, 부모궁으로는 부모 중 부친과 연계하여 판단한다.
夫妻 부처	• 혼인의 早晩(조만). 부부간의 감정문제. 배우자의 재능과 풍모 및 품격. • 배우자의 개성, 직업, 결혼 전의 이성교제 정황, 부부간 연분의 유무를 판단한다. • 부부생활에 있어 행복 여부, 刑剋 여부. 조력의 유무 등을 주관한다.
子女 자녀	• 자녀들의 개성, 품성, 학업문제, 발전적 정황 등을 主한다. • 본인과 자녀와의 연분 문제. 자녀의 孝順 여부. 자녀 양육의 순역, 刑剋(형극)관계 등을 主한다. • 본인의 생식과 性的인 능력 및 情感(정감) 등을 主한다. • 六吉星이 入宮 시는 부모와 자녀와의 관계가 좋고, 자녀들이 순종하며, 孝順(효순)하고 발전 가능성이 높다. • 七殺星이 입궁 시는 자녀들이 순종하지 않고, 반항심이 많으며, 양육하기 힘들고, 자녀들 간 不睦(불목)과 不和(불화)가 많다.
財帛 재백	• 재물운 및 재물의 多少와 理財(이재)능력을 살펴본다. • 財源(재원)운용의 情況(정황) 및 재물과 연관한 運路(운로)의 순탄 여부. • 手下人(노복), 토지, 주택 및 家運을 살펴본다. • 여성의 생식궁을 겸하여 살핀다. • 재백궁은 유동성 자산, 전택궁은 부동적 자산을 위주한다. • 재백궁, 전택궁, 관록궁과 명궁의 정황을 겸하여 살펴보면 비교적 정확한 판단을 내릴 수 있다. • 正財星 : 祿存, 化祿, 武曲, 太陰, 紫微, 天府, 天相, 太陽. 偏財星 : 貪狼, 廉貞, 天馬, 天同, 七殺, 天魁, 天鉞, 巨門, 火星, 鈴星 橫財星 : 火星·貪狼, 鈴星·貪狼

財帛 재백	◆天空, 地劫, 化忌, 陰煞 등이 동궁 시는 破財(파재), 損財(손재), 漏財(누재)가 발생한다. ◆天魁, 天鉞, 左輔, 右弼, 紅鸞, 天喜, 化祿, 化權이 동궁 시는 貴人의 조력으로 得財한다. ◆化忌, 巨門, 陀羅, 天空, 地劫, 天刑, 陰煞, 武曲·擎羊 등이 동궁 시는 錢財(전재)와 연관되어 시비구설, 詞訟(사송)이 발생한다.
疾厄 질액	◆본인의 신체 건강여부. 생활방식, 유전인자, 사회적 환경 등을 살펴볼 수 있다. ◆질액궁은 命宮, 身宮과 겸하여 판단해야 한다. ◆잠복되어 있는 질병문제 및 五臟六腑(오장육부)의 질환 발생 가능 여부를 主한다. ◆암시되고 있는 질병, 사고, 위험요소 등을 主한다. ◆성요의 오행 속성별 질병 유형 木 : 肝臟(간장). 膽(담). 眼疾患(안질환). 火 : 心臟(심장). 小腸(소장). 血液循環器系疾患(혈액순환 기계질환). 土 : 脾臟(비장). 胃腸(위장) 金 : 肺臟(폐장). 大腸(대장). 呼吸器系疾患(호흡기계질환). 骨格(골격) 水 : 腎臟(신장). 膀胱(방광). 泌尿器系疾患(비뇨기계질환). ◆三方四正 및 명궁의 좌우에서 夾照(협조)하는 성요의 길흉간 속성에 따라, 질병과의 연계관계를 살펴볼 수 있다.
遷移 천이	◆본인의 출국 및 외국 유학, 離鄕(이향), 移徙(이사) 여부 등을 主한다. ◆遠行(원행), 여행 및 부서 이동관련, 사교능력 및 직업 및 직책의 변동, 昇級(승급) 등의 변동의 정황을 主한다. ◆운송 및 이동수단과 연관하여 길흉을 판단한다. ◆吉星이 入宮 시는 외출이 순탄하고, 貴人과의 연분 및 조력을 얻을 수 있다. ◆凶星이 入宮 시는 외출이 불리하고, 발전에 困擾(곤요)함이 따르고, 小人의 침탈이 있고, 교제관계에 불리함이 있고, 교통사고 위험 혹은 위험지방 방문시 극히 조심해야 한다.
奴僕 노복	◆일명 "交友宮(교우궁)"이라 한다. ◆본인의 상하관계, 붕우관계, 동업관계, 동문관계에 있어서의 好不好 및 길흉 여부를 주관한다. ◆수하인과의 관계에서 조력의 유무 및 길흉 등을 주사한다. ◆煞星(擎羊, 陀羅, 火星, 鈴星, 地空, 地劫, 化忌)의 입궁이나, 巨門, 七殺, 破軍, 貪狼, 廉貞, 陰煞, 天刑 등의 흉살이 동궁 시는, 交友(교우)의 조력을 받기 힘들고, 시비구설이 多發(다발)하고, 사람을 이용함에 어려움이 많고, 담보나 차용 등과 연관하여 불리함이 많다. ◆吉星(左輔, 右弼, 天魁, 天鉞, 文昌, 文曲)의 입궁이나, 天相, 天梁, 太陽, 太陰, 化祿, 化科 등이 동궁 시는 교우의 조력을 얻게 되고, 상호 교제에 있어 착오됨이 없고, 담보나 차용 등과 연관하여서도 이로움이 많다.

官祿 관록	◆ 일명 "事業宮(사업궁)"이라고도 한다. ◆ 본인의 行業 및 발전 여부, 적합한 직업, 직장, 직책, 직종 등을 主한다. ◆ 본인의 창업 능력 여부 및 직장에서의 직급의 高下 등을 主한다. ◆ 학력 및 전공 관련, 학습 성취 여부 등을 판단한다. 명궁, 身宮, 관록궁을 겸하여 판단하면 정확하다. ◆ 관직의 부서관련 및 직위의 고하 등을 主한다. ◆ 재백궁, 천이궁, 명궁 등을 참조하여 판단한다. ◆ 七殺星(擎羊, 陀羅, 火星, 鈴星, 地空, 地劫, 化忌)이 동궁하면 辛苦(신고)가 따르고, 실패수가 많고, 上司(상사)의 조력을 얻기 힘들고, 장애 요소가 多發하고, 挫折(좌절)이 많다. ◆ 吉星이 入宮 시는, 行業에 있어 만족감과 성취감이 있고 上司의 조력을 얻기가 수월하다.
田宅 전택	◆ 본인의 주택관련, 가택의 환경, 家運 및 財運, 부동산 등을 主한다. ◆ 家業의 계승 여부 및 자수성가 여부 등을 주관한다. ◆ 家産의 증감 여부 및 가업의 적합도 여부 등을 주관한다. ◆ 財星과 연관되는 紫微, 天府, 祿存, 化祿, 武曲, 太陰, 天相, 天梁 등이 전택궁에 居하면, 재물운이 좋고, 사업상의 성취가 있으며, 得財하고, 수하인들을 많이 거느리며, 부동산을 취득하게 된다. ◆ 大耗, 天空, 地空, 地劫, 破軍, 化忌 등이 전택궁에 居하면, 損財(손재), 家運의 불리 및 쇠퇴, 家率(가솔)간의 불협화음, 시비구설, 不睦(불목) 등이 다발한다.
福德 복덕	◆ 본인 인생의 幸運(행운) 및 행복 등을 주관한다. ◆ 享福(향복)의 수혜 여부, 조상의 蔭德(음덕) 등을 판단한다. ◆ 본인의 享樂(향락)과 도덕적 행위 및 신체건강 여부 등을 主한다. ◆ 壽命(수명)의 장단과 복록의 厚薄(후박)을 主한다. ◆ 복덕궁은 조상궁으로 祖父와 연관하여, 직업, 사업, 학습, 재운, 가택운 등의 정황을 판단한다. ◆ 吉星이 복덕궁에 입궁 시는, 享福(향복)과 건강 등의 길함이 있으나 적극적이지 못한 면이 있고, 天府, 天相, 天梁, 天同이 입궁 시는 女命에 불리하고 男命에 이롭다. ◆ 七殺, 天機, 太陽, 巨門, 天馬, 化忌 등이 입궁 시는 勞碌奔波(노록분파)가 따르며, 命盤의 구성형태에 따라 길흉이 분별된다.
父母 부모	◆ 부모로부터 물려받은 相貌(상모)에 대해 主한다. ◆ 幼年時의 부모의 蔭德(음덕) 여부를 판단한다. ◆ 부모 사이의 연분 및 감정여부, 刑剋여부를 판단한다. ◆ 윗사람과의 협력 여부 및 친분관계, 그리고 직장내에서의 화합과 調和(조화) 여부를 판단한다. ◆ 吉星이 입궁 시는 부모와의 연분이 좋으며 조력을 얻을 수 있다. ◆ 凶星이 입궁 시는 부모와의 연분이 적고, 조력이 적으며, 불협화음이 많다. ◆ 두뇌, 학문, 문서, 계약, 담보, 외국관련 등은 부모궁을 참조한다. ◆ 일명 "相貌宮(상모궁)"이라 한다.

5) 성요(星曜)

자미명학에서 다루는 여러 성요들은 각각 맡은바 역할과 분야가 있으며, 인간사 제반 사항에 걸쳐, 길흉화복, 부귀빈천, 壽福(수복)의 장단 등을 主하는 것이다. 이러한 성요들은 정해진 궤도와 局에 의거하여, 地盤 12宮으로 나누어진 度數(도수)에 따라 배속되어, 각각 연계된 상호간 생화극제에 따라 그 길흉이 도출되어 표현되어 지는 것이다. 宮星과 연관하여 간명에서 빈번하게 거론되는 사항 등을 살펴본다.

(1) 좌(坐)

坐는 "守(수)"라 하기도 하는데, 어느 宮에 성요가 臨(임)한 상태를 말하는 것이다. 아래 표를 참조한다.

<table>
<tr><td>巨門 巳</td><td>廉貞 天相 午</td><td>天梁 未</td><td>七殺 申</td></tr>
<tr><td>貪狼 辰</td><td colspan="2" rowspan="2">命盤
(명반)</td><td>天同 酉</td></tr>
<tr><td>太陰 卯</td><td>武曲 戌</td></tr>
<tr><td>紫微 天府 寅</td><td>天機 命宮 丑</td><td>破軍 子</td><td>太陽 亥</td></tr>
</table>

* 상기 표에서는 巳宮에 巨門이 있는데, 이것을 巳宮에 巨門이 坐한다고 표현하는 것이다. 또한 丑宮이 命宮이며 이곳에 天機가 있다. 이를 命宮에 天機가 坐하고 있다고 표현한다. 또는 간단하게 丑宮에 天機가 坐命 혹은 坐守하고 있다고 표현하는 것이다.

(2) 동궁(同宮)

동궁은 "同度(동도)"라 표현하기도 하는데, 이는 어느 宮에 성요가 같이 臨(임)해 있는 것을 말하는 것이다. 아래 표를 참조한다.

巨門 巳	廉貞 天相 午 노복	天梁 未	七殺 申
貪狼 辰	命盤(명반)		天同 酉
太陰 卯			武曲 戌
紫微 天府 寅	天機 丑 命宮	破軍 子	太陽 亥

* 午宮에 염정과 천상이 같이 坐하고 있다. 이를 午宮에 염정과 천상이 동궁하고 있다고 표현한다. 또한 午宮이 命宮十二宮 중 노복궁에 해당하니, 이를 노복궁에 염정과 천상이 坐하고 있다 혹은 居하고 있다고 표현하는 것이다.

(3) 대조(對照)

本宮의 대칭궁에서 성요가 비추어오는 것을 말한다. 正照(정조) 혹은 拱照(공조)라 칭하기도 한다.

巨門 巳	廉貞 天相 午	天梁 未	七殺 申
貪狼 辰			天同 酉
太陰 卯			武曲 戌
紫微 天府 寅	天機 命宮 丑	破軍 子	**太陽** 亥

* 巳宮을 本宮으로 볼 때, 그 대칭궁(대궁)인 亥宮에 태양이 坐하고 있는바, 이를 巳宮의 巨門을 태양이 대조하고 있다고 표현한다, 혹은 공조하고 있다고 표현하기도 한다.

(4) 회조(會照)

本宮을 향해 三方四正의 경우처럼, 여러 방향의 宮의 성요들이 집합을 이루어 비추어 옴을 의미한다.

巨門 官祿 巳	廉貞 天相 奴僕 午	天梁 遷移 未	七殺 疾厄 申
貪狼 田宅 辰			天同 財帛 酉
太陰 福德 卯			武曲 子女 戌
紫微 天府 父母 寅	天機 命宮 丑	破軍 兄弟 子	太陽 夫妻 亥

* 寅宮을 本宮으로 볼 때, 삼방사정인 午宮의 염정, 천상과 戌宮의 무곡과, 申宮의 칠살이 坐하고 있는바, 이를 寅宮의 자미와 천부를 염정, 천상, 무곡, 칠살이 회조하고 있다고 표현하는 것이다. 또한 회조, 대조를 별도로 구분하지 않고 비춘다는 "照(조)"로 표현하거나, 보인다는 "見(견)"으로 표현하기도 한다. 본서에서는 주로 보인다는 "見(견)"으로 표현하고 있다.

(5) 협조(夾照)

本宮의 좌우에 있는 宮을 夾宮(협궁)이라 하는데, 이 夾宮의 성요들이, 本宮을 夾하여 비추어 오는 것을 夾照라 한다.

巨門 官祿 巳	廉貞 天相 奴僕 午	天梁 遷移 未	七殺 疾厄 申
貪狼 田宅 辰			天同 財帛 酉
太陰 福德 卯			武曲 子女 戌
紫微 天府 父母 寅	天機 命宮 丑	破軍 兄弟 子	太陽 夫妻 亥

* 丑宮을 本宮으로 볼 때에 천기가 坐하고 있는데, 夾宮인 子宮과 寅宮에 파군과 자미, 천부가 坐하고 있다. 이를 丑宮 천기를 파군, 자미, 천부가 협조하고 있다고 표현한다. 또는 상협하고 있다고 표현하기도 한다.

2. 두수성요斗數星曜의 명칭名稱과 오행五行

<table>
<tr><th colspan="2">北斗星(북두성)</th></tr>
<tr><td colspan="2">主星 : 紫微(자미 : 紫) 土-</td></tr>
<tr><td>正星(정성)
第一星　貪狼(탐랑 : 貪) 木+
第二星　巨門(거문 : 巨) 水-
第三星　祿存(녹존 : 存) 土-
第四星　文曲(문곡 : 曲) 水-
第五星　廉貞(염정 : 廉) 火-
第六星　武曲(무곡 : 武) 金-
第七星　破軍(파군 : 破) 水-</td><td>助星(조성)
左輔(좌보 : 左) 土+
右弼(우필 : 右) 水-
擎羊(경양 : 羊) 金+
陀羅(타라 : 陀) 金-</td></tr>
<tr><td colspan="2">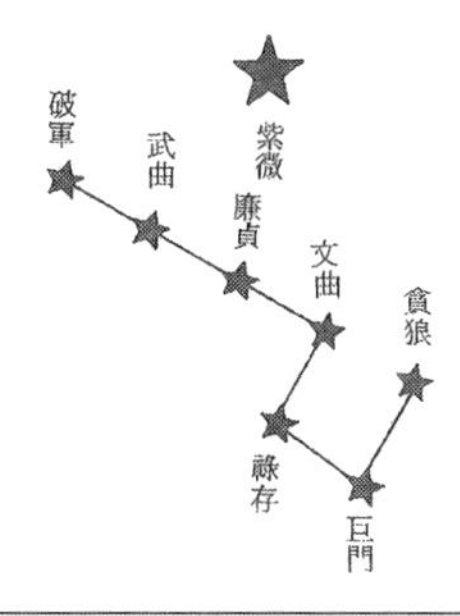
</td></tr>
<tr><th colspan="2">南斗星(남두성)</th></tr>
<tr><td colspan="2"></td></tr>
<tr><td>正星(정성)
第1星 天府(천부 : 府) 土+
第2星 天梁(천량 : 梁) 土+
第3星 天機(천기 : 機) 木-
第4星 天同(천동 : 同) 水+
第5星 天相(천상 : 相) 水+
第6星 七殺(칠살 : 七) 金-</td><td>助星(조성)
天魁(천괴 : 魁) 火+
天鉞(천월 : 鉞) 火-
火星(화성 : 火) 火+
鈴星(영성 : 鈴) 火-</td></tr>
<tr><td colspan="2">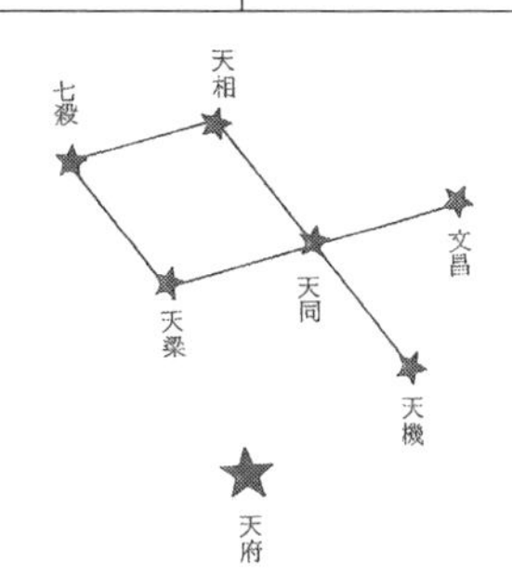
</td></tr>
</table>

中天星(중천성)			
主星 太陽(태양 : 陽) 火+ 太陰(태음 : 陰) 水−			
吉星(길성)		凶星(흉성)	
文昌(문창 : 昌) 金+	天貴(천귀 : 貴) 土+	天傷(천상 : 傷) 水+	天使(천사 : 使) 水−
天馬(천마 : 馬) 火+	化祿(화록 : 祿) 土−	地空(지공 : 地) 火−	地劫(지겁 : 劫) 火+
化權(화권 : 權) 木+	化科(화과 : 科) 水+	天刑(천형 : 刑) 火+	天姚(천요 : 姚) 水−
天喜(천희 : 喜) 水+	紅鸞(홍란 : 紅) 水−	化忌(화기 : 忌) 水+	天虛(천허 : 虛) 火−
天才(천재 : 才) 水−	天壽(천수 : 壽) 土+	天哭(천곡 : 哭) 火+	孤辰(고신 : 孤) 火+
台輔(태보 : 輔) 土+	封誥(봉고 : 封) 土−	寡宿(과숙 : 寡) 火−	華蓋(화개 : 華) 木+
恩光(은광 : 恩) 火+	天官(천관 : 官) 土+	咸池(함지 : 咸) 水−	劫殺(겁살 : 劫) 火+
天福(천복 : 福) 土+	三台(삼태 : 台) 土+	大耗(대모 : 大) 火+	蜚廉(비렴 : 蜚) 火+
八座(팔좌 : 座) 土−	龍池(용지 : 池) 水+	天空(천공 : 空) 火−	陰殺(음살 : 陰)
鳳閣(봉각 : 鳳) 土+	解神(해신 : 解)	破碎(파쇄 : 碎) 火−	災殺(재살 : 災)
天廚(천주 : 廚)	天德(천덕)	截空(절공 : 截)	旬空(순공 : 旬)
月德(월덕)			

3. 두수성요 성상斗數星曜 性狀

1) 두수성요 배속(斗數星曜 配屬)

	十四正星	
	紫微星系 六星 紫微. 天機. 太陽 武曲. 天同. 廉貞 天府星系 八星 天府. 太陰. 貪狼. 巨門 天相. 天梁. 七殺. 破軍	

六吉星	斗數星曜 屬性 두수성요 속성	六煞星
左輔. 右弼. 天魁 天鉞. 文昌. 文曲		擎羊. 陀羅. 火星 鈴星. 地空. 地劫
二副星		**四化星**
祿存. 天馬		化祿. 化權 化科. 化忌
	中天星	
	吉星	
	天喜 紅鸞 天才 天壽 台輔 封誥 恩光 天貴 天官 天福 三台 八座 龍池 鳳閣 解神 天廚 天德 月德	
	凶星	
	天傷 天使 天刑 天姚 天虛 天哭 孤辰 寡宿 劫殺 華蓋 咸池 大耗 天空 截空 陰殺 災殺 旬空 蜚廉 破碎	

2) 십사정성 속성(十四正星 屬性)

十四正星				
北斗星系		中天星系		南斗星系
貪狼 巨門 武曲 廉貞 破軍		紫微 太陽 太陰		天府 天梁 天機 天同 天相 七殺
* 祿存 → 副星 * 文曲 → 六吉星				* 文昌→六吉星

3) 중천성 속성별 분류(中天星 屬性別 分類)

貴氣星 귀기성		精神星 정신성
天 天 天 恩 三 八 福 官 貴 光 台 座		華 陰 蜚 歲 天 天 蓋 殺 廉 破 虛 哭
桃花星 도화성	孤剋星 고극성	才藝星 재예성
天 咸 天 紅 喜 池 姚 鸞	天 孤 寡 刑 辰 宿	天 天 鳳 龍 才 廚 閣 池
解厄消災星 해액소재성	健康星 건강성	賞賜星 상사성
天 月 解 德 德 神	天 天 天 天 月 使 傷 壽	台 封 天 輔 告 巫
空星(損耗星) 공성(손모성)		神殺星 신살성
天 旬 截 大 小 破 空 空 空 耗 耗 碎		博 將 太 士 前 歲 12 12 12 神 神 神

4. 두수성요 개요斗數星曜 槪要

1) 북두성계 개요(北斗星系 槪要)

(1) 자미(紫微)

紫微(자미)	
五行 오행	土- (己土)
吉凶 길흉	吉星
星屬 성속	北斗 主星
象義 상의	尊貴星(존귀성). 帝王星(제왕성). 長輩星(장배성). 解厄星(해액성).
性狀 성상	• 紫微는 陰土에 속하며, 北斗의 主星이고, 일명 "帝座(제좌)"라 칭하기도 하며, 化氣는 "尊貴(존귀)"이다. • 紫微는 消災解厄(소재해액), 災禍消滅(재화소멸), 延壽(연수). 尊貴(존귀) 등과 연관된다. • 紫微가 명궁에 居할 시는, 위인이 겸허하고 예를 지키며, 영도력이 있고, 단체나 모임의 座長(좌장)의 역할을 한다. • 心志는 다소 좁은 편이며 남을 말을 잘 듣고, 타인의 영향을 잘 받으나, 여의치 않은 경우에는 정서적으로 마음 속 깊이 숨겨두는 경우가 많다. • 六吉星(左輔, 右弼, 天魁, 天鉞, 文昌, 文曲)의 會照가 있으면 貴氣(귀기)가 드러나나, 그렇지 못하면 孤君(고군)이며, 作事(작사)에 있어 고군분투하고, 고립되고, 고독하다. • 매사에 자기 스스로 일을 꾸려나가려 하는 성향이 있으니, 奔波勞碌(분파노록)됨이 많다. • 일을 함에 독단과 독행이 잦고, 性情(성정)이 오만하고 자부심이 크다. • 紫微가 午宮에 居하고, 擎羊, 陀羅의 煞星의 동궁이나 회조가 없으며, 甲丁己年生이면 官祿이 公卿(공경)에 이른다. • 명궁이나 身宮 혹은 大限에서 만날 시에는 의식주에 부족함이 없다. • 廟旺宮에 居할 시는, 眼光(안광)이 있고, 주관이 뚜렷하며, 소통됨이 있으며, 고집이 있다. • 陷弱宮에 居할 시는, 고독하고 조급하며, 다시 길성의 회조가 없을 시는 奸巧作事(간교작사), 外剛內柔(외강내유), 剛愎自用(강퍅자용), 喜怒無常(희로무상)함이 있으며, 小人을 가까이 하고 大人을 멀리한다. • 左輔, 右弼의 夾照(협조)나 會照(회조)를 기뻐하는데, 夾照的 역량이 會照的 역량보다 크고, 同宮 시의 역량은 미약하다.

性狀 성상	◆紫微와 華蓋가 同宮 혹은 會照 시는 僧·道(승·도)의 길을 가는 경우가 많고, 다시 文昌, 文曲의 회조가 있을 시는 僧·道로서 높은 위치에 오른다. ◆紫微와 天魁, 天鉞의 同宮 혹은 회조가 있을 시는, 道門(도가)이나 空門(불도)에 들어 명성을 얻게 되는 경우가 많다. ◆紫微와 華蓋의 조합이, 子女宮에 있을 시는 자녀의 數가 적고, 전택궁에 있을 때는 家率(가솔) 중 1~2인의 富者가 배출된다. 다시 天刑의 夾照나 회조가 있게 되면 매사 어긋남과 不和가 많고, 左輔, 右弼의 夾照나 회조가 없을 시는 어떤 분야이건 뚜렷한 드러남이 없다. ◆紫微가 左輔, 右弼의 夾照나 회조가 있으면 助力(조력)을 얻음이 많다. ◆紫微가 天魁, 天鉞의 夾照나 회조가 있으면 貴人과의 연이 많다. ◆紫微가 文昌, 文曲의 夾照나 회조가 있으면 文才人(문재인)이 多出한다.
身體 신체	頭腦(두뇌)
事物 사물	보석, 주옥. 진기한 골동품. 고급가구. 高樓大廈(고루대하). 精密品類(정밀품류). 고가의 물품. 電子回路(전자회로).

(2) 탐랑(貪狼)

貪狼(탐랑)	
五行 오행	木+ (甲木)
吉凶 길흉	凶星
星屬 성속	北斗 正星
象義 상의	桃花星(도화성). 才藝星(재예성). 偏財星(편재성).
性狀 성상	◆貪狼은 陽木에 속하며, 北斗 第1星이고, 化氣는 "桃花(도화)"이다. ◆貪狼은 주색잡기, 解厄(해액), 욕망, 偏財, 투기, 낭비, 도박 등과 연관되며, 妖婦(요부). 修練(수련). 교육. 東洋五術(동양오술). 예술, 延壽(연수) 등과 연관된다. ◆貪狼이 명궁에 居하면 이성과의 연이 많고, 언사가 바르고, 말재주가 있으며, 남과 교제함을 즐겨하며, 일을 함에 서두르는 경향이 있으며 일정하지 못하고, 多才多能(다재다능)하나 정밀하지 못하다. ◆자기 욕심만 차리고, 계교가 많으며, 욕망이 크고, 성욕도 강하며, 享受(향수)를 누리기를 좋아하고, 성격은 희로애락이 불안정하고, 질투심이 많으며, 주색과 도박에 빠지기 쉽다.

性狀 성상	◆ 貪狼은 正桃花(정도화), 廉貞은 偏桃花(편도화)로 논하는데, 공히 異姓(이성)과의 연이 좋으며, 다시 桃花星(天姚, 咸池, 天喜, 紅鸞, 紅艶, 沐浴.)의 성요를 보게 되면, 色慾(색욕)과 방탕한 성욕 등의 桃花的 성질이 더한층 강화된다. ◆ 貪狼이 亥子宮에 居하면 "泛水桃花(범수도화)"라 한다. 또한 紫微와 동궁이면 "紫貪格(자탐격)" 혹은 "桃花犯主格(도화범주격)"이라 한다. 그리고 擎羊, 혹은 陀羅와 동궁이면 "風流彩杖格(풍류채장격)"이라 하며, 공히 桃花的 성질로 인해 好色(호색)과 貪淫(탐음)이 과도하다. ◆ 貪狼이 火星이나 鈴星을 보게 되면, "火貪格(화탐격)"과 "鈴貪格(영탐격)"이라 하며 橫發(횡발)의 징조가 있다. ◆ 貪狼이 武曲과 동궁이면, "武貪格(무탐격)"이라 하며, 늦게 발달하며 소년 시는 발달함이 없다. ◆ 貪狼이 廉貞과 동궁이면, "廉貪格(염탐격)"이라 하며 횡발의 징조가 있으며, 도화로 인한 傷心(상심)이 발생한다. 또한 감정상의 破折(파절)로 인하여 결혼연에 파국이 오는 경우가 많고, 결혼 전에 임신하는 등의 불미함이 있다. ◆ 貪狼은 도화성, 偏財星, 투기성, 도박성 등과 연관되며 化祿을 보게 됨을 喜하는데, 이성간의 연이 좋고, 혼인연도 좋으며, 享受(향수)를 누리게 되고, 또한 편재성에 해당하니 투기, 도박, 창업 등에 길함이 있다. ◆ 貪狼이 化忌 혹은 地空, 地劫을 보게 되면 감정상의 파절이 따르고 도박에 불리하고, 늦게 결혼함이 좋고, 투기, 창업 등에 불리하고, 계획은 있으나 실천하지 못하고, 심성이 불안정하다. ◆ 貪狼을 流年運에서 보게 되면, 변화, 변동, 창업과 연관되며, 吉星 혹은 化祿, 化權 등을 보게 되면, 吉利한 변동이 있게 된다. 반대로 化忌나 地空, 地劫 등의 凶星을 보게 되면, 변화와 변동이 흉하게 나타나므로, 큰 도박이나 큰 투자, 酒色耽溺(주색탐닉)등은 금물이다. ◆ 貪狼이 命·身宮에 居하면, 종교 및 동양오술과 연관되며, 구변이 좋고, 교제, 업무, 教師(교사) 등과 연관되는데, 다시 도화성을 보게 되면 肉慾(육욕)과 色情(색정)으로 인한 災厄(재액)이 있다. ◆ 얼굴은 머리 윗부분이 풍부하고, 이마는 돌출되어 살집이 있고, 桃花眼(도화안)과 도화성의 볼살을 지니고 있다.
身體 신체	肝(간). 腎(신). 脚(각). 腿(퇴). 性病(성병), 泌尿器系統(비뇨기계통).
事物 사물	建材(건재). 原料(원료).

(3) 거문(巨門)

巨門(거문)	
五行 오행	水- (癸水)
吉凶 길흉	凶星
星屬 성속	北斗 正星
象義 상의	暗曜星(암요성). 口才星(구재성). 是非星(시비성). 醫藥星(의약성).
性狀 성상	◆ 巨門은 陰水에 속하며, 北斗 第2星이고, 化氣는 "暗(암)"이며, 일명 "隔角殺(격각살)"이라 칭하기도 한다. ◆ 巨門은 口才的 行業(구재적 행업), 자기표현의 과다, 시비다툼. 시기질투. 車禍(차화). 術士(술사), 惡妻(악처). 疑惑(의혹). 邪念(사념). 醫藥(의약), 관재구설, 연구심, 모방성 등과 연관된다. ◆ 巨門은 暗星(암성)이니, 暗財(암재), 暗事(암사)와 연관되며, 財가 많으면 시비쟁투가 발생하고, "口(구)"를 활용한 生財가 可하고, 天梁과 마찬가지로 의약성이므로 의료업 등과 연관된다. ◆ 巨門이 명궁에 들면, 연구심이 강하고, 모방성이 많고, 남을 잘 속이고, 일을 함에 반복됨이 빈번하고, 신용이 적고, 사람과의 교제에서 처음은 善(선)하나 그 끝은 惡(악)이며, 질투심이 많은데, 다만 口福(구복)은 있다. ◆ 巨門은 是非(시비)와 연관되니 입으로 業을 짓기 쉬우며, 남을 지휘하고, 호령하고, 다치게 하고, 억지주장이 많고, 시비 다툼이 빈번하고, 가족간 연이 薄(박)하며 不和가 많으며, 자수성가한다. ◆ 巨門이 명·신궁이나 부처궁에 居하면, 早婚(조혼)은 불리하고 晩婚(만혼)이 이로우며, 감정상의 破折(파절)이 따르고, 刑剋(형극)과 시비가 잦고, 젊어서는 언사로 인한 구설과 爭訟(쟁송)이 많다. ◆ 巨門이 太陽과 동궁하게 되면, "巨日格(거일격)"이라 하여, 시비다툼, 관재구설이 多發하고 勞碌奔波(노록분파)가 따른다. 다시 化忌를 보게 되면 官訟(관송)이 발생한다. ◆ 巨門, 擎羊, 火星과 동궁이거나, 대운이나 流年運에서 擎羊, 火星이 본명에 居하면 불길하며, 시비구설이 따르고, 勞碌奔破(노록분파)가 있으며, 구설과 災厄(재액)을 예방해야 한다. ◆ 巨門이 子午宮에 居하며 化祿, 化權, 化科를 보게 되면, 이를 "石中隱玉格(석중은옥격)"이라 하여, 소년 시는 가난과 고초가 따르나 중년 이후는 발달하여 富貴(부귀)가 기약된다. ◆ 巨門이 火星, 太陽을 보게 되면 "巨火陽格(거화양격)"이라 하여 불리함이 많다.

性狀 성상	◆ 巨門과 天機가 卯酉宮에 동궁하면, '機巨格(기거격)'이라 하며 自手生財(자수생재)하고 기술, 지혜, 모방, 대리, 언변, 판매업, 동양오술 등을 활용한 生財, 창업 등의 吉利가 있고, 地空, 擎羊, 化忌, 自化忌 등을 만나지 않으면 스스로 一家를 이루게 된다. ◆ 巨門과 天同이 丑未宮에 동궁하면, "同巨格(동거격)"이라 하여 사람들과의 緣(연)이 있고, 口福이 있고, 또한 시비구설이 있으며, 自手生財하고, 가족간은 不和가 있고 정서적으로 불안감이 있다. 晚婚(만혼)이 吉하다. ◆ "口"를 활용한 직업인, 교사, 동양오술 관련업, 판매업, 변호인, 대변인 등의 직업에 길하다. ◆ 입은 크고 두터우며, 새부리 형태로 튀어나온 경우가 많다.
身體 신체	齒牙(치아). 腎臟(신장). 食道(식도). 胃腸(위장). 瘤(류). 癌(암). 만성질환. 陰氣(음기). 藥罐子(약관자).
事物 사물	家門. 門戶. 戶籍(호적). 邪術(사술). 鬼魅(귀매). 神壇(신단). 墳墓(분묘), 陋巷(누항). 하수도. 어두운 공작소. 약국. 진료소.

(4) 녹존(祿存)

祿存(녹존)	
五行 오행	土- (己土)
吉凶 길흉	吉星
星屬 성속	北斗 正星
象義 상의	財祿星(재록성). 貴星(귀성). 解厄星(해액성). 延壽星(연수성). 驛馬星(역마성). 孤獨星(고독성). 天祿星(천록성).
性狀 성상	◆ 祿存은 君子之風(군자지풍). 공명정대. 多學多識(다학다식)과 연관되며 일명 "天祿星(천록성)"이라 칭하기도 한다. ◆ 祿存이 命·身宮에 居하면, 인품이 돈후하며, 언행이 중후하고, 학습능력이 왕하고, 솔직담백하며, 감정이 풍부하고, 근검절약한다. ◆ 獨坐(독좌)인 경우에는, 근검절약하는 일면도 있으나, 오히려 재물만을 탐하는 守錢奴(수전노)가 된다. 天空, 地劫, 破軍, 化忌 등을 보게 되면, 재물의 入出이 많을 뿐이며, 蓄財(축재)와는 거리가 멀다. ◆ 祿存, 化祿이 명·신궁을 夾宮하면 富貴之命(부귀지명)이 틀림없다. ◆ 財星이므로, 명·신궁이나 재백궁, 관록궁, 전택궁, 천이궁에 居하게 되면 길하며, 得財하여 富를 얻을 수 있다. ◆ 孤獨星(고독성)이므로 명·신궁이나 육친궁에 居하면, 육친과의 연이 薄(박)하고, 고독감이 많으며, 사람들과 어울리지 못하여, 같이 함은 적고 흩어짐이 많은 것이다.

性狀 성상	◆ 解厄星(해액성)이므로, 煞星(살성)을 보게 되더라도 이를 해액하는 역량이 있게 된다. ◆ 祿存이 기타의 財의 星曜인 紫微, 天府, 武曲, 太陰, 天相, 廉貞, 破軍 등을 보게 되면 財源(재원)의 증가가 있다. ◆ 祿存이 天馬, 化祿과 동궁하거니 삼방사정의 회조가 있으면 "祿馬交馳格(녹마교치격)", "雙祿交流格(쌍록교류격)"이라 하여 財源을 형성하니, 고향을 떠나 타향 혹은 타국에서 奔波勞祿(분파노록) 끝에 財의 성취가 있으며, 富貴의 명조인 것이다. ◆ 祿存이 太陽, 天梁, 文昌, 文曲 등의 회조가 있으면, "陽梁昌祿格(양량창록격)"이라 하여, 공직이나 국가고시에 이롭고, 財官이 아름답고, 經商(경상)으로 성취됨이 있다. ◆ 祿存이 명궁에 居하면, 감정의 사용이 용이하게 되므로, 먼저는 감정의 표출이 없으나 나중은 참고 견디다 감정의 폭발이 있게 되는 것이다. 火星, 鈴星을 보게 되면 수시로 감정의 폭발이 있게 된다. ◆ 祿存이 地空, 地劫, 火星, 鈴星의 沖破(충파)가 있게 되면 즉시 災厄(재액)이 당도하게 된다. ◆ 생김새는 仁慈敦厚(인자돈후)하고, 등쪽이 厚重(후중)하며, 코가 높고, 음성은 나지막하나 힘이 있다.
人身 인신	脾胃(비위). 精神系統(정신계통). 고독감 및 정서불안.
事物 사물	/

(5) 문곡(文曲)

文曲(문곡)	
五行 오행	水- (癸水)
吉凶 길흉	吉星
星屬 성속	北斗 正星
象義 상의	科甲星(과갑성). 文華星(문화성). 桃花星(도화성). 驛馬星(역마성).
性狀 성상	◆ 文曲은 陰水에 속하며, 北斗 第4星이고, 일명 "文華星(문화성)"이라고도 칭한다. ◆ 文曲은 科甲功名(과갑공명), 문서, 문학. 감수성, 언변능력. 광범위한 交際(교제) 등과 연관된다. ◆ 文曲은 子丑寅卯의 四宮에 居함을 가장 좋아하고, 酉亥宮은 다음이다. 상기 六宮에 居하는 경우에는 文昌과 비교하여 이익 됨이 많은 것이다.

性狀 성상	◆ 文曲이 명궁에 居하면, 성품이 온화하고 우아하나, 일정부분 사람들과 어울림에 있어서는 우울감도 있고 고독하며, 桃花的 기질도 있고, 예술가적 성향도 많으며, 생각과 사상이 세밀하고 풍부하며, 동양오술과도 연관이 많고, 음악가적인 才藝(재예)도 있다. ◆ 文曲은 낭만, 예술, 감정 문제 등과 연관됨이 많으니, 감정상의 곤란함과 破折(파절)을 겪음이 많으며, 특히 巨門, 破軍과 동궁하게 되면, 이로 인한 災厄(재액)이 당도하니 가장 기피하는 것이다. ◆ 겉모양을 꾸미기를 좋아하고, 자기위주의 언행이 많으며, 만약 右弼, 紅鸞, 天喜 등을 보게 되면, 그러한 면이 더욱 가중된다. ◆ 文曲이 대운이나 流年運에서 巨門, 破軍을 보게 되며, 길성의 회조가 없는 경우에는, 완벽을 추구하려다 크게 낭패됨이 있는 것이며, 化忌를 보게 되면 일의 정황상 실패와 좌절을 동반하게 된다. ◆ 文曲, 文昌이 坐命하고, 吉星의 동궁이나 회조가 있는 경우에는 국가고시의 합격운이 있다. ◆ 文曲, 文昌이 좌우에서 명궁을 夾宮하면 吉하며 貴格의 명조이다. ◆ 文曲이 명궁에 居한 경우에는, 三方에서 회조하는 영향력이 부모, 형제, 노복궁의 영향력 보다 크다. ◆ 文曲이 동궁이나 회조하는 성요에 따라 다음과 같은 특성이 있다. ·武曲을 보게 되면 雙曲이 共鳴(공명)하는 것이므로, 금융계통, 재경계통, 증권계통에 이롭다. ·擎羊을 보게 되면, 조각, 판화, 타악기 등과 연관하여 이롭다. ·陀羅를 보게 되면 제조, 수선, 기계설계 등에 이롭다. ·鈴星을 보게 되면 전자회로, 촬영기기, 전자부품 등의 판매에 이롭다. ·火星을 보게 되면 도자기, 화학물질 및 화학공장과 연관된 생필품 판매에 이롭다. ·巨門을 보게 되면 성악가, 가수, 창극 등에 이롭다. ·太陰이나 太陽을 보게 되면, 기상청, 천문대, 일기예보 해설가 등에 이롭다. ·天機나 天馬를 보게 되면, 動的이며 財的인 사항과 연관되니, 운송수단, 무역거래 등에 이로우며, 개인적 운세의 측면에서는 吉함이 많다. ·化祿, 化權, 化科 등을 보게 되면, 언변, 법률가, 국가고시 등과 연관하여 이롭다. ·巨門, 化祿, 化權, 化科 등을 보게 되면, 문학가, 법률가, 언어학교사 등에 이롭다. ·貪狼을 보게 되면, 소심하고 水厄이 염려되며, 破軍을 보게 되는 경우에도 같은 맥락이다. 만약 전택궁에 居하면 가정과 연관된 취미생활로 화초 가꾸기, 음식 만들기, 그림 그리기 등에 이롭다.
人身 인신	泌尿器系統(비뇨기계통). 神經系統(신경계통).
事物 사물	소설책.

(6) 염정(廉貞)

廉貞(염정)	
五行 오행	火－(丁火)
吉凶 길흉	凶星
星屬 성속	北斗 正星
象義 상의	囚殺星(수살성). 才華星(재화성). 桃花星(도화성). 官祿星(관록성). 偏財星(편재성). 投機星(투기성).
性狀 성상	◆廉貞은 陰火이고, 북두 제3성이며, 化氣는 "囚(수)"이다. ◆廉貞은 男蕩女淫(남탕여음). 酒色(주색). 유흥업. 범죄. 奸詐(간사). 시비구설. 官災(관재). 음악. 歌舞(가무). 技藝(기예) 등과 연관되며, 직업으로는 法曹界(법조계). 軍·警職(군·경직) 등과 연관됨이 많다. ◆廉貞은 桃花的 기질을 띠며, 官祿을 主하고, 偏財星, 투기, 투자 등과 연관되는데, 凶格인 경우에는 주색과 도박의 흉액이 多發(다발)한다. ◆성격이 剛强(강강)하여 남들과 시비구설이 자주 발생하며, 현실적인 면이 있고, 이성과의 연이 좋고, 투기적 성향이 있으며, 자수성가의 기질이 있고, 열심히 일하며 성취됨이 있다. ◆桃花의 성질이 있어, 이성과의 연분이 좋고, 吉格이면 女命은 淸潔(청결)하며, 化祿을 보게 되면 인생에 좋은 결과를 이루어 내나. 桃花星系인 天姚, 咸池, 貪狼, 天相, 紅鸞, 天喜 등을 거듭 보게 되면 色情的(색정적)인 면이 발달하여 불리함이 있다. ◆"囚星(수성)"이므로 비록 솔직담백한 면이 있으나, 유사시에는 자신의 뜻과 마음을 쉽게 숨기는 면이 있다. ◆투기와 투자성의 성요이므로, 일에 있어 새로운 의견이나 이설을 내세우는 경우가 많아, 기존 질서의 돌파, 혹은 창업이나 變業(변업) 등에 능함이 있다. ◆廉貞이 명궁에 들면, 솔직담백하고, 예절에 구애받지 않고, 마음과 언사가 명쾌하고, 話術(화술)에 능하며, 한편으론 판단과 思考(사고)가 예리하여, 이로 인한 남의 원망을 사는 경우도 있다. ◆廉貞과 七殺이 관록궁에 동궁이고 다시 擎羊이 동궁하는 경우에는, 부귀빈천을 떠나 刑獄之事(형옥지사)가 발생하고, 行限이나 流年運에 해당돼도 같은 맥락으로 판단한다. ◆廉貞과 破軍 혹은 七殺이 동궁하고, 다시 擎羊이나 化忌를 보게 되면, 외출과 연관하여 흉액이 발생하는 경우가 많으며, 道路事(도로사)와 연관된 흉화로 사망하는 경우도 있다. ◆廉貞이 化忌를 보게 되면, 桃花星의 흉한 면이 드러나게 되어 감정의 困擾(곤요), 실연, 이혼, 色情(색정) 등의 문제가 발생한다.

性狀 성상	◆廉貞의 현실적인 면으로는, 苛斂誅求(가렴주구)와 善惡이 겸존하며, 幼年 時에 辛苦(신고)와 勞碌(노록)이 따르며, 이익만을 추구하여 수단방법을 가리지 않는 유혹에 빠지기 쉬운 관계로, 혹, 먼저는 성취됨이 있더라도 나중은 친우들과 멀어지게 된다. ◆官祿을 主하므로 투기, 투자, 도박 등과 연관되며, 매사 일에 열심이나 더디게 발전한다. ◆命·身宮이나 재백궁에 居하면, 투자와 창업 등의 길로 가게 되며, 偏財星이므로 일생에 의외의 得財함이 있다. ◆化忌를 보게 되면, 매사 심사와 정서가 굴곡지고 어긋나며, 발전됨이 없으며, 투자, 창업, 도박 등에 불리하다. 건강상으로는 심장, 혈관계, 불면증, 腎臟(신장), 性病(성병), 癌症(암증), 원인불명의 질환 등을 앓게 된다. ◆廉貞, 貪狼이 巳亥宮에 동궁하면, 桃花星의 조합이므로, 이성 간의 연분은 있으나, 과유불급인 면이 발생하여, 혼인 전이나 후에 감정상의 破折(파절)이 발생하는 경우가 많아 실연이나 이혼 등이 따르게 된다. ◆廉貞이 七殺을 보게 되면, 감정상의 격분을 일으키고, 한편으론 개업이나 창업을 촉발시키나, 煞星이나 化忌를 보게 되면, 外傷(외상)이나 血光(혈광) 등의 災厄(재액)이 발생한다. ◆廉貞과 擎羊이 동궁하고 다시 煞星을 보거나, 廉貞과 化忌가 명궁이나 관록궁 혹은 명·신궁이나 流年運에서 보게 되면, 官訟(관송)이나 시비구설 등의 문제가 발생하거나, 外傷(외상)과 血光之災(혈광지재)가 발생하거나 창업, 도박 등에 불리함이 있다. ◆"刑囚夾印格(형수협인격)"이 되면, 刑과 囚가 印星을 좌우에서 夾照하는 것으로, 刑은 擎羊, 囚는 廉貞, 印은 官事를 主하는 天相을 말하는 것으로 흉액의 조짐이 있는데, 다시 化忌를 보게 되면 그 사안이 엄중하다 판단한다. ◆廉貞과 破軍이 동궁한 경우에, 재차 火星이 동궁하거나 혹은, 大限이나 流年運에서 이와 같이 형성되고, 다시 流羊, 流忌, 喪門, 弔客 등 煞星의 회조나 沖破(충파)가 있으면, 자살하거나 자살의 시도에서 극적으로 구조를 받는 경우가 발생한다.
人身 인신	婦人科疾患(부인과실환). 循環系統疾患(순환계통질환). 血光(혈광). 暗病(암병). 花柳病(화류병). 香箊(향어).
事物 사물	소형 가전기기(세탁기, 음료기, 과즙기, 건조기 …) 독성물질. 水果(수과).

(7) 무곡(武曲)

武曲(무곡)	
五行 오행	金- (辛金)
吉凶 길흉	吉星

星屬 성속	北斗 正星
象義 상의	◆將星(장성). 財帛星(재백성). 孤寡星(고과성).
性狀 성상	◆武曲은 陰金이며, 北斗 第6星에 속하며, 化氣는 "財(재)"이다. ◆武曲은 正財星(정재성), 將星(장성), 孤寡星(고과성)으로 논의되며, 强性(강성), 正直(정직). 寡宿(과숙). 고립. 주관 등과 연관되며, 직업으로는 금융계통. 세무회계. 紙幣(지폐)관련 직업. 금융업 등에 종사하는 경우가 많다. ◆武曲이 명·신궁에 居하면, 性情(성정)이 과단하고 剛强(강강)하며, 자신감, 분투감, 진취감 등이 있다. ◆매사 일을 추진함에, 진취적이고 규율을 잘 따르고 야무지나, 때론 무딘 점이 있으며, 고집과 주관이 강하여 허물이 발생함이 많다. 일을 함에 멀리 내다보지 않고 속전속결이다. ◆심사숙고하는 면이 적고, 마음속은 고독과 공허감이 있다. ◆신체는 단단하고, 음량이 크고, 생김새는 方角形(방각형)이고, 女命보다 男命에 이롭다. ◆女命은 직업부녀가 많아, 가정생활에 정서감이 부족하고, 혼인 생활에 마찰이 많고 화목함이 적다. ◆武曲은 財星으로 財帛(재백)을 主하고, 理財(이재)에 밝고, 財源(재원)이 있으므로, 財와 관련하여서는 小財라 논하지 않는다. ◆武曲은 正財星으로, 祿存을 보거나, 武曲·化祿이 동궁하거나, 天相, 天府를 보게 되면, 大財라 판단한다. ◆武曲과 貪狼의 동궁은, "武貪格(무탐격)"이라 하여, 소년 시는 발달치 못하나, 중년 이후는 橫發(횡발)하여 得財하는데, 이는 正·偏財의 조합으로 논하기 때문이다. ◆擎羊과 동궁 시는 "因財持刀格(인재지도격)"이라 하여, 財로 인해, 시비다툼, 爭訟(쟁송), 外傷(외상), 開刀(개도), 血光(혈광) 등의 사안이 발생한다. ◆武曲이 文昌, 鈴星, 陀羅를 보게 되면 "鈴昌陀武格(영창타무격)"이라 하여, 삼방의 회조가 있을 시는, 凶禍(흉화), 破財(파재), 시비다툼, 爭訟(쟁송) 등이 발생한다. ◆武曲이 破軍과 동궁이면, "武破格(무파격)"이 되어, 移家(이가). 出外. 奔波勞碌(분파노록), 시비다툼, 財의 입출이 빈번하고, 정신적인 공허감이 있게 된다. ◆일을 함에 독단적이고 변동이 많아, 사업의 개업과 창업이 빈번하다. 반면, 武曲, 破軍이 化祿을 보거나 다시 祿存을 보게 되면, 능히 破軍의 耗星(모성)과 波動性(파동성)을 해소시키므로, 先耗後得(선모후득), 先失後得(선실후득)의 길함이 있게 된다. ◆孤寡星(고과성)으로 육친과의 연이 적고, 고독감과 공허감이 있으며, 煞星을 보게 되면 그 상태가 엄중하다. ◆武曲과 化科의 동궁이나 회조는, 財源(재원)이 마련되는 것으로 財를 장악하고, 경제계에 權柄(권병)이 있게 된다. ◆武曲과 化權의 동궁이나 회조는, 得財하고 경제에 權柄(권병)이 있게 되고, 昇遷(승천), 창업, 겸업 등의 길함이 있으나, 고집불통인 면이 있고 수술 등의 血光之災(혈광지재)가 있다. ◆武曲과 化忌의 동궁이나 회조는 破財(파재), 血光之災(혈광지재) 등이 따른다.

性狀 성상	◆ 武曲이 명·신궁, 재백궁, 관록궁에 居하거나, 대운, 流年運에서 地空, 地劫, 化忌 등을 만나지 않으면, 창업과 겸직의 길함이 있다.
身體 신체	◆ 호흡기계통, 大腸(대장), 外傷(외상), 血光(혈광) 등의 질환이 발생할 수 있다. ◆ 胸廓(흉곽), 肺(폐), 鼻(비), 齒牙(치아), 骨格(골격), 結石(결석).
事物 사물	금속관련 경·중공업, 출납처, 은행.

(8) 파군(破軍)

破軍(파군)	
五行 오행	水 - (癸水)
吉凶 길흉	凶星
星屬 성속	北斗 正星
象義 상의	◆ 耗星(모성), 驛馬星(역마성), 將星(장성), 改革星(개혁성), 勞碌星(노록성).
性狀 성상	◆ 破軍은 陰水이며, 北斗 第7星이고, 化氣는 "耗(모)"이다. ◆ 破軍은 損耗(손모), 驛馬(역마), 冒險(모험), 外出, 武職(무직), 改革(개혁), 暴君(폭군), 大海水, 水産物, 運輸(운수), 奴僕(노복), 勞碌(노록), 貯藏室(저장실) 등과 연관된다. ◆ 破軍은 七殺과 더불어, 紫微帝座 下에서 君王의 명령을 실행하는 전쟁터의 대상군에 비유된다. ◆ 성격은 일정치 못하고 변덕스러우며, 사람들과 화합됨이 적고, 투기적이며, 이기심으로 인해 타인에게 손상을 준다. ◆ 보복심이 강하며, 주변 환경 및 인사문제와 관련하여 불만이 많으며, 사람들을 잘 선동하고, 祖業(조업)을 계승하지 못하고, 창업보다는 남에게 고용되는 경우가 많으며, 결혼은 早婚(조혼)보다는 늦게 함이 吉하다. ◆ 破軍은 耗財星(모재성)으로 損財(손재), 波動(파동), 조급함 등과 연관되는데, 祿存을 보면 解厄(해액)의 역량이 있으니 喜하는 것이고, 破軍과 化祿, 武曲과 化祿, 財星과 化祿을 보게 되면 破軍의 耗財(모재)의 성질을 감쇠시킨다. 만약 地空, 地劫, 化忌 등과 동궁하면 財가 모이지 않고 금전의 입출이 많을 뿐이다. ◆ 破軍이 명궁에 坐하면 성격이 성급과단하고, 剛强(강강)하고 불복성이 강하며, 開·創業(개·창업) 의욕과 모험심이 많으며, 好勝心(호승심)이 있고, 일을 함에 끝장을 본다는 각오가 있다. ◆ 破軍이 子午宮에 坐命하고 煞星의 동궁이나 회조가 없는 경우에, 甲己年生의 경우라면, 관록이 淸顯(청현)하고 三公의 위치에 오르는 貴命이다. 만약 丙戊年生의 경우라면 고독하고 殘疾(잔질)이 多發한다.

性狀 성상	◆破軍과 貪狼이 명궁과 身宮에 分居하고, 廟旺地의 祿存과 天馬를 보게 되면 富貴之命이다. 다만 혐의가 되는 것은 好色(호색)의 성향이 있는 것이고, 만약 弱陷地인 경우에는 勞碌奔波(노록분파)가 따르고 방탕하며 淫賤(음천)하다. ◆破軍과 武曲이 재백궁에 동궁인 경우에는, 破軍은 耗星(모성)이고 武曲은 財星인 관계로, 錢財(전재)를 得하기 힘들며, 혹 得財했다 하더라도 장구하게 지속되지 못한다. ◆破軍이 獨坐命인 경우에는, 성격 면에서 희로애락의 변화가 심하고, 생각과 행동이 朝變夕改(조변석개)이다. ◆破軍이 丑未宮에 坐命하고 紫微와 동궁하거나, 辰戌宮에 坐命하고 紫微와 天相의 회조가 있는 경우에, 흉성의 동궁이나 회조가 없으면 富貴之命이다. ◆破軍이 擎羊, 陀羅의 煞星과 관록궁에 동궁이며, 本命의 格이 길하지 못하면, 貧賤之命(빈천지명)이다. ◆破軍이 弱陷地에 居하며 文昌, 文曲을 보는 경우에는, 일생 刑剋(형극)과 勞碌(노록)이 따른다. ◆孤剋星(고극성)이니 육친과의 연이 薄(박)하고, 驛馬星(역마성)이므로 외출이 잦고, 명·신궁이나 전택궁, 육친궁에 居하면, 친인척간에 연이 薄(박)하고, 모여짐이 적고 흩어짐이 많으며, 외출이 잦으니 奔波勞碌(분파노록)이 따르며 마음은 공허하다. ◆損耗(손모), 改變(개변), 改革(개혁), 冒險(모험) 등과 연관 되니, 先破後建(선파후건)이고 先得後失(선득후실)이며 先失後得(선실후득)이다. ◆耗星(모성)이므로 재백, 전택, 자녀궁 등과 연관하여 先失後得(선실후득)의 성향이 많다. ◆波動星이므로 일생에 개변과 개혁, 奔波勞碌(분파노록), 외출, 開·創性(개·창성), 長輩性(장배성) 등과 연관되며, 영도적인 역량이 있으며, 주관이 뚜렷하며, 변화와 변동이 다단하다. ◆破軍과 化祿의 조합은, 상대적이나 喜氣(희기)이므로, 昇遷(승천), 榮轉(영전), 創業(창업), 改變(개변) 등과 연관되며, 先破後建(선파후건)이다. ◆破軍과 化權의 조합은, 昇遷(승천), 榮轉(영전), 개혁, 奔波(분파), 외출, 開創(개창), 고집, 爭權(쟁권), 覇道(패도), 當權(당권) 등과 연관된다. ◆破軍이 文昌, 文曲을 보게 되면, 勞碌奔波(노록분파)가 따르고, 財를 모으려 하나 大財와는 거리가 멀고, 水厄(수액)이나 비뇨기계질환, 심혈관질환, 예상치 못한 災厄 등을 주의해야 한다. ◆破軍이 子午宮에 居하면, "英星入廟格(영성입묘격)"이라 하여, 甲癸年生이나 丁己年生은 吉하다. 성품이 고상하며, 다시 化祿이나 化權을 보게 되면 단체의 頭領格(두령격)으로 吉하다. ◆얼굴형태는 원만하며, 등이 후덕하고, 미관이 넓으며, 걷거나 앉아 있을 때는 허리가 약간 기울어져 있다.
身體 신체	腎臟(신장), 泌尿器系(비뇨기계), 膀胱(방광), 腰, 婦女病(부녀병), 心血管系(심혈관계) 등의 질환이 있게 된다.
事物 사물	운송차량, 소모품, 건축업, 市場.

(9) 좌보(左輔)

左輔(좌보)	
五行 오행	土+ (戊土)
吉凶 길흉	吉星
星屬 성속	北斗 助星
象義 상의	善星(선성). 輔佐星(보좌성).
性狀 성상	◆ 左輔는 紫微의 輔佐星(보좌성)으로 秘書(비서). 參謀(참모). 幕僚(막료) 등의 보좌적 사안과 연관됨이 많다. ◆ 左輔는 육길성(左輔, 右弼, 天魁, 天鉞, 文昌, 文曲) 중 가장 결점이 적은 성요로, 건실, 중후, 善性(선성), 온화, 포용력 등의 기질이 있으며, 主星과 동궁 시에는 主星으로 하여금 그 역량을 크게 발휘하게 한다. ◆ 左輔가 명궁에 居하거나, 혹은 회조, 대조, 협조시의 역량을 논할 경우에는 이중 "夾(협)"적 영향력이 가장 크다. ◆ 左輔가 명궁에 居하고, 紫微. 天府, 太陽, 太陰, 文昌, 文曲, 祿存, 化權, 貪狼, 武曲 등의 회조가 있을 시는, 문무겸전으로 大貴하거나, 富貴가 작지 않다. 만약 擎羊, 陀羅, 火星, 鈴星, 化忌 등의 煞星의 沖破(충파)가 있는 경우에는 비록 부귀가 있더라도 장구하지 못하다. ◆ 左輔와 文昌이 명궁에 동궁하면, 土生金의 관계로 吉하며, 다시 吉星의 회조가 있을 시는 역시 부귀지명이다. 그러나 만약 煞星을 보게 되면 평상인의 命이고, 다시 煞星이 중첩되면 반대로 불리함이 많으며, 평생 勞碌奔波(노록분파)의 命이다. ◆ 左輔와 天府가 동궁이면, 陽土가 比和의 관계인데, 다시 廟旺地에 居하고, 살성의 회조나 沖破(충파)가 없게 되면, 極品之貴(극품지귀)의 命이다. ◆ 左輔는 보좌성으로 紫微帝座(자미제좌)의 주변에 居함을 가장 喜하는데, 左輔는 보좌와 포용력의 기질로 인해 고난을 면키 어려우나, 또한 이런 기질로 인하여 여러 조력을 얻음이 可한 것이다. 그러나 대궁에 擎羊, 火星, 廉貞을 보거나 落陷시에는 그 길한 능력이 현저히 감쇠된다. ◆ 左輔가 명궁에 있으며 獨坐(독좌)인 경우에는, 삼방사정의 살성의 회조 여부에 관계없이, 용모가 단정하고 성격이 관대하며 친화력이 있으며, 개성이 적극적이며 진취적이고, 곤란함에 직면해서도 매사 낙관적인 생각을 견지하며, 또한 명궁에 단독으로 居할 경우에는 庶出(서출)인 경우가 많다. ◆ 左輔가 紫微, 化權, 化祿, 化科 武曲, 貪狼 등의 삼방의 회조나 대조가 있을 시는, 문무겸전이고 성격이 강개한 반면 풍류를 즐기고 부귀가 작지 않다. 만약 女命의 경우라면 온후하며 현숙하고 남편과 자식을 이익 되게 하고, 더욱이 길성의

性狀 성상	회조가 있으면 복록과 영화로움이 많고, 설혹, 煞星의 충파가 있더라도 賤格(천격)으로까지 떨어지지는 않는다. ◆ 左輔가 廉貞, 破軍, 巨門과 동궁이면, 殘疾(잔질)이 없으면 夭死(요사)하게 되고, 官刑(관형)이나 災厄(재액)이 多發한다. ◆ 左輔가 煞星이나 化忌를 보게 되면, 左輔의 길함이 쇠락하고, 희비가 일정치 않다. 만약 四煞이나 化忌를 전택궁에서 보게 되면 財의 손실이 다소 있고, 특히 殺破狼(살파랑)과의 동궁을 꺼려하는데, 이는 감정상의 곤란으로 인해, 혼인관계가 破折(파절)에 이르게 되는 경우가 많기 때문이다. ◆ 左輔가 擎羊, 陀羅의 회조가 있게 되면, 타인에게 이용당하기 쉽다. ◆ 女命의 경우, 부처궁에 左輔가 廉貞, 擎羊을 보게 되면, 예의를 모르고 성질이 강폭하며, 결혼 연이 薄(박)한데, 만약 左輔가 天同을 보게 되면, 남의 집 첩이 되거나 이미 결혼한 사람과 동거하는 경우가 많은데, 이는 다시 天姚, 咸池를 보게 되는 경우도 같은 맥락이다. ◆ 학업기간에 명궁 혹은 부모궁에 左輔나 右弼이 居하게 되면, 시험운이 좋지 못하니, 국가시험 등에 있어 여러 번 낙방 등의 우려가 많다. ◆ 左輔나 右弼이 명궁에 居하면 감정상의 곤란함이 重해지는데, 이는 右弼이 한층 더 심하며, 初緣(초연)인 경우에는 결혼으로 성사됨이 적고, 만약 左輔, 右弼이 명궁, 부처궁, 자녀궁에 보이는 경우에는, 감정상의 혼란으로 인해 情人(정인)이 두 명 이상 있는 경우가 많다. ◆ 명궁에 主星이 없고, 左輔나 右弼만 있는 경우에는, 부모와의 연이 薄(박)하고, 어릴 때에 남의 손에 키워지거나, 혹은 첩의 所生(소생)인 경우가 많다.
身體 신체	脾(비)
事物 사물	幹旋(간선). 圓巧(원교). 司機(사기).

(10) 우필(右弼)

右弼(우필)	
五行 오행	水－ (癸水)
吉凶 길흉	吉星
星屬 성속	北斗 助星
象義 상의	善星(선성). 輔佐星(보좌성).

性狀 성상	◆ 右弼은 紫微의 보좌성으로, 秘書(비서). 參謀(참모). 幕僚(막료) 등의 보좌적 사안과 연관됨이 많다. ◆ 右弼은 陰水에 속하니 四墓宮(사묘궁=辰·未·戌·丑)에 居하면 吉하다. ◆ 右弼은 명·신궁 혹은 어느 궁에 居하건, 근신함이 있어 복록이 있고, 文彩(문채)가 있으며, 용모가 청수하고 관대하며, 성정이 곧고 바르며, 소심하나 심중엔 모략을 숨기고 있다. ◆ 女命에서 右弼이 명·신궁에 居하는 경우는, 현모양처이고 남편과 지식을 이롭게 하고, 한두 개의 煞星의 沖破(충파)가 있더라도 賤格(천격)으로 떨어지지는 않는다. ◆ 右弼은 專念(전념)의 성요이기도 하므로, 매사 열심이고 근신하며, 노파심이 있고, 남을 돕기를 좋아하나, 행동에 민첩함이 결여되고, 동정심이 있으며, 노숙함이 있고, 남을 훈계하려는 성질도 있다. ◆ 左輔는 사람과의 교제가 원활하나, 右弼은 노파심과 桃花的(도화적)기질이 있다. 左輔, 右弼이 化科를 보면 도화성과 연관된 사안으로 인해 명성을 얻게 된다. ◆ 右弼과 左輔는 同輩的(동배적) 貴人으로 공적인 일에 있어 어울리는 사람들이 많다. 行運에서 보게 되면 새로운 친구관계와 연관되며, 교제와 어울림이 광범위하다. ◆ 右弼이 流年運에 巨門을 보게 되거나, 白虎의 충파가 있게 되면 刑傷(형상)을 유의해야 한다. ◆ 女命에서 右弼이 단독으로 명궁에 居하면, 妾(첩)의 命인 경우가 많으며, 가택 안에 편안히 居함을 좋아하며, 현명하여 남편과 자식을 이롭게 하고, 세심하며 남을 해치려는 의도가 없고, 善人이며 小兒子的(소아자적) 기질도 있어, 환상과 의뢰심이 많으며, 이치에 합당하며 절약함이 있다. ◆ 男命에서 右弼이 명궁에 단독으로 居하면, 일생 발전이 적고 庶出(서출)인 경우가 많다. ◆ 右弼은 左輔와의 동궁을 가장 기뻐하며, 여타 길성의 동궁이나 회조가 있고, 살성의 충파가 없으면 평생 복록이 따른다. ◆ 右弼 혹은 左輔가 坐命하고, 나시 廉貞과 擎羊이 동궁한 경우에는, 도적질을 작당하거나, 혹은 도적으로부터 刀傷(도상)을 당하는 경우가 있다. ◆ 명궁의 좌우에 右弼과 左輔의 협조가 있는 경우에는 貴格을 이룬다. ◆ 명궁의 좌우에 右弼, 左輔, 天魁, 天鉞의 협조가 있는 경우에는 壽福(수복)이 만당하다. ◆ 명궁에 길성이 居하고, 재백궁과 관록궁에 右弼과 左輔의 회조가 있으면, 일생동안 衣食(의식)이 풍부하고 享福(향복)을 누리게 된다. ◆ 右弼, 左輔 혹은 文昌, 文曲이 坐命한 경우에, 다시 擎羊, 陀羅가 동궁하게 되면, 此命人은 필히 暗疾(암질)이 있게 된다.
身體 신체	腎(신)
事物 사물	幹旋(간선). 圓巧(원교). 司機(사기).

(11) 경양(擎羊)

擎羊(경양)	
五行 오행	金+ (庚金)
吉凶 길흉	凶星
星屬 성속	北斗 助星
象義 상의	刑傷星(형상성), 將星(장성), 血光星(혈광성), 刀傷星(도상성),
性狀 성상	◆ 擎羊은 陽金이며, 일명 羊刃星(양인성)이라고도 하며, 北斗助星이고 化氣는 "刑(형)"이다. ◆ 擎羊은 性情(성정)이 剛强(강강)하고, 權謀術數(권모술수), 橫立功名(횡립공명), 夭壽(요수) 등과 연관되며, 四煞(擎羊, 陀羅, 火星, 鈴星) 중 최고 흉살이다. ◆ 성격이 剛强(강강)하며 계교가 있고, 일을 함에 속전속결이고, 好勝心(호승심)이 있어 남에게 지려하지 않고, 은원관계가 분명하며, 끝장을 보려는 성향이 있고, 고독한 면이 있으며, 육친과의 연이 薄(박)하고, 사람과의 사이에 의견 충돌이 잦아 이로 인해 禍厄(화액)을 당하기도 된다. ◆ 刑傷, 刀傷과 연관되어, 명·신궁이나 질액궁, 천이궁에 들면 소년시에 傷害(상해)와 災厄(재액)을 방비해야 하고, 血光(혈광)이나, 수족, 筋骨(근골), 치아 등과 관련 질환이 발생할 수 있다. ◆ 擎羊이 명궁에 居하고 길성의 동궁이나 회조가 없는 경우에는, 소년시에 필히 刑傷이 있게 되고, 다시 行限이나 流年運에서 살성의 충파가 있게 되면 夭折(요절)하게 된다. ◆ 午宮에 居하면 "馬頭帶劍格(마두대검격)"이라 하여 고향을 떠나 타향에서 생활하는 경우가 많은데, 勞碌奔波(노록분파)가 따르나 종국에는 성취함이 있으며, 한두 번의 刑傷을 면키 어려우나, 富貴의 命이다. ◆ 擎羊이 四墓(사묘)의 辰丑宮에 居하면 擎羊이 入墓한 것이니, 擎羊의 흉한 金의 기운이 土氣의 被制(피제)로 인하여, 殺傷性(살상성)이 약화되어 오히려 흉변 길로 변하니, 역시 富貴之命(부귀지명)이나 한두 번의 刑傷(형상)을 면키는 어렵다. ◆ 擎羊이 武曲과 동궁이면, 財가 刀를 대동한 格이라, 財로 인해 발생하는 시비구설, 사고, 질병, 血光事(혈광사) 등을 조심해야 한다. ◆ 擎羊은 刀星이니, 武職(무직), 생살권, 도살업, 기계 등과 연관되며, 명·신궁이나 재백궁, 관록궁에 居하면, 위에 열거한 계통의 직업에서 두각을 나타내며, 특히 軍警(군경), 의사, 판·검사, 변호사, 침구사, 접골의업, 江湖人 등과 연관됨이 많다. ◆ 擎羊이 육친궁(부모, 부처, 형제, 자녀)에 居하면, 육친과의 연이 薄(박)하고, 고집이 세며, 육친과의 시비다툼이 많으며, 刑傷(형상)이 있다. ◆ 擎羊, 火星, 鈴星 등은 흉성으로 刑傷과 연관되며, 전기 혹은 기름 등으로 인한 火厄(화액)의 발생이 많다.

性狀 성상	◆擎羊이 文昌을 보게 되면, 기계로 인한 傷害(상해)의 발생이 높다. ◆擎羊이 명·신궁과 질액궁, 천이궁에 居하는데, 火星과 鈴星 등을 보게 되고, 다시 大限, 流年, 小限에서의 대조나 회조가 있어 중첩되어 보게 되면, 災厄(재액), 刀傷, 血光事(혈광사), 수술 등의 흉액을 방비해야 한다. ◆擎羊이 天機, 天梁, 七殺 등과 동궁하거나, 대궁이나 삼방사정에서의 회조가 있으면, 소년 시에 刑剋(형극)을 당함이 많고 나이 들어서는 고독하다. ◆擎羊, 陀羅가 廟旺地에 坐命하면, 橫發的(횡발적)으로, 우수성과 능력을 발휘하는 경우가 있다. ◆擎羊을 大運에서 명궁이나 육친궁에서 보게 되면, 육친을 刑剋(형극)하며 연이 薄(박)하고 고독하며, 아울러 刑傷(형상)과 血光事(혈광사), 예기치 않은 災厄(재액) 등을 방비해야 한다.
身體 신체	肺疾患(폐질환). 口歪眼斜(구왜안사). 大腸疾患(대장질환). 瘋顚(풍전). 鐵石之傷(철석지상).
事物 사물	/

(12) 타라(陀羅)

陀羅(타라)	
五行 오행	金− (辛金)
吉凶 길흉	凶星
星屬 성속	北斗 助星
象義 상의	忌星(기성). 刑傷星(형상성). 驛馬星(역마성). 孤獨星(고독성), 是非星(시비성). 遲延星(지연성).
性狀 성상	◆陀羅는 陰金이며, 北斗 助星이고, 化氣는 "忌(기)"이다. ◆陀羅는 일명 "馬掃殺(마소살)"이라 칭하기도 하며, 명궁에 들면 시비구설과 흉액이 多發하고, 조업을 지키지 못하고, 고향을 떠나 타향에서 발전한다. ◆陀羅는 擎羊보다는 그 흉함이 다소 가볍다. ◆개성이 剛强(강강)하고 고집과 주관이 세며, 번뇌와 辛苦(신고)가 많고, 생각과 사상의 변질이 많고, 매사 결심이 흔들리며 번복하는 경향이 많다. ◆육친간 화합됨이 적고 의견 대립이 크며, 인연이 薄(박)하고, 고향을 떠나 漂浮放浪(표부방랑)하며, 고독감이 많고, 정신적인 좌절과 고민이 많다. ◆暗忌星(암기성)이므로, 매사 沮滯(저체)되고, 시비다툼이 빈번하고, 官訟(관송)의 禍厄(화액)을 방비해야 한다.

性狀 성상	◆陀羅가 명·신궁이나 부처궁에 居하면, 晩婚(만혼)이 좋고, 미혼 시에 부처궁에 陀羅가 居하면 감정상의 파절로 인해 결혼연이 변하거나 薄(박)하게 되고, 戀情(연정)의 문제는 暗渡陣倉(암도진창)에 비유된다. ◆陀羅는 陰金이니 武職(무직), 驛馬(역마)와 연관되므로, 명·신궁에 들면, 군·경, 기계공, 법조인, 외과의사, 변호사, 외무부, 사법기관, 분주한 일 등과 연관된다. ◆陀羅가 貪狼을 보게 되면, "風流彩杖格(풍류채장격)"이며, 다시 天刑의 회조가 있으면, 風流事(풍류사), 桃色(도색)과 연관된 시비다툼 등을 방비해야 한다. ◆陀羅가 貪狼, 武曲, 鈴星, 文昌을 보게 되면, "鈴昌陀武格(영창타무격)"이라 하며, 시비구설, 災厄(재액), 暗疾(암질), 破財(파재)가 당도한다. ◆陀羅가 擎羊을 보거나, 擎羊과 陀羅가 化忌를 夾照하거나, 地空과 地劫이 化忌를 夾照하거나 竹羅三限(죽라삼한)이 되면 敗局이 되는 것이며, 大運, 流年運, 小運에서 명·신궁에 居하거나 질액궁에 居하면 雲路(운로)가 災殃(재앙)으로 치닫게 된다. ◆얼굴은 조잡하며, 눈썹이 짙고, 양 볼은 각이진 형태이다.
身體 신체	肺病(폐병). 呼吸器系統(호흡기계통), 齒牙(치아), 骨格(골격), 吐血(토혈). 面部傷害(면부상해). 濕氣(습기). 白癬瘋(백선풍). 脊骨突出(배골돌출). 筋骨(근골), 關節(관절). 風濕(풍습). 酸痛(산통). 四肢損傷(사지손상), 精神苦痛(정신고통). 慢性疾患(만성질환).
事物 사물	/

2) 남두성계 개요(南斗星系 概要)

(1) 천부(天府)

天府(천부)	
五行 오행	土+ (戊土)
吉凶 길흉	吉星
星屬 성속	南斗 主星
象義 상의	令星(영성). 祿庫星(녹고성). 尊貴性(존귀성). 解厄星(해액성). 延壽星(연수성). 老大星(노대성).
性狀 성상	◆天府는 陽土이며, 南斗 主星이고, 化忌는 "令(령)"이다. ◆天府는 재백과 전택을 主하고, 고독한 성질을 띠며, 解厄(해액)의 능력이 있고, 종교 및 동양오술과 연관된 성요이며, 培養(배양). 供養(공양). 養育(양육). 賢母良妻(현모양처) 등과도 연관된다.

性狀 성상	◆ 성품이 온화하고 총명하며, 취미가 다양하고, 多學多才(다학다재)하며, 보수적인 일면도 있다. ◆ 영도적인 능력과 고집과 주관이 뚜렷하며, 다소 거만한 면과 책략도 있으며, 名利(명리)를 탐하고, 談笑(담소)에서 과장이 심하고, 책임감도 있으며, 큰 功을 추구하는 바가 있다. ◆ 尊貴星(존귀성), 令星(영성), 老大星(노대성)이며 孤獨星(고독성)이니, 명·신궁에 居하면 영도적인 재능이 있고, 공직이나 대기업이나 국영기업의 고위직을 역임하며 일반직도 직책이 낮지 않다. ◆ 左輔, 右弼, 天魁, 天鉞, 文昌, 文曲의 회조를 喜하는데, 이리 되면 귀인의 조력을 얻게 되나, 그렇지 못하면 고독한 군주가 되고 매사 고군분투함이 있으며 고독감이 있다. ◆ 육친궁에 居함을 忌하는 데, 이는 고독과 연관되는 것이며, 노복궁에 居할 시는, 朋友(붕우)보다 자신의 직위, 직책이 낮게 되거나, 남의 고용인이 되거나, 능력이 떨어지거나, 윗사람의 조력을 받기 힘든 것이다. ◆ 天府는 祿庫星(녹고성)으로 財와 田宅의 財源(재원)이 되는 것이며, 명궁, 재백궁, 관록궁, 전택궁에 居함을 크게 기뻐하는데, 다만 명궁에 居할 시는 근검절약함이 다소 적은 면이 있으나, 理財(이재)에 밝고, 기업체의 財經(재경)담당에 적합하다. ◆ 전택궁에 居할 시는 財祿入庫(재록입고)로 논하며, 가택은 지세가 높거나, 高樓(고루) 가택에 적합하다. ◆ 解厄星(해액성)의 성질이 있으니, 擎羊, 陀羅의 흉성을 보더라고 制厄爲化(제액위화)시키고, 火星과 鈴星의 흉성을 만나도 전화위복이 되게 하고, 行運에서 흉운을 만나도 흉변길이 되게 한다. ◆ 女命의 명궁에 天府가 居할 시는, 직업이 있는 여성으로 가정 경제를 맡게 되며 家勢(가세)를 일으킨다. 또 한편으론 運途(운도)에서 생함이 있더라도, 뜻을 얻지 못하거나 사업상의 불안정, 실업 등의 문제가 발생하기도 하고, 外貞(외정) 문제, 삼각관계, 배우자와의 감정상의 파절 등을 겪게 되기도 한다. ◆ 얼굴은 비교적 크고 원만하며, 피부색은 홍색이나 일부는 백색을 띠기도 하고, 음성은 크지 않고 목구멍소리를 낸다.
身體 신체	脾(비). 胃(위). 頭疾(두질).
事物 사물	수산양식. 목축. 의상디자인. 재봉관련.

(2) 천기(天機)

天機(천기)	
五行 오행	木- (乙木)
吉凶 길흉	吉星
星屬 성속	南斗 正星
象義 상의	智慧星(지혜성). 善星(선성). 延壽星(연수성). 宗敎星(종교성). 技術星(기술성).
性狀 성상	◆ 天機는 陰木에 속하며, 南斗 第3星이고, 化氣는 "善(선)"이다. ◆ 天機는 智略家(지략가). 軍師(군사). 參謀本府服務(참모본부 복무) 등의 직업과 연관된다. ◆ 天機는 총명. 지혜. 增益(증익), 善性(선성), 思考(사고). 기획. 多變(다변). 善緣(선연). 연구. 鑽牛角尖(찬우각첨=해결할 수 없거나 하찮은 문제에 매달리다.) 명상. 참선. 철학. 命理(명리). 佛法 등과 연계된다. ◆ 天機는 陰木이니 木·火·土宮에 居함을 喜하고, 水宮이나 冬節(동절)에 생함을 忌하는 것이다. ◆ 性情(성정)은 强剛(강강)하고 성급한 면이 있으며 심성은 자애심이 있다. ◆ 計巧(계교)가 많으며 정밀하고, 반응이 빠르며, 남의 말에 굴복하는 경우가 적다. ◆ 知慧星(지혜성)이므로 총명하고 계교가 있으며 기획력이 있고, 두뇌와 신체의 활용을 즐겨하므로, 군사나 참모, 기획인으로 우수점이 있으나. 상상력이 풍부한 면이 있어 실천력이 부족한 경우가 많다. ◆ 형제관계를 主하여, 命宮에 居하면 형제간의 연이 薄(박)하고, 형제간 조력을 얻기가 힘들다. ◆ 善星(선성)이므로 선한 일면도 있으나, 부모와의 사이는 괴리감이 있으며 반발심도 있어, 연은 박하나 효순함이 있으니, 잠시 부모와 떨어져 지냄도 좋은 것이다. ◆ 動星(동성)이므로 명궁에 居하면 환경의 변동이 많은데, 이는 주로 두뇌활동과 연관된 변동이므로 靜中動(정중동)의 개념이다. 또한 윗사람의 관심이 있는 경우에는, 두뇌와 신체수단을 모두 동원하여 일처리에 힘을 다한다. ◆ 宗敎星(종교성)이기도 하니, 종교, 철학, 동양오술 등과 연관이 많다. ◆ 技術星(기술성)이기도 하니, 天梁과 동궁 시는 "機梁格(기량격)"이라 하여 병법을 논하기를 좋아하고 巧藝(교예)가 있다. 또한 機略(기략), 算命術(산명술), 전문기술 등에 능함이 있다. ◆ 天機는 1인에게만 충성함이 적어, 불복함이 많으며, 직장과 직업의 변동이 많고, 계교가 많아 여의치 않은 경우에는 직장과 책무의 변동이 잦다. ◆ 天機가 吉星과 化權, 化科, 化權을 보게 되면, 뜻이 성사되고 계획은 능히 실천하게 된다.

性狀 성상	◆天機가 煞星을 보게 되면, 재주는 있으나 일이 不成되고, 판단 착오를 일으킨다. 또한 情感(정감)이 많음이 지나치고, 鑽牛角尖(찬우각첨), 뇌신경, 肝膽(간담), 수족질환 등의 병이 있다. ◆또한 天機가 煞星을 보게 되면, 부친과의 연이 적고, 괴리가 있으며, 刑剋(형극) 됨이 있으며 연이 薄(박)하다. 혹은 부친이 勞碌命(노록명)이기도 하다. ◆天機가 文昌, 文曲을 보게 되면 총명하고 다학다재하나, 은공을 저버리는 경향이 있다. ◆天機는 善星이기는 하나, 명·신궁에 居하고, 擎羊, 巨門, 文曲, 文昌, 天空, 地劫, 化忌, 自火忌 등이 동궁하면, 간사하고, 계교가 많고, 무정하다. 비록 祿星(녹존, 화록)이 동궁한다 하더라도 그 흉함을 다 해소시키지 못한다. ◆天機가 天才를 보거나, 左輔, 右弼, 文昌, 文曲, 三台, 八座, 化科, 博士 등을 보게 되면 지혜가 많으며, 天機와 天才가 동궁하는 경우에도 같은 맥락으로 판단한다. 상기 이외의 성요를 보는 경우에도 일반인 보다 지혜가 뛰어나나, 만약 火星과 擎羊을 보게 되면 지능이 높은 범죄자이며, 진실 됨이 없는 것이다. ◆天機가 化忌를 보거나, 空亡, 陀羅, 大耗 등을 보게 되면, 판단상의 착오가 많고, 어리석고 거친 면이 있으며, 동궁한 경우에도 같은 맥락으로 판단한다.
身體 신체	肝膽(간담), 手足(수족), 筋骨(근골), 神經系統(신경계통), 眼花(안화), 趾(지), 毛髮(모발), 疫痛(역통), 精神衰弱(정신쇠약).
事物 사물	차량관련, 小工場(소공장), 小器機(소기계), 花草(화초), 矮木(왜목), 盆栽(분재).

(3) 천상(天相)

天相(천상)	
五行 오행	水+ (壬水)
吉凶 길흉	吉星
星屬 성속	南斗 正星
象義 상의	官祿星(관록성), 印星(인성), 財星(재성), 壽福星(수복성).
性狀 성상	◆天相은 陽水에 속하며, 南斗 第5星이고, 官祿(관록)을 主하며, 化氣는 "印(인)"이다. ◆天相은 권세, 관직, 意識(의식), 相學, 美食, 精敏(정민), 재물, 고독, 貴氣 등과 연관된다.

性狀 성상	◆ 사람이 과묵하고 표정이 밝고, 한가함을 즐기며, 남을 돕기를 좋아하고, 惻隱之心(측은지심)이 있으며, 일을 함에 근신하며, 소심한 면이 있고, 외적으로는 꾸밈이 있으며, 학구열이 많고, 윗사람의 뜻을 잘 따르고 남의 말을 잘 듣는다. ◆ 天相은 印星(인성)이니, 참모역, 보좌역, 비서 등의 직업에 길하며, 문서, 계약, 증권 등과 연관된다. ◆ 명·신궁과 관록궁에 들면 보좌역에서 역량을 발휘하는 人才이다. ◆ 天相은 天梁, 天府 등과 연관성이 많으나, 단지 보좌의 역할이고 최고위직의 역할은 아니다. ◆ 天相은 관록을 主하니 명·신궁에 居하면, 한 가지 기술에 특장점이 있고, 일상적인 면에서의 직업과 연관된 변화는 추구하지 않으나 크게 파절을 겪게 되며, 직업과 연관된 변화가 매우 크다. ◆ 天相이 명궁에 居하거나, 紫微, 天相이 명궁에 居하면, 多學이나 정밀하지 못하고 뜻을 펴기 어렵다. ◆ 天相이 天空, 地劫, 火星, 鈴星, 擎羊, 陀羅 등을 보거나, 天相이 명궁에 居하며 宮干化忌가 入되어 관록궁을 沖할 시는, 남의 보증이나 금전을 빌려주지 말아야 한다. 그렇지 못하면 이로 인해 시비구설과 詞訟(사송)이 발생한다. ◆ 天相이 명궁에 居하면 형제자매의 조력을 얻기 힘들고, 연분이 박하며 刑剋(형극)이 있다. ◆ 天相은 孤獨星(고독성)이니 내심 고독하며 타 육친궁과 비교시 연이 박하다. ◆ 天相이 명궁에 居하면 연인이나 배우자와의 관계가 불리하며, 대체로 어머니가 家權(가권)을 장악하고, 남녀 공히 私金融(사금융)과 연관이 있고, 行運에서 부처궁에 居하면 배우자가 사금융과 연관됨이 있다. ◆ 天相은 衣食을 主하니, 財星, 福星, 口福 등과 연관되며 衣食이 풍족하다, 女命은 꾸미기를 좋아하고, 미식가이며, 웃는 얼굴이다. ◆ 天相은 貴星(귀성)이며 신뢰성으로, 貴氣(귀기)가 드러나니, 필요한 것을 얻으려면 쉽게 남의 힘을 빌어 得할 수 있다. ◆ 天相은 桃花的(도화적)인 기질이 있으니, 고독하고 외로운 처지가 되면 쉽게 도화의 유혹에 빠질 수 있고, 다시 行運에서 도화성을 보게 되면 肉慾桃花(육욕도화)에 빠지게 된다. ◆ 天相은 陽水이니 火星, 鈴星, 擎羊, 陀羅, 天空, 地劫, 化忌 등을 忌하는데, 이들 성요의 회조가 있을 시는, 孤剋(고극), 인연의 파절, 문서와 계약의 파기, 담보, 보증 등으로 인한 損財(손재), 殘疾(잔질), 傷害(상해), 破財(파재) 등이 따르며 사업상 저체 요소가 발생한다. ◆ 天相은 "印(인)", 廉貞은 "囚(수)", 擎羊은 "刑(형)"이니 동궁 시에는 "刑囚夾印格(형수래인격)"이라 하여 관재구설과 災厄(재액)이 발생한다. ◆ 피부색은 짙고, 얼굴과 뺨은 원만하다.
身體 신체	泌尿系統疾患(비뇨계통질환). 糖尿病(당뇨병). 淋濁(임탁). 月經不順(월경불순). 皮膚病(피부병).
事物 사물	非食用水(비식용수). 瀑布水(폭포수). 噴泉(분천).

(4) 천량(天梁)

天梁(천량)	
五行 오행	土+ (戊土)
吉凶 길흉	吉星
星屬 성속	南斗 正星
象義 상의	蔭星(음성), 福壽星(복수성), 解厄星(해액성), 孤剋星(고극성), 父母星(부모성), 長輩星(장배성).
性狀 성상	• 天梁은 陽土에 속하며, 南斗 第2星이고, 化氣는 "蔭(음)"이다. • 天梁은 醫藥(의약), 淸高(청고), 文敎(문교), 高品格(고품격), 蔭德(음덕) 등과 연관되며, 軍警(군경) 등의 직업에 종사하는 경우가 많다. • 온화하면서도 내심은 의지가 굳고, 자기주관이 뚜렷하다. 고집이 있고 소년 시에도 어른스러운 자태가 있다. • 淸高(청고)하며, 앞장서서 실천하고, 사람들을 잘 끌어 모으고, 이론으로 무장한 언변이 뛰어나다. • 化氣가 蔭星(음성)이니 조상의 음덕이 있는 사람이며, 사람들을 돌보기를 잘하고, 사려 깊은 老大人의 풍모가 있다. • 天梁이 명·신궁, 형제궁, 부모궁, 노복궁, 자녀궁, 부부궁에 거하면, 남을 돕기를 잘하고, 자신은 음덕이 있고, 책임감이 있다. • 淸高星(청고성)이므로 청고하며, 고독하기도 하며, 大財와는 거리가 멀다. • 명예를 중요시하는 고로, 목적을 위해 수당방법을 가리지 않은 길은 선택하지 않고, 투기적인 목적이나 탐욕, 도박 등과도 거리가 멀다. • 老大星(노대성)이기도 하니, 凡事(범사)에 자기 고집과 주장이 강하고, 사람들과 불통되는 면도 많으며, 兒童的(아동적)인 기질도 있어 노인이나 어린아이와 같은 고집을 부리기도 한다. • 天梁이 명궁이나 부처궁에 들면, 巨門의 역할을 하여 晩婚(만혼)이 좋고 부부연은 薄(박)한 편이며, 결혼 후에는 여러 갈등요소가 많이 발생하고 刑剋(형극) 됨이 많으므로 참고 양보하는 생활이 좋다. • 天梁은 福壽星(복수성)이고, 解厄星(해액성)이므로 흉액이 닥쳐도 능히 解厄(해액)하는 역량이 있으나, 亥子宮에 居하거나, 天同, 天梁이 申宮에 居하거나, 天同과 化忌, 宮干 自化忌를 보게 되며, 다시 재차 行運에서 만나게 되면 解厄(해액)하는 능력이 약해진다. • 醫藥星(의약성)이므로 보험, 종교 및 동양오술, 신명세계, 토지, 농축업, 문화사업 등과 연관되며, 남을 돕기를 즐겨하니 이와 연관된 직업에 종사함이 좋다. • 天梁, 巨門은 부처궁에 居하면, 연인이니 배우자가 의약 혹은 의료업에 종사하거나, 혹은, 체력이 약하여 장기적인 치료를 요하게 된다.

性狀 성상	◆天梁과 天刑이 동궁하거나 行運에서 만나게 되면, 의약, 동양오술, 종교 등과 연관되며, 향후 의료원이나 의료물품과 연관된 직업이나 일을 하게 된다. ◆天梁과 天同이 寅申巳亥宮에 동궁하면 인연이 좋고, 외출 시는 분파가 따르고, 감정이 풍부하며, 도화성의 기질이 다분히 있으므로 풍류, 도박, 色情(색정)문제 등을 예방해야 한다. ◆天梁과 天馬가 四生地인 寅申巳亥宮에 居하면, 표류인생이며 勞碌奔波(노록분파)가 많이 따른다. ◆天梁은 天魁, 天鉞, 文昌, 文曲, 祿存 등의 회조를 喜하는데, 만약 天空, 地劫과 동궁시는 破財, 破折(파절), 災厄(재액) 등이 따르고, 감정문제로 인한 혼란 등이 유발된다. ◆天梁과 天機가 辰戌宮에 居하면 "善蔭朝綱格(선음조강격)"이라 한다. 天機는 "善(선)"이고 天梁은 "蔭(음)"으로 智謀(지모)가 많고, 담소를 즐겨하고, 巧藝(교예)가 있으며, 종교 및 동양오술과 연이 깊으며, 晩婚(만혼)이 吉하다. ◆天梁과 太陽이 卯酉宮에 居하면, "日照雷門格(일조뢰문격)", "日出扶桑格(일출부상격)"이라 하는데, 天空, 地劫, 化忌 등의 회조가 없고, 天魁, 天鉞, 文昌, 文曲 등을 많이 보게 되면, 공직에 이롭고, 타인을 돕는데 힘쓰는데, 卯宮이 酉宮보다 吉하다. 化忌를 보게 되는 경우는, 매사 沮滯(저체)와 불리함이 많고 뜻을 펴기가 어렵다. ◆天梁, 太陽, 祿存, 文昌, 文曲 등의 삼방사정의 회조가 있으면, "陽梁昌祿格(양량창록격)"이라 하여 국가의 棟梁之材(동량지재)가 되며 국가고시에 이롭다. 만약 文昌, 文曲이 化忌를 보거니, 化科가 化忌를 보게 되면 이렇게 논하지 않는다. ◆天梁과 天相의 조합은 막후의 참모역에는 可하나, 단체의 頭領(두령)의 위치에는 불리하다. ◆얼굴은 노숙하며, 풍채는 노련미가 있으며 중후하다.
身體 신체	脾胃疾患(비위질환). 心臟疾患(심장질환).
事物 사물	大樓. 고급주택. 증권, 보험업. 투기업. 한약. 專門醫(전문의). 난초. 大樹(대수).

(5) 천동(天同)

天同(천동)	
五行 오행	水+ (壬水)
吉凶 길흉	吉星
星屬 성속	南斗 正星

象義 상의	◆ 福星(복성). 解厄星(해액성). 壽星(수성). 小兒子星(소아자성).
性狀 성상	◆ 天同은 陽水에 속하며, 南斗 第4星이며, 化氣는 "福(복)"이다. ◆ 天同은 壽福(수복), 消災解厄(소재해액), 小兒子(소아자) 등과 연관된다. ◆ 天同은 또한 惰性(타성). 풍수지리. 주역. 流水. 美食. 遊興(유흥). 料食業(요식업). 봉급생활직과 연관된다. ◆ 天同은 福星이고 解厄星이나 煞星이나 化忌를 보게 되면, 해액의 역량이 줄어들고, 상해, 재액, 질병, 사고 등이 발생하여 복록이 적어지고 勞碌奔波(노록분파) 됨이 많다. 그러나 한편으론 天同의 惰性(타성)을 격동시키니, 오히려 적극적인 성격으로 바뀌게 되어, 이는 化權을 보는 것과 같은 맥락으로 해석한다. ◆ 天同은 財福星(재복성)이므로 意外之財(의외지재)를 得하게 되고, 天同은 陽水로 水流(수류)로 해석하니 유동성의 財를 의미한다. 그러나 化忌를 보게 되면 財의 운용에 불리함이 있다. ◆ 天同이 명·신궁에 居하면, 온화하고 겸손하며, 낙관적이며 사람과의 연이 좋고, 사람들을 널리 사귀는 반면 깊이가 적다. 享受(향수)를 希求(희구)하며, 정서적인 생활을 중시하는 고로, 매사 일에 적극적인 면이 부족하며 恒常心(항상심)이 결여됨이 있다. 열정이 다소 적고, 계획과 구상과 포부는 원대하나 실천력이 약하다. ◆ 女命에 이롭고, 男命의 경우, 身宮, 복덕궁에 동궁하며 살성과 化權이 없는 경우에는 원대한 포부가 없다. ◆ 天同이 老大星인 天梁과 동궁하지 않더라도 회조하게 되면, 相貌(상모)와 심성에서 老大星이 가미되어 조숙함과 성숙함이 나타난다. ◆ 天同이 전택궁에 居하면, 가택에 漏水(누수)가 있거나, 수맥이 흐르거나, 수도관의 결함이 있거나, 水厄(수액)의 침범이 있게 된다. ◆ 남녀 공히 인연이 좋고 이성간의 연분도 좋으나, 한편으로 감정이 풍부하여 실연문제가 발생하거나, 결혼 전에 감정상의 파절로 인해 정신적으로 고통을 받는 경우도 있다. ◆ 天同이 太陰, 右弼, 文曲, 天姚, 咸池 등의 도화성의 성요를 보게 되면, 결혼연이 대체로 박하다. ◆ 얼굴은 다소 둥글고 체구는 풍만하고 비만형이다.
身體 신체	泌尿器系統(비뇨기계통). 消化器系統(소화기계통), 免疫系統(면역계통). 腎臟(신장). 內分泌系(내분비계). 耳(이). 盲腸炎(맹장염), 脫腸(탈장), 繁尿(번뇨). 疝症(산증).
事物 사물	종합병원. 食用水. 池塘(지당). 大溝渠(대구거).

(6) 문창(文昌)

文昌(문창)	
五行 오행	金- (辛金)
吉凶 길흉	吉星
星屬 성속	北斗 正星
象義 상의	科甲星(과갑성). 文藝星(문예성). 桃花星(도화성).
性狀 성상	◆ 文昌은 陰金에 속하며, 南斗 第5星이고, 일명 "文桂(문계)"라 칭하기도 한다. ◆ 文昌은 총명하고 반응이 명쾌하며, 관찰력이 뛰어나고, 지식욕이 강하며, 口才가 있어 達辯(달변)이며, 驛馬的(역마적) 기질도 있고, 정밀공작 등과도 연관된다. ◆ 文昌은 국가고시, 독서, 학습, 지식 등을 主하며, 化祿이나 祿存과 동궁 시에는 "祿文拱命格(녹문공명격)"이라 하여 국가고시에 합격하여 명예를 얻고 재물운이 있게 된다. ◆ 文昌은 暗桃花(암도화)로 도화적 기질이 암시되며, 이성과의 연이 좋고, 결혼연도 좋다. 다만 혐의가 되는 것은 暗桃花(암도화)이니 흉운이 도래시는 外情(외정)문제가 발생할 수 있다. ◆ 大運이나 流年運에서 文昌을 보거나, 길성과 동궁하거나, 삼방에서 길성의 회조가 있으면, 뜻한 바 일에 성취감이 있으며, 개인의 運路(운로)에 길함이 있다. ◆ 文昌이 太陽, 天梁, 祿存 등과 동궁하거나 삼방사정의 회조가 있으면, "陽梁昌祿格(양량창록격)"이라 하여 국가고시에 이롭고 높은 관직과 명예가 기약된다. ◆ 文昌이 水星類(수성류)인 破軍이나 巨門, 天姚 등과 동궁이면, 水厄(수액)을 당하기 쉬우며, 大運이나 流年運에서 化忌를 대동하고 명궁이나 천이궁에 들면 매사 소심하다. ◆ 文昌은 貪狼과 동궁함을 忌하는데, 길성의 회조가 있을 시는 고문헌에 대한 연구와 연관되나, 다시 煞星을 보게 되면 定業(정업)에 종사하지 못하고 敗亡의 형국이다. 아울러 종교 및 동양오술과 연관됨이 많으며, 재물을 편취하고 女色을 탐하는 경우가 많다. ◆ 女命에서 文昌과 貪狼, 擎羊, 解神 등과의 조합은 風俗(풍속)과 風塵(풍진)에 빠지기 쉽다. ◆ 文昌이 左輔, 右弼의 회조가 있을 시는, 다양한 재능과 才華(재화)가 있으나, 흉성인 化忌나 陀羅 등이 회조가 있으면 文昌의 길조가 감쇠된다. ◆ 文昌이 명궁에 居하면 유교적 학풍과 연관되며, 성품이 高雅(고아)하며 개성적이고 독립적이며 외유내강이다. ◆ 文昌이 명궁에 居하는 경우는 길흉 면에서 일정치가 않으며, 삼방사정에서 회조해오는 天魁, 天鉞, 化科 등에 의해 결정된다. ◆ 文昌은 化科를 喜하는데, 이리되면 학술연구에 이롭고, 다시 化祿, 化權의 회조가 있으면, 맡은바 분야에서 가장 높은 위치에 오르게 된다.

性狀 성상	◆ 기타 성요와의 배합적 정황은 다음과 같다. ·貪狼과의 동궁은 도화적 기질이 있게 되며, 소심한 감정으로 인해 여러 곤란함을 겪게 된다. ·陀羅와의 동궁은 이해력의 부족 됨이 있다. ·鈴星과의 동궁은 修理(수리)와, 돌아다니며 필요한 물품을 수집하는 방면에서 강하다. ·명궁에 居하며 台輔, 封誥, 恩光, 天貴 등과 동궁하면, 외국인과 연관된 전문적 직업에 마땅하다. ◆ 文昌이 명궁에 居하면 완미주의자이며, 꾸미는 것을 좋아하고, 陰柔(음유)의 主星과 동궁이면, 정서적으로 낭만을 추구 하며 계교가 없다. ◆ 文昌이 명궁에 居하며 武曲과 동궁 시는, "文武兼全格(문무겸전격)"으로 관리와 기획면에서 人才이다. ◆ 文昌은 破軍과의 동궁을 忌하는데, 이는 破軍의 辛勞(신로)와 곤란함 그리고 뜻을 펴기 어려운 등의 흉함이 따르며, 아울러 文昌이 破軍과 水宮인 亥子宮에 동궁 시는 소심하며 水厄(수액)이 따르게 된다.
身體 신체	支氣管(지기관). 聲帶(성대). 斑點(반점). 신경계통.
事物 사물	하천. 수도관. 서적. 증권. 문구. 注射器(주사기). 수술칼.

(7) 칠살(七殺)

七殺(칠살)	
五行 오행	金- (辛金)
吉凶 길흉	凶星
星屬 성속	南斗 正星
象義 상의	權星(권성). 肅殺星(숙살성). 將星(장성). 開創星(개창성). 變動星(변동성). 血光星(혈광성).
性狀 성상	◆ 七殺은 陰金이며, 南斗 第6星이고, 化氣는 "權(권)"이다. ◆ 七殺은 將星(장성), 肅殺星(숙살성), 驛馬星(역마성), 變動性(변동성), 血光星(혈광성), 孤剋星(고극성), 偏財星(편재성) 등과 연관되며, 직업적으로 軍·警職(군·경직)에 종사자가 많다. ◆ 七殺은 일처리에 있어, 과단성이 있고, 관리능력이 풍부하며. 생각과 판단이 유연하며 변동성이 크다.

性狀 성상	◆ 개성이 뛰어나고, 모험정신이 강하며, 주변의 환경에 대한 적응능력이 뛰어나고, 독립심이 투철하며, 소년 시는 辛苦(신고)가 많으나 중년 이후는 발달하고, 늦게 결혼함이 좋다. ◆ 動星이고 驛馬星(역마성)이므로 변화와 변동이 많고, 명궁에 居하거나 行運에서 만나게 되면, 動하기를 喜하고, 出外 시는 奔波(분파)함이 많고, 開·創的(개·창적)이며, 모험심과 운세의 변동이 잦다. 또한 일생에 변화의 폭이 크고 성공과 실패 또한 多端(다단)하다. ◆ 七殺은 偏財星(편재성)이므로 투자, 투기 등과 연관되며, 재물의 변동이 많고 재물의 입출이 빈번하다. ◆ 七殺은 祿存과 동궁함을 喜하는데, 이리되면 급한 성격이 완화되며 횡발적인 得財가 가능하다. ◆ 七殺은 孤剋星(고극성)이니, 고독하며, 육친과의 연이 薄(박)하고, 가족들이 각각 동분서주하며 이합집산이 잦고, 사람들과 잘 어울리지 못한다. ◆ 七殺이 명궁에 居하면, 개성이 剛强(강강)하고 주관이 뚜렷하며, 好勝心(호승심)이 강하고, 자신의 과오를 잘 인정하지 않고, 단체의 當權(당권)을 잡으려 하며, 남의 지시받기를 싫어하며, 희로애락의 변덕이 심하며, 영도적인 역량이 있다. 또한 외유내강하고, 종교 및 동양오술과 연관되는 경우가 많다. ◆ 또한 七殺이 명궁에 居하면, 주관적이며 독단적인 일면도 있으며, 계교를 쓰는 것을 싫어하는 성향이 있다. ◆ 大運, 流年運, 小運이 관록궁에 해당하거나, 본명궁에 化權이나 紫微가 동궁하거나, 혹은 "殺破狼格(살파랑격)"이 되면 창업이나 兼職(겸직)의 의도가 있게 된다. ◆ 紫微와 동궁이면 "紫殺格(자살격)"이 되는데, 당권을 추구하고, 개성이 강하고, 사람들에게 구속받기를 싫어하며, 영도력이 있어 頭領(두령)의 풍모가 있다. ◆ 七殺이 寅申巳亥宮이나 子午宮에 居하면, 낙궁처에 따라 "七殺朝斗格(칠살조두격)"과 "七殺仰斗格(칠살앙두격)"이라 한다. 此格은 辛勞(신로)가 따르고 開創的(개창적)이며, 독단적인 일면도 있으며, 귀인의 조력을 받아 성취됨이 있다. ◆ 七殺이 질액궁에 居하면 血光事(혈광사), 수술 등의 災厄(재액)이 발생한다. ◆ 七殺, 破軍, 貪狼의 삼방의 회조가 있으면 "殺破狼格(살파랑격)"이라 한다. 다시 煞星을 보게 되면 "竹羅三限格(죽라삼한격)"이라 하여 흉함이 당도하는데, 刑傷(형상)이나 災厄(재액)을 당하게 된다. ◆ 七殺이 명·신궁에 居하며, 流年運에서 다시 七殺을 보거나, 大運이 七殺에 해당하거나, 流年이나 小運에서 다시 七殺을 보게 되면, "七殺重逢格(칠살중봉격)"이라 하는데, 살성을 보게 되면 흉운으로 災禍(재화)가 重한데, 刑傷(형상)이나 禍厄(화액)이 중첩되어 당도한다. ◆ 七殺은 武職(무직)과 연관되며, 이공계나 江湖人(강호인)과도 관련이 많다. ◆ 相貌는 眼光이 있고, 눈썹이 짙고, 광대뼈가 튀어나오고, 하관은 方形이며, 음성이 크다. ◆ 七殺은 恐惶之蟲(공황지충=뱀. 지네. 전갈..)과 연관되며, 동물로는 사자. 호랑이에 비유된다.
身體 신체	기관지계통. 위장질환

事物 사물	火車. 비행기 활주로. 重機械(중기계). 중공업. 창고. 貨櫃(화궤). 工藝(공예).

(8) 천괴(天魁)

天魁(천괴)	
五行 오행	火+ (丙火)
吉凶 길흉	吉星
星屬 성속	南斗 助星
象義 상의	貴人星(귀인성). 輔佐星(보좌성). 才藝星(재예성).
性狀 성상	◆ 天魁는 南斗 助星이며, 陽火에 속하고, 天乙貴人(천을귀인)의 역할을 한다. ◆ 총명. 지혜. 揚名(양명). 上司의 조력. 貴氣(귀기). 총애. 화합. 부귀영화. 天乙貴人 등과 연관된다. ◆ 天魁는 사람과 사물 모두 포함하여 조력 받음이 크고, 天魁, 天鉞이 명궁을 夾照(협조)하거나 동궁하면 귀인의 조력을 받음이 큰데, 이는 부모나 형제자매에게 뿐만 아니라 타인들의 도움도 해당된다. ◆ 天魁가 명궁에 居하면, 귀인의 조력을 받음이 있고, 또한 남을 돕는 것을 즐거워하고, 타인들에게는 엄숙하고 중후한 인상을 주는데, 紫微. 七殺, 天梁, 太陽 등의 主星과 함께하면 그 역량이 더욱 크다. 한편으로 살성의 회조가 있으면 개성과 고집이 있고, 성격이 剛强(강강)하며 人事에 있어서 굴복함이 적다. ◆ 天魁가 명궁에 居한 命은, 예의를 알고, 기상이 큰데. 특히 化祿, 化權, 化科를 보는 것을 喜하는데, 이리되면 그 기상이 하늘을 찌를 듯하다. ◆ 天魁가 명궁에 居하면, 대체로 자존심이 강하고, 남을 돕기를 잘하고, 정의감이 풍부하다. ◆ 天魁와 天鉞은 분별됨이 있는데, 天魁는 男命이나 陽日生에 길하고, 天鉞은 女命이나 陰日生에 길함이 있다. ◆ 天魁가 化忌를 보게 되면 다음과 같은 특성이 있다. ·귀인의 배척을 받는다. ·귀인으로부터 得罪됨이 있다. ·자신의 손윗사람들로부터 죄를 얻기 쉽다. ·상기의 경우는, 양성적 귀인의 도움이 많고, 음성적 귀인의 도움은 적은 편이다. ◆ 天魁가 化科를 보게 되면, 본래의 작은 역량을 크게 키우게 되며, 귀인의 조력을 받아 지명도가 올라간다.

性狀 성상	◆ 天魁가 化權을 보게 되면, 권세와 위엄이 더 한층 가중되며, 비중과 역량이 있는 귀인의 조력을 얻어 顯達(현달)하게 된다. ◆ 天魁가 化祿을 보게 되면, 귀인의 반열에 들어 이를 통해 得財하는 길로 가게 된다. ◆ 天魁가 명궁에 居하거나 혹은 대운이나 流年運에서 天魁가 명궁에 居하게 되면, 公·敎職(공·교직)에 이로우며, 昇遷(승천)에 매우 유리한데, 將軍星(장군성)이 있을 때에 특히 그러하다. ◆ 天魁가 財星에 있을 때에는 귀인의 조력을 받아 득재하게 된다. 만약 煞星을 보게 되면, 남의 배척을 많이 받게 되고, 직업, 직장과 연관하여 上司와의 마찰이 있게 된다.
身體 신체	急燥(급조). 暴怒(폭로). 皮膚(피부). 火症(화증).
事物 사물	/

(9) 천월(天鉞)

天鉞(천월)	
五行 오행	火- (丁火)
吉凶 길흉	吉星
星屬 성속	南斗 助星
象義 상의	貴人星(귀인성). 才藝星(재예성).
性狀 성상	◆ 天鉞은 陰火에 속하며, 陰貴人星(음귀인성)으로 "玉堂貴人(옥당귀인)"이라 칭하기도 한다. ◆ 天鉞은 총명. 지혜. 揚名(양명). 陰貴人. 총애. 화합. 부귀영화. 玉堂貴人 등과 연관되며 上司의 직·간접적 조력이 있다. ◆ 甲戊庚年生은 未宮에 天鉞이 落宮하게 되므로 그 역량이 다소 차이가 난다. 다시 天空, 地劫, 化忌를 보게 되면 그 역량이 현저히 떨어진다. ◆ 女命으로 명궁에 天鉞이 居하게 되면, 端裝秀麗(단장수려)하고 高雅(고아)하며 미모가 있고 품격이 있다. ◆ 男命으로 天鉞이 명궁에 居하면 貴氣(귀기)가 있고 품위가 있다. ◆ 天鉞이 명궁에 居하게 되면 여성적 조력이 비교적 크다. ◆ 男命으로 天鉞이 명궁에 居하며, 桃花星(도화성)이나 右弼의 회조가 있게 되면, 도화적 기질로 인해 정신적인 면에서 困擾(곤요)함을 겪게 되며, 여성귀인의 도움을 받게 된다.

性狀 성상	◆ 天鉞이 명궁에 居하며 擎羊, 陀羅 등을 보게 되면, 기술이나 才藝(재예) 방면에 이롭고, 조각이나 美工設計(미공설계) 등에 역시 이로우며, 다시 文曲을 보게 되어도 역시 적합한 직업방면이다. ◆ 天鉞은 文昌, 文曲의 회조를 매우 喜하는데, 이리되면 문화예술 및 학술연구 방면으로 이름을 얻게 되며, 높은 직책에 오르게 되고, 다시 天鉞이 명궁에 居하며 化祿, 化權, 化科 중 2개 이상을 보게 되며, 상기의 방면으로 진출하게 되면 財官兼全(재관겸전)이다.
身體 신체	脾胃(비위). 大小腸(대소장). 肺(폐).
事物 사물	/

(10) 화성(火星)

火星(화성)	
五行 오행	火+ (丙火)
吉凶 길흉	凶星
星屬 성속	南斗 助星
象義 상의	災禍星(재화성). 陰害星(음해성). 偏財星(편재성).
性狀 성상	◆ 火星은 시비다툼, 사고, 질병, 관재구설, 刑傷, 민첩, 강력, 損財(손재) 등과 연관된다. ◆ 火星은 陽火로 성격이 급하며, 강렬하고, 대담하며, 결단력이 있으며, 통솔력이 있고, 자유를 추구하나 불안한 면이 많고, 말하기를 좋아한다. ◆ 火星이 寅午戌宮에 居하면 獨坐(독좌)이며 入廟된 것이다. ◆ 偏財星이므로 大發(대발)과 大敗(대패)가 공존하는데, 廟旺宮에 居하며 길성을 보게 되면 財가 온전하고 大富를 이루게 되나, 弱陷宮에 居하며 흉성을 보게 되면 일생에 辛苦(신고)가 따르고 財運은 불리하다. ◆ 火星이 貪狼과 동궁 시는, "火貪格(화탐격)"이 되며 橫發財(횡발재)의 조짐이 있어, 길성의 회조가 있으면 可하나, 흉성의 회조가 있으면 橫破財(횡파재)의 흉함도 있다. ◆ 火星이 破軍이나 天同을 보게 되면, 勞祿奔波(노록분파)와 災厄(재액)이 따른다. ◆ 火星이 擎羊, 陀羅와 동궁 시에는, 소년 시에 災厄(재액)이 많고 시비구설이 다발한다. ◆ 火星과 鈴星이 時系星인 文昌, 文曲, 天空, 地劫 등의 회조가 있으면, 심정의 변화가 많고, 마음은 善을 따르려 하나 반복되고 무상하며, 일을 함에 改變心(개변심)이 많고, 성실하고 신뢰가 있으나 상황이 자신에게 유리하게 흘러가지 않는 경우가 많다. ◆ 얼굴과 피부는 紅色(홍색)이고, 곱슬머리이며, 치아가 상함이 많거나 가지런하지 않다.

身體 신체	習毒(습독). 頭部疾患(두부질환). 目疾(목질). 皮膚病(피부병), 肝·心·胃의 火氣. 치아통증.
事物 사물	電子(전자). 電氣(전기). 重工業(중공업). 火와 연관된 직업.

(11) 영성(鈴星)

鈴星(영성)	
五行 오행	火-(丁火)
吉凶 길흉	凶星
星屬 성속	南斗 助星
象義 상의	災禍星(재화성). 陰害星(음해성). 偏財星(편재성).
性狀 성상	◆鈴星은 사고. 질병. 시비다툼, 官災, 刑傷. 민첩. 강력. 損財(손재) 등과 연관된다. ◆鈴星은 陰火로, 성격이 강개하고 조급하고 결단력이 있어, 매사 속전속결함이 많고, 말하기를 좋아하나 無知함도 많아 실수를 저지름이 많다. ◆偏財星이므로 명·신궁이나 재백궁에 居하면 의외의 得財함이 있다. ◆鈴星이 破軍이나 天同을 보게 되면 辛苦(신고)와 勞碌(노록)이 따르고 災厄(재액)이 당도한다. ◆鈴星이 독좌로 재백궁에 居하면, 그 기세가 자못 강하므로 길격이면 橫發(횡발)함이 있고, 흉격이면 橫敗(횡패)함이 있다. ◆鈴星이 관록궁에 居하면, 매사 일을 함에 勞碌奔波(노록분파)가 따른다. ◆鈴星이 貪狼과 동궁 시는 偏財星이므로, 大發과 大敗가 공존 하는데 길격이면 大發이고 흉격이면 大敗를 면치 못한다. ◆鈴星이나 火星의 二星이, 하나는 명궁에 居하고 하나는 재백궁에 居하며 길성의 회조가 있으면, 일생 재물운이 아름다우나 흉성을 보게 되면 일생 빈곤을 면치 못한다. ◆얼굴과 피부는 紅色이고, 곱슬머리이며, 치아가 상함이 많거나 가지런하지 않다.
身體 신체	習毒(습독). 頭部疾患(두부질환). 目疾(목질). 皮膚病(피부병), 肝·心·胃의 火氣. 치아통증.
事物 사물	電子. 電氣. 重工業. 火와 연관된 직업.

3) 중천성계 개요(中天星系 槪要)

(1) 태양(太陽)

太陽(태양)	
五行 오행	火+ (丙火)
吉凶 길흉	吉星
星屬 성속	中天 主星
象義 상의	官祿星(관록성). 尊貴星(존귀성). 驛馬星(역마성). 勞碌星(노록성).
性狀 성상	◆太陽은 陽火이며, 中天 主星이고, 化氣는 "貴(귀)"이다. ◆관록, 부귀, 정치. 충신. 光明磊落(광명뢰락=사람의 행위가 정직하여 조금의 숨김이 없음). 寬大(관대). 宏壯(굉장). 驛馬(역마), 勞碌奔波(노록분파)와 연관된다. ◆太陽은 또한 博愛(박애), 公正無私(공평무사). 忙碌奔波(망록분파) 등과 연관된다. ◆官祿(관록)을 主하니, 일에 열심이고, 사업심이 강하며, 일생 勞碌奔波(노록분파)가 많이 따른다. ◆太陽이 명·신궁에 居하면, 조심성과 자애심이 있고, 화법이 직설적이며, 시빗거리를 만들지 않으며, 도량이 넓고, 의지가 굳으며, 일에 열심이고, 사업적인 성향이 짙으나 勞碌奔波(노록분파)가 많다. ◆太陽이 명궁에 居하면, 금전관리의 역량이 떨어지니 재물이 빠져나감이 많다. ◆흉격이면, 조급하고 인연이 불미하며, 매사 속전속결이며, 나서기를 좋아하고, 공적과 사적의 교제관계에 있어 자기위주 로 행동하는 경향이 많다. ◆女命은 남성의 기개가 있으며, 家權(가권)을 장악하고, 감정상의 영향으로 인해 祖父, 父, 夫, 子와 연관하여 불리함이 많다. 또한 흉격인 경우에는 가택의 男命人들과 생사이별 수가 많다. ◆男命의 부처궁에 太陽이 居하거나, 女命의 명·신궁과 부부궁에 太陽이 居하면, 남편의 권리를 빼앗거나 간섭과 통제가 많다. ◆太陽이 명·신궁에 居하는 경우는, 일에 열중함이 많고, 만약 관록궁에 居하면 창업이나 겸업의 조짐이 많다. ◆太陽이 化祿, 化權 등을 보면 길함이 드러난다. ◆太陽이 명궁에 居하거나, 太陽, 太陰이 동궁이며 丑未宮인 것을 제외하면, 일반적으로 창업이나 변업과 연관된다. ◆太陽이 卯辰巳午未申에 居하면, 낮이 되고 亮度(량도)이며, 廟旺이라 논한다. 酉戌亥子丑寅에 居하면 밤이 되고, 暗度(암도)이고, 落陷이라 논한다. 未申의 경우는 偏垣(편원)으로 日落西山(일락서산)에 비유되며, 매사 용두사미이고, 항상심이 없으며, 밤에 많이 활동하는 습관이 있다.

性狀 성상	◆ 太陽이 明亮(명량)하며 명·신궁, 관록궁에 居하면 대개 관록운이 많으나, 낙함되어 暗度(암도)인 경우에는 관록운이 적다. ◆ 太陽이 巨門과 동궁이며 寅申宮에 居하면 平弱地에 해당하니, 經濟(경제)와 연관된 문제가 많고, 行業과 運路에 있어 시비가 많이 발생하고, 예방한다 하더라도 인사문제에서 시비와 詞訟(사송)이 자주 발생한다. 또한 陀羅, 天空, 地劫, 化忌 등을 보면 더욱 엄중하다. ◆ 太陽은 富보다 貴가 더욱 크고, 祿存, 六吉星, 三台, 八座 등을 보는 것을 기뻐한다. ◆ 太陽이 化忌와 동궁하면 祖父, 父, 夫, 子 등에게 불리하고, 刑傷(형상)이나 災厄(재액), 眼疾患(안질환), 頭疾(두질), 심장질환, 혈압, 혈액순환기계질환을 앓는다. ◆ 太陽은 驛馬星(역마성)이고 動星이므로, 명·신궁, 大運, 流年運에서 보게 될 시는, 외출과 奔波勞碌(분파노록) 현상이 나타난다. 太陰 역시 같은 맥락이다. ◆ 太陽과 天刑이 동궁하여 亮度(양도)에 居하면, 武職(무직)으로 軍警(군경), 소방직 등에 적합하다. 만약 暗度(암도)에 居하거나 빛을 잃거나, 化忌를 보게 되면 詞訟(사송)을 방비해야 한다. ◆ 太陽이 流年運에서 명궁이나 부처궁에 居하면 연애운이나 결혼운이 있게 된다. ◆ 얼굴은 方圓이고, 눈이 크며, 목소리가 크고, 얼굴이 붉다.
身體 신체	頭(두). 心臟(심장). 眼(안). 頭疼(두동). 血壓(혈압). 腦神經(뇌신경). 中風(중풍). 心臟病(심장병). 栓塞(전색). 心血管疾患(심혈관질환). 暈眩(훈현). 不眠症(불면증).
事物 사물	貿易(무역). 전화기. 電子回路(전자회로). 전력. 발전소. 전기설비. 석유. 牽引機(견인기).

(2) 태음(太陰)

太陰(태음)	
五行 오행	水- (癸水)
吉凶 길흉	吉星
星屬 성속	中天 主星
象義 상의	富星(부성). 母星(모성). 蔭星(음성). 才華星(재화성). 女系星(여계성).
性狀 성상	◆太陰은 陰水에 속하며, 中天 主星이고, 化氣는 "富(부)"이다. ◆ 太陰은 재백과 전택을 主하고, 금전을 중시하고 역마성, 유람, 女系星(여계성), 奔波勞碌(분파노록), 家運과 家神, 精神狀況(정신상황) 등과 연관된다. ◆ 太陰은 驛馬星이므로 動함을 主하여, 고향을 떠나 타향이나 외국에서 성공하나, 辛苦(신고)와 奔波(분파)가 따르고, 명궁이나 大運, 流年運에서 만나게 되면 勞苦(노고)가

性狀 성상	많이 따른다. ◆ 太陰은 財星으로 전택을 主하며 財源을 의미하므로, 명·신궁이나 재백궁, 관록궁에 거함을 喜하며 化忌, 天空, 地劫을 만나지 않으면 富者의 命이다. ◆ 직업적으로는 공직이나 민간기업 모두 可하다. ◆ 명·신궁에 居하면, 총명하고 온화하며, 학문을 즐기고, 감정이 풍부하고, 문예와 예술과 연관되며, 주색을 좋아한다. 낭만, 환상, 미적 감각 등이 있으며, 이상적인 생활을 강구하며 학구열이 높고 결벽하며 질투심이 적다. ◆ 女命은 요리 등의 가정사에 힘쓰며 가업을 지탱하고, 男命은 여성화되는 성향이 있다. ◆ 太陰이 명궁에 居하면, 일을 시행하기 전에 심사숙고함이 많으며, 결단력이 부족하여 일의 지연됨이 많으며, 책임감과 지나친 부담 갖기를 싫어하고, 신경질적이며 민감하고, 사교적이지 못한 면이 있다. ◆ 男命이 명궁에 太陰이 居하는 경우, 重하면 母와 妻와 女兒를 剋하며 생사이별이 따르기도 한다. 輕하면 이들과의 괴리감이 있으며, 연분이 薄(박)하고 영향력이 작다. 또한 혼전이나 결혼 후에 감정상의 破折(파절)로 인해 결혼생활이 불미한 경우가 많다. 늦게 결혼함이 좋다. ◆ 太陰이 七殺을 보게 되면, 辛苦가 따르고, 眼疾患(안질환), 頭疾(두질), 당뇨병, 정서상의 문제가 발생하고, 가택의 운세도 기울게 된다. ◆ 男命에서 명궁에 太陰이 居하면, 여성과의 연이 좋고, 책임을 지지 않는 성향도 있으며, 다정다감하나 이를 잘 표현하지 못하고, 감정상의 파절이 발생할 수 있다. ◆ 太陰이 天機와 동궁하며 寅申宮에 居하면, "機月格(기월격)"이라 하며 "探花格(탐화격)"도 되어 奔波(분파)가 따르고, 낭만을 즐기며, 결혼 전에 감정상의 파절로 인해 곤란함이 많다. ◆ 太陰이 天同과 동궁이며 子午宮에 居하면, "同陰格(동음격)"이 되며, 子宮에 居하면, "水澄桂萼格(수징계악격)" 또는 "月生滄海格(월생창해격)"이라 한다. 인연이 좋고 享受(향수)를 좋아하며, 정시적인 생활을 즐기며, 出外 시는 勞苦(노고)가 따르며, 남녀 공히 감정상의 파절로 인해 문제점이 많이 발생하고, 결혼은 늦게 함이 吉하다. ◆ 太陰이 亥宮에 居하면, "月朗天門格(월랑천문격)"이라 하며, 化忌나 天空, 地劫을 만나지 않으면 富命이 되고, 男命은 처의 내조가 있거나 妻財를 얻게 된다. ◆ 太陰과 太陽이 동궁이며 丑未宮에 居하면, "日月格(일월격)"이라 이성과의 연분이 좋고, 외출 시는 이러저러한 奔波(분파)가 따르며, 남녀 공히 개성이 강하고, 女命은 남성적 기질이 있어 남성화 되며, 男命은 여성화 되며 민감하고 신경질적이며, 奔波勞碌(분파노록)이 따르고 밤의 활동이 많다. ◆ 太陰은 정서적인 면에서 발생하는 문제를 주의해야 하며, 대운이나 流年運의 부처궁에서 만나게 될 시에는, 부부이별, 실연 등이 발생한다. ◆ 얼굴은 둥글고 원만하며, 학문을 즐기고, 살집이 있으나 비만형은 아니다.
身體 신체	眼疾(안질), 頭疾(두질), 당뇨병, 비뇨기계통질환, 피부, 陰氣(음기), 월경불순, 眼睛(안정) 등의 질환이 있게 된다.
事物 사물	고급주택, 家具(가구), 床(상), 化學品(화학품), 遊覽車(유람차), 計程器(계정기)

(3) 천마(天馬)

天馬(천마)	
五行 오행	火+ (丙火)
吉凶 길흉	吉星
星屬 성속	中天 吉星
象義 상의	遷移星(천이성). 驛馬星(역마성).
性狀 성상	◆ 天馬는 이동. 遠行(원행). 이사. 유학. 여행. 변이. 길흉간의 변화의 증대 등과 연관된다. ◆ 天馬는 陽火로 四生宮(寅·申·巳·亥)에 居함을 喜하며, 病地나 絕地에 居함을 不喜하는데, 病絕地에 居한 경우에는 殺傷力(살상력)이 重하다. ◆ 天馬는 四肢(사지)가 이에 속하는데, 病, 絕에 居하면 四肢(사지)에 질환이 발생하기 쉽고, 삼방이나 流年運에서 살성의 회조가 있으면 四肢의 손상이 있게 된다. ◆ 天馬가 동궁한 성요에 따른 情況分析(정황분석) ·扶輿馬(부여마) : 天馬가 紫微, 天府와 동궁인 경우. 名利에 이롭고 길함이 있다. ·雄馬(웅마) : 天馬가 太陽과 동궁인 경우. 타향, 타국, 원행과 연관된 사안에서 길함이 있는데, 이는 先苦後吉(선고후길)의 정황이다. ·雌馬(자마) : 천마가 太陰과 동궁인 경우. 出外나 遠行에서 길함이 있으나 奔波勞碌(분파노록)이 따르고, 辛苦中 성취됨이 있는 것이다. ·折鞭馬(절편마) : 天馬가 祿存이나 化祿을 보는 경우. 勞碌奔波(노록분파) 후 성취됨이 있거나 타향에서 發財하게 된다. 일명 "祿馬交馳格(녹마교치격)"이라 한다. ·戰馬(전마) : 天馬가 火星이나 鈴星과 동궁인 경우. 매사 충동적이고 辛勞가 따른다. ·死馬(사마) : 天馬가 天空, 地劫과 동궁인 경우. 스스로 奔忙(분망)하고 변동과 挫折(좌절)이 크며, 매사 辛苦(신고)가 따른다. ·折足馬(절족마) : 天馬가 擎羊, 陀羅와 동궁인 경우. 매사 지연되고 불순하며, 시비구설과 사람들의 견제를 받게 되고, 수술 건이 발생하거나 被殺(피살)을 당하기 쉽다. ·病馬(병마) : 天馬가 化忌와 동궁인 경우. 매사 저체되고 불리하다. ·負屍馬(부시마) : 天馬가 擎羊과 동궁인 경우. 매사 吉事가 凶事로 바뀌게 되고, 刑傷(형상)이 多發한다. 일명 "傷馬(상마)"라 한다.

性狀 성상	◆天馬와 天梁이 巳亥宮에 동궁이면, "梁馬格(양마격)"이라 하여 표류방탕하고, 외출과 분파가 심하며, 감정상의 문제로 남녀간의 추문이 발생하는데, 이는 女命이 男命보다 重하다. ◆天馬가 擎羊, 陀羅 등의 煞星을 보게 되면, 四肢(사지)의 災厄(재액)이 따르는데, 天相이나 破軍, 孤辰, 寡宿과 동궁인 경우에는 그 災厄(재액)의 정도가 심하고, 天空 역시 같은 맥락이다. ◆天馬가 病, 絕宮에 居하는데, 다시 擎羊, 陀羅, 火星 중 2개 이상의 동궁이나 회조가 있거나, 또는 天機와 文曲의 동궁이나 회조가 있으면, 車禍(차화)를 당하는 경우가 많다. ◆天馬가 질액궁에 居하며, 天相과 동궁이거나, 四煞星(擎羊. 陀羅. 火星. 鈴星) 중 2개 이상과 동궁이면, 四肢損傷(사지손상)의 災厄(재액)이 발생한다. ◆天馬가 天相과 동궁인 경우에는, 선천적 질병으로 논하고, 大運이나 流年運에서 天相을 보게 되면 후천적 질병으로 논한다. ◆天馬의 동향 ·天馬는 動星이므로, 해당 방위에 잡물이나 방해물이나 저장물이 없어야 한다. ·天馬가 소식이나 전달 등에 用하는 경우라면, 문을 향해 있어야 한다. ·침실이 天馬方인 경우에는 부부간 이별수가 높고 가족간 흩어짐이 많다. ·만약 부부간 이별을 원하는 경우라면, 天馬方에서 기거해야 한다. ·桃花의 태동이 있거나 小人과의 시비구설이 있는 경우에는, 天馬方에 기거함이 좋다. ·장차 침상이나 기거하는 방의 압박이 있는 경우에도 이 천마방을 활용한다. ·종업원이 天馬方에 있으면, 그 종업원이 열심히 일하거나 혹은 다른 곳으로 이동한다. ·교제함에 여러 번뇌와 困擾(곤요)함이 있는 경우에, 천마를 보게 되면 출외하게 되어 이러한 상황을 벗어나게 된다. ·天馬가 질액궁에 居하는 경우에는, 운동을 많이 하면 길함이 있다. ◆天馬가 天使의 회조가 있는 경우에는, 지대가 낮은 곳이나, 교차로 등의 가택에 기거함이 좋다. ◆天馬가 명·신궁에 居하면 한 곳에 머무르지 못하고 奔波(분파)가 많으며 다시 天空, 地劫, 化忌 등을 보게 되면 奔忙하나 성취됨이 적다. 그러나 기타의 조합인 경우에는 다소의 성취됨이 있다. ◆天馬가 명·신궁에 居하면 고향을 떠나 타향이나 외국에서 사업 활동으로 성취됨이 있다. ◆天馬가 貪狼을 보게 되면, 동물(개, 고양이..) 등을 키움에 이로움이 있고, 天魁나 天鉞을 보게 되면 타향이나 외국으로 진출하여 발전이 있거나, 講學(강학)등과 연관하여 성취감이 있으며, 化祿, 祿存, 化權을 보게 되면, "祿馬交馳格(녹마교치격)"이라 하여 무역이나 여행업 등으로 성취됨이 있다. ◆天馬가 보조살성인 擎羊이나 陀羅를 보고, 主星인 巨門과 貪狼을 보게 되면, 유동성을 띠게 되므로, 야시장, 이동성 상품 전시회 등에 이롭고, 만약 다시 財星의 성요를 보게 되면, 무역업을 통해 得財의 길함이 있다.
身體 신체	流行性疾患(유행성질환). 生殖器疾患(생식기질환).
事物 사물	차량, 선박 등의 운송수단. 不定性運動體(부정성운동체).

(4) 천희(天喜)

天喜(천희)	
五行 오행	水+ (壬水)
吉凶 길흉	吉星
星屬 성속	中天 吉星
象義 상의	生育星(생육성), 桃花星(도화성).
性狀 성상	◆ 天喜는 陽水이며, 養育(양육), 자손, 도화성, 昇遷(승천) 등과 연관된다. ◆ 天喜가 桃花星曜(도화성요)와 동궁이면 酒色(주색)을 탐하는 경향이 있다. ◆ 天喜는 혼인관련 喜慶事(희경사)와 연관되므로 "婚慶之星(혼경지성)"이라 한다. ◆ 소년 시는 주로 혼인의 경사와 연관이 많고, 중년시는 자녀들의 희경사와 연관되며, 말년 시는 喪亡(상망), 血光(혈광)과 연관된다. ◆ 용모는 준수하고 미려하며, 행동이 활발하다. ◆ 조숙하며, 사람들과의 연이 좋은데, 특히 이성간의 연분에 길함이 있다. ◆ 특별한 관찰력과 審美觀(심미관)이 있다. ◆ 내심 고독감이 있으며, 외출하여 漂浮(표부)함이 많고, 가택에 定住(정주)함을 대체로 좋아하지 않는다. ◆ 性情은 화려하며 번잡함을 좋아하고, 충동적이 면이 많다. ◆ 안정적인 상황을 추구하려 하고, 단체에서는 돋보이려는 성향이 있다. ◆ 女命의 경우, 얼굴을 꾸미기를 좋아하고, 예쁘게 보이려고 많은 공을 들이는 경향이 있다. 또한 용모가 심히 빼어나고 화사한 경우는 적으나, 그렇게 되기 위해 부단히 노력하는 성향이 있다. ◆ 결혼 전에는 특히 이성을 찾아다니는 경우가 많으나 결혼 후에는 오히려 이런 경향이 적다. ◆ 天喜가 명·신궁에 居하면 早婚(조혼)하는 경우가 많은데, 다시 도화성의 회조가 있으면, 결혼생활에 파절이 따르고, 세속의 風塵(풍진)을 겪게 되거나 外情(외정)이 발생하는 경우도 있다. ◆ 天喜가 부처궁에 들면, 이른 나이에 이성과의 연이 많고, 또한 早婚(조혼)하게 되며, 사람과의 교제가 넓고, 인연도 좋은 편이다.
身體 신체	膀胱(방광)
事物 사물	/

(5) 홍란(紅鸞)

紅鸞(홍란)	
五行 오행	水 - (癸水)
吉凶 길흉	吉星
星屬 성속	中天 吉星
象義 상의	桃花星(도화성). 婚姻星(혼인성).
性狀 성상	◆ 婚事(혼사). 喜慶事(희경사). 子孫(자손). 桃花性向(도화성향), 昇遷(승천)과 연관된다. ◆ 紅鸞이 도화성요와 동궁이면 주색잡기에 탐닉하게 된다. ◆ 紅鸞은 혼인관련 喜慶事(희경사)와 연관되므로 "婚慶之星(혼경지성)"이라 한다. ◆ 소년 시는 주로 혼인의 慶事(경사)와 연관이 많고, 중년시는 자녀들의 희경사와 연관되며, 말년시는 喪亡(상망), 血光(혈광)과 연관된다. ◆ 紅鸞이 명궁에 居하며 삼방사정에서 紫微를 보게 되면, 廟堂(묘당)의 旌節(정절)에 비유되며, 喜慶之事(희경지사)가 있게 된다. ◆ 紅鸞이 부처궁에 居하면, 조숙함이 있고, 배우자가 미모가 있고 준수하며, 혼인생활이 아름다우며, 배우자가 낭만적이며 매력이 있다. ◆ 紅鸞이 廟旺地에 들면, 男命은 미모의 妻(처)를 얻고, 女命은 貴夫(귀부)를 만난다. ◆ 품성은 온화하며 명랑하고, 총명하고 수려함이 있다, ◆ 사람과의 연분이 좋은데 특히 이성간의 연이 좋다. ◆ 얼굴과 의복을 꾸미기를 좋아하고, 화사한 사물들을 좋아하며 허영심도 있다. ◆ 매사 낙관적이고 밝으며, 활발하고 직설적이며, 명랑하게 활동하는 성격이며, 사람과의 사귐을 좋아하며, 단체에서는 자신을 돋보이게 함을 좋아한다. ◆ 성격은 다소 허황되고 뜬구름 잡는 면도 있으며, 과장됨도 다소 있다, ◆ 일생에 변화가 많은데, 흉성의 회조가 많은 경우에는 漂浮放蕩(표부방탕)의 정황도 있다. ◆ 紅鸞이 명궁이나 身宮에 居하면, 早婚(조혼)하는 경우가 많은데, 다시 도화성의 회조가 있으면 결혼생활에 파절이 오는 경우가 많다. 入廟되면 길함이 있으나, 落陷되면 흉함이 있다.
身體 신체	腎(신)
事物 사물	/

(6) 천재(天才)

天才(천재)	
五行 오행	木- (乙木)
吉凶 길흉	吉星
星屬 성속	中天 吉星
象義 상의	智慧星(지혜성). 才藝星(재예성).
性狀 성상	◆天才는 총명. 智謀(지모), 재능, 才華(재화), 민첩, 임기응변 등과 연관된다. ◆天才가 天機와 동궁이면, 지혜가 탁월하고, 반응이 명쾌하고, 多才多藝(다재다예)하다. ◆天才가 명·신궁에 居하거나 육친궁에 居하면, 지혜와 재능이 있다. 그러나 대운이나 流年運의 天才는 이렇게 논하지 않는다. ◆天才의 동향 ·天才가 擎羊을 보게 되면, 미적감각과 설계방면에 才華(재화)가 있다. ·天才가 文曲을 보게 되면, 회화, 미술, 음악적인 재능이 있다. ·天才가 文昌, 文曲을 보면, 지혜가 있고, 天機를 보게 되면, 그 역량이 더욱 증가한다. ·위의 조합들에서 다시 天魁, 天鉞을 보게 되면, 영도적인 능력이 있으며 한 분야에서 지도자급의 반열에 오른다. ◆天才가 명·신궁에 居하고 다시 天姚, 鳳池, 右弼의 회조가 있으면 性情(성정)이 훌륭하다. ◆天才가 부처궁에 居하면, 지혜가 있고, 학자적인 능력이 강하고, 선량하며, 소통이 원활하고, 사람들의 천거와 환영을 받는다. ◆天才가 六親宮(형제궁, 자녀궁, 부처궁, 부모궁)에 居하게 되면 총명하며, 다시 博士(박사)를 보게 되면 현명하고 지혜가 있다. ◆天才가 煞星의 회조가 있게 되면, 뜻과 才藝(재예)를 펼치기 어렵다.
人身 인신	肝(간)
事物 사물	/

(7) 천수(天壽)

天壽(천수)	
五行 오행	土+ (戊土)
吉凶 길흉	吉星
星屬 성속	中天 吉星
象義 상의	壽命星(수명성). 長壽星(장수성).
性狀 성상	◆ 天壽는 수명. 건강. 온후. 후덕. 화평, 근면성실, 안정과 연관된다. ◆ 天壽가 명·신궁에 居하거나 육친궁에 居하면, 長壽(장수)하며 才華(재화)가 있다고 논한다. 대운이나 流年運에서 당도해도 같은 이치이다. ◆ 天壽가 부처궁에 들면, 배우자가 선량하고, 언행이 중후하고, 대인관계가 좋으며, 자비심과 너그러움이 있다. ◆ 天壽는 天梁, 貪狼 등의 主星을 보는 것을 喜하는데, 이리되면 長壽(장수)와 老會(노회)한 도화성과 연관된다. ◆ 天壽가 부처궁, 형제궁, 부모궁에 居하면, 해당궁의 人身이 長壽(장수)하고, 자녀궁에 居하면 자녀들이 夭死(요사)하지 않는다. ◆ 天壽가 天福과 동궁이면 壽福雙全(수복쌍전)이다. ◆ 天壽가 天梁과 동궁이면, 吉祥(길상)이 더욱 증강되고, 부처 간 상호 감정이 和樂(화락)하며, 가택의 안정됨이 있다.
身體 신체	脾(비)
事物 사물	/

(8) 태보(台輔)

台輔(태보)	
五行 오행	土+ (戊土)
吉凶 길흉	吉星

星屬 성속	中天 吉星
象義 상의	貴氣星(귀기성). 科甲星(과갑성).
性狀 성상	◆ 台輔는 부귀, 지위, 명예, 문예, 科甲功名(과갑공명)과 연관 되며, 左輔를 보면 역량의 증가하고, 祿星과 財星을 보면 재물이 풍족하다. ◆ 台輔는 "台閣之星(태각지성)"이라고도 칭하며, 貴氣(귀기)와 연관되며, 문학, 문장, 公教職(공교직) 등과 연관된다. ◆ 台輔가 左輔와 동궁이면 左輔의 길한 역량이 더욱 증가한다. ◆ 台輔는 左輔, 化科를 보는 것을 喜하는데 이리되면 소년 시에 문장과 학업이 우수하고, 노년 시에도 台輔의 길함이 감쇠하지 않으니 타인의 질투를 많이 받게 되는 것이다. ◆ 女命의 台輔가 도화성과 동궁이면, 감정에 흔들리지 않아 배우자와의 연이 길하다. ◆ 台輔가 명궁에 居하면, 정직하고, 성격이 剛强(강강)하며 호쾌하다. 지혜가 있고, 판단력과 조직력이 있으며, 감정은 중후하고, 남을 돕기를 좋아한다. 문화예술 계통을 애호하며, 대화를 나누는 경우에도 高雅(고아)하며 남을 끄는 매력이 있다. ◆ 台輔가 부처궁에 居하면, 배우자는 온화선량하고, 인내심이 있으며, 적극적이고 진취적이며, 상호 보살핌이 있다. ◆ 얼굴은 方形으로 길쭉하고, 얼굴색은 황색이고, 신체는 중간 정도의 체격이고, 눈썹은 淸하고, 눈은 맑고 수려하다.
身體 신체	脾(비)
事物 사물	/

(9) 봉고(封誥)

封誥(봉고)	
五行 오행	土- (己土)
吉凶 길흉	吉星
星屬 성속	中天 吉星
象義 상의	貴氣星(귀기성). 科甲星(과갑성).

性狀 성상	◆封誥는 윗사람에게 글을 올리는 封章(봉장)을 主하며, 또한 貴顯(귀현)과 貴氣(귀기)의 성요이다. ◆封誥는 公敎職(공교직), 문학과 文章(문장), 上疏(상소) 등과 연관된다. ◆封誥는 右弼과의 동궁을 喜하는데, 이리되면 右弼의 길한 역량이 더욱 증강한다. ◆소년 시에 재능이 출중하여, 남들이 별명을 지어 불러줄 정도로 작은 명성을 얻는다. ◆총명하고 지혜가 있으며, 진취적이며, 매사 일처리에 밝고 명철함이 몸에 배어 있다. ◆감정이 풍부하고, 언사가 高雅(고아)하며 함축되어 있다. ◆정돈되고 깨끗함을 좋아하고, 推理力(추리력)이 있고, 예술을 애호한다. ◆封誥가 부처궁에 들면, 배우자가 창조적인 생각이 많고, 명성과 영예가 있으며, 부부간 상호 상부상조함이 있다. ◆얼굴은 長方形이며, 얼굴색은 황백색이고, 체격은 풍부하고 무게감이 있다.
身體 신체	/
事物 사물	/

(10) 은광(恩光)

恩光(은광)	
五行 오행	火+ (丙火)
吉凶 길흉	吉星
星屬 성속	中天 吉星
象義 상의	貴氣星(귀기성). 榮譽星(영예성). 科甲星(과갑성).
性狀 성상	◆恩光은 富貴. 귀인의 조력. 科甲, 명예. 光明磊落(광명뢰락=사람의 행위가 정직하여 조금도 숨김이 없음), 근신, 소심함, 才華(재화)와 연관되며, 남을 돕기를 좋아한다. ◆恩光이 文昌, 文曲, 天魁, 天鉞을 보면 길하다. ◆恩光은 특별한 은혜를 맡고 있다 하여, "掌殊恩之星(장수은지성)"이라 칭하기도 하며 天魁의 보좌역을 하는 성요이다. ◆恩光은 국가고시나 승진 시험에 이롭고, 관직에서 명성을 얻음과도 연관이 깊다. ◆매사 낙관적이며, 일처리에 성실함이 있고, 자식을 사랑하고 감정이 풍부하다. ◆衣食에 욕심이 적고, 남에 베풀기를 잘한다. ◆지혜가 있고, 학문에 힘쓰며, 문학이나 문장에 소질이 있고, 才藝(재예)가 있으며, 널리 박식하여 이름을 얻게 된다.

性狀 성상	◆ 恩光이 명·신궁에 居하면, 윗사람 혹은 직장의 상사, 혹은 주변 사람들로부터 특별한 은혜를 받는다. ◆ 恩光이 부처궁에 居하면, 배우자간 감정상의 융합이 따르고, 상부상조하고, 소통이 원활하고, 낙관적이며, 용모가 英豪(영호)하며, 사람과의 인연이 좋다. ◆ 얼굴은 청백색에, 약간 홍조를 띠고 있고, 웃는 얼굴이며, 체구는 중간정도이다.
身體 신체	小腸(소장)
事物 사물	/

(11) 천귀(天貴)

天貴(천귀)	
五行 오행	土+ (戊土)
吉凶 길흉	吉星
星屬 성속	中天 吉星
象義 상의	貴氣星(귀기성). 榮譽星(영예성). 科甲星(과갑성).
性狀 성상	◆ 天貴는 權貴(권귀). 명예. 지위. 귀인의 조력. 발전 등과 연관된다. ◆ 天貴는 文昌, 文曲, 天魁, 天鉞을 보면 길한데, 도화성을 보면 길변흉이 된다. ◆ 天貴는 大貴함을 得하는 것이니, "得大貴之星(득대귀지성)"이며, 天魁의 보좌역할을 한다. ◆ 天貴는 국가고시나 승진 시험에 이롭고, 관직에서 명성을 얻음과도 연관이 깊다. ◆ 天貴가 삼방사정에서 文昌의 회조가 있으면, 위인이 총명하며 영웅호걸의 풍모가 있다. ◆ 天貴가 寅辰宮에 居하면 위인이 출중하고, 명성이 높고, 財貴가 쌍전이다. ◆ 성품이 성실중후하며, 과묵하여 말이 적고, 내뱉은 말은 필히 지키려 하고, 스스로 고고함이 있으며, 또한 孤僻(고벽)됨이 있어 사람과의 교제에 영향을 미치기도 한다. ◆ 의식주에 구애 받음이 적고, 윗사람의 은총 받음이 많으며, 윗사람들이 重視하여 薦拔(천발)하니, 平步(평보)로 青雲(청운)의 뜻을 이루는 것이다. ◆ 天貴가 부처궁에 들면, 배우자의 조력을 얻고, 상호 신뢰하며 존중하고, 성품이 高雅(고아)하며, 돈후하고, 風度(풍도)가 있다. ◆ 얼굴은 長方形으로 길고, 얼굴색은 황백색을 띠며, 눈썹이 淸하며, 눈이 밝고 수려하며, 체구는 중간정도이다.

身體 신체	脾(비)
事物 사물	/

(12) 천관(天官)

天官(천관)	
五行 오행	土+ (戊土)
吉凶 길흉	吉星
星屬 성속	中天 吉星
象義 상의	富貴星(부귀성). 輔佐星(보좌성).
性狀 성상	◆ 天官은 富貴. 영예. 昇遷(승천). 발달 등과 연관된다. ◆ 天官은 天梁, 太陽, 紫微 등과 동궁이면 발전함이 있어 길하다. ◆ 天官은 현달하며, 부귀를 얻는 것과 연관됨이 많아, "富貴之星(부귀지성)"이라 칭하기도 한다. ◆ 매사 목표가 뚜렷하며 은연자중한다. ◆ 뜻을 이루기까지 行步(행보)가 무거우며, 원칙을 고수하며, 어지럽고 불란스러움을 좋아하지 않는다. ◆ 총명하고 정직하며, 勞役(노역)을 피하며, 편안함을 추구하고, 안정되고 단순함을 즐긴다. ◆ 天官이 명·신궁에 居하면 貴가 현달하며, 총명하고 솔직하며, 겸양의 미덕과 선량함이 있으며, 名利에 담백하고, 안빈낙도함을 추구한다. ◆ 天官이 부처궁에 들면, 부처간 和樂安定(화락안정)됨이 있고, 생활이 유유자적하고, 배우자가 겸양과 예의가 있고, 사업이 순탄하며, 부귀를 얻을 수 있다. ◆ 天官이 天同과 동궁이면, 복무관련직, 정보계통, 조사계통, 안전관련 부서 등에 이롭다. ◆ 天官이 化忌, 煞星의 회조가 있으면, 직업관련 특별직에 근무하는 경우가 많은데, 이는 기밀관련 문서를 다루거나, 對共(대공) 혹은 對敵(대적) 관련하여 첩보관련 업무에 종사하거나, 이를 다루는 사람들을 교육, 훈련하는 등과도 연관됨이 많다.
身體 신체	脾(비)
事物 사물	/

(13) 천복(天福)

天福(천복)	
五行 오행	土+ (戊土)
吉凶 길흉	吉星
星屬 성속	中天 吉星
象義 상의	福祿星(복록성). 富貴星(부귀성).
性狀 성상	• 天福은 官爵(관작)과 福壽(복수)를 主하며. 榮華(영화). 貴人의 조력 등과 연관된다. • 天福은 財, 貴, 富와 연관되는 성요이며, 名利를 主하며 天同의 보좌역할을 한다. • 낙관적이며 성격이 급하고, 남을 돕기를 좋아하고, 한가로운 일을 맡기를 즐겨하며, 勞役(노역)을 기피하고 안일함을 추구한다. • 天福이 명·신궁에 居하면, 장수하며 관록이 풍부하고, 성실하며, 솔직하며 임기응변이 없고, 남을 돕기를 좋아하며, 부귀를 얻게 된다. • 天福이 부처궁에 들면, 男命은 조혼하여 자식도 일찍 두게 되며, 風度(풍도)가 있고. 처자를 잘 보살핀다. 女命은 내조가 있고, 남편의 사업에 일조를 하고, 생활이 안정적이고 享福(향복)을 누리게 된다. • 天福이 天壽, 天同과 동궁이면, 혼인생활이 아름답고 행복하다. • 天福이 흉성의 회조가 없으면, 錢財(전재)의 축적이 있게 된다. 錢財가 창고에 가득차고, 부귀로 명성을 얻고, 12地支宮 중 어느 宮에 居하더라고 전부 이로움이 있다. • 天福이 寅卯巳申宮에 居하면 길한데, 부모형제가 모두 온전하고, 부부가 백년해로한다. • 얼굴은 길고 둥글며, 살집이 풍부하여 福相(복상)이다. • 女命은 귀부인의 相이며, 미모가 있으며, 秀麗端裝(수려단장)하다.
身體 신체	脾(비)
事物 사물	/

(14) 삼태(三台)

三台(삼태)	
五行 오행	土+ (戊土)
吉凶 길흉	吉星
星屬 성속	中天 吉星
象義 상의	富貴星(부귀성). 科甲星(과갑성). 輔佐星(보좌성).
性狀 성상	◆ 三台는 權貴(권귀). 명예. 재물. 지위와 연관된다. ◆ 三台는 八座를 보면 길함이 있고, 左輔, 右弼, 天魁, 天鉞을 보면 길한 역량이 증가된다. ◆ 三台는 貴顯(귀현), 사법권 등과 연관되며, 紫微의 보좌역을 하며, 太陽의 部從(부종) 역할을 한다. ◆ 三台는 太陽의 가까이에 있으며 명성을 主한다. ◆ 三台가 삼합방에서 八座의 회조가 있으면, 大貴의 암시가 있고, 그렇지 못하면 평상인에 불과하며 孤剋(고극) 됨이 있다. ◆ 三台는 淸貴之星(청귀지성)이며, 문장과 才藝(재예)가 뛰어나며, 관직에 진출하여 길경사가 있다. ◆ 三台가 부처궁에 居하면, 상호 존중함이 있고, 배우자는 성격이 光名磊落(광명뢰락)하고, 文雅(문아)하고 風度(풍도)가 있으며, 내외적으로 사람과의 인연이 길하다. ◆ 성품이 엄숙 정직하며, 마음이 곧고 언사는 명쾌하며, 광명뢰락함이 있다. ◆ 사람들과 교제를 즐기고, 사람들과 舊惡(구악)이 없이 인연이 좋으며, 매력이 있는 인품이다. ◆ 명·신궁에 居하면, 소년 시에 고향을 떠나게 되고, 三台가 단독으로 坐命이면 고독한 생활을 함이 많다. ◆ 三台, 八座 중 一星은 명·신궁에 居하고, 一星은 부처궁에 居하면, 한시적으로 分居(분거)하는 경우가 발생한다. ◆ 三台, 八座가 여러 길성이나 紫微. 太陽의 회조나 夾照(협조)가 있으면, 그 배우자가 명성이 있는 사람이다. ◆ 三台, 八座가 공히 부처궁에 居하면, 혼인생활에 있어 不和하고 분리됨이 있으며, 다시 살성을 보게 되면 혼인상의 파절이 따르는데, 이런 경우에는 공동적인 관심사와 취미를 배양 하고, 和解(화해)를 적극 추진하면 개선됨이 있다. ◆ 체구는 중간정도이고, 얼굴은 長方形이며, 뺨은 창백하고, 얼굴색은 백색에 황색이 섞여 있다.

身體 신체	脾胃之病(비위지통)
事物 사물	/

(15) 팔좌(八座)

八座(팔좌)	
五行 오행	土- (己土)
吉凶 길흉	吉星
星屬 성속	中天 吉星
象義 상의	富貴星(부귀성). 科甲星(과갑성). 輔佐星(보좌성).
性狀 성상	◆ 八座는 명예. 지위. 財祿 등과 연관되며 三台를 보면 길하다. ◆ 八座가 左輔, 右弼, 天魁, 天鉞을 보면 그 역량이 증가한다. ◆ 八座는 貴顯(귀현), 사법권 등과 연관되며, 紫微의 보좌역을 하며, 太陰의 附從(부종) 역할을 한다. 太陰을 가까이 하며 財를 主한다. ◆ 八座가 삼방사정에서 三台의 회조가 있으면 大貴의 길함이 있고, 그렇지 못하면 평상인에 불과하며 孤剋(고극)됨이 있다. ◆ 八座는 淸貴之星(청귀지성)이며, 文章(문장)과 才藝(재예)가 뛰어나며 관직에 진출하여 길경사가 있다. ◆ 八座가 부처궁에 居하면, 상호 소통이 잘되고, 배우자가 온화하고 화애심이 있으며, 도량이 넓고, 은연자중하며, 사람과의 연이 길하다. ◆ 표정은 안온하며, 기색은 건강하고, 남을 돕기를 좋아하고, 성품이 온화하며, 공경심이 있으며, 희로애락을 잘 드러내지 않고, 종교 및 신앙, 동양오술과 연관하여 깊이 탐닉하는 경향이 있다. ◆ 八座가 명·신궁에 居하면 소년 시에 고향을 떠나게 되고, 八座가 단독으로 坐命이면 고독한 생활을 하는 경우가 많다. ◆ 체구는 중간이고, 얼굴은 황백색이며, 長方形이다.
身體 신체	胃(위)
事物 사물	/

(16) 용지(龍池)

龍池(용지)	
五行 오행	水+ (壬水)
吉凶 길흉	吉星
星屬 성속	中天 吉星
象義 상의	才藝星(문예성). 富貴星(부귀성). 科甲星(과갑성). 福祿星(복록성). 文明星(문명성).
性狀 성상	◆ 龍池는 총명, 지혜, 창조, 예체능, 匠人(장인), 이공계적 재능, 낙관적, 은연자중, 음식의 享福(향복) 등과 연관된다. ◆ 龍池는 貴福(귀복)을 主하며 文明之星(문명지성)이라 칭하기도 하며, 국가고시나 文章(문장)을 主한다. ◆ 龍池는 口福, 口才와 연관되어 길함이 나타나기도 하며, 상류 사회에 진출이 가능하며, 名利를 얻음도 용이하다. ◆ 龍池와 鳳閣이 동궁이면 길함이 많으나, 그렇지 못하면 평상인에 불과하나 그래도 福은 있다. ◆ 龍池는 太陽, 太陰, 文昌, 文昌, 化科 등과 동궁함을 喜하는데, 이리되면 명예를 얻게 되는 길함이 있다. ◆ 龍池가 桃花와 동궁이면 도화적 기질의 발동이 줄어든다. ◆ 龍池가 표류방탕과 연관되는 성요와 동궁이면, 표류방탕적 성향이 감쇠하며 은연자중하게 된다. ◆ 위인이 지혜가 있고, 傲氣(오기)도 있으며, 우월감도 있고, 낙관적이며 명랑하고, 청수하고 영리하며, 성품이 온화하고, 생각과 사고가 깊이가 있다. ◆ 男命에서 龍池가 명·신궁에 居하면, 문장과 학식으로 현달함이 있는데, 길성의 회합이 있는 경우에는 평보로 靑雲(청운)에 오르는 길함이 있고, 權貴(권귀)가 있게 되며 부귀가 널리 알려지고, 명리가 쌍전하며, 현대적 의미로는 상류계급에 속한다. ◆ 女命에서 龍池가 명·신궁에 居하면, 미모가 있고 수려단장하며, 다재다능하고, 청명하고, 절도가 있으며, 심지가 굳고 항시 淸白함을 유지한다. ◆ 龍池가 명·신궁에 居하는데, 만약 살성의 충파가 있는 경우에는 耳(이) 관련 질환을 앓는 경우가 많고, 辰未戌丑宮에 居하면 靈感(영감)과 영적인 능력이 뛰어나며, 종교, 신앙, 동양오술을 탐닉하는 경향이 있으며, 신선술 등에 관심이 많다. ◆ 龍池가 부처궁에 居하면, 배우자가 단정수려하고, 風度(풍도)가 있고, 才華(재화)와 매력이 있고, 상호 상부상조함이 있다.

身體 신체	膀胱(방광)
事物 사물	/

(17) 봉각(鳳閣)

鳳閣(봉각)	
五行 오행	土+ (戊土)
吉凶 길흉	吉星
星屬 성속	中天 吉星
象義 상의	才藝星(문예성). 富貴星(부귀성). 科甲星(과갑성). 福祿星(복록성). 文明星(문명성).
性狀 성상	◆鳳閣은 문화예술. 才藝(재예), 부귀, 총명, 온화, 선량, 창조, 昇遷(승천) 등과 연관된다. ◆鳳閣이 文昌, 文曲, 化科를 보면 복록이 있고 길하다. ◆鳳閣은 貴福을 主하며 "文明之星(문명지성)"이라 칭하기도 한다. 국가고시나 文章(문장)을 主하고 天相의 보좌역할을 한다. ◆鳳閣이 天相과 동궁이면 복록이 있으나, 그렇지 못하면 평상인에 불과하나 그래도 약간의 福은 있다. ◆鳳閣이 龍池와 동궁이거나 夾宮, 혹은 삼방사정에서의 회조가 있으면 금상첨화로, 그 길한 역량이 더욱 커지고, 전화위복됨이 많다. ◆지혜가 있으며 동작이 민첩하고, 눈썹이 청하며, 눈이 淸明하고 수려하며, 機智(기지)가 있으며, 조정하는 능력이 있고, 나태함이 없으며, 자유를 좋아하고, 享受(향수)를 즐기며, 꾸미기를 좋아한다. ◆위인이 풍모가 있고, 품위를 지키려 하고, 외양을 꾸미기를 좋아하고, 문예와 예술방면에 천부적인 재능이 있다. ◆淸秀(청수)하고 영리하며, 온화하고 명랑하며, 高雅(고아)한 성품이 있다. ◆女命은 미모와 수려함이 있고, 행동거지가 우아하며, 외양이 화려하며 지혜가 있고, 享受(향수)를 즐기며, 꾸미기를 좋아하고, 남편과 자식을 이익되게 하고, 기색이 좋고, 절도가 있다. ◆鳳閣이 명·신궁에 居하는데, 만약 煞星의 충파가 있으면, 齒牙(치아)가 좋지 않고, 치통이 다발하며, 口腔(구강)에 질환의 발생이 빈번하다. ◆鳳閣이 부처궁에 居하면, 배우자가 예의와 규범을 존중하고, 風度(풍도)가 있으며, 꾸미기를 좋아하며, 교제관계가 좋으며, 타인의 관심과 환영을 받는다.

性狀 성상	◆鳳閣이 辰未戌丑宮에 居하면, 영감과 영적인 능력이 뛰어나며, 종교, 신앙, 동양오술에 탐닉하는 경향이 있으며, 신선술 등에 호감이 많다.
身體 신체	脾(비)
事物 사물	/

(18) 해신(解神)

解神(해신)	
五行 오행	/
吉凶 길흉	吉星
星屬 성속	中天 吉星
象義 상의	制禍星(제화성).
性狀 성상	◆解神은 解厄(해액), 制殺制鬼(제살제귀), 解散(해산)과 연관되며, 시비다툼, 관재구설 등의 사안에 있어서는 和解(화해)의 역량이 있다. ◆解神이 흉성의 동궁이나 회조가 있으면, 損財(손재), 刑剋(형극) 등의 사안이 발생한다. ◆解神은 凶厄化吉(흉액화길)과 解厄消災(해액소재)의 역량이 있다. 天才의 회조가 있으면 그 능력이 더욱 증강하고, 또한 化權, 天魁, 天鉞 등의 회조가 있으면 解厄消災의 능력이 더욱 증강하며 凶變化吉(흉변화길)의 역량이 크다. ◆解神이 삼방사정에서 化祿, 化權, 化科를 보면 得財의 길함이 있다. ◆解神이 부처궁에 居하면, 상호 마음과 영혼이 소통됨이 있고, 생각과 언행이 사려 깊고, 영민하며 기교가 있고, 곤란함에 처해서도 이를 해결하는 능력이 강하다. ◆解神은 錢財와 연관하여서도 흉액이 당도하더라도, 길하게 변화시키는 역량이 자못 크다. 다시 天府, 武曲을 보게 되면 그 역량이 더욱 증강하고, 天魁와 天鉞을 보게 되면 귀인의 도움으로 흉액이 소산된다. ◆解神은 天梁, 紫微, 天府, 天相, 武曲 등 다섯 종류의 主星들과 연관하여서는, 解神의 본성인 助力과 和解(화해)의 역량이 더욱 커지는 것이다. ◆解神은 擎羊과 동궁하거나, 명·신궁, 재백궁, 관록궁에 居하는 것을 不喜하는데, 만약 삼방에서 天姚, 咸池 회조가 있게 되면, 女命은 화류계에 빠지기 쉽고, 다시 陰煞이나 鈴星을 보게 되면, 화류계와 연관되며 타인의 침탈을 받게 된다.

性狀 성상	男命은 女命보다 풍류, 色情(색정)의 문제가 심하지는 않으나, 도화적 行運 시에는 도화적 문제가 농후하게 발생하며, 위의 조합이 관록궁에 해당되면, 남녀 불문하고 특종직업에 종사하게 된다. ◆行限에서 解神이 살성이나 官符(관부)를 보게 되면, 사람과의 교제에 있어 紛糾(분규)가 발생하더라도 해결됨이 있다. ◆本命에서 결혼연이 薄(박)한데, 行限에서 解神이 부처궁에 동궁하는 경우에는, 이혼하거나 分居(분거)하게 된다. 이는 解神이 부부로서의 결합을 풀어놓기 때문이다.
身體 신체	/
事物 사물	/

(19) 천상(天傷)

天傷(천상)	
五行 오행	水+ (壬水)
吉凶 길흉	凶星
星屬 성속	中天 凶星
象義 상의	災厄星(재액성). 損耗星(손모성).
性狀 성상	◆天傷은 損財(손재), 損耗(손모), 破財(파재), 계약파기, 시비 다툼, 사고, 질병, 官災(관재) 등과 연관된다. ◆天傷과 天使는 노복궁과 질액궁에 居하게 되는데, 흉살성의 동궁이 없으면 무방하고, 만약 行限이나 流年運에서 天傷과 天使를 보게 되거나, 재차 擎羊, 陀羅, 火星, 鈴星, 化忌, 巨門, 七殺 등을 보게 되거나, 廉貞, 破軍의 충파가 있게 되면, 官災(관재), 病厄(병액), 傷亡(상망), 破財(파재) 등의 흉사가 따르게 된다. 또한 젊은 층에 비해 노년층은 비교적 重한 흉액을 겪게 된다.
身體 신체	/
事物 사물	/

(20) 천사(天使)

天使(천사)	
五行 오행	水- (癸水)
吉凶 길흉	凶星
星屬 성속	中天 凶星
象義 상의	災厄星(재액성). 損耗星(손모성).
性狀 성상	◆天使는 損耗(손모), 시비다툼, 관재구설, 刑傷(형상), 沮滯(저체) 등과 연관된다. ◆行限이나 流年運에서 天使를 보게 되면, 노년층은 비교적 凶禍(흉화)를 겪음이 重하다.
身體 신체	腎(신)
事物 사물	/

(21) 지공(地空)

地空(지공)	
五行 오행	火- (丁火)
吉凶 길흉	凶星
星屬 성속	中天 凶星
象義 상의	空亡星(공망성). 虛耗星(허모성).
性狀 성상	◆地空은 空亡, 有始無終(유시무종), 허무, 실패, 破財, 정신적인 문제, 無情, 無爲自然(무위자연), 고독, 정신세계 추구, 堅剛心志(견강심지) 등과 연관된다. ◆地空은 玄想(현상)과 冥想(명상)의 성요이며, 철학, 기획, 분석, 손실, 결핍, 消耗(소모)와 연관된다. ◆地空이 명궁에 居하면, 일생에 한 두 번의 損財數(손재수)가 발생한다.

性狀 성상	◆地空은 四墓庫宮(辰·未·戌·丑)과 巳午宮에 居함을 喜하는데, 다시 擎羊, 陀羅, 火星 등과 동궁 시는 雙煞同宮(쌍살동궁)이라 하여, 오히려 돌발적으로 발생하는 문제가 따르고, 역시 돌발적으로 다소의 損耗(손모), 破財(파재)가 발생한다. ◆地空이 명궁이나 재백궁에 居하면, 금전의 입출은 많으나 손에 쥐어지는 돈은 많지 않은 경우가 多發하며, 경영이나, 투자, 투기 등은 삼가 함이 좋다.
身體 신체	/
事物 사물	/

(22) 지겁(地劫)

地劫(지겁)	
五行 오행	火+ (丙火)
吉凶 길흉	凶星
星屬 성속	中天 凶星
象義 상의	劫殺星(겁살성). 破耗星(파모성). 空亡星(공망성).
性狀 성상	◆地劫은 劫殺之神(겁살지신)이며 空亡之神(공망지신)이다. ◆損財(손재), 재물손실, 계약 파기, 정신세계 추구, 허무, 허상, 추진력의 제약, 감정적 困擾(곤요) 등과 연관된다. ◆地劫은 12宮位의 어느 곳에 居하든지, 재물, 감정, 신체, 운세 등에 있어 대체로 흉하게 작동하는데, 길성이나 化祿, 化權, 化科 등을 보게 되면, 그 흉함이 제압되어 흉변길이 되나, 흉성을 보게 되면 흉함이 더욱 가중된다. ◆地劫이 명·신궁에 居하면, 소년 시에 부모 및 학업과의 연이 적고, 개성이 독특하고, 언사가 불미하고, 두뇌가 총명하나 영악하고, 傷害(상해) 및 殘疾(잔질)이 다발하게 되고, 신체상의 손상이 있을 수 있으며, 성격이 변화가 심하고, 조상의 음덕이 적다. ◆地劫이 명·신궁에 居하며 大運, 流年運, 小運에서 보게 되면, 閒職(한직)을 맡음이 길한데, 그렇지 않으면 직업, 직책과 연관하여 시비구설이 많이 발생한다. ◆地劫과 天空 혹은 地空이 관록궁에 居하면, 대체로 外務(외무)의 일과 開車(개차) 관련, 운송화물관련 일에 적합하다. ◆학업기간에 관록궁에 地劫이나 天空을 보게 되면, 휴학하게 되거나 留級(유급) 등의 학업과 연관된 좌절감이 크다.

身體 신체	小腸(소장)
事物 사물	/

(23) 천형(天刑)

	天刑(천형)
五行 오행	火+ (丙火)
吉凶 길흉	凶星
星屬 성속	中天 凶星
象義 상의	刑厄星(형액성). 孤剋星(고극성). 官災星(관재성). 權星(권성).
性狀 성상	◆天刑은 刑傷(형상), 관재구설, 사고, 질병, 의료, 법률, 독단적 언행, 성격의 강렬, 권위, 배타적 성격 등과 연관된다. ◆天刑이 丑未宮에 居하면 여러 흉화가 多發한다. ◆天刑은 의약품, 법률사무 등을 主하며 "小擎羊(소경양)"이라 칭하기도 한다. ◆天刑이 명궁이나 질액궁에 居하면, 약을 복용함이 있고, 다시 紅鸞을 보게 되면 약을 복용함에 있어 마약류와 같이 환희를 느끼게 된다. ◆天刑이 명궁이나 관록궁에 居하면 관재구설이 따르는데, 다시 天魁, 天鉞의 회조가 있으면, 법조계 등에 이롭다. ◆天刑이 명궁에 居하는데, 삼방사정에서 擎羊, 陀羅 중 하나를 보게 되면, 일생에 관재구설이 다발하고, 다시 擎羊, 天魁, 天鉞의 회조가 있으면 법에 따라 사형 등의 형벌을 집행함과 연관된다. 이것은 흉살이 많으나 天魁, 天鉞의 길성이 있어, 法의 힘을 빌어 刑罰(형벌) 집행의 역할을 하게 되기 때문이다. ◆天刑이 명궁에 居하고 擎羊, 天魁, 天鉞, 文昌, 文曲 등의 회조가 있을 시는, 법관으로 성공하며 형사재판을 관할한다. ◆天刑이 명궁에 居하고, 擎羊을 보게 되며, 天魁나, 天鉞의 회조가 없을 시는 刀傷, 질병 등과 연관되어 수술 건 등이 다발하고, 다시 化忌나 火星의 회조가 있을 시는 일생에 血光之事(혈광지사)가 다발한다. ◆天刑이 형제궁에 居하면 형제간의 불협화음이 발생하고, 다시 삼방사정에 살성의 회조가 있으면, 형제간의 문제가 訟事(송사)로 이어지기도 한다. ◆天刑이 부처궁에 居하면, 배우자의 성격이 강직하고, 화합이 잘되지 못하며, 고집이 세고, 상호 의견 일치가 적고, 상호간 감정상의 파절이 많이 발생한다.

性狀 성상	◆天刑이 부처궁에 居하며, 天姚, 天空, 地劫의 동궁이나 내조, 회조가 있으면, 부부연이 薄(박)하고 생사이별수가 높다. ◆天刑이 자녀궁에 居하면, 자녀들의 신체가 허약하고, 天月이나 病符와 동궁이면 건강 상태가 심히 불량하다. ◆天刑이 재백궁에 居하면, 금전상의 紛糾(분규)가 다발하고, 그 분규의 輕重은 회조되는 살성의 다소에 따라 판단한다. ◆天刑이 질액궁에 居하며, 명궁의 삼방사정에서 회조하는 四煞星(擎羊, 陀羅, 火星, 鈴星) 중 2개 이상이 보이면, 일생 중 한 두 차례의 심각한 傷害(상해)가 따르며, 大運에서 명궁에 化忌가 보이는 경우도 같은 맥락으로 판단하며, 流年運에서 본명궁의 삼방사정에서 어느 한 궁이라도 煞星의 회조가 많으면 역시 그해에 엄중한 災厄(재액)이 발생할 것이라 판단한다. ◆天刑이 전택궁에 居하며, 官符나 鈴星이 동궁 시에는 收監之災(수감지재)가 발생하는데, 陽男陰女의 경우가 좀 더 重하다. ◆天刑이 질병적인 조합에서, 天刑과 질병성과의 만남은, 질병으로 인한 정신적인 고통과 스트레스로 인한 여러 문제가 발생하나, 天刑이 명궁이나 질액궁에 居하며 다시 紅鸞을 보게 되면, 血光之災(혈광지재)의 위험성을 대비해야 한다. ◆流年運에서 天刑이 명궁이나 질액궁에 居하면, 질병에 관한 경우라면, 타인의 경우를 예로 살펴보아, 해당 질병과 연관하여 상시 약을 복용함으로써 치유되는가? 그렇지 않은가?를 살펴본 후 판단토록 한다. 天刑이 化忌를 대동하는 경우에도 같은 맥락으로 판단한다. ◆비방책으로는, 天刑의 方位에 해당 질병의 치료에 활용하는 빈 약병을 놓아두면 어느 정도의 효과를 볼 수 있다. ◆天刑은 僧道之星(승도지성)으로 종교, 신앙, 철학, 동양오술 등과 연관되는데, 天刑이 天梁, 化科, 化祿 등을 引動(인동) 시에는 더욱 확실한 연관성이 있게 된다.
人身 인신	小腸(소장)
事物 사물	/

(24) 천요(天姚)

天姚(천요)	
五行 오행	水－ (癸水)
吉凶 길흉	凶星

星屬 성속	中天 凶星
象義 상의	桃花星(도화성). 才藝星(재예성). 虛浮星(허부성).
性狀 성상	◆ 天姚는 도화적 기질, 예체능, 技巧(기교), 재능, 친화력, 미적 감각, 문화예술, 의료, 정욕, 異性과의 佳緣(가연) 등과 연관된다. ◆ 天姚가 丑未宮에 居하면 흉액이 자주 발생한다. ◆ 天姚는 陰水로 도화성의 기질이며 결혼을 재촉하는 성향이 있다. ◆ 天姚가 명궁에 居하면 도화적 정황이 끊이지 않으며, 다시 天空, 地劫, 化忌 등을 보게 되면 도화성으로 인해 재능의 감퇴를 배제할 수 없다. ◆ 天姚가 廟旺宮에 居하면, 영리하고, 才華(재화)가 있으며, 美와 연관된 일에 길하고, 기타의 궁은 길하지 못하다. ◆ 天姚가 도화성(廉貞, 貪狼, 紅鸞, 天喜, 沐浴, 咸池..)의 성요를 보게 되면, 주색에 탐닉하게 되어 이로 인한 재액이 따르는데, 다시 惡星을 보게 되면 家産의 탕진과 色亂(색란)으로 인한 刑厄(형액)을 받게 된다. ◆ 天姚가 天德, 空亡, 月德, 天空, 天魁 등을 보면, 天姚의 흉함을 제압할 수 있으나 이중 天德의 역량이 가장 크다. ◆ 丑時生으로 天姚가 명궁이나 부처궁에 居한 命은 晩婚(만혼)이 길하다. ◆ 天姚는 擎羊과 동궁함을 가장 忌하는데, 만약 동궁하게 되면 일생에 걸쳐 의외의 災厄(재액)이 가중되고, 만약 天魁나, 天鉞의 救濟(구제)가 없으면 夭死(요사)하게 된다. ◆ 天姚가 명궁에 居하며 鈴星을 보면, 도화로 인한 小人의 침탈이 있고, 이런 경우에는 居하는 主星이 貪狼인 경우를 말하는 것이며, 자신의 문제에 대해 上司(상사)의 조언을 받게 된다. 만약 主星이 武曲인 경우에는 剛强(강강)한 성요이니, 타인의 흠결로 인한 여파가 자신에게 닥쳐오고, 다시 天刑을 보게 되면, 도화성의 문제로 분규가 여러 예상치 못한 곳에서 당도하게 된다. ◆ 天姚가 身宮에 居하면 "水厄(수액)"을 당하기 쉬운데, 地劫을 보면 틀림없이 발생하며, 小孩兒(소해아)에게 더욱 심하다. 어른은 腎臟疾患(신장질환)이 염려되며, 太陰을 보게 되면 적대적인 언사로 불편한 상황이 도출된다. ◆ 水厄의 동향 ·天姚가 身宮에 居하며 地劫을 보면 小孩兒(소해아)이다. ·天姚가 身宮에 居하며 破軍, 文曲, 文昌을 보게 되면 大人이다. ·天姚가 身宮에 居하며 巨門, 文曲, 文昌을 보게 되면 大人이다. ·상기의 경우 찜질욕이나 수영을 자주하면 制化가 가능하고, 太陰, 化忌를 보게 되면 거품목욕이나 온천수를 활용하면 좋다. ◆ 天姚가 부처궁에 居하면, 이성간의 접촉이 용이하고, 감정상의 困擾(곤요)가 따르므로, 결혼 전의 배우자 선택에 신중을 기하여야 한다. ◆ 배우자는 열정과 낭만적인 성격이 많고, 사람과의 연이 좋고 매력이 있다. ◆ 天姚가 부처궁에 동궁하고 落陷된 경우에, 다시 도화성요를 보게 되면, 결혼생활에 外道(외도) 문제가 발생하거나, 파절로 인한 여러 흉사가 발생한다.

身體 신체	腎(신)
事物 사물	/

(25) 천허(天虛)

天虛(천허)	
五行 오행	火- (丁火)
吉凶 길흉	凶星
星屬 성속	中天 凶星
象義 상의	空亡星(공망성). 虛耗星(허모성).
性狀 성상	◆ 天虛는 衰殘(쇠잔), 災難(재난), 정신적인 허약, 소극적 언행, 허사, 좌절, 공허, 근심걱정 등과 연관된다. ◆ 天虛가 명·신궁에 居하면, 표정이 냉막하고, 심정이 명랑치 못하고, 優柔不斷(우유부단)하고, 남을 원망하기를 잘하고, 경황됨과 두려움을 많이 받게 되며, 육친과의 연이 적고, 소극적이며. 華而不實(화이부실)이다. ◆ 天虛가 부처궁에 들면, 夫妻(부처) 상호간 감정상의 허무함과 냉랭함이 있으며, 소통과 대화가 부족하고, 스스로 짓는 번뇌에서 헤어나지 못한다. ◆ 天虛가 복덕궁에 居하며 다시 天使를 보게 되면, 사람이 의기소침하고 思考(사고) 면에서도 소극적이다. ◆ 天虛가 재백궁에 居하면, 금전상의 損耗(손모)가 따르고, 大運이나 流年運에 天虛, 天哭이 재백궁에 居하면 破財的(파재적) 현상이 발생한다. ◆ 天虛가 천이궁에 居하며 길성의 부조가 없는 경우에는 외출시 辛苦(신고)가 따르고 성취됨이 없다. 더욱이 地劫이나 化忌를 보게 되면 그 현상이 더욱 심하다. ◆ 天虛가 육친궁(부모, 형제, 자녀, 부처)에 居하면, 부모지사로 인해 정신적인 충격이 당도한다. ◆ 大限이나 流年運에 天虛, 天哭이 부모궁에 居하고, 다시 太陰, 化忌를 보게 되면 부친의 질병이 重하다. 그러나 太陰, 化忌가 삼방사정에서 회조하는 煞星을 많이 보게 되면 모친에게 禍厄(화액)이 있다. 이에는 異論이 있기도 한데, 太陽, 化忌를 보게 되는 경우에 반대로 모친에게 중병이 있다 판단하기도 한다.

性狀 성상	• 天虛나 天哭은 巨門과 동궁함을 가장 不喜하는데, 大限이나 流年運에서 보게 되면, 인생이 매사 소극적이고, 의욕이 없으며, 남의 일을 보조해주는 역할에 적합하다. 만약 삼방에서 살성의 회조가 있으면 自殺의 길로 가기 쉬운데, 만약 동궁한 主星이 七殺의 경우라면 자살까지는 가지 않는다.
身體 신체	心
事物 사물	/

(26) 천곡(天哭)

天哭(천곡)	
五行 오행	火+ (丙火)
吉凶 길흉	凶星
星屬 성속	中天 凶星
象義 상의	刑厄星(형액성). 孤剋星(고극성). 孤僻星(고벽성).
性狀 성상	• 天哭은 傷害(상해), 배반, 孤剋(고극), 시비다툼, 관재구설, 비애, 喪亡(상망), 번뇌, 孤僻(고벽)한 성격, 소극적, 勞碌奔波(노록분파), 刑厄(형액)과 연관된다. • 天哭은 시비구설의 성요인데, 이는 증거를 갖고 시비를 분명히 따지려는 것에서 기인된다. • 天哭이 중첩되어 살성을 보게 되면, 刑剋(형극), 破財(파재)가 따른다. • 天哭은 명·신궁이나 복덕궁, 육친궁에 居함을 不喜하는데, 재차 살성의 회조가 있으면 생사이별의 조짐이 있는 것이다. • 天哭이 명·신궁에 居하면 개성이 우울하고 억눌린 상태이고, 표정이 엄숙하며, 미소가 적고, 思想(사상)이 퇴색되고, 정서적으로 변화가 많고, 번뇌와 勞碌奔波(노록분파)가 따른다. • 天哭이 부처궁에 居하면, 부처간 상호 사상과 관점이 다르고, 의견의 불일치가 많고, 오해의 소지가 많이 발생하고, 상호간 감정이 냉랭하다. • 天哭이 자녀궁에 居하며 살성의 회조가 있으면, 자녀에게 상해가 따르고, 부처궁에 居하면 부처간 困擾(곤요)가 발생하고 다시 살성의 회조가 많은 경우에는 부처간 혹은 배우자로 인한 災厄(재액)과 번뇌가 발생한다.

性狀 성상	◆天哭이 天機, 太陰, 天府, 天相, 天梁 등의 主星을 보게 되면, 번뇌와 困擾(곤요)가 특별히 많이 발생하고, 재차 化忌를 보게 되면 번뇌와 困擾의 일로 인해 禍厄(화액)이 당도하게 된다. ◆天哭이 질액궁에 居하며 化忌를 보는 경우에는, 病名(병명)을 알 수 없는 질환에 시달리고, 다시 陰煞이 동궁하면 癌病(암병)을 얻게 되고 業報(업보)로 인한 질병을 얻게 된다. ◆天哭이 巨門과 동궁하면 그 흉함이 더욱 가중되는데, 大限, 小限, 流年運에 만나게 되고, 재차 喪門, 弔客, 擎羊 등 살성의 沖破(충파)가 있게 되면, 重하면 命을 재촉하게 되는데, 輕(경)하면 損財數(손재수)가 발생한다.
身體 신체	小腸(소장)
事物 사물	/

(27) 고신(孤辰)

孤辰(고신)	
五行 오행	火+ (丙火)
吉凶 길흉	凶星
星屬 성속	中天 凶星
象義 상의	孤寡星(고과성). 孤獨星(고독성). 孤僻星(고벽성).
性狀 성상	◆孤辰은 刑剋, 분리, 고독, 비애, 부처간 不緣(불연), 형제간 不緣 등과 연관되며 육친궁에 居하면 흉하다. ◆孤辰이 명·신궁에 居하면 대체로 불리한데, 다시 고독지성과 동궁이나 회조가 있으면 孤僻(고벽)하게 되나, 만약 孤寡之星(고과지성)의 동궁이나 회조가 없으면, 어느 한번은 발전할 때가 있는 것인데, 이런 경우라도 시비구설을 동반하게 된다. ◆孤辰과 寡宿이 명궁과 身宮에 각각 分居하며, 재차 흉살성의 沖破(충파)가 있으면, 男命은 "孤(고)" 女命은 "寡(과)"가 되기 쉽다. ◆孤辰은 우울, 번민을 主하며 孤獨之星(고독지성)이라 칭한다. ◆孤辰은 길성이 있어 和解(화해)됨을 喜하고, 길성이 없으면 화해되지 못하고 고립과 고독을 초래한다.

性狀 성상	◆孤辰은 길성의 회조가 없으면, 고집이 많고 인정과 도리와는 거리가 멀고, 소극적이며 남들과 어울리지 못하며 자신만을 생각한다. 웃는 표정을 지어보여야 하는 곳에서도, 오히려 고통스러운 미소만 지어보일 뿐이다. ◆육친과의 연이 없고 표류방랑하며, 홀로 떠돌며, 홀로 살아가며, 남에게 의지하거나 의뢰하여 살아가지 않으니, 타인들은 괴짜, 괴벽인이라 말한다. ◆고독감이 깊으니 이중성격자인 경우도 많다. ◆얼굴은 孤寒之相(고한지상)이며 기쁜 기색이 적다.
身體 신체	小腸(소장)
事物 사물	/

(28) 과숙(寡宿)

寡宿(과숙)	
五行 오행	火- (丁火)
吉凶 길흉	凶星
星屬 성속	中天 凶星
象義 상의	孤寡星(고과성). 孤獨星(고독성). 孤僻星(고벽성).
性狀 성상	◆寡宿은 刑剋(형극), 분리, 고독, 비애, 漂迫(표박), 부처간의 不緣(불연), 부모형제 간의 不緣(불연)과 연관된다. ◆寡宿은 육친궁에 居하면 해당 육친에 흉화가 당도한다. ◆寡宿이 흉성과 동궁하거나 흉성의 충파가 있으면 심리적으로 정상적이지 못하다. ◆寡宿은 고독과 번민을 主하며 孀寡之星(상과지성)이라 한다. ◆寡宿은 길성이 있어 化解(화해)됨을 喜하는데, 길성이 없으면 화해되지 못하고 고립과 고독을 초래한다. ◆얼굴은 孤寒之相(고한지상)이며 기쁜 기색이 적다. ◆길성의 회조가 없으면, 고집이 세고, 인정과 도리와는 거리가 멀고, 소극적이며, 남들과 어울리지 못하며 자신만을 생각한다. 웃는 표정을 지어보여야 하는 곳에서도 오히려 고통스런 미소만 지어보일 뿐이다. ◆고독하며, 여러 사람들과 어울리지 못하고, 정서적으로 안정됨과는 거리가 멀고, 오직 자신만을 생각할 뿐이다. 내심 모순적인 면이 있고 의심이 많으며 신경질적이다.

性狀 성상	◆ 육친과의 연이 없고 표류방랑하며, 홀로 떠돌며, 홀로 살아가며, 남에게 의지하거나 의뢰하여 살아가지 않으니 타인들은 괴짜나 괴벽인이라 말한다. ◆ 寡宿이 명·신궁에 居하면, 대체로 불리한데, 다시 孤寡之星(고과지성)과 동궁이나 회조가 있으면 孤僻(고벽)하게 되나, 만약 고과지성의 동궁이나 회조가 없으면, 어느 한번은 발전 할 때가 있는 것인데, 이런 경우라도 시비구설을 동반하게 된다. ◆ 고독감이 깊으니 이중성격자인 경우도 많다.
身體 신체	心(심)
事物 사물	/

(29) 겁살(劫殺)

劫殺(겁살)	
五行 오행	火- (丁火)
吉凶 길흉	凶星
星屬 성속	中天 凶星
象義 상의	損耗星(손모성). 陰害星(음해성). 刑傷星(형상성).
性狀 성상	◆ 劫殺은 損財(손재), 관재구설, 失財(실재), 陰害(음해), 사기, 사고, 질병 등과 연관된다. ◆ 劫殺이 陰煞을 보면 그 흉한 역량이 더욱 강화된다. ◆ 劫殺은 빼앗아가는 살성으로, 偷盜之星(투도지성)이라고도 한다. ◆ 劫殺이 명궁에 들면, 心性이 급하고 고독하며, 언변과 연관하여 舌禍(설화)가 닥쳐오고, 남의 陰害(음해)가 다발하고, 勞碌奔波(노록분파)가 따른다. ◆ 劫殺은 火星이나 鈴星과 동궁함을 가장 기피하는데, 매사 일을 함에 불리하며, 시비구설을 초래하고 그릇됨이 많다. ◆劫殺이 어느 宮位에 동궁 하느냐에 따라, 길하기도 하고 흉하기도 한 것이다. ◆여러 길성의 동궁이나 회조가 있으면 化解(화해)되고 그렇지 못하면 흉함이 발생한다.
身體 신체	心(심)
事物 사물	/

(30) 화개(華蓋)

華蓋(화개)	
五行 오행	木+ (甲木)
吉凶 길흉	凶星
星屬 성속	中天 凶星
象義 상의	孤高星(고고성). 宗教星(종교성). 才藝星(재예성).
性狀 성상	◆ 華蓋는 고독, 철학, 命理(명리), 사색, 思考(사고), 정신세계, 脫俗(탈속), 制化官災(제화관재) 등과 연관된다. ◆ 華蓋는 孤剋之星(고극지성)으로 고독을 대표하며, 일명 "小紫微星(소자미성)"이라 칭하기도 한다. ◆ 華蓋는 승도의 길에 이롭고, 종교, 신앙과 동양오술과 연관이 많으며, 가장 不喜하는 것은 紫微나 天同과 동궁이나 회조하는 것인데, 이리되면 孤剋(고극)됨이 더한층 강화되며, 결혼 연이 흉하다. ◆ 華蓋가 명궁에 居하면, 종교 및 신앙생활에 깊이 빠지게 되며, 天魁나 天鉞이 있으면 신앙인임을 표면에 내세우고, 化忌가 보일 때에는 광적인 신도가 된다. ◆ 華蓋가 명궁에 居하면, 길성의 회조를 喜하는데, 특히 文昌, 文曲이 있어 조력을 받음을 喜하고, 擎羊이 廟旺平宮에 居함을 喜하는데, 이를 "虎賁山林格(호분산림격)"이라 하여, 사업에 있어 비범한 성취가 있고, 고독한 면이 도리어 참고 견디는 면으로 길하게 바뀌게 된다. ◆ 女命이 이와 같으면 晩婚(만혼)이 좋은데, 부처궁에 天空, 地劫, 化忌가 보이게 되면 특히 그러하다. 부처궁에 길성이 없는 경우도 만혼이 좋은데, 이런 경우에는 종교, 신앙생활에 깊이 빠지게 된다. ◆ 상기의 경우에 대표적 장소로는, 陀羅와 化忌와 같은 살성이 있으면, 화장장, 공동묘지 등이며, 陀羅와 化忌가 없으면 神佛이 있는 가택이다. ◆ 華蓋는 "挺屍星(정시성)"이라고도 하며 喪亡(상망)의 의미가 있다. ◆ 華蓋가 전택궁에 居하며, 대운이나 流年運에서 化忌나 살성을 많이 보게 되면, 死亡之意(사망지의)가 있다. ◆ 華蓋가 부처궁에 들면, 부처 상호간 존중함이 있고, 배우자가 총명하고, 才華(재화)가 있으며, 名利(명리)에 있어서는 담박하고, 세속의 일에 초연하려고 한다.
身體 신체	膽(담)
事物 사물	/

(31) 함지(咸池)

咸池(함지)	
五行 오행	水- (癸水)
吉凶 길흉	凶星
星屬 성속	中天 凶星
象義 상의	桃花星(도화성)
性狀 성상	◆咸池는 일명 "桃花殺(도화살)", "敗神(패신)"이라 칭하기도 한다. ◆咸池는 주색잡기, 방탕, 도화성, 정욕, 주색 등과 연관되며, 길격이면 異姓으로 인한 得財와 연관되고, 흉하면 破財, 破家 등과 연관된다. ◆咸池는 桃花之星(도화지성)으로 天姚와 같은 맥락이다, ·일생동안 이성과의 연분이 많은데, 살성을 대동하면 이성 간의 문제로 감정상의 곤란을 겪게 된다. 명·신궁에 居하며 살성을 대동하지 않은 경우에는 이성간의 연분이 길하다. ·咸池가 명·신궁에 居하면, 도화와 연관되어 재물운이 발생하고, 다시 大耗, 沐浴 등의 회조가 있으면 도화적 기질이 더욱 증강한다. ·咸池가 명·신궁에 居하며 天空, 地劫, 化忌 등과 동궁 시는 도화로 인한 破財가 따르는데, 회조 시는 그렇지 않다. ·咸池가 명·신궁에 居하며, 天魁, 天鉞 등을 보게 되면 도화적인 자태와 격조가 있다. 貪狼과 같은 맥락이다. ◆咸池와 天姚는 도화성보다 傷害性(상해성)이 크며, 咸池는 명궁, 부처궁, 복덕궁에 居함을 不喜하며, 도화운이 도래시는 혼인과 연관하여 傷害(상해)와 破折(파절)이 따른다. ◆咸池가 天姚와 동궁하고 재차 擎羊과 동궁하면, 감정상의 문제와 음란함이 따르는데 女命이 더욱 심하다. ◆女命에서 擎羊이 명궁에 居하고, 다시 天姚나 咸池가 동궁이나 회조 시는 이성간의 變情(연정) 문제로 인하여 災厄(재액)이 발생한다. ◆天德은 咸池나 天使가 있게 되면, 이성간의 문제에서 진실되지 못한 면으로 발전하는 도화의 흉성을 제압하는 역량이 있는데, 반드시 天才가 동궁하여야 한다. 또한 地空이나 空亡은 도화성의 흉함을 제압할 수 있는데, 이때는 또한 일점 財의 손실도 동반하게 된다. ◆咸池가 부처궁에 들면, 배우자가 才藝(재예)가 있으며, 사람들과의 연이 길하나, 孤僻(고벽)이 있는 경우가 많다. ◆咸池가 흉살성과 동궁하면, 감정상의 困擾(곤요)가 따르고, 이로 인해 예기치 않은 災厄(재액)이 따르기도 한다.

身體 신체	泌尿器系統(비뇨기계통)
事物 사물	/

(32) 대모(大耗)

大耗(대모)	
五行 오행	火+ (丙火)
吉凶 길흉	凶星
星屬 성속	中天 凶星
象義 상의	損耗星(손모성)
性狀 성상	◆ 大耗는 損財(손재), 破耗(파모), 失財(실재), 酒色으로 인한 破財. 사업 실패 등과 연관되며, 空亡과 동궁이면 損財문제가 발생한다. ◆ 大耗는 본시 天德之福(천덕지복)이란 의미와, 咸池라는 부정적인 의미를 함유하고 있는 연고로, 大耗는 不正之福(부정지복)의 의미가 있게 되었던 것이다. 또한 損耗(손모)와 損財(손재)의 의미도 있는 것이라 아름답지 못한 것이다. ◆ 大耗가 명·신궁에 居하면 일생에 있어 損壞(손괴)됨이 많으며, 祖業(조업)을 破하며 破財, 破家하게 된다.
身體 신체	/
事物 사물	/

(33) 천공(天空)

天空(천공)	
五行 오행	火- (丁火)
吉凶 길흉	凶星

星屬 성속	中天 凶星
象義 상의	空亡星(공망성)
性狀 성상	◆ 天空은 空亡之神(공망지신)이다. ◆ 天空은 破財, 失財, 실패, 관재구설, 사기, 성패다단, 고독, 승도지명 등과 연관된다. ◆ 天空이 명·신궁에 居하고 길성이 없으면 孤寡(고과)나 僧道 (승도)의 命이다. ◆ 흉함의 정도는 天空-旬空-截空 순이다. ◆ 생각과 사고방식이 독특하고 괴이하여, 여타 사람들과 차이점이 많으며, 낭비벽이 있고, 正道를 행하지 않는 경우가 많다. ◆ 孤僻(고벽)의 성격이며, 소극적이고, 비관적이고, 사람들과 어울리지 못하고, 성패가 다단하고, 좌절감이 크며, 공상을 좋아하고, 종교 및 동양오술에 깊이 빠지게 되고, 정신적으로 손상 받음이 쉽고, 속세를 등지는 경우가 많다. ◆ 天空이 명·신궁에 居하면, 소년 시에 가정환경이 불리하고, 신체상의 손상이 있을 수 있으며, 학업과의 연도 薄(박)하며, 부모와의 연이 박하고 조상의 음덕이 적다. ◆ 天空이나 地劫이 명·신궁이나 부처궁에 居할 시는 다음과 같은 정황이 발생한다. ·결혼연이 薄(박)하여 실연이 많고 감정상의 좌절이 많아 이성간의 연이 적다. ·조혼은 불리하고 만혼이 길하다. ·중혼하는 경우가 낳고 부부해로 하기 힘들며 부처간 화목함이 적다. ·미혼인 경우도 많다. ·결혼시의 流年運에서 天空과 地劫을 보게 되면, 결혼한 후에 시기가 지나면 파절을 겪게 되고, 또한 혼인 중에 가정생활에 희경사가 적다. ◆ 天空이 명·신궁에 居하고 大限, 小限, 流年運에서 보게 되면, 창업과 투기에서 실패가 따르고, 좌절과 실업이 따르고, 일의 변수가 발생하여 직무에 변화가 온다. ◆ 天空이 金宮인 申酉宮에 居하면, 金이 空亡되는 것으로, "鳴(명)"이 되어 소리가 나는 것이니 오히려 이름을 알리게 되고, 吉星을 보게 되면 발전과 성공의 계기가 되는 것이다. ◆ 天空이 火宮인 巳午宮에 居하거나, 火星을 보게 되면, 火의 空亡은 "明(명)"이 되는 것이니, 길성의 회조가 있으면 財利에 있어 大發하고, 흉성의 회조가 있으면 大敗와 災厄(재액)이 발생되는 것이다.
身體 신체	心(심)
事物 사물	/

(34) 절공(截空)

截空(절공)	
五行 오행	/
吉凶 길흉	凶星
星屬 성속	中天 凶星
象義 상의	空亡星(공망성)
性狀 성상	◆ 截空은 僧道之命(승도지명), 破財, 失財, 실패, 관재구설, 詐欺(사기), 성패다단, 고독 등과 연관된다. ◆ 截空은 陰煞과 나타내는 성향은 비슷하며, 자신을 막고 제어 하는 경쟁적 대상과 연관되며, 財와 연관하여 불리함이 있어, 부처궁에 居하는 것을 不喜한다. ◆ 截空과 大耗와의 조합이 있는 경우에는, 그 나타내는 살상력이 자못 크다. 行運에서 보게 되는 것을 크게 기피한다. ◆ 截空은 특히 명궁, 재백궁, 관록궁, 부처궁에 居함을 不喜한다. ◆ 截空이 명·신궁에 居하면 일생동인 여러 가지 파절이 많다. ◆ 截空이 명궁에 居하는 경우, 삼방에서 길성의 회조가 있으면 자신에게 닥쳐오는 경쟁관계에서의 불리함이 적으나, 살성의 회조가 많은 경우에는 경쟁관계에서의 불리함이 매우 크게 닥쳐온다.
身體 신체	/
事物 사물	/

(35) 음살(陰煞)

陰煞(음살)	
五行 오행	/
吉凶 길흉	凶星
星屬 성속	中天 凶星

象義 상의	業煞星(업살성)
性狀 성상	◆ 陰煞은 小人輩(소인배), 陰害(음해), 沮滯(저체), 시기질투, 시비다툼, 관재구설, 陰鬼(음귀), 巫病(무병) 등과 연관된다. ◆ 陰煞이 명궁에 居하면 인과응보와 연관되며, 小人의 음해와 침탈이 있고, 邪教(사교)를 숭배하며, 속마음을 숨기는 성향이 많다. ◆ 陰煞은 喪事(상사), 驚惶(경황), 意外之事(의외지사), 墳墓(분묘), 陰廟(음묘) 등을 主한다. ◆ 陰煞은 여러 空星에 沖破(충파)되어 消散(소산)됨을 가장 喜한다. ◆ 陰煞이 명·신궁에 居하면, 시기질투가 많고, 구설을 일으키고, 타인을 음해하는 경향이 많다. ◆ 陰煞이 명·신궁에 居하는데, 다시 擎羊과 陀羅가 동궁하거나 회조하면, 심성이 악독하고 암암리에 도모하여 일을 그르치게 함을 즐겨한다. ◆ 陰煞이 부처궁에 들면, 부처간 사소한 일로 인해 不睦(불목)하고, 시비다툼과 구설이 많으며, 냉전 상태가 지속된다. 또한 배우자의 성격이 음침하며, 소인의 作害(작해)와 침탈을 겪게 된다.
身體 신체	/
事物 사물	/

(36) 재살(災殺)

災殺(재살)	
五行 오행	/
吉凶 길흉	凶星
星屬 성속	中天 凶星
象義 상의	災厄星(흉액성). 刑傷星(형상성).
性狀 성상	◆ 災殺은 일명 "囚獄殺(수옥살)이라 칭하기도 하며, 災厄(재액), 凶禍(흉화), 사고, 시비다툼, 관재구설, 질병 등과 연관된다. ◆ 災殺이 殺星과 동궁 시는 破財(파재), 刑傷(형상). 詞訟(사송)이 따르는 경우가 많다.

身體 신체	/
事物 사물	/

(37) 순공(旬空)

旬空(순공)	
五行 오행	/
吉凶 길흉	凶星
星屬 성속	中天 凶星
象義 상의	空亡星(공망성). 損耗星(손모성).
性狀 성상	◆ 旬空은 僧道之命(승도지명), 破財, 失財, 실패, 관재구설, 詐欺(사기), 成敗多端(성패다단), 고독 등과 연관된다. ◆ 旬空은 여러 空星을 主하며 명·신궁에 드는 것을 忌하는 것이다. ◆ 旬空이 가장 기피하는 것은, 大耗와 명궁에 동궁하는 것인데, 이리되면 매사 顚倒(전도)되고 糊塗人(호도인)이 된다. ◆ 名利에 있어서는 담백하며, 일생에 의외의 福을 얻는 경우가 있다. ◆ 일생에 성패가 다단하고, 漂流之命(표류지명)인 경우가 많다. ◆ 종교 및 신앙에 깊이 빠져들고, 동양오술과도 연관이 많으며, 정신생활을 추구하는 성향이 있다.
身體 신체	/
事物 사물	/

(38) 파쇄(破碎)

破碎(파쇄)	
五行 오행	火-(丁火)
吉凶 길흉	凶星
星屬 성속	中天 凶星
象義 상의	損耗星(손모성). 波折星(파절성).
性狀 성상	◆破碎는 離散(이산), 破財, 損耗(손모), 결핍, 이별, 계약의 파기, 사고, 시비구설, 질병 등과 연관된다. ◆奔波勞碌(분파노록)과 小人의 침탈이 있고, 매사 성공은 적고 실패가 많다. ◆破碎가 명궁에 동궁하거나 회조 시는 禍厄(화액)이 가중된다고 판단한다. ◆破碎가 재백궁에 居하면 錢財(전재)의 손실이 발생한다. ◆破碎가 전택궁에 居하며 다시 文曲이나 化忌의 회조가 있으면, 가택의 家產이 타처로 흘러나가 이로 인한 損財가 발생하는 것이다. ◆破碎가 자녀궁에 居하며, 다시 擎羊, 火星, 化忌를 보게 되면, 女命의 경우 流產(유산)의 조짐이 있거나, 부부 공히 자녀로 인해 損財가 발생한다. ◆破碎가 질액궁에 居하면, 여러 殘疾(잔질)의 발생이 높으며, 입속이 허는 문제가 발생하고, 다시 鈴星의 회조가 있으면 破傷風(파상풍)에 걸리게 된다. ◆破碎는 살성의 회조가 많음을 기피하는데, 살성의 회조가 많을 시는 煞星的 위력이 倍加(배가)되는 것이므로, 이의 解消(해소)가 있어야 길명이 되는 것이다. ◆破碎는 離散(이산)의 의미가 있으니 부처궁에 居함을 忌하는 것이다. 만약 左輔, 右弼 등의 길성의 회조가 있으면 부처 간의 다툼이 이미 돌이킬 수 없게 된 것이며, 혼인에 있어 재액이 발생하는 것이다. 만약 다시 天空, 地劫, 化忌를 보게 되면 필히 생사간의 이별수가 있게 된다. ◆破碎가 三台, 八座 등 길성의 회조가 있을 시는, 破碎의 흉한 조짐이 더욱 증가하게 된다. ◆大運이나 流年運에서 보게 되면 損財의 조짐이 있는데, 다시 截空이나 陰煞을 보게 되면, 반드시 損財가 있게 되고, 다시 流日에 破碎를 보게 되면, 車禍(차화)로 인한 損財나 일신상의 傷害(상해)가 발생한다. ◆大運이나 流年運에서 자녀궁에 破碎와 煞星이 居하고, 다시 疾病星(질병성)이나, 혹은 病符殺(병부살)을 보게 되면, 食藥(식약)의 경우에 매우 조심해야 한다. 자칫 잘못하면 기형아를 낳을 수 있게 된다.
身體 신체	/
事物 사물	/

(39) 천무(天巫)

天巫(천무)	
五行 오행	/
吉凶 길흉	吉星
星屬 성속	中天 吉星
象義 상의	遷官星(천관성)
性狀 성상	◆ 天巫는 昇官(승관), 昇遷(승천), 榮轉(영전) 등을 主하며 공직자인 경우에는 昇官의 조짐이 있는 것이다. ◆ 天巫가 명궁에 居하는 경우, 이외에도 대운이나 流年運에서 天巫를 보게 되면, 승진의 조짐이 있다 판단한다. ◆ 天巫가 삼방사정의 化科, 化祿, 化權을 보게 되면, 반드시 昇官의 기쁨이 있게 된다. ◆ 天巫가 삼방사정에서 天機, 天梁을 보게 되면 術數學(술수학), 道學(도학), 풍수지리, 동양오술 등의 방면에서 성취됨이 있다. ◆ 天巫, 天馬가 四生宮인 寅申巳亥宮에 居한 경우, 길성을 보면 길한 조짐이 있고, 흉살을 보면 무력해진다. ◆ 天巫, 天馬가 동궁하고 祿存의 회조가 있으면, "天巫趕馬(천무간마)"라 하여 凡事(범사)에 발전이 신속하고 財祿(재록)이 순탄하다. ◆ 天巫는 天魁, 天鉞, 文昌, 文曲을 보게 됨을 喜하고, 地劫이나 化忌 등을 보게 되는 것을 忌하는데, 地劫이나 化忌의 회조가 있게 되면 원하는 바를 얻는다 하더라도 곧 잃게 되는 것이다. 특히 地劫의 경우에는 뜻을 얻었다 하더라도, 그 기간이 장구하지 못하는 것이며, 공직자의 경우엔 승진이나 영전이 됐다 하더라도 곳 그 자리를 내려와야 하는 경우가 발생한다. ◆ 大運이나 流年運에서 天巫를 보게 되면, 학생들에게 유리한 데 다시 文昌과 化科를 보게 되면 장학생에 선발되는 길함이 있게 되고, 만약 文昌과 化忌를 보게 되면 이는 장학생에 선발되거나 昇官하더라도 어떤 문제로 인해 다시 취소되는 등의 문제가 발생한다. 그리고 다시 陰煞, 鈴星, 截空 등의 회조가 있는 경우에는, 더욱 흉하여 장학생 혹은 昇官과 연루되어 속죄양이 되거나 흑막의 배후가 있어 흉함이 작동하게 된다.
身體 신체	/
事物 사물	/

(40) 천주(天廚)

天廚(천주)	
五行 오행	/
吉凶 길흉	吉星
星屬 성속	中天 吉星
象義 상의	飮食星(음식성)
性狀 성상	◆天廚는 음식을 主하며, 명·신궁에 居하게 되면 식품연구와 연관됨이 많고, 삼방사정에서 天廚의 회조가 있거나, 流年運에서 명궁에 天廚가 居하더라도 같은 맥락으로 논한다. 또한 식품관련 연구단체나 식품관련 주식 등에 투자함도 可하다. ◆天廚가 명·신궁에 居하며 巨門을 보고, 다시 紅鸞, 天喜 등과 동궁이나 회조가 있으면 미식주의자이다. ◆天廚의 주식관련 동향 ·文曲을 보게 되면 – 음료관련 株 ·鈴星을 보게 되면 – 식품관련 株 ·左輔, 右弼을 보게 되면 – 음식과 연관된 유통관련 株 ◆天廚의 업종관련 동향 ·文昌, 文曲을 보게 되면 – 커피숍(서구식) ·擎羊, 陀羅를 보게 되면 – 요식업(동양식) ·左輔, 右弼을 보게 되면 – 식자재업 ·天空, 地劫, 化忌를 보게 되면 – 요식업에 불리하다. ·天姚, 咸池를 보게 되면 – 유흥주점 ◆天廚가 財星을 보게 되면 요식업관련 투자경영에 이롭고, 다시 主星으로 貪狼를 보게 되면 이와 연관하여 이득이 크다.
身體 신체	/
事物 사물	/

(41) 천월(天月)

天月(천월)	
五行 오행	/
吉凶 길흉	凶星
星屬 성속	中天 凶星
象義 상의	疾病星(질병성). 刑煞星(형살성).
性狀 성상	◆ 天月은 질병과 연관된 성요로, 大病의 발병은 비교적 적으나 小病은 부단히 발생한다. ◆ 天月이 명·신궁이나 질액궁에 居하면 신체의 傷害(상해)나 건강문제와 연관된다. ◆ 天月이 化忌와 동궁하면 질병의 경우 장구하게 지속된다. ◆ 天月이 명·신궁에 居하면 大病보다는 小病이 부단히 발생하는데, 다시 삼방에서 煞星을 보게 되면 장구하게 困擾(곤요) 됨이 발생하는데, 이로 인해 重病이나 重傷害(중상해) 등이 발생되게 된다. ◆ 天月이 명·신궁에 居하면, 허약체질과 질환의 다발이 염려되는데, 소년 시에 불리함이 많고, 大運에서 보게 되면 해당기간에 저항력이 떨어지게 되므로, 명·신궁이나 육친궁에 居함을 忌하는 것이다. ◆ 天月이 主星과 동궁 시는, 해당 主星의 질병의 배속관계에서 병적인 요소가 가미된다고 논하는데, 예로, 天月이 天府와 동궁 시는 腸系統(장계통), 巨門과 동궁 시는 呼吸器系統(호흡기계통)으로 논하는 것이다. ◆ 天月이 廟旺宮의 主星이나 육길성과 동궁하면 흉액을 解厄(해액)함이 가능하다. ◆ 天月이 부모궁과 동궁 시는, 부모의 건강문제로 인해 여러 곤란한 요소가 발생하고, 자녀궁에 居하면 자녀들의 체질이 허약하고 잔질이 다발한다.
身體 신체	/
事物 사물	/

(42) 비렴(蜚廉)

蜚廉(비렴)	
五行 오행	火+ (丙火)
吉凶 길흉	凶星
星屬 성속	中天 凶星
象義 상의	刑煞星(형살성). 紛爭星(분쟁성). 孤剋星(고극성). 倔强星(굴강성).
性狀 성상	◆ 蜚廉은 시비구설, 刑殺(형살), 固執倔强(고집굴강), 도화적 성질, 감정의 困擾(곤요) 등을 主한다. ◆ 蜚廉이 명궁에 居하면 성품이 고집, 괴벽, 강직하다. ◆ 蜚廉이 천이궁에 居하며 다시 흉성을 보게 되면, 車禍(차화)나 질환으로 인한 血光之災(혈광지재)가 발생한다. ◆ 蜚廉이 부모궁에 居하면 예상치 않은 흉화가 발생하는 경우가 많다. ◆ 蜚廉이 天姚, 咸池 등과 동궁이거나 회조가 있으면, 농담이나 쓸데없는 말, 空致辭(공치사) 등과 연관된다. ◆ 蜚廉이 大運이나 流年運에 당도하면 감정상의 困擾(곤요)가 발생하니 꺼리게 되는데, 다시 天姚, 咸池, 右弼 등을 보게 되면 더욱 심해지게 되며, 부처궁에 居하게 되면 감정상의 농담이나 실없는 말들을 잘한다. ◆ 蜚廉은 특히 化忌를 보게 되는 것을 기피하는데, 이리되면 농담이나 실없는 말을 더욱 많이 하게 된다. ◆ 蜚廉은 또한 재백궁에 落宮 함을 기피하는데, 이는 도화적 사건으로 인해 재물을 쪼개어 자식들에게 나누어 주는 등의 문제가 발생하기 때문이다.
身體 신체	/
事物 사물	/

4) 사화성계 개요(四化星系 槪要)

四化星은 化祿, 化權, 化科, 化忌의 四星曜를 말한다. 四化星의 부법은 十四正星과, 文昌, 文曲, 左輔, 右弼 등에 부법하게 되는데, 四化星의 "化(화)"에서 나타나듯, 명반의 구성에서 상기 성요에 四化星이 부법되면, 본래의 성요가 지니고 있는 기본 성질을 "化"시킴으로써, 해당 성요의 구성과 연관하여, 길흉 및 성패, 그리고 속성에서, 그 기본성질의 역량의 변화가, 증가되고 또한 뚜렷하게 나타나게 되는 것이다. 따라서 四化星의 기본 속성의 숙지와 더불어 四化星이 배치된 성요 및 궁과 연관하여 변화되어 나타내는 특성을 명확히 파악하는 것이, 깊이 있는 자미명학 看命의 선결요건인 것이다. 그 구체적인 사항을 아래와 같이 정리해 본다.

(1) 화록(化祿)

化祿(화록)	
五行 오행	土- (己土)
吉凶 길흉	吉星
星屬 성속	中天 吉星
象義 상의	財帛星(재백성). 福祿星(복록성). 富貴星(부귀성).
性狀 성상	◆化祿은 재물의 풍족, 복록, 관록, 지위, 추진력, 활동성 등과 연관되며 흉성을 보면 흉변길이 된다. ◆化祿은 財星에 속하며, 四化星(化祿. 化權. 化科. 化忌) 중 그 역량이 비교적 약하여 化科에 버금된다. ◆만약 財星에 化祿의 회조가 없는 경우는, 財와 연관하여 실질적이지 못한 것으로 판단하며, 四墓庫(사묘고)의 역량과는 차이가 있다. 이는 化祿이 財星과 결합하여 회조나 동궁이 됨을 喜하기 때문이다. ◆化祿은 陰土에 속하며, 化權, 化科와 동궁하거나 회조가 있을 시는 부귀겸전이다. 특히 祿存을 보게 되면 雙祿이라 하여 길함이 더욱 크다. 그러나 地空, 地劫, 天空, 化忌 등을 보게 되면 그 역량이 일반적인 수준이라고 논한다. ◆化祿이 天馬를 보게 되면 "祿馬交馳格(녹마교치격)"이라 하여 財와 연관하여 발전함이 있다.

性狀 성상	◆化祿이 左輔, 右弼의 동궁이나 회조가 있으면, "左右逢源格(좌우봉원격)"이라 하여 財源(재원)이 장구하고 다방면에서 得財의 길함이 있다. ◆化祿이 天魁나 天鉞의 동궁이나 회조가 있으면 귀인의 도움으로 득재하게 되는데, 다시 財星·化祿을 보게 되면 이를 眞得財(진득재)라 하여 大財가 가능하나, 그렇지 못한 경우에는 淸高之財(청고지재)에 불과하다. ◆化祿이 文昌, 文曲을 보게 되면 지명도로 인하여 得財하게 된다. ◆化祿이 四墓庫地(辰·未·戌·丑)에 있으며 天空, 地劫, 化忌 등을 보게 되면 化祿의 역량이 무용지물이다. ◆四墓庫地에 化祿, 化權, 化科가 居하더라도, 左輔, 右弼, 文昌, 文曲, 天魁, 天鉞의 夾照가 있으면, 化祿이 四墓庫地에 있어서의 역량의 제한을 받음에 해당되지 않는다. ◆化祿이 명궁에 居하고 左輔, 右弼의 夾照가 있으며, 살성의 沖照(충조)가 없는 경우이면 길하여 財祿(재록)이 여의하다. ◆化祿이 명궁에 居하고 삼방사정에서 化權, 化科의 회조가 있는 경우에는 "三奇嘉會格(삼기가회격)"이라 하여 명리쌍전이다. ◆化祿이 空亡이나 地空, 天空, 地劫과 동궁 시에도 역시 破耗(파모)와 困難(곤란)의 象으로 해석한다. ◆化祿이 陰煞, 截空과 동궁하는 경우에는, 財祿(재록)이 劫殺을 보는 것과 같아 불리하여, 四煞星과 동궁 시와 같은 흉함이 드러나게 되며, 流年運에서 보게 되면 財에 있어 막힘이 당도하게 되며, 四煞星의 회조가 있을 시는 기술 계통으로 生財하게 된다.
身體 신체	胃(위)
事物 사물	/

(2) 화권(化權)

化權(화권)	
五行 오행	木+ (甲木)
吉凶 길흉	吉星
星屬 성속	中天 吉星
象義 상의	權星(권성)

性狀 성상	◆化權은 독후강직. 추진력. 명예. 지위. 주관 등과 연관되며, 煞星을 보면 剛强(강강)한 성품이다. ◆化權은 陽木에 속하며 권세와 지배력과 연관된다. ◆化權이 명궁에 居하면, 性情(성정)이 剛强(강강)하고 공정하며, 윤리규범을 중시하며 男命은 大人의 풍모가 있다. ◆化權이 명궁에 居하거나 삼방에서의 회조가 있으면, 지식이 풍부하고 학덕이 있으며, 주관의식이 강하다. ◆化權이 天空, 地劫, 化忌 등을 보면, 化權의 길한 역량이 현저히 감쇠한다. ◆化權이 天使를 보는 경우에는 크게 드러남이 없다. ◆化權이 天魁, 天鉞을 보게 되면 역량의 드러남이 있는데, 지위가 높고 권세가 강한 현상이 나타난다. ◆化權이 左輔, 右弼을 보게 되면, 권세 면에서 조력함이 있고, 부수적으로 개인에게 학습능력의 提高(제고) 등의 현상이 나타난다. ◆化權이 文昌, 文曲의 회조나 동궁 시에는, 문화예술적 학습능력의 증가나 감상력의 증강 등이 나타나며, 化科와 동궁이나 회조 시는 그 명성이 더욱 증강하며, 化祿이나 祿存과 동궁이나 회조시는 권위적인 능력의 증강에 財運이 더해지는 길함이 있다. ◆化權은 관록궁에 낙궁함을 喜하는데, 영도적이며 통제적인 능력이 있고, 主星인 天梁, 太陽, 七殺, 破軍, 貪狼, 武曲, 巨門 등을 보게 되면 길함이 있다. 만약 主星이 陰柔星(음유성)인 경우에는 才華(재화) 면에서는 돋보임이 있으나 영도적인 능력은 감쇠한다. ◆化權의 동향 ·化權이 巨門을 보고 다시 左輔, 右弼, 文昌, 文曲 등을 보는 경우에는, 언변의 특출함이 있고, 특히 文昌, 文曲을 보는 경우에는, 외교술, 강연, 전파매체 등에 길함이 있다. ·化權이 天梁을 보게 되면, 종교, 철학, 정치, 사회공익사업 등에 발전이 있다. ·化權이 太陽을 보게 되면 貴氣가 증가하며, 다시 三台, 八座, 祿存 등을 보게 되면 길함이 있으며, 天魁나 天鉞을 보는 것도 같은 맥락인데, 다시 祿存을 보게 되면 財官雙美(재관쌍미)하다. ·化權이 破軍을 보게 되면, 변화와 개창 능력이 증강하나, 다만 文昌, 文曲과 동궁이나 회조가 있으면, 어렵게 성취됨이 있으며, 女命의 경우는 길하지 못하다. ·化權이 武曲을 보게 되면, 武職(무직)이나 기술계통으로 성취됨이 있고, 理財(이재)에 밝고, 임기응변 능력이 증강하며, 개인적으로는 사업에 적극적으로 참여하려는 성향이 있다. ◆化權이 天空, 地劫, 化忌 등을 보게 되면 불리한데, 권세의 활용면이나, 정치가의 길을 가는 것은 불리하고, 참모의 역할은 이로운데, 특히 정치가의 길은 중도 포기가 따르게 된다. ◆化權이 擎羊, 陀羅, 火星, 鈴星 중 2개 이상과 동궁이면, 鋒芒太露(봉망태로=銳氣가 크게 드러남)함으로 인해 사람들이 기피하며 기술직이 이롭다. 상기와 같은 조합에 陰煞을 보게 되면, 化忌를 만나지 않더라도 사람으로 인해 中傷謀略(중상모략)을 당하게 되고, 만약 공직자의 경우라면 天空과 地劫이 당도할 때에 非理(비리)로 인해 사퇴하게 된다.

性狀 성상	◆擎羊이 廟旺地에 있어, 四墓庫地에 있는 化權을 회조하면 매우 길하다. ◆化權이 天魁, 天鉞을 보고 다시 天刑을 보게 되면, 법학전문가나 법률가의 命임이 틀림없다. ◆女命이 삼방사정에서 化權을 보게 되면, 剛强(강강)한 여자이며, 사업적으로 발전함이 있다. ◆女命에 化權이 명궁에 居하거나 부처궁에 居하면, 여자가 家權(가권)을 장악하고, 삼방에서 길성이 보이는 경우에는, 배우자보다 많은 사업상의 성취가 있게 된다. ◆化權이 大運이나 流年運에서 封誥, 恩光, 天貴, 化科, 天府, 天魁, 天鉞 등을 보게 되면, 昇遷(승천)의 조짐이 있는데, 天魁나 天鉞을 보는 것이 가장 좋으며, 經商(경상)에 종사하는 자는 이득이 있고, 학업자는 고시에 합격하는 길함이 있다. 상기의 조합이 복덕궁인 경우에는 享福(향복)을 누리게 되는 길함이 있다.
身體 신체	膽(담)
事物 사물	/

(3) 화과(化科)

化科(화과)	
五行 오행	水+ (壬水)
吉凶 길흉	吉星
星屬 성속	中天 吉星
象義 상의	科甲星. 智慧星.
性狀 성상	◆化科는 지혜, 문서, 印章(인장), 계약, 喜慶事(희경사) 등과 연관된다. ◆化科는 陽水에 속하며, 명성, 국가고시, 학업수행능력, 전문직 등과 연관되며, 文昌, 文曲, 左輔, 右弼의 보조 받음을 喜하는 것이다. ◆化科는 天魁, 天鉞의 내조나 협조가 있거나 동궁함을 가장 기뻐하는데, 이를 "天玉拱命格(천옥공명격)"이라 하며, 국가고시에 있어서는 많은 길함과 조력을 얻게 되며, 公敎職(공교직) 관련하여서도 매우 길하다. ◆化科는 左輔, 右弼을 보게 되면, 才華(재화)의 증강이 있고, 외모가 청수하고 수려하고, 일을 꾸려나감에 있어 효과가 있다.

性狀 성상	◆化科가 文昌을 보고 다시 奏書(주서)를 보게 되면, 문예창작 분야에 탁월하며, 문장능력이 있고, 다시 天才의 배합이 있으면 더욱 길함이 있다. ◆化科와 文昌이 명궁, 사업궁, 천이궁에 居하면, 교양과 수련 과정과 연관된 업종에 진출함이 이롭고, 大運이나 流年運에서 보게 되어도 같이 판단하며, 대체로 문예창작, 출판업, 작품 발표 및 전시회 등에 길하다. ◆流年運에서 化科를 보게 되면, 승진이나 국가고시 등과 연관하여 살펴보아야 하고, 또한 流年運에서 명궁을 중심한 삼방 사정에서 三台, 八座, 恩光, 天貴, 龍池, 鳳閣 등의 성요의 유무를 잘 살펴보아야 하는데, 이들 성요의 회조가 있으면 승진 및 국가고시와 연관하여 보통 이상의 길함이 있는 것이다. ◆流年運에서 명궁에 化科가 없고, 天哭, 天虛, 化忌를 보게 되면 고시엔 불리함이 많다. ◆四墓庫地에 天使, 化科, 天機가 居함을 不喜하는데, 이리되면 그 역량이 함몰되는 것과 같으며, 또한 天空과 地劫을 보게 되면 思考(사고), 분석방면, 역대 역사연구 등에 이롭다. ◆化科가 四煞星인 擎羊, 陀羅, 火星, 鈴星 중 1개라도 동궁이나 회조하게 되면, 일종의 특수기술직에 이롭고, 다시 化祿이나 祿存을 보게 되면 經商(경상)에 이롭다. ◆化科가 武曲, 太陰을 보게 되면 財經(재경)방면의 종사나 연구직에 이롭고, 化科가 武曲을 보고 다시 天魁, 天鉞을 보게 되면 財經방면의 전문가로 이름을 얻는데, 만약 天空과 地劫을 보게 되면 곤궁한 전문직이다. ◆化科는 化忌나 截空을 보는 것을 忌하며, 또한 四墓庫地에 居함을 역시 忌하는데, 이는 숨겨진 재능을 발휘 못하게 되고, 타고난 우수성을 드러내지 못하게 되기 때문이다. ◆化科가 化忌와 동궁하게 되면, 이미 알려진 이름에 먹칠을 하게 되고, 다시 陰煞이나 鈴星을 보게 되면 타인의 지탄을 받음과 동시에 공격의 대상이 되기도 한다. ◆선거의 당선 관련하여서는 大運과 流年運에서 化科가 左輔, 右弼을 보게 되면 가능성이 높고, 天空이나 地劫을 보게 되면 당선에 난관이 따르고, 化忌를 보게 되면 당선이 어렵다. ◆化科의 동향 ·化科가 天同을 보게 되면, 彫美畵(조미화), 미술, 제조설계 방면으로 발전한다. ·化科가 天機를 보게 되면, 기획, 자문, 경영관리면으로 발전한다. ·化科가 官祿星(太陽, 太陰, 廉貞, 天梁, 紫微)을 보게 되면, 公教職(공교직)으로 발전이 있다. ·化科가 天梁을 보게 되면, 종교 및 동양오술, 특수직 등으로 발전이 있다. 대운이나 유년운에서 보게 되더라도 상당한 성취가 있게 된다. ·化科가 太陽이나 太陰을 보게 되면, 천문지리, 지질학, 고고학, 동양오술 등에 발전이 있다. ·化科가 紫微를 보게 되면, 紫微의 권위적인 면과 지명도를 한층 증가시킨다. ·化科가 七殺이나 破軍을 보게 되면, 발전하지 못하고 의미가 없다. ◆女命에서 化科를 보고 살성을 보지 않으면, 현숙하며 지혜가 있고 才華(재화)가 있으나, 살성을 보게 되면 才華는 나타나나 지혜로움이 부족하다. ◆작은 전등이나 등촉불을 매다는 경우에는 化科 방위에 두면 길하다.

身體 신체	膀胱(방광)
事物 사물	/

(4) 화기(化忌)

化忌(화기)	
五行 오행	水+ (壬水)
吉凶 길흉	凶星
星屬 성속	中天 凶星
象義 상의	災厄星. 刑傷星. 損耗星.
性狀 성상	◆化忌는 災禍(재화), 시비다툼, 관재구설, 刑傷(형상), 事故(사고), 질병, 고독, 沮滯(저체), 破財(파재), 破家(파가), 계약 파기 등과 연관된다. ◆化忌는 陽水에 속하고, 化氣는 "厄(액)"이다. ◆化忌는 또한 沮滯(저체), 困擾(곤요), 猜忌(시기), 憂慮(우려) 등과 연관된다. ◆化忌가 명궁에 居하면, 시비구설과 困擾(곤요)함을 초래하고, 吉星이 적고 煞星이 많으면, 그 사람은 시기와 의심이 많은 사람이다. ◆化忌가 명궁이나 부처궁, 복덕궁에 居하면 孤剋됨이 많다. ◆자미명학에서는 煞星 중에서 化忌가 가장 흉하다고 논한다. 이는 일반적으로 化忌와 다른 성요가 동궁하거나 회조시를 말하는 것으로, 예를 들어 武曲이 化忌를 보게 되면 武曲은 財星의 성요이므로 財的인 방면에서 곤란함이 따른다고 판단하는 것이다. ◆化忌가 명궁에 居하거나 삼방사정이나 질액궁에 있어 회조하거나, 天刑, 擎羊의 회조가 있을 시는, 수술 건이 발생한다, 만약 살성의 회조가 없거나 化忌가 질액궁에 居할 시는 고질병이라 판단한다. ◆化忌는 左輔, 右弼과 동궁이나 회조함을 가장 不喜하는데, 이리되면 病變(병변)이 발생하게 되는데, 어느 宮이건 같은 이치로 논한다. ◆化忌의 소재궁의 동향 ·化忌가 부처궁에 居하며 다시 天空과 地劫의 회조가 있으면 孤剋(고극)됨이 있고, 재차 陀羅, 孤辰, 寡宿의 회조가 있을 시는 결혼이 성사되지 못하고, 다시 左輔, 右弼을 보게 되면 결혼이 진행되더라도 지연됨이 있으며, 결혼 후에는 다시 이혼수가 발생한다.

性狀 성상	·化忌가 부모궁에 居하면, 부모에게 孤剋(고극)됨이 있고, 삼방에서 살성의 회조가 있을 시는 부모에게 刑傷(형상)이 있게 되는데, 이는 流年運의 月과 日에서 재차 化忌가 당도하는 시점이다. 그리고 다시 孤辰, 寡宿을 보게 되면 부모의 喪亡事(상망사)가 있는데, 만약 天馬, 天哭, 天虛를 보게 되는 것도 같은 맥락으로 판단한다. ·化忌가 자녀궁에 居하며 살성을 대동하면, 자녀 교육에 있어 어려움이 많다. 만약 女命에서 擎羊이나 火星, 鈴星을 보게 되면 流産(유산)의 위험이 있는데, 主星이 巨門, 太陰, 破軍을 보는 경우에 특히 그러하다. ·化忌가 육친궁에 居하면 管束(관속), 關心(관심), 欠責(흠책), 業力(업력)과 연관된다. ◆化忌는 영향력에 있어 文職(문직)이 武職(무직)보다 크다. 또한 四墓庫地에 居함을 喜하는데, 특히 辰戌 二宮을 喜하고, 사업상의 財와 연관하여서도 흉함이 덜하다. ◆질병과 감정방면에서는 흉함은 어느 宮에 居하든지 같은 맥락으로 판단한다. ◆化忌는 擎羊, 陀羅의 夾照를 不喜하는데, 혹시 擎羊, 陀羅, 化忌의 회조나 내조가 형성되면, 四肢의 손상, 혹은 刀傷(도상)과 연관된 災厄이 있다. 만약 行運에서 擎羊, 陀羅, 化忌를 보고, 다시 截空(절공)과 破碎(파쇄)를 보게 되면 그 傷害(상해)의 정도가 가중된다. ◆化忌의 동향 ·대운이나 流年運에서 化忌를 보고 다시 四煞星을 보게 되면 傷災(상재)가 있다. ·위의 조합에 天刑과 官符가 당도하면, 관재구설과 시비다툼이 발생하는데, 擎羊, 天刑, 天府가 당도해도 같은 맥락이다. ·위의 조합에 火星, 鈴星, 陰殺이 당도하면, 시비구설이 다발하고, 小人의 침탈이 있으며 감정상 불순함이 있다. ·化忌가 地空, 地劫을 보거나 혹은 大耗, 截空을 보게 되면 破財, 破耗가 따른다. ◆명궁과 身宮에 雙化忌(쌍화기)가 당도하면 災厄(재액)을 면하기 어렵다. ◆行運에서 雙化忌가 당도할 때는 아래와 같이 판단한다. ·명궁, 부처궁, 복덕궁에 孤辰, 寡宿, 天哭, 天虛, 天馬의 5성요의 유무를 살펴보는데, 만약 居하고 있다면 命을 보존하기 어려우나, 만약 天魁, 天鉞을 보게 되면 모면할 수 있으며, 만약 天魁, 天鉞이 化忌와 동궁 시에는 구제할 방법이 없다. ·재차 行運에서 전택궁과 부처궁의 변화 즉, 殺破狼格(살파랑격) 등의 유무를 살펴본다. ·大限에서 華蓋가 전택궁의 당도 여부를 살펴본다. 만약 그러하다면 이를 挺屍之星(정시지성)이라 흉한 것이다.
身體 신체	膀胱(방광)
事物 사물	/

5) 성요 속성 요약(星曜 屬性 要約)

(1) 십사정성(十四正星)

十四正星(십사정성)				
星曜 성요	五行 오행	吉凶 길흉	化氣 화기	屬性(속성)
紫微 자미	土−	吉	尊貴 존귀	尊貴星(존귀성). 帝王星(제왕성). 解厄星(해액성). 壽福星(수복성). 長輩星(장배성).
天機 천기	木−	吉	善 선	善星(선성). 智慧星(지혜성). 延壽星(연수성). 宗教星(종교성). 技術星(기술성).
太陽 태양	火+	吉	貴 귀	官祿星(관록성). 尊貴星(존귀성). 驛馬星(역마성). 勞碌星(노록성).
武曲 무곡	金−	吉	財 재	財帛星(재백성). 將星(장성). 孤寡星(고과성).
天同 천동	水+	吉	福 복	福星(복성). 解厄星(해액성). 壽星(수성). 小兒子星(소아자성).
廉貞 염정	火−	凶	囚殺 수살	囚星(수성). 桃花星(도화성). 殺星(살성). 才華星(재화성). 官祿星(관록성). 偏財星(편재성).
天府 천부	土+	吉	令 영	令星(영성). 祿庫星(녹고성). 尊貴星(존귀성). 解厄星(해액성). 延壽星(연수성). 老大星(노대성).
太陰 태음	水−	吉	富 부	富星(부성). 母星(모성). 蔭星(음성). 才華星(재화성). 女系星(여계성).
貪狼 탐랑	木+	凶	桃花 도화	桃花星(도화성). 才藝星(재예성). 偏財星(편재성).
巨門 거문	水−	凶	暗 암	暗星(암성). 口才星(구재성), 是非星(시비성).
天相 천상	水+	吉	印 인	印星(인성). 官祿星(관록성). 財星(재성). 壽福星(수복성).
天梁 천량	土+	吉	蔭 음	蔭星(음성). 福壽星(복수성). 孤剋星(고극성), 父母星(부모성). 長輩星(장배성). 解厄星(해액성).
七殺 칠살	金−	凶	權 권	權星(권성). 肅殺星(숙살성). 將星(장성). 開創星(개창성). 變動星(변동성). 血光星(혈광성). 偏財星(편재성).
破軍 파군	水−	凶	耗 모	耗星(모성). 驛馬星(역마성). 將星(장성). 改革星(개혁성). 損財星(손재성). 勞碌星(노록성).

(2) 기타 성요(其他 星曜)

其他 星曜(기타 성요)				
星曜 성요	五行 오행	吉凶 길흉	化氣 화기	屬性(속성)
左輔 좌보	土+	吉	善 선	善星(선성). 助力星(조력성). 輔佐星(보좌성).
右弼 우필	水−	吉	善 선	善星(선성). 助力星(조력성). 輔佐星(보좌성).
天魁 천괴	火+	吉	陽貴 양귀	貴人星(귀인성). 才藝星(재예성). 輔佐星(보좌성).
天鉞 천월	火−	吉	陰貴 음귀	貴人星(귀인성). 才藝星(재예성).
文昌 문창	金−	吉	魁 괴	科甲星(과갑성). 文藝星(문예성). 桃花星(도화성). 驛馬星(역마성).
文曲 문곡	水−	吉	科甲 과갑	科甲星(과갑성). 文藝星(문예성). 桃花星(도화성). 驛馬星(역마성).
祿存 녹존	土−	吉	財祿 재록	財祿星(재록성). 貴星(귀성). 解厄星(해액성). 延壽星(연수성). 驛馬星(역마성). 孤獨星(고독성). 天祿星(천록성).
天馬 천마	火+	吉	驛馬 역마	遷移星(천이성). 驛馬星(역마성).
擎羊 경양	金+	凶	刑 형	刑傷星(형상성). 將星(장성). 血光星(혈광성). 刀傷星(도상성).
陀羅 타라	金−	凶	忌 기	忌星(기성). 刑傷星(형상성). 驛馬星(역마성). 孤獨星(고극성). 是非星(시비성). 遲延星(지연성).
火星 화성	火+	凶	殺 살	災禍星(재화성). 陰害星(음해성). 偏財星(편재성).
鈴星 영성	火−	凶	殺 살	災禍星(재화성). 陰害星(음해성). 偏財星(편재성).
地空 지공	火−	凶	空亡 공망	空亡星(공망성). 損耗星(손모성).
地劫 지겁	火+	凶	劫殺 겁살	劫殺星(겁살성). 破耗星(파모성). 空亡星(공망성).
天刑 천형	火+	凶	孤剋 고극	刑厄星(형액성). 孤剋星(고극성). 官災星(관재성). 權星(권성).

天姚 천요	水−	凶	風流 풍류	桃花星(도화성). 才藝星(재예성). 虛浮星(허부성).
化祿 화록	土−	吉	財祿 재록	財帛星(재백성). 福祿星(복록성). 富貴星(부귀성).
化權 화권	木+	吉	權勢 권세	權威星(권위성).
化科 화과	水+	吉	名聲 명예	科甲星(과갑성). 喜慶星(희경성). 揚名星(양명성).
化忌 화기	水+	凶	多咎 다구	災厄星(재액성). 刑傷星(형상성).
台輔 태보	土+	吉	貴 귀	貴氣星(귀기성). 科甲星(과갑성).
封誥 봉고	土−	吉	貴 귀	貴氣星(귀기성). 科甲星(과갑성).
三台 삼태	土+	吉	貴 귀	富貴星(부귀성). 科甲星(과갑성). 輔佐星(보좌성).
八座 팔좌	土−	吉	貴 귀	富貴星(부귀성). 科甲星(과갑성). 輔佐星(보좌성).
恩光 은광	火+	吉	榮譽 영예	貴氣星(귀기성). 榮譽星(영예성). 科甲星(과갑성).
天貴 천귀	土+	吉	名聲 명성	貴氣星(귀기성). 榮譽星(영예성). 科甲星(과갑성).
龍池 용지	水+	吉	才藝 재예	才藝星(재예성). 富貴星(부귀성). 科甲星(과갑성). 福祿星(복록성). 文明星(문명성).
鳳閣 봉각	土+	吉	才藝 재예	才藝星(재예성). 富貴星(부귀성). 科甲星(과갑성). 福祿星(복록성). 文明星(문명성).
紅鸞 홍란	水−	吉	婚姻 혼인	桃花星(도화성). 婚姻星(혼인성).
天喜 천희	水+	吉	生育 생육	桃花星(도화성). 生育星(생육성).
咸池 함지	水−	凶	桃花 도화	桃花星(도화성).
天德 천덕	/	吉	蔭德 음덕	蔭星(음성). 解厄星(해액성).

月德 월덕	/	吉	蔭德 음덕	蔭星(음성). 解厄星(해액성).
天巫 천무	/	吉	昇遷 승천	遷官星(천관성). 昇官星(승관성).
天廚 천주	/	吉	飮食 음식	飮食星(음식성).
解神 해신	/	吉	解厄 해액	制禍星(제화성). 消災星(소재성).
天哭 천곡	金+	凶	刑剋 형극	刑厄星(형액성). 孤剋星(고극성). 孤僻星(고벽성).
天虛 천허	火−	凶	空亡 공망	空亡星(공망성). 虛耗星(허모성).
陰煞 음살	/	凶	小人 소인	業殺星(업살성).
災殺 재살	/	凶	災禍 재화	災厄星(재액성). 刑傷星(형상성).
劫殺 겁살	火−	凶	損耗 손모	損耗星(손모성). 陰害星(음해성). 刑傷星(형상성).
孤辰 고신	火+	凶	孤 고	孤寡星(고과성). 孤獨星(고독성). 孤僻星(고벽성).
寡宿 과숙	火−	凶	寡 과	孤寡星(고과성). 孤獨星(고독성). 孤僻星(고벽성).
天月 천월	/	凶	疾病 질병	疾病星(질병성). 刑殺星(형살성). 是非星(시비성).
蜚廉 비렴	火+	凶	小人 소인	刑殺星(형살성). 是非星(시비성). 孤剋星(고극성). 倔强星(굴강성).
破碎 파쇄	火−	凶	損耗 손모	損耗星(손모성). 破折星(파절성).
華蓋 화개	木+	凶	精神 정신	智慧星(지혜성). 孤高星(고고성). 宗敎星(종교성). 才藝星(재예성).
天傷 천상	木+	凶	虛耗 허모	災厄星(재액성). 損耗星(손모성).
天使 천사	水−	凶	災禍 재화	災厄星(재액성). 損耗星(손모성).

(3) 장생십이신(長生十二神)

사람과 만물의 生長消滅(생장소멸)의 과정을 12개로 분류해 놓은 것으로, 자평명리의 十二胞胎運星과 같은 것이다. 자미두수에서는 本命人의 五行局을 기준하여 지반궁에 附法(부법)하며, 양남음녀는 순행 부법하고 음남양녀는 역행 부법한다.

長生十二神(장생십이신)				
星曜 성요	五行 오행	吉凶 길흉	化氣 화기	屬性(속성)
長生 장생	/	吉	生發 생발	탄생. 발생. 시작. 총명.
沐浴 목욕	/	凶	桃花 도화	桃花(도화). 낭만. 破財(파재). 실패.
冠帶 관대	/	吉	喜慶 희경	喜慶(희경). 성숙함. 사회진출.
任官 임관	/	吉	喜慶 희경	관직. 財祿(재록). 자수성가.
帝旺 제왕	/	吉	旺壯 왕장	독단. 전성기. 孤高(고고).
衰 쇠	/	凶	沈滯 침체	退氣(퇴기). 무력감.
病 병	/	凶	疾厄 질액	질병. 고난.
死 사	/	凶	死亡 사망	死氣. 絕望(절망).
墓 묘	/	凶	欽藏 흠장	宿藏(숙장).
絕 절	/	凶	絕滅 절멸	고독. 破折(파절).
胎 태	/	吉	喜 희	잉태. 희망. 潛伏(잠복).
養 양	/	吉	福 복	양육. 수련. 내공.

(4) 장전십이신(將前十二神)

本命人의 生年地支나 流年地支의 三合局을 기준하여 부법하되, 旺地(子·午·卯·酉)에 해당하는 宮에 將星을 부법하고, 나머지 성요는 아래의 순서대로 陽·陰 구별 없이 남녀 공히 순행 부법한다.

將前十二神(장전십이신)				
星曜 성요	五行 오행	吉凶 길흉	化氣 화기	屬性(속성)
將星 장성	/	吉	武貴 무귀	위엄. 권위. 尊貴(존귀).
攀鞍 반안	/	吉	功名 공명	功名(공명).
歲驛 세역	/	半吉 半凶	移動 이동	역마. 遷移(천이). 여행.
息神 식신	/	凶	消沉 소침	무기력. 육친과의 연이 薄(박)함.
華蓋 화개	/	凶	孤高 고고	지혜. 총명. 종교. 정신세계.
劫殺 겁살	/	凶	盜 도	損財(손재). 災厄(재액).
災殺 재살	/	凶	災患 재환	災厄. 손재. 사고. 질병.
天殺 천살	/	凶	刑剋 형극	刑剋(형극). 선천적인 질병.
指背 지배	/	凶	陰害 음해	시비구설, 官災. 陰害(음해).
咸池 함지	/	凶	桃花 도화	도화성. 女難(여난). 破財(파재).
月殺 월살	/	凶	刑剋 형극	刑剋(형극). 육친과의 연이 薄(박)함.
亡神 망신	/	凶	耗敗 모패	損財(손재). 家破人亡(가파인망). 주색. 도박.

(5) 박사십이신(博士十二神)

本命人 명반상의 祿存의 해당 宮에 博士(박사)를 부법하고, 나머지 성요는 아래의 순서대로 지반궁에 부법하되, 양남음녀는 순행 부법하고 음남양녀는 역행 부법한다.

博士十二神(박사십이신)				
星曜 성요	五行 오행	吉凶 길흉	化氣 화기	屬性(속성)
博士 박사	水	吉	總名 총명	지혜. 학문. 考試(고시). 權貴(권귀). 文官.
力士 역사	火	吉	權勢 권세	권위. 권세. 무력. 武官.
靑龍 청룡	水	吉	財帛 재백	財帛(재백). 관록. 희경사.
小耗 소모	火	凶	損耗 손모	財耗(손모).
將軍 장군	木	吉	威猛 위맹	위엄. 武職(무직).
奏書 주서	金	吉	福祿 복록	복록. 문서, 계약. 기획능력.
飛廉 비렴	火	凶	孤剋 고극	관재구설. 시비다툼. 刑傷(형상).
喜神 희신	火	吉	慶事 경사	喜慶之事(희경지사).
病符 병부	水	凶	疾厄 질액	사고. 질병.
大耗 대모	火	凶	損耗 손모	損耗(손모). 失財(실재).
伏兵 복병	火	凶	是非 시비	陰害(음해). 음모. 시비구설.
官符 관부	火	凶	官災 관재	관재구설. 시비다툼.

(6) 태세십이신(太歲十二神)

본명인의 生年地支나 流年의 地支에 해당하는 지반궁에 太歲(태세)를 부법하고, 나머지 성요는 아래의 순서대로 陽·陰의 구별 없이 남녀 모두 순행 부법한다.

太歲十二神(태세십이신)				
星曜 성요	五行 오행	吉凶 길흉	化氣 화기	屬性(속성)
太歲 태세	火	半吉 半凶	休咎 휴구	禍福之事(화복지사).
晦氣 회기	/	凶	咎 구	災厄(재액). 손재. 구설, 刑剋(형극). 일명 "太陽(태양)"이라고도 한다.
喪門 상문	木	凶	喪亡 상망	刑傷(형상). 사고. 질병. 관재구설.
貫索 관색	/	凶	官災 관재	관재구설. 시비다툼. 陰害(음해). 일명 "太陰(태음)"이라고도 한다.
官符 관부	火	凶	訟 송	관재구설.
死符 사부	火	凶	小失 소실	사고. 질병. 사망. 일명 "小耗(소모)라고도 한다.
歲破 세파	火	凶	大敗 대패	災厄(재액). 일명 "大耗(대모)"라고도 한다.
龍德 용덕	/	吉	喜慶 희경	昇遷(승천). 名聲(명성). 吉兆(길조).
白虎 백호	金	凶	血光 혈광	刑傷(형상). 사고. 疾厄(질액).
天德 천덕	/	吉	喜慶 희경	蔭德(음덕).
弔客 조객	火	凶	喪服 상복	刑傷(형상). 孝服(효복).
病符 병부	/	凶	疾厄 질액	질병. 禍厄(화액).

5. 성요星曜의 왕쇠旺衰

1) 성요의 묘왕평약함(星曜의 廟旺平弱陷)

廟(묘), 旺(왕), 平(평=利, 득지), 弱(약=閑), 陷(함)은, 14正星을 비롯한 여러 星曜를 地盤 12地支 宮位에 배속시켰을 경우의 그 기세의 旺衰(왕쇠)를 의미하는 용어이다.

사람은 하늘과 땅의 기운을 받아 출생하는바, 하늘의 기운은 五氣를 말하는 것이며, 하늘의 五氣가 땅과 연결되어 五行이 되고, 우리 사람들은 땅을 밟고 살아가며, 또한 땅에서 생육되는 동식물을 섭취하며 삶을 영위해가는 고로 사람에게는 五臟六腑(오장육부)의 臟器(장기)가 있는 것이다.

五氣는 하늘의 여러 성요가 나타내는 氣를 의미하며, 木火土金水의 다섯 가지 氣인 것이다. 木氣는 青色, 火氣는 赤色, 土氣는 黃色, 金氣는 白色, 水氣는 黑色으로 분별된다. 또한 이러한 성요들이 땅과 연결되어서는, 각각의 성요의 성질에 있어서 길함과 흉함이 분별되고, 또한 각 성요들의 힘의 강약이 분별됨으로써, 하늘과 땅의 氣를 받아 태어난 우리 사람들의 운명에 있어서 길흉화복이 분별되어 나타나게 되는 것이다. 이는 子平命理(자평명리)의 旺相休囚死의 개념과 연관지어 생각하면 될 것이다.

요약하면 자미명학에서 거론되는 각각의 성요가, 地盤 十二宮에 臨(임)하였을 경우의 旺衰를 분별함을 세분하여, 廟(묘), 旺(왕), 平(평=利·得地), 弱(약=閑), 陷(함=不得地)으로 분류한 것이다.

성요가 지반궁에 臨(임)하여 廟·旺에 해당되면 그 성요의 勢(세)가 왕성함을 의미하는 것이고, 平(평=利)에 해당되면 그 세가 중간상태를 의미하는 것이며, 弱(약=閑)에 해당되면 그 세가 약하고 역량이 부족됨을 의미하는 것이고, 陷(함)에 해당되면 그 기세가 收藏(수장)되어 대단히 무력해졌음을 의미하는 것이다.

길성이 지반궁의 "廟"와 "旺"에 해당되면 복록이 많은 命을 타고나는 것이고, "平"에 해당되면 복록이 다소 있는 命을 타고나게 되는 것이며, "弱"에 해당되면 복록이 무애무덕하다 판단하는 것이며, "陷"에 해당되면 복록이 적고 인생사 대체로 沮滯(저체)되는 命을 타고나게 되는 것이다.

흉성이 지반궁의 廟·旺에 해당되어 그 勢(세)가 旺하면 일생의 길흉화복에서 흉화가 많이 따르게 되는 것이고, 平에 해당되면 역시 흉함이 많고, 弱에 해당하면 그 흉함이 다소 감쇠하고, 陷에 해당되게 되면, 흉성의 勢(세)가 약화되니 그 흉화가 현저히 감쇠한다 판단하는 것이다. 따라서 諸성요의 廟, 旺, 平, 弱, 陷을 정확히 숙지하는 길이 자미명학의 정확한 통변을 위한 하나의 지름길이 되는 것이다.

2) 宮星五行의 生化剋制에 따른 廟旺平弱陷(묘왕평약함)

12地支 宮位에 자리한 각 성요의 오행에 따른 生化剋制(생화극제)의 관계와, 이로 인해 발생하는 성요의 기세의 廟旺平弱陷에 대한 풀이를, 각각 土星類, 木星類, 金星類, 水星類, 火星類로 구분한 후 해당 성요를 예제로 설명해 본다.

<table>
<tr><th colspan="4">十二地支 定位宮</th></tr>
<tr><td>巳</td><td>午</td><td>未</td><td>申</td></tr>
<tr><td>辰</td><td colspan="2" rowspan="2">命盤</td><td>酉</td></tr>
<tr><td>卯</td><td>戌</td></tr>
<tr><td>寅</td><td>丑</td><td>子</td><td>亥</td></tr>
</table>

〈土星類 - 紫微星〉

- 紫微는 陰土(土-)에 속하는 성요이다.
- 紫微가 子宮에 居하면 子宮은 水에 속하고 紫微는 土에 속하니 土剋水의 관계로, 紫微 土가 子宮 水를 剋하나 紫微 土는 子宮 水에 갇히게 되는 연고로 紫微의 세가 약해지므로 "弱"이라 논하는 것이다. 그러나 한편으론 紫微는 北斗의 帝座로 북방에 居하는 데, 북방은 오행이 水에 속하니, 紫微의 本位에 속하여 "旺"이라 판단해야 하는 것이다. 따라서 弱과 旺, 이 둘의 衡平(형평)을 찾아 "平"이라 논하는 것이다.
- 紫微가 丑宮에 居하면 丑宮은 土에 속하며 紫微 土와는 同類인 것이라 "旺"한 것이며, 다시 丑은 巳酉丑의 三合金局을 이루니 金庫에 해당하며 紫微 土가

土生金하여 삼합금국을 생하니 土氣가 洩氣(설기)되어 "平"이라 판단하는 것이다. 따라서 旺과 平의 衡平(형평)을 찾아 丑宮의 紫微는 "旺"이라 논하는 것이다.

- 紫微가 寅宮에 居하면 寅宮은 木에 속하고, 木剋土하여 寅宮木이 紫微 土를 剋하니 본시는 紫微가 "陷"되었다 판단해야 한다. 그런데 寅木은 암암리에 寅午戌 三合火局을 형성하여 紫微 土를 생하니 약변 강으로 변하여 "廟"의 조짐이 있는 것이니, "陷"과 "廟"이 둘의 衡平(형평)을 찾아 "平"이라 논하는 것이다.
- 紫微가 卯宮에 居하면, 卯宮은 木에 속하고 木剋土하여 卯宮 木이 紫微 土를 剋하여 紫微 土가 受剋되니 陷沒(함몰)되는 관계로 "陷"이라 판단하는 것이다.
- 紫微가 辰宮에 居하면 辰宮은 土에 속하여 紫微 土와는 同類인 것이라 본 시는 旺이라 논해야 하나, 辰土는 암암리에 申子辰의 三合水局을 형성하여, 紫微 土가 土剋 水하여 水를 剋하나 반면에 土는 水에 갇히게 되므로 "弱" 이라 판단해야 한다. 따라서 "旺"과 "弱" 이 둘의 衡平(형평)을 찾아 "平"이라 논하는 것이다.
- 紫微가 巳宮에 居하면, 巳宮은 火에 속하여 紫微 土를 생하니 본시는 廟라 논해야 하는데, 한편으론 巳가 암암리에 巳酉丑 三合金局을 형성하여 土生金하여 紫微 土의 氣를 洩(설)시키므로 "平"이라 판단해야 하는 것이다. 또 한 金의 長生地(장생지)는 巳로 紫微 土를 생하고 있다. 따라서 "廟"와 "平", 이 둘의 衡平(형평)을 찾아 "旺"이라 논하는 것이다.
- 紫微가 午宮에 居하면 午宮은 火로, 火生 土하여 紫微 土를 생하므로 紫微 土가 受生되니 "廟"라 논하는 것이다.
- 紫微가 未宮에 居하면, 紫微 土와는 동류라 본시는 旺이라 판단해야 한다. 그러나 未는 암암리에 亥卯未 삼합목국을 형성하여 紫微 土를 극하니, 紫微 土는 受剋되어 그 기세가 함몰되어 "陷"이라 논하는 것이다. 따라서 "旺"과 "陷", 이 둘의 衡平(형평)을 찾아 "平"이라 논하는 것이다.
- 紫微가 申宮에 居하면, 身宮은 金에 속하여 土生金하여 紫微 土가 申宮 金을 생하니 紫微의 土氣가 洩되어 본시는 "平"이라 논해야 하는데, 申은 암암리에 申子辰의 삼합수국을 형성하므로, 紫微 土가 土剋水하여 삼합국의 水를 剋하나 紫微 土는 水에 갇히는 형국이라 "弱"이라 논하는 것이다. 따라서 平과 弱의 衡平(형평)을 찾아 "弱"이라 논하는 것이다.
- 紫微가 酉宮에 居하면 酉宮은 金에 속하여 土生金으로 紫微 土의 기운이 洩

(설)되므로 "平"이라 논하는 것이다.

- 紫微가 戌宮에 居하면 戌宮은 土에 속하여 紫微 土와는 동류라 본시는 "旺"이라 논해야 하는데, 戌은 암암리에 寅午戌의 삼합화국을 형성하여 紫微 土를 생하니 그 기세가 약변 강으로 변하여 "廟"가 되는 것이다. 따라서 "旺"과 "廟"이 둘의 衡平(형평)을 찾아 "廟"라 논하는 것이다.
- 紫微가 亥宮에 居하면 亥宮은 水라 土剋水하여, 紫微 土가 亥宮 水를 극하나 水에 갇히게 되니 본시는 "弱"이라 논해야 하는데, 亥는 암암리에 亥卯未의 삼합목국을 형성하여 木剋土하여 紫微 土를 극하여 紫微 土가 受剋되어 함몰되니 "陷"이 되는 것이다. 따라서 "弱"과 "陷", 이 둘의 衡平(형평)을 찾아 "陷"이라 논하는 것이다.

〈木星類 - 天機星〉

- 天機는 陰木에 속하는 성요이다.
- 天機가 子宮에 居하면 天機 木을 子宮 水가 생하니 廟이다.
- 天機가 丑宮에 居하면 天機 木이 丑宮 土를 剋하니 弱이나, 丑이 암암리에 巳酉丑의 삼합금국으로 天機 木을 극하니 陷이다. 이 둘의 衡平(형평)을 찾으면 "陷"이다.
- 天機가 寅宮에 居하면 天機 木과 寅宮 木이 比和되니 旺이나, 寅은 암암리에 寅午戌 삼합화국으로 天機 木을 洩氣(설기)시키니 平이다. 이 둘의 衡平(형평)을 찾으면 旺이다.
- 天機가 卯宮에 居하면 天機 木과 卯宮 木이 比和되니 旺이다.
- 天機가 辰宮에 居하면 天機 木이 辰宮 土를 극하여 弱이나, 辰土는 水庫로 암암리에 申子辰 삼합수국을 형성하여 天機 木을 생하니 廟인 것이다. 木氣가 약변강이 되니 廟이다.
- 天機가 巳宮에 居하면 天機 木이 巳宮 火를 생하니 天機의 木氣가 洩氣되어 平이나, 巳火는 암암리에 巳酉丑의 삼합금국을 형성하여 天機 木을 극하니 陷인 것이다. 이 둘의 衡平(형평)을 찾으면 "陷"이다.
- 天機可 午宮에 居하면 午宮 火에 天機 木이 洩氣(설기)되니 平이다.
- 天機가 未宮에 居하면 天機 木이 未宮 土를 극하여 弱이나, 未土는 木庫로 암

암리에 亥卯未의 삼합목국을 형성하여 天機 木과 比和되니 旺이다. 이 둘의 衡平(형평)을 찾으면 平이다.

◆天機가 申宮에 居하면 天機 木이 申宮 金에 受剋되니 陷이나, 申은 암암리에 申子辰 삼합수국으로 天機 木을 생하니 廟이다. 이 둘의 衡平(형평)을 찾으면 平이다.

◆天機가 酉宮에 居하면 天機 木이 酉宮 金에 受剋되니 陷이다,

◆天機가 戌宮에 居하면 天機 木이 戌宮 土를 극하여 弱이나, 戌은 火庫로 암암리에 寅午戌 삼합화국으로 天機 木의 근를 洩하여 平이니, 이 둘의 衡平(형평)을 찾아 弱이다.

◆天機가 亥宮에 居하면 亥宮 水의 생을 받으니 廟이다.

〈金星類 – 武曲星〉

◆武曲은 陰木에 속하는 성요이다.

◆武曲이 子宮에 居하면, 武曲 金이 子宮 水를 생하여 武曲의 金氣가 洩氣(설기)되니 平이다.

◆武曲이 丑宮에 居하면 武曲 金이 丑宮 土의 생을 받으니 廟이며, 또한 丑은 金庫이며 암암리에 巳酉丑 삼합금국으로 武曲 金과 比和되니 旺인데, 이 둘의 衡平(형평)을 찾아 廟인 것이다.

◆武曲이 寅宮에 居하면 武曲 金이 寅宮 木을 극하니 弱인데, 寅은 암암리에 寅午戌의 삼합화국으로 武曲 金을 극하니 陷이다. 이 둘의 衡平(형평)을 찾으면 陷이다.

◆武曲이 卯宮에 居하면 武曲 金이 卯宮 木을 극하여 弱이다.

◆武曲이 辰宮에 居하면 武曲 金이 辰宮 土의 생을 받으니 廟인데, 辰은 수고로 암암리에 申子辰의 삼함수국으로 武曲 金을 洩氣하니 平이다. 이 둘의 衡平(형평)을 찾으면 旺이다.

◆武曲이 巳宮에 居하면 巳宮 火가 武曲 金을 극하니 陷인데, 巳는 암암리에 巳酉丑 삼합금국으로 武曲 金과 比和되어 旺이다, 이 둘의 衡平(형평)을 찾으면 平이다.

◆武曲이 午宮에 居하면 午宮 火가 武曲 金을 극하니 陷이다,

- 武曲이 未宮에 居하면 未宮 土가 武曲 金을 생하니 廟인데, 未는 木庫로 암암리에 亥卯未 삼합목국으로 武曲 金에 受剋되어 弱이다. 이 둘의 衡平(형평)을 찾으면 平이다.
- 武曲이 申宮에 居하면 武曲 金과 申宮 金이 比和되어 旺인데. 申은 암암리에 申子辰 삼합수국으로 武曲 金의 氣를 洩氣시키니 平이다. 이 둘의 衡平(형평)을 찾으면 旺이다.
- 武曲이 酉宮에 居하면, 武曲 金과 酉宮 金이 比和되어 旺이다.
- 武曲이 戌宮에 居하면, 武曲 金을 戌宮 土가 생하니 廟인데, 戌土는 火庫로 암암리에 寅午戌 삼합화국으로 武曲 金을 극하니 陷이다. 이 둘의 衡平(형평)을 찾으면 平이다.
- 武曲이 亥宮에 居하면, 武曲 金이 亥宮 水를 생하니 平인데, 亥는 암암리에 亥卯未 삼합목국으로 武曲 金에 受剋되어 弱이다. 이 둘의 衡平(형평)을 찾으면 弱으로 논해야 한다.

〈水星類 - 天同星〉

- 天同은 陽水에 속하는 성요이다.
- 天同이 子宮에 居하면 天同 水와 子宮 水가 比和되니 旺이다.
- 天同이 丑宮에 居하면 天同 水가 丑宮 土에 受剋하니 陷인데, 丑은 金庫로 암암리에 巳酉丑의 삼합금국으로 天同 水를 생하니 廟이다. 이 둘의 衡平(형평)을 찾으면 平이다.
- 天同이 寅宮에 居하면, 天同 水가 寅宮 木을 생하니 平인데, 寅은 암암리에 寅午戌 삼합화국으로 天同 水의 극을 받으니 弱이다. 이 둘의 衡平(형평)을 찾으면 弱이다.
- 天同이 卯宮에 居하면, 天同 水가 卯宮 木을 생하여 洩氣되니 平이다.
- 天同이 辰宮에 居하면, 天同 水가 辰宮 土에 受剋되니 陷인데, 辰은 암암리에 申子辰의 삼합수국으로 天同 水를 생하니 廟이다. 이 둘의 衡平(형평)을 찾으면 平이다.
- 天同이 巳宮에 居하면, 天同 水가 巳宮 火를 극하니 弱인데, 巳는 암암리에 巳酉丑의 삼합금국으로 天同 水를 생하여 廟이다. 또한 金의 長生地가 巳에

해당한다. 이 둘의 衡平(형평)을 찾으면 平이다.

- 天同이 午宮에 居하면, 天同 水와 午宮 火가 "水火旣濟(수화기제)"의 功이 있어 廟인 것이다.
- 天同이 未宮에 居하면, 天同 水가 未宮 土에 受剋되니 陷인데, 未土는 木庫로 암암리에 亥卯未의 삼합목국으로 天同 水를 洩氣시키니 平이다. 이 둘의 衡平(형평)을 찾으면 陷이다.
- 天同이 申宮에 居하면 天同 水가 申宮 金의 생을 받으니 廟인데, 申金은 암암리에 申子辰 삼합수국으로 天同 水와 比和되어 旺이며, 이 둘의 衡平(형평)을 찾으면 廟이다.
- 天同이 酉宮에 居하면, 天同 水가 酉宮 金의 생을 받으니 廟이다.
- 天同이 戌宮에 居하면, 天同 水가 戌宮 土에 受剋되니 陷인데, 戌은 火庫로 암암리에 寅午戌 삼합화국으로 天同 水에 水局되어 弱이다. 이 둘의 衡平(형평)을 찾으면 陷이다.
- 天同이 亥宮에 居하면, 天同 水와 亥宮 水가 比和되니 旺인데, 亥는 암암리에 亥卯未 삼합목국을 형성하여 天同 水를 洩氣시키니 平이다. 이 둘의 衡平(형평)을 찾으면 旺이다.

〈火星類 – 廉貞星〉

- 廉貞이 子宮에 居하면, 廉貞 火가 子宮 水의 극제를 받아 弱이나, 火와 水는 水火旣濟(수화기제)의 功이 있어, 약변강으로 化되니 廟라 논하는 것이다.
- 廉貞이 丑宮에 居하면, 廉貞 火의 氣가 丑宮 土에 洩氣되어 平이나. 丑은 金庫로 암암리에 巳酉丑의 金局으로 廉貞 火에 受剋되나, 廉貞 火는 火剋金으로 金을 극하나 金에 갇히게 되는 고로 弱이다. 이 둘의 衡平(형평)을 찾으면 弱이다.
- 廉貞이 寅宮에 居하면 廉貞 火가 寅宮 木의 생을 받으니 廟이다. 또한 寅은 암암리에 寅午戌 삼합화국으로 廉貞 火와 比和되니 旺이다. 이 둘의 衡平(형평)을 찾으면 廟이다.
- 廉貞이 卯宮에 居하면 廉貞 火가 卯宮 木의 생을 받으니 廟이다.
- 廉貞이 辰宮에 居하면 廉貞 火가 辰宮 土에 洩氣되니 平인데, 辰은 암암리에 申子辰의 삼합수국으로 廉貞 火를 극하니 陷이다. 이 둘의 衡平(형평)을 찾으면

陷이다.

- 廉貞이 巳宮에 居하면 廉貞 火와 巳宮 火가 比和되니 旺인데, 巳는 암암리에 巳酉丑 삼합금국으로 廉貞 火에 受剋되니 弱이다. 이 둘의 衡平(형평)을 찾으면 平이다.
- 廉貞이 午宮에 居하면 廉貞 火와 午宮 火가 比和되니 旺이다.
- 廉貞二 未宮에 居하면 廉貞 火가 未宮 土에 洩氣되어 平인데, 未는 木庫로 암암리에 亥卯未 삼합목국으로 廉貞 火를 생하니 廟이다. 이 둘의 衡平(형평)을 찾으면 旺이다.
- 廉貞이 申宮에 居하면 廉貞 火가 申宮 金을 극하니 弱인데, 申은 암암리에 申子辰 삼합수국으로 廉貞 火를 극하니 陷이다. 이 둘의 衡平(형평)을 찾으면 陷이다.
- 廉貞이 酉宮에 居하면, 廉貞 火가 酉宮 金을 극하니 弱이다.
- 廉貞이 戌宮에 居하면, 廉貞 火가 戌宮 土를 생하여 平인데, 戌은 火庫로 암암리에 寅午戌 삼합화국으로 廉貞 火와 比和되니 旺이다. 이 둘의 衡平(형평)을 찾아 旺이다.
- 廉貞이 亥宮에 居하면, 廉貞 火는 亥宮 水에 受剋되니 陷인데, 亥는 암암리에 亥卯未 삼합목국으로 廉貞 火를 생하니 廟이다. 이 둘의 衡平(형평)을 찾으면 平이다.

〈日(太陽). 月(太陰)〉

<u>日(太陽)</u>

- 太陽이 子宮에 居하면 無日의 시점이니 陷이다.
- 太陽이 丑宮에 居하면 無日의 시점이니 陷이다.
- 太陽이 寅宮에 居하면 日出 前의 시점이니 平이다.
- 太陽이 卯宮에 居하면 日出의 시점이니 旺이다.
- 太陽이 辰宮에 居하면 日升의 시점이니 旺이다.
- 太陽이 巳宮에 居하면 日이 가장 旺熱(왕열)한 시점이니 廟이다.
- 太陽이 午宮에 居하면 日이 가장 旺熱(왕열)한 시점이니 廟이다.
- 太陽이 未宮에 居하면 日落 前의 시점이니 平이다.

◆ 太陽이 申宮에 居하면 日落의 시점이라 平이다.

◆ 太陽이 酉宮에 居하면 日沈의 시점이니 弱이다.

◆ 太陽이 戌宮에 居하면 無日의 시점이니 陷이다.

◆ 太陽이 亥宮에 居하면 無日의 시점이니 陷이다.

月(太陰)

◆ 太陰이 子宮에 居하면 月亮의 시점이니 廟이다.

◆ 太陰이 丑宮에 居하면 月亮의 시점이니 廟이다.

◆ 太陰이 寅宮에 居하면 月落 前의 시점이니 平이다.

◆ 太陰이 卯宮에 居하면 月沈의 시점이니 陷이다.

◆ 太陰이 辰宮에 居하면 無月의 시점이니 陷이다.

◆ 太陰이 巳宮에 居하면 無月의 시점이니 陷이다.

◆ 太陰이 午宮에 居하면 無月의 시점이니 陷이다.

◆ 太陰이 未宮에 居하면 無月의 시점이니 陷이다.

◆ 太陰이 申宮에 居하면 점차 月出의 시점이니 平이다.

◆ 太陰이 酉宮에 居하면 月出의 시점이니 旺이다.

◆ 太陰이 戌宮에 居하면 月出의 시점이니 旺이다.

◆ 太陰이 亥宮에 居하면 月亮의 시점이니 廟이다.

여타 성요도 상기와 같은 이치로 묘왕평약함의 판단 기준으로 삼는다.

〈궁성의 왕쇠 분별의 기준〉

◆ 요약하면 아래와 같다.

· 宮이 星을 生하면 星의 기세는 "廟"가 된다.

· 宮과 星이 比和면 星의 기세는 "旺"이 된다.

· 星이 宮을 生하면 星의 기세는 "平"이 된다.

· 星이 宮을 剋하면 星의 기세는 "弱"이 된다.

· 宮이 星을 剋하면 星의 기세는 "陷"이 된다.

3) 십사정성의 묘왕평약함(十四正星의 廟旺平弱陷)

十四正星 중 紫微星의 12地支宮位別 坐命에 따른 旺衰(왕쇠)를 논하는 廟旺平弱陷 조견표는 아래 도표와 같다.

太陰陷 巳	貪狼平 午	巨門陷 天同陷 未	天相廟 武曲旺 申
廉貞陷 天府平 辰	命盤		天梁平 太陽弱 酉
卯			七殺平 戌
破軍弱 寅	丑	紫微平 子	天機廟 亥

貪狼陷 廉貞平 巳	巨門廟 午	天相陷 未	天梁弱 天同廟 申
太陰陷 辰	命盤		七殺旺 武曲旺 酉
天府陷 卯			太陽陷 戌
寅	破軍平 紫微旺 丑	天機廟 子	亥

巨門平 巳	天相廟 廉貞旺 午	天梁平 未	七殺旺 申
貪狼廟 辰	命盤		天同廟 酉
太陰陷 卯			武曲平 戌
天府平 紫微平 寅	天機陷 丑	破軍旺 子	太陽陷 亥

天相平 巳	天梁廟 午	七殺平 廉貞旺 未	申
巨門平 辰	命盤		酉
貪狼旺 紫微陷 卯			天同陷 戌
太陰平 天機旺 寅	天府旺 丑	太陽陷 子	破軍旺 武曲弱 亥

天梁旺 巳	七殺陷 午	未	廉貞陷 申
天相平 紫微平 辰	命盤		酉
巨門平 天機旺 卯			破軍陷 戌
貪狼旺 寅	太陰廟 太陽陷 丑	武曲平 天府弱 子	天同旺 亥

七殺平 紫微旺 巳	午	未	申
天梁平 天機廟 辰	命盤		破軍廟 廉貞弱 酉
天相平 卯			戌
巨門弱 太陽平 寅	貪狼陷 武曲廟 丑	太陰廟 天同旺 子	天府陷 亥

天相平 巳	天梁廟 午	廉貞旺 七殺平 未	申
巨門平 辰	命盤		酉
紫微陷 貪狼旺 卯			天同陷 戌
天機旺 太陰平 寅	天府旺 丑	太陽陷 子	武曲弱 破軍旺 亥

天梁旺 巳	七殺陷 午	未	廉貞陷 申
紫微平 天相平 辰	命盤		酉
天機旺 巨門平 卯			破軍陷 戌
貪狼旺 寅	太陽陷 太陰廟 丑	天府弱 武曲平 子	天同旺 亥

紫微旺 七殺平 巳	午	未	申
天機廟 天梁平 辰	命盤		廉貞弱 破軍廟 酉
天相平 卯			戌
太陽平 巨門弱 寅	武曲廟 貪狼陷 丑	天同旺 太陰廟 子	天府陷 亥

天機陷 巳	紫微廟 午	未	破軍廟 申
七殺旺 辰	命盤		酉
太陽旺 天梁陷 卯			天府廟 廉貞旺 戌
武曲陷 天相弱 寅	天同平 巨門平 丑	貪狼廟 子	太陰廟 亥

巳	天機平 午	紫微平 破軍陷 未	申
太陽旺 辰	命盤		天府平 酉
武曲弱 七殺弱 卯			太陰旺 戌
天同弱 天梁平 寅	天相平 丑	巨門旺 子	廉貞平 貪狼廟 亥

太陽廟 巳	破軍廟 午	天機平 未	紫微弱 天府弱 申
武曲旺 辰	命盤		太陰旺 酉
天同平 卯			貪狼弱 戌
七殺陷 寅	天梁旺 丑	廉貞廟 天相旺 子	巨門旺 亥

武曲平 破軍平 巳	太陽廟 午	天府平 未	天機平 太陰平 申
天同平 辰	命盤		紫微平 貪狼陷 酉
廟			巨門陷 戌
寅	廉貞弱 七殺廟 丑	天梁弱 子	天相旺 亥

天同平 巳	天府廟 武曲陷 午	太陽平 太陰陷 未	貪狼平 申
破軍平 辰	命盤		天機陷 巨門廟 酉
廟			紫微廟 天相陷 戌
廉貞廟 寅	丑	七殺平 子	天梁陷 亥

天府旺 巳	天同廟 太陰陷 午	武曲平 貪狼平 未	太陽平 巨門廟 申
辰	命盤		天相廟 酉
廉貞廟 破軍平 卯			天機弱 天梁廟 戌
寅	丑	子	紫微陷 七殺弱 亥

4) 성요의 묘왕평약함 조견표(星曜의 廟旺平弱陷 早見表)

星曜의 廟旺平弱陷 早見表(성요의 묘왕평약함 조견표)

星曜 \ 宮位		子	丑	寅	卯	辰	巳	午	未	申	酉	戌	亥
14 正星	紫微 土	平	旺	平	陷	平	旺	廟	平	弱	平	廟	陷
	天機 木	廟	陷	旺	旺	廟	陷	平	平	平	陷	弱	廟
	太陽 火	陷	陷	平	旺	旺	廟	廟	平	平	弱	陷	陷
	武曲 金	平	廟	陷	弱	旺	平	陷	平	旺	旺	平	弱
	天同 水	旺	平	弱	平	平	平	廟	陷	廟	廟	陷	旺
	廉貞 火	廟	弱	廟	廟	陷	平	旺	旺	陷	弱	旺	平
	天府 土	弱	旺	平	陷	平	旺	廟	平	弱	平	廟	陷
	太陰 水	廟	廟	平	陷	陷	陷	陷	陷	平	旺	旺	廟
	貪狼 木	廟	陷	旺	旺	廟	陷	平	平	平	陷	弱	廟
	巨門 水	旺	平	弱	平	平	平	廟	陷	廟	廟	陷	旺
	天相 水	旺	平	弱	平	平	平	廟	陷	廟	廟	陷	旺
	天梁 土	弱	旺	平	陷	平	旺	廟	平	弱	平	廟	陷
	七殺 金	平	廟	陷	弱	旺	平	陷	平	旺	旺	平	弱
	破軍 水	旺	平	弱	平	平	平	廟	陷	廟	廟	陷	旺

星曜 \ 宮位		子	丑	寅	卯	辰	巳	午	未	申	酉	戌	亥
輔佐星	左輔 土	弱	旺	平	陷	平	旺	廟	平	弱	平	廟	陷
	右弼 水	旺	平	弱	平	平	平	廟	陷	廟	廟	陷	旺
	天魁 火	廟	弱	廟	廟	弱	平	旺	旺	陷	弱	旺	平
	天鉞 火	廟	弱	廟	廟	弱	平	旺	旺	陷	弱	旺	平
	文昌 金	平	廟	陷	弱	旺	平	陷	旺	旺	旺	平	平
	文曲 水	旺	平	弱	平	平	平	廟	陷	廟	廟	陷	旺
二副星	祿存 土	弱	旺	平	陷	平	旺	廟	平	弱	平	廟	陷
	天馬 火	廟	弱	廟	廟	弱	平	旺	旺	陷	弱	旺	平
四化星	化祿 土	弱	旺	平	陷	平	旺	廟	平	弱	平	廟	陷
	化權 木	廟	陷	旺	旺	廟	陷	平	平	平	陷	弱	廟
	化科 水	旺	平	弱	平	平	平	廟	旺	廟	廟	陷	旺
	化忌 水	旺	平	弱	平	平	平	廟	旺	廟	廟	陷	旺
煞星	火星 火	廟	弱	廟	廟	陷	平	旺	旺	陷	弱	旺	平
	鈴星 火	廟	弱	廟	廟	陷	平	旺	旺	陷	弱	旺	平
	擎羊 金	平	廟	陷	弱	旺	平	陷	旺	旺	旺	平	平
	陀羅 金	平	廟	陷	弱	旺	平	陷	旺	旺	旺	平	平
	地空 火	廟	弱	廟	廟	陷	平	旺	旺	陷	弱	旺	平
	地劫 火	廟	弱	廟	廟	陷	平	旺	旺	陷	弱	旺	平
其他	天貴 土	弱	旺	平	陷	平	旺	廟	平	弱	平	廟	陷
	天喜 水	旺	平	弱	平	平	平	廟	旺	廟	廟	陷	旺
	天才 水	旺	平	弱	平	平	平	廟	旺	廟	廟	陷	旺
	紅鸞 水	旺	平	弱	平	平	平	廟	旺	廟	廟	陷	旺
	天壽 土	弱	旺	平	陷	平	旺	廟	平	弱	平	廟	陷
	台輔 土	弱	旺	平	陷	平	旺	廟	平	弱	平	廟	陷
	封誥 土	弱	旺	平	陷	平	旺	廟	平	弱	平	廟	陷
	天官 土	弱	旺	平	陷	平	旺	廟	平	弱	平	廟	陷
	天福 土	弱	旺	平	陷	平	旺	廟	平	弱	平	廟	陷
	三台 土	弱	旺	平	陷	平	旺	廟	平	弱	平	廟	陷
	八座 土	弱	旺	平	陷	平	旺	廟	平	旺	平	廟	陷
	鳳閣 土	弱	旺	平	陷	平	旺	廟	平	旺	平	廟	陷
	恩光 火	廟	弱	廟	廟	陷	平	旺	旺	陷	弱	旺	平
	龍池 水	旺	平	弱	平	平	平	廟	旺	廟	廟	陷	旺

	天傷 水	旺	平	弱	平	平	平	廟	旺	廟	廟	陷	旺
	天使 水	旺	平	弱	平	平	平	廟	旺	廟	廟	陷	旺
	天刑 火	廟	弱	廟	廟	陷	平	旺	旺	陷	弱	旺	平
	天姚 水	旺	平	弱	平	平	平	廟	旺	廟	廟	陷	旺
	天虛 火	廟	弱	廟	廟	陷	平	旺	旺	陷	弱	旺	平
	天哭 火	廟	弱	廟	廟	陷	平	旺	旺	陷	弱	旺	平
	華蓋 木	廟	陷	旺	旺	廟	陷	平	平	平	陷	弱	廟
	孤辰 火	廟	弱	廟	廟	陷	平	旺	旺	陷	弱	旺	平
	寡宿 火	廟	弱	廟	廟	陷	平	旺	旺	陷	弱	旺	平
	大耗 火	廟	弱	廟	廟	陷	平	旺	旺	陷	弱	旺	平
	咸池 水	旺	平	弱	平	平	平	廟	旺	廟	廟	陷	旺
	破碎 火	陷	弱	廟	廟	弱	旺	旺	旺	陷	弱	旺	陷

6. 육십갑자 납음오행六十甲子 納音五行

六十甲子 納音五行이란, 六十甲子 글자에 고대 중국 漢字의 音韻(음운=궁·상·각·치·우)을 적용한 후, 이를 形象化(형상화)한 것을 말하는 것으로, 중국 전국시대의 鬼谷子(귀곡자)가 완성했다고 전해지고 있다. 풍수지리학에서는 理氣論(이기론)의 근간이 되는 이론이며, 사주명리학에서는 궁합과 성격을 판단하는 데에 있어 하나의 방편으로 활용되고 있으며, 자미명학에서는 行運歲數(행운세수)를 산출하는 데 있어서의 기본이 되는 五局配屬(오국배속)에 활용되고 있는 것이다.

1) 납음오행 조견표(納音五行 早見表)

六十甲子 納音五行 早見表(육십갑자 납음오행 조견표)						
旬中 旬首	旬中(순중)					空亡 空亡納音
甲子	甲子·乙丑 海中金 해중금	丙寅·丁卯 爐中火 노중화	戊辰·己巳 大林木 대림목	庚午·辛未 路傍土 노방토	壬申·癸酉 劍鋒金 검봉금	戌·亥 水
甲戌	甲戌·乙亥 山頭火 산두화	丙子·丁丑 澗下水 간하수	戊寅·己卯 城頭土 성두토	庚辰·辛巳 白蠟金 백랍금	壬午·癸未 楊柳木 양류목	申·酉 無
甲申	甲申·乙酉 井泉水 정천수	丙戌·丁亥 屋上土 옥상토	戊子·己丑 霹靂火 벽력화	庚寅·辛卯 松柏木 송백목	壬辰·癸巳 長流水 장류수	午·未 金
甲午	甲午·乙未 沙中金 사중금	丙申·丁酉 山下火 산하화	戊戌·己亥 平地木 평지목	庚子·辛丑 壁上土 벽상토	壬寅·癸卯 金箔金 금박금	辰·巳 水
甲辰	甲辰·乙巳 覆燈火 복등화	丙午·丁未 天河水 천하수	戊申·己酉 大驛土 대역토	庚戌·辛亥 釵釧金 채천금	壬子·癸丑 桑柘木 상자목	寅·卯 無
甲寅	甲寅·乙卯 大溪水 대계수	丙辰·丁巳 沙中土 사중토	戊午·己未 天上火 천상화	庚申·辛酉 石榴木 석류목	壬戌·癸亥 大海水 대해수	子·丑 金

- 상기 윗줄의 甲子 ~ 癸酉까지의 10日은 甲子旬中이라 칭하며, 旬首는 甲子가 되는 것이다. 기타 항목도 같은 맥락이다.

2) 납음오행 쉽게 찾는 법

天干字 甲乙 – 1
丙丁 – 2
戊己 – 3
庚辛 – 4
壬癸 – 5

地支字　子午丑未 － 1
　　　　卯酉寅申 － 2
　　　　巳亥辰戌 － 3

◆ 天干字와 地支字를 합한 數가 1이면 木, 2이면 金, 3이면 水, 4이면 火, 5이면 土이다.

合數	1	2	3	4	5	合數=天干字+地支字
五行	木	金	水	火	土	

◆ 예로, 甲子의 납음오행은 天干字 甲은 1, 地支字 子는 1로 합하면 2이다. 2는 金이다. 따라서 상기 육십갑자 납음표에서 甲子의 납음오행은 海中金이다.

7. 월두법月頭法(=月建遁法)

월두법은 生年干에 따른 매월의 干支를 산출하는 방법이다. 예로, 甲年生과 己年生의 경우라면, 甲己는 간합토국을 이루어 이를 생하는 丙丁火 중 陽干인 丙火를 用하여 1月은 寅月이니 丙寅月이 되는 것이다. 따라서 甲己之年은 丙寅頭하니, 1月은 丙寅, 2月은 丁卯, 3月은 戊辰... 등으로 부법되는 것이다. 아래 조견표를 참조한다.

年干 \ 月令	1月 寅	2月 卯	3月 辰	4月 巳	5月 午	6月 未	7月 申	8月 酉	9月 戌	10月 亥	11月 子	12月 丑
甲·己	丙寅	丁卯	戊辰	己巳	庚午	辛未	壬申	癸酉	甲戌	乙亥	丙子	丁丑
乙·庚	戊寅	己卯	庚辰	辛巳	壬午	癸未	甲申	乙酉	丙戌	丁亥	戊子	己丑
丙·辛	庚寅	辛卯	壬辰	癸巳	甲午	乙未	丙申	丁酉	戊戌	己亥	庚子	辛丑
丁·壬	壬寅	癸卯	甲辰	乙巳	丙午	丁未	戊申	己酉	庚戌	辛亥	壬子	癸丑
戊·癸	甲寅	乙卯	丙辰	丁巳	戊午	己未	庚申	辛酉	壬戌	癸亥	甲子	乙丑

제3장

명반 조식命盤 造式

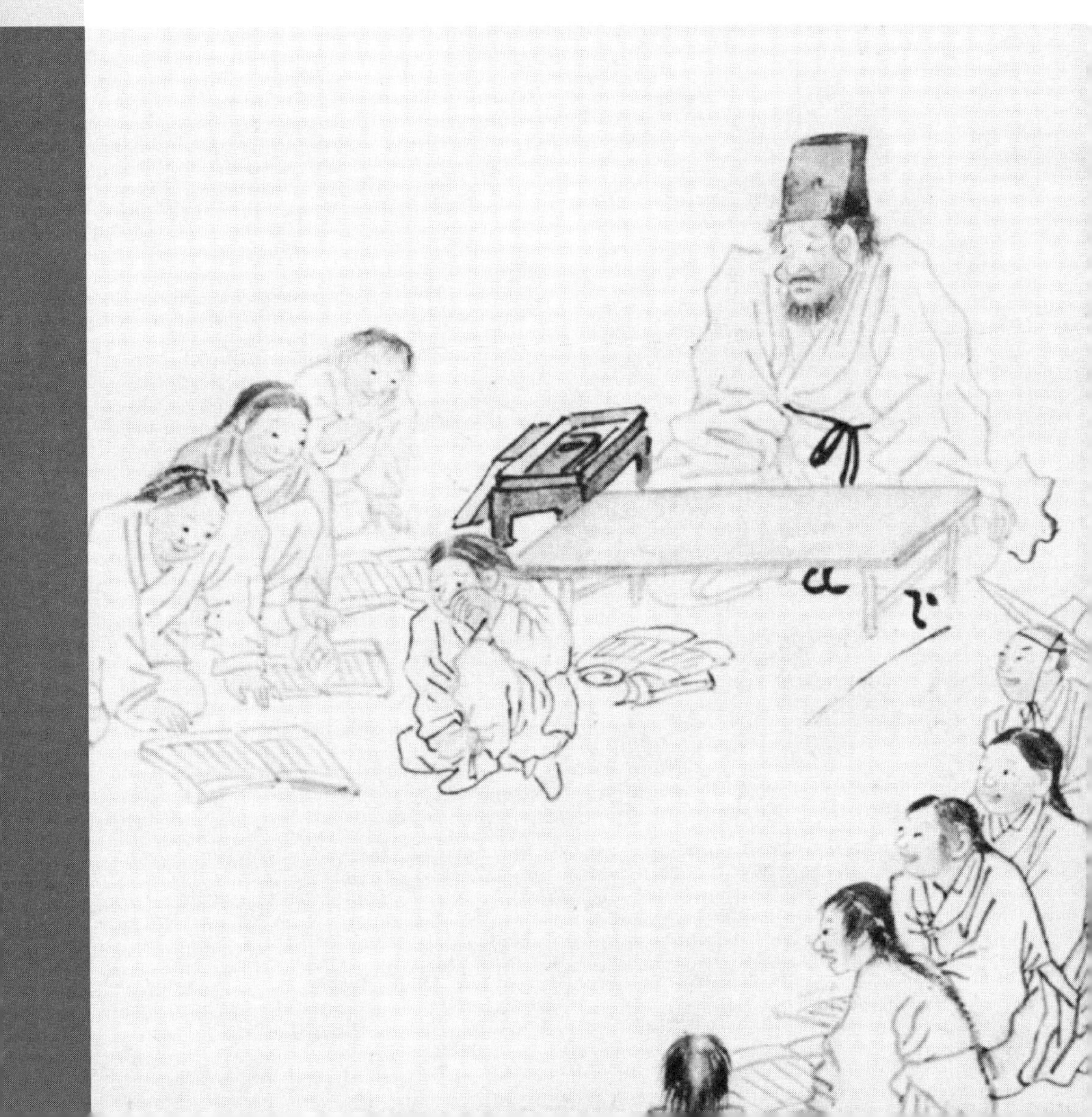

1. 개요概要

1) 명반 작성(命盤 作成)

자미두수학을 활용하여 운세의 추이를 정확히 알아보기 위해서는 명반작성이 선행되어야 한다. 사주명리학이라는 학문도 사람의 운명을 판단하기 위해서는 사주팔자를 세워야 하듯이, 자미명학은 명반을 작성해야 하는 것이다. 지반의 12地支宮에 紫微星을 비롯한 여러 성요를 부법하는 것이 번거롭고 시간을 많이 요하지만, 초학자의 경우라면 자미명학의 명반작성 프로그램 등을 사용하지 않고, 자미두수 명반을 직접 하나하나 작성해 보는 것이 많은 도움이 될 것이라 사료된다.

⊙ 本命人(본명인)의 생년·월·일·시를 정확히 알아야 한다.

사주명리학이나 육임, 기문둔갑 등은, 음력의 생년·월·일·시에 따른 해당 절기를 적용하여, 용하고자 하는 사안에 대해, 천간과 지지를 작성한 후 일정한 造式(조식)에 따라 운세의 추이를 판단하듯이, 자미명학 역시 음력을 기준하여 명반작성을 하여야 하므로, 음력으로 생년, 생월, 생일, 생시를 정확히 알아야 정확한 명반 작성을 할 수 있는 것이다.

⊙ 시간을 정하는 법

일반적으로 우리가 일상생활에서 사용하고 있는 하루 24시간의 시간대를 12지지에 배속시킨 것인데, 매 2시간을 한 개의 지지에 분배한 것이다. 아래와 같다. 동경 127도 30분의 표준시를 적용한 것이다.

生時(생시)	時間帶(시간대)
子時(자시)	전날 23:00~당일 01:00
丑時(축시)	당일 01:00~03:00
寅時(인시)	03:00~05:00
卯時(묘시)	05:00~07:00
辰時(진시)	07:00~09:00
巳時(사시)	09:00~11:00
午時(오시)	11:00~13:00
未時(미시)	13:00~15:00
申時(신시)	15:00~17:00
酉時(유시)	17:00~19:00
戌時(술시)	19:00~21:00
亥時(해시)	21:00~23:00

⊙ 표준시가 변경된 시기

현재 우리나라의 표준시는 동경 135도를 기준하여 사용하고 있는데, 우리나라 경도의 중심은 동경 127도 30분으로, 동경 135도를 기준하면 약 30분의 시차가 생기는 것이다. 따라서 현재 우리가 쓰고 있는 시간에서 30분을 더해야 정확한 시간이 되는 것이다. 따라서 우리나라에서 사시생이라면 09:00~11:00의 시간대가 아닌 09:30~11:30의 시간대가 되는 것이다.

표준시의 기준(경도)	사용기간(양력 기준)
동경 135도	1910년 8월 30일 자정 ~ 1954년 3월 20일 까지
동경 127도 30분	1954년 3월 21일 자정 ~ 1961년 8월 10일 자정까지
동경 135도	1961년 8월 10일 자정 ~ 현재까지

⊙ 서머타임 사용 기간

서머타임은 일명 일광절약 시간제라고도 하며, 일조 시간이 긴 여름철의 시간대를 효율적으로 활용하기 위해 인위적으로 1시간을 앞당겨서 조정하여 사용했던 시간대를 말한다. 생시가 서머타임 사용 기간에 해당되는 간명자의 경우라는 우리들이 일상생활에서 사용하는 자연시로 바꾸어서 명반을 작성해야 함에 유의하여야 할 것이다.

서머타임 사용 기간
1948년 5월 31일 자정 ~ 1948년 9월 22일 자정까지
1949년 3월 31일 자정 ~ 1949년 9월 30일 자정까지
1950년 4월 1일 자정 ~ 1950년 9월 10일 자정까지
1951년 5월 6일 자정 ~ 1951년 9월 9일 자정까지
1954년 3월 21일 자정 ~ 1954년 9월 5일 자정까지
1955년 4월 6일 자정 ~ 1955년 9월 22일 자정까지
1956년 5월 20일 자정 ~ 1956년 9월 30일 자정까지
1957년 5월 5일 자정 ~ 1957년 9월 22일 자정까지
1958년 5월 4일 자정 ~ 1958년 9월 21일 자정까지
1959년 5월 4일 자정 ~ 1959년 9월 20일 자정까지
1960년 5월 1일 자정 ~ 1960년 9월 18일 자정까지
1987년 5월 10일 02시 ~ 1987년 10월 11일 03시까지
1988년 5월 8일 02시 ~ 1988년 10월 9일 03시까지

- 서머타임 사용에 대해 꼭 짚고 넘어가야 할 사항이 있다. 정부시책은 서머타임 사용을 적극 권장했으나, 국민들 대다수가 일상생활에서는 시간을 조정하지 않고 평상시대로의 시간대를 사용함이 많았다는 것이다.
- 따라서 자미명학의 간명에서는 생시를 정확하게 파악한 후 명반 작성에 임해야 한다는 것이다.

⊙ 閏月生(윤월생)

자미명학의 명반작성은 태음력을 활용하므로, 절기에 의해 月이 바뀌는 자평명리와는 차이가 있다. 매년 음력 1월 1일부로 해가 바뀌는 것이고, 윤달의 경우는 15일씩 나누어, 윤월의 1일 자시부터 15일 亥時와, 16일 자시부터 30일 亥時까지를 분류하여 月을 적용하는 것이다.

예로, 1957년 丁酉年은 8월에 윤달이 있다. 만약 윤8월 4일에 태어난 사람의 경우에는 8월을 적용하고, 윤8월 17일에 태어난 사람의 경우에는 9월을 적용해야 하는 것이다. 일부 학자들은 윤달에 태어난 사람들은 모두 익월로 적용하는 경우도 있는데, 15일씩 나누어서 적용함이 보편적인 추세이다.

⊙ 命盤 地盤 定局圖(명반 지반 정국도)

命盤(명반)은 다음 圖1과 같이 각 12개의 宮에 해당 12地支를 配屬(배속) 시킨 것을 의미한다. 이를 基本命盤(기본명반)이라 한다.

<table>
<tr><th colspan="4">圖1</th></tr>
<tr><td>巳</td><td>午</td><td>未</td><td>申</td></tr>
<tr><td>辰</td><td colspan="2" rowspan="2">基本命盤</td><td>酉</td></tr>
<tr><td>卯</td><td>戌</td></tr>
<tr><td>寅</td><td>丑</td><td>子</td><td>亥</td></tr>
</table>

2) 육십갑자 납음오행(六十甲子 納音五行)

六十甲子 納音五行 早見表(육십갑자 납음오행 조견표)						
旬中 旬首	旬中(순중)					空亡 空亡納音
甲子	甲子·乙丑 海中金 해중금	丙寅·丁卯 爐中火 노중화	戊辰·己巳 大林木 대림목	庚午·辛未 路傍土 노방토	壬申·癸酉 劍鋒金 검봉금	戌·亥 水
甲戌	甲戌·乙亥 山頭火 산두화	丙子·丁丑 澗下水 간하수	戊寅·己卯 城頭土 성두토	庚辰·辛巳 白蠟金 백랍금	壬午·癸未 楊柳木 양류목	申·酉 無
甲申	甲申·乙酉 井泉水 정천수	丙戌·丁亥 屋上土 옥상토	戊子·己丑 霹靂火 벽력화	庚寅·辛卯 松柏木 송백목	壬辰·癸巳 長流水 장류수	午·未 金
甲午	甲午·乙未 沙中金 사중금	丙申·丁酉 山下火 산하화	戊戌·己亥 平地木 평지목	庚子·辛丑 壁上土 벽상토	壬寅·癸卯 金泊金 금박금	辰·巳 水
甲辰	甲辰·乙巳 覆燈火 복등화	丙午·丁未 天河水 천하수	戊申·己酉 大驛土 대역토	庚戌·辛亥 釵釧金 채천금	壬子·癸丑 桑柘木 상자목	寅·卯 無
甲寅	甲寅·乙卯 大溪水 내계수	丙辰·丁巳 沙中土 사중토	戊午·己未 天上火 천상화	庚申·辛酉 石榴木 석류목	壬戌·癸亥 大海水 대해수	子·丑 金

3) 오국배속(五局配屬)

(1) 개요(概要)

자미두수학은 命宮(명궁)과 紫微星座(자미성좌)가 운명해단의 중요 요소가 되는데, 이를 활용함에는 五局의 배속관계를 숙지해야 한다. 五局은 水·木·金·土·火의 5개 항목으로 水2局, 木3局, 金4局, 土5局, 火6局으로 구성된다. 여기서 局을 형성하는 數(수)는 先天河圖(선천하도)의 數에서 生數인 1, 2, 3, 4, 5를 활용한 것인데, 단지 水2局과 火6局의 배속은, 後天 洛書九宮圖(후천 낙서구궁도)에서 2는 서남방의 坤土宮에 해당되고, 6은 서북방의 乾金宮에 해당되는데, 乾과 坤은 天과 地로 우주만물의 형성과정에서의 기본 틀인 것이다. 우주의 운행괘도는 先天과 後天이

순환 반복되고, 상호 교류, 화합되는 과정의 연속됨인 것이라, 따라서 後天의 2坤과 6乾은 先天河圖에서는 2는 북방의 水를, 6은 남방의 火를 나타내니 五局配屬(오국배속)에서 水2局과 火6局으로 배속시킨 것이다.

생년·월·일·시에 따른 五局의 배속은, 命宮의 干支를 육십갑자 납음오행을 적용하여 局數(국수)를 정하는 것이다. 예를 들어 命宮의 干支가 戊申이면 戊申은 앞서 서술한 납음오행 조견표에서 大驛土(대역토)로 土에 해당하는 바, 土는 자연 5局이 되므로 五局配屬(오국배속)은 土5局이 되는 것이다.

五局 配屬(오국 배속)											
水2局				木3局				金4局			
8 9 巳	10 11 午	12 13 未	14 15 申	4 12 14 巳	7 15 17 午	10 18 20 未	13 21 23 申	6 16 19 25 巳	10 20 23 29 午	14 24 27 未	18 28 申
6 7 30 辰			16 17 酉	① 9 11 辰			16 24 26 酉	2 12 15 21 辰			22 酉
4 5 28 29 卯			18 19 戌	6 8 卯			19 27 29 戌	8 11 17 卯			26 戌
2 3 26 27 寅	① 24 25 丑	22 23 子	20 21 亥	3 5 寅	2 28 丑	25 子	22 30 亥	4 7 13 寅	3 9 丑	5 子	① 30 亥

土5局			
8 20 24 巳	① 13 25 29 午	6 18 30 未	11 23 申
3 15 19 27 辰			16 28 酉
10 14 22 卯			21 戌
5 9 17 寅	4 12 丑	7 子	2 26 亥

火6局			
10 24 29 巳	2 16 30 午	8 22 未	14 28 申
4 18 23 辰			① 20 酉
12 17 27 卯			7 26 戌
8 11 21 寅	5 15 25 丑	9 19 子	3 13 亥

* 각 궁 안의 숫자는 생일날을 나타낸다. 本命人의 해당5국에서 생일날을 찾으면 이곳이 자미성이 居하는 곳이다.

(2) 명궁(命宮=命垣宮)

예로, 남명. 壬子年 5月(丙午月) 17日(己丑日) 巳時(己巳時)生의 오국배속을 알아본다. 먼저 命宮(명궁=命垣宮)을 알아야 하는데, 이는 命盤(명반)의 生月宮에서 子時를 起하여 生時까지 역행 포국하여 生時 落宮處(낙궁처)가 命宮인 것이다. 다음의 圖1과 같다.

圖1			
(丑) 4月 巳	(子) <u>5月</u> 午	6月 未	7月 申
(寅) 3月 辰	命盤		8月 酉
(卯) 2月 卯			9月 戌
(辰) 1月 寅	命宮 (巳) 12月 丑	11月 子	10月 亥

◆ 5月은 午火節이니 상기와 같이 命盤(명반)의 地盤 午宮에 子時를 부법하고 역행하여 巳宮에 丑時, 辰宮에 寅時, 卯宮에 卯時, 寅宮에 辰時, 丑宮에 巳時가 落宮하니, 巳時가 落宮하는 地盤宮인 丑宮이 "命宮(명궁)"인 것이다.

(3) 오국 배속 실례(五局 配屬 實例)

五局의 배속관계는 먼저 命宮(명궁)의 干支를 알고, 이를 六十甲子 納音五行에 대입하여 해당 五行과 局을 정하는 것이다. 상기의 남명. 壬子年 5月(丙午月) 17日(己丑日) 巳時(己巳時)生의 경우는 命宮(명궁)이 丑宮이다. 月頭法(월두법)을 적용하면 壬子年生이니 丁壬之年은 壬寅頭하니, 1月이 壬寅, 2月이 癸卯, 甲辰, 乙巳, 丙午, 丁未 戊申, 己酉, 庚戌, 辛亥, 壬子, 癸丑으로 부법되는 것이다. 命宮이 있는 地盤 丑宮의 干支는 "癸丑"이니, 癸丑은 상기 2)의 육십갑자 납음오행에서 "桑柘木(상자목)"에 해당하므로 납음오행이 木이라, 木은 자연 3局이 되므로 木3局이 되는 것이다. 다음 圖1과 같다.

<table>
<tr><th colspan="4">圖1</th></tr>
<tr><td>乙巳
(丑) 4月 巳</td><td>丙午 丁未
(子) 5月 午</td><td>戊申
6月 未</td><td>戊申
7月 申</td></tr>
<tr><td>甲辰
(寅) 3月 辰</td><td colspan="2" rowspan="2">命盤
命局 : 木3局 桑柘木</td><td>己酉
8月 酉</td></tr>
<tr><td>癸卯
(卯) 2月 卯</td><td>庚戌
9月 戌</td></tr>
<tr><td>壬寅
(辰) 1月 寅</td><td>命宮 癸丑
(巳) 12月 丑</td><td>壬子
11月 子</td><td>辛亥
10月 亥</td></tr>
</table>

4) 육십갑자 납음오행 오국배속 조견표(六十甲子 納音五行 五局配屬 早見表)

五局配屬 早見表(오국배속 조견표)					
旬中 旬首	旬中(순중)				
甲子	甲子·乙丑 金4局	丙寅·丁卯 火6局	戊辰·己巳 木3局	庚午·辛未 土5局	壬申·癸酉 金4局
甲戌	甲戌·乙亥 火6局	丙子·丁丑 水2局	戊寅·己卯 土5局	庚辰·辛巳 金4局	壬午·癸未 木3局
甲申	甲申·乙酉 水2局	丙戌·丁亥 土5局	戊子·己丑 火6局	庚寅·辛卯 木3局	壬辰·癸巳 水2局
甲午	甲午·乙未 金4局	丙申·丁酉 火6局	戊戌·己亥 木3局	庚子·辛丑 土5局	壬寅·癸卯 金4局
甲辰	甲辰·乙巳 火6局	丙午·丁未 水2局	戊申·己酉 土5局	庚戌·辛亥 金4局	壬子·癸丑 木3局
甲寅	甲寅·乙卯 水2局	丙辰·丁巳 土5局	戊午·己未 火6局	庚申·辛酉 木3局	壬戌·癸亥 水2局

2. 궁·성의 배속宮·星의 配屬

1) 명궁(命宮=命垣宮)을 정하는 법

生月上에서 子를 起(기)하여, 逆行으로 세어나가 生時가 떨어지는 곳이 命宮(명궁)이다. 예로, 남명. 壬子年 5月(丙午月) 17日(己丑日) 巳時(己巳時)生의 命宮(명궁=命垣宮)과 命宮의 干支는 다음 圖2와 같이 附法(부법)된다.

<table>
<tr><th colspan="4">圖2</th></tr>
<tr><td>(丑)
乙巳</td><td>(子)
丙午</td><td>丁未</td><td>戊申</td></tr>
<tr><td>(寅)
甲辰</td><td colspan="2" rowspan="2">男命
陰曆 : 壬子年. 5. 17. 巳時
命局 : 木3局 桑柘木
己 己 丙 壬
巳 丑 午 子
72 62 52 42 32 22 12 2
甲 癸 壬 辛 庚 己 戊 丁
寅 丑 子 亥 戌 酉 申 未</td><td>忌酉</td></tr>
<tr><td>(卯)
癸卯</td><td>庚戌</td></tr>
<tr><td>(辰)
壬寅</td><td>(巳)
命宮 癸丑</td><td>壬子</td><td>辛亥</td></tr>
</table>

2) 신궁(身宮)을 정하는 법

生月上에서 子를 起하여 順行으로 세어 生時가 떨어지는 곳이 身宮이다.

상기 男命. 壬子年 5月(丙午月) 17日(己丑日) 巳時(己巳時)生의 身宮은 다음 圖3과 같다. 아래의 명·신궁 조견표를 참조한다.

圖3			
乙巳	(子) 丙午	(丑) 丁未	(寅) 戊申
甲辰	男命 陰曆 : 1972. 5. 17. 巳時 命局 : 木3局 桑柘木 己 己 丙 壬 巳 丑 午 子 72 62 52 42 32 22 12 2 甲 癸 壬 辛 庚 己 戊 丁 寅 丑 子 亥 戌 酉 申 未		(卯) 己酉
癸卯			(辰) 庚戌
壬寅	命宮 癸丑	壬子	身宮 (巳) 辛亥

〈命宮·身宮 槪要(명궁·신궁 개요)〉

- 命宮 : 周易의 體用論(체용론)에서 "體(체)"에 해당되며 내재적인 성향이 主되며, 선천적 명운의 동향을 살펴본다.
- 身宮 : 周易의 體用論(체용론)에서 "用(용)"에 해당되며 외표적인 성향이 主되며, 후천적 명운의 동향을 살펴본다.

〈命宮·身宮 屬性(명궁·신궁 속성)〉

- 命宮 吉, 身宮 吉 : 체와 용이 모두 兼備된 것으로 길격이다.
- 命宮 凶, 身宮 凶 : 채와 용이 모두 未備된 것으로 흉격이다.
- 命宮 吉, 身宮 凶 : 유체 무용으로 早年(조년)에 發하나 복록이 장구하지 못하다.
- 命宮 凶, 身宮 吉 : 유용 무체로 말년에 發하며 말년에 성취한다.

〈身宮 落宮處別 動向(신궁 낙궁처별 동향)〉

落宮處 낙궁처	動向(동향)
命宮 명궁	◆ 명운이 고조되는 길격이다. ◆ 길흉간 극대화되어 반영된다. 길하면 더욱 길하고, 흉하면 더욱 흉하다. ◆ 고집이 있고 원칙을 고수하는 성향이다.
夫妻宮 부처궁	◆ 가정적이며 가정생활에 신경을 많이 쓴다. ◆ 배우자의 영향을 많이 받고, 男命이면 현처와의 연이 있고, 女命이면 강직한 배우자와 연이 많다.
財帛宮 재백궁	◆ 貴보다 富가 크다. 금전물질에 편향되고, 경제활동의 수준이 명운을 좌우하는 경향이 있다. ◆ 금전적 享受(향수)를 누림이 크다.
遷移宮 천이궁	◆ 出外함을 선호한다. 외적인 변화가 많다. ◆ 외적인 환경요소에 적응이 빠르다.
官祿宮 관록궁	◆ 富보다 貴가 크다. 사업심이 강하고 창업적 경향이 많다. ◆ 名利를 바라고 이에 치우치는 경향이 있다.
福德宮 복덕궁	◆ 享受(향수)를 누림을 좋아하며, 조상의 음덕 속에서 생활하기를 좋아한다. ◆ 일생 본인의 인생관적 영향권 내에서 머물기를 좋아한다.

〈命宮·身宮 配屬 早見表(명궁·신궁 배속 조견표)〉

生時 \ 命身 \ 生月		1月 寅	2月 卯	3月 辰	4月 巳	5月 午	6月 未	7月 申	8月 酉	9月 戌	10月 亥	11月 子	12月 丑
子時	命宮	寅	卯	辰	巳	午	未	申	酉	戌	亥	子	丑
	身宮	寅	卯	辰	巳	午	未	申	酉	戌	亥	子	丑
丑時	命宮	丑	寅	卯	辰	巳	午	未	申	酉	戌	亥	子
	身宮	卯	辰	巳	午	未	申	酉	戌	亥	子	丑	寅
寅時	命宮	子	丑	寅	卯	辰	巳	午	未	申	酉	戌	亥
	身宮	辰	巳	午	未	申	酉	戌	亥	子	丑	寅	卯
卯時	命宮	亥	子	丑	寅	卯	辰	巳	午	未	申	酉	戌
	身宮	巳	午	未	申	酉	戌	亥	子	丑	寅	卯	辰
辰時	命宮	戌	亥	子	丑	寅	卯	辰	巳	午	未	申	酉
	身宮	午	未	申	酉	戌	亥	子	丑	寅	卯	辰	巳

巳時	**命宮**	酉	戌	亥	子	**丑**	寅	卯	辰	巳	午	未	申
	身宮	未	申	酉	戌	**亥**	子	丑	寅	卯	辰	巳	午
午時	命宮	申	酉	戌	亥	子	丑	寅	卯	辰	巳	午	未
	身宮	申	酉	戌	亥	子	丑	寅	卯	辰	巳	午	未
未時	命宮	未	申	酉	戌	亥	子	丑	寅	卯	辰	巳	午
	身宮	酉	戌	亥	子	丑	寅	卯	辰	巳	午	未	申
申時	命宮	午	未	申	酉	戌	亥	子	丑	寅	卯	辰	巳
	身宮	戌	亥	子	丑	寅	卯	辰	巳	午	未	申	酉
酉時	命宮	巳	午	未	申	酉	戌	亥	子	丑	寅	卯	辰
	身宮	亥	子	丑	寅	卯	辰	巳	午	未	申	酉	戌
戌時	命宮	辰	巳	午	未	申	酉	戌	亥	子	丑	寅	卯
	身宮	子	丑	寅	卯	辰	巳	午	未	申	酉	戌	亥
亥時	命宮	卯	辰	巳	午	未	申	酉	戌	亥	子	丑	寅
	身宮	丑	寅	卯	辰	巳	午	未	申	酉	戌	亥	子

3) 명궁십이궁 지반정반 부법(命宮十二宮 地盤定盤 附法)

◆ 命宮(명궁)에서 시작하여 逆行하여 각 地盤에 아래의 순서대로 附法한다.

순서	1	2	3	4	5	6	7	8	9	10	11	12
十二宮	命宮 명궁	兄弟 형제	夫妻 부처	子女 자녀	財帛 재백	疾厄 질액	遷移 천이	奴僕 노복	官祿 관록	田宅 전택	福德 복덕	父母 부모

* 奴僕宮은 일명 交友宮이라고도 칭한다.
* 官祿宮은 일명 事業宮이라고도 칭한다.

◆ 예로, 남명. 壬子年 5月(丙午月) 17日(己丑日) 巳時(己巳時)生의 命宮十二宮 附法은 다음 圖4와 같다.

◆ 상기 명궁·신궁 조견표에서 生月이 5月이고, 生時가 巳時이므로 丑宮에 命宮이 居하고 亥宮에 身宮이 居하는 것이다.

<table>
<tr><th colspan="4">圖4</th></tr>
<tr><td>官祿 乙巳</td><td>奴僕 丙午</td><td>遷移 丁未</td><td>疾厄 戊申</td></tr>
<tr><td>田宅 甲辰</td><td colspan="2" rowspan="2">男命
陰曆：1972. 5. 17. 巳時
命局：木3局 桑柘木
己 己 丙 壬
巳 丑 午 子
72 62 52 42 32 22 12 2
甲 癸 壬 辛 庚 己 戊 丁
寅 丑 子 亥 戌 酉 申 未</td><td>財帛 忌酉</td></tr>
<tr><td>福德 癸卯</td><td>子女 庚戌</td></tr>
<tr><td>父母 壬寅</td><td>命宮 癸丑</td><td>兄弟 壬子</td><td>夫妻 身宮 辛亥</td></tr>
</table>

4) 자미성(紫微星)을 정하는 법

〈제1법〉

- 命宮(生月에 子時를 起하여 逆行하여 生時가 떨어지는 곳)에서 月頭法(월두법=月建遁法)을 일으키어, 해당되는 五行의 局에서 生日 날짜에 해당되는 곳이 紫微星이 있는 곳이다.
- 예로, 남명. 壬子年 5月(丙午月) 17日(己丑日) 巳時(己巳時)生의 紫微星 낙궁처는 아래의 圖5와 같다.
- 명반에서 生月인 午月에 해당하는 午宮에서 역행하여, 生時인 巳時까지 진행시키면, 丑宮에 落宮하는바 丑宮이 命宮이다. 이어서 丑宮의 干支를 알아야 하는데, 月頭法(월두법)에 의거하여 生年이 壬年生이니 丁壬之年은 壬寅頭하여, 癸卯, 甲辰, 乙巳, 丙午, 丁未, 戊申, 己酉, 庚戌, 辛亥, 壬子, 癸丑으로 진행되는바, 丑宮의 干支가 癸丑이 되므로, 癸丑은 납음오행이 桑柘木(상자목)이라 木에 해당하며, 이는 자연 木3局에 배속되는 것이다. 木3局에서 生日인 17日을 찾으면 午宮에 居하니 이곳이 紫微星이 臨(임)한 곳이다. 따라서 지반 午宮에 紫微星을 附法하는 것이다. 아래의 자미성 부법 조견표를 참조한다.

<table>
<tr><th colspan="4">圖5</th></tr>
<tr><td>官祿 乙巳</td><td>紫微
奴僕 丙午</td><td>遷移 丁未</td><td>疾厄 戊申</td></tr>
<tr><td>田宅 甲辰</td><td rowspan="2" colspan="2">男命
陰曆 : 壬子年. 5. 17. 巳時
命局 : 木3局 桑柘木
己 己 丙 壬
巳 丑 午 子
72 62 52 42 32 22 12 2
甲 癸 壬 辛 庚 己 戊 丁
寅 丑 子 亥 戌 酉 申 未</td><td>財帛 己酉</td></tr>
<tr><td>福德 癸卯</td><td>子女 庚戌</td></tr>
<tr><td>父母 壬寅</td><td>命宮 癸丑</td><td>兄弟 壬子</td><td>夫妻 身宮 辛亥
夫妻 身宮 辛亥</td></tr>
</table>

- 癸丑의 납음오행은 木 → 木3局에 해당 → 木3局에서 生日 17日은 午宮에 落宮함 → 따라서 午宮에 자미성을 부법한다. 아래 조견표를 참조한다.

- 五局과 生日에 따른 紫微星 附法 早見表

紫微星 附法 早見表(자미성 부법 조견표)

五行局 / 生日	水2局	木3局	金4局	土5局	火6局
1日	丑	辰	亥	午	酉
2	寅	丑	辰	亥	午
3	寅	寅	丑	辰	亥
4	卯	巳	寅	丑	辰
5	卯	寅	子	寅	丑
6	辰	卯	巳	未	寅
7	辰	午	寅	子	戌
8	巳	卯	卯	巳	未

9	巳	辰	丑	寅	子
10	午	未	午	卯	巳
11	午	辰	卯	申	寅
12	未	巳	辰	丑	卯
13	未	申	寅	午	亥
14	申	巳	未	卯	申
15	申	午	辰	辰	丑
16	酉	酉	巳	酉	午
17	酉	午	卯	寅	卯
18	戌	未	申	未	辰
19	戌	戌	巳	辰	子
20	亥	未	午	巳	酉
21	亥	申	辰	戌	寅
22	子	亥	酉	卯	未
23	子	申	午	申	辰
24	丑	酉	未	巳	巳
25	丑	子	巳	午	丑
26	寅	酉	戌	亥	戌
27	寅	戌	未	辰	卯
28	卯	丑	申	酉	申
29	卯	戌	午	午	巳
30	辰	亥	亥	未	午

〈제2법〉

◆ 生日數(생일수), 補正數(보정수), 五局數(오국수)를 활용하여 紫微星의 宮位를 아는 방법이다.

몫數 = (생일수 + 보정수) ÷ 오국수

· 생일수: 生日의 日數

· 보정수: 오국수로 나눌 경우, 나머지 數가 생기지 않도록, 보정하여 주는 數를 의미한다.

(예제1)

남명. 壬子年 5月 17日 巳時生의 紫微星의 宮位는 아래와 같다.

◆ 5月인 午宮에서 子를 起하여 역행으로 巳時까지 진행하면 丑宮에 命宮이 낙궁한다.

◆ 丑宮의 干支는, 壬年生이니 丁壬之年에 壬寅頭하여, 癸卯, 甲辰, 乙巳, 丙午, 丁未, 戊申, 己酉, 庚戌, 辛亥, 壬子, 癸丑하여 丑宮의 干支는 癸丑이 된다.

◆ 癸丑은 육십갑자 납음오행에서 桑柘木(상자목)이니 오국배속은 木3局이 되는 것이다.

몫數6 = (생일수17 + 보정수1) ÷ 오국수3

◆ 생일수 17일은 오국수 3으로 나눌 경우, 나머지가 數가 발생하니 1을 더하여 보정하면 (17+1)이 되어, 3으로 나누면(18÷3) 나머지수가 발생하지 않고 몫이 6이 되는 것이다.

◆ 몫數가 6이니 寅宮에서 순행하여 6위를 가면 未宮에 낙궁한다. 이곳에서 다시 보정수가 1로 陽數이니 역행하여 1位하면 午宮이니, 이곳이 紫微星의 宮位가 되는 것이다. (寅宮에서 시작하는 이유는 寅宮이 1月로 基準月이기 때문이다.)

(예제2)

남명, 癸亥年 1月 1日 巳時生의 紫微星의 宮位는 아래와 같다.

◆ 1月인 寅宮에서 子를 起하여 역행으로 巳時까지 진행하면 酉宮에 명궁이 낙궁한다.

◆ 1983년은 癸亥年으로 月頭法을 적용하면, 戊癸之年에 甲寅頭하니, 이어서 乙卯, 丙辰, 丁巳, 戊午, 己未, 庚申, 辛酉하여 酉宮의 干支는 辛酉이다. 辛酉는 육십갑자 납음오행에서 石榴木(석류목)으로 木에 해당하니 오국배속은 자연 木3局인 것이다.

몫數 1 = (생일수1 + 보정수2) ÷ 오국수3

◆ 생일수가 1이고 오국수가 3이니 숫자 2를 보정해주어 3÷3으로 몫이 1이 되는 것이다.

◆ 몫이 1이니 寅宮이다. 이곳에서 보정수가 2로 陰數이니, 순행하여 2위 진행하면 辰宮에 낙궁하니 辰宮이 紫微星의 宮位인 것이다.

(예제3)

남명, 壬子年 4月 9日 丑時生의 紫微星의 宮位는 아래와 같다.

◆ 四月生이니 巳宮에서 子를 起하여 역행하여 丑時까지 진행하면 辰宮에 命宮이 낙궁한다.

◆ 壬年의 月頭法을 적용하면 辰宮의 干支는 甲辰이며 납음오행에서 火6局에 배속된다.

몫數2 = (생일수9 + 보정수3) ÷ 오국수6

◆ 생일수가 9이고 오국수가 6이니 숫자 3을 보정해주어 12÷6으로 몫이 2가 되는 것이다.

◆ 몫이 2로 卯宮이다. 이곳에서 보정수가 3으로 陽數이니, 역행하여 3位이면 子宮에 낙궁이니 子宮이 紫微星의 宮位가 되는 것이다.

5) 천부(天府), 천기(天機), 태양(太陽), 무곡(武曲), 천동(天同), 염정(廉貞) 附法

* 상기 六星은 紫微(자미)를 기준하여 부법한다.

宮位 / 星名	十二地支 宮位(십이지지 궁위)											
紫微 자미	子	丑	寅	卯	辰	巳	午	未	申	酉	戌	亥
天府 천부	辰	卯	寅	丑	子	亥	戌	酉	申	未	午	巳
天機 천기	亥	子	丑	寅	卯	辰	巳	午	未	申	酉	戌
太陽 태양	酉	戌	亥	子	丑	寅	卯	辰	巳	午	未	申
武曲 무곡	申	酉	戌	亥	子	丑	寅	卯	辰	巳	午	未
天同 천동	未	申	酉	戌	亥	子	丑	寅	卯	辰	巳	午
廉貞 염정	辰	巳	午	未	申	酉	戌	亥	子	丑	寅	卯

- 예로, 남명. 壬子年 5月(丙午月) 17日(己丑日) 巳時(己巳時)生의 天府(천부), 天機(천기), 太陽(태양), 武曲(무곡), 天同(천동), 廉貞(염정)의 附法은 다음 圖 6과 같다.
- 紫微가 午宮에 居하니 상기 표에서처럼, 午宮에 紫微, 戌宮에 天府, 巳宮에 天機... 등으로 부법한다.

<table>
<tr><th colspan="4">圖6</th></tr>
<tr>
<td>天機

官祿 乙巳</td>
<td>紫微

奴僕 丙午</td>
<td>遷移 丁未</td>
<td>疾厄 戊申</td>
</tr>
<tr>
<td>田宅 甲辰</td>
<td colspan="2" rowspan="2">男命
陰曆：壬子年. 5. 17. 巳時
命局：木3局 桑柘木
己 己 丙 壬
巳 丑 午 子
72 62 52 42 32 22 12 2
甲 癸 壬 辛 庚 己 戊 丁
寅 丑 子 亥 戌 酉 申 未</td>
<td>財帛 己酉</td>
</tr>
<tr>
<td>太陽

福德 癸卯</td>
<td>天府 廉貞

子女 庚戌</td>
</tr>
<tr>
<td>武曲

父母 壬寅</td>
<td>天同

命宮 癸丑</td>
<td>兄弟 壬子</td>
<td>夫妻 身宮 辛亥</td>
</tr>
</table>

6) 태음(太陰), 탐랑(貪狼), 거문(巨門), 천상(天相), 천량(天梁), 칠살(七殺), 파군(破軍) 附法

* 상기 七星은 天府星(천부성)을 기준하여 각 宮에 부법한다.

宮位 / 星名	十二地支 宮位(십이지지 궁위)											
天府 천부	子	丑	寅	卯	辰	巳	午	未	申	酉	戌	亥
太陰 태음	丑	寅	卯	辰	巳	午	未	申	酉	戌	亥	子
貪狼 탐랑	寅	卯	辰	巳	午	未	申	酉	戌	亥	子	丑
巨門 거문	卯	辰	巳	午	未	申	酉	戌	亥	子	丑	寅
天相 천상	辰	巳	午	未	申	酉	戌	亥	子	丑	寅	卯
天梁 천량	巳	午	未	申	酉	戌	亥	子	丑	寅	卯	辰
七殺 칠살	午	未	申	酉	戌	亥	子	丑	寅	卯	辰	巳
破軍 파군	戌	亥	子	丑	寅	卯	辰	巳	午	未	申	酉

- 예로, 남명. 壬子年 5月(丙午月) 17日(己丑日) 巳時(己巳時)生의 太陰(태음), 貪狼(탐랑), 巨門(거문), 天相(천상), 天梁(천량), 七殺(칠살), 破軍(파군)의 附法은 다음 圖7과 같다.
- 天府(천부)가 戌宮에 居하니 상기 표에서처럼, 亥宮에 太陰(태음), 子宮에 貪狼(탐랑)... 등으로 부법한다.

<table>
<tr><th colspan="4">圖7</th></tr>
<tr><td>天機

官祿 乙巳</td><td>紫微

奴僕 丙午</td><td>

遷移 丁未</td><td>破軍

疾厄 戊申</td></tr>
<tr><td>七殺

田宅 甲辰</td><td colspan="2" rowspan="2">男命
陰曆 : 壬子年. 5. 17. 巳時
命局 : 木3局 桑柘木

己 己 丙 壬
巳 丑 午 子
72 62 52 42 32 22 12 2
甲 癸 壬 辛 庚 己 戊 丁
寅 丑 子 亥 戌 酉 申 未</td><td>

財帛 己酉</td></tr>
<tr><td>太陽 天梁

福德 癸卯</td><td>天府 廉貞

子女 庚戌</td></tr>
<tr><td>武曲 天相

父母 壬寅</td><td>天同 巨門

命宮 癸丑</td><td>貪狼

兄弟 壬子</td><td>太陰

夫妻 身宮 辛亥</td></tr>
</table>

7) 천사(天使), 천상(天傷) 附法

- 상기 二星은 命宮(명궁)이 있는 地支를 基準하여 부법한다.

命宮地支 / 星名	子	丑	寅	卯	辰	巳	午	未	申	酉	戌	亥
天使(천사)	未	申	酉	戌	亥	子	丑	寅	卯	辰	巳	午
天傷(천상)	巳	午	未	申	酉	戌	亥	子	丑	寅	卯	辰

- 예로, 남명 壬子年 5月(丙午月) 17日(己丑日) 巳時(己巳時)生의 天使(천사)와 天傷(천상)의 부법은 다음 圖8과 같다.
- 命宮이 丑宮에 居하므로 상기 표에서처럼 申宮에 天使(천사), 午宮에 天傷(천상)이 居하는 것이다.
- 天使는 疾厄宮(질액궁), 天傷은 奴僕宮(노복궁)에 고정되어 부법된다고 이해하면 된다.

圖8			
天機 官祿 乙巳	紫微 **天傷** 奴僕 丙午	破軍 遷移 丁未	**天使** 疾厄 戊申
七殺 田宅 甲辰	男命 陰曆 : 壬子年. 5. 17. 巳時 命局 : 木3局 桑柘木 己 己 丙 壬 巳 丑 午 子 72 62 52 42 32 22 12 2 甲 癸 壬 辛 庚 己 戊 丁 寅 丑 子 亥 戌 酉 申 未		財帛 己酉
太陽 天梁 福德 癸卯			天府 廉貞 子女 庚戌
武曲 天相 父母 壬寅	天同 巨門 命宮 癸丑	貪狼 兄弟 壬子	太陰 夫妻 身宮 辛亥

8) 좌보(左輔), 우필(右弼), 천형(天刑), 천요(天姚), 천월(天月) 附法

* 상기 五星은 生月을 기준하여 부법한다.

生月 / 星名	1月 寅	2月 卯	3月 辰	4月 巳	5月 午	6月 未	7月 申	8月 酉	9月 戌	10月 亥	11月 子	12月 丑
左輔 좌보	辰	巳	午	未	申	酉	戌	亥	子	丑	寅	卯
右弼 우필	戌	酉	申	未	午	巳	辰	卯	寅	丑	子	亥
天刑 천형	酉	戌	亥	子	丑	寅	卯	辰	巳	午	未	申
天姚 천요	丑	寅	卯	辰	巳	午	未	申	酉	戌	亥	子
天月 천월	戌	巳	辰	寅	未	卯	亥	未	寅	午	戌	寅

- 예로, 남명 壬子年 5月(丙午月) 17日(己丑日) 巳時(己巳時)生의 左輔(좌보), 右弼(우필), 天刑(천형), 天姚(천요), 天月(천월)의 附法은 다음 圖9와 같다.
- 生月이 5月이니 상기 표를 참조하여 부법한다.

圖9			
天機 天姚 官祿 乙巳	紫微 右弼 天傷 奴僕 丙午	天月 遷移 丁未	破軍 左輔 天使 疾厄 戊申
七殺 田宅 甲辰	男命 陰曆 : 壬子年. 5. 17. 巳時 命局 : 木3局 桑柘木 己 己 丙 壬 巳 丑 午 子 72 62 52 42 32 22 12 2 甲 癸 壬 辛 庚 己 戊 丁 寅 丑 子 亥 戌 酉 申 未		財帛 己酉
太陽 天梁 福德 癸卯			天府 廉貞 子女 庚戌
武曲 天相 父母 壬寅	天同 巨門 天刑 命宮 癸丑	貪狼 兄弟 壬子	太陰 夫妻 身宮 辛亥

9) 천괴(天魁), 천월(天鉞), 녹존(祿存), 경양(擎羊), 타라(陀羅), 천관(天官), 천복(天福), 천주(天廚) 附法

* 本命人 生年太歲의 天干을 기준하여 地盤 12宮에 부법한다.

年干 / 星名	甲	乙	丙	丁	戊	己	庚	辛	壬	癸
天魁 천괴	丑	子	亥	亥	丑	子	丑	寅	卯	卯
天鉞 천월	未	申	酉	酉	未	申	未	午	巳	巳
祿存 녹존	寅	卯	巳	午	巳	午	申	酉	亥	子
擎羊 경양	卯	辰	午	未	午	未	酉	戌	子	丑
陀羅 타라	丑	寅	辰	巳	辰	巳	未	申	戌	亥
天官 천관	未	辰	巳	寅	卯	酉	亥	酉	戌	午
天福 천복	酉	申	子	亥	卯	寅	午	巳	午	巳
天廚 천주	巳	午	子	巳	午	申	寅	午	酉	亥

- 예로, 남명 壬子年 5月(丙午月) 17日(己丑日) 巳時(己巳時)生의 天鉞(천월), 天魁(천괴), 祿存(녹존), 陀羅(타라), 擎羊(경양), 天官(천관), 天福(천복), 天廚(천주)의 부법은 다음 圖10과 같다.
- 상기 남명은 壬子年生으로 生年天干이 "壬"이다. 상기 표에서 "壬" 항목란을 보면 "卯"에 天魁(천괴)가 있으니 地盤 卯宮에 天魁(천괴)를 부법하고, "巳"에 天鉞(천월)이 있으니 地盤 巳宮에 天鉞(천월)을 부법하는 것이다. 기타의 星曜도 같은 이치로 부법한다.

<table>
<tr><th colspan="4">圖10</th></tr>
<tr><td>天機 天鉞
天姚
官祿 乙巳</td><td>紫微 右弼
天傷 天福
奴僕 丙午</td><td>天月
遷移 丁未</td><td>破軍 左輔
天使
疾厄 戊申</td></tr>
<tr><td>七殺
田宅 甲辰</td><td colspan="2" rowspan="2">男命
陰曆：壬子年. 5. 17. 巳時
命局：木3局 桑柘木

己 己 丙 壬
巳 丑 午 子
72 62 52 42 32 22 12 2
甲 癸 壬 辛 庚 己 戊 丁
寅 丑 子 亥 戌 酉 申 未</td><td>天廚
財帛 己酉</td></tr>
<tr><td>太陽 天梁 天魁
福德 癸卯</td><td>天府 廉貞 陀羅
天官
子女 庚戌</td></tr>
<tr><td>武曲 天相
父母 壬寅</td><td>天同 巨門
天刑
命宮 癸丑</td><td>貪狼 擎羊
兄弟 壬子</td><td>太陰 祿存
夫妻 身宮 辛亥</td></tr>
</table>

10) 문창(文昌), 문곡(文曲), 지겁(地劫), 지공(地空) 附法

＊生時의 地支를 기준하여 부법한다.

星名 \ 生時	子	丑	寅	卯	辰	巳	午	未	申	酉	戌	亥
文昌 문창	戌	酉	申	未	午	巳	辰	卯	寅	丑	子	亥
文曲 문곡	辰	巳	午	未	申	酉	戌	亥	子	丑	寅	卯
地空 지공	亥	戌	酉	申	未	午	巳	辰	卯	寅	丑	子
地劫 지겁	亥	子	丑	寅	卯	辰	巳	午	未	申	酉	戌

◆ 예로, 남명 壬子年 5月(丙午月) 17日(己丑日) 巳時(己巳時)生의 文昌(문창), 文曲(문곡), 地劫(지겁), 地空(지공)의 부법은 다음 圖11과 같다. 상기 표를 참조한다.

<table>
<tr><th colspan="4">圖11</th></tr>
<tr>
<td>天機 天鉞 文昌
天姚

官祿 乙巳</td>
<td>紫微 右弼
天傷 天福 地空

奴僕 丙午</td>
<td>天月

遷移 丁未</td>
<td>破軍 左輔
天使

疾厄 戊申</td>
</tr>
<tr>
<td>七殺
地劫

田宅 甲辰</td>
<td colspan="2" rowspan="2">男命
陰曆 : 壬子年. 5. 17. 巳時
命局 : 木3局 桑柘木

己 己 丙 壬
巳 丑 午 子
72 62 52 42 32 22 12 2
甲 癸 壬 辛 庚 己 戊 丁
寅 丑 子 亥 戌 酉 申 未</td>
<td>文曲
天廚

財帛 己酉</td>
</tr>
<tr>
<td>太陽 天梁 天魁

福德 癸卯</td>
<td>天府 廉貞 陀羅
天官

子女 庚戌</td>
</tr>
<tr>
<td>武曲 天相

父母 壬寅</td>
<td>天同 巨門
天刑

命宮 癸丑</td>
<td>貪狼 擎羊

兄弟 壬子</td>
<td>太陰 祿存

夫妻 身宮 辛亥</td>
</tr>
</table>

11) 천마(天馬), 홍란(紅鸞), 천희(天喜), 용지(龍池), 봉각(鳳閣), 천공(天空), 천곡(天哭), 천허(天虛), 고신(孤辰星), 과숙(寡宿), 겁살(劫殺), 화개(華蓋), 함지(咸池), 대모(大耗), 파쇄(破碎), 비렴(蜚廉) 附法

*상기 十六개 星曜는 본인의 生年地支(年支)를 기준하여 부법한다.

年支 / 星名	子	丑	寅	卯	辰	巳	午	未	申	酉	戌	亥
天馬 천마	寅	亥	申	巳	寅	亥	申	巳	寅	亥	申	巳
紅鸞 홍란	卯	寅	丑	子	亥	戌	酉	申	未	午	巳	辰
天喜 천희	酉	申	未	午	巳	辰	卯	寅	丑	子	亥	戌
龍池 용지	辰	巳	午	未	申	酉	戌	亥	子	丑	寅	卯
鳳閣 봉각	戌	酉	申	未	午	巳	辰	卯	寅	丑	子	亥
天空 천공	丑	寅	卯	辰	巳	午	未	申	酉	戌	亥	子
天哭 천곡	午	巳	辰	卯	寅	丑	子	亥	戌	酉	申	未
天虛 천허	午	未	申	酉	戌	亥	子	丑	寅	卯	辰	巳
孤辰 고신	寅	寅	巳	巳	巳	申	申	申	亥	亥	亥	寅
寡宿 과숙	戌	戌	丑	丑	丑	辰	辰	辰	未	未	未	戌
劫殺 겁살	巳	寅	亥	申	巳	寅	亥	申	巳	寅	亥	申
華蓋 화개	辰	丑	戌	未	辰	丑	戌	未	辰	丑	戌	未
咸池 함지	酉	午	卯	子	酉	午	卯	子	酉	午	卯	子
大耗 대모	未	午	酉	申	亥	戌	丑	子	卯	寅	巳	辰
破碎 파쇄	巳	丑	酉	巳	丑	酉	巳	丑	酉	巳	丑	酉
蜚廉 비렴	申	酉	戌	巳	午	未	寅	卯	辰	亥	子	丑

- 예로, 남명. 壬子年 5月(丙午月) 17日(己丑日) 巳時(己巳時)生의 天馬(천마), 紅蘭(홍란), 天喜(천희), 龍池(용지), 鳳閣(봉각), 天空(천공), 天哭(천곡), 天虛(천허), 孤辰(고신), 寡宿(과숙), 劫殺(겁살), 華蓋(화개), 咸池(함지), 大耗(대모), 破碎(파쇄), 蜚廉(비렴)의 附法은 다음 圖12와 같다.
- 生年地支(年支)가 "子"이니 상기 표와 같이 寅宮에 天馬(천마), 卯宮에 紅鸞(홍란), 酉宮에 天喜(천희)... 등으로 부법한다.

<table>
<tr><th colspan="4">圖12</th></tr>
<tr>
<td>天機 天鉞 文昌
天姚 劫殺 破碎
官祿 乙巳</td>
<td>紫微 右弼
天傷 天福 地空 天哭 天虛
奴僕 丙午</td>
<td>天月 大耗
遷移 丁未</td>
<td>破軍 左輔
天使 蜚廉
疾厄 戊申</td>
</tr>
<tr>
<td>七殺
地劫 龍池 華蓋
田宅 甲辰</td>
<td colspan="2" rowspan="2">男命
陰曆 : 壬子年. 5. 17. 巳時
命局 : 木3局 桑柘木

己 己 丙 壬
巳 丑 午 子
72 62 52 42 32 22 12 2
甲 癸 壬 辛 庚 己 戊 丁
寅 丑 子 亥 戌 酉 申 未</td>
<td>文曲
天廚 天喜 咸池
財帛 己酉</td>
</tr>
<tr>
<td>太陽 天梁 天魁
紅鸞
福德 癸卯</td>
<td>天府 廉貞 陀羅
天官 鳳閣 寡宿
子女 庚戌</td>
</tr>
<tr>
<td>武曲 天相
天馬 孤辰
父母 壬寅</td>
<td>天同 巨門
天刑 天空
命宮 癸丑</td>
<td>貪狼 擎羊
兄弟 壬子</td>
<td>太陰 祿存
夫妻 身宮 辛亥</td>
</tr>
</table>

12) 태보(台輔), 봉고(封誥) 附法

＊生時가 있는 宮, 혹은 文曲(문곡)이 있는 宮을 기준하여 부법한다.

星名 \ 宮位	十二地支 宮位(십이지지 궁위)											
生時 생시	子	丑	寅	卯	辰	巳	午	未	申	酉	戌	亥
台輔 태보	午	未	申	酉	戌	亥	子	丑	寅	卯	辰	巳
封誥 봉고	寅	卯	辰	巳	午	未	申	酉	戌	亥	子	丑
文曲 문곡	子	丑	寅	卯	辰	巳	午	未	申	酉	戌	亥
台輔 태보	寅	卯	辰	巳	午	未	申	酉	戌	亥	子	丑
封誥 봉고	戌	亥	子	丑	寅	卯	辰	巳	午	未	申	酉

◆ 예로, 남명. 壬子年 5月(丙午月) 17日(己丑日) 巳時(己巳時)生의 台輔(태보), 封誥(봉고)의 부법은 다음 圖13과 같다. 生時는 巳時이고, 文曲(문곡)이 酉宮에 居하니 상기 표를 참조한다.

<table>
<tr><th colspan="4">圖13</th></tr>
<tr>
<td>天機 天鉞 文昌
天姚 劫殺 破碎
官祿 乙巳</td>
<td>紫微 右弼
天傷 天福 地空 天哭 天虛
奴僕 丙午</td>
<td>天月 大耗 封誥
遷移 丁未</td>
<td>破軍 左輔
天使 蜚廉
疾厄 戊申</td>
</tr>
<tr>
<td>七殺
地劫 龍池 華蓋
田宅 甲辰</td>
<td colspan="2" rowspan="2">男命
陰曆：壬子年. 5. 17. 巳時
命局：木3局 桑柘木

己 己 丙 壬
巳 丑 午 子
72 62 52 42 32 22 12 2
甲 癸 壬 辛 庚 己 戊 丁
寅 丑 子 亥 戌 酉 申 未</td>
<td>文曲
天廚 天喜 咸池
財帛 己酉</td>
</tr>
<tr>
<td>太陽 天梁 天魁
紅鸞
福德 癸卯</td>
<td>天府 廉貞 陀羅
天官 鳳閣 寡宿
子女 庚戌</td>
</tr>
<tr>
<td>武曲 天相
天馬 孤辰
父母 壬寅</td>
<td>天同 巨門
天刑 天空
命宮 癸丑</td>
<td>貪狼 擎羊
兄弟 壬子</td>
<td>太陰 祿存
台輔
夫妻 身宮 辛亥</td>
</tr>
</table>

13) 삼태(三台), 팔좌(八座) 附法

- 三台(삼태) : 左補宮(좌보궁)을 基準하여 生日 數 만큼 順行.
  八座(팔좌) : 右弼宮(우필궁)을 基準하여 生日 數 만큼 逆行.
- 예로, 남명. 壬子年 5月(丙午月) 17日(己丑日) 巳時(己巳時)生의 三台(삼태)와, 八座(팔좌)의 부법은 다음 圖14와 같다.

<table>
<tr><th colspan="4">圖14</th></tr>
<tr>
<td>天機 天鉞 文昌
天姚 劫殺 破碎
2 14 10
官祿 乙巳</td>
<td>紫微 右弼
天傷 天福 地空 天哭 天虛
1 13 11
奴僕 丙午</td>
<td>天月 大耗 封誥
12 12
遷移 丁未</td>
<td>破軍 左輔
天使 蜚廉
11 1 13
疾厄 戊申</td>
</tr>
<tr>
<td>七殺
地劫 龍池 華蓋
3 15 9
田宅 甲辰</td>
<td colspan="2" rowspan="2">男命
陰曆 : 壬子年. 5. 17. 巳時
命局 : 木3局 桑柘木

己 己 丙 壬
巳 丑 午 子
72 62 52 42 32 22 12 2
甲 癸 壬 辛 庚 己 戊 丁
寅 丑 子 亥 戌 酉 申 未</td>
<td>文曲
天廚 天喜 咸池
10 2 14
財帛 己酉</td>
</tr>
<tr>
<td>太陽 天梁 天魁
紅鸞
4 16 8
福德 癸卯</td>
<td>天府 廉貞 陀羅
天官 鳳閣 寡宿
9 3 15
子女 庚戌</td>
</tr>
<tr>
<td>武曲 天相
天馬 孤辰 八座
5 17 7
父母 壬寅</td>
<td>天同 巨門
天刑 天空
6 6
命宮 癸丑</td>
<td>貪狼 擎羊
三台
7 5 17
兄弟 壬子</td>
<td>太陰 祿存
台輔
8 4 16
夫妻 身宮 辛亥</td>
</tr>
</table>

14) 천귀(天貴), 은광(恩光) 附法

- 天貴(천귀) : 文曲(문곡)에서 生日 數 만큼 順行한 후 다시 逆으로 1位 後退.
  恩光(은광) : 文昌(문창)에서 生日 數 만큼 順行한 후 다시 逆으로 1位 後退.
- 예로, 남명. 壬子年 5月(丙午月) 17日(己丑日) 巳時(己巳時)生의 天貴(천귀), 恩光(은광)의 부법은 다음 圖15와 같다.

<table>
<tr><th colspan="4">圖15</th></tr>
<tr>
<td>天機 天鉞 文昌
天姚 劫殺 破碎
官祿 乙巳</td>
<td>紫微 右弼
天傷 天福 地空 天哭 天虛
奴僕 丙午</td>
<td>天月 大耗 封誥
遷移 丁未</td>
<td>破軍 左輔
天使 蜚廉 恩光
疾厄 戊申</td>
</tr>
<tr>
<td>七殺
地劫 龍池 華蓋
田宅 甲辰</td>
<td colspan="2" rowspan="2">男命
陰曆：壬子年. 5. 17. 巳時
命局：木3局 桑柘木

己 己 丙 壬
巳 丑 午 子
72 62 52 42 32 22 12 2
甲 癸 壬 辛 庚 己 戊 丁
寅 丑 子 亥 戌 酉 申 未</td>
<td>文曲
天廚 天喜 咸池
財帛 己酉</td>
</tr>
<tr>
<td>太陽 天梁 天魁
紅鸞
福德 癸卯</td>
<td>天府 廉貞 陀羅 擎羊
天官 鳳閣 寡宿
子女 庚戌</td>
</tr>
<tr>
<td>武曲 天相
天馬 孤辰 八座
父母 壬寅</td>
<td>天同 巨門
天刑 天空
命宮 癸丑</td>
<td>貪狼
三台 天貴
兄弟 壬子</td>
<td>太陰 祿存
台輔
夫妻 身宮 辛亥</td>
</tr>
</table>

15) 천재(天才), 천수(天壽) 附法

- 天才(천재) : 命宮(명궁)에서 子를 일으켜 本人 生年地支 까지 순행.
  天壽(천수) : 身宮(신궁)에서 子를 일으켜 本人 生年地支 까지 순행.
- 예로, 남명. 壬子年 5月(丙午月) 17日(己丑日) 巳時(己巳時)生의 天才(천재), 天壽(천수) 부법은 다음 圖16과 같다.

<table>
<tr><th colspan="4">圖16</th></tr>
<tr>
<td>天機 天鉞 文昌
天姚 劫殺 破碎
官祿 乙巳</td>
<td>紫微 右弼
天傷 天福 地空 天哭 天虛
奴僕 丙午</td>
<td>天月 大耗 封誥
遷移 丁未</td>
<td>破軍 左輔
天使 蜚廉 恩光
疾厄 戊申</td>
</tr>
<tr>
<td>七殺
地劫 龍池 華蓋
田宅 甲辰</td>
<td colspan="2" rowspan="2">男命
陰曆 : 壬子年. 5. 17. 巳時
命局 : 木3局 桑柘木

己 己 丙 壬
巳 丑 午 子
72 62 52 42 32 22 12 2
甲 癸 壬 辛 庚 己 戊 丁
寅 丑 子 亥 戌 酉 申 未</td>
<td>文曲
天廚 天喜 咸池
財帛 己酉</td>
</tr>
<tr>
<td>太陽 天梁 天魁
紅鸞
福德 癸卯</td>
<td>天府 廉貞 陀羅
天官 鳳閣 寡宿
子女 庚戌</td>
</tr>
<tr>
<td>武曲 天相
天馬 孤辰 八座
父母 壬寅</td>
<td>天同 巨門
天刑 天空 天才
命宮 癸丑</td>
<td>貪狼 擎羊
三台 天貴
兄弟 壬子</td>
<td>太陰 祿存
台輔 天壽
夫妻 身宮 辛亥</td>
</tr>
</table>

16) 화성(火星), 영성(鈴星) 附法

- 命主의 生年地支와 生時가 맞닿은 곳의 해당 지반궁에 火星(화성)과 鈴星(영성)을 附法한다.

生時 生年地支	時支	子	丑	寅	卯	辰	巳	午	未	申	酉	戌	亥
寅·午·戌	火星 화성	丑	寅	卯	辰	巳	午	未	申	酉	戌	亥	子
	鈴星 영성	卯	辰	巳	午	未	申	酉	戌	亥	子	丑	寅
申·子·辰	火星 화성	寅	卯	辰	巳	午	未	申	酉	戌	亥	子	丑
	鈴星 영성	戌	亥	子	丑	寅	卯	辰	巳	午	未	申	酉
巳·酉·丑	火星 화성	戌	亥	子	丑	寅	卯	辰	巳	午	未	申	酉
	鈴星 영성	卯	辰	巳	午	未	申	酉	戌	亥	子	丑	寅
亥·卯·未	火星 화성	酉	戌	亥	子	丑	寅	卯	辰	巳	午	未	申
	鈴星 영성	戌	亥	子	丑	寅	卯	辰	巳	午	未	申	酉

- 예로, 남명. 壬子年 5月(丙午月) 17日(己丑日) 巳時(己巳時)生의 火星(화성)과 鈴星(영성)의 附法은 다음 圖17과 같다.
- 生年地支가 "子"이고 生時가 "巳"이니 상기 표를 참조한다.

圖17

<table>
<tr>
<td>天機 天鉞 文昌
天姚 劫殺 破碎

官祿 乙巳</td>
<td>紫微 右弼
天傷 天福 地空 天哭 天虛

奴僕 丙午</td>
<td>火星
天月 大耗 封誥

遷移 丁未</td>
<td>破軍 左輔
天使 蜚廉 恩光

疾厄 戊申</td>
</tr>
<tr>
<td>七殺
地劫 龍池 華蓋

田宅 甲辰</td>
<td colspan="2" rowspan="2">男命
陰曆 : 壬子年. 5. 17. 巳時
命局 : 木3局 桑柘木

己 己 丙 壬
巳 丑 午 子
72 62 52 42 32 22 12 2
甲 癸 壬 辛 庚 己 戊 丁
寅 丑 子 亥 戌 酉 申 未</td>
<td>文曲
天廚 天喜 咸池

財帛 己酉</td>
</tr>
<tr>
<td>太陽 天梁 天魁 鈴星
紅鸞

福德 癸卯</td>
<td>天府 廉貞 陀羅
天官 鳳閣 寡宿

子女 庚戌</td>
</tr>
<tr>
<td>武曲 天相
天馬 孤辰 八座

父母 壬寅</td>
<td>天同 巨門
天刑 天空 天才

命宮 癸丑</td>
<td>貪狼 擎羊
三台 天貴

兄弟 壬子</td>
<td>太陰 祿存
台輔 天壽

夫妻 身宮 辛亥</td>
</tr>
</table>

17) 화록(化祿), 화권(化權), 화과(化科), 화기(化忌) 附法

- 각 별자리가 정해진 命盤에 본인의 生年天干에 해당하는 위 4개 성요를 추가하여 부법한다.

年干 / 星名	甲	乙	丙	丁	戊	己	庚	辛	壬	癸
化祿 화록	廉貞 염정	天機 천기	天同 천동	太陰 태음	貪狼 탐랑	武曲 무곡	太陽 태양	巨門 거문	天梁 천량	破軍 파군
化權 화권	破軍 파군	天梁 천량	天機 천기	天同 천동	太陰 태음	貪狼 탐랑	武曲 무곡	太陽 태양	紫微 자미	巨門 거문
化科 화과	武曲 무곡	紫微 자미	文昌 문창	天機 천기	右弼 우필	天梁 천량	太陰 태음	文曲 문곡	左輔 좌보	太陰 태음
化忌 화기	太陽 태양	太陰 태음	廉貞 염정	巨門 거문	天機 천기	文曲 문곡	天同 천동	文昌 문창	武曲 무곡	貪狼 탐랑

* 일설로는 庚干의 化科는 天府에, 化忌는 天相에 부법하는 이론도 있으니 참고하기 바란다.

- 예로, 남명. 壬子年 5月(丙午月) 17日(己丑日) 巳時(己巳時)生의 化祿(화록), 化權(화권), 化科(화과), 化忌(화기)의 부법은 다음 圖18과 같다.
- 生年天干이 壬干이니 상기 표에서처럼 天梁에 化祿, 紫微에 化權, 左輔에 化科, 武曲에 化忌를 부법하는 것이다.

圖18

天機 天鉞 文昌 天姚 劫殺 破碎 官祿 乙巳	紫微(權) 右弼 天傷 天福 地空 天哭 天虛 奴僕 丙午	火星 天月 大耗 封誥 遷移 丁未	破軍 左輔(科) 天使 蜚廉 恩光 疾厄 戊申
七殺 地劫 龍池 華蓋 田宅 甲辰	男命 陰曆：壬子年. 5. 17. 巳時 命局：木3局 桑柘木 己 己 丙 壬 巳 丑 午 子 72 62 52 42 32 22 12 2 甲 癸 壬 辛 庚 己 戊 丁 寅 丑 子 亥 戌 酉 申 未		文曲 天廚 天喜 咸池 財帛 己酉
太陽 天梁(祿) 天魁 鈴星 紅鸞 福德 癸卯			天府 廉貞 陀羅 天官 鳳閣 寡宿 子女 庚戌
武曲(忌) 天相 天馬 孤辰 八座 父母 壬寅	天同 巨門 天刑 天空 天才 命宮 癸丑	貪狼 擎羊 三台 天貴 兄弟 壬子	太陰 祿存 台輔 天壽 夫妻 身宮 辛亥

18) 묘왕평약함 부법(廟旺平弱陷 附法)

전술한 5. 4)의 성요의 묘왕평약함 조견표를 참조하여, 상기 圖18과 같이 각 지반궁에 배속된 성요 중, 14正星과 助星 및 기타 성요에 대해 旺衰를 나타내는 묘왕평약함을 부법하면 다음 圖19와 같다.

星曜의 廟旺平弱陷 早見表(성요의 묘왕평약함 조견표)

星曜		子	丑	寅	卯	辰	巳	午	未	申	酉	戌	亥
14正星	紫微 土	平	旺	平	陷	平	旺	廟	平	弱	平	廟	陷
	天機 木	廟	陷	旺	旺	廟	陷	平	平	平	陷	弱	廟
	太陽 火	陷	陷	平	旺	旺	廟	廟	平	平	弱	陷	陷
	武曲 金	平	廟	陷	弱	旺	平	陷	平	旺	旺	平	弱
	天同 水	旺	平	弱	平	平	平	廟	陷	廟	廟	陷	旺
	廉貞 火	廟	弱	廟	廟	陷	平	旺	旺	陷	弱	旺	平
	天府 土	弱	旺	平	陷	平	旺	廟	平	弱	平	廟	陷
	太陰 水	廟	廟	平	陷	陷	陷	陷	陷	平	旺	旺	廟
	貪狼 木	廟	陷	旺	旺	廟	陷	平	平	平	陷	弱	廟
	巨門 水	旺	平	弱	平	平	平	廟	陷	廟	廟	陷	旺
	天相 水	旺	平	弱	平	平	平	廟	陷	廟	廟	陷	旺
	天梁 土	弱	旺	平	陷	平	旺	廟	平	弱	平	廟	陷
	七殺 金	平	廟	陷	弱	旺	平	陷	平	旺	旺	平	弱
	破軍 水	旺	平	弱	平	平	平	廟	陷	廟	廟	陷	旺

星曜		子	丑	寅	卯	辰	巳	午	未	申	酉	戌	亥
輔佐星	左輔 土	弱	旺	平	陷	平	旺	廟	平	弱	平	廟	陷
	右弼 水	旺	平	弱	平	平	平	廟	陷	廟	廟	陷	旺
	天魁 火	廟	弱	廟	廟	弱	平	旺	旺	陷	弱	旺	平
	天鉞 火	廟	弱	廟	廟	弱	平	旺	旺	陷	弱	旺	平
	文昌 金	平	廟	陷	弱	旺	平	陷	旺	旺	旺	平	平
	文曲 水	旺	平	弱	平	平	平	廟	陷	廟	廟	陷	旺
二副星	祿存 土	弱	旺	平	陷	平	旺	廟	平	弱	平	廟	陷
	天馬 火	廟	弱	廟	廟	弱	平	旺	旺	陷	弱	旺	平

四化星	化祿 土	弱	旺	平	陷	平	旺	廟	平	弱	平	廟	陷
	化權 木	廟	陷	旺	旺	廟	陷	平	平	平	陷	弱	廟
	化科 水	旺	平	弱	平	平	平	廟	旺	廟	廟	陷	旺
	化忌 水	旺	平	弱	平	平	平	廟	旺	廟	廟	陷	旺
煞星	火星 火	廟	弱	廟	廟	陷	平	旺	旺	陷	弱	旺	平
	鈴星 火	廟	弱	廟	廟	陷	平	旺	旺	陷	弱	旺	平
	擎羊 金	平	廟	陷	弱	旺	平	陷	旺	旺	旺	平	平
	陀羅 金	平	廟	陷	弱	旺	平	陷	旺	旺	旺	平	平
	地空 火	廟	弱	廟	廟	陷	平	旺	旺	陷	弱	旺	平
	地劫 火	廟	弱	廟	廟	陷	平	旺	旺	陷	弱	旺	平
其他	天貴 土	弱	旺	平	陷	平	旺	廟	平	弱	平	廟	陷
	天喜 水	旺	平	弱	平	平	平	廟	旺	廟	廟	陷	旺
	天才 水	旺	平	弱	平	平	平	廟	旺	廟	廟	陷	旺
	紅鸞 水	旺	平	弱	平	平	平	廟	旺	廟	廟	陷	旺
	天壽 土	弱	旺	平	陷	平	旺	廟	平	弱	平	廟	陷
	台輔 土	弱	旺	平	陷	平	旺	廟	平	弱	平	廟	陷
	封誥 土	弱	旺	平	陷	平	旺	廟	平	弱	平	廟	陷
	天官 土	弱	旺	平	陷	平	旺	廟	平	弱	平	廟	陷
	天福 土	弱	旺	平	陷	平	旺	廟	平	弱	平	廟	陷
	三台 土	弱	旺	平	陷	平	旺	廟	平	弱	平	廟	陷
	八座 土	弱	旺	平	陷	平	旺	廟	平	旺	平	廟	陷
	鳳閣 土	弱	旺	平	陷	平	旺	廟	平	旺	平	廟	陷
	恩光 火	廟	弱	廟	廟	陷	平	旺	旺	陷	弱	旺	平
	龍池 水	旺	平	弱	平	平	平	廟	旺	廟	廟	陷	旺
	天傷 水	旺	平	弱	平	平	平	廟	旺	廟	廟	陷	旺
	天使 水	旺	平	弱	平	平	平	廟	旺	廟	廟	陷	旺
	天刑 火	廟	弱	廟	廟	陷	平	旺	旺	陷	弱	旺	平
	天姚 水	旺	平	弱	平	平	平	廟	旺	廟	廟	陷	旺
	天虛 火	廟	弱	廟	廟	陷	平	旺	旺	陷	弱	旺	平
	天哭 火	廟	弱	廟	廟	陷	平	旺	旺	陷	弱	旺	平
	華蓋 木	廟	陷	旺	旺	廟	陷	平	平	平	陷	弱	廟
	孤辰 火	廟	弱	廟	廟	陷	平	旺	旺	陷	弱	旺	平
	寡宿 火	廟	弱	廟	廟	陷	平	旺	旺	陷	弱	旺	平
	大耗 火	廟	弱	廟	廟	陷	平	旺	旺	陷	弱	旺	平
	咸池 水	旺	平	弱	平	平	平	廟	旺	廟	廟	陷	旺
	破碎 火	陷	弱	廟	廟	弱	旺	旺	旺	陷	弱	旺	陷

<table>
<tr><th colspan="4">圖19</th></tr>
<tr>
<td>天機 天鉞 文昌
陷 平 平
天姚 劫殺 破碎
官祿 乙巳</td>
<td>紫微(權) 右弼
廟 廟
天傷 天福 地空 天哭 天虛
奴僕 丙午</td>
<td>火星
旺
天月 大耗 封誥
遷移 丁未</td>
<td>破軍 左輔(科)
廟 弱
天使 蜚廉 恩光
疾厄 戊申</td>
</tr>
<tr>
<td>七殺
旺
地劫 龍池 華蓋
田宅 甲辰</td>
<td colspan="2" rowspan="2">男命
陰曆 : 壬子年. 5. 17. 巳時
命局 : 木3局 桑柘木

己 己 丙 壬
巳 丑 午 子
72 62 52 42 32 22 12 2
甲 癸 壬 辛 庚 己 戊 丁
寅 丑 子 亥 戌 酉 申 未</td>
<td>文曲
廟
天廚 天喜 咸池
財帛 己酉</td>
</tr>
<tr>
<td>太陽 天梁(祿) 天魁 鈴星
旺 陷 廟 廟
紅鸞
福德 癸卯</td>
<td>天府 廉貞 陀羅
廟 旺 平
天官 鳳閣 寡宿
子女 庚戌</td>
</tr>
<tr>
<td>武曲(忌) 天相
陷 弱
天馬 孤辰 八座
父母 壬寅</td>
<td>天同 巨門
平 平
天刑 天空 天才
命宮 癸丑</td>
<td>貪狼 擎羊
廟 平
三台 天貴
兄弟 壬子</td>
<td>太陰 祿存
廟 陷
台輔 天壽
夫妻 身宮 辛亥</td>
</tr>
</table>

19) 십이포태운성 부법(十二胞胎運星 附法)

- 陽年生 男命과 陰年生 女命은, 아래의 표와 같이 해당 五局의 지지에 "胞(포)"를 부법하고 이어서 태, 양, 장생... 등의 순으로 시계방향으로 順布시킨다.
- 陰年生 男命과 陽年生 女命은, 아래의 표와 같이 해당 五局의 지지에 "胞(포)"를 부법하고 이어서 태, 양, 장생... 등의 순으로 시계 반대방향으로 逆布시킨다.
- 일명 "長生十二神(장생십이신)"이라 칭하기도 한다.

陽年生 男命·陰年生 女命(양년생 남명·음년생 여명)												
十二胞胎 / 五局	胞 포	胎 태	養 양	長生 장생	沐浴 목욕	冠帶 관대	建祿 건록	帝旺 제왕	衰 쇠	病 병	死 사	墓 묘
水 二局	巳	午	未	申	酉	戌	亥	子	丑	寅	卯	辰
木 三局	申	酉	戌	亥	子	丑	寅	卯	辰	巳	午	未
金 四局	寅	卯	辰	巳	午	未	申	酉	戌	亥	子	丑
土 五局	巳	午	未	申	酉	戌	亥	子	丑	寅	卯	辰
火 六局	亥	子	丑	寅	卯	辰	巳	午	未	申	酉	戌

陰年生 男命·陽年生 女命(음년생 남명·양년생 여명)												
十二胞胎 / 五局	胞 포	胎 태	養 양	長生 장생	沐浴 목욕	冠帶 관대	建祿 건록	帝旺 제왕	衰 쇠	病 병	死 사	墓 묘
水 二局	亥	戌	酉	申	未	午	巳	辰	卯	寅	丑	子
木 三局	寅	丑	子	亥	戌	酉	申	未	午	巳	辰	卯
金 四局	申	未	午	巳	辰	卯	寅	丑	子	亥	戌	酉
土 五局	亥	戌	酉	申	未	午	巳	辰	卯	寅	丑	子
火 六局	巳	辰	卯	寅	丑	子	亥	戌	酉	申	未	午

- 예로, 남명. 壬子年 5월(丙午月) 17일(己丑日) 巳時(己巳時)生의 五局 배속은 다음과 같다.
- 命盤에서 生月인 五月에 해당하는 午宮에서 역행하여 生時인 巳時까지 진행시키면 丑宮에 落宮하는바 丑宮이 명궁이다. 月頭法(월두법)에 의거 丁壬之年은 壬寅頭하여, 癸卯, 甲辰, 乙巳, 丙午, 丁未, 戊申, 己酉, 庚戌, 辛亥, 壬子, 癸丑으로 진행되는 바, 丑宮의 干支가 癸丑이 되므로, 癸丑은 六十甲子 納音五行이

桑柘木(상자목)이라 木에 해당하며, 이는 자연 木3局에 배속되는 것이다.

- 木3局 陽年生 男命이니 상기 도표와 같이 地盤 申에 胞, 酉에 胎, 戌에 養… 등으로 順行 附法한다. 다음 圖20와 같다.

<table>
<tr><th colspan="4">圖20</th></tr>
<tr>
<td>天機 天鉞 文昌
陷 平 平
天姚 劫殺 破碎
官祿 病 乙巳</td>
<td>紫微(權) 右弼
廟 廟
天傷 天福 地空 天哭 天虛
奴僕 死 丙午</td>
<td>火星
旺
天月 大耗 封誥
遷移 墓 丁未</td>
<td>破軍 左輔(科)
廟 弱
天使 蜚廉 恩光
疾厄 胞 戊申</td>
</tr>
<tr>
<td>七殺
旺
地劫 龍池 華蓋
田宅 衰 甲辰</td>
<td colspan="2" rowspan="2">男命
陰曆：壬子年. 5. 17. 巳時
命局：木3局 桑柘木

己 己 丙 壬
巳 丑 午 子
72 62 52 42 32 22 12 2
甲 癸 壬 辛 庚 己 戊 丁
寅 丑 子 亥 戌 酉 申 未</td>
<td>文曲
廟
天廚 天喜 咸池
財帛 胎 己酉</td>
</tr>
<tr>
<td>太陽 天梁(祿) 天魁 鈴星
旺 陷 廟 廟
紅鸞
福德 帝旺 癸卯</td>
<td>天府 廉貞 陀羅
廟 旺 平
天官 鳳閣 寡宿
子女 養 庚戌</td>
</tr>
<tr>
<td>武曲(忌) 天相
陷 弱
天馬 孤辰 八座
父母 建祿 壬寅</td>
<td>天同 巨門
平 平
天刑 天空 天才
命宮 冠帶 癸丑</td>
<td>貪狼 擎羊
廟 平
三台 天貴
兄弟 沐浴 壬子</td>
<td>太陰 祿存
廟 陷
台輔 天壽
夫妻 身宮 長生 辛亥</td>
</tr>
</table>

20) 명주·신주 부법(命主·身主 附法)

◆ 本命人의 命宮의 宮位와 生年地支에 따라 命主와 身主가 부법된다.

命宮宮位	子	丑	寅	卯	辰	巳	午	未	申	酉	戌	亥
命主	貪狼 탐랑	巨門 거문	祿存 녹존	文曲 문곡	廉貞 염정	武曲 무곡	破軍 파군	武曲 무곡	廉貞 염정	文曲 문곡	祿存 녹존	巨門 거문

生年地支	子	丑	寅	卯	辰	巳	午	未	申	酉	戌	亥
身主	天府 천부	天梁 천량	天機 천기	天同 천동	天相 천상	七殺 칠살	文昌 문창	天梁 천량	天機 천기	天同 천동	天相 천상	七殺 칠살

◆ 命主는 주역의 體用論(체용론)에서 "體(체)" 비유되고, 身主는 "用(용)"에 비유된다. 體는 사람이 태어나면서부터 지니고 있는 본질적이고 본성적인 주체성을 의미하며, 體는 사람이 인생을 영위해가는 과정에서 주변의 여러 환경적 요소들과 결합되어 변화되어 나타나는 변동성을 의미한다.

◆ 命主·身主 屬性(명주·신주 속성)

命·身	星曜	屬性
命主	貪狼	◆ 세상사에 현실적이고 개성적이다. ◆ 성격의 변화가 많고, 心計가 많으며, 정밀하게 계획함이 있다. ◆ 才華(재화)가 있고, 기호성이 있으며, 나아가려는 성격이 강하니 외적 영향을 쉽게 받는다. ◆ 물질적 享受(향수)를 추구하고, 희로애락에 변화가 많고 욕망이 많은 유형이다.
	巨門	◆ 쓸데없는 걱정을 많이 하고, 口辯(구변)이 좋으며, 기억력이 비상하며 연구심이 강하다. ◆ 귀신을 믿지 않고, 일처리에 변동이 많고, 앞에서는 시인하나 뒤에서는 딴소리다. ◆ 사람들과 어울리지 못하고, 처음에는 善으로 시작되어 종국에는 惡으로 종결된다. ◆ 신경과민형이고, 매사 의심어린 눈초리로 보는 유형이다.

<table>
<tr><td rowspan="5">命主</td><td>祿存</td><td>◆ 선량하고 화합적이다. 개성이 강직하고, 성품이 돈후하고 은연자중하며, 총명하고 재치가 있고, 다학다능하다.
◆ 잠재적으로 자신을 낮추어 생각하고, 별난 인간으로 취급받기도 하며, 자애심이 많고 솔직하며 다재다능한 천재형이다.</td></tr>
<tr><td>文曲</td><td>◆ 우아하고 총명하며, 재능과 지혜를 사용함에 기민함이 있고, 하나를 들으면 열을 알고, 언변에 재능이 있고, 겉모습과 꾸밈에 관심이 많다.
◆ 구설에 자주 오르고, 처세에 과장됨과 아첨과 꾸밈이 많고 노련미가 있는 유형이다.</td></tr>
<tr><td>廉貞</td><td>◆ 광적인 오만함이 있고, 예절에 구속되지 않으며, 마음과 말이 단순명쾌하고, 자신을 꾸미지 않는다.
◆ 자신의 언행에 있어 안하무인이며, 단순 호방한 유형이다.</td></tr>
<tr><td>武曲</td><td>◆ 건장한 체구에서 나오는 강직하며 과단한 성격이다.
◆ 직선적이며 명랑하고, 도량이 큰 편이나, 사려심과 인내심이 부족하다.
◆ 일의 처리에 속전속결이며, 현실을 직시하며 힘껏 노력하여 난관을 극복하려 하고, 실질적인 성과를 얻으려 한다.
◆ 현실에 대해 회피하지 않고 정면승부를 벌이려 하는 武官의 유형이다.</td></tr>
<tr><td>破軍</td><td>◆ 성격이 강직하고, 남과 잘 화합하지 못하고, 간교함이 있고, 광적으로 오만하며, 난관을 돌파하고 開·創的(개·창적)인 정신의 소유자이다.
◆ 언행과 사상이 극단적이며, 함께 동하면 손해를 당하게 되고, 뒷일을 생각하지 않는 개창조적인 유형이다.</td></tr>
<tr><td rowspan="4">身主</td><td>鈴星</td><td>◆ 얼굴형태가 다소 기괴한 면이 있다.
◆ 돌출된 형태이며, 특이한 감각을 지니고 있으며, 얼굴에 상해를 입는 경우가 많다.
◆ 성격이 불안정한 면이 있는데, 이는 대담한 성격으로 변질되어 나타나기도 한다.</td></tr>
<tr><td>天相</td><td>◆ 돈후하고 후박한 성경의 소유자이다.
◆ 생김새는 미남형이며, 이목구비가 수려하며, 언어가 진실되고, 외형으로 나타나는 기질과 정신이 후중함을 느낀다.
◆ 음식에 관심이 많고 신체는 다소 비만형이며 말이 적은 편이며, 은연자중하는 성격의 유형이다.</td></tr>
<tr><td>天梁</td><td>◆ 老先生的 유형이다. 얼굴은 미남형이며, 청명, 청수하고, 균형 잡힌 몸집에 가깝다.
◆ 품성은 온화하면서도 光明磊落(광명뢰락=사람의 행위가 정직하여 조금의 숨김도 없는 것)의 기질이 있고, 건강미가 넘친다.
◆ 조용하면서도 물질적, 정신적 향수를 누리고자 하는 유형이다.</td></tr>
<tr><td>天同</td><td>◆ 다소 비만형이다. 품성은 온화하며 너그럽다.
◆ 화평하며 은연자중하는 유형이다.</td></tr>
</table>

身主	文昌	◆체격이 크면서고 균형 잡힌 몸매이다. ◆男命은 다소 영웅적인 기질이 있고 女命은 결혼하고 싶어하는 선망의 대상이다. ◆남다르게 남을 끌어당기는 매력이 있다.
	天機	◆체구나 살집 등이 모두 표준적인 체형이다. ◆얼굴은 길쭉한 편이며, 사람들이 접근하기 평이하다. ◆총명하고 지혜가 있으며 남을 배려하는 성격이다.
	火星	◆모발이 특이한 유형이다. ◆예기치 않은 재난이 몸을 떠나지 않으며, 양육함에 어려움이 따르고, 이빨과 입술에 상해를 입기 쉽다. ◆개성이 강강하며 쉽게 화를 잘 내는 유형이다.

◆ 예로, 남명. 壬子年 5月(丙午月) 17日(己丑日) 巳時(己巳時)生의 경우라면, 命宮이 丑宮이니 상기 도표와 같이 巨門이 있는 곳에 命主를 부법하고, 生年地支가 子이니 火星이 있는 곳에 身主를 부법하는 것이다. 다음 圖21과 같다.

圖21

<table>
<tr>
<td>天機 陷
天鉞 平
文昌 平
天姚 劫殺 破碎
官祿 病 乙巳</td>
<td>紫微 ㉸ 廟
右弼 廟
天傷 天福 地空 天哭 天虛
奴僕 死 丙午</td>
<td>火星 旺
天月 大耗 封誥
遷移 墓 丁未</td>
<td>破軍 廟
左輔 ㉕ 弱
天使 蜚廉 恩光
疾厄 胞 戊申</td>
</tr>
<tr>
<td>七殺 旺
地劫 龍池 華蓋
田宅 衰 甲辰</td>
<td colspan="2" rowspan="2">男命
陰曆：壬子年. 5. 17. 巳時
命局：木3局 桑柘木

己 己 丙 壬
巳 丑 午 子
72 62 52 42 32 22 12 2
甲 癸 壬 辛 庚 己 戊 丁
寅 丑 子 亥 戌 酉 申 未</td>
<td>文曲 廟
天廚 天喜 咸池
財帛 胎 己酉</td>
</tr>
<tr>
<td>太陽 旺
天梁 ㊗ 陷
天魁 廟
鈴星 廟
紅鸞
福德 帝旺 癸卯</td>
<td>天府 廟
廉貞 旺
陀羅 平
身主
天官 鳳閣 寡宿
子女 養 庚戌</td>
</tr>
<tr>
<td>武曲 ㊁ 陷
天相 弱
天馬 孤辰 八座
父母 建祿 壬寅</td>
<td>天同 平
巨門 平 命主
天刑 天空 天才
命宮 冠帶 癸丑</td>
<td>貪狼 廟
擎羊 平
三台 天貴
兄弟 沐浴 壬子</td>
<td>太陰 廟
祿存 陷
台輔 天壽
夫妻 身宮 長生 辛亥</td>
</tr>
</table>

21) 유년 천간 신살 부법(流年 天干 神殺 附法)

- 流年은 매해 돌아오는 當年太歲(당년태세)를 말한다.
- 流年(당년태세)의 天干을 기준하여 神殺을 附法한다.

年干 / 星名	甲	乙	丙	丁	戊	己	庚	辛	壬	癸
流陀 유타	丑	寅	辰	巳	辰	巳	未	申	戌	亥
流祿 유록	寅	卯	巳	午	巳	午	申	酉	亥	子
流羊 유양	卯	辰	午	未	午	未	酉	戌	子	丑
流昌 유창	巳	午	申	酉	申	酉	亥	子	寅	卯
流曲 유곡	酉	申	午	巳	午	巳	卯	寅	子	亥
流福 유복	酉	申	子	亥	卯	寅	午	巳	午	巳

- 예로, 남명. 壬子年 5月(丙午月) 17日(己丑日) 巳時(己巳時)生의 2022년도 壬寅年의 명반은 다음 圖22와 같이 부법된다.
- 流年(당년태세)이 壬寅年으로 天干字가 壬水이므로 상기도표에서 壬에 해당하는 地盤宮에 배속된 6개의 神殺을 부법하는 것이다.

<table>
<tr><th colspan="4">圖22</th></tr>
<tr>
<td>天機 天鉞 文昌
陷 平 平
天姚 劫殺 破碎
官祿 病 乙巳</td>
<td>紫微(權) 右弼
廟 廟
天傷 天福 地空 天哭 天虛
流福
奴僕 死 丙午</td>
<td>火星
旺
天月 大耗 封誥
遷移 墓 丁未</td>
<td>破軍 左輔(科)
廟 弱
天使 蜚廉 恩光
疾厄 胞 戊申</td>
</tr>
<tr>
<td>七殺
旺
地劫 龍池 華蓋
田宅 衰 甲辰</td>
<td colspan="2" rowspan="2">男命
陰曆：壬子年. 5. 17. 巳時
命局：木3局 桑柘木

己 己 丙 壬
巳 丑 午 子
72 62 52 42 32 22 12 2
甲 癸 壬 辛 庚 己 戊 丁
寅 丑 子 亥 戌 酉 申 未</td>
<td>文曲
廟
天廚 天喜 咸池
財帛 胎 己酉</td>
</tr>
<tr>
<td>太陽 天梁(祿) 天魁 鈴星
旺 陷 廟 廟
紅鸞
福德 帝旺 癸卯</td>
<td>天府 廉貞 陀羅
廟 旺 平
天官 鳳閣 寡宿 **流陀**
子女 養 庚戌</td>
</tr>
<tr>
<td>武曲(忌) 天相
陷 弱
天馬 孤辰 八座 **流昌**
父母 建祿 壬寅</td>
<td>天同 巨門
平 平
天刑 天空 天才
命宮 冠帶 癸丑</td>
<td>貪狼 擎羊
廟 平
三台 天貴 **流羊** **流曲**
兄弟 沐浴 壬子</td>
<td>太陰 祿存
廟 陷
台輔 天壽 **流祿**
夫妻 身宮 長生 辛亥</td>
</tr>
</table>

22) 유년 지지 신살 부법(流年 地支 神殺 附法)

◆ 流年(당년태세)의 地支를 기준하여 神殺을 附法한다.

年支 星名	子	丑	寅	卯	辰	巳	午	未	申	酉	戌	亥
天德 천덕	酉	戌	亥	子	丑	寅	卯	辰	巳	午	未	申
月德 월덕	巳	午	未	申	酉	戌	亥	子	丑	寅	卯	申
月將 월장	丑	子	亥	戌	酉	申	未	午	巳	辰	卯	寅
解神 해신	戌	酉	申	未	午	巳	辰	卯	寅	丑	子	亥
紅鸞 홍란	卯	寅	丑	子	亥	戌	酉	申	未	午	巳	辰
天喜 천희	酉	申	未	午	巳	辰	卯	寅	丑	子	亥	戌
天馬 천마	寅	亥	申	巳	寅	亥	申	巳	寅	亥	申	巳
鉞鋒 월봉	子	丑	寅	卯	辰	巳	午	未	申	酉	戌	亥
天空 천공	丑	寅	卯	辰	巳	午	未	申	酉	戌	亥	子
喪門 상문	寅	卯	辰	巳	午	未	申	酉	戌	亥	子	丑
幻殺 환살	卯	辰	巳	午	未	申	酉	戌	亥	子	丑	寅
官符 관부	辰	巳	午	未	申	酉	戌	亥	子	丑	寅	卯
小耗 소모	巳	午	未	申	酉	戌	亥	子	丑	寅	卯	辰
大耗 대모	午	未	申	酉	戌	亥	子	丑	寅	卯	辰	巳
天厄 천액	未	申	酉	戌	亥	子	丑	寅	卯	辰	巳	午

白虎 백호	申	酉	戌	亥	子	丑	寅	卯	辰	巳	午	未
卷舌 권설	酉	戌	亥	子	丑	寅	卯	辰	巳	午	未	申
弔客 조객	戌	亥	子	丑	寅	卯	辰	巳	午	未	申	酉
病符 병부	亥	子	丑	寅	卯	辰	巳	午	未	申	酉	戌
劫殺 겁살	巳	寅	亥	申	巳	寅	亥	申	巳	寅	亥	申
亡神 망신	戌	未	辰	丑	戌	未	辰	丑	戌	未	辰	丑

- 예로, 남명. 壬子年 5月(丙午月) 17日(己丑日) 巳時(己巳時)生의 2022년도 壬寅年의 명반은 다음 圖23과 같이 부법된다.
- 流年(당년태세)이 壬寅年으로 地支字가 寅이므로 상기 도표에서 寅을 기준하여 해당 각 지반궁에 21개의 神殺을 부법하는 것이다.
- 상기 유년 지지 신살에서 월장, 월봉, 환살, 권설 등은 간명시에 많이 활용되지는 않는 성요이다.

<table>
<tr><th colspan="4">圖23</th></tr>
<tr>
<td>天機 天鉞 文昌
陷 平 平
天姚 劫殺 破碎 幻殺
官祿 病 乙巳</td>
<td>紫微(權) 右弼
廟 廟
天傷 天福 地空 天哭 天虛
流福 官符
奴僕 死 丙午</td>
<td>火星
旺
天月 大耗 封誥 月德 天喜
小耗
遷移 墓 丁未</td>
<td>破軍 左輔(科)
廟 弱
天使 蜚廉 恩光 解神 天馬
大耗
疾厄 胞 戊申</td>
</tr>
<tr>
<td>七殺
旺
地劫 龍池 華蓋 喪門 亡神
田宅 衰 甲辰</td>
<td colspan="2" rowspan="2">男命
陰曆：壬子年. 5. 17. 巳時
命局：木3局 桑柘木

己 己 丙 壬
巳 丑 午 子
72 62 52 42 32 22 12 2
甲 癸 壬 辛 庚 己 戊 丁
寅 丑 子 亥 戌 酉 申 未</td>
<td>文曲
廟
天廚 天喜 咸池 天厄
財帛 胎 己酉</td>
</tr>
<tr>
<td>太陽 天梁(祿) 天魁 鈴星
旺 陷 廟 廟
紅鸞 天空
福德 帝旺 癸卯</td>
<td>天府 廉貞 陀羅
廟 旺 平
天官 鳳閣 寡宿 流陀 白虎
子女 養 庚戌</td>
</tr>
<tr>
<td>武曲(忌) 天相
陷 弱
天馬 孤辰 八座 流昌 鉞鋒
父母 建祿 壬寅</td>
<td>天同 巨門
平 平
天刑 天空 天才 紅鸞 病符
命宮 冠帶 癸丑</td>
<td>貪狼 擎羊
廟 平
三台 天貴 流羊 流曲 弔客
兄弟 沐浴 壬子</td>
<td>太陰 祿存
廟 陷
台輔 天壽 流祿 天德
月將 卷舌 劫殺
夫妻 身宮 長生 辛亥</td>
</tr>
</table>

23) 유년 삼살(流年 三殺)

◆ 流年(당년태세)의 地支를 기준하여 해당방위에 三殺을 附法한다.

生年	方位
寅·午·戌	亥·子·丑 北方
申·子·辰	巳·午·未 南方
亥·卯·未	申·酉·戌 西方
巳·酉·丑	寅·卯·辰 東方

◆ 예로, 남명. 壬子年 5月(丙午月) 17日(己丑日) 巳時(己巳時)生의 명반에 三殺을 附法하면 다음 圖24와 같다. 生年地支가 子이니 三殺은 巳午未南方에 三殺이 附法하는 것이다.

<table>
<tr><th colspan="4">圖24</th></tr>
<tr>
<td>天機 陷
天鉞 平
文昌 平
天姚 劫殺 破碎 幻殺 **三殺**
官祿 病 乙巳</td>
<td>紫微(權) 廟
右弼 廟
天傷 天福 地空 天哭 天虛
流福 官符 **三殺**
奴僕 死 丙午</td>
<td>火星 旺
天月 大耗 封誥 月德 天喜
小耗 **三殺**
遷移 墓 丁未</td>
<td>破軍 廟
左輔(科) 弱
天使 蜚廉 恩光 解神 天馬
大耗
疾厄 胞 戊申</td>
</tr>
<tr>
<td>七殺 旺
地劫 龍池 華蓋 喪門 亡神
田宅 衰 甲辰</td>
<td colspan="2" rowspan="2">男命
陰曆 : 壬子年. 5. 17. 巳時
命局 : 木3局 桑柘木

己 己 丙 壬
巳 丑 午 子
72 62 52 42 32 22 12 2
甲 癸 壬 辛 庚 己 戊 丁
寅 丑 子 亥 戌 酉 申 未</td>
<td>文曲 廟
天廚 天喜 咸池 天厄
財帛 胎 己酉</td>
</tr>
<tr>
<td>太陽 旺
天梁(祿) 陷
天魁 廟
鈴星 廟
紅鸞 天空
福德 帝旺 癸卯</td>
<td>天府 廟
廉貞 旺
陀羅 平
天官 鳳閣 寡宿 流陀 白虎
子女 養 庚戌</td>
</tr>
<tr>
<td>武曲(忌) 陷
天相 弱
天馬 孤辰 八座 流昌 鉞鋒
父母 建祿 壬寅</td>
<td>天同 平
巨門 平
天刑 天空 天才 病符 紅鸞
命宮 冠帶 癸丑</td>
<td>貪狼 廟
擎羊 平
三台 天貴 流羊 流曲 弔客
兄弟 沐浴 壬子</td>
<td>太陰 廟
祿存 陷
台輔 天壽 流祿 天德 月德
卷舌 劫殺
夫妻 身宮 長生 辛亥</td>
</tr>
</table>

24) 박사십이신 부법(博士十二神 附法)

◆ 박사십이신은 生年天干을 기준하여 祿存이 자리한 宮에서, 陽年生 男命과 陰年生 女命은 순포하고, 陰年生 男命과 陽年生 女命은 역포하는데, 博士(박사), 力士(역사), 青龍(청룡), 小耗(소모), 將軍(장군), 奏書(주서), 飛廉 (비렴), 喜神(희신), 病符(병부), 大耗(대모), 伏兵(복병), 官符(관부) 순으로 부법한다.

陽年生 男命·陰年生 女命(양년생 남명·음년생 여명)										
十二神 / 年干 / 星名	博士十二神(박사십이신)									
	甲	乙	丙	丁	戊	己	庚	辛	壬	癸
博士 (박사)	寅	卯	巳	午	巳	午	申	酉	亥	子
力士 (역사)	卯	辰	午	未	午	未	酉	戌	子	丑
青龍 (청룡)	辰	巳	未	申	未	申	戌	亥	丑	寅
小耗 (소모)	巳	午	申	酉	申	酉	亥	子	寅	卯
將軍 (장군)	午	未	酉	戌	酉	戌	子	丑	卯	辰
奏書 (주서)	未	申	戌	亥	戌	亥	丑	寅	辰	巳
飛廉 (비렴)	申	酉	亥	子	亥	子	寅	卯	巳	午
喜神 (희신)	酉	戌	子	丑	子	丑	卯	辰	午	未
病符 (병부)	戌	亥	丑	寅	丑	寅	辰	巳	未	申
大耗 (대모)	亥	子	寅	卯	寅	卯	巳	午	申	酉
伏兵 (복병)	子	丑	卯	辰	卯	辰	午	未	酉	戌
官府 (관부)	丑	寅	辰	巳	辰	巳	未	申	戌	亥

陰年生 男命·陽年生 女命(음년생 남명·양년생 여명)										
十二神 / 年干 / 星名	博士十二神(박사십이신)									
	甲	乙	丙	丁	戊	己	庚	辛	壬	癸
博士 (박사)	寅	卯	巳	午	巳	午	申	酉	亥	子
力士 (역사)	丑	寅	辰	巳	辰	巳	未	申	戌	亥
青龍 (청룡)	子	丑	卯	辰	卯	辰	午	未	酉	戌
小耗 (소모)	亥	子	寅	卯	寅	卯	巳	午	申	酉
將軍 (장군)	戌	亥	丑	寅	丑	寅	辰	巳	未	申
奏書 (주서)	酉	戌	子	丑	子	丑	卯	辰	午	未
飛廉 (비렴)	申	酉	亥	子	亥	子	寅	卯	巳	午
喜神 (희신)	未	申	戌	亥	戌	亥	丑	寅	辰	巳
病符 (병부)	午	未	酉	戌	酉	戌	子	丑	卯	辰
大耗 (대모)	巳	午	申	酉	申	酉	亥	子	寅	卯
伏兵 (복병)	辰	巳	未	申	未	申	戌	亥	丑	寅
官府 (관부)	卯	辰	午	未	午	未	酉	戌	子	丑

	博士十二神 詳解(박사십이신 상해)
博士 박사	• 총명, 지혜, 학문, 고시, 權貴, 문관직 등과 연관된다. • 탐구적이며, 성격이 세밀하고, 문학과 문예적인 소질이 뛰어나다. • 천기, 자미, 태음, 태양, 천량성 등을 만나면 길하다. • 화과나 문창, 문곡 등을 만나면 학문과 명예가 더욱 높아진다.
力士 역사	• 권위, 권세, 무력, 무관직 등과 연관된다. • 활동성과 진취적인 성향이 강하다. • 길성의 조력이 있으면 위엄과 권위가 높다. • 흉성과 연결되면 독단적이고, 이해심이 부족하고, 타인과의 사이에서 불협화음이 자주 발생한다.
青龍 청룡	• 재백, 관록, 희경사 등과 연관된다. • 길성의 조력이 있으면 명예와 관록과 재물을 얻는다. • 청룡이 명궁과 身宮의 왕생지에 거하면 흉성과 흉신이 있다 해도 구제됨이 있다. • 백호와의 회합은 길함이 많으나, 신변의 변동과 주색의 문제가 따른다. • 문서관계에서 이롭고, 수하인이나 식솔의 증가가 있다.
小耗 소모	• 소모는 主事가 財耗이며 대체로 小財의 損耗에 해당된다. • 흉성과 만나면 손재, 실재, 재산상의 손모, 계약파기, 사기 등을 야기한다. • 길성과 만나면 손재의 발생이 다소 덜하며, 종국에는 흉변길의 징조가 있다. • 재백, 전택, 관록궁에 居하면 불리함이 많다.
將軍 장군	• 위엄이 있고 무직과 연관되며, 성격이 강하고 불굴의 기상이 있다. • 제성의 배합이 길하면 권위를 얻게 되고, 문창과 문곡의 길성이 함께하면 문무를 겸하고 처세에 치우침이 없다. • 살성과 동궁이면 주변과의 융화가 부족하고, 매사 독단적으로 처리하기 쉽다.
奏書 주서	• 財福을 주사한다. • 문서, 계약, 기획능력 등이 우수하다. • 명궁이나 신궁, 복덕궁에 거하면 글재주가 있다. • 화과, 천괴, 천월 등의 조력이 있으면 문장력이 뛰어나며, 이를 통해 명성을 얻게 된다. • 흉성인 化忌나 칠살 등을 보게 되면, 시비다툼, 관재구설, 계약파기 등의 손액이 따르게 된다.
飛廉 비렴	• 비렴은 소인배와 연관되며, 관재구설, 시비다툼, 刑傷 등을 주사한다. • 陰煞(음살)과 동일하게 판단한다. • 칠살, 化忌, 천형을 보면 시비다툼과 관재구설이 있다. • 육친궁에 흉성과 비렴이 동궁하면, 육친과의 연이 적게 되고, 마음이 안정되지 못하고, 경황된 일이 발생하기도 한다.

喜神 희신	◆ 희경지사를 주관한다. ◆ 문창, 문곡, 천괴, 천월, 좌보, 우필 등을 보면, 혼인, 득남, 승진, 합격 등의 吉事가 있다. ◆ 도화성을 보면 이성문제가 발생하거나 결혼연이 있게 된다. ◆ 칠살을 보면 시비구설, 사안의 지체 등이 발생한다. ◆ 천희를 보면 길함이 더욱 증가한다.
病符 병부	◆ 병부는 사고, 질병 등을 주사한다. ◆ 칠살, 화기, 천형, 天月 등을 보면 사고, 질병과 연관하 여흉액이 있게 된다. ◆ 병부가 사화길성과 보좌길성을 보면 의사, 약사, 의료 계통, 건강 등과 연관된 직업을 갖게 된다.
大耗 대모	◆ 대모는 損耗(손모), 失財(실재) 등을 주하며, 소모에 비해 다소 규모와 액수가 크다. ◆ 대모가 지겁, 지공, 칠살, 化忌를 보게 되면, 손재, 계약의 파기, 시비구설이 있게 된다. ◆ 명궁과, 재백궁, 관록궁, 천이궁에 거하면 매우 불리하다. ◆ 천요나 도화성을 보게 되면 이성문제로 인해 손재와 시비구설이 발생하게 된다.
伏兵 복병	◆ 복병은, 음해. 음모, 시비구설, 밖으로 드러나지 않은 질병 등을 주관한다. ◆ 天姚를 보면 권모술수를 조심해야 하고, 다시 도화가 있으면 陰害로 인한 시비구설이 발생한다. ◆ 흉성을 많이 보게 되면 질병과 연관하여 흉액의 발생이 높다.
官府 관부	◆ 관부는 관재구설과 시비다툼을 주관한다. ◆ 관부는 자연 경양, 타라 등과 동궁하게 되며, 모두 시비구설과 官災와 연관되는 것이다. ◆ 天刑과 化忌가 동궁이면 시비구설과 연관하여 訟事(송사)가 발생하게 된다. ◆ 관부는 함지, 거문, 염정, 파군 등을 기피한다.

◆ 예로, 남명. 壬子年 5月(丙午月) 17日(己丑日) 巳時(己巳時)生의 박사십이신 부법은 다음 圖25와 같다.

◆ 남명, 壬子年生이므로 양년생 남자이고, 生年干은 壬이니 지반 亥宮에 박사를 부법하고 기타의 星은 시계방향으로 순포한다.

<table>
<tr><th colspan="4">圖25</th></tr>
<tr>
<td>天機 天鉞 文昌
陷 平 平
天姚 劫殺 破碎 幻殺 三殺
飛廉
官祿 病 乙巳</td>
<td>紫微(權) 右弼
廟 廟
天傷 天福 地空 天哭 天虛
天福 官符 三殺 喜神
奴僕 死 丙午</td>
<td>火星
旺
天月 大耗 封誥 月德 天喜
小耗 三殺 病符
遷移 墓 丁未</td>
<td>破軍 左輔(科)
廟 弱
天使 蜚廉 恩光 解神 天馬
大耗 大耗
疾厄 胞 戊申</td>
</tr>
<tr>
<td>七殺
旺
地劫 龍池 華蓋 喪門 亡神
奏書
田宅 衰 甲辰</td>
<td colspan="2" rowspan="2">男命
陰曆：壬子年. 5. 17. 巳時
命局：木3局 桑柘木

己 己 丙 壬
巳 丑 午 子
72 62 52 42 32 22 12 2
甲 癸 壬 辛 庚 己 戊 丁
寅 丑 子 亥 戌 酉 申 未</td>
<td>文曲
廟
天廚 天喜 咸池 天厄 伏兵
財帛 胎 己酉</td>
</tr>
<tr>
<td>太陽 天梁(祿) 天魁 鈴星
旺 陷 廟 廟
紅鸞 天空 將軍
福德 帝旺 癸卯</td>
<td>天府 廉貞 陀羅
廟 旺 平
天官 鳳閣 寡宿 流陀 白虎
官符
子女 養 庚戌</td>
</tr>
<tr>
<td>武曲(忌) 天相
陷 弱
天馬 孤辰 八座 流昌 鉞鋒
小耗
父母 建祿 壬寅</td>
<td>天同 巨門
平 平
天刑 天空 天才 病符 紅鸞
青龍
命宮 冠帶 癸丑</td>
<td>貪狼 擎羊
廟 平
三台 天貴 流羊 流曲 弔客
力士
兄弟 沐浴 壬子</td>
<td>太陰 祿存
廟 陷
台輔 天壽 流祿 天德 月德
卷舌 劫殺 博士
夫妻 身宮 長生 辛亥</td>
</tr>
</table>

25) 태세십이신 부법(太歲十二神 附法)

◆ 생년태세의 年支宮이나 당년태세의 年支宮에 太歲를 부법하고, 남녀 공히 순행하여 부법하는데, 太歲(태세)에 이어 太陽(태양), 喪門(상문), 太陰(태음), 官府(관부), 死符(사부), 歲破(세파), 龍德(용덕), 白虎(백호), 福德(복덕), 弔客(조객), 病符(병부) 순으로 순포한다.

年支 星名	子	丑	寅	卯	辰	巳	午	未	申	酉	戌	亥
太歲(태세)	子	丑	寅	卯	辰	巳	午	未	申	酉	戌	亥
太陽(태양)	丑	寅	卯	辰	巳	午	未	申	酉	戌	亥	子
喪門(상문)	寅	卯	辰	巳	午	未	申	酉	戌	亥	子	丑
太陰(태음)	卯	辰	巳	午	未	申	酉	戌	亥	子	丑	寅
官府(관부)	辰	巳	午	未	申	酉	戌	亥	子	丑	寅	卯
死符(사부)	巳	午	未	申	酉	戌	亥	子	丑	寅	卯	辰
歲破(세파)	午	未	申	酉	戌	亥	子	丑	寅	卯	辰	巳
龍德(용덕)	未	申	酉	戌	亥	子	丑	寅	卯	辰	巳	午
白虎(백호)	申	酉	戌	亥	子	丑	寅	卯	辰	巳	午	未
福德(복덕)	酉	戌	亥	子	丑	寅	卯	辰	巳	午	未	申
弔客(조객)	戌	亥	子	丑	寅	卯	辰	巳	午	未	申	酉
病符(병부)	亥	子	丑	寅	卯	辰	巳	午	未	申	酉	戌

	太歲十二神 詳解(태세십이신 상해)
太歲 태세	◆ 태세는 1년 동안의 禍와 福을 주관하며, 일명 "歲建(세건)이라고도 한다. ◆ 길성과 동궁이면 1년 동안 用事함에 있어 길함이 많고, 흉사와 동궁이면 1년 동안 흉함이 많다.
晦氣 회기	◆ 일명 "太陽(태양)"이라 칭하기도 한다. ◆ 태양은 日의 精髓(정수)로 문화, 문명의 별이다. ◆ 중천제성의 主星인 태양과 같은 역할이다. ◆ 명궁과 身宮에 居하면 총명하고 지혜가 있다. ◆ 중천의 주성인 태양과 동궁하고, 두 개의 별이 入廟하며, 명궁이나 관록궁, 재백궁에 居하면 부귀가 크고 발복이 빠르다.

喪門 상문	◆ 상문은 刑傷, 사고, 질병, 관재구설의 흉성이다. ◆ 백호와는 대칭궁이고, 조객과는 삼방에서 회조하게 된다. ◆ 상문이 명궁, 전택궁, 부모궁에 居하고 다시 흉성이 있으면 흉화가 重하거나 상복을 입게 되는 경우가 많다.
貫索 관색	◆ 관색은 시비다툼, 관재구설과 연관된다. ◆ 일명 "太陰(태음)"이라 칭하기도 한다. ◆ 태음은 月의 精髓(정수)로 문화, 문명의 별이다. ◆ 중천제성의 주성인 태음과 성질이 같다. ◆ 명궁이나 身宮에 居하면 다재다능하고, 중천제성의 주성인 태음과 入廟하면 부귀가 기약되나 다소 발복이 늦다. ◆ 흉성을 보게 되면 시비와 官災가 발생하고, 길성을 보게 되면, 다소 일의 진행이 더디나 종국에는 길함이 있다.
官府 관부	◆ 관부는 관재구설과 연관된 星이다. ◆ 칠살, 화기, 天刑 등의 동궁이면 輕한 경우에는 시비구설이 있고, 重한 경우에는 官災를 당하게 된다. ◆ 관부가 보좌길성이나 四化길성과 동궁이면 官給工事 등과 연관되어 허가나 면허 등의 일에 길함이 있다.
小耗 소모	◆ 일명 "死符(사부)"라 칭하기도 한다. ◆ 사부는 사고, 질병, 사망의 흉액 등을 주사한다.
歲破 세파	◆ 세파는 災禍와 연관된 흉성이다. ◆ 태세와는 대칭궁이며, 상문, 조객과는 삼방에 해당되어 길함이 적은 것이다. ◆ 흉성과 동궁이면 시비다툼, 관재구설의 재액이 따르고, 육친궁에 거하면 해당 육친과의 형상이 따르게 된다.
龍德 용덕	◆ 용덕은 희경지사를 주관한다. ◆ 천덕, 월덕과는 三德星이 되는 것이다. ◆ 길성과 동궁이면 재백과 명예를 얻게 되며, 官訟이나 시비구설 등의 사안과 연관하여서는 和解를 이루어 낸다.
白虎 백호	◆ 백호는 刑傷, 사고, 질액 등과 연관된다. ◆ 상문과는 대칭궁이며 흉성과 동궁이면 사고, 질병 등이 염려된다. ◆ 명궁이나 육친궁에 있으면 본인이나 해당 육친에게 흉액이 따르게 된다. 重하면 喪을 당하기도 한다.
福德 복덕	◆ 복덕은 蔭德(음덕)의 성요이다. ◆ 윗사람의 조력이나 조상의 暗助(암조)가 있는 것이다. ◆ 天魁, 天鉞 등의 보좌길성이 있으면 길함이 더욱 증가한다. ◆ 명궁이나 身宮에 居하거나 복덕궁에 居하면 복록이 많다.
弔客 조객	◆ 조객은 刑傷(형상)이나 孝服(효복)의 성요이다. ◆ 官符와는 대칭궁이고, 세파, 상문과는 삼합궁이니 흉함이 심한 것이다. ◆ 육친궁에 居하면 해당 육친에게 재액이 따르는 것이다.

病符 병부	◆ 병부는 질병을 主한다. ◆ 흉성과 동궁이면, 질병에 유의해야 한다. ◆ 천이궁과 동궁이면, 집밖이나 원행에서의 車禍(차화)를 조심해야 한다. ◆ 병부가 명궁에 居하고, 기타 흉성과 동궁이면, 신약하게 되고 선천적 질환이나 만성질환 등을 유의해야 한다.

◆ 예로, 남명. 壬子年 5月(丙午月) 17日(己丑日) 巳時(己巳時)生의 태세십이신 부법은 다음 圖26과 같다.

◆ 생년지지가 子이니 地盤 子宮에서 太歲(태세)를 부법하고, 이어서 晦氣(회기), 喪門(상문), 貫索(관색)…순으로 남녀 공히 순포한다.

<table>
<tr><th colspan="4">圖26</th></tr>
<tr>
<td>天機 陷　天鉞 平　文昌 平
天姚　劫殺　破碎　幻殺　三殺
飛廉　**小耗**
官祿　病　乙巳</td>
<td>紫微(權) 廟　右弼 廟
天傷　天福　地空　天哭　天虛
天福　官符　三殺　喜神　**歲破**
奴僕　死　丙午</td>
<td>火星 旺
天月　大耗　封誥　月德　天喜
小耗　三殺　病符　**龍德**
遷移　墓　丁未</td>
<td>破軍 廟　左輔(科) 弱
天使　蜚廉　恩光　解神　天馬
大耗　大耗　**白虎**
疾厄　胞　戊申</td>
</tr>
<tr>
<td>七殺 旺
地劫　龍池　華蓋　喪門　亡神
奏書　**官符**
田宅　衰　甲辰</td>
<td colspan="2" rowspan="2">男命
陰曆：壬子年. 5. 17. 巳時
命局：木3局　桑柘木

己 己 丙 壬
巳 丑 午 子

72 62 52 42 32 22 12 2
甲 癸 壬 辛 庚 己 戊 丁
寅 丑 子 亥 戌 酉 申 未</td>
<td>文曲 廟
天廚　天喜　咸池　天厄　伏兵
福德
財帛　胎　己酉</td>
</tr>
<tr>
<td>太陽 旺　天梁(祿) 陷　天魁 廟　鈴星 廟
紅鸞　天空　將軍　**貫索**
福德　帝旺　癸卯</td>
<td>天府 廟　廉貞 旺　陀羅 平
天官　鳳閣　寡宿　流陀　白虎
官符　**弔客**
子女　養　庚戌</td>
</tr>
<tr>
<td>武曲(忌) 陷　天相 弱
天馬　孤辰　八座　文昌　鉞鋒
小耗　**喪門**
父母　建祿　壬寅</td>
<td>天同 平　巨門 平
天刑　天空　天才　病符　紅鸞
青龍　**晦氣**
命宮　冠帶　癸丑</td>
<td>貪狼 廟　擎羊 平
三台　天貴　流羊　流曲　弔客
力士　**太歲**
兄弟　沐浴　壬子</td>
<td>太陰 廟　祿存 陷
台輔　天壽　流祿　天德　月德
卷舌　劫殺　博士　病符
夫妻　身宮　長生　辛亥</td>
</tr>
</table>

26) 장전십이신 부법(將前十二神 附法)

- 자신의 生年이나 流年의 年支와 三合되는 지지를 기준으로 부법하는데, 四正宮(旺地)인 子, 午, 卯, 酉宮에 將星(장성)을 부법하고, 이어서 攀鞍(반안), 歲驛(세역), 息神(식신), 華蓋(화개), 劫殺(겁살), 災殺(재살), 天殺(천살), 指背(지배), 咸池(함지), 月殺(월살), 亡神(망신) 순으로 남녀 공히 순행하여 부법한다.
- 將前의 의미는, 將星에서 시작하여 순차적으로 진행하여 나머지 十一個의 星을 부법한다는 의미로, 그 頭星이 將星이니 將前十二神이라 명명한 것이다.
- 자평명리의 十二神殺에 준하여 판단한다.

年支 / 星名	子	丑	寅	卯	辰	巳	午	未	申	酉	戌	亥
將星(장성)	子	酉	午	卯	子	酉	午	卯	子	酉	午	卯
攀鞍(반안)	丑	戌	未	辰	丑	戌	未	辰	丑	戌	未	辰
歲驛(세역)	寅	亥	申	巳	寅	亥	申	巳	寅	亥	申	巳
息神(식신)	卯	子	酉	午	卯	子	酉	午	卯	子	酉	午
華蓋(화개)	辰	丑	戌	未	辰	丑	戌	未	辰	丑	戌	未
劫殺(겁살)	巳	寅	亥	申	巳	寅	亥	申	巳	寅	亥	申
災殺(재살)	午	卯	子	酉	午	卯	子	酉	午	卯	子	酉
天殺(천살)	未	辰	丑	戌	未	辰	丑	戌	未	辰	丑	戌
指背(지배)	申	巳	寅	亥	申	巳	寅	亥	申	巳	寅	亥
咸池(함지)	酉	午	卯	子	酉	午	卯	子	酉	午	卯	子
月殺(월살)	戌	未	辰	丑	戌	未	辰	丑	戌	未	辰	丑
亡神(망신)	亥	申	巳	寅	亥	申	巳	寅	亥	申	巳	寅

年支	將星
寅·午·戌	午宮
申·子·辰	子宮
亥·卯·未	卯宮
巳·酉·丑	酉宮

	將前十二神 解義(장전십이신 해의)
將星 장성	◆ 존귀, 위엄, 권위를 주관하며 남을 영도하는 능력이 있다. ◆ 진취적이며 역동적인 면을 의미한다. ◆ 천괴, 천월, 좌보, 우필을 보면 위엄과 權貴가 더욱 강해진다. ◆ 자미, 태양, 칠살을 보면 길하다.
攀鞍 반안	◆ 공명을 주관한다. ◆ 宮·星의 조합이 길하면 영전과 명예를 얻고, 귀인의 조력을 얻기도 한다. ◆ 좌보, 우필, 천괴, 천월, 삼태, 팔좌 등을 보면 功名을 얻게 된다.
歲驛 세역	◆ 자평명리의 십이신살 중 역마와 같은 역할로, 이동, 원행, 이사 등을 주관한다. ◆ 宮·星의 조합이 길하면 이사, 새로운 일의 계획, 원행이나 여행과 연관하여 길함이 많다. ◆ 명궁, 재백궁, 관록궁에 居하고 길성이 회조하면, 사업 적으로 이득이 많고, 매사 순탄하며 비약적인 발전이 있다.
息神 식신	◆ 자평명리의 십이신살 중 육해살에 준하여 판단한다. ◆ 매사 무기력하고, 육친과의 연이 적고, 예기치 않은 사고, 질병 등이 많이 발생한다. ◆ 지겁, 지공, 그리고 기타 흉성 등과 동궁하면 퇴행적이고 염세적이며 매사 적극성이 적다. ◆ 일처리에 있어 有始無終인 경우가 많다.
華蓋 화개	◆ 지혜, 총명함이 있고, 종교적이며, 정신적인 면을 주사 한다. ◆ 명궁인 복덕궁에서 息神을 보면 사상, 이념, 정신세계와 연관됨이 많다. ◆ 天刑, 지공, 천공 등을 만나면 세속을 떠나 구도자나 은둔자의 길을 가는 경우가 많다. ◆ 化科, 문창, 도화 등을 만나면 才藝(재예)와 연관이 많다.
劫殺 겁살	◆ 損財(손재)와 災厄(재액) 등을 主한다. ◆ 명궁이나 財官宮에 居하며 살성이나 흉성이 동궁이면, 災厄과 관재구설이 따르게 된다.
災殺 재살	◆ 災厄, 損財, 사고, 질병 등을 주사한다. ◆ 살성이나 흉성 등을 보게 되면, 사고, 질병, 손재 등을 유의해야 하며, 타인에 의해 흉화가 유발되기도 한다. ◆ 화성, 영성, 지겁, 지공 등과 동궁이면 타인으로 말미암아 損財와 흉액이 따른다.
天殺 천살	◆ 천살은 刑剋과 선천적인 질병을 주사한다. ◆ 손윗사람과의 연이 薄(박)한 성향이 많은데 男命과의 관계가 특히 그러하다. ◆ 육친궁(부모, 형제, 부처, 자녀)에 동궁하고, 다시 살성이 회조하면 해당 육친과의 사이에 흉함이 대두된다.

指背 지배	◆ 시비구설, 官災, 음해 등을 주하며 변동의 星이다. ◆ 살성과 동궁이면, 남의 음해와 官災를 조심해야 한다.
咸池 함지	◆ 자평명리의 십이신살 중 도화성과 연관된다. ◆ 함지가 대모와 동궁이면 女難과 破財, 破家가 따른다. ◆ 흉성과 동궁이면 주색으로 인해 패가망신한다.
月殺 월살	◆ 刑剋(형극)을 주하며 육친과의 연이 적게 된다. ◆ 손윗사람과의 연이 薄(박)한 성향이 많은데 女命과의 관계가 특히 그러하다. ◆ 살성과 동궁이면 조상이나 육친과의 연이 薄(박)하고, 육친궁에 동궁이면 해당 육친과의 사이에 장애요소가 많게 된다. ◆ 格이 길격이면 흉함이 다소 감쇠된다.
亡神 망신	◆ 損財와 家破人亡의 흉성이며 주색을 밝히는 성향이 있다. ◆ 살성을 보면 예기치 않은 곳에서 損財가 발생하고, 기타 흉성이 많으면, 損耗와 더불어 정신질환을 앓게 되거나 가업을 破하게 되는 경우도 있다.

◆ 예로, 남명. 壬子年 5月(丙午月) 17日(己丑日) 巳時(己巳時)生의 장전십이신 부법은 다음 圖27과 같다.

◆ 生年地支가 子水이니 地盤 子宮에 將星(장성)을 부법하고, 이어서 반안, 세역, 식신.... 순으로 남녀 공히 순포한다.

圖27

<table>
<tr>
<td>天機 天鉞 文昌
陷 平 平
天姚 劫殺 破碎 幻殺 三殺
飛廉 小耗 劫殺
官祿 病 乙巳</td>
<td>紫微(權) 右弼
廟 廟
天傷 天福 地空 天哭 天虛
天福 官符 三殺 喜神 歲破
災殺
奴僕 死 丙午</td>
<td>火星
旺
天月 大耗 封誥 月德 天喜
小耗 三殺 病符 龍德 天殺
遷移 墓 丁未</td>
<td>破軍 左輔(科)
廟 弱
天使 蜚廉 恩光 解神 天馬
大耗 大耗 白虎 指背
疾厄 胞 戊申</td>
</tr>
<tr>
<td>七殺 旺
地劫 龍池 華蓋 喪門 亡神
奏書 官符 華蓋
田宅 衰 甲辰</td>
<td colspan="2" rowspan="2">男命
陰曆：壬子年. 5. 17. 巳時
命局：木3局 桑柘木

己 己 丙 壬
巳 丑 午 子
72 62 52 42 32 22 12 2
甲 癸 壬 辛 庚 己 戊 丁
寅 丑 子 亥 戌 酉 申 未</td>
<td>文曲 廟
天廚 天喜 咸池 天厄 伏兵
福德 咸池
財帛 胎 己酉</td>
</tr>
<tr>
<td>太陽 天梁(祿) 天魁 鈴星
旺 陷 廟 廟
紅鸞 天空 將軍 貫索 息神
福德 帝旺 癸卯</td>
<td>天府 廉貞 陀羅
廟 旺 平
天官 鳳閣 寡宿 流陀 白虎
官符 弔客 月殺
子女 養 庚戌</td>
</tr>
<tr>
<td>武曲(忌) 天相
陷 弱
天馬 孤辰 八座 文昌 鉞鋒
小耗 喪門 歲驛
父母 建祿 壬寅</td>
<td>天同 巨門
平 平
天刑 天空 天才 病符 青龍
晦氣 攀鞍
命宮 冠帶 癸丑</td>
<td>貪狼 擎羊
廟 平
三台 天貴 流羊 流曲 弔客
力士 太歲 將星
兄弟 沐浴 壬子</td>
<td>太陰 祿存
廟 陷
台輔 天壽 流祿 天德 月德
卷舌 劫殺 博士 病符 亡神
夫妻 身宮 長生 辛亥</td>
</tr>
</table>

27) 유성 부법(流星 附法)

◆流星은 大限, 小限, 流年, 流月, 流日, 流時를 볼 때에 부법되는 여러 성요들을 총칭하여 流星이라 한다.

◆流星의 主要 성요와 부법 기준

流星	附法 基準(부법 기준)
天魁(천괴)	◆대한, 소한은 해당 궁위의 천간을 기준한다. ◆유년, 유월, 유일, 유시는 해당운의 천간을 기준한다.
天鉞(천월)	
祿存(녹존)	
擎羊(경양)	
陀羅(타라)	
天官(천관)	
天福(천복)	
天廚(천주)	
火星(화성)	◆대한, 소한은 해당 궁위의 지지와 생시를 기준한다. ◆유년, 유월, 유일, 유시는 해당운의 지지와 생시를 기준한다.
鈴星(영성)	
化祿(화록)	◆대한, 소한은 해당 궁위의 천간을 기준한다. ◆유년, 유월, 유일, 유시는 해당운의 천간을 기준한다.
化權(화권)	
化科(화과)	
化忌(화기)	

◆문창과 문곡은 선천명반과는 차이가 있으니, 아래 표를 참조한다.

◆대한, 소한은 해당 궁위의 宮干을 기준하고, 유년, 유월, 유일, 유시는 해당 天干을 기준한다.

宮 天干 / 星名	甲	乙	丙	丁	戊	己	庚	辛	壬	癸
流昌(유창)	巳	午	申	酉	申	酉	亥	子	寅	卯
流曲(유곡)	酉	申	午	巳	午	巳	卯	寅	子	亥

◆ 상기 流星의 부법은, 선천명반과 차이를 두기 위해 다르게 부법하는데, 예로 大限의 경우에는 앞에 大를 붙이는데, 천괴는 "大魁", 경양은 "大羊"으로 부법하고, 小限의 경우라면 "小魁", "小羊"으로 부법하는 것이다. 또한 流年의 경우라면 "流魁", "流羊"으로 부법한다.

28) 순공 및 절공 부법(旬空 및 截空 附法)

◆ 旬空(순공)은 旬中空亡(순중공망)을 뜻하며, 截空(절공)은 截路空亡(절로공망)을 뜻한다. 아래 표를 참조한다.

生年 旬中(생년 순중)	旬空
甲子. 乙丑. 丙寅. 丁卯. 戊辰. 己巳. 庚午. 辛未. 壬申. 癸酉	戌.亥
甲戌, 乙亥, 丙子. 丁丑. 戊寅. 己卯. 庚辰. 辛巳. 壬午. 癸未	申.酉
甲申. 乙酉. 丙戌. 丁亥. 戊子. 己丑. 庚寅. 辛卯. 壬辰. 癸巳	午.未
甲午. 乙未. 丙申. 丁酉. 戊戌. 己亥. 庚子. 辛丑. 壬寅. 癸卯	辰.巳
甲辰. 乙巳. 丙午. 丁未. 戊申. 己酉. 庚戌. 辛亥. 壬子. 癸丑	寅.卯
甲寅. 乙卯. 丙辰. 丁巳. 戊午. 己未. 庚申. 辛酉. 壬戌. 癸亥	子.丑

生年天干	甲·己	乙·庚	丙·辛	丁·壬	戊·癸
截空	申·酉	午·未	辰·巳	寅·卯	子·丑

* 旬空과 截空 附法은 선천명반에서는 生年 天干을 적용하나, 대한, 소한 부법에서는 대·소한 宮의 天干을 기준한다.

* 陽干인 경우에는 陽支, 陰干인 경우에는 陰支를 적용한다. 예로, 甲子生이라면 生年天干이 甲으로 陽干이니 地支 戌, 亥 중에서 陽支인 戌이 旬空이 되는 것이다. 截空도 같은 맥락이다.

◆ 예로, 남명. 壬子年 5月(丙午月) 17日(己丑日) 巳時(己巳時)生의 旬空과 截空 附法은 다음 圖28과 같다.

<table>
<tr><td colspan="4">圖28</td></tr>
<tr>
<td>天機 天鉞 文昌
陷 平 平
天姚 劫殺 破碎 幻殺 三殺
飛廉 小耗 劫殺
官祿 病 乙巳</td>
<td>紫微(權) 右弼
廟 廟
天傷 天福 地空 天哭 天虛
天福 官符 三殺 喜神 歲破
災殺
奴僕 死 丙午</td>
<td>火星
旺
天月 大耗 封誥 月德 天喜
小耗 三殺 病符 龍德 天殺
遷移 墓 丁未</td>
<td>破軍 左輔(科)
廟 弱
天使 蜚廉 恩光 解神 天馬
大耗 大耗 白虎 指背
疾厄 胞 戊申</td>
</tr>
<tr>
<td>七殺
旺
地劫 龍池 華蓋 喪門 亡神
奏書 官符 華蓋
田宅 衰 甲辰</td>
<td colspan="2" rowspan="2">男命
陰曆：壬子年. 5. 17. 巳時
命局：木3局 桑柘木

己 己 丙 壬
巳 丑 午 子
72 62 52 42 32 22 12 2
甲 癸 壬 辛 庚 己 戊 丁
寅 丑 子 亥 戌 酉 申 未</td>
<td>文曲
廟
天廚 天喜 咸池 天厄 伏兵
福德 咸池
財帛 胎 己酉</td>
</tr>
<tr>
<td>太陽 天梁(祿) 天魁 鈴星
旺 陷 廟 廟
紅鸞 天空 將軍 貫索 息神
福德 帝旺 癸卯</td>
<td>天府 廉貞 陀羅
廟 旺 平
天官 鳳閣 寡宿 流陀 白虎
官符 弔客 月殺
子女 養 庚戌</td>
</tr>
<tr>
<td>武曲(忌) 天相
陷 弱
天馬 孤辰 八座 文昌 鉞鋒
小耗 喪門 歲驛 旬空 截空
父母 建祿 壬寅</td>
<td>天同 巨門
平 平
天刑 天空 天才 病符 青龍
晦氣 攀鞍
命宮 冠帶 癸丑</td>
<td>貪狼 擎羊
廟 平
三台 天貴 流羊 流曲 弔客
力士 太歲 將星
兄弟 沐浴 壬子</td>
<td>太陰 祿存
廟 陷
台輔 天壽 流祿 天德 月德
卷舌 劫殺 博士 病符 亡神
夫妻 身宮 長生 辛亥</td>
</tr>
</table>

3. 행운 부법行運 附法

행운은 명반인이 생년시부터 終命時(종명시)까지 삶을 영위하여가는 동안 진행되어가는 운의 흐름을 의미하는 것으로, 大限(대한), 小限(소한), 歲限(세한), 童限(동한)을 총칭하는 것이다.

大限 : 10년 단위의 비교적 긴 기간에 해당하는 운.

小限 : 생년을 1세로 시작하여 終命時(종명시)까지의 나이 數에 따른 운.

歲限 : 매해 당년태세에 해당하는 운.

童限 : 특정하여 유아기(1세~6세)에 해당하는 운.

1) 대한(大限)을 정하는 법

대한은 10년간의 命運(명운)을 판단하는 것으로, 이를 정하는 것을 "立運(입운)"이라 하는데, 立運은 육십갑자 납음오행에 따른 오행배속의 數(수)를 기준한 것으로, 명궁을 기준하여 12지지궁에 포국한다.

陽年生 男命·陰年生 女命 : 명궁을 기준하여 順布(순포)한다.

陰年生 男命·陽年生 女命 : 명궁을 기준하여 逆布(역포)한다.

大限 早見表(대한 조견표)													
水 2 局	양남 음녀	명궁 02~11	부모 12~21	복덕 22~31	전택 32~41	관록 42~51	노복 52~61	천이 62~71	질액 72~81	재백 82~91	자녀 92~101	부처 102~111	형제 112~121
	음남 양녀	명궁 02~11	형제 12~21	부처 22~31	자녀 32~41	재백 42~51	질액 52~61	천이 62~71	노복 72~81	관록 82~91	전택 92~101	복덕 102~111	부모 112~121
木 3 局	양남 음녀	명궁 03~12	부모 13~22	복덕 23~32	전택 33~42	관록 43~52	노복 53~62	천이 63~72	질액 73~82	재백 83~92	자녀 93~102	부처 103~112	형제 113~122
	음남 양녀	명궁 03~12	형제 13~22	부처 23~32	자녀 33~42	재백 43~52	질액 53~62	천이 63~72	노복 73~82	관록 83~92	전택 93~102	복덕 103~112	부모 113~122
金 4 局	양남 음녀	명궁 04~13	부모 14~23	복덕 24~33	전택 34~43	관록 44~53	노복 54~63	천이 64~73	질액 74~83	재백 84~93	자녀 94~103	부처 104~113	형제 114~123
	음남 양녀	명궁 04~13	형제 14~23	부처 24~33	자녀 34~43	재백 44~53	질액 54~63	천이 64~73	노복 74~83	관록 84~93	전택 94~103	복덕 104~113	부모 114~123
土 5 局	양남 음녀	명궁 05~14	부모 15~24	복덕 25~34	전택 35~44	관록 45~54	노복 55~64	천이 65~74	질액 75~84	재백 85~94	자녀 95~104	부처 105~114	형제 115~124
	음남 양녀	명궁 05~14	형제 15~24	부처 25~34	자녀 35~44	재백 45~54	질액 55~64	천이 65~74	노복 75~84	관록 85~94	전택 95~104	복덕 105~114	부모 115~124
火 6 局	양남 음녀	명궁 06~15	부모 16~25	복덕 26~35	전택 36~45	관록 46~55	노복 56~65	천이 66~75	질액 76~85	재백 86~95	자녀 96~105	부처 106~115	형제 116~125
	음남 양녀	명궁 06~15	형제 16~25	부처 26~35	자녀 36~45	재백 46~55	질액 56~65	천이 66~75	노복 76~85	관록 86~95	전택 96~105	복덕 106~115	부모 116~125

예로, 남명. 壬子年 5月(丙午月) 17日(己丑日) 巳時(己巳時)生의 경우에는 命宮이 丑宮이고 宮의 干支는 癸丑이며 癸丑은 납음오행이 桑柘木(상자목)으로 木에 해당하니 앞에서 설명한 五局配屬 항목을 참조하면 자연 木3局에 해당된다. 따라서 立運은 3세가 되며, 양년생이니 丑宮인 命宮에서 1~2세까지 머물고, 3~12세까지 10년은 寅宮, 13~22세까지 10년은 卯宮, 33~42세까지 10년은 辰宮... 등으로 순포시키는 것이다. 다음 圖29와 같다.

圖29

<table>
<tr>
<td>天機 陷　天鉞 平　文昌 平
天姚 劫殺 破碎 幻殺 三殺
飛廉 小耗 劫殺
33~42
官祿 病 乙巳</td>
<td>紫微(權) 廟　右弼 廟
天傷 天福 地空 天哭 天虛
天福 官符 三殺 喜神 歲破
災殺
43~52
奴僕 死 丙午</td>
<td>火星 旺
天月 大耗 封誥 月德 天喜
小耗 三殺 病符 龍德 天殺
53~62
遷移 墓 丁未</td>
<td>破軍 廟　左輔(科) 弱
天使 蜚廉 恩光 解神 天馬
大耗 大耗 白虎 指背
63~72
疾厄 胞 戊申</td>
</tr>
<tr>
<td>七殺 旺
地劫 龍池 華蓋 喪門 亡神
奏書 官符 華蓋
23~32
田宅 衰 甲辰</td>
<td colspan="2" rowspan="2">男命
陰曆 : 壬子年. 5. 17. 巳時
命局 : 木3局 桑柘木

己 己 丙 壬
巳 丑 午 子
72 62 52 42 32 22 12 2
甲 癸 壬 辛 庚 己 戊 丁
寅 丑 子 亥 戌 酉 申 未</td>
<td>文曲 廟
天廚 天喜 咸池 天厄 伏兵
福德 咸池
73~82
財帛 胎 己酉</td>
</tr>
<tr>
<td>太陽 旺　天梁(祿) 陷　天魁 廟　鈴星 廟
紅鸞 天空 將軍 貫索 息神
13~22
福德 帝旺 癸卯</td>
<td>天府 廟　廉貞 旺　陀羅 平
天官 鳳閣 寡宿 流陀 白虎
官符 弔客 月殺
83~92
子女 養 庚戌</td>
</tr>
<tr>
<td>武曲(忌) 陷　天相 弱
天馬 孤辰 八座 文昌 鉞鋒
小耗 喪門 歲驛 旬空 截空
3~12
父母 建祿 壬寅</td>
<td>天同 平　巨門 平
天刑 天空 天才 病符 青龍
晦氣 攀鞍
1~2
命宮 冠帶 癸丑</td>
<td>貪狼 廟　擎羊 平
三台 天貴 流羊 流曲 弔客
力士 太歲 將星
兄弟 沐浴 壬子</td>
<td>太陰 廟　祿存 陷
台輔 天壽 流祿 天德 月德
卷舌 劫殺 博士 病符 亡神
93~
夫妻 身宮 長生 辛亥</td>
</tr>
</table>

2) 소한(小限)을 정하는 법

大限이 정해지면 매해의 一年의 運을 보는 방법으로 "小限(소한)"과 "流年(유년)"이 있다. 대체로 현재의 자미명학의 간명에서는, 소한 보다 유년을 많이 활용하고 있는 추세이니 참고하기 바란다.

(1) 소한 부법(小限 附法)

- 小限은 생년시부터 종명시까지의 나이 수에 따른 운으로, 男命은 순포하고 女命은 역포하는데, 生年地支의 삼합국에 따라 起(기)하는 宮이 다르다.

生年地支	起宮
寅·午·戌	辰宮
申·子·辰	戌宮
亥·卯·未	丑宮
巳·酉·丑	未宮

- 예로, 남명. 壬子年 5月(丙午月) 17日(己丑日) 巳時(己巳時)生의 小限 부법은 다음 圖30과 같다.
- 男命이니 순포하는데, 生年地支가 子이니 상기 표에서와 같이 戌宮에서 1세를 起하여, 亥宮 2세, 子宮 3세...등으로 순행 부법하는 것이다.

<table>
<tr><th colspan="4">圖30</th></tr>
<tr>
<td>天機 陷
天鉞 平
文昌 平
天姚 劫殺 破碎 幻殺 三殺
飛廉 小耗 劫殺
8 20 32 33~42
官祿 病 乙巳</td>
<td>紫微(權) 廟
右弼 廟
天傷 天福 地空 天哭 天虛
天福 官符 三殺 喜神 歲破
災殺
9 21 33 43~52
奴僕 死 丙午</td>
<td>火星 旺
天月 大耗 封誥 月德 天喜
小耗 三殺 病符 龍德 天殺
10 22 34 53~62
遷移 墓 丁未</td>
<td>破軍 廟
左輔(科) 弱
天使 蜚廉 恩光 解神 天馬
大耗 大耗 白虎 指背
11 23 35 63~72
疾厄 胞 戊申</td>
</tr>
<tr>
<td>七殺 旺
地劫 龍池 華蓋 喪門 亡神
奏書 官符 華蓋
7 19 31 23~32
田宅 衰 甲辰</td>
<td colspan="2" rowspan="2">男命
陰曆：壬子年. 5. 17. 巳時
命局：木3局 桑柘木

己 己 丙 壬
巳 丑 午 子
72 62 52 42 32 22 12 2
甲 癸 壬 辛 庚 己 戊 丁
寅 丑 子 亥 戌 酉 申 未</td>
<td>文曲 廟
天廚 天喜 咸池 天厄 伏兵
福德 咸池
12 24 36 73~82
財帛 胎 己酉</td>
</tr>
<tr>
<td>太陽 旺
天梁(祿) 陷
天魁 廟
鈴星 廟
紅鸞 天空 將軍 貫索 息神
6 18 30 13~22
福德 帝旺 癸卯</td>
<td>天府 廟
廉貞 旺
陀羅 平
天官 鳳閣 寡宿 流陀 白虎
官符 弔客 月殺
1 13 25 83~92
子女 養 庚戌</td>
</tr>
<tr>
<td>武曲(忌) 陷
天相 弱
天馬 孤辰 八座 文昌 鉞鋒
小耗 喪門 歲驛 旬空 截空
5 17 29 3~12
父母 建祿 壬寅</td>
<td>天同 平
巨門 平
天刑 天空 天才 病符 青龍
晦氣 攀鞍
4 16 28 1~2
命宮 冠帶 癸丑</td>
<td>貪狼 廟
擎羊 平
三台 天貴 流羊 流曲 弔客
力士 太歲 將星
3 15 27
兄弟 沐浴 壬子</td>
<td>太陰 廟
祿存 陷
台輔 天壽 流祿 天德 月德
卷舌 劫殺 博士 病符 亡神
2 14 26 93~
夫妻 身宮 長生 辛亥</td>
</tr>
</table>

(2) 소한 십이궁의 간지 부법(小限 十二宮의 干支 附法)

◆ 小限 十二宮의 天干과 地支 부법은, 해당 大限의 天干字를 기준하여 月頭法을 적용하여 각 십이지지궁에 干支를 부법하는 것이다.

小限 十二宮 干支 조견표												
小限12宮 / 大限天干	寅	卯	辰	巳	午	未	申	酉	戌	亥	子	丑
甲·己	丙寅	丁卯	戊辰	己巳	庚午	辛未	壬申	癸酉	甲戌	乙亥	丙子	丁丑
乙·庚	戊寅	己卯	庚辰	辛巳	壬午	癸未	甲申	乙酉	丙戌	丁亥	戊子	己丑
丙·辛	庚寅	辛卯	壬辰	癸巳	甲午	乙未	丙申	丁酉	戊戌	己亥	庚子	辛丑
丁·壬	壬寅	癸卯	甲辰	乙巳	丙午	丁未	戊申	己酉	庚戌	辛亥	壬子	癸丑
戊·癸	甲寅	乙卯	丙辰	丁巳	戊午	己未	庚申	辛酉	壬戌	癸亥	甲子	乙丑

◆ 예로, 남명. 壬子年 5月(丙午月) 17日(己丑日) 巳時(己巳時)生의 35세 小限의 十二宮 干支 부법은 다음과 같다. 상기 圖30를 살펴보면, 35세 小限은 선천명반의 乙巳大限에 속하며, 35세 小限은 申宮에 낙궁한다. 乙巳大限의 天干 乙을 기준하여 月頭法을 적용하면, 乙庚之年에 戊寅頭하니... 戊寅, 己卯, 庚辰, 辛巳, 壬午, 癸未, 甲申, 乙酉, 丙戌 丁亥, 戊子, 己丑으로 소한 십이궁의 干支가 부법되는 것이다. 다음 표와 같다.

<table>
<tr><th colspan="4">小限 十二宮의 干支</th></tr>
<tr>
<td>8
20 33~42
32
소한 辛
자녀궁 巳</td>
<td>9
21 43~52
33
소한 壬
부처궁 午</td>
<td>10
22 53~62
34
소한 癸
형제궁 未</td>
<td>11
23 63~72
35
소한 甲
명궁 申</td>
</tr>
<tr>
<td>7
19 23~32
31
소한 庚
재백궁 辰</td>
<td colspan="2" rowspan="2">男命
陰曆 : 壬子年. 5. 17. 巳時
命局 : 木3局 桑柘木

己 己 丙 壬
巳 丑 午 子
72 62 52 42 32 22 12 2
甲 癸 壬 辛 庚 己 戊 丁
寅 丑 子 亥 戌 酉 申 未</td>
<td>12
24 73~82
36
소한 乙
부모궁 酉</td>
</tr>
<tr>
<td>6
18 13~22
30
소한 己
질액궁 卯</td>
<td>1
13 83~92
25
소한 丙
복덕궁 戌</td>
</tr>
<tr>
<td>5
17 3~12
29
소한 戊
천이궁 寅</td>
<td>4
16 1~2
28
소한 己
노복궁 丑</td>
<td>3
15
27
소한 戊
관록궁 子</td>
<td>2
14 93~
26
소한 丁
전택궁 亥</td>
</tr>
</table>

小限 早見表(소한 조견표)													
年支 / 小限宮 / 男·女	小限	1	2	3	4	5	6	7	8	9	10	11	12
	歲數	13	14	15	16	17	18	19	20	21	22	23	24
		25	26	27	28	28	30	31	32	33	34	35	36
		37	38	39	40	41	42	43	44	45	46	47	48
		49	50	51	52	53	54	55	56	57	58	59	60
		61	62	63	64	65	66	67	68	69	70	71	72
		73	74	75	76	77	78	79	80	81	82	83	84
		85	86	87	88	89	90	91	92	93	94	95	96
		97	98	99	100	101	102	103	104	105	106	107	108
		109	110	111	112	113	114	115	116	117	118	119	120
寅·午·戌	男	辰	巳	午	未	申	酉	戌	亥	子	丑	寅	卯
	女	辰	卯	寅	丑	子	亥	戌	酉	申	未	午	巳
申·子·辰	男	戌	亥	子	丑	寅	卯	辰	巳	午	未	申	酉
	女	戌	酉	申	未	午	巳	辰	卯	寅	丑	子	亥
亥·卯·未	男	未	申	酉	戌	亥	子	丑	寅	卯	辰	巳	午
	女	未	午	巳	辰	卯	寅	丑	子	亥	戌	酉	申
巳·酉·丑	男	丑	寅	卯	辰	巳	午	未	申	酉	戌	亥	子
	女	丑	子	亥	戌	酉	申	未	午	巳	辰	卯	寅

(3) 소한 성요 부법 예(小限 星曜 附法 例)

◆ 상기 小限 十二宮의 干支 부법을 참고로 하여, 남명. 壬子年 5月(丙午月) 17日(己丑日) 巳時(己巳時)生의 35세 小限의 四煞星(擎羊, 陀羅, 火星, 鈴星)을 아래 표를 참조하여 부법해 본다.

小限命宮 / 宮干 / 星名	甲	乙	丙	丁	戊	己	庚	辛	壬	癸
擎羊 경양	卯	辰	午	未	午	未	酉	戌	子	丑
陀羅 타라	丑	寅	辰	巳	辰	巳	未	申	戌	亥

* 擎羊, 陀羅는 선천명반에서는 생년 천간을 적용하나, 小限 부법에서는 소한명궁의 천간을 기준한다. 小限에서는 擎羊, 陀羅를 "小羊", "小陀"로 부기한다.

生時 / 小限 命宮地支	時支	子	丑	寅	卯	辰	巳	午	未	申	酉	戌	亥
申·子·辰	火星화성	寅	卯	辰	巳	午	未	申	酉	戌	亥	子	丑
	鈴星영성	戌	亥	子	丑	寅	卯	辰	巳	午	未	申	酉

* 火星, 鈴星은 선천명반에서는 생년지지와 생시를 적용하나, 소한 부법에서는 소한명궁의 地支와 生時를 기준하여 부법한다. 소한에서는 火星, 鈴星을 "小火", "小鈴"으로 부기한다.

◆ 예로, 남명. 壬子年 5月(丙午月) 17日(己丑日) 巳時(己巳時)生의 35세 小限의 四煞星 부법은 다음 圖31과 같다.

<table>
<tr><th colspan="4">圖31</th></tr>
<tr>
<td>天機 天鉞 文昌
陷 平 平
天姚 劫殺 破碎 幻殺 三殺
飛廉 小耗 劫殺
8
20 33~42
32
官祿 病 乙巳</td>
<td>紫微(權) 右弼
廟 廟
天傷 天福 地空 天哭 天虛
天福 官符 三殺 喜神 歲破
災殺
9
21 43~52
33
奴僕 死 丙午</td>
<td>火星
旺
天月 大耗 封誥 月德 天喜
小耗 三殺 病符 龍德 天殺
小火
10
22 53~62
34
遷移 墓 丁未</td>
<td>破軍 左輔(科)
廟 弱
天使 蜚廉 恩光 解神 天馬
大耗 大耗 白虎 指背
11
23 63~72
35
疾厄 胞 戊申</td>
</tr>
<tr>
<td>七殺
旺
地劫 龍池 華蓋 喪門 亡神
奏書 官符 華蓋
7
19 23~32
31
田宅 衰 甲辰</td>
<td colspan="2" rowspan="2">男命
陰曆：壬子年. 5. 17. 巳時
命局：木3局 桑柘木
命主：巨門 身主：天府

己 己 丙 壬
巳 丑 午 子
72 62 52 42 32 22 12 2
甲 癸 壬 辛 庚 己 戊 丁
寅 丑 子 亥 戌 酉 申 未</td>
<td>文曲
廟
天廚 天喜 咸池 天厄 伏兵
福德 咸池
12
24 73~82
36
財帛 胎 己酉</td>
</tr>
<tr>
<td>太陽 天梁(祿) 天魁 鈴星
旺 陷 廟 廟
紅鸞 天空 將軍 貫索 息神
小羊 小鈴
6
18 13~22
30
福德 帝旺 癸卯</td>
<td>天府 廉貞 陀羅
廟 旺 平
天官 鳳閣 寡宿 流陀 白虎
官符 弔客 月殺
1
13 83~92
25
子女 養 庚戌</td>
</tr>
<tr>
<td>武曲(忌) 天相
陷 弱
天馬 孤辰 八座 文昌 鉞鋒
小耗 喪門 歲驛 旬空 截空
5
17 3~12
29
父母 建祿 壬寅</td>
<td>天同 巨門
平 平
天刑 天空 天才 病符 青龍
晦氣 攀鞍 小陀
4
16 1~2
28
命宮 冠帶 癸丑</td>
<td>貪狼 擎羊
廟 平
三台 天貴 流羊 流曲 弔客
力士 太歲 將星
3
15
27
兄弟 沐浴 壬子</td>
<td>太陰 祿存
廟 陷
台輔 天壽 流祿 天德 月德
卷舌 劫殺 博士 病符 亡神
2
14 93~
26
夫妻 身宮 長生 辛亥</td>
</tr>
</table>

◆ 기타 성요의 小限 부법도 상기 四煞星의 小限 부법과 같은 맥락이다.

3) 동한(童限)을 정하는 법

◆ 童限은 幼兒期(유아기=1세~6세)의 運을 살펴보는 것으로, 1세부터 6세까지만 적용된다. 7세 이후는 大限法과 小限法을 적용하여 살펴본다. 또한 十二宮 중에서 아래 표와 같이 六個의 宮으로만 예측하는 것이다.

나이 수	12宮
1세	명궁
2세	재백궁
3세	질액궁
4세	부처궁
5세	복덕궁
6세	관록궁

◆ 예로, 남명. 壬子年 5月(丙午月) 17日(己丑日) 巳時(己巳時)生의 童限(동한)은, 丑宮이 命宮이므로 다음 圖32과 같이 부법된다.

<table>
<tr><th colspan="4">圖32</th></tr>
<tr>
<td>天機 天鉞 文昌
陷 平 平
天姚 劫殺 破碎 幻殺 三殺
飛廉 小耗 劫殺
8
20 ⑥세 33~42
32
官祿 病 乙巳</td>
<td>紫微(權) 右弼
廟 廟
天傷 天福 地空 天哭 天虛
天福 官符 三殺 喜神 歲破
災殺
9
21 43~52
33
奴僕 死 丙午</td>
<td>火星
旺
天月 大耗 封誥 月德 天喜
小耗 三殺 病符 龍德 天殺
10
22 53~62
34
遷移 墓 丁未</td>
<td>破軍 左輔(科)
廟 弱
天使 蜚廉 恩光 解神 天馬
大耗 大耗 白虎 指背
11
23 ③세 63~72
35
疾厄 胞 戊申</td>
</tr>
<tr>
<td>七殺
旺
地劫 龍池 華蓋 喪門 亡神
奏書 官符 華蓋
7
19 23~32
31
田宅 衰 甲辰</td>
<td colspan="2" rowspan="2">男命
陰曆 : 壬子年. 5. 17. 巳時
命局 : 木3局 桑柘木
命主 : 巨門 身主 : 天府

己 己 丙 壬
巳 丑 午 子
72 62 52 42 32 22 12 2
甲 癸 壬 辛 庚 己 戊 丁
寅 丑 子 亥 戌 酉 申 未</td>
<td>文曲
廟
天廚 天喜 咸池 天厄 伏兵
福德 咸池
12
24 ②세 73~82
36
財帛 胎 己酉</td>
</tr>
<tr>
<td>太陽 天梁(祿) 天魁 鈴星
旺 陷 廟 廟
紅鸞 天空 將軍 貫索 息神
6
18 ⑤세 13~22
30
福德 帝旺 癸卯</td>
<td>天府 廉貞 陀羅
廟 旺 平
天官 鳳閣 寡宿 流陀 白虎
官符 弔客 月殺
1
13 83~92
25
子女 養 庚戌</td>
</tr>
<tr>
<td>武曲(忌) 天相
陷 弱
天馬 孤辰 八座 文昌 鉞鋒
小耗 喪門 歲驛 旬空 截空
5
17 3~12
29
父母 建祿 壬寅</td>
<td>天同 巨門
平 平
天刑 天空 天才 病符 青龍
晦氣 攀鞍
4
16 ①세 1~2
28
命宮 冠帶 癸丑</td>
<td>貪狼 擎羊
廟 平
三台 天貴 流羊 弔客 力士
太歲 將星
3
15
27
兄弟 沐浴 壬子</td>
<td>太陰 祿存
廟 陷
台輔 天壽 流祿 天德 月德
卷舌 劫殺 博士 病符 亡神
2
14 ④세 93~
26
夫妻 身宮 長生 辛亥</td>
</tr>
</table>

4) 유년(流年)을 정하는 법

- 流年은 매해 매해에 돌아오는 當年太歲(당년태세)를 말하는 것이다.
- 예로, 남명. 壬子年 5月(丙午月) 17日(己丑日) 巳時(己巳時)生의 2022년 壬寅年의 流年 부법은, 流年地支가 寅이니 지반궁 중 寅宮이 流年명궁이 되는 것이다. 다음 圖33과 같다.

<table>
<tr><td colspan="4">圖33</td></tr>
<tr>
<td>天機 天鉞 文昌
陷 平 平
天姚 劫殺 破碎 幻殺 三殺
飛廉 小耗 劫殺
8
20 ⑥세 33~42
32
官祿 病 乙巳</td>
<td>紫微 右弼
㊢
廟 廟
天傷 天福 地空 天哭 天虛
天福 官符 三殺 喜神 歲破
災殺
9
21 43~52
33
奴僕 死 丙午</td>
<td>火星
旺
天月 大耗 封誥 月德 天喜
小耗 三殺 病符 龍德 天殺
10
22 53~62
34
遷移 墓 丁未</td>
<td>破軍 左輔
㊫
廟 弱
天使 蜚廉 恩光 解神 天馬
大耗 大耗 白虎 指背
11
23 ③세 63~72
35
疾厄 胞 戊申</td>
</tr>
<tr>
<td>七殺
旺
地劫 龍池 華蓋 喪門 亡神
奏書 官符 華蓋
7
19 23~32
31
田宅 衰 甲辰</td>
<td colspan="2" rowspan="2">男命
陰曆 : 壬子年. 5. 17. 巳時
命局 : 木3局 桑柘木
命主 : 巨門 身主 : 天府

己 己 丙 壬
巳 丑 午 子
72 62 52 42 32 22 12 2
甲 癸 壬 辛 庚 己 戊 丁
寅 丑 子 亥 戌 酉 申 未</td>
<td>文曲
廟
天廚 天喜 咸池 天厄 伏兵
福德 咸池
12
24 ②세 73~82
36
財帛 胎 己酉</td>
</tr>
<tr>
<td>太陽 天梁 天魁 鈴星
㊗
旺 陷 廟 廟
紅鸞 天空 將軍 貫索 息神
6
18 ⑤세 13~22
30
福德 帝旺 癸卯</td>
<td>天府 廉貞 陀羅
廟 旺 平
天官 鳳閣 寡宿 流陀 白虎
官符 弔客 月殺
1
13 83~92
25
子女 養 庚戌</td>
</tr>
<tr>
<td>武曲 天相
㊐
陷 弱
天馬 孤辰 八座 文昌 鉞鋒
小耗 喪門 歲驛 旬空 截空
5
17 壬寅流年 3~12
29
父母 建祿 壬</td>
<td>天同 巨門
平 平
天刑 天空 天才 病符 青龍
晦氣 攀鞍
4
16 ①세 1~2
28
命宮 冠帶 癸丑</td>
<td>貪狼 擎羊
廟 平
三台 天貴 流羊 弔客 力士
太歲 將星
3
15
27
兄弟 沐浴 壬子</td>
<td>太陰 祿存
廟 陷
台輔 天壽 流祿 天德 月德
卷舌 劫殺 博士 病符 亡神
2
14 ④세 93~
26
夫妻 身宮 長生 辛亥</td>
</tr>
</table>

◆ 상기 남명. 壬子年 5月(丙午月) 17日(己丑日) 巳時(己巳時)生의 2022년 壬寅年의 流年의 성요 부법 중 四煞星의 부법은 아래 표를 참조하여 부법한다. 圖34와 같다.

流年天干 / 星名	甲	乙	丙	丁	戊	己	庚	辛	壬	癸
擎羊 경양	卯	辰	午	未	午	未	酉	戌	子	丑
陀羅 타라	丑	寅	辰	巳	辰	巳	未	申	戌	亥

* 경양, 타라는 선천명반에서는 생년 천간을 적용하나, 유년 부법에서는 해당 유년의 천간을 기준한다. 유년 부법에서는 擎羊, 陀羅를 "流羊", "流陀"로 부기한다.

生時 / 流年地支	時支	子	丑	寅	卯	辰	巳	午	未	申	酉	戌	亥
寅·午·戌	火星화성	丑	寅	卯	辰	巳	午	未	申	酉	戌	亥	子
	鈴星영성	卯	辰	巳	午	未	申	酉	戌	亥	子	丑	寅

* 화성, 영성은 선천명반에서는 생년지지와 생시를 기준하나, 유년 부법에서는 해당 유년의 지지와 생시를 기준하여 부법한다. 유년 부법에서는 火星, 鈴星을 "流火", "流鈴"으로 부법한다.

<table>
<tr><th colspan="4">圖34</th></tr>
<tr>
<td>天機 天鉞 文昌
陷 平 平
天姚 劫殺 破碎 幻殺 三殺
飛廉 小耗 劫殺
8
20 ⑥세 33~42
32
官祿 病 乙巳</td>
<td>紫微 右弼
㊗權
廟 廟
天傷 天福 地空 天哭 天虛
天福 官符 三殺 喜神 歲破
災殺 流火
9
21 43~52
33
奴僕 死 丙午</td>
<td>火星
旺
天月 大耗 封誥 月德 天喜
小耗 三殺 病符 龍德 天殺
10
22 53~62
34
遷移 墓 丁未</td>
<td>破軍 左輔
㊋科
廟 弱
天使 蜚廉 恩光 解神 天馬
大耗 大耗 白虎 指背
流鈴
11
23 ③세 63~72
35
疾厄 胞 戊申</td>
</tr>
<tr>
<td>七殺
旺
地劫 龍池 華蓋 喪門 亡神
奏書 官符 華蓋
7
19 23~32
31
田宅 衰 甲辰</td>
<td colspan="2" rowspan="2">男命
陰曆：壬子年. 5. 17. 巳時
命局：木3局 桑柘木
命主：巨門 身主：天府

己 己 丙 壬
巳 丑 午 子
72 62 52 42 32 22 12 2
甲 癸 壬 辛 庚 己 戊 丁
寅 丑 子 亥 戌 酉 申 未</td>
<td>文曲
廟
天廚 天喜 咸池 天厄 伏兵
福德 咸池
12
24 ②세 73~82
36
財帛 胎 己酉</td>
</tr>
<tr>
<td>太陽 天梁 天魁 鈴星
祿
旺 陷 廟 廟
紅鸞 天空 將軍 貫索 息神
6
18 ⑤세 13~22
30
福德 帝旺 癸卯</td>
<td>天府 廉貞 陀羅
廟 旺 平
天官 鳳閣 寡宿 流陀 白虎
官符 弔客 月殺 流陀
1
13 83~92
25
子女 養 庚戌</td>
</tr>
<tr>
<td>武曲 天相
忌
陷 弱
天馬 辰 八座 文昌 鉞鋒
小耗 喪門 歲驛 旬空 截空
5
17 太歲 3~12
29
父母 建祿 壬寅</td>
<td>天同 巨門
平 平
天刑 天空 天才 病符 青龍
晦氣 攀鞍
4
16 ①세 1~2
28
命宮 冠帶 癸丑</td>
<td>貪狼 擎羊
廟 平
三台 天貴 流羊 弔客 力士
太歲 將星 流羊
3
15
27
兄弟 沐浴 壬子</td>
<td>太陰 祿存
廟 陷
台輔 天壽 流祿 天德 月德
卷舌 劫殺 博士 病符 亡神
2
14 ④세 93~
26
夫妻 身宮 長生 辛亥</td>
</tr>
</table>

- 기타 성요의 流年 부법도 상기 四煞星의 流年 부법과 같은 맥락이다.

5) 행운(行運)에 따른 地盤宮의 干支 附法 要約

남명. 壬子年 5月(丙午月) 17日(己丑日) 巳時(己巳時)生의 本命盤(본명반), 大限盤(대한반 : 33~42세), 35세 小限盤(소한반) 및 2015년 乙未年(44세) 의 流年盤(유년반)의 命宮十二宮 및 干支를 부법하면 아래와 같다.

本命盤			
官祿 病 乙巳	奴僕 死 丙午	遷移 墓 丁未	疾厄 胞 戊申
田宅 衰 甲辰	男命 陰曆 : 壬子年 5. 17. 巳時 命局 : 木3局 桑柘木 命主 : 巨門 身主 : 天府 己 己 丙 壬 巳 丑 午 子 甲 癸 壬 辛 庚 己 戊 丁 寅 丑 子 亥 戌 酉 申 未		財帛 胎 己酉
福德 帝旺 癸卯			子女 養 庚戌
父母 建祿 壬寅	命宮 冠帶 癸丑	兄弟 沐浴 壬子	夫妻 身宮 長生 辛亥

大限盤(33~42세)			
33~42 대한 命宮 病 乙巳	43~52 父母 死 丙午	53~62 福德 墓 丁未	63~72 田宅 胞 戊申
23~32 兄弟 衰 甲辰	男命 陰曆 : 壬子年 5. 17. 巳時 命局 : 木3局 桑柘木 命主 : 巨門 身主 : 天府 大命 : 武曲 大身 : 七殺 己 己 丙 壬 巳 丑 午 子 甲 癸 壬 辛 庚 己 戊 丁 寅 丑 子 亥 戌 酉 申 未		73~82 官祿 胎 己酉
13~22 夫妻 帝旺 癸卯			83~92 奴僕 養 庚戌
3~12 子女 建祿 壬寅	1~2세 財帛 冠帶 癸丑	疾厄 沐浴 壬子	93~ 遷移 長生 辛亥

* 대한의 명주·신주 부법은 대한명궁 宮位와 生年支를 기준하여 부법한다.
* 상기 명조인은 命局이 水3局이니 立運은 3세이다. 생년천간은 壬으로 陽干이니 순포하며 상기와 같이 부법하는 것이다.

<table>
<tr><th colspan="4">小限盤(35세)</th></tr>
<tr>
<td>8
20 33~42
32
子女 病 辛巳</td>
<td>9
21 43~52
33
夫妻 死 壬午</td>
<td>10
22 53~62
34
兄弟 墓 癸未</td>
<td>11
23 63~72
35
소한命宮 胞 甲申</td>
</tr>
<tr>
<td>7
19 23~32
31
財帛 衰 庚辰</td>
<td colspan="2" rowspan="2">男命
陰曆 : 壬子年 5. 17. 巳時
命局 : 木3局 桑柘木
命主 : 巨門 身主 : 天府
大命 : 武曲 大身 : 七殺
己 己 丙 壬
巳 丑 午 子
甲 癸 壬 辛 庚 己 戊 丁
寅 丑 子 亥 戌 酉 申 未</td>
<td>12
24 73~82
36
父母 胎 乙酉</td>
</tr>
<tr>
<td>6
18 13~22
30
疾厄 帝旺 己卯</td>
<td>1
13 83~92
25
福德 養 丙戌</td>
</tr>
<tr>
<td>5
17 3~12
29
遷移 建祿 戊寅</td>
<td>4
16 1~2세
28
奴僕 冠帶 己丑</td>
<td>3
15
27
官祿 沐浴 戊子</td>
<td>2
14 93~
26
田宅 身宮 長生 丁亥</td>
</tr>
</table>

* 小限 35세는 대한반 중 乙巳大限(33~42세)에 배속되어 있다.
* 大限盤 명궁의 宮干 乙을 年干으로 보고, 이를 기준하여 月頭法을 적용하면, 乙庚之年에 戊寅頭하니, 寅月에 戊寅, 卯月에 己卯, 辰月에 庚辰, 巳月에 辛巳, 午月에 壬午, 未月에 癸未, 申月에 甲申, 酉月에 乙酉, 戌月에 丙戌... 등으로 부법되는 것이다. 小限 35세는 申궁에 낙궁하니, 申宮이 소한명궁이 되고, 宮干支는 甲申이 되는 것이다. 상기 표와 같다.

<table>
<tr><th colspan="4">2015년 乙未年 流年盤</th></tr>
<tr>
<td>8
20 33~42
32
夫妻 病 癸巳</td>
<td>9
21 43~52
33
兄弟 死 甲午</td>
<td>10 乙未年 44세
22 53~62
34
유년命宮 墓 乙未</td>
<td>11
23 63~72
35
父母 胞 丙申</td>
</tr>
<tr>
<td>7
19 23~32
31
子女 衰 壬辰</td>
<td colspan="2" rowspan="2">男命
陰曆 : 壬子年 5. 17. 巳時
命局 : 木3局 桑柘木
命主 : 巨門 身主 : 天府
大命 : 武曲 大身 : 天梁
己 己 丙 壬
巳 丑 午 子
甲 癸 壬 辛 庚 己 戊 丁
寅 丑 子 亥 戌 酉 申 未</td>
<td>12
24 73~82
36
福德 胎 丁酉</td>
</tr>
<tr>
<td>6
18 13~22
30
財帛 帝旺 辛卯</td>
<td>1
13 83~92
25
田宅 養 戊戌</td>
</tr>
<tr>
<td>5
17 3~12
29
疾厄 建祿 庚寅</td>
<td>4
16 1~2세
28
遷移 冠帶 辛丑</td>
<td>3
15
27
奴僕 沐浴 庚子</td>
<td>2
14 93~
26
官祿 長生 己亥</td>
</tr>
</table>

* 2015년은 44세로 乙未年이니 乙未宮에 居하게 되므로, 자연 未宮의 宮干支는 乙未가 되고, 이후 丑宮까지는 순차적으로 육십갑자를 적용하여 각 宮에 干支를 부법한다. 乙未宮 이전의 宮干支는 역행하여 육십갑자를 부법하되 寅宮에 그친다. 상기 표와 같다.
* 44세 乙未年 流年盤의 命主·身主 부법은, 流年명궁이 未宮이고 年支는 未이다. 따라서 앞서 서술한 命主·身主 부법 항목을 참조하면, 流年盤의 命主·身主는 武曲과 天梁이다.

4. 두군법斗君法

1) 두군(斗君)

斗君은 매해년의 流年에서 1月이 소재하는 宮을 말함이며, 流運을 파악하는 데에 있어 가장 중요하고 빈번하게 사용되어지는 要訣이다.

斗君을 일으키는 방법은, 命盤의 流年(당해년도)의 年支에 해당하는 地盤宮에서 1月을 起한 후 역행하여 자신의 生月까지 세어나간 落宮處(낙궁처)에서, 다시 子時를 起하여 자신의 生時까지 순행하여 세어나가 落宮하는 곳이 斗君이며 곧 1月의 所在宮인 것이다. 예로, 남명 1972年(壬子年) 5月(丙午月) 17日(己丑日) 巳時(己巳時)生의 2022년도 壬寅年인 경우의 斗君 附法은 아래 표와 같다.

斗君(두군)			
巳	午	未	申
辰	命盤 2022년 壬寅年		酉
斗君 巳時 1月 卯			子時 5月 戌
2022년 壬寅年 辰時 年支宮 1月 寅	卯時 2月 丑	寅時 3月 子	丑時 4月 亥

* 2022년도 丙寅年의 年支는 寅이며 寅宮이 年支宮이다. 이곳 寅宮에서 1月을 起하여 역행하여 5月까지 진행시키면 戌宮이 낙궁처이다. 이곳에서 다시 子時를 起하여 순행하여 生時인 巳時까지 세어 나가면 卯宮에 낙궁하는 바, 이곳 낙궁처가 "斗君"이며 1月에 해당하는 것이다.

2) 두군 유월법(斗君 流月法)

流年에 해당하는 流月의 부법은 斗君 소재궁이 1月, 순행하여 2月, 3月..... 등으로 지반궁에 부법한다. 또한 流月의 天干 附法은 月頭法(월두법)을 적용한다. 예로, 남명 1972年(壬子年) 5月(丙午月) 17日(己丑日) 巳時(己巳時)生의 2022년도 壬寅年인 경우의 斗君 流月法은 아래 표와 같다. 丁壬之年에 壬寅頭하니, 寅月(1月)은 壬寅, 卯月(2月) 癸卯, 辰月(3月) 甲辰, 巳月(4鉞) 乙巳, 午月(5月) 丙午, 未月(6月) 丁未... 등으로 부법한다.

斗君 流月 表(두군 유월 표)			
甲辰月 3月 巳	乙巳月 4月 午	丙午月 5月 未	丁未月 6月 申
癸卯月 2月 辰	命盤 2022년 壬寅年		戊申月 7月 酉
斗君 壬寅月 1月 卯			己酉月 8月 5月 戌
癸丑月 12月 1月 寅	壬子月 11月 2月 丑	辛亥月 10月 3月 子	庚戌月 9月 4月 亥

* 斗君이 卯宮에 落宮하니 이곳 卯宮이 斗君 소재궁이며 자연 1月이 되는 것이다. 순행하여 辰宮 2月, 巳宮 3月...등으로 月令(월령)을 부법한다.
* 월령에 따른 12지지 지반궁의 干支 부법은 월두법을 적용한다. 2022년 壬寅年의 두군 유월법은 丁壬支年에 壬寅頭하니, 1月이 壬寅月, 2月이 癸卯月, 3月이 甲辰月.... 등으로 부법한다.

3) 두군 유일법(斗君 流日法)

流年의 流月에서 해당 每日의 流日運을 알아보고자 하는 경우에는, 斗君 所在宮이 1月宮이므로 이 곳이 자연 1日이 되고 이어서 2日, 3日...등으로 順布하여 각 地盤宮에 부법하는 것이다.

예로, 남명 1972年(壬子年) 5月(丙午月) 17日(己丑日) 巳時(己巳時)生의 2022년도 壬寅年의 1月인 경우의 斗君 流日法은 아래 표와 같다.

斗君 流日 表(두군 유일 표)			
③日 15 27 (甲辰月) 3月 (丁亥日) 巳	④日 16 28 (乙巳月) 4月 (戊子日) 午	⑤日 17 29 (丙午月) 5月 (己丑日) 未	6 18 30 (丁未月) 6月 申
②日 14 26 (癸卯月) 2月 (丙戌日) 辰	命盤 2022년 壬寅年 1月		7 19 (戊申月) 7月 酉
①日 斗君 13 25 **(壬寅月) 1月** (乙酉日) 卯			8 20 (己酉月) 8月 戌
12 24 (癸丑月) 12月 **寅**	11 23 (壬子月) 11月 丑	10 22 (辛亥月) 10月 子	9 21 (庚戌月) 9月 亥

* 두군 소재궁인 卯宮이 1月이 되고 또한 자연 이 곳이 1日이 되는 것이다. 순행하여 辰宮이 2日, 巳宮이 3日, 午宮이 4日. 未宮이 5日 ··· 등으로 부법한다.
* 해당日의 干支는 만세력을 참조하여 日干支를 부법한다.
* 두군 소재궁이 1月로 壬寅月이니, 壬寅月에 배속된 每日의 干支는 만세력을 참조하여, 1日이 乙酉日, 2日이 丙戌日, 3日은 丁亥日 ··· 등으로 순차적으로 부법한다.

4) 두군 유시법(斗君 流時法)

流年, 流月, 流日에서 해당 流日의 每時에 해당하는 流時運을 알아보고자 하는 경우에는, 해당 流日 所在宮이 자연 子時가 되고 이어서 순행하여 丑時, 寅時, 卯時…등으로 順布하여 각 地盤宮에 부법하는 것이다. 流時의 해당궁의 천간 부법은 時頭法(시두법)을 적용한다. 예로, 己丑日인 경우는 甲己之年에 甲子始하니, 子時는 甲子時, 丑時는 乙丑, 寅時는 丙寅, 卯時는 丁卯, 辰時는 戊辰, 巳時는 己巳, 午時는 庚午, 未時는 辛未… 등으로 부법한다.

예로, 남명 1972年(壬子年) 5月(丙午月) 17日(己丑日) 巳時(己巳時)生의 流年 2022년 壬寅年 1月(壬寅月) 5日(己丑日)인 경우의 斗君 流時法은 아래 표와 같다.

<table>
<tr><th colspan="4">斗君 流時 表(두군 유시 표)</th></tr>
<tr>
<td>③日
15
戌時 27
(丁亥日) 3月
甲戌時 巳</td>
<td>④日
16
亥時 28
(戊子日) 4月
乙亥時 午</td>
<td>⑤日
17
子時 29
(己丑日) 5月
甲子時 未</td>
<td>6
18
丑時 30
6月
乙丑時 申</td>
</tr>
<tr>
<td>②日
14
酉時 26
(丙戌日) 2月
癸酉時 辰</td>
<td colspan="2" rowspan="2">命盤
2022년 壬寅年 1月</td>
<td>7
寅時 19
7月
丙寅時 酉</td>
</tr>
<tr>
<td>斗 ①日
君 申時 13
25
(乙酉日) 1月
壬申時 卯</td>
<td>卯時 8
20
8月
丁卯時 戌</td>
</tr>
<tr>
<td>未時 12
24
12月
辛未時 寅</td>
<td>午時 11
23
11月
庚午時 丑</td>
<td>巳時 10
22
10月
己巳時 子</td>
<td>辰時 9
21
9月
戊辰時 亥</td>
</tr>
</table>

* 두군 소재궁인 卯宮이 1月이 되고 또한 이곳이 자연 1日이 되며 乙酉日에 해당된다. 따라서 5日은 未宮에 낙궁하고 己丑日이며 이곳이 자연 子時가 되는 것이다. 己丑日의 子時는 時頭法(시두법)을 적용하면, 甲己之日에 甲子始하니 子時는 甲子時가 되며 이어서 丑時는 乙丑時, 寅時는 丙寅時, 卯時는 丁卯時…등으로 순포한다.

5. 천반天盤 · 지반地盤 · 인반人盤

자미두수에서는 명반을 작성하는 방법이 3가지가 있는데, 천반, 지반, 인반법이 이에 해당한다. 이제까지 서술한 내용들은 천반법에 의거한 것이며, 현재 대다수의 사람들이 자미명학 看命時에 사용하는 방법이다. 지반법과 인반법은 천반법과 명반의 배치법이 다르므로 그 차이점을 개략하여 설명한다.

1) 지반법(地盤法)

기존의 천반법을 적용하여 작성한 본명반에서 身宮이 居한 宮이 명궁이 되는 것이다. 따라서 身宮의 宮干支에 따라 납음오행을 찾고, 五局의 局數를 정하고, 일정한 법칙대로 각 성요를 해당 지반궁에 부법하여 명반을 작성하는 방법이다. 그러므로 명궁십이궁이 바뀌게 되고, 십사정성과 각 성요의 배치가 다르게 되며. 行限의 부법과 십이포태운성 또한 배치가 다르게 되는 것이다. 따라서 이제까지 서술한 천반법과는 전혀 다른 명반이 되는 것이다. 身宮이 명궁이 되니 명궁과 身宮이 항상 동궁하게 되는 것이다.

2) 인반법(人盤法)

기존의 천반법으로 작성한 명반에서 복덕궁의 자리가 명궁이 되는 것이다. 그리고 복덕궁의 宮干支에 따라 납음오행을 찾고, 五局의 局數를 정하고, 일정한 법칙대로 각 성요를 해당 지반궁에 부법하여 명반을 작성하는 방법이다. 그러므로 이 또한 기존의 천반법과 달리 명궁십이궁이 바뀌게 되고, 십사정성과 각 성요의 배치가 역시 다르게 되며. 行限의 부법과 십이포태운 성 또한 배치가 다르게 되는 것이다.

3) 요약

- 子時生과 午時生은 천반법과 지반법으로 작성한 명반이 같게 된다.
- 丑時生과 未時生은 지반법과 인반법으로 작성한 명반이 같게 된다.
- 자미두수를 공부하거나 자미두수로 命運을 看命하는 사람들의 대다수는 천반법을 중요시하고 또한 천반법을 적용하는 경우가 많은데, 홍콩의 중주파에 의해 지반법과 인반법의 이론이 제기되기 시작한 것이다. 논자들은 사실상 자미명학의 간명에서 약 95%이상의 간명인들은 천반법을 적용한 명운에 잘 들어맞고, 천반법을 적용시에 맞지 않는 약 5%미만의 간명인들은 지반법과 인반법을 활용한 명운에 잘 맞는다고 설명하고 있다. 약 5%에 해당하는 간명인들의 명운을 정확히 판단하기 위해 지반법과 인반법이 거론되는 것인데, 천반법을 적용한 명운의 경우에 잘 맞지 않는 약 5%는, 명반해석상의 오류, 통변능력의 차이, 조상 묘소의 길흉 여부, 정확하지 않은 생년, 월, 일, 시에 기인하는 경우도 많을 것이라 조심스레 짚어보는 것이다. 필자의 경우 자미두수를 활용한 간명시에는 천반법으로 작성한 명반을 활용하고 있다.

제4장

응용應用

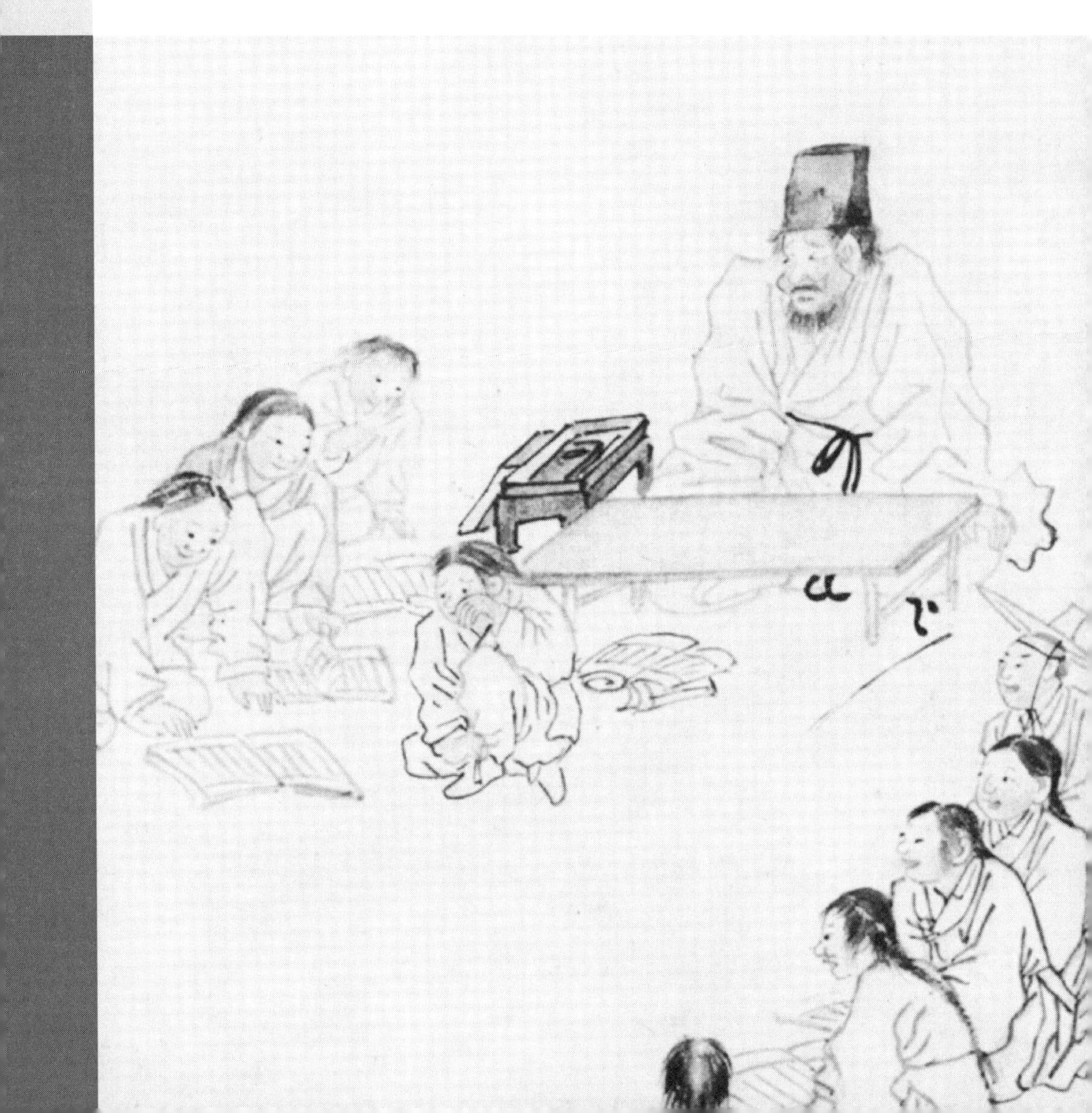

1. 궁宮·성星의 상호관계

아래와 같이 포국된 命宮十二宮의 명반에서 각 궁의 상호관계에 대해 살펴보도록 한다.

<table>
<tr><td>官祿 巳</td><td>奴僕 午</td><td>遷移 未</td><td>疾厄 申</td></tr>
<tr><td>田宅 辰</td><td colspan="2" rowspan="2">命盤</td><td>財帛 酉</td></tr>
<tr><td>福德 卯</td><td>子女 戌</td></tr>
<tr><td>父母 寅</td><td>命宮 丑</td><td>兄弟 子</td><td>夫妻 亥</td></tr>
</table>

1) 사생(四生)

명반에서 寅·申·巳·亥宮을 말한다. 이는 지지 三合의 長生位를 의미하는 고로 四生이라 하는 것이다. 또한 天馬星은 四生宮에 落宮하게 되는 고로 四馬라 칭하기도 한다.

三合	代表五行	長生位
亥卯未	甲木	亥
寅午戌	丙火	寅
巳酉丑	庚金	巳
申子辰	壬水	申

2) 사패(四敗)

명반에서 子午卯酉宮을 말한다. 이는 지지 三合의 本位를 말한다. 또한 子午卯酉는 四正方을 차지하므로 "四正"이라 하기도 하고, 또한 子午卯酉는 桃花星이므로 桃花殺은 "敗殺"로도 칭하니 "四敗"라 칭하기도 하며 또한 "四絕"이라 칭하기도 한다.

3) 사묘(四墓)

명반에서 辰戌丑未宮을 말한다. 이는 지지 三合의 庫位이다. 庫는 收藏(수장)의 의미가 있으므로 四墓라 칭하는 것이다.

4) 천라지망(天羅地網)

명반에서 天羅는 "辰"宮을 의미하며, 地網은 "戌"宮을 의미한다.

5) 정성(正星)

자미명학에서 북두와 남두 그리고 중천의 主星과 正星을 총괄하여 "正星"이라 한다. 혹, "主星"이라 칭하기도 한다.

北斗正星 : 紫微. 貪狼. 巨門. 祿存. 文曲. 廉貞. 武曲. 破軍.
南斗正星 : 天府, 七殺. 天梁. 天機. 天相. 天同. 文昌.
中天星 : 太陽. 太陰.

6) 조성(助星)

자미명학에서 북두와 남두의 보조적이고 부수적인 역할을 하는 성요를 말한다.
北斗助星 : 左輔. 右弼. 擎羊. 陀羅.
南斗助星 : 天魁. 天鉞. 火星. 鈴星.

7) 사화성(四化星)

化祿, 化權, 化科, 化忌의 四星을 말한다. 그중 化祿, 化權, 化科의 三星을 "三奇星"이라 칭하기도 한다.

8) 잡성(雜星)

正星과 助星, 四化星 이외의 諸 성요를 잡성 혹은 중천성이라 하는데 잡성 중에도 길성과 흉성이 있다.

9) 악성(惡星)

자미명학에서 특별흉성을 악성이라 한다. 貪狼, 廉貞, 七殺, 破軍, 火星, 鈴星, 擎羊, 陀羅, 天空, 地劫 등을 말한다.

10) 육길성(六吉星)

文昌, 文曲, 左輔, 右弼, 天魁, 天鉞 등의 六星을 말한다.

11) 칠길성(七吉星)

상기 六吉星에 祿存星을 더하여 七吉星이라 한다.

12) 사살성(四殺星)

火星, 鈴星, 擎羊, 陀羅의 四星을 말하며 四殺星이라고도 한다.

13) 육살성(六煞星)

상기 四煞星에 地空과 地劫을 더하여 六煞星이라 한다.

14) 유성(流星)

流年의 따라 변동되어 부법되는 성요를 말한다.

15) 충과 조(沖과 照)

沖 : 凶星이 臨한 宮과 대칭되는 宮을 沖이라 한다.

照 : 吉星이 臨한 宮과 대칭되는 宮을 照라 한다. 일명 "朝"라고도 한다.

16) 살과 살(殺과 煞)

殺과 煞은 나타내는 성질이 일맥상통하지만, 자미명학에서는 殺은 七殺, 煞은 六殺星과 天刑, 天姚를 약칭하여 말하는 것이다.

17) 십사정성(十四正星)

자미명학에서 十四個의 기본이 되는 성요를 말하며 아래와 같다.

紫微星系 : 紫微, 天機, 太陽, 武曲, 天同, 廉貞.

天府星系 : 天府, 太陰, 貪狼, 巨門, 天相, 天梁, 七殺, 破軍.

18) 주성(主星)

十四正星 중 紫微, 天府, 太陽, 太陰의 네 가지 성요를 주성이라 한다.

자미명학에서는 상기의 네 가지 성요의 동향을 특히 중요시하게 여기는데, 상기 四星이 명반에 미치는 영향력이 특히 강하다 판단하기 때문이다. 그러나 자미명학의 간명에서는 主星과 正星을 총괄하여 十四正星 혹은 十四主星이라 칭하는 것이다.

19) 보좌살화성(輔佐煞化星)

輔星, 佐星, 煞星, 四化星을 말한다.

輔星 : 左輔, 右弼, 天魁, 天鉞.

佐星 : 文昌, 文曲, 祿存, 天馬.

煞星 : 擎羊, 陀羅, 火星, 鈴星, 地空, 地劫.

四化星 : 化祿, 化權, 化科, 化忌.

20) 살기형모성(煞忌刑耗星)

六煞星과 化忌, 天刑, 大耗星을 말한다.

21) 살기성(煞忌星)

六煞星과 化忌星을 말한다.

22) 성계(星系)

星曜가 서로 연계되어 묶여있는 상태거나, 삼방사정에서 회조하여 특별한 성요의 집단을 이루는 것을 말한다. 크게는 북두성계, 남두성계, 중천성계가 있다. 또한 만약 삼방사정에서 회조해오는 성요가 紫微, 天府, 廉貞, 武曲, 天相星이라면 紫府廉武相 星系를 이루었다 하고, 七殺, 破軍, 貪狼이 조합을 이룬 경우라면 殺破狼 星系의 조합이라 한다.

23) 공성(空宮)

어떤 宮에 雜星만 있고 十四正星이 없는 경우를 말한다.

24) 쌍성(雙星)

상호 짝을 이루는 성요라 하여 짝성이라 칭하기도 한다. 쌍성의 성질을 가진 성요가 어떤 宮을 夾宮(협궁)하거나 삼방사정이나 대궁을 이루면 그 역량이 더욱 강하게 나타나는 것이다. 길성이 그러한 경우라면 길함이 더욱 왕해지고, 흉성의 경우라면 흉함이 가중되는 것이다.

雙星

紫微·天府　紫微·天相　天府·天相　太陽·太陰　文昌·文曲　左輔·右弼
擎羊·陀羅　火星·鈴星　天魁·天鉞　地空·地劫　三台·八座　天哭·天虛
龍池·鳳閣　紅鸞·天喜　孤辰·寡宿　恩光·天貴　祿存·化祿　化祿·化權
化祿·化科　化權·化科　化祿·天馬　祿存·天馬... 등.

25) 십사정성(十四正星) 조합의 약자

- 紫府廉武相 : 紫微, 天府, 廉貞, 武曲, 天相.
- 機月同梁 : 天機, 太陰, 天同, 天梁.
- 殺破狼 : 七殺, 破軍, 貪狼.
- 紫破相 : 紫微, 破軍, 天相.
- 武府殺 : 武曲, 天府, 七殺.
- 日月 : 太陽, 太陰.
- 巨日 : 巨門, 太陽.
- 機巨 : 天機, 巨門.
- 廉貪 : 廉貞, 貪狼... 등.

26) 녹마(祿馬)

祿存과 天馬 혹은 化祿과 天馬를 의미한다.

27) 쌍록·쌍기(雙祿·雙忌)

雙祿은 두 개의 祿星(祿存·化祿)이 동궁하거나 대조 혹은 회조되는 상황을 말한다. 예로, 선천명반의 祿存이나 化祿궁에 대운에서 다시 祿存이나 化祿이 동궁하거나 대조 혹은 회조되는 상황을 말한다.

雙忌는 마찬가지로 化忌가 두 개 겹치거나, 대조 혹은 회조되는 상황을 말한다. 예로 巳宮에 化忌가 있는 경우 대운에서 재차 化忌가 입궁하거나 대조 혹은 회조되는 상황을 말한다.

28) 도화성계(桃花星系)

도화성은 재능, 예체능, 주색잡기, 풍류 등과 연관되는 성요이다. 14正星 중에는 貪狼과 廉貞이 이에 해당되고 雜星 중에는 天姚, 紅鸞, 天喜, 咸池, 沐浴, 大耗, 등이 도화성계이다. 이외에도 宮星의 정황에 따라 文昌, 文曲, 月德 등도 桃花星化될 수 있다.

29) 질병성계(疾病星系)

사고, 질병, 수명, 損財(손재) 등과 연관이 많은 성요이다.

天月, 天傷, 天使가 질병성계와 가장 연관이 많고, 그 외에도 劫殺과 博士十二神 중에는 病符, 伏兵이 있고, 太歲十二神 중에는 病符, 喪門, 白虎, 弔客 등이 있고, 將前十二神 중에는 劫殺, 災殺 등이 있고, 十二胞胎運星 중에는 病, 死 등이 있다. 이 외에도 宮星의 동향에 따라 擎羊, 陀羅, 火星, 鈴星, 地空, 地劫, 天刑, 天姚, 華蓋 등도 질병성계에 포함된다.

30) 문성(文星)

문성은 총명하고 지혜가 있고, 학문적 탐구와, 남을 가르치는 직업군과 연관되는 성요로, 化科, 文昌, 文曲, 龍池, 鳳閣, 天才 등의 성요를 말한다.

31) 형성(刑星)

시비다툼, 관재구설, 사고, 질병, 刑傷(형상) 등과 연관되는 흉성으로, 擎羊, 天刑이 있다.

32) 기성(忌星)

忌星은 化忌와 陀羅가 이에 속하는데, 사고, 시비다툼, 損財(손재), 실물, 장애요소 등과 연관되는 성요이다.

33) 공망성(空亡星)

공망성은 地空, 地劫, 截空, 旬空, 天空 등을 말하는데, 用事함에 있어 허사, 沮滯(저체), 장애, 損財(손재), 좌절, 무기력 등과 연관되는 성요이다.

34) 궁주사(宮主事)

각각의 地盤宮에 배속된 命宮十二宮의 속성과, 이곳에 臨한 성요들의 의미와 主된 事案을 宮主事라 한다. 예로, 丑宮의 財帛宮이 대운에서 空亡星을 만난 경우, 다시 流年運에서 空亡星이 도래하면, 이는 재물의 損財, 女難(여난), 투자 실패 등의 사안이 발생하게 되는 것이다.

35) 궁선(宮線)

本宮과 對宮의 사이에 형성된 하나의 線을 의미한다. 本宮과 對宮은 어떤 사안에 있어 상호 유기적이고 밀접한 관계를 형성하고 있으므로, 하나의 선으로 연결되어 있다 판단하는 것이다. 지반 寅宮이 父母宮이면 對宮인 申宮은 疾厄宮인 바, 父母宮의 길흉에 대한 판단은 疾厄宮에 臨한 성요의 동향 등도 같이 참조해야 한다는 것이다. 예로 卯宮이 형제궁이면 그 對宮인 酉宮은 노복궁이 되므로 이를 卯酉宮線이라 하는 것이다.

- 命遷線 : 命宮과 遷移宮
- 兄奴線 : 兄弟宮과 奴僕宮
- 夫官線 : 夫妻宮과 官祿宮
- 子田線 : 子女宮과 田宅宮
- 財福線 : 財帛宮과 福德宮
- 父疾線 : 父母宮과 疾厄宮

36) 인동(引動)

四化(化祿·化權·化科·化忌)에 해당하는 성요가, 대운이나 유년운에서 어느 宮에 入宮하게 되면, 해당궁의 主事가 비로소 動하여 되어, 길흉간에 사안이 작동하여 命運에 반영되게 된다는 의미이다.

37) 자사화(自四化)

紫微命學은 干支 중에서 각 十二地支에 해당하는 地盤宮에 배속된 十二宮과 성요를 중심하여 운명을 판단하는 것이다. 十天干字는 은복되어 있는 것이다. 그런데 自四化는 命宮의 干支를 기준하여 月頭法을 적용하여 天干字를 각 地盤宮에 출현시키고, 이를 바탕으로 四化星을 부법하는 고로, 각 궁에 臨한 성요들의 특성과 정황 이외에도 숨겨져 있는 단서 혹은 비밀을 推知(추지)할 수 있는 중요한 사안을 제공해주는 것이다. 예를 들어 어떤 지반궁의 宮干을 기준하여 四化를 부법시, 그 해당 궁에 居하고 있는 성요에 해당 궁의 宮干四化가 臨하는 것을 "自四化"라 하는 것이다. 다음 도표를 참조한다.

<table>
<tr>
<td>天機 陷 自化祿
天鉞 平
文昌 平
天姚 劫殺 破碎 幻殺 三殺
33~42
官祿 病 乙巳</td>
<td>紫微 ㊌ 廟
右弼 廟
天傷 天福 地空 天哭 天虛
43~52
奴僕 死 丙午</td>
<td>火星 旺
大耗 封誥 月德 天喜 小耗
53~62
遷移 墓 丁未</td>
<td>破軍 廟
左輔 ㊍ 弱
天使 蜚廉 恩光 解神 天馬
63~72
疾厄 胞 戊申</td>
</tr>
<tr>
<td>七殺 旺
地劫 龍池 華蓋 喪門 亡神
23~32
田宅 衰 甲辰</td>
<td colspan="2" rowspan="2">男命
陰曆 : 壬子年. 5. 17. 巳時
命局 : 木3局 桑柘木
命主 : 巨門 身主 : 天府

己 己 丙 壬
巳 丑 午 子
72 62 52 42 32 22 12 2
甲 癸 壬 辛 庚 己 戊 丁
寅 丑 子 亥 戌 酉 申 未</td>
<td>文曲 廟 自化忌
天廚 天喜 咸池 天厄 伏兵
73~82
財帛 胎 己酉</td>
</tr>
<tr>
<td>太陽 旺
天梁 ㊗ 陷
天魁 廟
鈴星 廟
紅鸞 天空 將軍 貫索 息神
13~22
福德 帝旺 癸卯</td>
<td>天府 廟
廉貞 旺
陀羅 平
天官 鳳閣 寡宿 流陀 白虎
83~92
子女 養 庚戌</td>
</tr>
<tr>
<td>武曲 ㊏ 陷 自化忌
天相 弱
天馬 孤辰 八座 文昌 鉞鋒
3~12
父母 建祿 壬寅</td>
<td>天同 平
巨門 平 自化權
天刑 天空 天才 病符 青龍
1~2
命宮 冠帶 癸丑</td>
<td>貪狼 廟
擎羊 平
三台 天貴 流羊 流曲 弔客
兄弟 沐浴 壬子</td>
<td>太陰 廟
祿存 陷
台輔 天壽 流祿 天德 月德
93~
夫妻 身宮 長生 辛亥</td>
</tr>
</table>

* 상기 표에서 乙巳宮의 宮干 乙을 기준하면 乙 天干은 天機에 化祿이 부법 되는데, 自宮(乙巳宮)에 天機가 있어 자연 化祿이 臨하는 것이니 이를 自化祿이라 한다.
* 己酉宮의 自化忌, 壬寅宮의 自化忌, 癸丑宮의 自化權 등도 같은 이치이다.

38) 독좌궁(獨坐宮)

어떤 宮에 紫微命學의 여러 星曜 중, 어떤 星曜 하나만 臨하고 있는 것을 독좌궁이라 한다.

39) 삼멸관(三滅關)

大限의 기간(10년간)에 어느 특정 歲數를 頭關, 中關, 末關으로 분별한다. 예로 大限數가 2~11세인 경우라면 運路가 入되는 2세를 頭關, 그 중간인 7세를 中關, 大限 기간의 마지막 해인 11세를 末關이라 한다. 大限이 入되는 頭關과 大限이 끝나며 그 다음 주기로 들어서기 직전의 末關이 명운에 미치는 영향이 크다 판단하는 것이다.

40) 차성안궁(借星安宮)

借星(차성)은 星曜를 借入해온다는 의미인데, 어느 宮에 正星이 없어 空宮인 상태이면, 對宮에 거하고 있는 正星과 기타 星曜들을 차입해와 이를 用한다는 의미이다. 예로, 寅宮에 正星이 없고 잡성만 있는데, 대칭궁인 申宮에는 天機와 太陽과 기타 잡성이 있다면, 이들 두 개의 正星과 기타 雜星 등을 차입해와 寅宮에 居하는 것으로 간주하고 看命한다는 의미이다.

41) 조합(組合)

성요와 성요가 서로 만나 이루어지는 상호관계를 의미하는 것으로, 어떠한 宮에 두 개의 正星이 同宮함을 의미하거나, 혹은 對宮이나 三方四正으로 회조하는 모든 성요를 총괄하여 칭하기도 한다.

예를 들어 상기 圖29의 경우에 本宮이 子女宮으로 戌宮에 居하는 경우라면, 戌宮에 14正星 중 天府와 廉貞이 거하므로, 戌宮의 廉府조합이라 하는 것이다. 또한 對宮인 辰宮의 성요가 七殺인 경우, 對宮은 紫微命學에서 그 영향이 크게 작동하므로 戌辰宮의 廉府殺조합이라 칭하는 것이다.

42) 묘왕평약함(廟旺平弱陷)

宮·星과 연계하여 지반궁에 居하는 각 성요들의 힘의 강약을 표현한 것이다. 그 구별은 廟가 가장 강하고 陷이 가장 약하다. 강약의 순서는 다음과 같다.

廟 〉 旺 〉 平〉 弱 〉 陷

어떤 성요가 廟宮에 들어가면 入廟라고 하거나 廟地에 居한다고 표현하며, 그 성요의 힘의 세기가 강해지는 것이며, 따라서 흉성에 대한 제압력도 강해진다 판단하는 것이다. 그리고 陷은 星曜의 힘이 가장 약함을 표현한 것인데, 어떤 성요가 陷宮에 들어가면 入陷 혹은 陷地에 居함, 혹은 落陷 등의 표현을 쓰는 것이며, 흉성에 대한 제압력도 약하다 판단하는 것이다. 세부 사항은 앞서 설명한 제2장 "星曜의 旺衰"를 참조한다.

2. 십사정성十四正星의 궁위별宮位別 해의解義

1) 자미성계(紫微星系)

(1) 자미(紫微)

<table>
<tr><th colspan="2">紫微(자미)</th></tr>
<tr><th>五行</th><th>解義</th></tr>
<tr><td>子午</td><td>
<table>
<tr><td>太陰
巳</td><td>貪狼
午</td><td>天同 巨門
未</td><td>武曲 天相
申</td></tr>
<tr><td>天府 廉貞
辰</td><td></td><td></td><td>太陽 天梁
酉</td></tr>
<tr><td>卯</td><td></td><td></td><td>七殺
戌</td></tr>
<tr><td>破軍
寅</td><td>丑</td><td>紫微
子</td><td>天機
亥</td></tr>
</table>
</td></tr>
</table>

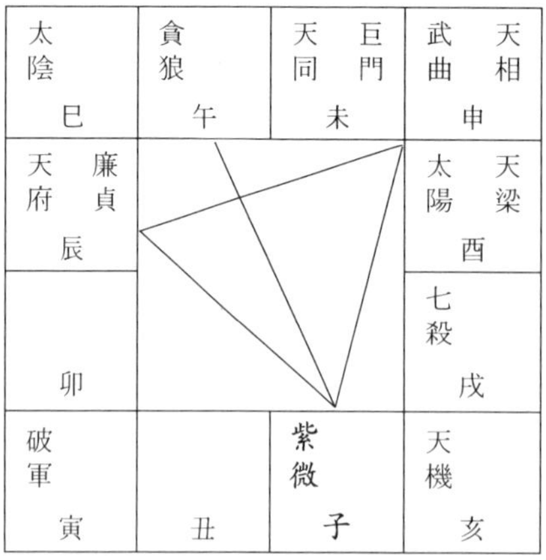

子午	• 紫微는 陰土(己土)에 속하며, 北斗의 主星이고, 化氣는 "尊貴(존귀)"이다. • 紫微는 尊貴(존귀), 領導力(영도력), 制化解厄(제화해액), 災禍消滅(재화소멸), 延壽(연수), 福祿(복록) 등과 연관된다. • 紫微가 子午 二宮에 居하면, 平廟地에 해당하며, 獨坐(독좌)라 한다. • 紫微는 陰土에 속하니 子宮보다는 生을 받는 午宮을 더 喜하는 것이다. • 帝王星이니 百官의 조공 받기를 좋아하고 獨坐(독좌)를 忌하는 것이다. • 獨坐가 되면, 판단과 행동면에서 독단적이고 여러 賢臣(현신)의 보좌가 없는 格이니, 孤寡(고과)의 상태라 매사 일처리에 실패수가 많은 것이다. • 脾氣(비기)가 暴躁(폭조)하니 怒氣(노기)를 잘 띠는 것이다. • 속세를 등지거나 염세적인 성향이 있다. • 만약 左輔, 右弼의 輔佐星(보좌성)의 會照(회조)가 없으면, 百官의 朝貢(조공)이나 輔佐(보좌)하는 측근들이 없는 格이니, 삼방 사정에서 空星(天空, 地空, 截空, 旬空)이나 華蓋星(화개성)을 보게 되면 연구계통, 사색, 철학, 術數學(술수학), 종교, 신앙 등에 탐닉하기 쉽다. • 紫微가 子午宮에 있어, 天府, 天相과 三合宮을 이르며 六煞星(擎羊, 陀羅, 火星, 鈴星, 天空, 地劫)의 沖破(충파)가 없으면 "府相朝垣格(부상조원격)"이라 하며 福祿千鍾(복록천종)의 貴命(귀명)이다. 이러한 命이면 복덕이 심후하고, 食祿(식록)과 衣祿(의록)이 풍족하고, 官福(관복)이 많고, 人脈(인맥)이 좋으며, 사업적으로도 성공하며, 난관에 처해서는 貴人의 도움으로 해결하게 된다. • 개성이 강하고 스스로 추구하는 바가 크고 높다. • 길성의 來照가 있으면 매사 성취됨이 있으나, 化忌나 六煞星 등의 흉성을 만나게 되면, 紫微의 吉兆(길조)가 消散(소산)되고 성패가 多端(다단)하게 된다. • 만약 左輔, 右弼 등의 보좌성이 없으면, 독단적이 되어 작은 일에 집착하거나, 小貪大失(소탐대실)의 愚(우)를 범하게 되며, 井底蛙(정저와) 같은 고립된 인물이 된다. • 남녀 공히 혼인에는 주의가 필요하다. 此格은 부처궁에 七殺이 居하게 되므로, 결혼은 늦게 함이 좋고, 早婚(조혼)하게 되면 이혼의 위험이 많다. • 천이궁에 貪狼이 居하면, 이성문제가 잘 풀리지 않고, 집에 거주하는 것보다는 밖으로 나가 도는 성향이 많다. • 紫微가 子宮에 居하면 平宮이며 독좌라 하는 것이다. 따라서 육길성의 내조가 있어야 길한데, 특히 左輔, 右弼의 보좌가 필요한 것이다. 이중 하나라도 동궁하면 길하다. • 길성을 보면 공무원이나 교직에 길하고, 煞星(살성)이 없으면 經商(경상)에 길하며 능력이 있다. • 紫微가 午宮에 居하면 독좌궁이며 入廟한 것이다. 이리되면 12宮 중 최강적 宮位가 되는 것이며, 다시 化祿, 化權, 化科의 회조가 있으며 煞星의 충파가 없으면 "金輿扶駕格(금여부가격)"이라 칭한다. 이런 경우는 독단적이고, 이상이 크고, 남을 지배하기를 좋아하게 되어 영도적인 인물의 그릇인 것이다. • 左輔, 右弼의 보좌가 없으면 고립되나, 그 중 한 개라도 있으면 독불장군식이 되지 않고, 포용력과 자신의 능력을 발휘하게 되고, 외적으로는 강하나 내적으로는 부드러운 것이다. • 만약 煞星을 보게 되면 왜곡된 성격과 화합됨이 적게 된다.

<table>
<tr>
<td>子午</td>
<td>
◆ 부처궁이나 복덕궁에 동궁하면. 불길하고 孤獨之人(고독지인)이다.
◆ 天哭이나 天虛와 동궁이면, 심신이 不寧(불령)하고 쉽게 좌절하게 된다.
◆ 六吉星을 보게 되면, 문예계로 발전하게 되고, 학술연구계통이나 문화사업계통으로 비범한 발전이 있다.
◆ 甲年生 : 官運이 형통하다. 매사 순탄하고, 중년 이후에 발달한다.
乙年生 : 貴人의 조력이 있고, 학술연구와 관련하여 성취함이 있다.
丙年生 : 매사 불리함이 많다.
戊年生 : 교제관계가 좋고, 出外하여 발전됨이 있으나, 주색잡기와 연관하여 불이익이 많으니 방비책을 세워야 한다.
己年生 : 재물운이 형통하고, 성격이 과감하고 굳세며, 장악력이 있으며 이성과의 연이 좋다.
頃年生 : 재물운이 좋으나, 勞碌奔忙(노록분파) 중에 得財하게 된다.
壬年生 : 능력이 뛰어나며 권위적이고, 사업상의 발전이 있고, 득재하며, 감정적인 면에서는 불리함이 있다.
癸年生 : 다재다능하며, 주색과 도박을 방비해야 한다.
</td>
</tr>
<tr>
<td>丑未</td>
<td>
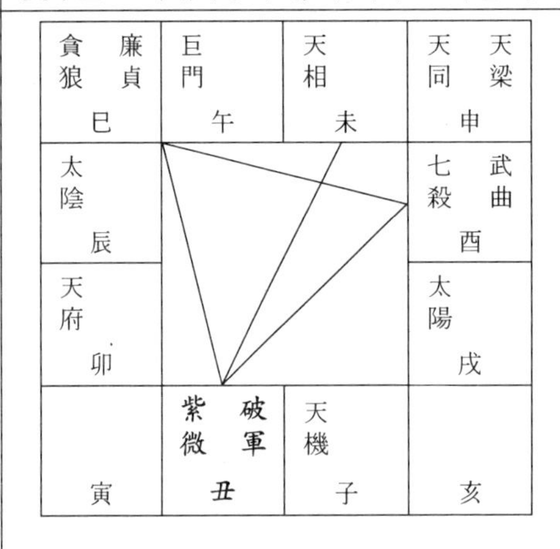

◆ 紫微가 丑未宮에 居하면 旺平地에 해당하는 것이며, 破軍과 동궁하게 된다.
◆ 紫微가 令을 내리면 破軍은 이를 받들어 실행하는 것이다. 즉, 윗사람의 뜻을 알고 이를 아랫사람에게 임무를 배분하는 것이다. 따라서 破軍의 본질은 조직의 근간이 되는 것이며, 紫微가 갖추고 있는 정신과 재능면의 균제를 이루는 역할을 하는 것이다.
◆ 남녀를 막론하고, 사려심이 많고, 자주적이고, 영도적이며, 결단력, 창조성, 多采多姿(다채다자)의 생활을 즐겨하나, 辛苦(신고)를 不免(불면)하고, 硬直(경직)됨이 있다.
◆ 외모는 사람들에게 호감을 주는 相이며, 일을 추진함에 상식을 초월하는 경우가 많고, 자신이 행함에 가식이 없으며, 한편으론 남의 이러저러한 평가를 듣기를 싫어한다.
◆ 고집이 세고, 이상이 높고, 욕망도 크며, 성격이 모난 면이 있고, 화합됨이 적다.
◆ 紫微는 오행이 土이고 破軍은 오행이 水라 土와 水가 상호 상극되는 것이다. 따라서 매사 奔波勞碌(분파노록)이 많고, 불안정하고, 주위 환경에 대해 불만이 많으며, 현실을 개혁하고 돌파하려는 생각이 강하다.
</td>
</tr>
</table>

丑未	◆ 사람을 관리하는 직업이나, 참모직, 봉급생활직을 좋아하지 않으며, 자신만의 이상세계에서 살기만을 추구하는 경향이 짙다. ◆ 일생동안 항시 異姓의 관심과 도움을 얻으나, 감정면에서는 솔직하게 본질에 다가서지 못하는 정황이며, 상대는 이상적인 면을 좋아하지 않아 감정면에서 파열음이 발생한다. ◆ 공공기관에 근무함이 길하고, 經商(경상)계열이나 국영기업체 근무도 길하다. ◆ 紫微가 丑未宮에 居하고 化祿, 化權, 化科가 보이면, 이른바 "三奇嘉會格(삼기가회격)"으로 大吉하여 공직에서 三公의 위치에 오른다 했다. 煞星이 없으면 더욱 좋은데 政界(정계)의 진출도 가능하며 頭領運(두령운)인 것이다. 만약 化祿이나 祿存이나 天馬의 來照(내조)가 있으면 經濟界(경제계)로 진출시 사업경영에서 발군의 실력을 발휘한다. ◆ 길성의 내조가 있다 해도, 化祿과 天馬가 보여야 富格을 이루는 것인데, 만약 그렇지 않다면 육길성의 來會가 있다 해도 단지 政界방면에서 발전이 있을 뿐이다. ◆ 化祿, 化權, 化科가 보이지 않으며, 또한 보좌성이 보이지 않으면, 政界로 진출하나 크게 두각을 나타내지 못하는 것이다. ◆ 紫微, 破軍이 동궁이며 좌우에 보좌성이 없고, 길성의 내조도 없고, 흉성이 보이게 되면, 길성이 없고 흉성만 있는 格이니, 이는 관직에 있더라도 필히 청렴하지 못하게 된다. 그러나 길성의 내조가 있다면 공업, 기술, 연구계통에 이롭다. ◆ 紫微, 破軍이 丑未의 四墓宮(진·미·술·축)에 居하면, 신하는 불충하고 자식은 불효함으로 논하는 것이다. 이는 化祿, 化權이 없거나 길성의 회조가 없는 것을 말하는 것으로, 더욱이 길성이 없고 煞星(살성)만 있으면 無情하고 의롭지 못하여, 이런 사람들과 사귀게 되면 더욱 더 구덩이 속으로 빠지는 결과를 초래한다. ◆ 紫微가 擎羊을 보게 되면 단지 經常(경상)에 이로울 뿐이다. ◆ 紫微가 天空과 地劫을 보게 되면 예술계, 자유업종, 종교계와 연관되는 경우가 많다. ◆ 紫微와 華蓋가 동궁하고 복덕궁과 부처궁이 불길하면, 신앙, 종교계통에 열심이나, 가정에는 和氣(화기)가 적다. ◆ 天姚, 咸池 등의 도화성계가 있으면 음탕함이 많으나, 없는 경우이면 그렇게 논하지 않는다. ◆ 破軍은 波動의 성질이니, 삼방의 내조에서 天使가 있으면, 武職(무직)을 제외하고는 한 가지 업종에 평생 종사하지 못한다. 혹, 換錢商(환전상)이나 항시 금전의 입출이 많은 것을 다루는 직업도 같은 맥락이다. ◆ 금전계통은 波動을 忌하므로, 금전의 유동이 적은 직업에 이롭고, 자력으로 經商(경상)을 하는 것은 이롭지 못하다. ◆ 길성의 회조가 없고, 左輔, 右弼의 보좌성이 없어도 성공하는 경우가 있다. 이는 流年에서 길성을 만나는 경우이나, 그래도 파동은 면치 못하고, 경직된 생각과 판단으로 愚(우)를 범하거나 왕왕 물의를 일으키는 경우가 있다. ◆ 女命에서 보좌성이 보이나 成局되지 못하고, 다시 煞星, 天刑, 地空 등을 만나면 종종 再嫁(재가)하는 경우가 있다.

巨門 巳	廉貞 天相 午	天梁 未	七殺 申
貪狼 辰			天同 酉
太陰 卯			武曲 戌
紫微 天府 寅	天機 丑	破軍 子	太陽 亥

寅申

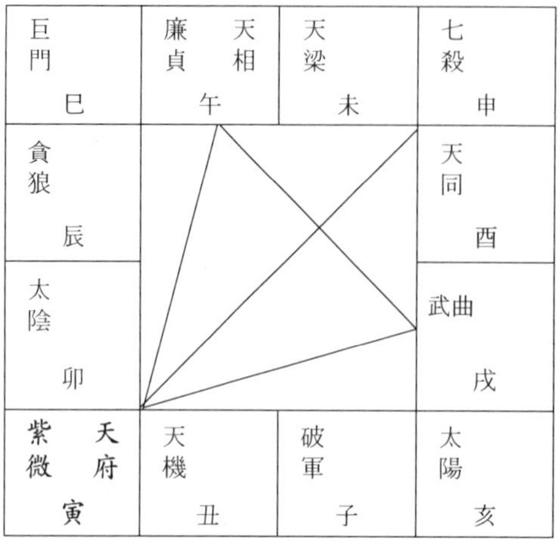

- 紫微가 寅申宮에 居하면, 平弱地에 해당하며, 天府와 동궁하게 된다.
- "紫府同臨格(자부동림격)"이며. 紫府廉武相의 조합이다.
- 紫微는 北斗主星이고 天府는 南斗主星이니, 남·북두의 主星이 만나니, 두 영웅이 조우하는 格이라 그 역량이 태강해지는 것인데, 유의할 점은 流年運에서 보좌성이 보이지 않게 되면, 오히려 흉하게 되어, 少年時에 예기치 않은 災禍(재화)가 예상되고, 혹은 부모와의 緣(연)이 薄(박)하게 되거나, 다른 방면에서 결함이 있게 된다.
- 길성이 회조하고 배척됨이 없는 경우라면, 紫微와 天府가 동궁한 경우에는 매우 길함이 실증되고 있다.
- 紫微와 天府의 역량이 본시 太强(태강)하므로, 行運에서의 배합됨이 있어 능력을 발휘함에 어려움이 없다면, 申宮에 居함이 寅宮에 居함보다 길하다. 특히 左輔, 右弼의 내조가 있다면 종신토록 부귀를 누린다.
- 紫微와 天府는 길함은 전적으로 賢臣(현신)의 보좌를 의미하는 左輔, 右弼의 功에 의지하게 되며, 이 두 성요를 보게 되면 길함이 무궁한 것이다.
- 祿存, 文昌, 文曲, 天同을 보게 되면 理財(이재)의 능력이 있고 능히 富家(부가)를 이루게 된다.
- 祿存과 天同만이 동궁하면 오히려 불길하여 孤獨之命(고독지명)이다.
- 만약 祿存과 天馬가 동궁이면 이는 부귀가 겸전이다.
- 고서에 紫微와 天府가 동궁이고 七殺이 없으면 복록이 무궁하다 논한다. 그러나 六煞星을 보게 되면 간사하고, 다시 空星을 보게 되면 육친과의 연이 적게 된다.
- 紫微는 제왕지성이고 天府는 하늘의 財庫인데, 이 두 성요가 동궁이면, 성격이 후중하며 원만하고, 聰明才智(총명재지)하고 명랑온화하며, 근면하며 보수적이고, 남을 영도하는 능력이 있다. 또한 理財에 밝아 평생 금전적으로 곤경에 처하거나 궁핍하지 않다.
- 개성적인 면에서는 고독하며 내심으로는 공허함도 있고, 사람들이 많은 장소를 기피하며 혹 사람들이 많이 모인 장소면 말이 적어지나 물질적인 면에서는 享福(향복)이 있다.
- 육친과의 연은 적으며, 혼인은 종종 늦게 이루어지고, 晩婚(만혼)이 길하며 早婚(조혼)은 결혼연에 변수가 생길 수 있다.

<table>
<tr>
<td>寅申</td>
<td>
◆ 男命은 종종 母나 祖母를 두려워하므로, 직장생활이 좋고, 공직이니 국영기업체, 재무 관련 공기업, 기술계통업체 및 참모직 등에 모두 좋다. 창업은 좋지 못하다.
◆ 女命은 부모와 멀리 떨어져 지냄이 좋고, 마음이 공허하여 사람들의 위안 받기를 좋아하니 일종의 도화적 기질인 것이다.
◆ 女命은 紫微와 天府가 동궁하면, 百官朝拱格(백관조공격)이니, 처음에는 능히 남편과 자식에게 영화로움이 있으나, 길성이 없고 육살성을 보게 되면 혼인에 불리함이 있으며, 일생 자신의 노력으로 財는 發하나, 종국에는 음탕하여 여럿의 남편이 있게 된다. 몸은 여자이나 行動擧止(행동거지)는 남자의 기질이 있다.
◆ 대체로 부모의 배려가 있는 결혼을 忌하고, 자유방임적 감정을 추구함이 많아, 혼인 후 가정에 전력을 다하지 못하니, 修身(수신)과 교양과 배움에 힘쓰기를 노력하고, 大運에서 길성의 회조가 있으면 가히 부귀를 누리게 되고, 남편과 자녀에게도 영화로움을 기대할 수 있는 것이다.
</td>
</tr>
<tr>
<td>卯酉</td>
<td>
<table>
<tr><td> 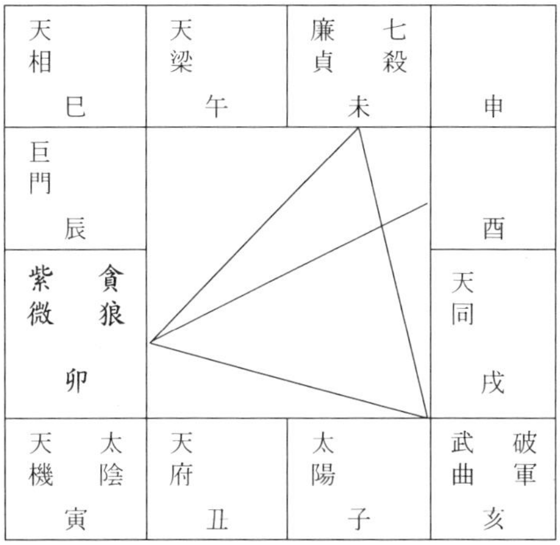天相
巳</td><td>天梁
午</td><td>廉貞 七殺
未</td><td>申</td></tr>
<tr><td>巨門
辰</td><td></td><td></td><td>酉</td></tr>
<tr><td>紫微 貪狼
卯</td><td></td><td></td><td>天同
戌</td></tr>
<tr><td>天機 太陰
寅</td><td>天府
丑</td><td>太陽
子</td><td>武曲 破軍
亥</td></tr>
</table>
◆ 紫微가 卯酉 二宮에 居하면, 陷平地이며, 貪狼과 동궁하게 된다.
◆ 貪狼은 才藝(재예)의 성요로 桃花의 성질을 띠고 있다. 고서에는 "桃花犯主爲至淫(도화범주위지음)"이라 하여, 桃花가 紫微를 범하면 음탕함이 있다고 說(설)하고 있는데, 여기서 桃花는 貪狼을 의미하는 것이다.
◆ 紫微, 貪狼이 동궁하고, 다시 咸池, 天姚, 紅鸞, 大耗 등의 성요가 회조하거나 길성의 制化가 없거나, 혹은 化忌나 空亡을 보게 되면, 色艶(색염)의 흉조를 벗어날 수 없는 것이며, 혼란한 감정적 요인이 뒤섞이어 마음을 심란하게 한다.
◆ 또한 紫微는 제왕지성이니, 신변에 요염한 미녀들이 많게 되면 풍류를 벗어날 수 없는 것이다. 그러나 육살성이 도화성과 동궁하지 않으면 별개로 논한다.
◆ 貪狼이 紫微를 범하지 않는다면, 紫微의 능력과 역량이 증가되며, 또한, 貪狼이 居하며 흉하게 작동함을 제어할 수 있는 경우라면, 문화와, 예술방면으로 능력을 발휘하게 된다. 이런 경우에도 貪狼의 勢(세)가 미력하거나 살성이 없는 경우이며, 成格이 되어 길하게 되는 것이다. 이리되면 紫微가 居하는 십이궁 중 최고로 길하다 판단하며, 또한 酉宮에 居함이 卯宮보다 길함이 많은 것이다.
</td>
</tr>
</table>

卯酉	◆紫微는 남녀 막론하고 성격이 호탕하고, 정신이 剛勇(강용)하며, 영민하고, 재간이 뛰어나고, 처세에 능하니, 능히 사업적으로도 두각을 나타내고, 중요 직무를 감당해낼 수 있는 것이다. ◆본시 貪狼은 才藝(재예)의 星으로 紫微와 동궁이면, 紫微의 촉진성의 영향을 받아, 문예, 창작활동, 악기 연주, 언어, 음식, 編織(편직) 등에 탁월한 재능이 있는 것이다. ◆男命의 動向 ·주색과 연관된 일에 접근하기 쉽고, 말을 잘하고, 호방하고 외교술이 좋다. ·인연관계는 상호 어긋남이 있으나, 신체는 건장하고, 입담이 좋고, 외모도 우호적이다. ·연관 직업으로는 철공업 관련 업종이다. ·낭만생활, 이상추구, 의복과 차량에 연연치 않고, 동양오술학 등에 관심이 많다. ·도화운이 도래시는 풍류와 연관된 장소를 가까이 한다. ·도화성계의 來照가 있으면 性生活(성생활)을 즐겨하고, 감정이 복잡하며, 외적으로 淫行(음행)이 잦다. ◆女命의 動向 ·才藝(재예)가 있으나, 집안 다스림에 제멋대로이고, 다시 도화성계의 來照가 많으면 아름답게 꾸미는 것을 좋아한다. ·만약, 도화성이나 살성의 내조가 있으면, 자신만의 감정세계에 깊이 빠짐을 주의해야 하고, 감정의 혼란이 자주 발생하니, 유흥업계통의 유혹을 멀리해야 한다. ◆紫微는 여러 살성을 制化(제화)하고 解厄(해액)하는 역량이 있지만, 여러 살성 중에서 貪狼은 제외된다. ◆貪狼은 擎羊을 제일 두려워하나, 天使의 會照가 있으면 미적 감각과 色情(색정)과 연관된 사안이 나타나게 되며, 技藝(기예)를 학습함에는 적합한 능력이 있게 되는 것이다. ◆貪狼은 또한 火星과 鈴星을 기뻐하는데, 紫微가 火星과 鈴星을 控制(공제)하는 능력이 있으나, 化忌가 보이는 경우에는 영향력적인 면에서는 그렇지 아니하다. ◆貪狼은 또한 化忌를 喜하는데 이렇게 되면 도화성의 흉함이 감경되나, 또한 한편으론 재예방면, 언어방면의 뛰어남과 영향력이 化忌로 인해 감쇠하는 것이다. ◆文昌과 文曲을 보게 되면 학예와 문화계통에 발전이 있다. ◆左輔, 右弼을 보게 되면 문화사업 이외에도 경영적인 면에서도 발전이 있다. ◆化權을 보고, 天魁와 天鉞의 來照가 있으면 정치계에 뛰어난 능력을 발휘할 수 있다. ◆만약 左輔, 右弼이 보이지 않고 文昌과 文曲의 夾照(협조)가 있으면 평범한 命으로 일생에 크게 이룩됨이 없는 것이다. ◆擎羊, 陀羅가 동궁하면 經商(경상)에 이로우나, 火星과 鈴星의 來照가 있으면 그렇게 논하지 않는다. ◆空星이나 煞星을 보게 되면 종교, 신앙 방면으로 전환하는 경우가 많다.

辰戌

天梁 巳	七殺 午	未	廉貞 申
紫微 天相 **辰**			酉
巨門 天機 卯			破軍 戌
貪狼 寅	太陰 太陽 丑	武曲 天府 子	天同 亥

- 紫微가 辰戌 二宮에 있으면, 平廟地이며, 天相과 동궁하게 된다.
- 이리되면 紫微가 자연 天府, 天相, 天魁, 天鉞, 左輔, 右弼, 文昌, 文曲 등과 회조하게 되는데, 辰戌은 天羅地網(천라지망)에 해당 하니, 辰戌 二宮에 居한 紫微는 廟旺地가 되지 못하는 것이라, 역량이 크지 못하고, 또한 천라지망에 낙궁하는 것이라, 龍(용)이 깊은 물속에 있어 곤고해짐에 비유되는데, 이는 속박되고 재능을 펼치지 못함과 상통하니, 이런 명조는 특수기능직에 종사하거나, 혹은 예상치 못한 특별 행운을 만나게 되기도 한다.
- 紫微는 辰宮에 居함이 戌宮에 居함보다 길하고 이롭다.
- 개성이 온화하고, 처사에 신중하고, 남을 돕기를 좋아하고, 富와 정의감이 있다.
- 현실에 안주하지 않고, 새로운 것에 대한 도전의식이 강하다.
- 좋은 일에 있어서는 그 뜻을 견지하고, 의롭지 못한 일에서는 필히 관계를 끊고 거리를 둔다.
- 사업가의 경우라면 사업운이 좋으며, 귀인의 조력을 받으니, 사업적인 면에서는 향상발전함이 있는 것이다.
- 일생에 환경적 변화가 많고, 또한 머무르는 곳에서의 여러 풍파와 부딪침이 많다.
- 본인의 역량이 많지 않으니, 세상사에 얻고자 하는 면에서 역량의 부족함을 느끼게 되고, 또한 사람들의 밑에 있기를 원치 않으려 하는 반발심이 있으며, 자신의 이상세계에서 사는 경향이 많다.
- 일생에 성공과 실패가 多端(다단)하니, 두 가지를 다 얻을 수 없으니 貴를 얻으면 富가 적고 富를 얻으면 貴가 적은 것이다.
- 女命은 일에 있어 정서적인 면을 추구한다.
- 天相은 "印星(인성)"에 비유하니, 紫微와 동궁하면, 帝王이 옥쇄를 손에 쥐는 것과 같은 것이라, 祿星(祿存·化祿)과 天馬를 보게 되면, 權柄(권병)을 휘두르고 國庫(국고)가 넘쳐나니, 명성이 자자한 제왕이 된다.
- 만약, 악살성을 만나게 되면, 無道之君(무도지군)이라 悖惡(패악)하며, 詐欺(사기)가 많으니, 富貴(부귀)가 무도함에 덮어지게 되는 것이다.

辰戌

- 辰戌宮의 紫微는 羅網地(나망지)에 居하니, 대궁에는 살성인 破軍이 있는 것이라. 고서에 紫微가 辰戌에 居하면 "君臣不義(군신불의)"라고 說(설)하고 있다.
- 命宮과 身宮이 辰宮이나 戌宮에 나누어 居하면, 先貴後敗(선귀후패)한다. 그러나 身宮에 破軍이 居하지 않은 경우면 그렇게 논하지 않는다.
- 길성과 보좌성의 회조가 없으면 "無義(무의)"라 칭하는 것이다.
- 破軍은 衝鋒(충봉)과 陷陣(함진)의 뜻이 있으니, 적의 선봉을 쳐부수는 의미도 있어, 대궁인 제왕의 命을 받게 되면, 어떤 요구사항도 없이 집을 떠나 적을 쳐부수는 임무를 수행하니 "無情無義(무정무의)"라 칭하는 것이다.
- 此格은 사람에게 정신적인 파탄이나 심장질환이 발생할 수 있는데, 길성과 회조하게 되면, 無情이 有情으로 化되나, 일생에 여러 번 풍파가 있을 것임은 정연한 이치이다. 또한 의도적이건 의도적이지 않건 아랫사람에게 정감 있는 표현이 적다.
- 고서에 紫微와 天相이 辰戌宮에 居하면, 化權과 祿存을 만남을 喜한다고 했는데, 化權이 우선이고 祿存이 다음이다.
- 左輔, 右弼과 文昌, 文曲을 보게 되면 貴하게 되고, 化祿과 化權 을 보게 되면 上格의 命이다.
- 天機와 化祿을 만나고, 天梁과 化權이 來照하면 최상격의 命으로, 天相이 매우 길하니 蔭德(음덕)으로 富가 있고 문서를 쥐게 된다.
- 辰戌宮의 紫微가 破軍을 보게 되면, 富는 있으나 貴가 없고 虛名(허명)만 있다 했다. 이는 祿存은 있으니 化權이 없는 경우를 말하는 것이다.
- 또한 紫微가 破軍을 四墓宮(辰·未·戌·丑)에서 보게 되면, 신하는 불충하고 자손은 불효한다고도 했다. 이는 祿存과 化權의 길성의 회조가 없음을 의미하는 것이다.
- 만약 길성이 없이 살성만을 보게 되면, 無情無義(무정무의) 하니 이는 험난한 구덩이에 빠짐과 같은 것이다. 이에 다시 流年에서 살성을 만나게 되면 말이 많으며 신경과민이 되고, 다시 擎羊을 보게 되면 詞訟(사송)에 휘말리게 되고, 陀羅를 보게 되면 매사 저체되는데, 다만 擎羊과 陀羅를 보게 되면 經商(경상)에 이로운 면이 있다.

巳亥

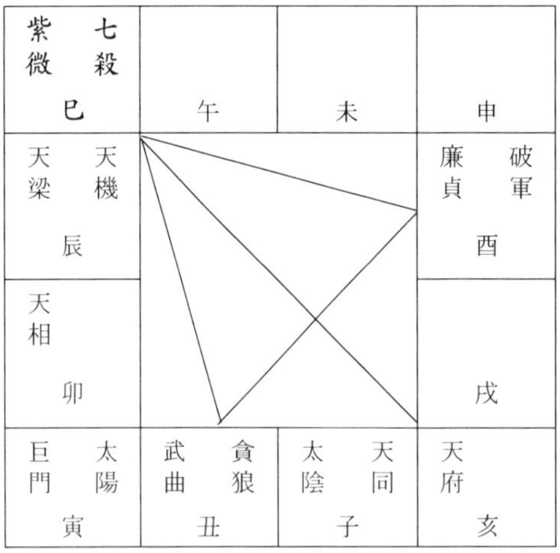

紫微 七殺 巳	午	未	申
天梁 天機 辰			廉貞 破軍 酉
天相 卯			戌
巨門 太陽 寅	武曲 貪狼 丑	太陰 天同 子	天府 亥

- 紫微가 巳亥 二宮에 居하면, 旺陷地이며, 필히 七殺과 동궁하게 된다.

巳亥	◆七殺은 紫微의 호위대장으로 二星이 동궁시는, 君王이 대장군을 거느리고 出征(출정)하는 것에 비유된다. 소리가 우렁차고, 기상이 드높은 것이 七殺의 호쾌하고 장대함과 같은 것이다. ◆紫微는 陰土로 자연 生을 받는 巳宮에 居함이 亥宮에 居함보다 길하고 이로움이 있다. ◆길성의 조력이 있으면, 七殺의 剛勇(강용)함이 化殺爲權(화살위권)이 되어 無에서 영웅적 성취를 이루어 권세를 얻게 된다. ◆길성의 회조가 없으면, 小人이 覇道(패도)를 얻으려 하는 것과 같으니 성패가 다단하다. ◆七殺은 孤剋之星(고극지성)이라 紫微의 命을 따라야 하는 것이며, 紫微가 七殺과 동궁이면 七殺의 孤剋的(고극적) 역량을 制化하여, 용맹하게 전진하기만 하고 뒤의 결과를 따지지 않으니, 이것이 첫 번째로 나타나는 현상인 것이다. 따라서 고서에는 紫微, 七殺, 化權이 있으면 흉변길이 된다 한 것이다. 또한 紫微, 七殺이 보이고 祿存과 天同이 있으면 化殺爲權(화살위권)이 되어 영웅적인 길을 간다고 했다. ◆개성이 剛强(강강)하고, 다른 사람의 지시 받음을 忌하고, 자신의 세계를 구축하고, 봉급생활직을 좋아하지 않는다. ◆성격이 强直(강직)하고, 일에 있어서는 전력을 다하며, 장막 안에서 여러 일을 계획하고 꾸미는 재능이 있다. ◆웅대한 포부가 있고, 독립성, 창의력, 자수성가, 發財함이 있다. 또한, 勞碌(노록)됨과, 掌權(장권), 사업심 등이 있으며, 또한 지휘하고 영도적인 역량이 있다. ◆개성 면에서는 스스로 강하고, 괴팍스럽고, 혐오스러움을 지음이 있으며, 고통과 노력이 요구되는 면에서는, 인내하며 권세를 잡고자 하는 욕망도 있다. ◆자유를 추구하며, 사람과의 약속을 忌하고, 가까이에 사람이 있음을 忌하는 자신만의 원칙이 있다. ◆용맹스런 말의 기상과 같음이 있고, 낡은 것을 바꾸고 향상시킴과, 평생을 일에 전심전력 하려는 의지가 있다. ◆男命은 비교적 밖으로 드러남이 있고, 女命은 직업을 갖는 경향이 있으며, 그 배우자는 항시 조심스러운 마음을 지닌다. ◆살성의 회조가 없는 경우에는, 능력이 많으나 독단적 일면이 있다. ◆살성의 회조가 있으면, 역시 드러남이 있으나 沮礙(저애) 요소가 많게 된다. ◆길성의 회조 여부를 떠나, 대체로 有始無終(유시무종)이며 호언장담하는 경향이 있다. ◆祿存을 보면 七殺의 흉함이 化殺되고, 七殺은 위태로운 전쟁터의 장군에 비유되는데, 紫微가 七殺에게 실권을 주는 格이니, 武功(무공)이 혁혁하고 家門 역시 이름을 날리게 되는 것이다. ◆만약 紫微와 七殺이 동궁하고, 다시 火星과 鈴星을 보고, 擎羊과 陀羅의 회조됨이 있으면, 化殺之局(화살지국)이 成局되지 못하는 것이다. ◆고서에 紫微와 七殺이 동궁이고 四煞을 보게 되면, 貴하게 되지 못하고 孤獨刑傷(고독형상)이 있다 했다. ◆紫微와 七殺이 동궁하고 다시 空亡을 보게 되면, 蔭德(음덕)이 있더라도 허명에 불과하다. 비록 조상의 蔭德을 얻었다 하더라도, 본인은 건실한 결과가 없고, 漂浪(표랑)과 허명지인에 불과 한 것이다.

巳亥	◆ 혹, 祿存과 길성이 없고, 六煞星이 없고, 空亡地에 居하지 않고, 空星을 보지 않는다 해도, 명조인은 단지 허명을 얻는 것에 불과 하다. 만약 擎羊, 陀羅를 보면 經商(경상)에 마땅한 것이다. 女命이 四煞을 보게 되면 훗날 불미한 점이 있게 된다. ◆ 左輔, 右弼을 보고 祿存의 회조가 있으면, 평생이 평탄하고 능히 창업하여 순탄한 인생이 보장된다. ◆ 紫微, 七殺이 巳宮에 居하면, 思想(사상)적인 면이나 기호적 측면에서 온당하지 못함이 있으나, 化殺爲權(화살위권)이 될 시에는, 쉽게 만나기 어려운 높은 위치가 될 것이며, 권세를 독차지 하게 될 것이다. 비록 평상인의 命이라 하더라도 經商이나 중계인의 역할에 實利(실리)가 있는 것이다. 만약 天刑의 회조가 있으면 피부성형외과의 길을 가게 된다. 女命이 이와 같으면 재무 방면이나 문서관리 기관에 이롭다. ◆ 紫微와 七殺이 亥宮에 居하면 脾臟疾患(비장질환)이 있고, 生氣(생기)가 적음을 두려워하고, 또한 명조인은 번뇌와 산만함이 있으며, 예술방면에 재능이 있게 된다. 左輔, 右弼과 文昌, 文曲의 회조가 있으면 설계방면에 종사함이 이롭다.
12宮	紫微(자미)
命宮	◆ 보편적으로 남의 말을 잘 듣고 마음이 활달한 편이나, 근거가 없는 뜬소문을 듣고 잘 믿기도 한다. ◆ 化權, 化科를 보거나 百官의 朝拱(조공)을 보게 되면, 귀가 얇아 남의 말과 뜬소문을 잘 듣고 잘 믿는 결점이 보완된다.
兄弟	◆ 길성이 있고 흉성이 없으면 형제가 부귀를 누리게 되는데, 이는 자신보다는 형제들에 해당됨이 크다. ◆ 만약 天馬의 拱照나 회조가 있으면, 형제간 각자 동분서주하며 상호 감정과 영향이 적어지게 된다. ◆ 만약 살성이 重하면, 매사 저체됨이 많고, 형제간 刑傷과 不和가 있게 된다. ◆ 형제궁에 길성이 있을 경우에는, 형제간 조력을 얻을 수 있는데, 만약 太多하면 오히려 흉하게 작동하여 자기 자신은 존재감이 없게 되고, 昇遷(승천) 역시 기대하기 어렵다. 만약 승천과 연관된 貴人星이 많을 시는 四化星의 길흉으로 판단한다. ◆ 化權이 重하면 刑剋(형극)과 資産(자산)의 損耗(손모)가 발생하고, 四煞星과 天空, 地劫이 보이면 破財(파재), 破耗(파모)가 따른다.
夫妻	◆ 배우자의 성정이 剛强(강강)하고 지배욕이 큼이 단점이 될 수 있는데, 化權이 있는 경우라면 그렇게 판단하지 않는다. ◆ 혼인은 늦게 함이 좋고, 연령차가 많은 배우자가 좋다. ◆ 권력욕이 있고, 자기 뜻을 주창하나 지속됨이 적다. ◆ 길성이 없고 살성이 있는 경우에는, 스스로 고상한 척하나 남이 알아주지 않는다.

子女	◆ 獨坐(독좌)이며 길성의 회조가 없을 시는, 자녀수가 적으나, 左輔, 右弼의 회조가 있으면, 자녀수가 많으며 늦게 훌륭한 자식을 두게 된다. ◆ 매사 경색됨이 있다. 높은 뜻을 본 받을만하나, 天空, 地劫을 보게 되면 桃花星으로 化되어 庶出(서출)인 경우가 많다. ◆ 자녀의 性情(성정)은 거만함이 있으나, 文昌, 文曲, 化科를 보게 되면, 자녀들이 총명하고, 살성을 보게 되면 性情이 不善하며, 鈴星을 보게 되면 흠결이 많다.
財帛	◆ 안정되고 재물복이 있다 하지만 큰 부자가 되는 것은 아니다. ◆ 계산적인 면이 있고, 길성이 보이면 得財하나, 살성이 보이면 得財 후에 破財가 따른다. ◆ 天空과 地劫이 보이면, 財의 입출이 빈번하고, 사기를 당해 破耗(파모)가 따르게 되며, 財의 축적이 어려우나, 左輔, 右弼을 보게 되면 財의 성취가 가능하다.
疾厄	◆ 동궁한 성요의 질병배속에 의거하여 판단한다. ◆ 脾胃系統(비위계통), 內分泌系統(내분비계통), 頭(두), 消化器系統(소화기계통)의 질환이 발생한다. ◆ 天空, 地劫, 鈴星을 보면 目疾(목질)이 따른다. ◆ 獨坐(독좌) 시에는 질환의 나타남이 현저하다.
遷移	◆ 고향을 떠나 異邦(이향) 혹은 異族(이족)과 연관되어 재물과 권세를 얻는다. ◆ 左輔, 右弼, 天魁, 天鉞을 보게 되면, 貴人의 조력을 얻게 되며, 사회적으로 교제관계가 좋아 주변 사람들의 신임을 얻게 된다. ◆ 살성을 보게 되면, 시비구설과 번뇌가 많게 된다. ◆ 天空과 地劫을 보게 되면, 고향을 떠나게 되고 破財가 따른다.
奴僕	◆ 길성을 많이 보게 되면 오히려 불리하고, 이는 본명궁에서 보아 살성의 회조가 많은 경우보다 불리하다. ◆ 부하직원을 속박함은 강하나, 자신에게는 그러하지 못한데, 이는 紫微와 七殺의 조합에서 더욱 뚜렷이 나타난다. ◆ 본명궁이 강하나 노복궁에서 많은 살성을 보게 되면, 수하인들의 재주가 용렬하나, 左輔, 右弼의 길성을 보게 되면, 수하인들의 조력을 많이 받게 된다. ◆ 天空이나 地劫이 보이면, 사기를 당하거나, 破財 등이 따르고 朋友(붕우)의 간섭과 연루됨으로 인해 흉사가 발생한다.
官祿	◆ 처세에 독립적이고 영도적인 역량이 있으나, 독단적인 면도 많은데, 左輔, 右弼을 보게 되면 그렇지 아니하다. ◆ 開創的(개창적)이며 혁신적인 사업가의 기질도 있으나, 남과 약속하는 것을 썩 좋아하지 아니하고, 행동과 생각에서 단시적인 면이 많은 것이 흠이다. ◆ 창의적인 면이 많으나, 약속을 잘 지키지 않고, 심사숙고하지 않는 성향이 많다. ◆ 左輔, 右弼을 보고, 길성이 있으며 살성이 없는 경우는, 政界(정계)로 진출함이 있으나. 살성이 있고 化忌가 있으면 政界로의 진출이 불리하다. ◆ 天空과 地劫을 보게 되면, 사업의 변동이 많고 破耗가 따르는데, 紫微와 破軍의 조합에서는 더욱 심하다. 이는 破軍이 天空과 地劫을 두려워하기 때문이다.

田宅	◆ 고지대와 고루누각과 연관되며 家産을 승계 받는다. ◆ 도화성계를 보면 집안에 陰盛陽衰(음성양쇠)한다. ◆ 가족이나 사업체와 연관하여 권위적 위치에 있게 되나, 그 성향과 언행에서는 不美함이 많다.
福德	◆ 주관적이고 고집이 있으며, 투지가 있으며, 心志가 굳은 면이 있으나 반면에 고독감도 重하다. ◆ 살성이 많으면 심려됨이 많고, 길성의 조력이 있으면 말년에 향복을 누리게 된다. ◆ 남을 받아들임에 부족함이 있고, 역시 자신의 뜻을 굽혀 남을 따르는 것도 忌하는 성향이다.
父母	◆ 주관적이며 天姚와 같은 도화성을 보면 두 어머니가 있다. ◆ 명궁에 天機가 있는 경우라면 부모의 조력과 조상들의 蔭德(음덕)이 있게 된다. ◆ 살성을 보게 되면 자녀와 부모와의 연이 적고 간격이 있다. ◆ 부모의 성정은 엄격하고 권위가 있다. ◆ 뒷날 일을 도모함에 양다리를 걸치는 경우가 있으나, 남에게 의지하는 것을 좋아하지 않는 성향이다.

圖35 紫微星 坐命

<table>
<tr>
<td>紫微 七殺 祿存
破碎 病符 亡神 博士
5~14
命宮 絕 丁巳</td>
<td>擎羊
解神 天貴 天廚 太歲 將軍
力士
15~24
父母 胎 戊午</td>
<td>天鉞
地劫 天空 攀鞍 青龍
25~34
福德 養 己未</td>
<td>天馬 天刑 恩光 孤辰 喪門
小耗
35~44
田宅 長生 庚申</td>
</tr>
<tr>
<td>天機(忌) 天梁 陀羅
陰煞 年解 八座 紅艶 寡宿
鳳閣 弔客 月殺 官符
兄弟 墓 丙辰</td>
<td colspan="2" rowspan="2">男命
陰曆：1918. 12. 08. 申時
命局：土5局 沙中土
命主：武曲 身主：鈴星

丙 辛 乙 戊
申 酉 丑 午
79 69 59 49 38 29 19 9
癸 壬 辛 庚 己 戊 丁 丙
酉 申 未 午 巳 辰 卯 寅</td>
<td>廉貞 破軍 火星
紅鸞 息神 將軍 貫索
45~54
官祿 身宮 沐浴 辛酉</td>
</tr>
<tr>
<td>天相 左輔 地劫
天福 天官 天壽 天德 咸池
伏兵
夫妻 死 乙卯</td>
<td>封誥 三台 龍池 天傷 官符
華蓋 奏書
55~64
奴僕 冠帶 壬戌</td>
</tr>
<tr>
<td>巨門 太陽 文昌
台輔 天月 蜚廉 白虎 大耗
指背
95~
子女 病 甲寅</td>
<td>武曲 貪狼(祿) 天魁
大耗 龍德 天殺 病符
85~94
財帛 衰 乙丑</td>
<td>天同 太陰(權) 文曲
天姚 截空 旬空 天虛 天哭
天使 歲破 災殺 喜神
75~84
疾厄 帝旺 甲子</td>
<td>天府 右弼(科) 鈴星
天巫 天才 月德 小耗 劫殺
飛廉
65~74
遷移 建祿 癸亥</td>
</tr>
</table>

〈圖35 紫微星 坐命〉

◆ 명궁에 紫微, 七殺이 있어 化殺爲權(화살위권)이 되고, 삼방에 化科와 化祿의 회조가 있으니 "三奇嘉會格(삼기가회격)"이다.

◆ 紫微, 七殺이 坐命하고 다시 祿存이 동궁하며, 삼방에 化祿과 天魁, 右弼의 회조가 있으니 길격이다.

◆ 身宮에 廉貞, 破軍, 火星이 居하고, 명궁의 대궁인 천이궁에 右弼이 居하며, 재백궁의 좌우에 文昌, 文曲과 太陽과 太陰이 있어 夾財하며, 火星, 貪狼, 鈴星이 명궁을 拱照하고 있으니 富格이다.

◆ 명궁에 紫微와 七殺이 동궁하니 영도적인 명조인데, 삼방사정에서 祿存과 化祿의 雙祿과 天魁, 右弼의 助星이 있으니 富를 發하게 되는 것이며, 재백궁의 좌우에 文昌, 文曲과 太陽, 太陰이 있어 夾宮하니, 수천억 재력가로 巨富의 命이다.

◆ 명궁의 좌우에 擎羊과 陀羅가 夾命하니, 고군분투하며 백전불굴의 투지가 있으며 勞碌奔波(노록분파)가 따르나, 종국에는 대기업을 이룩한 것이다.

◆ 45~54세 辛酉大限

·辛酉宮에 坐하니 辛酉宮이 대한명궁이다. 宮干 辛의 祿存은 지반 酉에 해당하니 대한명궁은 祿存과 동궁인 것이다.

·辛酉大限의 명궁에 祿存이 居하고, 재백궁과 관록궁에는 生年干의 祿存과 化祿이 居하니 三綠의 회조가 있는 것이다.

·辛酉大限의 관록궁은 丑宮인데 선천化祿이 居하고, 辛酉大限의 재백궁에는 선천祿存이 居하고, 辛酉大限 명궁에는 宮干 辛의 祿存이 居하고 있으니 雙祿의 회조가 있는 것이며, 다시 삼방사정에 火星, 天鉞, 紫微의 회조가 있고, 좌우에는 太陽과 太陰, 文昌과 文曲의 夾照(협조)가 있으니 大吉하여 사업을 크게 일으킨 것이다.

◆ 본명의 재백궁에는 武曲, 貪狼, 化祿이 있으니 財旺한 것이고, 辛酉大限의 재백궁에 紫微, 七殺, 祿存이 居하여 大財를 획득할 수 있으니 名利雙全(명리쌍전)의 命인 것이다.

(2) 천기(天機)

<table>
<tr><th colspan="2">天機(천기)</th></tr>
<tr><th>宮位</th><th>解義</th></tr>
<tr><td>子午</td><td>
<table>
<tr><td> 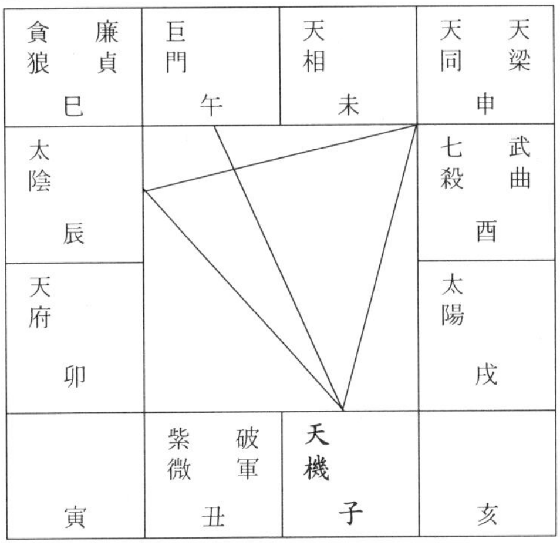貪狼 廉貞
巳</td><td>巨門
午</td><td>天相
未</td><td>天同 天梁
申</td></tr>
<tr><td>太陰
辰</td><td colspan="2" rowspan="2"></td><td>七殺 武曲
酉</td></tr>
<tr><td>天府
卯</td><td>太陽
戌</td></tr>
<tr><td>寅</td><td>紫微 破軍
丑</td><td>天機
子</td><td>亥</td></tr>
</table>

◆ 天機는 陰木에 속하며, 化氣는 "善(선)"이다.
◆ 天機는 善緣(선연), 聰明(총명), 智慧(지혜), 增益(증익), 企劃(기획), 善性(선성), 思考(사고), 多變(다변), 硏究(연구), 鑽牛角尖(찬우각첨=자질구레한 문제에 신경을 쓰며 시간을 낭비함), 명상, 참선, 철학, 東洋五術(동양오술=命. 占. 相. 醫. 山), 佛法 등과 연계된다.
◆ 天機가 子午 二宮에 居하면, 廟平地에 거하는 것이며 또한 독좌라 한다. 대궁에는 巨門이 내조하게 된다. 이리되면 天機가 자신의 궁위에서 본성을 발휘하게 되고, 午宮에 居함이 子宮에 居함보다 길하고 이롭다.
◆ 이러한 조합은 남녀 불문하고, 성품이 중후하고, 변론능력이 있고, 일처리가 명쾌하고, 분석능력이 있고, 반응이 민첩한 장점이 있다. 또한 巨門의 照射로 인해 이러한 길성이 더욱 증가하며, 또한 天機 木과 巨門 水가 상호 相扶(상부)와 來照(내조)함이 있는 것이니 성취와 富가 따르는 것이다.
◆ 다만, 길성의 내조가 있더라도 독단적인 면이 있고, 사업적인 면에서는 능력을 발휘함이 있다.
◆ 子宮이 나타내는 바는, 유순하고 원활하고 과장됨이 있으며, 午宮은 口頭(구두)상으로는 절대적으로 불복함이 있으나 내면은 그렇지 않다.
◆ 女命은 성격이 강하고, 機巧(기교)가 있으며, 능히 家權(가권)을 장악하며 가정을 꾸려나가고, 權柄(권병)이 있으며 福壽(복수)가 雙全(쌍전)이다.
◆ 天機가 子午 二宮에 있으며 명궁에 居하는 것이면, 관록궁은 항시 太陰을 보게 되고, 재백궁은 天同, 天梁을 보게 되는데, 만약 살성의 회조가 없다면 이를 "機月同梁格(기월동량격)"이라 한다.
</td></tr>
</table>

子午	◆ "기월동량격"은, 신분이 높은 공직에 종사하거나 막료의 역할을 하고, 정부기관이나, 공공기업의 참모 역할을 하며, 이에 文昌과 文曲이 회조하면 대중문화예술사업에 종사하게 된다. ◆ 天機와 天梁의 회조는 兵科(병과)를 논할 때 이로운데, 이에 더하여 좌우에 文昌과 文曲의 夾照가 있으면 文職은 清顯(청현)하고, 武職은 忠良(충량)하다. ◆ 此格의 특징은 기획력의 두뇌가 비상하고, 일처리에 능숙하고, 보수적이며 중후하고, 일을 함에는 질서가 있고, 사고방식이 조리가 있어, 막료의 역할이나 행정업무를 담당함에 이롭고, 보좌적인 역할과, 軍, 政, 공직, 교직, 상업 등의 일을 함에 강한 추진력이 있고, 수하직원을 돕는 상사적인 역할에 능하다. 본인의 재능이 출중하니 자연 요직을 맡게 되는 것이다. ◆ 또한 조상의 蔭德(음덕)이 있고, 문예 방면의 재능과 협조능력, 지도자적 능력, 처세적 능력이 있으며, 현실적으로는 공직, 교직, 전파활동, 문화사업 등에 종사한다. 또한 두뇌와 근력을 활용해야 하는 기술계통의 일을 하게 되면 재능을 펼칠 수 있다. ◆ 상업에 종사하면 대리점업이나 중간상 등에 유리하다. ◆ 대체적으로 일생이 평온하며, 안정된 생활을 하게 된다. ◆ 天機가 午宮에 居하면 獨坐라 하며, 太陰은 戌宮에 居하게 된다. 명월이 빛을 발하고, 文이 온아하며, 학식이 특출나고, 保守(보수)를 견지하며, 젊어서 뜻을 얻게 된다. ◆ 此格은 창업에는 이롭지 않고, 이상은 높으나 실천능력이 부족하며, 사업면에서 자기주장만을 펼치게 되니, 종국에는 根氣(근기)가 부족되어 事業을 破하게 된다. ◆ 봉급생활직은 可하나, 다른 생산사업 면에서나 투기적 사업면에서는, 끈질김이 적으니 이롭지 못하다. ◆ 만약 살성의 회조가 있으면, 방탕하여 타향에서 성공을 거두지 못한다. ◆ 만약 길성의 회조가 있으면 부귀하며 衣食(의식)이 足하다. ◆ 육길성의 부조가 있으나, 擎羊이나 地空, 地劫 등을 만나게 되면, 전문기술직의 재능이 있으며 林業 등도 可한 것이다. ◆ 만약 擎羊, 天刑 등이 보이고, 다시 육길성이 보이며, 化權, 化祿, 化科 등의 회조가 있으면, 명성이 자자한 의사, 법조인, 기능장 등이 可하다. ◆ 복덕궁의 대궁은 天同, 天梁인데, 만약 길성의 회조가 없으면, 女命은 家事에 궁핍함이 많고, 불안함이 많으며, 天機의 길한 면이 발휘되지 못하여 가정을 유지하기 어렵고, 이런저런 가정사와 연관하여 不淨(부정)됨이 많으며, 질서 있게 가정의 규율을 유지하지 못하니 오히려 직업주부의 생활이 맞는 것이다.

丑未

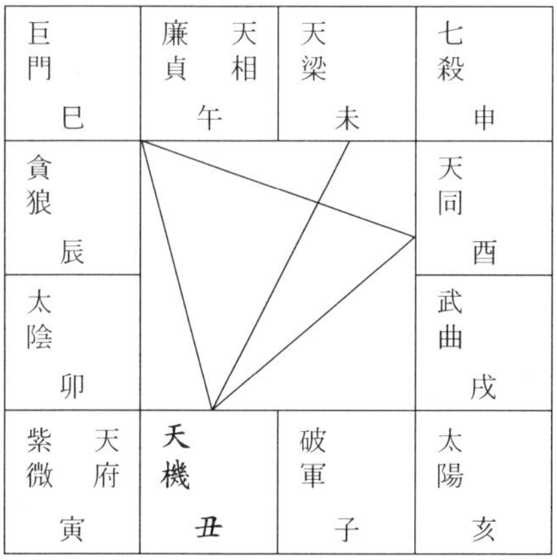

巨門 巳	廉貞 天相 午	天梁 未	七殺 申
貪狼 辰			天同 酉
太陰 卯			武曲 戌
紫微 天府 寅	**天機 丑**	破軍 子	太陽 亥

- 天機가 丑未 二宮에 居하면, 陷平地인 것이며, 獨坐이고, 대궁에는 天梁이 내조하게 된다. 이런 경우에는 天機의 動的인 길함이 나타나기 힘들다.
- 天機가 左輔, 右弼의 夾照를 얻게 되거나, 左輔, 右弼과 동궁하거나, 대궁에 자리한 경우에는 큰 助力을 받을 수 있으며, 未宮에 居함이 丑宮보다 더 길하다.
- 대궁에 天梁의 내조가 있으면, 長壽(장수)하고, 말재주가 좋고, 설득력이 뛰어나고, 性情(성정)이 민첩하며, 임기응변에 능하다.
- 天機가 化祿을 보고, 대궁에 天梁과 化權이 내조하고, 左輔, 右弼의 협조가 있고, 文昌, 文曲의 회조가 있으면, 역시 권세를 얻게 되고, 비록 소년시절에 다소의 험난함이 있더라도, 능히 소년에 창업하여 종신토록 발달함이 있는 것이다.
- 天機는 化忌, 火星, 鈴星, 擎羊, 陀羅, 地空, 地劫, 天空 등의 회조나 동궁을 기피하는데, 이는 天機의 動的이고 好運的(호운적)이며 길한 성질이, 살성을 만나게 되어 破折(파절)되거나, 天機의 본연적 길성이 손상되어, 심사가 불안하고, 매사 경색되고, 困苦(곤고)함을 면하기 어려운 것이다.
- 天機는 動함을 喜하는 성질이니, 재물을 모으기 힘들고, 개인사업은 이롭지 못하며, 봉급생활이 이롭다. 만약 경영사업을 떠맡게 되는 경우라면, 옛 것을 따르게 되면 길한 면이 있어 얻어지는 것도 있는 것이다.
- 天機는 종교성이니 종교, 신앙면에서의 이치에 밝은데, 丑未宮에 居하며 살성과 동궁하거나 대궁에서 살성이 충조해오는 경우에는, 하나라도 이치에 밝은 면이 없게 된다.
- 天機는 신경질적인 면과도 연관되니, 상념과 감성이 풍부하고, 이런 연유로 고립되고 외로우며, 富를 이루려는 환상에 사로잡혀 심려를 쓰게 되므로, 天機가 丑未宮에 居하게 되면 성취감이 적은 것이다.
- 天機는 "機變(기변)"이라 칭하기도 하는데 이는 임기응변을 지칭하는 것으로 天機의 장점을 의미하는 것이며, 처사에 능숙함과 智謀(지모)가 있음을 말하는 것이다. 그러나 과도하면 天機의 銳氣(예기)가 圓滑(원활)로 변질되거나 혹은 실속이 없는 것으로 바뀌는 것이다.

- 한편으로 天機의 최대 단점은, 此 성요가 지니는 장점이 너무 高價(고가)로 자리매김했다는 것이다. 원활, 다변, 성급, 기교, 언변능력 등과 연관하여 고가로 평가받고 있는 점이다. 특히 天機가 丑未宮에 居하면 원활과 과대가 공존하는 것으로, 마음의 움직임이 많고 정서 불안도 있는 것이다.
- 四煞星 중 여러 성요가 내조하면 일을 行함에 있어 자세히 성찰하지 못함이 있다.
- 부처궁에 煞星과 化忌가 照하면 집안에 분쟁의 소지가 많게 된다.
- 天機가 丑宮에 居하면 외적으론 유순하고, 未宮에 居하면 外風(외풍)에 변화가 많으나 능한 면도 있고 다소의 소득도 있다.
- 天機는 임기응변이 多端(다단)한데, 이는 권세와 연관된 부분에서도 같은 맥락으로 설명된다.
- 天機는 움직이고 근면하며 학문을 좋아하지만, 색다른 것을 보게 되면 생각도 쉽게 변화하며, 박학다식이나 정밀하지 못하고, 욕망이 너무 높아 사실상 그 이상에 도달하지 못하는 경우에는 초조함이 많은데, 반면에 일을 처리함에는 조리가 있다.
- 天機는 謀臣(모신)과 策士(책사)에 비유되는 고로 참모의 역할은 可하나, 독단적으로 행함에는 능하지 못하다.
- 天機가 煞星과 天同과 同度이면 經商(경상)에 吉하지 못하고 봉급생활직이 可하다.
- 天機가 명궁에 居하면, 색다른 것에 대해 사고의 변화가 많으니, 일을 함에 실천적인 면이 부족하여, 한 가지 전문 직업을 택하거나, 기획, 설계사 등에 이로우며, 비록 다학이나 성취됨이 적으니, 후천적으로 자신의 역량을 개량하고 변화시킴이 필요하다.
- 天機는 시종 고차원적이고, 이상을 추구함이 많으니, 이러한 성질을 개선하면, 학습관련 직업이나 기능관련 직업에 적합하게 된다.

寅申

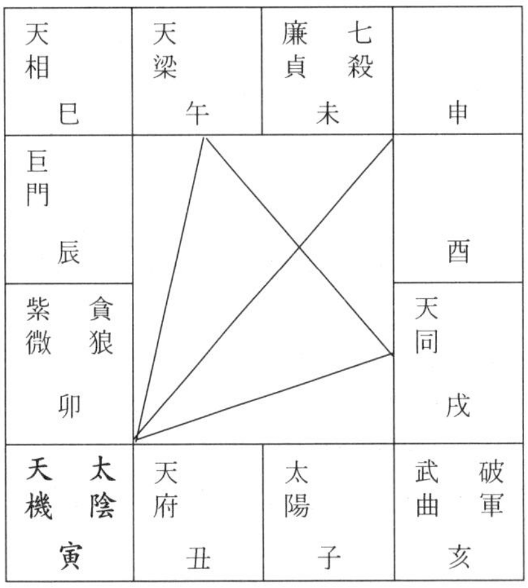

天相 巳	天梁 午	廉貞 七殺 未	申
巨門 辰			酉
紫微 貪狼 卯			天同 戌
天機 太陰 寅	天府 丑	太陽 子	武曲 破軍 亥

- 天機가 寅申 二宮에 居하면, 旺平地이며, 자연 太陰과 동궁하게 된다.
- 太陰은 하늘의 月에 비유되므로 男命에게는 母星, 妻星, 女系星(여계성)인 것이며, 女命에게는 母星이 되며 여성 자신인 것이다.
- 男命에서 太陰이 명궁에 居하면, 여성에게 접근이 용이하고, 온화하고 풍채가 있어 여성의 마음을 사로잡는다.

寅申	◆ 감성이 풍부하고 내공이 있으나 성공하기 위해 자신의 권세와 음모를 활용함이 가장 아름답지 못한 것이다. ◆ 男命은 생각과 마음이 영민하고 富하나 이를 내색하지 않고, 의식은 간편하고 또한 太陰이 있어 신경질적인 면이 있으나 중년 이후 발달하게 된다. ◆ 女命은 수려단장하고, 柔(유)한 중 强(강)함이 있고, 감성이 풍부하며, 선량한 氣가 있고, 약간 살이 오른 체형이나, 외적으론 청수하고, 화장을 짙게 하는 편이 아니다. 외모는 호감이 가고, 가정주부의 역할을 능히 잘해낸다. ◆ 도화적 성향이 있으니, 煞星을 보게 되면 감정세계의 흔들림이 있게 된다. ◆ 女命에서 太陰이 명궁에 居하면, 미모가 있고, 현숙하고, 단정하며, 家事를 잘 꾸려간다. ◆ 天機와 太陰이 동궁이고 天同, 天梁이 삼방에 있어 회조하면, 이를 "機月同梁格(기월동량격)"이라 한다. 옛날에는 높은 관직을 차지한다고 논했으나, 현대적 의미로는 국가공직이나 국영기업체의 고위직이라 생각하면 될 것이다. ◆ "機月同梁格(기월동량격)"은 두 가지 장점이 있는데, 첫 번째는 봉급생활직에 길하며 자신만의 세계에 빠지지 않는 면이 있으며, 두 번째는 凡事(범사)에 일머리를 잘 알아, 일의 완급과 경중을 조정하는 면에서 장점이다. ◆ 申宮에 居함이 寅宮에 居함보다 더 길하고, 男命이 女命보다 더욱 길하다. ◆ 인접하여 좌우에 紫微와 天府 二星이 있어 상호 보조됨이 있으면 이를 "探花格(탐화격)"이라 하며, 일생동안 위인이 총명하며 발달함이 있다. 만약 本宮에 主星이 없고 대궁에 天機와 太陰이 있으면, 此格으로 논하지 않고 寅宮이 申宮보다 더욱 길하다. ◆ 天機와 太陰이 同度이면 표면상으로 유교적인 학자풍의 사람과의 연은 좋다. ◆ 申宮에 居하면 웅대한 포부가 있으나, 寅宮에 居하면 성품이 의심이 많고, 진퇴가 명쾌하지 못하다. ◆ 左輔, 右弼이나 天魁, 天鉞 등의 길성을 보게 되면 뛰어남이 있으며 일생동안 평안하다. ◆ 祿存과 동궁이고 左輔, 右弼을 보게 되면 부귀를 얻을 수 있다. ◆ 만약 文昌, 文曲, 天姚, 咸池, 沐浴 등의 회조가 있으면, 艶色(염색)의 기미가 있으니 연예계통으로 길하다. 만약 살성을 만나게 되면 응당 근신하고 守舊(수구)해야 한다. ◆ 복덕궁에 巨門이 동궁이며, 다시 길성이 내조하면 감정의 굴곡이 심한 생활을 하게 된다. 도화성의 회조가 있으면 남의 집 첩으로 가게 되거나, 풍파가 많은 인생을 살게 된다. 만약, 紅鸞, 天姚, 咸池, 沐浴, 大耗 등의 회조가 있으면 연예인계통의 직업을 갖게 된다. ◆ 고서에 天機, 太陰, 天同, 天梁이 寅申宮에 居하면 총명하다 했다. 男命은 영민하여 계획능력이 풍부하고, 공무원이나 기획부서, 설계부서 등에 길하다. ◆ 祿存, 文昌, 文曲 등을 보게 되면 금융경제계통, 계획관리 부서 등에 길하다. 만약 길성이 없고 살성이 있으면 평범하다. ◆ 고서에 天機, 太陰이 寅申宮에 동궁이면 타향생활을 면할 수 없다고 했다. ◆ 天機, 太陰은 본시 動的인 성요로, 四生이나 四馬 地支에 거하면, 두뇌의 움직임이 더욱 활발해진다. 이런 연고로 일을 함에 활동적이고, 책임자의 위치에 있게 되며, 經商(경상)과 관련하여 동분서주하게 되는 것이다.

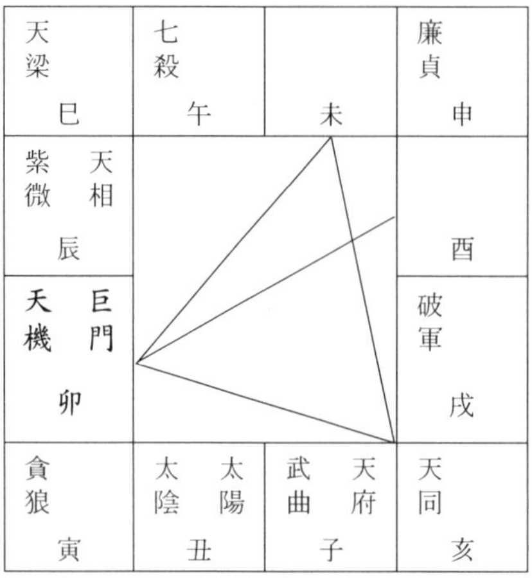

卯酉

天梁 巳	七殺 午	未	廉貞 申
紫微 天相 辰			酉
天機 巨門 卯			破軍 戌
貪狼 寅	太陰 太陽 丑	武曲 天府 子	天同 亥

- 天機가 卯酉 二宮에 居하면, 旺陷地이며, 자연 巨門과 동궁하게 된다.
- 天機는 공히 旺地에 들고, 巨門은 廟地에 들어 살성의 회조가 없으면 成格을 이룬다. 이를 "機巨同臨格(기거동림격)"이라 한다.
- 天機와 巨門이 卯宮에 居하면, 조상대에 몰락 후 후손이 부흥하는 경우가 많다.
- 天機는 變動(변동)이고 巨門은 破蕩(파탕)이니, 대체로 전반은 奔波(분파)함이 있고 후반은 안정된다. 祖業(조업)에 의지하지 않고 자수성가하여 성취함이 있다.
- 天機는 두뇌, 巨門은 일시적 暗星으로 언변과 기억력을 주관하니, 나타내는 바는 시비구설을 면지 못하는 것이다.
- 연구심이 많고, 학술연구에 치중하고, 학문에 있어 밑바닥까지 파헤치는 성격이니, 학문에 정통함을 이루어 전문성과 특장점을 습득하여 지니려 한다.
- 언변이 좋고, 사고력이 풍부하고, 두뇌회전이 명쾌하다. 따라서 사고가 巧智(교지)하고 창작능력이 있고, 예술방면, 특수기술 분야, 기능을 요하는 분야에 재능이 있는데, 化科가 내조하면 이러한 능력이 더욱 중대한다.
- 박학다식하고, 사려심이 많으며, 昇遷(승천)에 이로움이 많으며, 국가고시 공부 등에 이롭다.
- 祖業(조업)을 지키지 못하고, 早年에 辛苦(신고)가 많으며, 성패가 다단하나, 종국에는 자수성가 한다. 만약 조업을 있게 되면 破敗(파패) 후 자력으로 성공한다.
- 창의력이 있고, 사업에 있어서 창작과 신상품으로 인해 성공하여, 후세에까지 그 결과가 전달된다.
- 개성과 고집이 세어 자기주장이 강하니 봉급생활직에 可하다.
- 언변이 좋으니 돈을 모으는데 있어서도 능력을 발휘한다.
- 天機, 巨門이 卯宮에 거하면, 天機는 乙木으로 得祿한 것이고, 또한 巨門은 水星으로 상생되는 것이며, 만약 祿存 土가 있으면 木을 배양하니 貴格(귀격)으로 벼슬이 極品(극품)에 이르는 것이다.
- 天機, 巨門이 酉宮에 居하여 길격을 득하면, 得財, 得官하나 종국에는 영화롭지 못한 경우가 많은데, 이는 天機는 木, 巨門은 水로 酉宮에 거하면 木은 死地이고 水는 敗地이니, 길성의 내조가 있으면, 일시적으로는 영화가 있으나 종국에는 破敗한다고 한 것이다.

卯酉	◆ 고서에 天機와 巨門이 동궁이면 公卿之位(공경지위)를 얻는다 했는데, 이는 天機, 巨門이 전적으로 卯宮에 居함을 말하는 것으로, 다시 化權, 化祿, 祿存이 동궁하고, 좌우에 天魁, 天鉞이 회조하면 極貴(극귀)한다 한 것이다. ◆ 天機, 巨門이 酉宮에 居하면, 비록 化權, 化祿, 祿存 등의 길성의 회조가 있다 해도, 貴하나 현달하지 못하고, 富하나 장구하지 못하다 했다. ◆ "機巨同臨格(기거동림격)"은 언변이 좋고, 연구심이 풍부하니, 고도의 지혜를 용하는 직업이나, 특수 예술직 등에 적합하다. 早年(조년)에는 辛苦(신고)가 따르나 중년 이후에는 발달함이 있고, 자수성가하여 家計를 발전시킨다. ◆ 또한 計謀(계모)가 있고, 財運은 좋은 편이나 재물이 모아지지 않고, 개성과 고집이 세고, 시비구설이 많으니, 일생에 성과를 크게 이룰 많은 능력이 잠복되어 있음에도 중간정도의 성과 밖에 얻지를 얻는다. ◆ 길성의 회조가 있으면, 매사에 전심전력을 다하여 능히 성공하게 된다. ◆ 재주를 믿고 오만함과 남을 깔보는 성향이 있으며 자기 과시욕이 강하니, 남과의 사이에 시비다툼과 구설수가 빈번하게 발생한다. ◆ 감정의 破折(파절)이 많고 번뇌가 많으며, 감정이 복잡하여 정서적으로 안정됨이 없고, 애정면에서 진솔한 면이 적으니 혼인은 晩婚(만혼)이 좋은 것이다. ◆ 女命이 위와 같으면, 마음과 외모가 모두 아름다우며, 평상시에 는 친근함이 적더라고 情人(정인)이 생기면 열정을 쏟아 붓는 성향이 있다. 사업면에서도 발달함이 있고, 일을 하는데 있어서도 높은 결과를 얻게 된다.
辰戌	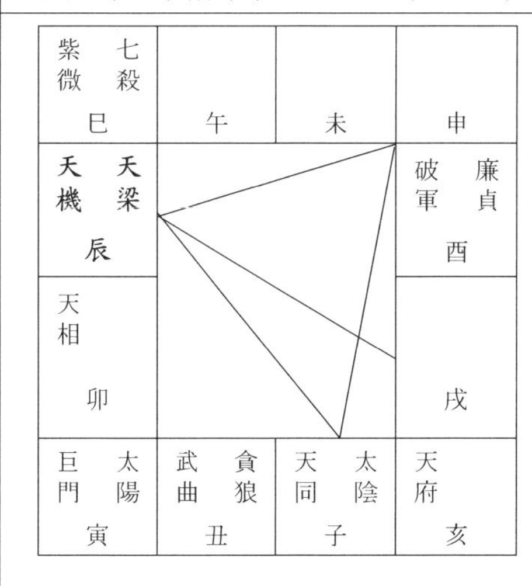 ◆ 天機가 辰戌 二宮에 居하면, 廟弱地이며, 필히 天梁과 동궁한다. ◆ 天機는 "善星(선성)"이고 天梁은 "蔭星(음성)"이므로 동궁한 경우에는, 성품이 자상하고, 善을 추구하고, 남에게 베풀기를 잘한다. ◆ 心志가 선량하고, 자기관리 능력이 뛰어나다. 古今의 지식에 통달하고, 박학다식하며 한 가지 技藝(기예)에 출중한 면이 있는데, 化權의 내조가 있으면 이러한 경향이 더욱 강화된다. ◆ 대자연과 도가사상을 선호하고 남과의 다툼을 忌한다.

<table>
<tr><td>辰戌</td><td>
◆ 종교적 성향이 짙고 동양오술에 관심이 많다.
◆ 天機, 天梁 좌우에 文昌과 文曲의 회조가 있으면, 文은 貴顯(귀현)하고 武는 忠良(충량)이라 했다.
◆ 左輔, 右弼과 天魁, 天鉞 등의 길성이 보이면 재능이 특출나고 요직에 근무하게 된다.
◆ 天機와 天梁이 회조하면 兵法을 논하기를 좋아하고, 才藝(재예)가 출중한데, 辰宮이 戌宮보다 더 길한 면이 있다.
◆ 언변이 뛰어나고 총명교지하며 자기표현 능력이 좋고 강설에 막힘이 없다. 기획력, 분석력, 참모역 등에 우수함이 있고, 특수한 기예, 기술을 요하는 분야에서 능력을 발휘한다.
◆ 다만 자신에게 스스로 필요한 일을 처리함에 있어서는, 장애 요소가 많으니 참모역이나 기획과 연관하여 이로움이 있다는 것이다.
◆ 天梁은 消災解厄(소재해액)의 역할이 있으므로, 자신의 능력을 최대한 발휘할 여건이 되지 못한다면, 오히려 경력에 일점 흠이 발생할 수 있다.
◆ 天機와 天梁은 宗教之星(종교지성)이기고 하다. 天機는 天梁의 孤剋之星(고극지성)이며 영적능력을 더욱 증가시키는 역할이 있으며, 동시에 신비적인 능력도 갖추고 있다. 따라서 종교, 신앙과 연관되는 면이 많으나 고독감도 역시 많은 것이다.
◆ 男命은 소심한 면이 있으나 女命은 손재주가 있고, 음식솜씨가 좋으나 신경질적이며, 정서적으로 명랑치 못한 부분이 있으며, 정밀하지 못한 면이 있다.
◆ 종종 결혼연에 실패수가 많으니 만혼이 좋고, 그렇지 못하면 결혼생활에 파절이 따른다.
◆ 동궁한 天機, 天梁에 擎羊의 회조가 있으면, 젊어서 刑剋이 따르고 나이 들어 고독해진다. 만약 擎羊의 沖破가 있으면 육친과의 연이 薄(박)하고, 중년에 결혼생활에 변화가 온다. 女命의 경우에는 사적으로 분파가 많고 私通之事(사통지사)가 있어 결혼연이 불미하다.
◆ 天機, 天梁이 동궁하고 辰戌宮에 坐命인 경우, 길성의 회조가 있으면 부귀가 있으나, 만약 擎羊, 陀羅, 地空, 地劫 등의 흉성이 보이면 불교의 교리연구의 길이나 승도의 길이다.
</td></tr>
<tr><td>巳亥</td><td>
<table>
<tr><td>天機
巳</td><td>紫微
午</td><td>未</td><td>破軍
申</td></tr>
<tr><td>七殺
辰</td><td colspan="2" rowspan="2"></td><td>酉</td></tr>
<tr><td>太陽 天梁
卯</td><td>廉貞 天府
戌</td></tr>
<tr><td>武曲 天相
寅</td><td>天同 巨門
丑</td><td>貪狼
子</td><td>太陰
亥</td></tr>
</table>
</td></tr>
</table>

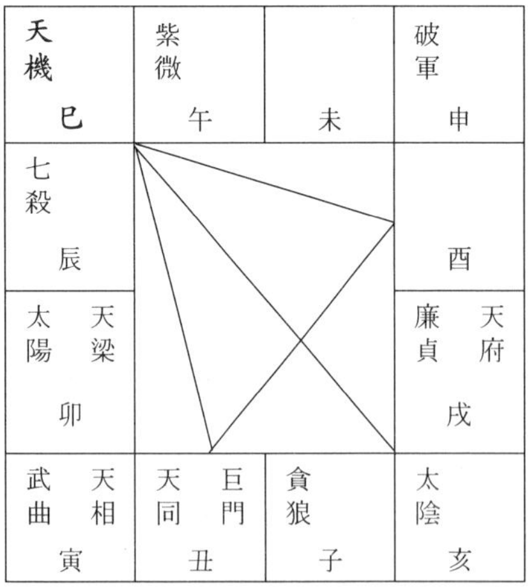

巳亥	◆天機가 巳亥宮에 居하면, 陷廟地이며, 독좌라 하고, 대궁에는 太陰이 내조하게 된다. ◆天機가 巳亥宮에 있으면, 역량이 왕하지 못하고, 대궁인 太陰의 영향을 받게 된다. ◆남녀 불문하고 온화다정하며 이성접근에 특출난 점이 있다. ◆天機가 巳宮에 居하면 대궁의 太陰은 入廟된 것이다. 나타나는 象은, 男命은 온화하고, 체형이 날씬하며, 일생 艷福(염복)이 있고 현숙한 처자와의 연이 있다. 女命은 온유다정하여 남자들의 선호대상이며, 감정관리 면에서 신중하지 못하면, 이와 연관하여 허다하게 신경써야 하는 문제가 발생하게 된다. ◆天機가 亥宮에 居하면, 대궁의 太陰은 落陷宮이 된다. 이러면 太陰의 길한 면의 영향을 받지 못하여 巳宮에 거함만 못한 것이다. ◆天機, 太陰이 巳亥宮에 居하면 특별나게 주색을 좋아하고 간교함이 있다 했는데, 이는 四煞星(사살성)과 天刑, 化忌의 회조가 있을 시에 발생하는 사안을 말하는 것으로, 男命은 緣分(연분)에 있어 破折(파절)되기 쉽고, 박학하나 정교하지 못하고, 심성의 여러 변화가 많고, 女命은 감정에 있어서의 주의가 필요하다. ◆天機에 惡煞星(악살성)이 보이면, 鼠竊狗偷(서절구투)라 하여 최하격이며, 왕왕 夭壽(요수)의 命이 되기도 한다. ◆만약 살성이나 化忌, 天刑의 沖이 없을 시는, 動함을 좋아하고, 사상이 靈活(영활)하고 心機(심기)의 기이한 면이 있으며, 圓滑(원활)하나 과대성이 있으며 재물과의 연은 적다. ◆종종 어려서 집을 떠나 타향에서 살게 된다. ◆본시 정밀하며 명쾌한 면이 있으나, 변화와 치우침이 많고, 중간 정도의 機智(기지)가 있는 者는 그 기지에 邪(사)됨이 많고, 큰 지혜가 없는 者는 그 분별됨을 알지 못한다. 따라서 공직이나 교직, 문과에 이롭고, 길성의 회조가 있으면 특수직에 이롭다. ◆文昌, 文曲, 左輔, 右弼의 회조가 있으면, 男命은 풍류과객이고 女命은 몸가짐의 정숙을 요한다. ◆天機가 文昌, 文曲 등과 동궁이면, 예술방면에 발전이 있고, 연예계통에 이롭다. ◆天機는 본시 動的인 성향으로, 대궁이 太陰이니 虛浮(허부)한 면이 증가하고, 太陰이 落陷인 경우에는 진퇴가 불분명하며, 가정을 돌보지 않는다. 만약 대궁의 太陰이 化忌를 보게 되면, 진퇴에 의심과 변동이 많으며, 시비구설이 있게 된다. ◆天機는 艷色(염색)의 氣가 농후하므로 일생에 있어 奇緣(기연)이 많다. ◆天機는 동적으로 역마성이며, 선함이 있고, 종교적인 성향이 있고, 益算之星(익산지성)이며, 성급하나 마음이 자애롭고, 機謨(기모)가 다변하고, 지혜가 있고, 환상이 있으며, 사소한 일에 매달리는 경향이 있다. ◆종교에 접근이 쉬워 탐닉하게 되고, 예불을 숭상하고, 육친을 경애하며, 철학, 심리학, 동양오술학, 종교학 등에 깊이 빠지는 경우가 많으나, 말년에는 이러한 재능으로 인해 성공을 거둘 수 있다. ◆외모가 준수하고, 영리하며 언변이 좋고, 異姓이 잘 따른다. ◆성급하고 쉽게 굴복하지 않고, 충동적이기 쉽다. ◆심지는 선량하고 착하며, 환경적 변화가 크더라도 옛 것을 지키려 함이 있다. ◆친절하며 機智(기지)가 있고, 교섭능력이 있으며, 때론 성급하여 욕심만큼 성취함이 미치지 못하는 경우도 있다.

巳亥	◆충심으로 직무를 다하고, 일을 함에 소심하나 부지런하고 열심이며, 정밀하고 명쾌하게 일을 숙달하나 固守함도 있고, 실제적으로는 忠厚(충후)하나 정감도 풍부하여 막료의 역할에 최고로 이롭다. ◆기획, 설계, 창작 방면에 才藝(재예)가 있으며 성취됨이 많다. ◆살성과 동궁이면 經商(경상)에 불리하고 봉급생활직에 이롭다.

12宮	天機(천기)
命宮	◆행동은 漂浮輕薄(표부경박)하며, 학식은 博學(박학)하나 정밀하지 못하다. ◆女命에서 子午 二宮에 居하면, 총명하나 제멋대로이고 홀로 고상한 척하는 성질이 있다. ◆女命에서 天機가 廟宮에 들면 성격이 강하며 교묘한 꾀가 있다. ◆또한 주도적이며 움켜쥐는 성질이 있어, 집안 살림을 꾸려나가며 남편과 자식을 내조하며 壽福(수복)이 있다.
兄弟	◆변화와 유동성이 크다. ◆음모를 꾸미는 성질이 강하고, 사람을 사귐에 있어 넓게 사귀나 항상 변화가 많다. ◆적적하고 고립적이지 않으나 知己(지기)를 얻기가 힘들다. ◆만약 煞星을 보게 되면, 交友(교우)가 있으나 진실되지 못하고 반목과 원수사이로 끝을 맺는다.
夫妻	◆이별수가 있다. ◆타고난 성질대로 제멋대로인 면이 있어 변화가 발생한다. ◆親家(친가)와 不和가 있다. ◆煞星을 보게 되면 혼인 후에 배우자와의 연이 바뀌게 된다.
子女	◆天機와 化忌가 동궁이면, 작게 낳거나, 요절하거나, 혹은 출생시 태아의 위치가 거꾸로인 경우가 많다. ◆天機와 鈴星이 동궁이면, 자녀가 어리고 품격차가 있고 역시 不和한다.
財帛	◆祿存과 天馬가 있게 되면 衣食이 풍족하다. ◆유동성이 크다. ◆행동과 손놀림이 민첩하고, 계산이 빠르고, 투기에 이롭다. ◆재물의 득실이 많으니 재물이 모아지지 않는다. 化祿과 동궁이며 결핍됨이 없으면 舊業(구업)에서 新業(신업)으로 탈바꿈하면서 得財한다. ◆煞星(살성)이 重重하면 모략을 당하여 損財(손재)가 발생하거나, 자신이 타인의 財를 모략으로 탈취한다.
疾厄	◆肝(간)과 膽(담)에 자주 질병이 발생하고, 童限(동한)에 해당할 시는 多災多病(다재다병)하고 驚風(경풍)의 우환이 있다. ◆手足이 길쭉하고, 신경계통, 뇌신경, 혈관계, 脊骨(척골)계통에 질환이 염려되고, 어지럼증이 발생한다. ◆田宅이나 墓所(묘소) 등의 풍수문제로 인해 災害(재해)와 질병이 발생한다. ◆女命이 도화성을 보게 되면 월경불순이나 생리통을 겪게 된다.

遷移	• 고향을 떠나 타 지역에서 활동하며 계획과 행동이 신중하다. • 漂浮(표부)하고 외출이 잦다. • 祿馬交馳格(녹마교치격)인 경우에는, 무역관계 혹은 외국에서 살게 된다. • 고향을 떠남이 유리한데, 고향에 남게 되면 심신이 불안정하다. • 생각하고 이를 실행에 옮김이 색다르나 시비가 발생한다.
奴僕	• 유동성이 크다. • 음모를 꾸미는 성질이 강하며, 교우관계는 넓으나 항시 바뀌게 되고, 마음속에 불만이 많다. • 비록 고립적인 성질은 적으나 知己(지기)가 많지 않다. • 煞星을 보게 되면 교우관계를 신중히 하지 않으니, 교우관계에서 反目(반목)이 있거나 원수 사이가 되기도 한다.
官祿	• 이동과 유동성이 크다. • 공중사업에 이롭다. • 실행력, 영감력, 기획력 등이 있으며 두뇌회전이 빠르다. • 운수업이나 항공업에 적합하다. • 일생 직업의 변동이 많고, 한 가지 직업에만 종사하지 않는다. • 地空과 地劫을 보게 되면, 남의 지시를 잘 따르며 융통성이 없는 사람이고, 地空, 地劫과 大耗가 있으면 투기에 손대면 破財破家(파재파가)하게 된다.
田宅	• 家率(가솔) 중에 기계계통이나 전기계통의 이공계 종사자가 많이 나온다. • 가택의 이동이 많고, 가택이 불안하여 祖業(조업)을 파하게 되고, 이웃과의 관계가 소원하고 화합되지 못한다. • 공공기관이나, 교통의 중심지나, 고층건물과 연관됨이 많다. • 상점이나 상업구와 연관도 많다.
福德	• 靈感(영감)이 있고 활동적인 반면, 한편으로 표부하고 불안정하며, 생각과 사상이 명쾌하다. • 길하면 마음이 자애롭고 성격이 급하나, 흉한 즉 하천인이다. • 마음의 정서가 不寧(불령)하고, 化忌를 보게 되면 뛰어남이 없이 보통인이며, 생각과 걱정이 많으며 반복됨이 많다. • 육감이 강하여 괴이한 꿈을 잘 꾸고, 환각성도 역시 강하다.
父母	• 이별수가 높다. • 天馬를 보면 소년시에 집을 떠나게 되고, 나이들어 남의 데릴사위가 되거나, 친인척집에 기숙하게 된다. 그렇지 않으면 자신의 부모를 대리할 사람과 지내게 된다.

圖36 天機星 坐命

<table>
<tr>
<td>巨門

天廚 天壽 破碎 月德 小耗
劫殺 大耗 孤辰

42 82~91

官祿 身宮 建祿 己巳</td>
<td>廉貞(祿) 天相 鈴星

紅艷 天虛 天哭 天傷 歲破
災殺 病符

43 72~81

奴僕 冠帶 庚午</td>
<td>天梁 天鉞

地劫 天月 天官 大耗 龍德
天殺 喜神

44 62~71

遷移 沐浴 辛未</td>
<td>七殺

天姚 截空 天使 蜚廉 白虎
指背

45 52~61

疾厄 長生 壬申</td>
</tr>
<tr>
<td>貪狼

天刑 龍池 官符 華蓋 伏兵

41 92~

田宅 帝旺 戊辰</td>
<td colspan="2" rowspan="2">女命
陰曆 : 1984. 8. 02. 申時
命局 : 水2局 澗下水
命主 : 巨門 身主 : 火星

壬 甲 壬 甲
申 午 申 子

77 67 57 47 37 27 17 7
甲 乙 丙 丁 戊 己 庚 辛
子 丑 寅 卯 辰 巳 午 未</td>
<td>天同

天福 天喜 天德 咸池 奏書

46 42~51

財帛 養 癸酉</td>
</tr>
<tr>
<td>太陰 右弼

地空 擎羊 紅鸞 貫索 息神
官符

40

福德 衰 丁卯</td>
<td>武曲(科) 火星

封誥 年解 旬空 寡宿 鳳閣
弔客 月殺 將軍

47 32~41

子女 胎 甲戌</td>
</tr>
<tr>
<td>紫微 天府 文昌 祿存

天馬 台輔 解神 恩光 八座
孤辰 喪門 歲驛 博士

39

父母 病 丙寅</td>
<td>**天機** 天魁 陀羅

天才 天空 晦氣 攀鞍 力士

38 2~11

命宮 死 丁丑</td>
<td>破軍(權) 文曲

陰煞 天貴 三台 太歲 將星
青龍

49 12~21

兄弟 墓 丙子</td>
<td>太陽(忌) 左輔

天巫 病符 亡神 小耗 旬空

48 22~31

夫妻 絕 乙亥</td>
</tr>
</table>

〈圖36 天機星 坐命〉

◆ 명궁에 天機가 居하고 있다. 天機는 지혜성이니, 총명하고 영리하며 성품은 급한 편이나 자애심이 있다.

◆ 명궁이 丑宮으로 天魁가 居하며 그 대궁에는 天鉞의 來照가 있다. 天魁와 天鉞은 모두 輔星에 속한다. 이는 사람과의 연이 좋으며 귀인의 조력이 있을 것임이 암시되는 것이다.

◆ 身宮에 巨門이 居하니 口才가 있는 것이다. 단지 화법이 직설적인 면이 있으니 타인들의 오해를 불러올 수 있는 것이다. 또한 연구심과 분석능력이 강하고, 영도적인 능력도 있는 것이다.

◆ 22~31세는 乙亥大限으로 선천부처궁에 배속된다.

· 지반 亥宮은 乙亥大限의 명궁에 해당하며 자연 관록궁은 卯宮이 되는 것이다.

· 乙亥大運의 명궁에는 太陽·化忌가 居하고, 宮干 乙의 化忌가 卯宮의 太陰에 해당하니, 日月이 모두 化忌를 보는 것이며, 夫官線이 파손된 것이라 부부연에 흉함의 징조가 있는 것이다.

· 乙亥大限은 부처궁에 속하며 旬空이 居하고, 그 대궁에는 孤辰이 居하니 역시 부부연에 불미함이 내재되어 있는 것이다.

· 甲午歲運 31세에 혼인생활에 破折(파절)이 있었던 것이다.

◆ 32~41세는 甲戌大限으로 자녀궁이다.

· 지반 戌宮은 甲戌大限의 명궁에 해당하며, 자연 午宮이 재백궁이 되며, 寅宮이 관록궁이 된다. 재백궁에 化祿이 居하고, 관록궁에 祿存이 거하니, 雙祿의 교류가 있는 것이며 財官이 雙美한 것이다.

· 甲戌大限의 명궁의 삼방사정에 化科, 化權, 祿存의 회조가 있으니 三奇嘉會格(삼기가회격)으로 논한다. 따라서 재혼, 사업, 재백 등과 연관하여 모두 여의한 것이다.

(3) 태양(太陽)

<table>
<tr><th colspan="2">太陽(태양)</th></tr>
<tr><th>宮位</th><th>解義</th></tr>
<tr><td>子午</td><td>
<table>
<tr><td> 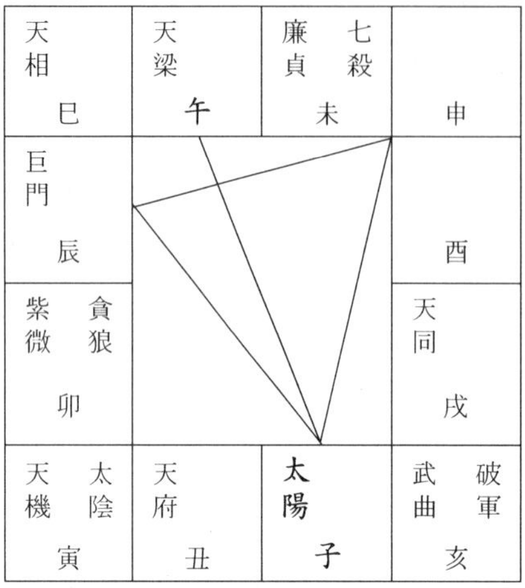天相
巳</td><td>天梁
午</td><td>廉貞 七殺
未</td><td>申</td></tr>
<tr><td>巨門
辰</td><td></td><td></td><td>酉</td></tr>
<tr><td>紫微 貪狼
卯</td><td></td><td></td><td>天同
戌</td></tr>
<tr><td>天機 太陰
寅</td><td>天府
丑</td><td>太陽
子</td><td>武曲 破軍
亥</td></tr>
</table>

◆ 太陽은 陽火이며, 中天 主星이고, 化氣는 “貴(귀)”이다.
◆ 太陽은 尊貴(존귀), 長輩(장배), 政治(정치), 忠臣(충신), 官祿(관록), 富貴(부귀), 光明磊落(광명뢰락), 寬大(관대). 宏壯(굉장). 驛馬(역마), 勞碌奔波(노록분파)와 연관된다.
◆ 太陽이 子午 二宮에 居하면, 陷廟地이며, 獨坐(독좌)라 하고, 대궁에는 天梁이 來照하게 된다.
◆ 위인이 정감이 풍부하고, 지나치게 열심이며, 여러 일에 관여함이 많다.
◆ 사안에 대한 판단이 명쾌하고 단호하며 후회함이 적다. 일을 함에 열심이니 헛되거나 부실함과는 거리가 멀다.
◆ 공직, 교직, 국영기업 및 일반회사의 사무직이 이롭다. 길성의 회조가 있으면 맡은바 업종에서 성취됨이 있으며, 맡은 일의 관리자로서 발달함이 있게 된다.
◆ 太陽이 子宮에 居하면, 子時는 밤11시 이후로 太陽이 광휘를 잃은 격이니 落陷된 것이다. 남녀불문하고, 또한 길성의 회조 여부를 막론하고 기본적 상황은 辛勞(신로)인 것이다.
◆ 太陽이 午宮에 居하면, 五時는 낮 11시 이후이니, 태양빛이 가장 강열한 시점으로 오히려 결함이 되는 것이다. 紫微가 독좌궁일 때와 같이 太陽도 독좌궁에 居하니, 오히려 일생의 운에 저체됨이 많고, 비록 사업상의 발전이 있다 할지라도 好事多魔(호사다마)이며, 그 특성은 고독, 적막함을 忌하고 無倚(무기)함도 역시 忌하는 것이다.
◆ 太陽이 子午 二宮에 居하면 대궁은 天梁이 居하게 된다. 子時는 太陽의 광휘가 약할 때이니, 대궁의 天梁의 勢(세)도 역시 약함이라, 자연 육친간 소원하고, 家率과 친인척이 적게 된다.
◆ 太陽이 午宮에 있는 경우에는 태양빛이 작열하는 격이니, 好不好가 극명하여 질투하고 싫어함이 매우 심하고, 만약 化權이나 길성을 보지 못하면 일생이 공허하고 실속이 없게 된다.
</td></tr>
</table>

子午	◆ 太陽이 子宮에 居하면 晦火(회화)되어 불리하니, 길성의 회조가 없으면 目疾(목질)과 심장질환의 염려가 있다. ◆ 太陽이 子宮에 居하면, 落陷한 것이라 남자들에게 불리하고 幼少年期(유소년기)에 험난함이 많으며, 부처궁과 부모궁에 길성의 회조가 없으면, 어려서 부친을 여의게 되고, 가정환경에 변화가 오며, 고향을 떠나게 되기도 한다. ◆ 午宮에 太陽이 居하는 경우는, 午宮에 紫微가 거함에 비해 다소 결함이 적다. 건강문제와 연관 지어서는, 혈압, 目疾, 심장질환, 두통 등의 질환이 발생한다. 또한 午宮에 태양이 거하면 태왕해 지니 父星에 불리한 것이다. ◆ 또한 午宮의 太陽은, 급하게 일을 성취하려는 면과 진취적인 면이 있어, 포용, 화합 등의 우수한 점이 결여되게 된다. 이런 연고로 午宮에 紫微가 거하는 경우만큼 길함은 적은 것이다. ◆ 太陽이 午宮에 거하면, 六煞星(육살성)이나 化忌를 두려워하지 않으나, 해당 宮干을 적용시에 회조됨이 있으면 辛勞가 증가한다. 따라서 사업적인 면에서 저체됨이 많으나 역량은 증가하므로, 살성의 회조가 있는 경우에는 반대로 中和를 得할 수 있는 것이다. ◆ 고서에 太陽이 午宮에 居하면, 이를 "日麗中天格(일려중천격)"이라 하며 권세를 얻어 貴하게 되고, 敵國(적국)의 富를 취득하게 된다고 했다. ◆ 此格을 얻으면, 뜻이 원대하고, 자신감이 충만하다. 신체가 크고, 외모는 웅장하고, 얼굴이 둥글넓적하고, 태도는 호탕하면서도 배려심이 많다. ◆ 건장하고 강하며, 기세가 태왕하며 사람을 업신여기는 면도 있으며, 높이 올라 1인자가 되기를 희망한다. ◆ 위인이 호쾌하고, 和氣가 있고, 일을 함에 속전속결이고, 개성이 강하고 전투력이 왕성한 반면 善함을 고집하는 성향이 있다. ◆ 남을 돕기를 좋아하고, 큰 틀에서 생각하며, 故人이 활용했던 計巧(계교)를 기피하고, 넓게 사람들과 교류하며, 교제능력이 강하니, 영도적인 능력이 있는 것이다. ◆ 길성의 회조가 있으면, 국제무역, 국영업체, 문화사업, 정치계로 진출한다. ◆ 소년에 뜻을 얻어 심지가 굳고 높으며, 재능이 탁월하고, 성취됨이 비범하다. ◆ 복록이 많고, 大富大貴(대부대귀)하는데, 富보다 貴가 크다. ◆ 야심이 크고, 자신감이 넘치고, 날카로운 銳氣(예기)가 밖을 향하니 상당히 跋扈(발호)됨이 있다. ◆ 만약, 흉성이 중첩되어 회조하면, 성격은 고벽하고, 자신의 능력을 믿고 거드름을 피우며, 타인을 경시하고 교만하며, 자만에 빠져 타인의 반감을 사게 되니, 타인들에게 배제됨이 많게 되므로 길성의 扶助(부조)가 적으면 고립되기 쉽다.

丑未

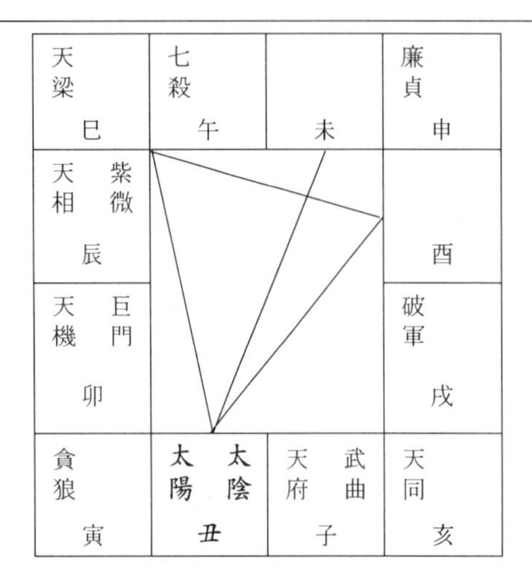

- 太陽이 丑未宮에 있으면, 陷平地이며, 자연 太陰과 동궁하게 된다.
- 丑時는 01시~03시까지이니 光輝(광휘)가 없는 것이다. 그러나 새벽이 다가오는 시점이라 昇天(승천)의 조짐은 있으나 어둠에 제압을 받는 상태이다. 太陰과 동궁이면 太陰은 月光을 대표하므로, 공허하고 희기만 한 달빛이라. 太陽이 요구되는 광휘를 충족시켜줄 수는 없는 것이다.
- 太陽, 太陰이 동궁하면 吉한 命이 되지 못한다.
- 太陽이 丑未宮에 居하면 어둠에 受制당하나, 太陰이 있어 月光을 보조해주므로, 길성의 회조가 있으면 역시 길함이 있는 것이다.
- 太陽이 未宮에 居하면 휘광이 쇠퇴하며, 동궁한 太陰은 落陷인 것이다. 따라서 太陰의 영향으로 무형 중 감쇠됨이 있는 것이다.
- 太陽이 丑宮에 居하면 휘광이 없고 달빛이 아름다우므로, 太陰이 太陽을 돌아보는 격이라 女命에게 이롭다.
- 太陽이 未宮에 居하면, 달빛은 無光이고 太陽은 역량이 있어, 太陽이 太陰을 돌아보는 格이니 男命에게 이롭다.
- 男命은 丑宮보다 未宮이 더 길하고, 未宮의 太陽은 日落西山(일락서산)에 비유되고, 太陰의 경우는 광휘가 없는 것이다. 이런 연유로 하나는 照함이 있어 하나를 바라보는 形局(형국)이니, 此命은 근신하며 보수적이고, 穩定的(온정적) 직업에 적합하다. 따라서 太陽의 호탕함과 太陰의 온화한 양면적 성격을 지니게 되는 것이다.
- 性情(성정)은 陰과 陽이 혼재되어 수시로 바뀌니, 定型的(정형적)인 성격을 찾기 어렵다.
- 丑宮의 太陽은 未宮의 太陽에 비해 시비구설이 많다. 또한 丑宮은 일을 함에 있어, 未宮의 끈기, 권세에 대한 욕망, 정력 등이 부족하나, 다만 未宮에 비해 유교적 문화, 부드러움 등의 장점이 있다.
- 丑宮의 太陽은 표면적으로 太陰과 같이 유화적이나, 내적으론 太陽과 같이 호쾌한 면이 있다고 논하며, 未宮의 태양은 성격이 剛强(강강)하고 동적이라, 먼저는 부지런하고 나중에는 타성에 젖음이 있다고 표현하는데, 이는 마치 太陰의 성질이 외적으로 온정적이고, 내적으론 성급함이 있다고 논하는 것과 유사하나, 그렇게 판단해서는 안 된다.

丑未	◆ 太陽, 太陰이 丑未宮에 居하면, 부모와의 연이 적고, 길흉간에 부처사이의 숙명은 자신으로 인하여 발생한 것이며, 필히 祿存, 天馬 등의 길성의 내조가 필요한데, 비록 살성의 沖破가 없더라도 육친간의 연이 薄(박)하다. 만약 살성의 회조가 있으면 刑剋(형극)을 면치 못한다. ◆ 고서에 太陽, 太陰이 守命함은 來照함만 못하고, 蔭德(음덕)으로 福을 얻기는 하나 흉액을 면치 못한다 했다. ◆ 또한 太陽, 太陰이 丑宮에 坐命하면 女命에 이롭고, 未宮에 坐命 하면 男命에게 길함이 있다. ◆ 또한 太陽, 太陰이 化祿, 化科를 대동하고 丑未宮에 居하면, 方伯(방백=관찰사)의 命이라 했고, 天喜, 祿存, 化權, 化科 등의 회조가 있으면 文武(문무)가 출중하여 大貴之命(대귀지명)이며 名利雙全(명리쌍전)이라 했다. ◆ 文昌, 文曲 등의 내조가 있으면, 貴가 높고 지방의 높은 관직인 으로 명성이 자자하다 했다. ◆ 太陽, 太陰이 文昌, 文曲의 회조가 있으면, 출세하고 영화로움이 있으며, 家勢(가세)가 번창하고 상류사회로 진입한다. 만약 본명이나 부모궁에 살성이 많고 沖破됨이 있으면 此格으로 논하지 않는다. ◆ 太陽, 太陰이 명·신궁에 居하며 丑未宮에 해당하는 경우, 삼방에서의 길성의 회조가 없으면 흉하다. ◆ 太陽, 太陰이 丑宮에 있고 명궁이 未宮에 있거나, 太陽, 太陰이 未宮에 있고 명궁이 丑宮에 있으면 지방의 首領(수령)이 되는 吉命이다. ◆ 六煞星과 化忌의 회조를 忌하는데, 만약 회조되어 太陽, 太陰의 화합됨을 파괴하면, 太陽의 고독감과 고집불통과 연관되어, 범사에 하나라도 이루기 어려우며, 현실적으로 변화와 처사에 반응하지 못하니, 作事(작사)함에 헛됨이 있고, 재물을 중시함이 지나쳐 심사가 어지러워지는 것이다. ◆ 太陽, 太陰은 擎羊과 陀羅를 보는 것을 매우 忌하는데, 이는 사람이 떠나고 재물이 흩어지기 때문이다. ◆ 丑未宮은 太陽, 太陰이 교접하는 위치로, 일생 노고와 안정됨이 적고, 經商(경상)에는 성패가 다단하고, 성급하며 동적이고 바쁘고 분주하며, 얻으려 하나 쥐어짐이 적고, 虛浮(허부)하고 부실함이 있어 孤獨之命(고독지명)이며 漂浪(표랑)의 命이다.

寅申

紫微 七殺 巳	午	未	申
天梁 天機 辰			廉貞 破軍 酉
天相 卯			戌
太陽 巨門 **寅**	武曲 貪狼 丑	天同 太陰 子	天府 亥

- 太陽이 寅申宮에 居하면, 공히 平地에 해당하며, 巨門과 동궁하게 된다.
- 太陽이 寅宮에 居하면, 새벽 3시~5시에 해당되며, 旭日昇天(욱일승천)의 기세가 동쪽에서 시작되어 퍼져나가려는 추이이다.
- 巨門은 본시 暗星(암성)으로, 太陽과 동궁하면 빛과 열을 득하여 온난해지므로, 巨門의 특성을 좋은 쪽으로 변화시키게 되고, 巨門의 근신하고 소심한 성질의 특성을 품어 안게 되는 것이다.
- 太陽이 寅宮에 居하면, "日出扶桑格(일출부상격)"이라 하여 福이 후중하고 名이 드러난다. 이 사람은 뜻이 원대하고, 이상이 있으며 포부가 있고 은연자중하며, 풍채와 태도가 있고, 수양이 있으며, 사람을 끌어당기는 능력이 있으며, 다능하면서도 근본에 정통하여 분발향상의 기질이 있다.
- 호쾌하고, 명성이 높고, 다방면으로 교제하는 능력이 강하고, 일을 함에 적극적이고, 사업은 신중히 주관하게 되니, 발달의 象이 있는 것이다.
- 太陽이 申宮에 居하면 陽氣가 쇠퇴해지는 시점이다.
- 巨門이 申宮의 太陽과 동궁하면, 太陽의 빛과 열기로 인해 巨門의 어두운 점을 변화시키게 되어 이를 喜하는데, 申宮은 太陽의 세가 약해지므로, 巨門을 助하여 약한 勢(세)를 소비하게 되어, 寅宮에 居한 太陽보다 길하지 못하다.
- 太陽이 申宮에 居하면 日落西山格(일락서산격)이니 매사 용두사미격이다. 이 사람은 배운 게 많으나 성취됨이 적고, 처사함에 敗折(패절)이 많다.
- 비록 호쾌하게 사람들을 사귀려 하나 乖離(괴리)됨이 발생하고, 일을 함에 있어서는 먼저는 열심이나 곧 실증을 느끼게 되며, 근시안적이고 계교를 잘 쓰고, 남이 잘한 것을 과대 포장하여 천거하고, 함께 모여 의견을 말하려 하나 모이지를 않고, 학문을 구하나 깊이가 없고, 일에 있어 먼저는 動하나 일을 함에 끈기가 없으니, 종국에는 흩어지고 게으르며 편한 것만을 따르려 한다.
- 일생에 시비구설이 많고 의심이 많으며, 사람들과 어울림에 화답하며 득실을 따지지 않고 마음을 여나, 모이고 따름에 있어 편안함만을 추구한다. 어떤 일에 있어 비록 주관하려 함은 可하나, 이는 단지 小人의 일에 국한된다.

<table>
<tr><td>寅申</td><td>
◆ 太陽이 寅申 二宮에 있으면, 명리가 쌍전하고, 大富를 이루고, 이름을 널리 알리는데, 寅宮이 上格이고 申宮은 다음이다. 太陽이 寅宮에 居하면 신체가 풍부하다.
◆ 고서에 太陽과 巨門이 동궁이면, 관록이 三代에 이른다 했다. 현대적 의미로는 黨政(정당)활동이나 정부기관, 공직 등에 있어서 昇遷(승천)함이 기약된다는 의미이다.
◆ 골격과 입술이 厚(후)하고, 신체는 中等이며, 성격은 호방하고 재능이 탁월하다.
◆ 언변이 좋고, 설교에 능숙하고, 의식주가 풍족하고, 공익에 열심이며 자선사업을 즐겨한다.
◆ 개성과 고집이 있고, 남에게 쉽게 동화되지 않고, 선의의 경쟁에 있어서 열심이며, 게으르지 않고 난관에 봉착해도 두려워하지 않는다.
◆ 사업에 성취함이 있으나 敵手(적수) 역시 많으며, 사업을 행함에 열심이고 성실하나, 경쟁관계를 벗어날 수 없어 勞苦(노고)를 면하지 못한다. 일생에 얻음이 크지 않고 시비구설이 많이 따른다.
◆ 어떤 일을 하든지 발전성이 있지만, 많이 알고는 있으나 정밀함이 적으며, 일생에 起伏(기복)이 多端(다단)하다.
◆ 女命은 경쟁대상과의 관계에서, 용이한 면이 있으나 실패수가 많고, 감정문제가 많이 발생한다.
◆ 太陽과 巨門이 寅申宮에 居하면, 먼저는 명성을 얻고 나중은 財富가 따른다.
</td></tr>
<tr><td>卯酉</td><td>
<table>
<tr><td> 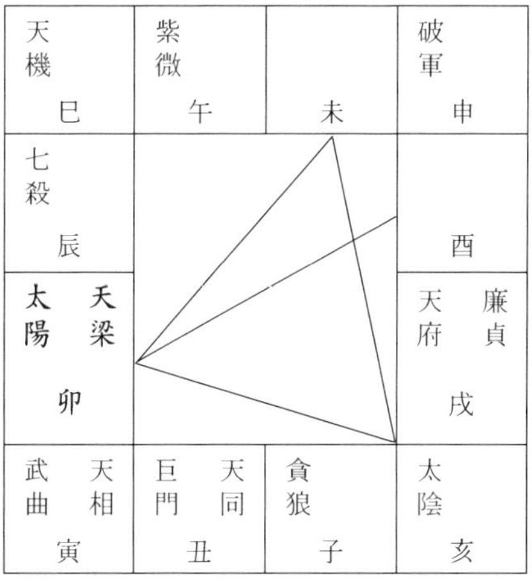天機
巳</td><td>紫微
午</td><td>未</td><td>破軍
申</td></tr>
<tr><td>七殺
辰</td><td></td><td></td><td>酉</td></tr>
<tr><td>太陽 天梁
卯</td><td></td><td></td><td>天府 廉貞
戌</td></tr>
<tr><td>武曲 天相
寅</td><td>巨門 天同
丑</td><td>貪狼
子</td><td>太陰
亥</td></tr>
</table>
◆ 太陽이 卯酉 二宮에 있으면, 旺弱地이며, 필히 天梁과 동궁하게 된다.
◆ 太陽이 卯宮에 居하면 시간은 05시~07시에 해당하니, 太陽의 기세가 왕강해지는 시점이다. 광휘가 뻗어나가니 사람으로 논하면 포부가 크게 확장되어가는 것과 상통한다.
◆ 동궁한 天梁은 그 우수한 역량을 발휘함에 미치지 못하는 일면이 있으며, 禍厄(화액)을 해소하는 성요이며, 각종 곤란한 사안 들을 해결하는 성요이나, 한편으론 경황되고 험난한 사안을 겪게 된다.
◆ 太陽이 卯宮에 居하면 성격이 강하고, 언어가 바르고, 정직하고 화합되며, 호탕하고, 심지가 선량하고, 남을 돕기를 좋아하고, 책임을 맡음에 세심하고, 책임감이 강하고, 타인을 대함에 공정하니 가히 영도자의 역량인 것이다.
</td></tr>
</table>

卯酉	◆風貌(풍모)가 있고, 이름을 널리 알리고, 인망을 얻고, 남들과의 교제능력이 뛰어나다. ◆반응이 빠르고, 일을 행함에 속전속결이고, 한편으론 변함없이 일관됨이 부족하고, 처음의 뜻이 환경적 요인에 따라 고쳐지고 변하는 면이 많다. ◆길성의 회조가 있으면, 일생 영달하고 준수하며, 대장부적 기질과 다재다능함이 있으며, 富貴揚名(부귀양명)한다. ◆太陽이 酉宮에 居하면, 오후5시~오후7시 서산에 해가 지는 저녁 노을에 비유되는 고로 아름다움을 느낄 수는 있으나, 그 감상이 길지 못하니 황혼에 가까운 것이다. ◆고서에 太陽이 雷門(뢰문)을 照하면 부귀양명한다고 했다. 이는 "日照雷門格(일조뢰문격)"을 말하는 것으로, 卯宮은 九宮八卦(구궁팔괘)의 震宮(진궁)이며, 震宮은 주역의 卦象에서 雷(뢰)에 해당된다. ◆외적으로 활발하고, 마음이 관대하고, 열정이 청고하고, 일처리에 적극적이며 재간이 있고, 才華(재화)가 출중하고, 사업면에서는 다소의 난관이 있으나, 능히 성공을 이루고 사회적으로도 명성과 능력을 인정받으니 지위가 있는 사람이 된다. 만약 살성의 沖破가 있으면 사회적으로 명성을 얻음에 흠결이 있으나 역시 능력은 있게 된다. ◆女命은 남자에게 접근이 용이하고, 직업을 갖고 남자와 같은 기개가 있으며, 개성이 강하고 남편의 권리를 차지한다. ◆太陽이 酉宮에 居하여 天空의 來照가 있으면 이를 "萬里無雲格(만리무운격)"이라 하여 길하다. 이리되면 포부가 광대하고, 기세가 웅장하며, 높은 성취감이 있어, 천하를 품고 구제할 수 있는 큰 그릇의 命이다. ◆만약 祿存, 文昌 二星이 동궁하거나 회조가 있으면, "陽梁昌祿格(양량창록격)"이라 하여 국가고시에 합격하여 높은 직책과 권리가 약속되고, 다른 한편으론 문예에서 천재적 능력을 발휘하며, 辛苦(신고)가 있은 후 성공하여 국가요원이 되기도 한다. ◆太陽이 卯宮에 居하면, 그 장점은 化忌를 두려워하지 않으며, 오히려 좋아하는 기색도 있는데, 이는 구름이 일순간 태양을 가리며 또한 그 예리함을 꺾는 것에 비유되기 때문이다. ◆太陽이 酉宮에 居하면, 일락서산이니 貴가 나타나지 않고 富가 장구하지 못하다. 외적으론 이름다우나 내적으론 공허한 것이다. 이 사람은 일을 함에 능통함은 있으나 無終(무종)이다. 또한 煞星을 忌하는데 刑剋之災(형극지재)가 따르기 때문이다. ◆酉宮의 天梁은 漂浪之客(표랑지객)이라 했으니, 고향을 등지고 일을 함에 外務的(외무적) 성질의 업종에 종사함이 많고, 勞碌奔波(노록분파)가 따르며, 평안함을 얻기 힘들다. ◆재능이 있으나 하나도 성취됨이 없고, 한탄스런 인생으로 困苦(곤고)함이 많은 命이다. 뜻을 얻지 못하는 경우가 많으므로, 뛰어난 면과 심성이 강한 면을 살리지 못하고, 오히려 범사에 어떤 혜택을 누리기를 제일로 생각하는 경향이 많다. 따라서 사람들에게 사기성이 있는 인물로 그려진다. 희생하며 헌신하고, 일을 하나 성취됨이 없고, 한탄스런 인생이니 철학, 종교 등과 연관됨이 많으며, 才藝(재예)와 표현 등에 결격이 많다. ◆晩年(만년)에 발달하니, 사업은 중년 이후 재능을 발휘하며, 남녀 불문하고 早婚(조혼)은 불리하다.

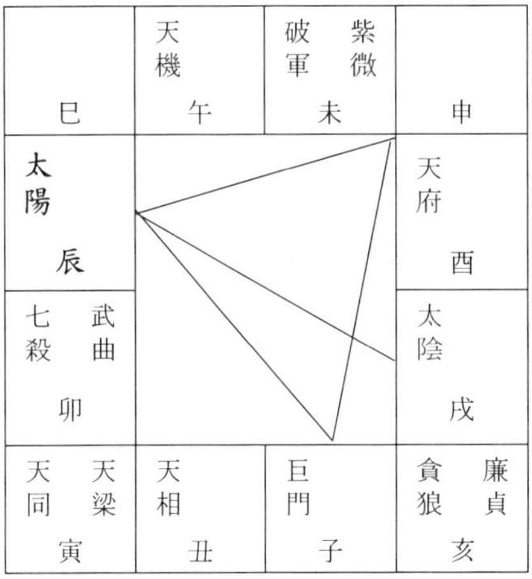

巳	天機 午	破軍 紫微 未	申
太陽 **辰**			天府 酉
七殺 武曲 卯			太陰 戌
天同 天梁 寅	天相 丑	巨門 子	貪狼 廉貞 亥

辰戌

- 太陽이 辰戌 二宮에 居하면, 旺陷地이며, 獨坐라 한다.
- 太陽이 辰宮에 居하면 오전 07~09시까지로 태양의 기세가 온화하고 陽氣가 상승하는 시점이다.
- 辰宮은 天羅(천라)에 해당되어 太陽의 勢(세)가 困(곤)하고 왕하지 않으나, 대궁에는 太陰이 戌宮에 居하여 왕해지므로 상호상조하니 약하지 않다고 논하는 것이며, 太陽과 太陰이 공히 밝은 것이니, 길성의 회조가 없어도 역시 아름다운 것이며. 만약 길성의 회조가 있으면 貴하게 된다. 이를 "日遊龍門格(일유용문격)"이라 한다. 此格이면 소년에 현달하고 揚名(양명)하게 된다.
- 宮位가 吉하니 남녀 불문하고, 어린 나이에 뜻을 얻고, 정직하고 열정이 있으며, 총명하고 지혜가 있으며, 호탕하고 공평무사하다.
- 공직, 교육직, 전파방송계, 외교계 등의 요직을 맡게 되며, 크게 두각을 나타내게 된다. 다만 일생에 수고로움이 많고 호사다마이다. 만약 文昌, 文曲, 天魁, 天梁 등의 회조가 있으면 소년에 青運(청운)의 뜻을 이루게 된다.
- 고서에는 女命의 太陽이 길격을 이루면 일찍이 貴夫와의 연이 있다 했다. 이는 卯, 辰, 巳三方에 居함을 의미하는데, 卯와 巳는 辰宮의 夾宮으로 辰宮의 太陽은 陽星이니 女命으로 보면 夫星에 해당하는데, 卯와 巳는 太陽의 세가 상승하며 왕해지는 시점이라 女命의 경우 貴夫와의 연이 많다 한 것이다.
- 현대사회는 남녀 공히 교육을 받고 사회생활을 하는 고로, 太陽이 卯辰巳 三宮에 居하면, 여성은 早婚(조혼)의 경향이 많고, 사업상의 발전이 있으며 남성다운 성향을 나타낸다.
- 太陽이 戌宮에 居하면 저녁7시~9시이므로, 太陽은 광채가 없고, 대궁인 辰宮의 太陰은 落陷이라, 명반에서 太陽, 太陰이 모두 落陷된 것으로 이를 "日月反背格(일월반배격)"이라 한다. 太陽, 太陰이 反背(반배)하니, 성취함에 있어 노고를 면치 못하고, 소년시절이 곤고하고 고독하며, 부모와의 연이 박하고 고향을 떠나 자력으로 일어서야 하는 命이다.
- 개성이 강하고 호탕하며, 공정무사하고 힘써 일함에 만족하니, 苦를 苦라 여기지 않는다.

<table>
<tr>
<td>辰戌</td>
<td>

- 감정이 理智(이지)를 앞서고, 육친과의 연이 적고, 자력갱생해야 한다.
- 目疾(목질), 近視(근시), 散光(산광) 등의 질환이 있다.
- 일생의 運은 수고로움이 많고 호사다마이며, 사상이 독특하고, 어떤 일이건 마음속에 몰두함이 있으며, 밤에 일을 하는 습관이 있으니 수면시간이 적은 것이다.
- 일에 힘쓰고 이리저리 뛰어 다니며, 심중에는 고민이 많고, 얼굴은 냉철하게 보이나 내심은 열기로 가득 차 있어, 종종 극단으로 치달기도 한다.
- 일을 함에 먼저는 부지런하나 나중은 나태하니, 매사 始終(시종) 관철됨이 적고, 의욕은 많으나 노력이 부족한 면이 있다.
- 인생에 있어 성공을 얻으려면 고향을 떠나 자수성가해야 한다.
- 혼란한 시절과 곤란한 환경과 생활을 이겨내야만 성취함이 있는 것이다.
- 此命은 복록과 享樂(향락)을 얻음에 있어, 인생의 여러 勞苦(노고)를 이겨낸 후에 이루어지는 命인 것이다.
- 太陽이 戌亥子 三宮에 居하면 "失輝(실휘)"라 한다. 이리 되면 일을 함에 노고가 따르고 虛浮(허부)와 부실이 따르게 된다.
- 太陽이 戌宮에 居하면, 광휘는 감추어지는 고로 양명하지는 못한다 해도, 길성의 회조가 있으면 성공하여 富를 얻을 수 있다.
- 女命에서 太陽이 落陷되면, 육친을 刑剋(형극)하고, 질병이 몸을 떠나지 않는다 했다. 이것은 곧 女命의 夫星이 불미한 것으로 靑孀寡婦(청상과부)나 첩살이를 하는 경우가 많다.

</td>
</tr>
<tr>
<td>巳亥</td>
<td>
<table>
<tr><td> 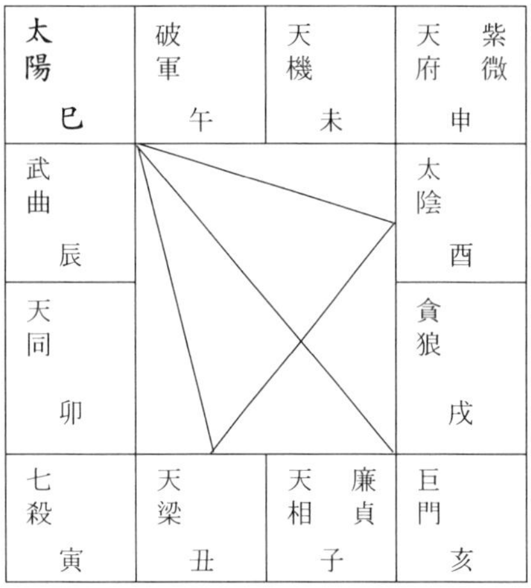太陽
巳</td><td>破軍
午</td><td>天機
未</td><td>天府 紫微
申</td></tr>
<tr><td>武曲
辰</td><td></td><td></td><td>太陰
酉</td></tr>
<tr><td>天同
卯</td><td></td><td></td><td>貪狼
戌</td></tr>
<tr><td>七殺
寅</td><td>天梁
丑</td><td>天相 廉貞
子</td><td>巨門
亥</td></tr>
</table>

- 太陽이 巳亥 二宮에 居하면, 廟陷地이며, 獨坐라 한다.
- 太陽이 巳宮에 居하면, 오전 9시~11시로 광휘가 점승하는 시점이므로, 포부가 크고, 뜻이 원대하며, 정직하고 열정이 있으며, 길성의 내조와 회조가 있으면 귀격이다.
- 대궁에는 巨門이 내조하는데, 巨門은 暗曜(암요)라 太陽이 필히 遠方(원방)의 巨門에게 광휘를 보태어야 하니, 비록 소년에 뜻을 얻으나 일을 함에 있어 점점 역량의 결핍현상이 나타난다.

</td>
</tr>
</table>

巳亥	◆ 다행인 것은 청소년기에 여러 경험과 감각을 많이 지니게 되어, 중년에 이르러 새로운 변화를 모색하게 된다. ◆ 남녀를 불문하고 혼인방면에서 여러 부족한 현상이 나타남은, 太陽과 대궁의 巨門과의 관계에서 照顧(조고)됨이 불급하기 때문이다. 신혼 초에는 결혼생활이 순탄하나 중년 이후에는 무미건조해지기 쉽고, 주말부부 식으로 지내게 되면 후계를 이어가기가 힘든 것이다. 그러나 어떤 좋은 전기가 발현하면 부부해로하게 된다. ◆ 太陽이 巳宮에 居하면, 뜻이 높고 氣가 웅장하며, 크게 활약함이 있으며, 부귀겸전이고 이름이 현달하게 된다. ◆ 만약 擎羊, 陀羅의 來照가 있으면 종종 江湖人(강호인)이 된다. ◆ 太陽이 巳亥 二宮에 居하고 대궁에 巨門이면, 일반적인 정황으로는 巳宮이 亥宮보다 길하다. 고서에 이르기를 巳宮의 太陽이 여러 길성의 來會가 있으면 大貴格(대귀격)을 이루고, 만약 흉성을 보게 되도 公卿大夫(공경대부)를 지낸다 했다. ◆ 太陽이 亥宮에 居하면 落陷된 것이며 대궁이 巨門인 것이니, 사람과의 화합됨이 적고 상극됨이 많게 된다. 대개 巳宮의 太陽은 口舌을 야기하고, 亥宮의 太陽은 언사에 우려됨이 있으니, 모두가 太陽의 廟陷(묘함)과 연관지어 판단해야 한다. ◆ 太陽이 亥宮에 居하면 밤9시~밤11시에 해당하니, 太陽이 빛을 잃은 상태이나, 다음날의 해가 뜨는 것을 기다리는 格이니 그 사람의 인생은 희망과 앞날에 대한 동경을 품고 지내게 된다. ◆ 太陽이 亥宮에 居하면 落陷된 것으로, 대궁인 巨門의 영향을 받게 되므로 길성의 회조가 없게 되면, 幼年期(유년기)에 부친에게 불리함이 있고, 他家에 입양하게 되거나 후계가 없는 경우가 발생한다. ◆ 亥宮의 太陽은 개성이 剛强(강강)하고, 견해가 독특하며, 생각이 너무 많고, 일에 간섭함이 많고, 과도한 열정이 있어, 자연 열 가지를 다 만족하려는 굳센 노력이 있게 되므로 극단적으로 내달리게 된다. ◆ 太陽이 광휘를 잃게 되면, 일을 함에 곤고하며, 虛浮(허부)와 부실이 따르고, 일생의 運은 勞碌奔波(노록분파)가 많이 따르고 好事多魔(호사다마)이다. 남녀 불문하고 시비구설이 많이 따르고 目疾(목질)과 건강에 유의해야 한다. ◆ 太陽은 광휘가 과도하게 많거나 분산됨을 忌하는데, 太陽이 巳午 二宮에 居하면 광휘가 태왕한 것이니 富를 이루지 못한다. 반면 戌亥 二宮에 居하는 太陽은 길성의 회조가 있으면 富格을 이룬다. ◆ 太陽과 太陰은 상호 배반적이나, 반대로 대궁을 이루어 길함이 있게 되는 경우가 있는데, 太陽이 亥宮에 居하면, 반대로 大發하게 되어 소년에 공훈을 세우는데, 이때는 필히 化祿, 祿存, 天馬의 회조가 있어 成格을 이루어야 한다. ◆ 太陽이 落陷하게 되면, 종종 外面은 차고 속은 열기가 있으니, 어린 시절에 생각과 뜻이 含蓄(함축)됨이 많아, 품고 있는 생각을 마음과 머릿속에 풀어놓아 몰두하게 되므로, 눈물이 자주 나는 流淚(유루)가 염려된다. ◆ 太陽과 太陰이 反背(반배)하는 경우는, 인생에 奔波(분파)와 勞苦(노고)가 많이 따르고, 소년 시에 불리하고, 일을 함에 먼저는 動하나 나중은 태만해지니, 시종 가난이 떠나지 않는다.

巳亥	• 일을 과도하게 많이 하게 되면, 目疾이나 밤에 수면장애 등이 발생하게 된다. • 감정이 이성을 앞지르니, 사상이 독특하고, 勞苦(노고)가 많고, 내심에 고민이 많다. • 부모와의 연이 적어, 자립갱생 함이 많아 자수성가하나 항시 일을 추진함에 역량의 부족을 느끼게 된다. 성공하려면 고향을 떠나 타향에서 생활을 해야 한다. • 女命이 이와 같으면 진퇴에 장애요소가 많고, 性情(성정)이 조급하며, 夫星이 불리하고 남의 첩이나 재혼 소지가 많다.
12宮	太陽(태양)
命宮	• 주목받는 명조이다. 중심적이며 상승세의 명이다. • 화합되고 호방하며, 반응이 명쾌하고, 재주가 탁월하다. 이것은 복덕궁과 天機가 같은 궤도를 하는 경우이다.
兄弟	• 陷地에 들면 유동성이 크고 시비구설이 많다. • 길성을 보게 되면 귀하게 되고 天刑을 보게 되면 각자 흩어져 살게 된다.
夫妻	• 이혼하기 쉽고 시비구설이 다발한다. • 擎羊과 陀羅를 보면 처음에는 열의가 있으나 종국에는 시들해진다. • 太陽이 陷地에 들고 化忌를 보게 되면, 부부에게 의심이 많고 災禍(재화)와 질병이 다발한다. • 남에게 해를 입히는 사람을 절대 가까이 하지 말고, 단독외출을 삼가면 禍厄(화액)을 면할 수 있다. • 破軍을 보게 되면 결혼연이 박하다.
子女	• 瘋頭病(풍두병)이 자주 발생한다. • 巨門과 太陽이 廟宮에 들면, 자녀가 총명하고 창업하게 되나 막내에겐 불리하다. • 化忌를 보면 長子에게 불리하나, 祿存을 보게 되면 長子에게 이롭다. • 天梁을 보면 刑殺(형살)을 주관하니 흉하여 웅덩이에 함몰됨과 같고 스스로를 폐쇄한다.
財帛	• 득재하기 어렵다. • 化忌를 보면 남을 속여 편취함이 있다. • 祿存과 天馬를 보게 되면 大富를 이룰 수 있다. • 길성을 보면 이름이 높고 실하다. • 집안 대대로 남을 돕기를 즐겨하고, 비천한 곳에 처해져서도 털고 일어서서 종국에는 성취함이 크다. • 오락을 기피하고 남에게 베풀기를 좋아한다. • 일생에 辛苦(신고)가 많이 따르고 재물의 입출이 빈번하다.
疾厄	• 대체로 머리와 심장과 눈에 해당된다. • 子午宮이면 갑상선, 암, 상해, 호흡관련이다. 午宮은 특히 눈병이다. • 辰戌宮이면 心腎疾患(심신질환), 心血關系疾患(심혈관계질환), 腦病(뇌병) 등이다. • 巳亥宮이며 陀羅를 보게 되면 반신불수와 편두통이다.

遷移	• 유동성이 크다 • 祖業을 잇기 어렵고 고향을 떠나 타향에서 정착하게 된다. • 外人의 영향을 받음이 심히 크다. • 모략가이나 家率(가솔)들은 제외이다.
奴僕	• 실제적이지 못하고 유실됨이 많다. • 남의 원망을 받고 누적되게 된다. • 化忌를 보게 되면 은혜를 베푸나 원망을 사게 된다. • 虛名이다. 표면으로는 쓰임이 많을 것 같으나, 실제적으로는 쓸 수 있는 면이 적은 것이다.
官祿	• 광학분야와 관련됨이 있다. • 經商 분야에서는 독자로 투자해서는 이롭지 못하나, 영도적인 기업으로 가히 성공할 수 있다. 그리고 영화로움이 크다. • 자선에 이롭다. 종교신앙이 있고, 오락사업에 이롭다. • 전파매체와 영화산업에 이로우나 시비구설이 다발한다.
田宅	• 廟宮에 들면 이름을 얻고, 밝고, 위맹함이 있으며, 전파기구와 연관된다. • 廟旺宮이면 祖業을 잇고 부친의 음덕이 있다. • 陷地에 들면 변동수가 많으며 祖業을 지키기 어렵다. • 化忌를 보게 되면 가솔 중 男丁의 손실이 있다.
福德	• 명예를 중시하고 허영심이 있으며, 자질구레함에 구속받지 않는다. • 열정이 있고, 시끄러움을 좋아하고, 사람과의 접촉을 즐겨한다. • 淸함이 적은 편이나, 일처리에 뛰어남이 있고 민활하며, 품성이 총명하다. • 성급하고 일에 열심이 없으며 辛苦(신고)와 勞碌(노록)이 따른다.
父母	• 부친에게 불리하며, 시비구설이 많다. • 化忌와 天馬, 桃花의 회조가 있으면 부친에게 첩이 있게 된다. • 政府의 요직을 맡게 된다.

圖37 太陽星 坐命

<table>
<tr>
<td>武曲(祿) 破軍 左輔
陀羅 天月 破碎
白虎 指背 官符
兄弟 絕 己巳</td>
<td>太陽 祿存
八座 紅鸞 天德
天德 咸池 博士
5~14
命宮 胎 庚午</td>
<td>天府 鈴星 擎羊
寡宿
弔客 月殺 力士
15~24
父母 養 辛未</td>
<td>天機 太陰 天鉞
地劫 天巫 解神 三台 天廚
病符 亡神 青龍
25~34
福德 長生 壬申</td>
</tr>
<tr>
<td>天同
紅艷
龍德 天殺 伏兵
夫妻 廟 戊辰</td>
<td colspan="2" rowspan="2">女命
陰曆 : 1969. 2. 16. 酉時
命局 : 土5局 路傍土
命主 : 破軍 身主 : 天同

己 丁 丁 己
酉 未 卯 酉

71 61 51 41 31 21 11 1
乙 甲 癸 壬 辛 庚 己 戊
亥 戌 酉 申 未 午 巳 辰</td>
<td>紫微 貪狼(權) 右弼
天官 截空 天哭 天壽
太歲 將星 小耗
35~44
田宅 沐浴 癸酉</td>
</tr>
<tr>
<td>台輔 恩光 天貴 旬空 天虛
天才 歲破 災殺 大耗
95~
子女 死 丁卯</td>
<td>巨門
天刑 天空
晦氣 攀鞍 將軍
45~54
官祿 冠帶 甲戌</td>
</tr>
<tr>
<td>地空 天姚 天福 大耗 月德
病符 劫殺 小耗
85~94
財帛 病 丙寅</td>
<td>廉貞 七殺 文昌 文曲(忌)
年解 龍池 鳳閣 天使
官符 華蓋 喜神
75~84
疾厄 衰 丁丑</td>
<td>天梁(科) 天魁 火星
陰煞 天喜
貫索 息神 飛廉
65~74
遷移 身宮 帝旺 丙子</td>
<td>天相
天馬 封誥 孤辰 天傷 蜚廉
喪門 歲驛 秦書
55~64
奴僕 建祿 乙亥</td>
</tr>
</table>

〈圖37 太陽星 坐命〉

- 太陽이 午宮에 坐命하면 그 기세가 왕해지니 "光輝燦爛格(광휘찬란격)"이라 한다.
- 女命은 家權을 장악하는 경우가 많고, 午宮의 太陽은 광망함이 널리 퍼지니 열성적인 면이 있으며 자애심도 있는 것이다.
- 일생에 勞碌奔波(노록분파)가 많이 따르나, 祿存의 후중함과 天德, 天鉞의 비호가 있으며, 紅鸞과 天喜를 보게 되니 사람과의 인연이 매우 길하다.
- 부처궁에 天同의 나태함이 함께하니, 부부연에 실패가 있을 수 있고, 의뢰성이 重해지며, 명궁 庚干의 化忌가 부처궁에 입궁하니, 배우자와의 관계를 항시 조심해야 하고, 감정상의 困擾(곤요)를 겪을 염려가 있다.
- 상기의 명반은 재백궁에 地空과 旬空이 居하고, 관록궁에 天空과 天刑이 거하니 經商에는 이롭지 못한 명조이다. 학술문화사업이나, 口才와 연관된 行業에 길한 것이다. 유치원운영을 했던 것이다.
- 46세 甲午歲運은 甲戌大限(45~54세)에 속하며, 甲戌宮이 대운명궁이 된다. 자연 庚午宮이 대한재백궁이 되고, 丙寅宮이 대한관록궁이 된다. 46세는 甲戌大限에 해당하며, 대한명궁의 甲干의 化忌가 재백궁에 낙궁하고, 재백궁의 左에 驚羊과 鈴星, 그리고 右에 陀羅 등의 煞星이 夾照(협조)하며, 다시 대운 명궁을 회조하니 흉함이 태동함은 불문가지이다. 은퇴 후 은연자중함이 마땅한 것이다.

(4) 무곡(武曲)

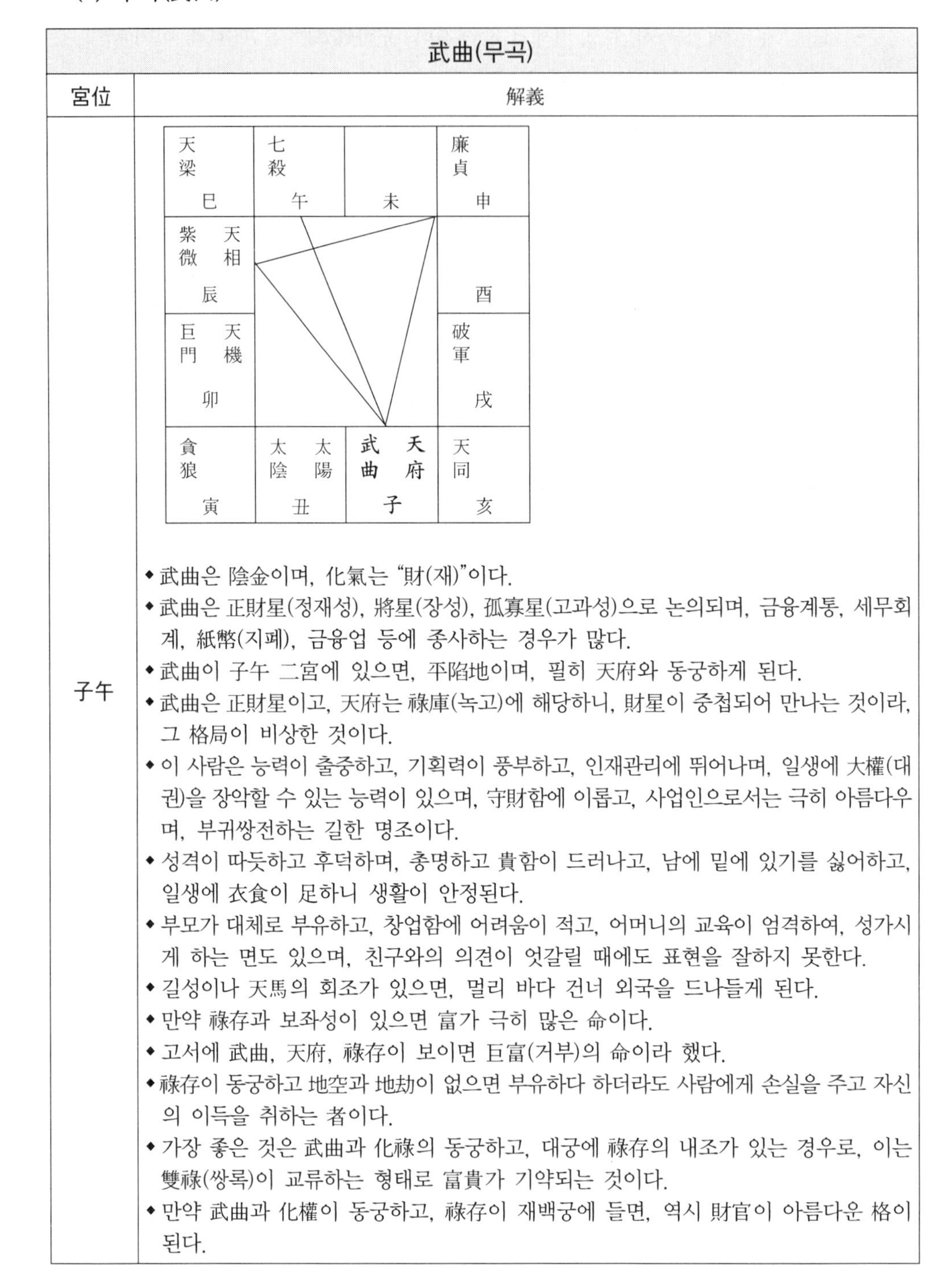

武曲(무곡)	
宮位	解義
子午	◆ 武曲은 陰金이며, 化氣는 "財(재)"이다. ◆ 武曲은 正財星(정재성), 將星(장성), 孤寡星(고과성)으로 논의되며, 금융계통, 세무회계, 紙幣(지폐), 금융업 등에 종사하는 경우가 많다. ◆ 武曲이 子午 二宮에 있으면, 平陷地이며, 필히 天府와 동궁하게 된다. ◆ 武曲은 正財星이고, 天府는 祿庫(녹고)에 해당하니, 財星이 중첩되어 만나는 것이라, 그 格局이 비상한 것이다. ◆ 이 사람은 능력이 출중하고, 기획력이 풍부하고, 인재관리에 뛰어나며, 일생에 大權(대권)을 장악할 수 있는 능력이 있으며, 守財함에 이롭고, 사업인으로서는 극히 아름다우며, 부귀쌍전하는 길한 명조이다. ◆ 성격이 따듯하고 후덕하며, 총명하고 貴함이 드러나고, 남에 밑에 있기를 싫어하고, 일생에 衣食이 足하니 생활이 안정된다. ◆ 부모가 대체로 부유하고, 창업함에 어려움이 적고, 어머니의 교육이 엄격하여, 성가시게 하는 면도 있으며, 친구와의 의견이 엇갈릴 때에도 표현을 잘하지 못한다. ◆ 길성이나 天馬의 회조가 있으면, 멀리 바다 건너 외국을 드나들게 된다. ◆ 만약 祿存과 보좌성이 있으면 富가 극히 많은 命이다. ◆ 고서에 武曲, 天府, 祿存이 보이면 巨富(거부)의 命이라 했다. ◆ 祿存이 동궁하고 地空과 地劫이 없으면 부유하다 하더라도 사람에게 손실을 주고 자신의 이득을 취하는 者이다. ◆ 가장 좋은 것은 武曲과 化祿의 동궁하고, 대궁에 祿存의 내조가 있는 경우로, 이는 雙祿(쌍록)이 교류하는 형태로 富貴가 기약되는 것이다. ◆ 만약 武曲과 化權이 동궁하고, 祿存이 재백궁에 들면, 역시 財官이 아름다운 格이 된다.

子午	◆武曲과 天府가 동궁이면, 子宮에 居할 때가 午宮에 居할 때보다 더욱 길하다. 이는 天府는 온화하고 총명하여 가히 武曲의 강건하고 솔직한 기상을 중화시키는 작용을 하기 때문이다. ◆武曲의 강건하고 솔직함이, 天府의 영향으로 온화, 嚴勤(엄근)하게 되니, 온화적 발전을 하게 되는 것이고, 또한 女命에게는 武曲의 위력이 감쇠하게 되어, 오히려 장점으로 바뀌니 수명이 아름다운 것이다. 따라서 고서에는 武曲과 天府가 동궁이면 수명이 길하다 했다. 또한 武曲과 天府가 동궁한 경우에 다시 四煞星이 동궁하면 타인으로 인한 재물의 손실이 있다 했다. ◆武曲은 財星이고 天府는 祿庫이니, 동궁한 경우에는 근본적으로 吉利가 있는 것으로, 비록 煞星이 동궁하거나 내조함이 있더라도 일시적인 재물의 손실이 있는 것뿐이고, 항구적인 것은 아닌 것이다. ◆武曲과 天府가 동궁이면, 天府는 主星으로 百官의 朝貢(조공)받음을 기뻐하고, 육길성의 회조를 기뻐하고, 左輔, 右弼, 龍池, 鳳閣의 夾照(협조)와 보좌를 기뻐하며, 능히 상호간 상승적 작용을 한다고 했다. ◆天府와 左輔가 동궁이면, 萬乘(만승)의 위치에 이른다 했는데, 살성의 충파가 없으면 사업상 주도적 위치가 되고, 高官이 되며 수하에 많은 사람을 거느리고 貴함이 極品(극품)에 이른다 했다. ◆天府가 명궁에 거하며 좌우에 文昌과 文曲을 만나면, 귀인의 恩榮(은영)을 받고, 다시 天魁와 天梁을 보게 되면 財務之官(재무지관)의 명조라 했다. 따라서 고위관직에 올라 총애를 받고 영화로움이 門庭(문정)에 이른다 했다. ◆天府는 본시 祿庫(녹고)로서 祿存을 봄을 기뻐하는데, 만약 祿存이 없게 되면 창고가 공허하다고 판단한다. 만약 地劫이나 天空의 궁에 坐해도 역시 空庫(공고)로 논한다. ◆고서에 天府는 空亡地에 落宮함을 忌한다 했는데, 이리되면 고독지인이 되고 복록이 허사가 되기 때문이다. ◆天府가 地空과 地劫을 보게 되면 재물의 損費(손비)가 크게 되므로, 비록 祿存을 본다 하더라도 經商(경상)에는 이로움이 적은 것이다. ◆고서에 天府가 명궁에 있고 擎羊, 陀羅, 火星, 鈴星의 회조가 있으면, 사람이 간사하다고 했다. 다시 四煞星을 보게 되면 天府가 오염된 것과 같으니, 이 사람은 일에 있어 교묘하게 이득을 취하려는 정황이 있는 것이다. 煞星의 沖會가 있으면, 사람이 심술이 많고 부귀한 여유로움을 누리지 못한다. ◆天府가 地空과 天空이 동궁한 경우에는 空庫라 논하는데, 다시 四煞星의 회조가 있게 되면, 온갖 계교를 다 사용하여 財를 얻으려 하는 것이다. ◆女命에 武曲과 天府가 있으면, 일을 함에 능력이 많으며 대장부와 같은 뜻이 있고, 길성을 보게 되면 영도적인 才幹(재간)이 있게 된다.

丑未

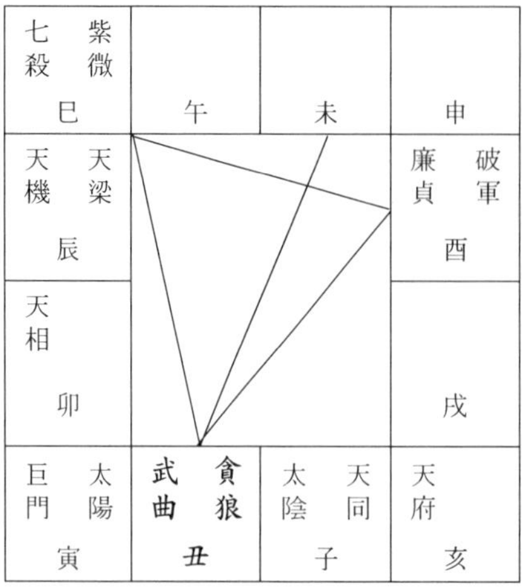

七殺 紫微 巳	午	未	申
天機 天梁 辰			廉貞 破軍 酉
天相 卯			戌
巨門 太陽 寅	**武曲 貪狼 丑**	太陰 天同 子	天府 亥

- 武曲이 丑未 二宮에 居하면, 廟平地이며, 필히 貪狼과 동궁하게 된다. 차 조합은 언뜻 보면 길하다 생각할 수 있으나, 깊이 살펴보면 결점이 있는 것으로, 이 두 성요는 역량이 거의 같으므로 반대로 오히려 불미한 면이 있는 것이다.
- 辰未戌丑은 墓庫(묘고)에 해당되어, 어려서 辛苦(신고)가 따르고, 대기만성이며, 丑宮이 未宮보다 吉利가 있다.
- 武曲은 正財星이고 貪狼은 偏財星이니, 동궁한 경우에는 30세 이전에는 재물의 입출이 다단하며, 辛苦(신고)와 勞苦(노고)가 따르고 祖業을 물려받으나 이어가기가 어려운데, 30세 이후에 점점 안정되고 발전됨이 있으며 성취감이 있게 된다. 이러한 命은 조업에 의지하지 못하므로 운에 많이 좌우되는 경향이 있는 것이다.
- 武曲과 貪狼이 丑未宮에 居하면, 소년에 불리하고 30세 이후에 발복이 따르는 경우가 많으며, 先貧後富(선빈후부)하고 辛苦(신고)가 많이 따르는 인생을 살게 된다. 이것은 武曲과 貪狼이 재물을 탐하고 도화적 성향이 있기 때문이다. 따라서 반드시 勞苦(노고)가 있은 후에 재능을 발휘하게 되며, 만약 소년에 享受(향수)를 누리는 경우에는 훗날 사업적인 면에서는 부정적인 영향을 미치게 된다.
- 武曲, 貪狼이 동궁하면 이는 成格이 되는데, "武貪同行格(무탐동행격)" 또는 좌명이면 좌우에 太陽과 太陰이 있게 되므로 "日月夾命格(일월협명격)"이라 한다.
- 武曲과 貪狼이 丑宮에 居하고 명궁이 未宮이며 14正星이 없는 경우, 또는 武曲과 貪狼이 未宮에 居하고 명궁이 丑宮에 居하며 14正星이 없는 경우에는 역시 "武貪同行格(무탐동행격)"이라 하나, 이는 머리는 비록 총명한 명조이나, 正星이 없는 연고로 소년에 孤貧(고빈)하다는 命이 비로 此命인 것이다.
- 此格은 "日月夾遷格(일월협천격)"이라고도 하는데, 외격에 속하며, 필히 소년 시에 고향을 등지고, 祖業에 의지하지 않고, 조상의 음덕도 없으며, 타향에서 귀인의 조력을 받아 성취함이 있는 것이다. 未宮에 명궁이 있음이 더 吉하다.
- 武曲과 貪狼의 동궁은, 武曲의 剛强(강강)함과 貪狼의 탐욕이 있는 것으로, 성격이 强性(강성)이고 욕심이 많으니, 오히려 혐오감을 부추기는 命이다.

<table>
<tr>
<td>丑未</td>
<td>◆ 辛苦(신고)를 마다하지 않고, 정신이 剛强(강강)하고, 일을 함에 勤快(근쾌)하며, 결단성이 강하여, 매사 속전속결하는 성향이 있다.
◆ 자기관리가 엄격하며, 사람과의 약속에 얽매이지 않고, 창조와 모험적 정신이 있으며, 남에게 굴신거리지 않고, 고향을 떠나 타향에서 성공하는 命인 것이다.
◆ 대다수가 조업을 계승하지 못하고, 소년 시에 신고가 따르고 중년 이후 창업하여 발달함이 있고, 투기성사업을 좋아하고, 고향과는 먼 곳에서 사업을 발전시키며, 자수성가의 성향으로 국외의 거주나 軍警(군경)에 종사해도 발전이 있다.
◆ 직업으로는 삶고 끓이는 기술이 있어 음식업에 적당하다.
◆ 만약 火星이나 鈴星이 동궁이면, 필히 軍警에 맞는 직업으로, 모험심을 발휘하여 변방에서 성공할 수 있어, 국가의 棟梁之材(동량지재)로 大權(대권)을 장악할 수 있다.
◆ 經商(경상)에는 횡재운이 따르나 장구하지 못하므로, 다만 노력과 근면으로 財를 축적하면 장구하게 유지할 수 있는 것이다.
◆ 武曲, 貪狼이 煞星과 化忌를 보면 기술인이다. 煞星과 化忌는 經商에는 이롭지 못하니 반대로 기술직에는 이익함이 있는 것이다.
◆ 女命은 신경질이 많고, 인색하며, 학문과 견식이 높게 됨을 바라며, 차근차근 계획하며, 자유를 사랑하고, 사람에게 머리 굽힘을 싫어하고, 丈夫的(장부적) 기질이 있으며, 일정부분 성공적 결심이 있는 것이다.
◆ 만약 天姚와 咸池와 동궁이면, 도화성적 기질이 重하므로 감정으로 인해 발생하는 풍파가 심하다.</td>
</tr>
<tr>
<td>寅申</td>
<td><table>
<tr><td>天機
巳</td><td>紫微
午</td><td>未</td><td>破軍
申</td></tr>
<tr><td>七殺
辰</td><td></td><td></td><td>酉</td></tr>
<tr><td>天梁 太陽
卯</td><td></td><td></td><td>天府 廉貞
戌</td></tr>
<tr><td>**武曲 天相**
寅</td><td>巨門 天同
丑</td><td>貪狼
子</td><td>太陰
亥</td></tr>
</table>
◆ 武曲이 寅申 二宮에 居하면, 陷旺地이며, 필히 天相과 동궁한다.
◆ 武曲은 辛金으로 天相인 壬水를 생하니 金水相生되며, 寅申宮은 驛馬位(역마위)가 되니 이 사람은 일생에 이동수가 많고, 근검하며, 창조적 능력이 있고, 고향을 떠나 발전하는 성향이 있다.
◆ 武曲과 天相이 寅申宮에 居하면 대체로 고독하며, 본시 고지식 하고 둔하며, 언사가 不遜(불손)하다.</td>
</tr>
</table>

寅申	◆ 성품은 온화하고, 정의감이 있고, 淸秀(청수)하며 두뇌가 좋고, 반응이 호쾌하며, 주관이 강하고, 과묵함이 있다. ◆ 개인의 성향은 酒食(주식)을 좋아하고, 근심걱정이 적은 편이고, 곤궁하지 않다. 객지에서도 사람을 잘 사귀고, 도처에 朋友가 있어 인연이 특별하나 참된 知己를 만나기 어렵고, 교제하는 사람이 너무 많은 것이다. ◆ 寅宮에 居하면 말을 잘 뒤집으나, 申宮에 居하면 수하인을 아끼는 마음이 있다. ◆ 武曲은 財星으로 실질적이므로 經商에 이롭다. 天馬를 보면 이른 나이에 고향을 떠나게 되어, 먼 곳에서 생활하는데 장차 큰 성공을 거두게 된다. 또한 祿馬交馳格(녹마교치격)이 되면 사업으로 대성공을 거두게 되는 것이다. ◆ 고서에 武曲, 天相, 天馬가 동궁하면 得財하여 고향에 돌아온다 했으며, 경영외적으로는 논할 바가 없다 했다. ◆ 武曲, 天相은 寅宮에 居함이 申宮에 居함보다 길하고 이롭다. 역량이 더 강하다고 했다. ◆ 天相은 武曲보다 강직하고 포용력이 있고 인내하고 양보하는 능력이 있으므로, 武曲이 天相의 후덕함을 얻으면, 은연하고 근신하며 정의의 조력이 있고, 그 剛强(강강)한 勢(세)와 孤剋(고극)됨을 누그러뜨려 원활하게 하나 辛苦(신고)는 증가하게 된다. ◆ 天相이 武曲의 정직, 과단, 강강한 조력을 얻게 되면, 天相의 보좌적 능력이 증대되어, 봉급생활직과 연관하여 조직 내에서 보좌하는 人才가 된다. 다시 文昌, 文曲, 左輔, 右弼, 天魁, 天鉞 등을 보게 되며, 煞星의 회조가 없게 되면 輔國才人(보국재인)이 될 수 있다. ◆ 대궁에는 破軍이 居하는 고로, 인생에 변동과 풍파가 많고, 먼저는 큰 성공을 거둔다 해도 辛苦와 勞碌(노록)을 면치 못한다. ◆ 煞星의 회조를 忌하는데, 만약 煞星을 보게 되면 복록이 감쇠하고 고독하며, 煞星의 회조가 과다한 경우에는 평생 잔질이 몸을 떠나지 않는다. ◆ 武曲과 破軍은 파괴력이 크므로, 天相에 흉한 영향을 남기게 되며, 일에 있어 자연 부족한 부분을 따르기를 좋아하게 되며, 상시 마음의 변동이 많다. ◆ 가장 좋은 것은 祿存과 化祿을 보는 것인데, 이리되면 祿의 영향으로 파괴력이 온화하게 바뀌는 것이다. 또한 보좌성을 보는 것을 喜하는데 이리되면 역시 煞星의 저항력이 약해지는 것이다. ◆ 武曲과 天相이 동궁일 경우에 文武(문무)를 논할 시는, 煞星이 있으면 武職(무직)이고 煞星이 없으면 文職(문직)으로 논한다. ◆ 煞星이 동궁이면, 무직으로 시작하여 문직으로 나아가고, 煞星이 동궁하지 않을 시는 軍警職(군경직)이나 刑法系統(형법계통)의 직업에 종사하는 경우가 많다. ◆ 사업심도 강하니 먼저는 관직에 있다가 나중에 經商(경상)에 종사하게 되거나, 官職(관직)과 상업을 겸해서 하는 경우도 있다. ◆ 고서에 武曲, 天相이 文昌, 文曲과 만나면, 총명하고 교묘한 재능이 있다 했다. 이 말은 武曲의 보편적 성질인 재능, 재예를 일컫는 말이다. 만약에 左輔, 右弼의 회조가 있으면 권세가 있게 되는데, 이는 武曲의 성질이 권력으로 변화되기 때문이다. ◆ 武曲이 閑宮(寅·申·卯·酉·巳·亥)에 居하면 才藝(재예)가 많다 했다.

<table>
<tr>
<td>寅申</td>
<td>◆ 만약 武曲, 天相이 文曲을 보고, 다시 도화성계를 보게 되면, 才華(재화)가 많으며 총명하다.
◆ 女命에 武曲과 天相이 있으면, 자연 부처궁의 삼방사정에서 殺破狼(살파랑) 格局이 되어 혼인에 破折(파절)과 불리함이 많다.</td>
</tr>
<tr>
<td>卯酉</td>
<td>
<table>
<tr><td> 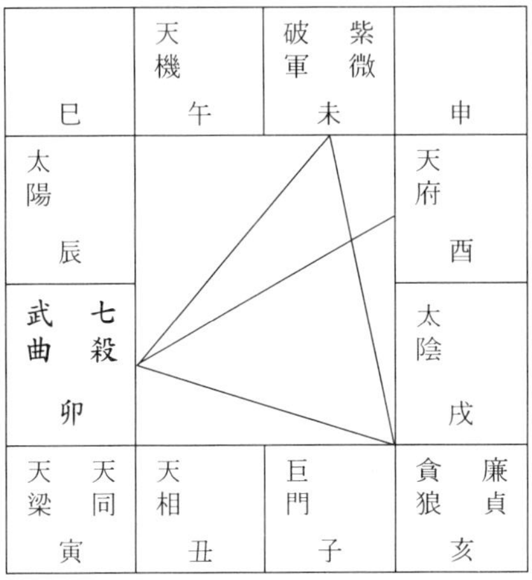巳</td><td>天機
午</td><td>破軍 紫微
未</td><td>申</td></tr>
<tr><td>太陽
辰</td><td></td><td></td><td>天府
酉</td></tr>
<tr><td>武曲 七殺
卯</td><td></td><td></td><td>太陰
戌</td></tr>
<tr><td>天梁 天同
寅</td><td>天相
丑</td><td>巨門
子</td><td>貪狼 廉貞
亥</td></tr>
</table>
◆ 武曲이 卯酉宮에 居하면, 弱旺地이며, 필히 七殺과 동궁하게 되고 卯宮이 酉宮보다 길하고 이롭다.
◆ 武曲은 將星, 正財星, 寡宿(과숙)의 성요이고, 七殺은 가장 흉한 성요로 역시 刑殺(형살)과 孤剋(고극)의 성요이다.
◆ 武曲, 七殺이 동궁이면, 성격이 剛强(강강)하고, 일을 함에 난관과 시행착오에 봉착함이 많고, 완고하고 孤怪(고괴)하며 강렬한 개성이 있게 된다.
◆ 武曲은 辛金이고 七殺은 庚金이니, 모두 金에 속하여, 武曲과 七殺이 酉宮에 居하면 그 세가 매우 강렬한 것이다.
◆ 용맹하고, 일을 함에 열심이고, 승부욕이 강하여 지는 것을 인정하지 않는다.
◆ 엄격하며, 평시에는 말이 적고, 표정이 냉랭하며, 일을 행함에는 거듭 생각한 후 실행한다.
◆ 식견과 謀略(모략)이 있으며, 총명하고 機智(기지)가 있으며, 성급하나 才幹(재간)이 있다.
◆ 사람이 정직하고 남을 돕기를 좋아하고, 원대함을 지향하며, 기획능력이 있고, 일을 함에 혼신의 노력을 다하고, 성격이 굳세나 처세술이 있다.
◆ 외모는 온화하며 풍채가 있고, 장자의 풍모가 있다.
◆ 天府가 대궁에서 來照하면 莊重(장중)한 風度(풍도)이다.
◆ 七殺은 陰火에 속하며 武曲은 陰金으로 七殺火의 剋을 받으니 동점심도 있는 것이라, 내심으로 이러한 복잡한 성격으로 인한 모순을 면할 수 없는 것이다.
◆ 武曲, 七殺이 卯宮에 居하면, 어떤 사람이든 客氣(객기)가 있고, 도처에 붕우가 있으며, 특별한 인연을 좋아하나, 자신을 알아주는 사람을 얻기가 어렵다.</td>
</tr>
</table>

<table>
<tr><td>卯酉</td><td>◆武曲, 七殺이 酉宮에 居하면, 마음이 좁아 먼저 자신을 보호하고, 소년에 뜻을 얻기 어렵고, 일생에 성패가 다단하다. 길성의 회조가 있으면 일시적으로 橫發(횡발)하게 된다. 살성의 회조가 있으면 어려서 多病하고 刑傷(형상)이 重하다. 만약 六煞星이나 天刑이 있으면, 군인, 경찰이나 암살자나 가축의 도살업 계통에 종사하게 된다.
◆고서에 武曲과 七殺이 동궁하면, 조업을 破하고 타향에서 발전하게 된다고 했다.
◆七殺이 卯酉 二宮에 居하면 弱旺地에 居하는 것인데, 卯는 구궁 팔괘에서 동방의 震宮이고 酉는 서방의 兌宮으로, 본시 木은 金이 있어 깎고 다듬어야 貴氣(귀기)를 만드는 것이니 재능, 재예와 모략이 있는 명조가 되는 것이다.
◆七殺과 破軍은 대체로 고향을 떠나 타향이나 타국에서 성공함이 크다.
◆七殺이 震·兌宮에 居하며 다시 살성과 化忌를 보면, 일생이 성패가 다단하고, 육친과의 연이 없고, 자주 난관에 봉착됨이 있다. 다시 地空, 天空을 보게 되면, 매사 소극적이라 僧道(승도)의 길이라 했다.
◆七殺이 卯宮에 居하며 살성이나 化忌가 있으면, 나무에 눌리거나 雷震(뇌진)의 災禍(재화)가 있으며, 酉宮에 살성이 있으면 의외의 災禍(재화)가 있다.
◆武曲, 七殺이 卯宮에 있으며, 對宮에 祿存의 來照가 있거나, 天馬와 동궁하거나, 보좌성이 보이면, 일을 함에 기백이 있고 담력이 있으며, 貴人의 風度(풍도)로 영웅적 인생을 보내게 된다.</td></tr>
<tr><td>辰戌</td><td>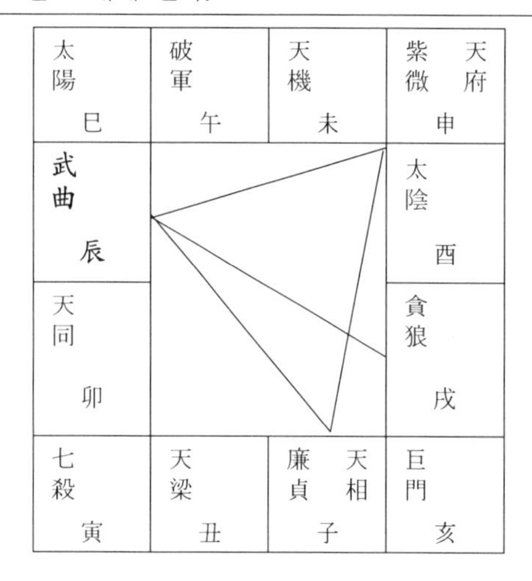

◆武曲이 辰戌 二宮에 居하면, 旺平地에 居하는 것이며, 독좌라 하고, 대궁에는 貪狼이 있게 된다.
◆武曲이 辰戌 二宮에 있으면, 이는 墓庫地(묘고지)에 해당하며, 丑未宮과 더불어 四墓庫에 해당된다. 이리되면 소년 시에 불리하고 사업상의 성공은 있게 되나, 종종 말년에 두각을 나타나게 되며, 辰宮이 丑宮보다 더 길함이 있는 것이다.
◆또한 武曲이 辰戌 二宮에 있는 경우는, 대궁의 貪狼의 勢(세)가 더욱 강하며, 丑未 二宮에 있는 경우와 비교하면 無力한 것이다.
◆다시 左輔, 右弼, 天魁, 天鉞, 文昌, 文曲 등의 회조가 있고, 또 한 化權, 化祿, 化科 등의 來照가 있으면 최상격의 명조가 된다.</td></tr>
</table>

辰戌	◆ 만약 化忌와 擎羊, 陀羅 등이 來照하면 夭壽(요수)하고 소년 시에 多病(다병)하거나 災厄(재액)을 겪게됨이 심하다. ◆ 祿存이나 天馬, 化祿, 化科를 보게 되면 복록이 많다. ◆ 文昌, 文曲이 동궁하고 길성의 회조가 있으면, 出將入相(출장입상)이며, 무관직으로는 많은 병사를 거느리며 매우 길하고, 문직으로는 박학하고 다능하다. ◆ 武曲은 天魁 天鉞을 보는 것을 가장 喜하는데, 火星, 鈴星 擎羊, 陀羅도 없고 地空 地劫이 없는 경우면, 經濟界(경제계)의 大權(대권)을 쥐게 되거나, 경제계의 요직을 지내게 되거나, 대부대귀격을 이루게 된다. ◆ 고서에는 武曲이 廟旺地에 居하면 권세와 명성이 혁혁하다 했다. ◆ 武曲이 化權과 六吉星을 보게 되면, 武職(무직)과 연관하여 쟁쟁한 이름을 날린다 했다. ◆ 男命은 武曲과 化權을 매우 喜하는데, 혹은 대궁에 貪狼과 化權이 있으며 육길성의 회조가 있으면, 대기만성이며 자못 성취됨이 큰 것이다. ◆ 武曲이 廟旺地이고 祿存이나 天馬를 보게 되면, 고향을 떠나 원방에서 큰 富를 이루어 성공을 거두게 된다. ◆ 武曲이 化權과 六吉星을 보게 되면, 문무에 모두 이로우며, 공직이나 민영기업에 근무해도 성공함이 있는 것이다. ◆ 武曲이 辰戌 二宮에 居하면, 얼굴색이 맑고, 음성이 크고 웅대하며, 성격이 굳세며, 외부와의 연이 매우 아름답고, 사람들을 사귐에 吉緣(길연)이 많다. ◆ 武曲이 辰宮에 거하면 사람을 대함에 진실하고, 일을 처리함에도 공평무사함이 있다. ◆ 武曲이 戌宮에 거하면 탐미주의자이며, 어떤 일을 하건 善과 美가 있으며, 사람과의 교제에도 감정과 和睦(화목)을 먼저 생각한다. ◆ 武曲이 男命에 더 길하고 女命에는 불리하다고 논하는데, 현대 사회는 남녀평등의 사회이니, 女命이 此 格이면, 여자로써 장부의 기질이 있으며 매사 적극적이라 판단하면 무난할 것이다. ◆ 武曲이 廟旺地이며, 길성의 회조가 있고, 살성의 충파가 없으면, 능히 대권을 장악하고 부귀를 누리게 된다. ◆ 武曲은 天府, 左輔, 右弼, 天魁, 天鉞, 祿存, 天馬 등의 會照를 매우 기뻐하는데, 女命은 대장부의 기질이 있고, 男命은 처사에 과단성과 기개가 있으며, 부귀쌍전의 길격이다. ◆ 女命으로 武曲이 左輔, 右弼, 三台, 八座 등의 길성의 보좌가 있으면, 장부의 기질이 있으며, 다시 化祿, 化權, 化科를 보거나 天刑이 入廟하면, 법조계나 사회적으로 명망이 있다. ◆ 武曲이 있는 女命은 家權(가권)을 장악하게 된다. ◆ 고서에는 女命에 武曲이 居한 경우에는, 필히 부인이 남편의 권한을 빼앗게 되며, 그런 연후에는 刑剋(형극)을 면하게 되는데, 그렇지 않은 즉 생사이별을 하게 된다. ◆ 현대사회에서는, 女命에 武曲이 길성과 동궁하게 되면, 왕왕 정식 결혼하지 않게 되는데, 辰戌 二宮에 있으면 특히 그러하다. ◆ 만약 도화성 및 살성을 보게 되면, 비록 길성의 회조가 있어 겉으로는 여유와 풍모가 풍기더라도, 내심으로는 불안한 감정이 많은 것이며, 또한 밖으로만 나도는 성향이 많다.

巳亥

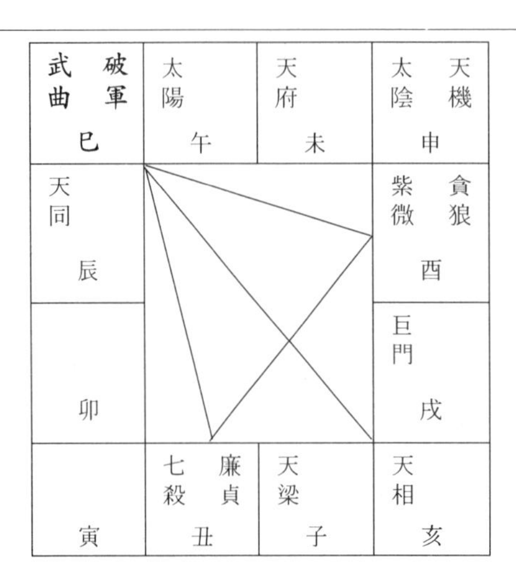

- 武曲이 巳亥 二宮에 居하면, 平弱地이며, 필히 破軍과 동궁하게 되며, 巳宮이 亥宮보다 길하고 이롭다.
- 武曲, 破軍이 동궁인 경우에는, 본시 破軍은 제왕인 紫微의 측근에서 호위대장이며, 武將의 역할을 하며, 紫微의 命을 실행하는 위치인 것이다. 따라서 武曲과 破軍이 동궁인 경우에는 자연 紫微의 相制가 없으면 여러 풍파와 勞苦(노고)가 따르게 되는 것 이다.
- 따라서 武曲과 破軍이 동궁이면, 貴가 나타나지 않고 經商(경상)에 이롭다 논한 것이다.
- 武曲, 破軍이 동궁이면 貴가 나타나지 않는다는 설은, 動亂的(동란적) 시대에 해당되고, 평상시의 경우에는 사업으로 성공하는 명조가 많은데, 이에는 勞苦(노고)와 辛苦(신고)가 따르며, 이런 과정이 있은 후에야 결실이 있게 되기 때문이다.
- 武曲은 財星이고 破軍은 耗星(모성)이니 財來財去(재래재거)의 象인 것이다.
- 총명하고, 모험심을 좋아하고, 투기성이 강하니, 일을 추진함에 독단적인 경우가 많다.
- 祖業에 의지하지 않고 자수성가하는데, 소년 시는 여러 辛苦를 불면하나, 집을 떠나 타향에서 발전하게 되며, 중년 이후에야 성공하게 된다.
- 개성이 강하고, 성정이 올곧고, 모험정신이 있으며, 다만 일을 함에 항상 충동적으로 결정을 하는 성향이 있다.
- 고집이 세니 사람들과 어울리기 어렵고, 성격이 괴이하며 규범을 잘 따르지 않고, 독단적 성격이니 일생에 시비구설이 많다.
- 여자와 연관되어 돈을 씀에 절제할 줄 모르고, 재물운은 기복이 많아 안정되지 못하고, 祖業을 버리고 고향을 떠나 辛苦로써 부를 이루고, 전문적인 기술과 재능이 있다. 만약 火星, 鈴星, 擎羊, 陀羅를 만나게 되면 기술자의 명조이다.
- 化祿, 祿存을 만나게 되면 經商(경상)에는 불리하고, 경제계에 몸을 담고 있으며 사람들과 인연을 맺는 일에 이롭다.
- 破軍과 化祿이 있으면, 많은 사람들이 복종하며, 변방의 오랑캐를 제압하여 武將(무장)으로 이름을 날리게 된다.

	◆ 武曲은 孤剛之星(고강지성)이며, 破軍은 破耗之星(파모지성)인데 四馬之地(인·신·사·해)에 居하게 되면, 정신적으로 공허하며, 辛苦(신고)와 勞碌(노록)이 따르게 된다. ◆ 武曲은 剛强(강강)하고 과단성이 있으며, 破軍은 직설적이며 충동적이니, 일을 추진함에 왕왕 고립무원이고, 뒷일을 생각하지 않는 경향이 있다. ◆ 武曲, 破軍이 文昌, 文曲을 만나게 되면, 대체로 평생 가난한 선비인 경우가 많다. ◆ 破軍은 文昌, 文曲을 보는 것을 忌하는데, 이는 상호 기질이 동일하지 않은 연고이며, 工藝業(공예업)에 종사하거나, 특수직에 종사함이 천부적인 직업인 것이다. ◆ 武曲이 鈴星, 文昌, 陀羅를 보게 되면 실패수가 높다 했는데, 이는 자기 자신이 지은 業으로 인해 실패의 길로 인도된다는 것이다. ◆ 亥宮의 武曲에 文曲이 동궁하면 박학다식이다. 또한 貪狼, 化忌와 다시 살성을 보게 되면 意外性(의외성)이 있다. ◆ 武曲은 天府를 보는 것을 매우 喜하고, 破軍을 보는 것을 매우 忌한다. ◆ 武曲이 四煞星의 沖破(충파)가 있으면, 孤貧(고빈)하고 수명에 손상이 있는 경우가 많다. ◆ 또한 武曲이 火星, 鈴星과 동궁이면 재물의 損耗가 발생한다. ◆ 또한 武曲이 擎羊, 陀羅와 동궁이면 孤剋됨이 많다. ◆ 또한 武曲이 擎羊, 陀羅, 火星을 보게 되면, 재물로 인해 命을 상하게 하는 경우가 많다. 이는 武曲이 살성을 보게 되면 불길하게 반응함을 총칭한 것이다. ◆ 武曲은 化祿을 보는 것을 喜하는데, 이리되면 왕성한 재물이 당도하게 되어, 사업상의 발전이 있고, 威名(위명)이 먼 곳까지 떨치게 되지만, 化忌를 보는 것을 매우 忌하는데, 이런 경우이면 사업의 실패가 따르고, 다시 살성을 보게 되면 焦頭爛額(초두난액=머리와 얼굴이 그을리고 상함)으로 수습하기 어렵다. ◆ 자미명학에서의 四化(化祿, 化權, 化科, 化忌)와 武曲의 역량은 매우 큰데, 역시 살성의 영향도 매우 큰 것이다. ◆ 女命은 性情이 剛强(강강)하여 丈夫의 기질이 있다. ◆ 此格과 같이 武曲과 破軍이 동궁한 경우에는, 祿存과 天馬를 보는 것을 기뻐하지 않는데, 이는 破軍, 貪狼이 祿存과 天馬를 보면, 男命은 방탕하고 女命은 음탕하다는 說에 근거한 것이다.

12宮	武曲(무곡)
命宮	◆ 금속가공업, 공공기관 제조창, 재무계통, 은행업 등에 적합하다.
兄弟	◆ 硬頸(경경)하고, 刑剋(형극)이 있고, 不睦(불목)하며, 남의 도움이 적다. ◆ 살성을 보면 고독하고 형제가 없으나 자매는 있다.
夫妻	◆ 배우자가 권세가 있고, 혼인은 孤剋(고극)됨이 있어 늦게 함이 좋다. ◆ 祿存과 天馬를 보면 妻家(처가)의 財를 얻게 되나, 흉성을 보게 되면 妻로 인해 失財하게 된다. ◆ 化忌를 보게 되면, 가난하여 처와 이별수가 있다. ◆ 天姚의 회조가 있으면, 중매장이로 인해 필히 이별한다. ◆ 연애결혼 함이 좋다.

子女	◆ 행동과 사고방식이 경직되어 있다. ◆ 삼방에 煞星과 化忌가 보이면 流産(유산)됨이 있고, 外房子息(외방자식)을 얻게 되고, 煞星이 重하면 자손이 없다. ◆ 擎羊과 陀羅를 보면 제왕절개로 자식을 얻는다. ◆ 火星이나 鈴星을 보면, 생이별하거나, 다시 煞星과 化忌가 회조 하면 死別하게 된다.
財帛	◆ 財力이 있게 되고, 금속성 사업과 연관되어 득재한다.
疾厄	◆ 호흡기계통의 질환과, 금속이나 刀劍(도검)으로 인한 傷害(상해)가 있다. ◆ 폐와 관련하여 일생에 다병함이 있다. ◆ 天馬, 火星, 鈴星을 보게 되면, 咳嗽(해수), 吐血(토혈), 결핵 등에 걸리게 된다. ◆ 火星, 鈴星의 회조가 있으면, 橫富(횡부)하고 자수성가하나 성패가 다단하다. ◆ 求財에 전념하고 사고력이 적다. ◆ 得財함에 있어 잡음이 많고, 모험심과 경쟁심이 강하다.
遷移	◆ 고향을 떠나 타향에서 得財와 得權(득권)한다. ◆ 특별히 주의할 성요의 회조는 없으나, 鈴星, 文昌, 陀羅, 武曲의 회조는 주의해야 한다. ◆ 靜穩(정온)함이 오히려 出門에 불리하다. 출문 시는 勞苦(노고)와 辛苦(신고)가 따르나 길성이 회조가 있으면 그렇지 않다.
奴僕	◆ 고립되고 독단적이다. ◆ 교우관계가 원활치 못하고, 인정이 薄(박)하며, 인연관계에 흠결이 있다. ◆ 도화성을 보면 일생 붕우와 주색에 빠지게 된다. ◆ 富貴는 같이 할 수 있으나 환란은 같이 하지 못한다.
官祿	◆ 금속계통, 현금, 금융, 재무, 공공기관 등과 연관된다. ◆ 火星과 鈴星을 보게 되면 성취됨이 적다.
田宅	◆ 財星이 전택궁에 들면 길하다. ◆ 거처의 변동이 잦고, 火星과 동궁하거나 살성이 重하면, 火災(화재)를 초래한다. ◆ 貪狼과 火星이 전택궁에 회조하면 사업이 번창한다. ◆ 상업지역이나 은행가, 창고 근방에 주거하게 된다.
福德	◆ 태도가 경직되고, 고집이 있으며, 부족하고 결격된 부분의 일처리에 과감하고 결단성이 있다. ◆ 강단 있고 과감하나, 風雅(풍아)가 부족하다. ◆ 化科나 文星을 보게 되면 風雅(풍아)가 있다. ◆ 名利가 있고, 자기 주장을 표현함이 당당하다.
父母	◆ 刑剋과 흉액이 많다. ◆ 신선하지 못하고 구태의연하다. ◆ 모친에게 심히 불리하다.

圖38 武曲星 坐命

<table>
<tr>
<td>天相 祿存
天刑 台輔 天巫 三台 天官
天才 破碎 病符 亡神 博士
63~72
遷移 病 癸巳</td>
<td>天梁 擎羊
天使
太歲 將星 力士
73~82
疾厄 死 甲午</td>
<td>廉貞㊣忌 七殺
天貴 天空
晦氣 攀鞍 青龍
財帛 墓 乙未</td>
<td>天馬 孤辰
喪門 歲驛 小耗
83~92
子女 絕 丙申</td>
</tr>
<tr>
<td>巨門 陀羅
解神 年解 截空 寡宿 鳳閣
天傷 弔客 月殺 官符
53~62
奴僕 衰 壬辰</td>
<td colspan="2" rowspan="2">男命
陰曆：1966. 9. 6. 亥時
命局：木3局 平地木
命主：巨門 身主：鈴星

己 辛 戊 丙
亥 亥 戌 午

77 67 57 47 37 27 17 7
丙 乙 甲 癸 壬 辛 庚 己
午 巳 辰 卯 寅 丑 子 亥</td>
<td>天鉞
天姚 八座 紅鸞
貫索 息神 將軍
夫妻 身宮 胎 丁酉</td>
</tr>
<tr>
<td>紫微 貪狼 文曲
恩光 天官 天壽 天德
天德 陷地 伏兵
43~52
官祿 帝旺 辛卯</td>
<td>天同(祿)
地劫 陰煞 龍池
官符 華蓋 奏書
兄弟 養 戊戌</td>
</tr>
<tr>
<td>天機(權) 太陰 右弼 鈴星
天鉞 旬空 紅鸞 蜚廉
白虎 指背 大耗
33~42
田宅 建祿 庚寅</td>
<td>天府
封誥 大耗
龍德 天殺 病符
23~32
福德 冠帶 辛丑</td>
<td>太陽 左輔 火星
地空 天福 天廚 天虛 天哭
歲破 災殺 喜神
13~22
父母 沐浴 庚子</td>
<td>**武曲** 破軍 天魁 文昌(科)
月德
小耗 劫殺 飛廉
3~12
命宮 長生 己亥</td>
</tr>
</table>

〈圖38 武曲星 坐命〉

- 명궁에 破軍과 武曲, 天魁, 文昌이 居하고, 身宮에 天鉞이 居하고, 삼방사정에 祿存과 文曲의 회조가 있으니, 문무겸비하고, 총명교지하고 사람들과의 인연이 좋은 것이다.
- 武曲과 破軍은 모험심과 투기성이 강하고, 개성과 고집이 많으며, 일처리가 신속과단하다. 일의 시작 전에는 심사숙고함이 있으나, 일이 끝난 후에는 뒤돌아보지 않는다. 또한 주도면밀하게 분석한 후 결정은 내린다. 이러한 연유로 인하여 일생에 성공과 실패가 다단한 것이다.
- 명궁에 武曲과 破軍의 동궁은, 험난함을 즐겨하고, 勞碌奔波(노록분파)가 따르고, 종국에는 조업을 破하고 破家하게 되는 경우가 많다.
- 身宮에 도화성인 紅鸞과 天姚가 동궁하니, 풍류주색에 빠지게 되어, 錢財(전재)가 탕진되고 혼인에 破折(파절)이 따르는 것이다.
- 본명궁에 文昌·化科가 居하고 天魁가 있으나, 宮의 좌우에 地空과 地劫이 夾命하니 명궁의 길격을 파손시키는 것이다.
- 재백궁에 廉貞·化忌가 있으며 天空이 동궁하여 흉하고, 노복궁에 巨門과 陀羅와 截空이 居하여, 시비구설과 분규와 저체됨이 태동하며, 또한 노복궁의 宮干 壬의 化忌가 명궁에 居하니, 본명궁의 재물과 연관하여 損耗가 발생하게 되는 것이다.
- 43~52세 辛卯大限은 삼방인 재백궁의 七殺, 명궁의 破軍의 회조가 있으니 殺破狼格(살파랑격)이 형성되어, LED전구 생산관련 사업과 연관하여, 전체적으로는 길함과 흉함이 공존했던 시기인 것이다.
  - ·辛卯大限 명궁에 宮干 辛의 化科가 동궁하고, 다시 본명궁에 化科가 있으니 雙科를 보게 되고, 天魁와 天鉞, 文昌과 文曲, 紅鸞과 天喜, 天姚와 咸池, 三德貴人과 天貴, 靑龍, 三台, 八座 등의 길성의 會照가 있으며, 본명반의 복덕궁의 좌우에 太陰과 太陽이 있어 日月이 夾宮하니 매우 길한 것이다.
  - ·財源(재원)이 크게 發하게 되며. 교제관계가 넓어지며, 사람들과의 의기투합됨이 있어, 음주가무를 즐기게 되니, 錢財(전재)의 퇴출이 막심했던 것이다.
  - ·此 大限 중에 과잉투자와 문서 및 계약 관계와 연관되어, 爭訟(쟁송)이 多發하게 되어, 종국에는 사업을 접어야 했던 것이다.

(5) 천동(天同)

<table>
<tr><th colspan="2">天同(천동)</th></tr>
<tr><th>宮位</th><th>解義</th></tr>
<tr><td>子午</td><td>
<table>
<tr><td> 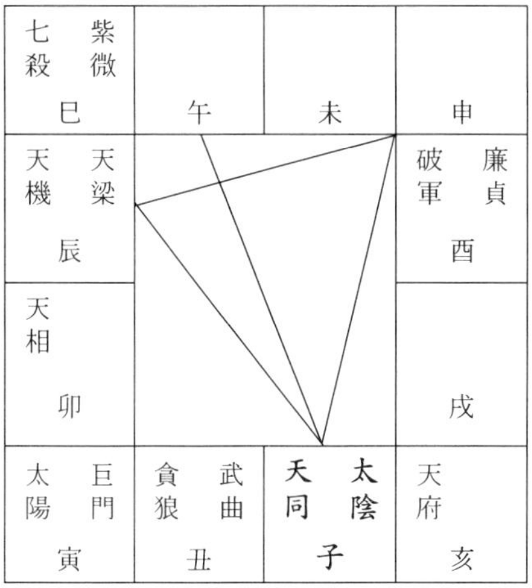七殺 紫微
巳</td><td>午</td><td>未</td><td>申</td></tr>
<tr><td>天機 天梁
辰</td><td colspan="2" rowspan="2"></td><td>破軍 廉貞
酉</td></tr>
<tr><td>天相
卯</td><td>戌</td></tr>
<tr><td>太陽 巨門
寅</td><td>貪狼 武曲
丑</td><td>天同 太陰
子</td><td>天府
亥</td></tr>
</table>

◆ 天同은 陽水에 속하며, 化氣는 "福(복)"이다.
◆ 天同은 福星(복성), 解厄消災(해액소재), 兒孩(아해) 등과 연관 되며, 東洋五術(동양오술), 美食(미식), 遊興(유흥), 봉급생활직, 料食業(요식업) 등과 관련이 많다.
◆ 天同이 子午 二宮에 居하면, 旺廟地이며, 자연 太陰과 동궁하게 되고, 子宮에 居함이 午宮에 居함보다 더 길하다.
◆ 天同은 "福星(복성)"이고 太陰은 "富星(부싱)"으로 天同, 太陰이 子宮에 동궁이면 부귀지격인데 보좌성을 보게 되면 淸貴(청귀)하게 된다.
◆ 온유하고 화순함이 天同의 성질이고, 文雅(문아)하고 애정이 있고 감정이 풍부함이 太陰의 성질이나 다만 유약한 성질이 함께 있다.
◆ 天同, 太陰이 子宮에 居하면 旺廟地인 것이고, 午宮에 居하면 廟陷地인 것이다.
◆ 관록궁에 天機와 天梁의 회조가 있으면 "機月同梁格(기월동량격)"이라 한다. 이런 명조는 기획력과 협조능력이 강하고, 분석 능력도 강하여 최고의 보좌인이 되는 것이며, 요직에 앉아 일을 하게 된다. 煞星을 보지 않으면 종국에는 성공함이 있는 것이다.
◆ 男命은 풍류를 즐기고, 異姓(이성)에게 관심이 많으며, 동요하기 쉽고 외부에서 영예를 얻기를 좋아한다.
◆ 복록이 크고, 일생동안 부유함이 있고, 사업이 형통하고, 앞날의 운세가 길하고, 자수성가하게 된다. 만약 살성의 회조가 있으면 감정상의 분규를 조심해야 한다.
◆ 女命은 미모이고 온유현숙하며, 남을 대함이 온화하며, 직업적으로는 아름답게 꾸미는 미용이나 요리업 등에 길하고, 피로한 줄을 모르고 즐거움을 찾는다. 예술가적 기질과 감각이 민감하고 세밀하며, 생활상의 정취와 향수에 젖음을 주의해야 하며, 일생 외국을 드나들며 여유로운 생활을 하게 된다.
</td></tr>
</table>

<table>
<tr>
<td>子午</td>
<td>

- 추구함이 많으나 감정상 기복이 많으니 晩婚(만혼)이 좋다. 만약 살성을 보게 되면 감정문제로 인해 파절하게 된다.
- 太陰이 子宮에 居하면, "水澄桂萼格(수징계악격)"이라 하며, 부귀가 아름답고 淸顯(청현)하며, 棟梁之材(동량지재)라 논하며 재능이 출중한 것이다.
- 밤에 태어난 사람이 天同이나 太陰 혹은 化祿을 보게 되면, 成格이 된 것이며 "日月滄海格(일월창해격)"이라고도 칭한다. 此格의 사람은 풍채가 있고, 얼굴이 둥글며, 유학에 능하고, 총명 교지하고, 과묵하고, 심성이 호탕하고, 밝고 명랑하며, 심사에 사심이 없고, 심기가 곧고 바르니 인연이 매우 길하며, 내적으로 상황에 따라 처세의 재능이 있다.
- 정감에 끌림과 자유방임을 멀리해야 하며, 한편으론 구속받지 않으려는 생활과 사람들과 사귀는 것을 좋아하고, 주식투자를 많이 하는 성격이니, 외교관계, 오락영업, 여관업, 감찰직과 民意 등을 맡는 淸高的(청고적) 직무에 적합하다.
- 天同과 太陰이 午宮에 동궁이면, 水가 火를 만나 상호 相爭(상쟁)하는 것이니, 표류와 노록한 생활이 몸에서 떠나지 않고, 허약다병하고 技藝(기예)에 의지하여 살게 된다.
- 天同이 명궁에 居한 命은, 일반적으로 희고 비만체질이고, 소년 시에 풍만함이 있으나, 午宮에 居하는 고로 동궁한 太陰의 영향을 받아 누렇고 마른 체형이 된다.
- 子宮의 天同과 太陰이 擎羊을 보면 신체에 傷함이 다발한다.
- 天同과 太陰이 午宮에 居하고 다시 擎羊이 동궁이면, "馬頭帶劍格(마두대검격)"이라 하여, 將帥(장수)가 말을 타고 전쟁터를 누비는 格이니 위맹이 변방까지 이른다 했다. 이는 자미두수학에서 大格(대격)으로 논하며, 어려움 속에 성취함이 있음을 의미한다. 나라를 위해 힘쓰고, 兵符(병부) 대권을 장악하고, 大將軍(대장군)으로 전쟁터에서 큰 공훈을 세우는 것이다.
- 天同이 化祿을 얻거나, 太陰이 化祿을 얻으면, 成格에 드는 것이고, 漂流之命(표류지명)으로 外地에서 발전하고 武職(무직)으로 현달한다.
- 개성이 剛强(강강)하고 刑傷을 당하기 쉽고, 사업면에서는 난관을 겪은 후에야 발전함이 있다. 만약에 살성을 많이 만나고 길성의 부조가 없으면 善終(선종)하지 못한다.
- 此 命은 일생에 흉함이 많으며 女命은 감정과 연관하여 곤란함이 많다.

</td>
</tr>
<tr>
<td>丑未</td>
<td>

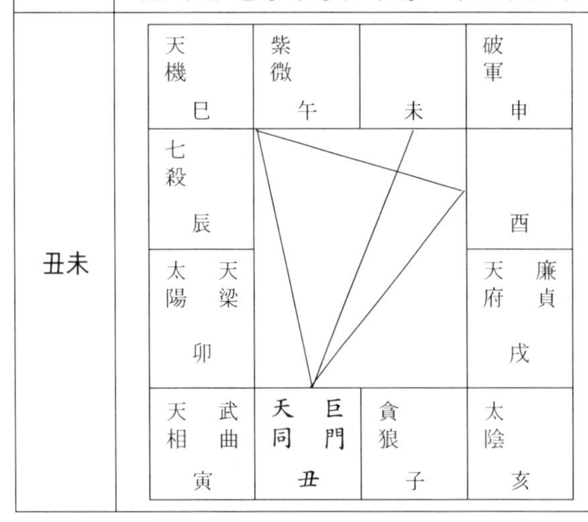

</td>
</tr>
</table>

丑未	◆ 天同이 丑未 二宮에 居하면, 平陷地이며, 필히 巨門과 동궁하게 된다. ◆ 天同은 본시 福星이나 暗星인 巨門과 동궁일 경우에는 복록이 발휘되지 못하는 것이다. 또한 暗星인 巨門과 동궁하는 것이니, 결국 엄중한 결점이 발생하는 것으로, 필히 化祿의 길성을 보아야 吉利가 있는 것이다. 또한 내심으로는 속마음을 숨기려 함이 있음을 면치 못한다. ◆ 天同은 본시 정서적인 면이 重한 성요인데, 다시 巨門의 暗曜的(암요적) 영향을 받으면 숨기려는 것이 쉽게 형성되어 외부인과의 사귐이 부족하다. ◆ 性情(성정)은 온화하고, 유순함이 있고 총명하며, 언사가 바르고, 이상이 높으며, 기억력도 좋으나, 인생의 辛苦(신고)를 면하지는 못한다. ◆ 사람을 대함에 원만하나, 집안의 권속들과 不和하기 쉽다. 刑剋 됨과 시비구설이 많으며, 化祿과 化權이 있더라도 길함이 장구하지 못하다. 이에 다시 살성을 보게 되면 소년 시에 곤란함이 많고 이성문제로 인해 감정상의 困擾(곤요)와 실패수가 높다. ◆ 소년 시에 辛苦(신고)가 있고, 중년 이후는 비교적 편안하나, 성공함이 쉽게 오지 않고, 일생에 발전성이 有限(유한)하며, 두각을 나타내려 하나 오히려 시비구설만 야기하게 된다. 그러므로 감회어린 재주를 만나기 어렵다. ◆ 언어의 표현과 기교에 흠결이 있어, 사람을 끌어 모아야 하는 경우에 오히려 사람을 흩어지게 하는 오류가 발생하기도 한다. ◆ 체격은 아담하고 탄력성이 있고, 天同의 영향으로 본시 복록이 있으나, 巨門과 동궁하니 시비구설이 따르는 것이다. ◆ 男命은 남의 속임을 받기 쉽고, 타인과의 갈등을 풀기가 쉽지 않으며. 女命은 치장을 좋아하고 미적관념이 높으며, 이성간에 대한 갈증이 많고, 이성문제로 인해 곤란함에 처하게 되고, 化祿의 길함이 없으면 이런 문제들이 결국 자신에게 닥쳐오게 된다. ◆ 외부환경의 유혹을 받기 쉬워, 인생에 있어 바람직한 방향으로 머무르기 어려우며, 종국에는 辛苦(신고)를 초래하게 된다. ◆ 此 命은 외교에 길하고, 봉급생활자가 많으며, 일부의 명조자들에게는 성공의 가능성도 있다. ◆ 명궁이 未宮에 있으며 主星이 없고, 천이궁에 天同, 巨門 二星이 坐하고, 太陽, 太陰이 삼합방에서 회조하고, 左輔, 右弼이 丑宮 혹은 未宮에서 보이고, 다시 文昌, 文曲, 天魁, 天鉞 등을 보게 되면, 이를 "明珠出海格(명주출해격)"이라 한다. 此 命은 才華(재화)가 있으며, 인생에 갈고 닦음이 있은 연후에 성취됨이 있는 것이다. ◆ 고서에 三合明珠(삼합명주)가 生旺地에 居하면 穩步蟾宮(온보섬궁=상상속의 달에 있다는 궁전을 걷는다는 의미. 과거급제의 동경의 세계의 표현)이라 했다. 明字는 日月의 合으로, 太陽이 卯宮에 있으며 재백궁이고, 太陰은 亥宮에 있으며 관록궁이면, 이 는 日月이 분별되어 해면위에 浮上(부상)함에 욱일의 기세이니, 태양은 왕하게 밝고 달은 고결하게 비추며, 대지에 광명을 대동하게 되는 것이다. ◆ 此 命은 심지가 밝고 사랑하는 마음이 충만하고, 홍성함이 광범하며, 떠오르는 기세가 왕성하여, 재주와 학덕이 출중하고, 소년 시에 사회적으로 명성을 얻고, 사람들의 눈길을 끌고 명성이 혁혁하다. 다시 文昌, 文曲이 회조하면 임기응변적 재주와 예술방면의 재능이 있어, 才華(재화)가 풍부하고, 經商(경상)과 연관하여 최고의 지위를 장악하게 되게 된다.

<table>
<tr><td>丑未</td><td>
◆ 만약 擎羊, 陀羅 등의 煞星과 化忌의 沖破가 있으면, 허명에 불과하며 실속이 없다.
◆ 女命이 此格을 얻으면, 淸秀(청수)하고 才德(재덕)이 충만하고, 다시 文昌, 文曲의 회조가 있으면 文才가 뛰어나다. 단 감정문제 혹은 혼인문제가 아름답지 못하고 복잡하다.
◆ 고서에 楊妃(양귀비)의 호색은 삼합방에 文昌, 文曲이 있기 때문이라 했다. 이는 사랑에 쉽게 빠지고, 도취되고, 미련이 남게 됨을 의미한다. 따라서 결혼 후에는 직업을 갖거나 혹은 자기 사업을 함이 좋은데, 그렇지 않으면 가정에 풍파가 따르게 된다.
</td></tr>
<tr><td>寅申</td><td>
<table>
<tr><td> 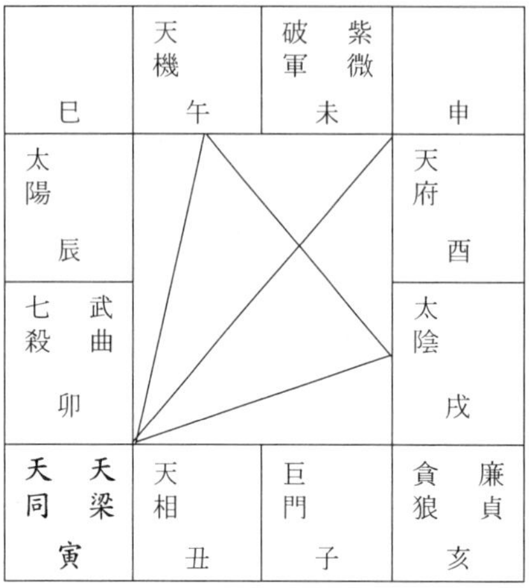巳</td><td>天機
午</td><td>破軍 紫微
未</td><td>申</td></tr>
<tr><td>太陽
辰</td><td colspan="2" rowspan="2"></td><td>天府
酉</td></tr>
<tr><td>七殺 武曲
卯</td><td>太陰
戌</td></tr>
<tr><td>天同 天梁
寅</td><td>天相
丑</td><td>巨門
子</td><td>貪狼 廉貞
亥</td></tr>
</table>
◆ 天同이 寅申 二宮에 居하면, 弱廟地이며, 필히 天梁과 동궁하게 된다.
◆ 天同은 福星이고 天梁은 蔭星(음성)이니, 고서에 天同과 天梁이 모이면 흉액을 겁내하지 않는다 했다.
◆ 天同은 福을 부르고 天梁은 흉을 만나도 길하게 변화시키므로, 곤란함을 만나도 능히 해소시키는 역량이 있으므로, 蔭星과 福星이 모이면 많은 곤란함을 해결하나, 여전히 해결되지 않는 여러 난제가 존재하기도 하다. 먼저는 곤란함이 있고, 나중에는 해결됨이 있는 것이다.
◆ 吉星이 없고 煞星만 있는 경우에는, 역시 흉함을 면하지 못하나, 험난한 앞길에 다소 숨통이 트이기도 하는 것이다.
◆ 天同, 天梁이 寅申宮에 居하면, 寅宮이 申宮보다 더 吉利가 있고, 申宮은 天梁이 弱地인 것이라, 곤란함을 해소하는 역량이 부족하여, 번뇌와 우려가 더욱 증가하는 것이다. 다시 살성을 보게 되면 노심초사가 많으면 곤란함이 중첩된다.
◆ 天同은 兒星(아성)이고 天梁은 長輩星(장배성)이라, 이는 성인의 노련함과 완성감이 있는 것이며, 또한 소아의 천진난만한 기운과 사랑스러움과 온화함이 있는 것이다.
◆ 선량하고, 화합을 따르고, 思想이 청고하고, 내적으로는 자세하고 정밀하나, 외적으로는 서투르고 정교하지 못한 면이 있다, 따라서 내적으로 수양을 통해 자신을 닦아나가려 함이 重하며, 외적으로 화려함을 추구하지 않는 성향이 있다.
◆ 성격이 온화하고, 개성이 명쾌하고, 두뇌가 총명하나, 재주를 남에게 전수하지 않는 편이고, 친구 사귀기를 잘하고, 성격이 좋으며, 외교성이 드러나고 대인관계가 원만하나, 과도한 應酬(응수)로 인하여 시비구설을 야기하기도 한다.
</td></tr>
</table>

寅申	◆ 종교적으로 편호하고, 일생동안 흉함이 있더라고 길하게 化하게 되며, 외국이나 타향 등 먼 곳과의 왕래 및 이동이 허다하다. ◆ 처음에는 종교적으로 경건하고 신앙심이 돈독한 것 같으나, 종국에는 虛僞(허위)가 있는 경우가 많다. ◆ 祿存과 化祿의 회조가 있으면, 위인이 총명교지하고, 여러 사업을 하고, 일생 여러 일에 손대게 된다. ◆ 祿存과 化祿의 회조가 없으면 사업의 변동이 많다. ◆ 左輔, 右弼, 天魁, 天梁 등을 만나게 되면, 정부기관에 종사하게 되고, 대규모 사업체의 참모 역할로 발전이 있고, 창업을 하거나 유한공사 등의 지분을 많이 갖게 되며 이로움이 많다. ◆ 申宮에 天同, 天梁이 居하면 표류인생이다. 길성의 회조가 많으면 외국과의 왕래가 잦으며, 먼 곳이나 객지에서 주로 생활하게 된다. ◆ 天馬, 咸池, 天姚, 紅鸞, 天喜 등의 성요의 회조가 있으면, 표류방탕하고 호색하여 재물을 탕진한다. ◆ 女命인 경우에는 天同과 天梁의 蔭과 福이 있는 명조이나, 복이 있는데도 그 복을 알지 못하니, 더 많은 것을 추구하려다 보니 오히려 번뇌가 많아지는 것이다. ◆ 女命의 天同, 天梁은 의지가 박약한 경우가 있으니, 고서에 天同과 天梁이 동궁이면 남의 첩이되기 쉽다 했다. 또한 擎羊, 陀羅, 天馬 등을 보게 되면 의지가 굳세지 못하여 외부세계의 유혹에 쉽게 빠지게 되어 타락의 길로 빠지게 되는 경우가 많다. ◆ 此 格은 필히 天機, 太陰과 삼합방을 이루게 되는데, 이는 자연 財와 官이 도래하는 것이라, 역시 "機月同梁格(기월동량격)"이 되는 것이다. ◆ 天同, 天梁, 天機, 太陰의 회조가 있으면, 총명하고 평생에 이득이 있는 경우가 많다. 이는 天同과 天梁의 영향으로 어떤 일이건 성취감이 있는 것을 의미하는 것이다. ◆ 총명하고, 才華(재화)가 출중하고, 특수직에 근무하거나 협조능력이 뛰어나고, 大人과 座長(좌장)의 풍모가 있으며, 蔭星과 福星의 영향으로 창업자의 길을 가게 된다. 다시 文昌, 文曲 등의 회조가 있으면, 예술방면, 공연, 광고, 전파업, 문화사업, 공직 등에 길함이 있는데, 다만 이는 天同이 化祿이나 化權을 본 연후에 비로써 成格이 되는 것이다. ◆ 삼합방의 "機月同梁格(기월동량격)"은 평생 편안하고 공직에서 榮華(영화)를 얻을 수 있다. 또한 상업이나 軍警(군경), 공직, 교직 등에 종사해도, 재능이 출중하니 항시 요직을 맡을 수 있는 것이다.

卯酉

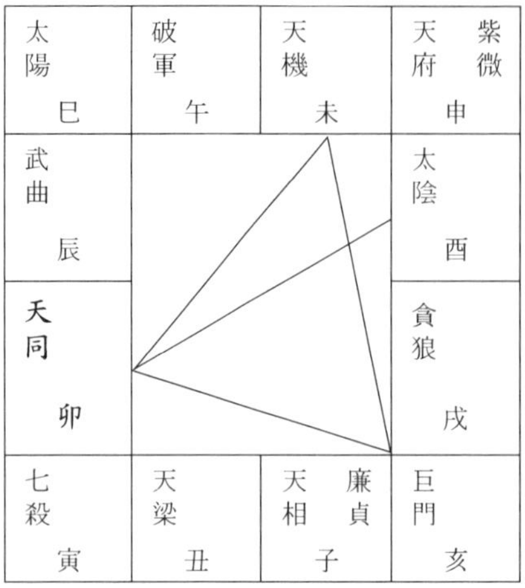

太陽 巳	破軍 午	天機 未	天府 紫微 申
武曲 辰			太陰 酉
天同 卯			貪狼 戌
七殺 寅	天梁 丑	天相 廉貞 子	巨門 亥

- 天同이 卯酉 二宮에 居하면, 平廟地이며, 독좌라 한다.
- 卯酉宮은 平廟地에 해당하며 역량이 비교적 약하다 판단하나. 이는 명반의 평생국에 대한 설명이고, 行運이 길하면 암암리에 발전됨이 있는 것이다.
- 天同이 卯酉 二宮에 居하면, 대궁에는 太陰이 있게 되는데, 또한 필히 祿存이나 天祿의 회조가 있게 되면 成格이 되는 것이다. 이리되면 일생에 안락하고 영화로움을 얻을 수 있는 것이다.
- 또한 左輔, 右弼, 天魁, 天鉞, 文昌, 文曲의 회조를 기뻐하고 문예방면에 심취하고 평온한 삶을 희구한다. 문화예술과 관련하여 대중 전파사업이나 文教界(문교계)의 복무에 마땅하고, 卯宮이 酉宮보다 吉利가 많다.
- 天同이 廟旺宮에 居하며 旺하면 복록이 있으나 반대로 女命에겐 불리하다.
  이는 卯酉 二宮의 天同은 역량이 강하지 못하므로, 역할에 있어 결점과 감쇠요인이 있으며, 행동면에서는 비교적 보수적이며 근신적인 성질이 있다.
  그러나 대궁의 太陰의 회조가 있는 경우에는, 단장수려하고 완숙함을 더하게 되어 여명에게 길하게 되는 것이다.
- 天同이 卯酉 二宮에 있는 경우는 왕강하지 못하므로, 동궁한 성요가 견강한 경우에는 표면적으로는 剛强(강강)함을 내세우나 내적으로는 유약함을 면치 못한다.
- 天同이 酉宮에 居하는 경우는, 愛心이 있고, 떠나간 사람을 다시 찾는 경향이 있으며, 대개 상대방을 도우려는 마음이 많다.
- 天同은 福星이니 살성의 흉한 기운을 和解(화해)시키는 능력이 있다.
- 天同이 명궁에 居하면 길함과 長壽함이 많다. 만약 살성이 동궁하거나 회조하더라도 손상이 적으며, 살성의 강한 성질로 인해 오히려 활력 있는 命이 된다.
- 天同은 안정성을 추구함이 비교적 크므로, 생활 속의 인정과 한가함을 추구하는 성향이 있어 女命에게 길한 것이다.
- 평온한 일상 중 몽상과 이상을 추구함이 있으니, 정신생활에만 치중됨을 주의해야 하고, 감정의 기복을 주의해야 하며, 과도하게 한가한 생활을 주의함과, 享福(향복)만을 추구함을 주의해야 한다. 따라서 말은 있으나 실천이 적은 경향이 있는 경우가 많은 것이다.

<table>
<tr><td>卯酉</td><td>
◆ 사람이 겸손하고, 일을 함에 화평하고, 개성이 온화하고, 청수한 상이며, 마음이 자애롭고 밝으며, 문예에 정통하고, 심지가 곧고 높으며, 능히 학문으로 성공할 수 있으며, 여러 구상과 기획에 재능이 있으나, 그 능력이 널리 드러나지 못함이 있고, 또한 실현하여 성공하는 사람도 적은 것이다.
◆ 총명하고 영리하며, 선량하고 다정하며, 인연이 특히 좋고, 붕우 관계도 길하다
◆ 감정이 풍부하여 외부로 부터 감동을 받음도 많은데, 반면에 情으로 인해 피곤함도 많이 겪는다.
◆ 성품이 곧고 활발하고, 평화를 추구하고, 기분에 따라 좌우되는 낭만적 성향이 짙으며, 환경과 사물에 따라 도취되고 몰입되는 성향이 많다.
◆ 두뇌와 영감이 활발하고, 지력이 높고, 사상면에서 총민하며, 計巧(계교)가 적으며, 깊이 생각하는 경향이 있으니 유약한 것이다.
◆ 성품이 온화하고 겸손하여, 외적으로 혐오감을 일으키지 않고, 마음 씀씀이가 후덕하며 심성이 곧다.
◆ 현실에 안주하려는 성향이 있고, 사업면에서는 담백하다.
◆ 노동함을 싫어하고 배척한다.
◆ 먹을 복은 있으나 음식을 적게 먹고 山水를 즐긴다.
◆ 享福(향복)을 추구하며, 의복이 청결하고, 남들에게 돋보이는 생활을 하지 않고, 생활의 품격을 중시하고, 문예를 좋아하며, 서예 및 취미활동과 연관하여 수집함을 즐겨하며, 심정은 상시 은연자중한다.
◆ 男命은 중년에 이르러, 포부가 없어지고 영웅심도 없어져, 享福(향복) 받음을 중시한다. 女命은 자신이 사람들과 얽매임을 심란해하는데, 이는 小地方에 있을 때 더욱 그러하며, 사람을 멀리하고 자신만의 세계에 몰두하는 성향이 있다.
◆ 봉급생활직과 연관하여서는, 교사의 직업이 많으며, 일을 행함에 자선적인 성질이 있다. 만약 살성의 회조가 있으면, 개업이나 창업 등의 바쁜 일정과 연관하여, 복은 있되 그 향수를 누리지는 못하는 것이라, 勞碌(노록)한 命이라 하는 것이다.
◆ 四煞星이 보이면 반대로 분발심이 있으나, 正道가 아닌 곁가지 길로 들어서거나 편향되고, 과격한 思想의 길로 들어서게 된다.
</td></tr>
<tr><td>辰戌</td><td>
<table>
<tr><td>破軍 武曲
巳</td><td>太陽
午</td><td>天府
未</td><td>天機 太陰
申</td></tr>
<tr><td>天同
辰</td><td colspan="2" rowspan="2"></td><td>貪狼 紫微
酉</td></tr>
<tr><td>卯</td><td>巨門
戌</td></tr>
<tr><td>寅</td><td>七殺 廉貞
丑</td><td>天梁
子</td><td>天相
亥</td></tr>
</table>
</td></tr>
</table>

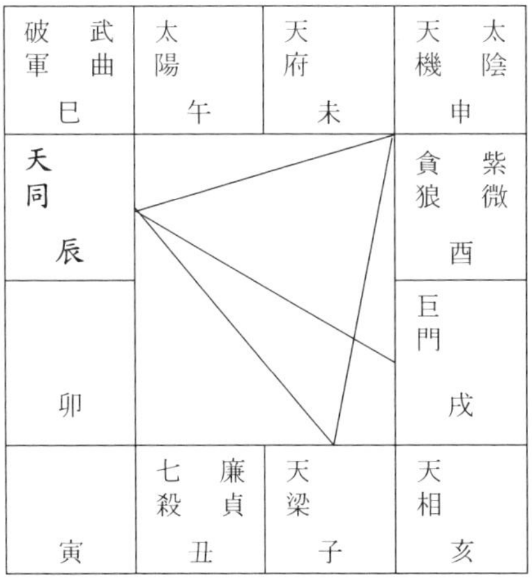

辰戌	◆天同이 辰戌 二宮에 居하면, 平陷地에 해당하며, 獨坐라 한다. 辰宮이 戌宮보다 길함이 있다. ◆대궁에는 巨門이 來照하게 된다. 對宮의 巨門은 비록 落陷된 것이나, 이 巨門의 영향에서 벗어날 수 없는 것이다. 만약 길성의 회조가 없으면 시비구설을 면치 못한다. ◆이 구설시비는 환경적 요인으로 발생하는 것으로, 天同이 辰戌 二宮에 居한 명조는, 교직. 신문 매체, 선출직 의원 등에 종사하게 되면, 오히려 이러한 구설시비가 유리하게 작동됨을 의미하는 것이다. ◆天同, 巨門이 각각 상대적 宮位인 辰戌 二宮에 居하는 경우, 명반상의 해석은 天同과 巨門이 同度(동도)하고 있는 것과 일맥상통하다. 이는 심히 그 결과가 극명하게 나타나는 것으로, 化祿이 보이면 길하고 化忌가 보이면 흉하다. ◆天同은 본시 정서적인 면과 연관된 성요로, 재차 巨門의 暗曜的(암요적) 영향을 받으면 隱伏(은복)됨이 심함을 형성하여 외부 세계와 연관되는 면에서 부족함이 많다. ◆天同은 福星으로 명반의 해석에서 십이궁위의 어느 곳에 居하건, 대개 복록이 있는 것으로 논하는데, 이는 실제적으로는 상당히 편파적인 표현으로, 먼저 복록이 도래하기 전에 災厄(재액)과 困苦(곤고)함을 먼저 겪은 후에야 도래하는 것이다. ◆天同은 순수한 정신적인 성요로, 일반적으로 사업 및 行業에 있어, 정서적인 면이 과도하게 반영되는 경우에는, 오기와 분발심이 나타나지 않으나, 어려움과 곤고함을 필히 겪은 후에야 분발심이 일어나는 것이다. ◆天同은 살성의 충격을 기뻐하며, 또한 化忌의 충돌 역시 기뻐한다. 만약 化忌가 辰戌 二宮에 거하여 祿存이나 化祿의 회조가 있게 되면, 분투함을 자극하여 반대로 上格의 命이 되는 것이다. 이는 궁극적인 安泰(안태)는 아니나 富와 貴가 가능한 것이다. ◆天同이 戌宮에 거하면 反背的(반배적)인 格이다. 고서에는 天同이 戌宮에 居하면 반배적이라 丁年生이 보게 되면 반대로 기이하다고 說하고 있다. ◆天同이 戌宮에 있고, 삼방사정에서 天機와 化科 그리고 太陰과 化祿의 회조됨이 있고, 동시에 대궁인 辰宮의 巨門과 化忌 등의 四化와의 회조가 있으면, 天同이 化權의 평온적 정서의 영향으로 巨門의 암요적 문제를 해결하고, 巨門의 化忌的 성질을 버리게 하여, 天同이 분발하도록 하여 成格이 되게 하는 것이다. 겸하여 祿存이 재백궁에 있고 天魁, 天鉞의 夾照가 있으면 양호한 격으로 변화되는 것이다. 마찬가지로 四化星의 회조가 없으면 반배지격이 불성하는 것이다. ◆此 格은 소년 시에, 困苦(곤고)함이 극히 심하며, 자신밖에 믿을 사람이 없으니 자수성가하게 되며, 종국에는 성취됨이 비범한 것이다. ◆此 格은 붕우관계가 좋고, 의기가 있으며, 慷慨之心(강개지심)이 있고, 또한 자애심도 있다. 반면 고집을 피움이 염려되고, 부모가 일찍 喪(상)을 당할 염려가 있는 것이다. ◆天同은 본시 女命에 길한데, 단지 辰戌 二宮에 居하면 男命에게 이로운 것이다. 이는 天同이 辰戌 二宮에 居하면 平陷인 것이며, 또한 天羅地網宮(천라지망궁)이며, 女命의 경우 天同의 수려함이 오히려 減色(감색)되기 때문이다. 따라서 女命의 天同은 필히 賢淑(현숙)함이 있으나 이는 丁年生으로 戌宮에 坐한 경우를 말하는 것이다 ◆사업으로 성공함은 있으나, 天同의 도화적 성질로 인하여 그 성취됨이 감쇠되는 것이다.

<table>
<tr>
<td>辰戌</td>
<td>
◆ 六吉星과의 동궁이나 회조됨을 기뻐하고, 煞星의 충파가 없으며 재백궁이 天梁을 보고, 관록궁이 天機, 太陰을 보면, 이도 역시 "機月同梁格(기월동량격)"이라 하는 것이다. 成格인 경우에는 조상의 蔭福(음복)이 있고, 문학과 문화예술 방면의 재능이 있고, 공직에 입문하여 영화로움이 있는 것이다.
◆ 평온발전하고, 현실에 안주하고, 생활에 안정됨이 있다.
◆ 정부요직의 막료로써 재능을 발휘하기도 한다.
</td>
</tr>
<tr>
<td>巳亥</td>
<td>
<table>
<tr><td> 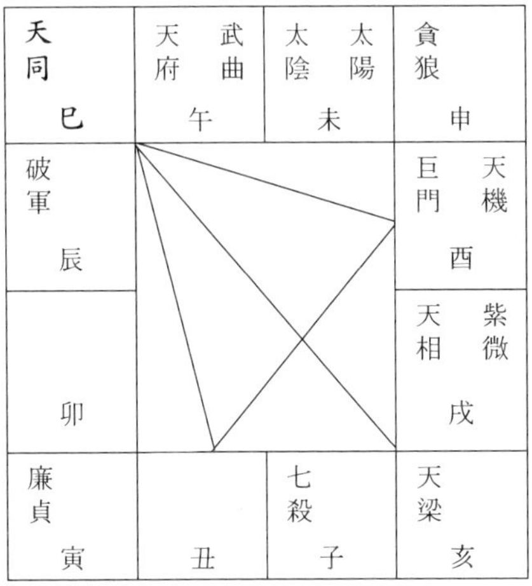天同
巳</td><td>天府 武曲
午</td><td>太陰 太陽
未</td><td>貪狼
申</td></tr>
<tr><td>破軍
辰</td><td></td><td></td><td>巨門 天機
酉</td></tr>
<tr><td>卯</td><td></td><td></td><td>天相 紫微
戌</td></tr>
<tr><td>廉貞
寅</td><td>丑</td><td>七殺
子</td><td>天梁
亥</td></tr>
</table>
◆ 天同이 巳亥 二宮에 거하면, 平旺地인 것이며, 독좌이다. 또한 대궁은 天梁이 來照하며 역시 독좌이다.
◆ 天同이 巳亥 二宮에 居한 명조는, 享福(향복)을 누림을 좋아하고, 기호하는 바를 수집하는 취미가 있고, 생활정취에 식견이 풍부하다. 煞星의 회조가 없는 경우이면, 위인으로 하여금 享福에 탐닉하게 만들고, 일에 있어서는 질질 끌고 지연됨이 있으며, 번거롭고 산만한 현상이 나타난다.
◆ 번뇌와 근심거리를 소산시키지 못하면, 진취심이 결핍되고 크게 성취함이 어렵고 난해한 것이다.
◆ 天同이 亥宮에 居함이 巳宮에 居함보다 길하다.
◆ 天同은 福星이나 왕한 경우이면, 福이 너무 많은 연고로, 남녀 공히 결점도 있는 것이다.
◆ 天同이 巳亥 二宮에 거하면, 가장 좋은 것은 복덕궁에 坐하는 것이고, 명궁에 坐함은 길하지 못하다.
◆ 巳亥宮의 天同은 煞星의 충파를 기뻐하는데, 이는 향복만을 추구하는 天同의 안일한 성질을 감쇠하기 때문이며, 辛苦(신고)를 증가시켜서 반대로 사업면에서 분발토록 하기 때문이다.
◆ 煞星을 보게 되면 주의할 점은, 行運이 좋은 경우라면, 약간의 성취됨이 있게 된다. 이는 福星이 凶殺을 두려워하지 않는다고 논하는 것인데, 이는 煞星 중 불과 한 두개만이 보이는 경우를 말한 것이다.
</td>
</tr>
</table>

巳亥	◆ 天同이 巳亥宮에 居하며 四煞星의 회조가 있으면 殘疾(잔질)과 孤剋(고극)이 따르는 경우가 많다. 만약 四煞星이 명궁에 居하거나 沖破하는 경우에는 특별한 현상이 나타나거나 잔질의 우려가 있는 것이다. ◆ 天同과 天梁이 상호 대궁을 이루면 결함이 발생하는데, 특히 심한 경우는, 天同이 亥宮에 居하며 化忌를 대동한 경우이다. 이런 경우는 刑剋(형극)과 困苦(곤고)가 유발되고, 타인을 수족처럼 부리고, 상대편에게 질병과 災害(재해)를 야기하게 되므로, 최고의 흉격인 것인데, 이는 火星, 鈴星, 擎羊, 陀羅, 地空, 地劫, 天刑 등을 보는 것을 의미하는 것으로, 그렇지 않다면 和解(화해)됨이 있는 것이다. ◆ 女命에 天同이 巳亥 二宮에 居하면, 天同은 복록이 큰 것으로 이로 인해 화합됨을 따르는 성격인데, 단, 煞星의 회조가 없어야 하며, 용모가 수려하고, 사람들을 기쁘게 하고, 異姓 간에 환영을 받으나, 이로 인해 감정면에서 곤란한 경우에 처해지기도 한다. 만약 한 두 개의 煞星의 충파가 있으면 직업이 있는 부녀자가 되고, 혼인 후에는 修身(수신)토록 하며, 너무 화합됨을 따르는 것은 이롭지 못하다. ◆ 天同과 天梁이 巳亥 二宮에 있게 되면, 男命은 방탕하고 女命은 음탕한 경우가 많은데, 이는 煞星의 회조가 있는 경우를 말하는 것이다. 天梁은 蔭星으로 천이궁에 居하게 되면 偏蔭(편음)을 타인에게 주는 격이며, 天梁은 본시 刑法(협법)과 紀律(기율)의 성요로 落陷되어 煞星의 회조가 있게 되면, 天梁의 孤剋的(고극적)인 면이 부각되고, 방탕적인 의미로 전환되어, 이로 인해 표류방탕하고 풍류과객이 되기 쉬운 것이다. ◆ 此 格이 天馬를 보게 되면, 그 효력이 증가하여 숨기려 해도 숨겨지지 않고, 고치려 해도 고쳐지지 않는 것이다. 男命은 방탕하여 안거함을 바라지 않고, 女命은 음탕하여 정조를 지키려 하지 않는다. ◆ 天同이 巳亥 二宮에 居하면 남녀를 불문하고, 감정이 여리고 풍부하여, 남의 유혹에 잘 넘어가고, 주변 환경에 쉽게 동화되는 면이 있는 것이다. 이런 연유로, 감정에 따라 쉽게 움직이고 또한 감성이 풍부하니, 감정상의 困搖(곤요)가 발생하는 것이다. 天馬의 회조가 있으면 초량하고 뜬 구름과 같은 인생이 되는 것이다. ◆ 天同이 巳宮에 居하면 平宮이다. 바뀌고 변화됨을 기뻐하고, 이룩한 성과에 안주하는 것을 不喜한다. 그러나 난관에 처했을 경우에 깊이 반성하려 하지 않으니 종국에는 漂浮(표부)의 인생이 되는 것이다. ◆ 天同이 亥宮에 居하면, 思想과 命運에서 전반적으로 穩定(온정)하지 못하여, 인연도 마찬가지이며, 水가 태왕하면 女命에겐 불리하고 博愛心(박애심)이 크다. ◆ 고서에 女命의 天同이 巳亥宮에 居하면, 길함이 따르게 되며, 용모가 비록 아름다우나 음탕함이 있다 했다. ◆ 天同, 化祿의 조합이 吉하지 못한 경우이면, 진취적인 면이 적으며, 향수에 젖어 살게 되어, 분발토록 하는 六煞星의 沖破를 喜하게 되며, 다시 六吉星을 보게 되면, 직책에 있어 주무자가 되고 다소의 성취됨이 있게 된다.
12宮	天同(천동)

命宮	◆ 많은 사람의 협조를 얻고, 많은 사람과 인연이 많다. ◆ 의지력이 박약한 면이 있다. ◆ 사람을 지배하려는 성질이 강하다. ◆ 자수성가의 命인데, 擎羊의 회조가 있으면 더욱 강하게 나타난다. 그러나 처음은 실패와 좌절이 따르게 된다. ◆ 大限이나 流年運에서 길흉에 따라 분별됨이 나타나는데, 성공하게 되더라도 후에는 향락에 빠지게 되거나 혹은 답보상태를 유지하게 되는 것이다.
兄弟	◆ 일반적으로 형제가 많은 편이다. ◆ 같은 일을 하는데 있어, 관여하는 사람은 많으나, 오히려 助力을 받음은 크게 미치지 못한다.
夫妻	◆ 배우자의 성격이 어린아이와 같다. ◆ 나이차가 많은 배우자를 만나거나, 혹은 늦게 결혼하는 경우가 많고, 집안에서 행세하지 못한다.
子女	◆ 감정이 풍부하다. ◆ 祿星이 重하면 나약하고 일을 싫어한다. ◆ 天同과 天梁이 鈴星을 보게 되면, 지혜가 낮고 먼저는 딸을 얻게 된다.
財帛	◆ 흥행과 향락사업으로 돈을 벌려고 하거나 추구하는 바가 있다. 만약 절제함이 없다면 損財가 따르며 실패의 대가가 크다. ◆ 자수성가하나 破財의 위험도 있다. 그러나 格이 길하게 구성되면 大財를 획득한다. ◆ 擎羊, 陀羅, 火星, 鈴星, 地空, 地劫, 龍德, 鳳閣 등을 보면 유명 인사의 풍모가 있으나 금전적으로는 궁색하다. ◆ 삼방에서 天巫, 龍德, 祿星, 煞星 등의 회조가 있으면 재산을 상속 받게 된다.
疾厄	◆ 다리, 심장, 방광, 생식기 계통의 질환이 있다.
遷移	◆ 타 지방이나 타국에서 성공을 거두거나, 향락을 얻게 되거나, 자기가 선호하는 것을 찾게 된다. ◆ 祿存과 天馬를 보게 되면, 富는 足하나, 심정이 어지럽고 분란함이 많다.
奴僕	◆ 지위 여하를 막론하고 친구가 많다. ◆ 피차간의 감정이 아름다우며 상호 관계 역시 悠久(유구)하다.
官祿	◆ 음식, 미관, 음악, 흥행사업, 여관, 修飾(수식) 등과 연관된다. ◆ 此 命人은 일을 처리하는 수법이 원만하다. 미화적 성질이 있고, 먼저는 실패하나 나중은 성공하며, 자수성가 하는 것이다.
田宅	◆ 無에서 有를 얻고 자수성가한다. ◆ 집안에 물이 스며들거나 漏水(누수)의 일이 있다. 이는 井塘(정당)이나 海面(해면), 遊樂淀(유락정)과 연관된다. ◆ 女命은 지방의 소도시에서 생활하는 경우가 많다.

福德	◆ 연약하고 겸손하고 온화하다. ◆ 일을 하지 않으려 하고 향락을 좋아한다. ◆ 계획적이고 공상력이 풍부하다. ◆ 일을 추진함이 부족하니, 결실은 적고 말이 허황되다. ◆ 낭만주의적 성질이 많고, 格調(격조)가 있고 우아하며, 감정이 세밀하다. ◆ 자각능력이 부족한데, 이는 여러 사람을 좋아함이 지나친 것이라, 자기 자신을 앎에 부족함이 있는 것이다. ◆ 巨門을 보게 되면 心志가 박약하고 만족함을 알지 못한다. ◆ 女命에서 天同이 太陰과 子宮에 동궁이면, 정서가 부족하고, 일을 싫어하며, 눈에 神氣(신기)와 濃艶(농염)함이 있다. ◆ 煞星을 보게 되면 반항심이 강하다.
父母	◆ 부모가 자녀를 과하게 보호하니 관리감독이 소홀한 것이다.

圖39 天同星 坐命

<table>
<tr>
<td>巨門

天廚 孤辰 天喜 天壽 天空
晦氣 劫殺 大耗

44~53
財帛 長生 己巳</td>
<td>廉貞(祿) 天相 文曲

天刑 天鉞 年解 紅鸞 紅艶
鳳閣 蜚廉 喪門 災殺 病符

34~43
子女 養 庚午</td>
<td>天梁 天鉞

天官
貫索 天殺 喜神

24~33
夫妻 胎 辛未</td>
<td>七殺 文昌

台輔 陰煞 天巫 天貴 截空
龍池 官符 指背 飛廉

14~23
兄弟 絶 壬申</td>
</tr>
<tr>
<td>貪狼 火星

封誥 解神 三台 天使
太歲 華蓋 伏兵

54~63
疾厄 沐浴 戊辰</td>
<td colspan="2" rowspan="2">女命
陰曆：1964. 10. 4. 寅時
命局：金4局 劍鋒金
命主：文曲 身主：文昌

戊庚甲甲
寅申戌辰

80 70 60 50 40 30 20 10
丙丁戊己庚辛壬癸
寅卯辰巳午未申酉</td>
<td>**天同** 地空

天福 月德
小耗 陷地 奏書

4~13
命宮 墓 癸酉</td>
</tr>
<tr>
<td>太陰 擎羊

病符 息神 博士

64~73
遷移 冠帶 丁卯</td>
<td>武曲(科)

天姚 恩光 八座 天虛
歲破 月殺 將軍

父母 死 甲戌</td>
</tr>
<tr>
<td>紫微 天府 祿存

天馬 旬空 天哭 天傷
弔客 歲驛 博士

74~83
奴僕 建祿 丙寅</td>
<td>天機 左輔 右弼 天魁 陀羅

地劫 寡宿 天才 破碎 天德
天德 攀鞍 力士

84~93
官祿 身宮 帝旺 丁丑</td>
<td>破軍(權)

鈴星
白虎 將星 青龍

94~
田宅 衰 丙子</td>
<td>太양(忌)

紅鸞 大耗
青龍 亡神 小耗

福德 乙亥</td>
</tr>
</table>

〈圖39 天同星 坐命〉

◆ 명궁에 福星인 天同과 善星인 天福이 坐하고 있다. 福과 善의 二星이 명궁에 居하니 본시는 복덕인이나, 아쉽게도 삼방사정에서 天空, 地劫의 沖破가 있으니 일생 험난함이 많았던 것이다.

◆ 복덕궁에 太陽·化忌가 居하고, 다시 도화성인 紅鸞이 동궁하니 스스로 지어낸 번뇌와 감정상의 困擾(곤요)가 많은 것이다.

◆ 命宮에 居하는 天同은 속성이 水로, 酉宮은 廟宮인 것이라 旺한 것이며, 天同이 도화궁인 子午卯酉宮에 居하니 도화의 태동이 있는 것이라, 진실된 애정이 없는 이성간의 육욕적 사귐이었던 것이다. 동거관련 혹은 유부남과의 불륜으로 인해 官災口舌(관재구설)이 多發했던 것이다.

◆ 명궁의 天同이 酉宮으로 桃花地에 해당하며, 다시 咸池와 沐浴地에 해당하니 본인은 桃花的 情慾(정욕)이 강한 것이다.

◆ 부처궁에는 天鉞이 居하고 대궁의 天魁가 來照하니, 본시 이성간의 연은 좋은 것이나, 명궁의 삼방에 孤辰, 寡宿의 충파가 있고, 다시 空劫의 충파가 있으니 길변 흉이 되어 감정상의 破折(파절)이 많았고, 배우자와의 연이 薄(박)했던 것이다.

◆ 자녀궁의 宮干 庚의 化忌가 본명궁에 입궁하니 자녀와의 연은 박한 것이고, 삼방에 孤辰, 寡宿의 會照가 있으니, 종교, 신앙, 혹은 동양오술과의 연이 많은 명조이다.

(6) 염정(廉貞)

<table>
<tr><th colspan="2">廉貞(염정)</th></tr>
<tr><th>宮位</th><th>解義</th></tr>
<tr><td>子午</td><td>
<table>
<tr><td> 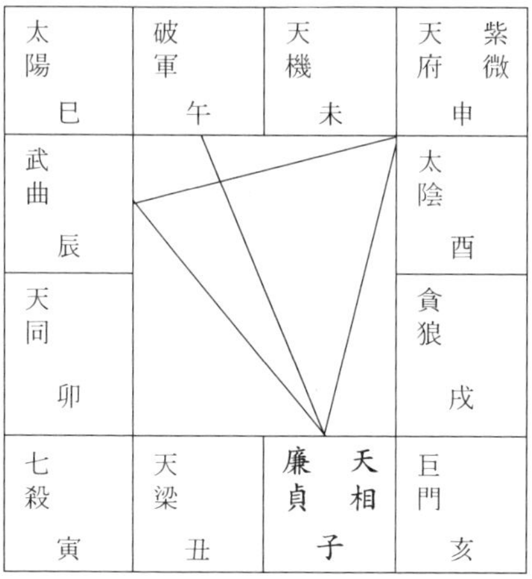太陽 巳</td><td>破軍 午</td><td>天機 未</td><td>天府 紫微 申</td></tr>
<tr><td>武曲 辰</td><td colspan="2" rowspan="2"></td><td>太陰 酉</td></tr>
<tr><td>天同 卯</td><td>貪狼 戌</td></tr>
<tr><td>七殺 寅</td><td>天梁 丑</td><td>廉貞 天相 子</td><td>巨門 亥</td></tr>
</table>

◆廉貞은 陰火이고 化氣는 "囚(수)"이다.
◆廉貞은 官災(관재), 시비구설, 酒色(주색), 유흥업, 범죄. 奸邪(간사), 음악, 歌舞(가무), 技藝(기예), 男蕩女淫(남탕여음) 등과 연관되며, 직업으로는 法曹界(법조계), 軍警職(군경직) 등과 연관됨이 많다.
◆廉貞이 子午 二宮에 居하면, 廟旺地에 居하는 것이며, 필히 天相과 동궁하게 된다.
◆廉貞은 다변화의 성요이고, 天相은 帝座인 紫微 주변에 있으며 印章(인장)을 관장한다.
◆廉貞, 天相이 동궁이면, 상호 보완하여 성취를 이루고, 이 두 성요는 밀착된 배합의 관계를 이루고, 또한 균형적인 발전을 이루는 것이다.
◆기본적으로는 창조와 창업력이 크진 않지만, 삼방에서 회조하는 主星의 특성에 따라 유력하게 작동하여 그 역량을 나타내기도 한다.
예로, 삼방에 사업적 성향인 武曲이 있고, 대궁에는 破軍이 있으며, 재백궁에 紫微나 天府 등이 있으면, 능히 협조와 조력을 얻어 성취함이 있게 되는 것이다.
◆질액궁에 天機가 落陷된 경우에는, 건강상의 문제가 발생할 수 있다.
◆廉貞과 天相의 조합은 子宮에 居함이 午宮에 居함보다 길하고 이롭다.
◆廉貞과 天相은 균일하게 관록을 주관하는데, 子午 二宮에 동궁하면, 외적으로 공적인 임부를 맡게 되거나, 살성의 禍厄的(화액적) 우려가 없으면, 평탄하게 청운의 뜻을 이루며, 사업적으로도 크게 발달하게 된다.
◆化祿, 化權, 化科의 來會가 있고 다시 六吉星을 보게 되면, 맡은 바 직무와 직책에서 그 능력을 발휘한다.
</td></tr>
</table>

- 廉貞은 囚星(수성)으로 예의가 없어, 天相이 동궁함을 매우 기뻐하는데, 이리되면 廉貞의 흉함을 제압하게 되는데, 이는 天相은 水이고 廉貞은 火로 水剋火의 원리인 것이고, 다시 木을 생하게 되는 이치이다. 위인이 지혜가 있고, 威權(위권)이 있으며, 매사 근신하며, 일처리에 책임을 다하니, 財經(재경)이나 기업계에 이로운 것이라, 財富를 득하게 되고 대기만성인 것이다.
- 武職(무직)생활에 이로우며, 문필과는 거리가 멀고, 정치, 학문, 문화 등에는 성취됨이 적다.
- 주도면밀함이 있고, 자아심이 강하고, 복무적정신이 강하고, 허위와 부실 등의 면도 있으며, 외적으론 담대함이 느껴지나, 실상 내심은 담대하지 못한 성격이며, 밖으로 표출함을 좋아한다.
- 子宮에 居하면 일의 판단이 명쾌하고, 고집이 세고, 생기가 넘치며, 남의 호감을 쉽게 얻는다.
- 午宮에 居하면 午宮은 火位라, 법과 인자함을 범하기 쉽고, 아랫사람을 대할 때 思想(사상)이 편벽되고, 正道와는 거리가 먼 경우가 있다.
- 복덕궁에 七殺이 居하면, 不合 됨이 많고, 마음에 번뇌가 많으며, 고독과 우울증 등이 주기적으로 나타나는 경우가 있다.
- 祿存의 회조가 있으면 富함이 있고, 다시 左輔와 右弼의 회조가 있으면 大權(대권)을 장악하기도 한다.
- 文昌과 文曲의 회조가 있으면, "廉貞文武格(염정문무격)이라 하여 이치에 밝고, 禮(예)를 숭상하며, 음악을 좋아하는 반면, 감정의 기복이 많아 刑傷(형상)을 많이 당하고, 단명의 우려가 있는 것이다.
- 廉貞은 민감적 성요라 조급한 면이 있으나, 다시 天相이 동궁하면 전화위복이 되어 총명교지한 것이다. 이러한 조합은 정치에 불리하고 經商(경상)에 이로운 것이다. 단적으로 논하기는 어렵지만, 총명과 才藝(재예)가 있음이 사업적 기초가 될 수 있는 것이다.
- 廉貞과 天相이 동궁시에 文昌, 文曲, 龍池, 鳳閣, 天才 등을 보게 되며 煞星을 안 볼 경우에는, 官에 있어서는 유유자적한 직책으로 淸貴(청귀)하게 된다. 煞星을 보게 되면 才藝(재예)로 명성은 얻으나 안일함에 젖어 살게 된다.
- 廉貞, 天相이 子午宮에 동궁하고, 天馬의 회조가 있더라도, 巨門과 化祿 혹은 化權을 얻거나, 내조가 있거나, 혹은 祿存을 보게 된 연후에야 富貴를 얻게 되는데, 이때에도 煞星과 化忌의 회조가 없어야 한다.
- 만약 火星과 동궁하거나, 天刑의 회조가 있거나, 대궁에 破軍이 있으면, 그 영향으로 自殺하거나, 자신의 착오와 불찰로 인한 번민으로 인해 敗折(패절)하게 된다.
- 壬年生人이 擎羊이 立命하면, 이를 "刑囚來印格(형수래인격)"이라 하여, 시비구설이 많고, 범사 미혹에 잘 빠져들고, 성공적 기회를 놓치게 되고, 해당 관청의 官訟(관송)이 있게 된다. 일생 訟事(송사)가 떠나지 않고 시비가 그치지 않는다.

丑未

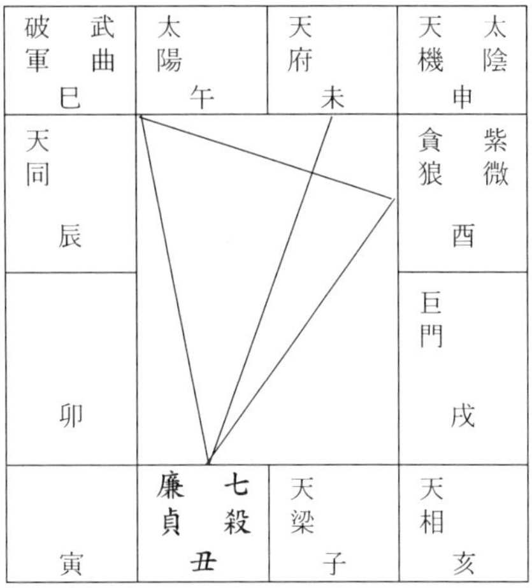

破軍 武曲 巳	太陽 午	天府 未	天機 太陰 申
天同 辰			貪狼 紫微 酉
卯			巨門 戌
寅	**廉貞 七殺 丑**	天梁 子	天相 亥

- 廉貞이 丑未 二宮에 居하면, 弱旺地에 居하는 것이며, 필히 七殺과 동궁하게 된다.
- 七殺은 전쟁터의 장수와 같은 역할로, 기본적으로는 위험과 파동이 내재되어 있는 것이다. 따라서 廉貞은 七殺의 영향으로 辛苦的(신고적) 정황을 띠게 되는 것이다.
- 廉貞은 도화적 성질과, 공직에 적합한 특성이 있어, 공공기관에 근무함이 길하고, 여러 辛苦를 겪은 후에 성취됨이 있는 것이다.
- 七殺은 廉貞의 도화적 성질을 얻은 후에, 정상적인 발전을 이루게 되는데, 廉貞의 도화적 성질과 七殺이 丑未宮에 居하면, 문예 방면을 선호하는데, 이로 인해 정신적인 면과 물질적인 면을 즐기게 되며 여러 기호적인 면이 있게 된다.
- 발전적 역량이 있는 성요의 회조가 있으면, 사람들과 힘을 합쳐 발전됨이 있고, 理財(이재)에 밝음이 있으나, 이는 財經機構(재경기구) 혹은 財務擔當(재무담당)과 연관된 공직에 있음이 좋으며, 종국에는 성취됨이 있는 것으로 독자적인 창업은 불리하다. 辛苦를 겪은 후에 발전함이 있으나, 錢財에 있어서는 불리하다. 만약 살성을 보게 되면 불리함이 더욱 많다.
- 모험심이 강하고, 독단적 행동을 하여 성패가 다단하다. 길성을 보면 길하며 횡발적 好運(호운)이 따른다.
- 흉성을 보면 흉한데, 폭망하는 위험도 있고, 신체에 상해가 있게 된다.
- 외모는 은연자중하고 포부가 크나, 내심으론 소심하며 진취적이지 못한 면이 있다.
- 고집이 세서 의견이 다른 사람을 포용하기 힘들고, 겉으로는 흉한 면이 보이나 내적으론 善한 사람이다.
- 조용함을 좋아하고, 자신을 알아주는 사람을 만나면 말하기를 좋아하며, 독립경영의 기획을 잘 세우나 성과가 흡족하지 못하다.
- 고서에 廉貞과 七殺의 동궁이 흉성을 보는 것을 "浪蕩天涯(낭탕천애)"라 표현했다. 이는 사업에 분주함이 있고, 밖에서는 귀인이 많고, 창업하기를 희하고, 야심이 크며, 큰돈을 벌기를 기대하나 반드시 먼저 勞碌奔波(노록분파)가 따름을 의미하는 것이다.
- 또한 뜻이 크고, 이기기를 좋아하고, 이름이 높아 이득이 있고, 사업체를 여기저기 많이 세우게 된다.

<table>
<tr><td>丑未</td><td>
◆ 한편으론 이상이 높고 이지적이나, 이상이 높은 고로, 인생에 추구하는 바에 있어서는, 오히려 辛苦가 많은 것이다.
◆ 未宮에 居하며 길성의 회조가 있고, 煞星과 化忌, 天空, 地劫, 天刑, 大耗 등의 沖破가 없는 命은, 부귀겸전의 上格으로 “雄宿乾元格(웅숙건원격)”이라 한다. 위인이 매력적이고, 포부가 웅대하고, 이름이 고귀하다.
◆ 廉貞은 陰火이고 七殺은 陰金으로, 상호 相制하며 用하기도 하니, 黃山(황산)의 鑛石(광석)을 단련한 후 사용해야 하는 것이라, 이런 시련이 揚名(양명)의 原流(원류)가 되는 것이다. 따라서 고서에는 이 격을 廉貞과 七殺의 동궁은 흉성의 회조가 없을 시는 반대로 부귀지명이라 했다.
◆ 廉貞과 七殺은 외적으로 발전이 있으나, 廉貞은 囚星으로 모든 것이 더디게 발전하니, 天府와 祿存, 化祿이 천이궁에 居하면 밖에서 돈을 벌어 창고에 넣는 格이니 富를 이루는 것이 당연하다.
◆ 廉貞과 化祿이 있고, 天姚 등의 도화적 성요를 보지 않거나 회조됨이 없으면, “廉貞淸白格(염정청백격)”이라 하여, 女命은 미려단장하고, 웃고 즐겨함이 있어도 청백의 相을 유지하니, 貞節之女(정절지녀)라 한다.
◆ 상기의 格을 이루기 위해서는 필히 化忌를 보지 말아야 하고, 살성의 회조가 없어야만이 “廉貞七殺顯武職(염정칠살현무직)”에 합당한 것이다.
◆ 紫微의 회조가 있고, 化權이나 天祿, 天馬를 보게 되면, 역시 富貴를 얻게 된다. 만약 化忌, 天刑 등의 살성을 보게 되면, 武職(무직)에 있는 者는 戰場(전장)에서 死傷을 당하는 경우가 많고, 경찰직 등에 있는 者는 순직하게 된다.
◆ 未宮이 旺하고 丑宮이 弱한 경우, 丑宮에 길성이 來照하면 富를 누리나, 化祿, 化權, 化科가 없고 煞星이나 化忌를 보게 되면 불리하다. 이는 廉貞, 七殺이 동궁하면 殘疾(잔질)과 辛苦(신고)가 따름을 표현한 것이다.
</td></tr>
<tr><td>寅申</td><td>
<table>
<tr><td> 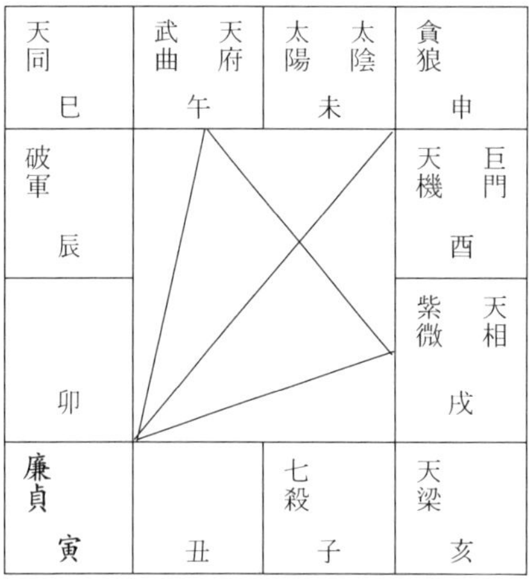天同
巳</td><td>武曲 天府
午</td><td>太陽 太陰
未</td><td>貪狼
申</td></tr>
<tr><td>破軍
辰</td><td></td><td></td><td>天機 巨門
酉</td></tr>
<tr><td>卯</td><td></td><td></td><td>紫微 天相
戌</td></tr>
<tr><td>廉貞
寅</td><td>丑</td><td>七殺
子</td><td>天梁
亥</td></tr>
</table>
◆ 廉貞이 寅申宮에 居하면, 廟陷地에 居하는 것이며 獨坐이다.
◆ 능히 廉貞의 성질을 완벽하게 발휘하게 되며, 申宮이 寅宮보다 길하고 이롭다. 대궁은 貪狼이 독좌이며 그 영향을 받게 된다. 이 명조는 재능이 있고, 언사가 중후하고, 교제가 넓으며, 廉貞은 도화성이니 酒色(주색)과 財物과 艶氣(염기)의 접근이 수월하다.
</td></tr>
</table>

寅申	◆ 廉貞이 寅申宮에 居하면, 성격이 거칠고, 정직하며, 특별히 고집이 세어, 일에 잘못이 있더라도 그 끝장을 보려 하며, 개성이 강한 것이다. ◆ 미관이 넓고, 입이 옆으로 길며, 중등의 신체이고, 일을 추진함에 능히 권위를 얻을 수 있고, 사업면에서 성취가 있고, 일을 추진함에 응당 그 성과가 따르고, 또한 그 환경이 酒色(주색)과 관련하여서는 접근하기 용이한 점이 있다. ◆ 廉貞 火가 金位인 申宮에 居하면 劫財되기 쉽다. 고집이 세며, 극단으로 치닫기 쉽고, 脾氣(비기)가 손상됨이 많으며, 개성이 특별히 강하니, 마음과 臟器(장기)가 손상됨이 있다. ◆ 女命의 기질은 자태와 태도가 공히 아름답고, 이로 인해 도화적 기질이 과도하니, 감정상의 困擾(곤요)로 인해 좌절을 겪게 되는 경우가 많다. ◆ 廉貞이 祿存의 회조가 있고, 天姚나 桃花星系를 안 보게 되면 淸白(청백)이며 上格이다. ◆ 女命이 淸白이면 능히 자기자리를 지킬 수 있으며, 또한 이는 기질이 단정하며, 언사에 和氣가 있으니, 貞節(정절)이 있는 烈女(열녀)인 것이다. ◆ 廉貞이 寅申宮에 居하면, 재백궁은 항시 紫微와 天相을 보게 되고, 관록궁은 항시 武曲과 天府를 보게 되니, 이를 "府相朝垣格(부상조원격)"이라 하며 "紫府朝垣格(자부조원격)"이라고도 한다. ◆ 고서에 "府相朝垣格(부상조원격)"은 食祿千鍾(식록천종)이라 한 것이다. 이리되면 인연이 길하고 食祿(식록)이 있으며 복덕이 많으니 衆人의 위에 있게 된다. 널리 衆人의 신망을 얻고, 대인 관계가 양호하며, 곤란한 경우라고 사람들의 도움이 있고, 흉을 만나도 길로 변하며, 위험에 처해도 안정되게 된다. ◆ 此 格은 文昌, 文曲, 左輔, 右弼, 祿存 등의 회조를 기뻐하는데, 左輔, 右弼을 만나지 못하면, 고집이 세고 자신만의 세계에 묻혀 살거나, 작은 일에 신경을 써서 큰일을 놓치게 된다. 위인이 개성이 강하고, 자아요구가 높고, 자존심이 강한 고로, 항시 자기 자신을 표본으로 삼기를 요하며, 또한 이로써 남들을 평가하니, 동년배들의 질타를 뒤집어쓰게 되는 부속적인 정황이 야기된다. ◆ 살성을 만남을 두려워하는데, 살성의 회조가 있으면 길성이 감쇠하고 富貴의 정도가 떨어지고, 此 格의 명조가 부부궁에 七殺이 坐하면, 혼인이 늦고, 早婚(조혼)이면 파절이 많으며, 혼인에 있어 소심하며 감정적 困擾(곤요)가 따르는 생활을 하게 된다. ◆ 廉貞이 化祿 혹은 祿存과 동궁이며, 살성의 沖破나 회조가 없으면, 經商(경상)으로 이롭고 문예 방면의 사업과 연관됨이 많다. ◆ 廉貞이 申宮에 居하면 七殺이 午宮에 있게 되며, 길성의 회조가 있고 살성과 化忌, 天空과 地劫, 天刑, 大耗 등의 沖破가 없으면, 이는 부귀쌍전의 上格이며 이를 "雄宿乾元格(웅숙건원격)"이라 한다. ◆ 이는 廉貞은 陰火이고 七殺은 陰金이니, 상호 相濟(상제)되어 가치가 유용한 것이다. 이는 黃山(황산)의 철광석을 녹여 器物(기물)로 만드는 것으로 부귀가 上格이 되는 경우와 같은 이치이다. ◆ 따라서 고서에 "雄宿乾元格(웅숙건원격)"은 일생동안 富貴로 명성을 날린다 했다. 此 格이 成格되면, 자태가 웅후하며 매력이 있고, 마음이 깊고 넓으며, 개성이 호방하고 才華(재화)가 넓게 흘러넘치며, 변론에 구애 받음이 없고, 應酬(응수)함에 바르고 빈틈이 없어, 여러 기관의 요직에 앉아 능히 임무를 수행하고 성취함이 있는 것이다.

卯酉

天府 巳	天同 太陰 午	貪狼 武曲 未	巨門 太陽 申
辰			天相 酉
廉貞 破軍 卯			天機 天梁 戌
寅	丑	子	紫微 七殺 亥

- 廉貞이 卯酉宮에 居하면, 廟弱地이며, 破軍과 동궁하게 되고, 酉宮에 居함이 卯宮에 居함보다 吉하다.
- 廉貞은 감정이 重하고 理智的(이지적) 성요인 반면, 破軍은 改變(개변)의 폭이 크고, 감정을 상하게 하는 요소가 크므로, 廉貞과 破軍이 동궁인 경우의 조합은 여러 폐단적 요소가 다출하게 된다.
- 廉貞과 破軍이 卯酉宮에 동궁인 경우에는, 위험적 성질과 연관 되어지는 것이다. 고서에는 廉貞과 破軍이 火星 및 鈴星과 동궁인 경우에는, 승냥이의 마음과 개의 흉폭함이 있다 했으며, 또한 廉貞과 破軍에 四煞이 加해지면 公門의 胥吏(서리)의 직책이라 했다.
- 廉貞과 破軍의 성질은 충돌과 손상 등의 불량적 조합을 형성하는 것이다.
- 廉貞과 破軍이 동궁이면, 강한 충동력과 포부와 뜻이 있으며, 자수성가하며, 제조업과 연관되나, 인생에 있어서 辛苦(신고)를 면하지 못한다.
- 幼年(유년)에는 刑傷(형상)이 따르고, 신체가 약하여 多病하고, 早産兒(조산아)인 경우가 많다.
- 모험정신과 감투정신이 있고, 이상이 높고 실천력이 강하며, 개혁파에 속하고, 충동 전에는 일체 동요함이 없다.
- 사업의욕이 많고, 변동이 있어 불안정하고, 개성이 괴팍하고, 생활권은 비교적 협소하고, 독설적이라 사람들의 불만이 있으나 능력은 뛰어나며, 심사숙고함이 과하나 종국에는 사람들을 놀라게 한다.
- 창조정신이 있고, 뒷일을 두려워하지 않으며, 祖業에 의지하지 않고, 활발하고 모험심이 있으며, 크게 흥하고 크게 망하는 면도 있다.
- 廉貞과 破軍이 卯酉宮에 있어 天刑을 보게 되면, 차량의 전복이나 맹수의 상해를 입는 경우가 있다.
- 고서에 廉貞과, 破軍, 火星이 陷地에 居하면, 물에 투신자살하는 경우도 있다 했는데, 이는 또한 위험의 징조가 내재되고, 祖業을 破하게 되며, 인생에 있어서 고난이 증가함을 의미하는 것이다. 이런 경우에 祿存, 化祿, 文昌, 文曲 등을 보게 되면, 본래 廉貞과 破軍이 지니고 있는 흉한 성질이 많이 개선될 수 있는 것이다.

<table>
<tr>
<td>卯酉</td>
<td>
◆ 廉貞과 破軍의 조합은 배반적인 요소도 있는데, 이는 廉貞이 化忌를 볼 시는 橫發(횡발) 한 후 橫破(횡파)의 경향이 있는 것이다.
◆ 廉貞과 破軍이 卯宮에 居하며, 역시 卯宮에 居하는 文昌과 文曲을 보게 되면, 역시 배반적인 요소가 있다. 이를 고서에서는 文昌이 震宮(卯宮)에 낙궁 시는 吉하며 貴를 더하게 된다고 했다.
◆ 廉貞과 破軍이 卯宮에 居하며 文曲과 동궁시는, “衆水朝東格(중수조동격)”이라 칭하며 白費心力(백비심력)이라 했다.
◆ 此 格의 주된 요소는, 자신과 상대에게 상호 배반적인 요소가 있는 것이니, 명반의 格이 調和(조화)를 이루는 길로 나아가야 하는 것이다.
◆ 卯酉宮에 廉貞과 破軍이 동궁이면, 廟弱地에 居하게 되는 것이며 “囚耗交侵格(수모교침격)”의 흉격이라 논한다.
◆ 또한 廉貞, 破軍이 卯酉宮에 있으며, 火星, 鈴星, 擎羊, 陀羅 등을 보면 관재구설과 질병이 다발한다.
◆ 廉貞, 破軍이 卯宮에 居하면 개성과 고집이 저변에 깔려있다.
◆ 廉貞, 破軍이 酉宮에 거하면 脾氣(비기)가 손상되어 生氣를 저해하니, 고집이 강하며, 극단적으로 가게 되며, 개성이 특히 강하며, 마음의 속내가 뒤틀리고 사납다.
◆ 명궁과 身宮에 居하면 武職(무직)이 좋다. 또한 祿存과 化祿과 동궁이거나 회조가 있으며, 四煞星이나 天空, 地劫이 없으면 부귀쌍전의 命이다.
◆ 吉星의 회조가 많으면, 정부기관이나 공직에서 요직을 맡게 되고, 혹은 대중매체와 연관된 직업에 종사하게 되며, 표현능력이 뛰어나 명성을 얻게 되는데, 이는 破軍의 창조와 영도적 능력에 廉貞의 본질적 능력이 융합되기 때문이다.
◆ 吉星이 加하면 주관적 역할을 하게 되고, 四煞星이 加하게 되면 이상만 있고 결실을 맺기 어려워, 낮은 지위의 공직이나, 전문기술직에 종사하게 된다.
◆ 廉貞과 破軍의 동궁에 火星과 鈴星이 있으면 心機(심기)는 풍부하나 虛事(허사)가 있다.
◆ 火星이 있는 경우라면, 우울하며 외부의 정신적 충격이 있을 시 섞이기가 쉽다.
◆ 女命의 경우는 사무처리 능력에 있어 똑똑함은 떨어지나 조리가 있으며, 사회적으로 발전성은 있으나, 감성의 풍부함으로 인해 인생에 파절을 겪게 되니 결혼을 늦게 함이 좋은 것이다.
</td>
</tr>
<tr>
<td>辰戌</td>
<td>
<table>
<tr><td>太陰
巳</td><td>貪狼
午</td><td>巨門 天同
未</td><td>武曲 天相
申</td></tr>
<tr><td>廉貞 天府
辰</td><td></td><td></td><td>太陽 天梁
酉</td></tr>
<tr><td>卯</td><td></td><td></td><td>七殺
戌</td></tr>
<tr><td>破軍
寅</td><td>丑</td><td>紫微
子</td><td>天機
亥</td></tr>
</table>
</td>
</tr>
</table>

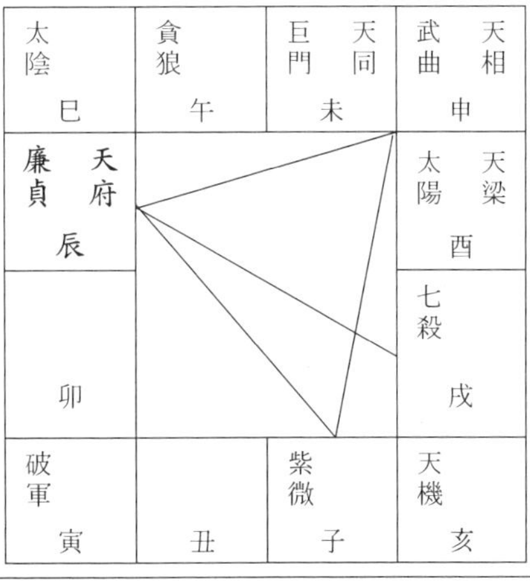

辰戌	◆廉貞이 辰戌 二宮에 居하면, 陷旺地이며, 필히 天府와 동궁하게 되며, 戌宮에 居함이 辰宮에 거함보다 길하고 이롭다. ◆廉貞은 天府와 辰戌宮에 동궁함을 크게 기뻐한다. ◆廉貞은 陰火이고 天府는 陽土라, 상생의 관계이니 한편으론 囚星이 되고 한편으론 祿庫(녹고)가 되는 것이라, 廉貞과 天府가 동궁이면 財庫와 긴밀하게 연결되는 고로, 밖에서는 비록 수전노의 소리를 들으나, 근검절약하여 家計를 일구고 理財에 밝은 소리를 듣게 된다. ◆廉貞과 天府가 文昌, 文曲을 보게 되면, 天府의 보수적 성질이 文昌, 文曲의 우아한 기풍과 어울려, 능히 廉貞의 성질을 우아한 성질로 변모시킨다. 따라서 廉貞이 文昌을 보게 되면 禮樂(예악)을 즐기는 명조인 것이다. ◆廉貞과 天府가 戌宮에 居하면 上格인데, 天府가 戌宮에 居하고 四煞의 회조가 없으면, 甲己年生은 腰金衣紫(요금의자)의 신분이 된다고 했다. 腰金(요금)은 富를 의미하고 衣紫(의자)는 官貴를 의미한다. ◆甲年生人이 廉貞과 化祿이 명궁에 들고, 祿存과 化科가 관록궁에 들면, 財가 帝座를 만나게 된다. ◆己年生人이 祿存, 武曲, 化祿이 재백궁과 관록궁의 二宮에서 來照가 있으면, 富中取貴之格(부중취기지격)이라 하여 부귀양명하게 된다. ◆丁年生人이 天魁와 天鉞이 명궁을 夾照하고, 祿存이 財庫에 들면 역시 부귀가 있다. ◆吉星과 輔星의 扶持(부자)가 있으면 軍政(군정)의 최고책임자, 黨(당)의 영수자, 각 부처의 장관 등을 지내게 되고, 상업으로는 財界의 거두가 된다. 혹, 기술과 예술, 발명 방면으로 특수한 발전이 있게 되어 길이 양명하게 된다. 이는 左輔, 右弼 등의 길성의 扶持(부지)와 天魁나, 天鉞 등의 夾命(협명)이 있을 시에 上格이 된다는 의미이다. ◆廉貞과 天府의 조합이 文昌, 文曲, 左輔, 右弼 등의 來照가 있으면 君王의 은총을 받고, 다시 左輔와 동궁할 시는 極貴(극귀)의 위치에 이른다 했다. 설혹 동궁하지 않더라도 左輔의 회조가 있으면 富貴之格이 된다. 단, 祿存의 회조가 있어야 眞格(진격)이 되는데, 이는 廉貞과 天府가 戌宮에 居할 시는, 紫微는 午宮의 廟地에 거하게 되고, 太陽은 卯宮에 있어 日照雷門格(일조뢰문격)이 되고, 太陰은 亥宮에 居하여 月郎天門格(월랑천문격)이 되기 때문이다. 또한 四煞의 沖破가 없어야 되는데, 그렇지 않으면 平常의 命이 된다. 만약, 火星, 鈴星, 擎羊, 陀羅, 空劫 등의 회조가 있으면 일생에 風波(풍파)가 다발한다. ◆가장 기피하는 것은 擎羊, 陀羅가 명궁을 沖破하는 것인데, 다시 凶殺의 沖破가 가해지면, 善終을 기대하기 어렵고, 혹 길성의 相救(상구)가 있는 경우이면 일생에 성패가 다단하다. 마찬가지로 廉貞, 化忌를 보고, 다시 火星, 鈴星 등의 四煞을 보게 되면 官災와 시비구설이 다발한다. ◆廉貞, 天府가 辰戌宮에 居하면, 자연 對宮에 七殺이 居하게 되는데, 이리되면 廉貞이 天府의 영향을 받아, 은연자중하고, 가정을 돌보게 되고, 행할 바를 알게 되는 것이다. ◆체형은 다소 비만이고, 피부는 거무잡잡하고, 내심은 관대하며, 사교성이 있고, 말주변이 있어 이성과의 연이 많고, 타인을 존중함이 있으니 능히 朋友의 조력을 얻기도 한다. ◆창의성이 풍부하니 성공하기 용이하고, 가정적으로 은연자중하나 사회적으로도 상당한 평판을 얻게 된다.

<table>
<tr><td>辰戌</td><td>
◆破軍이 부처궁이나 역마궁에 居하면 혼인은 뜻대로 풀려나가지 못한다.
◆女命이 도화성계를 만나지 않으면, 반대로 청렴하며 분수를 알게 되나, 감정문제로 인해 좌절을 겪기도 하니 늦게 결혼함이 좋다.
◆만약 廉貞과 化祿이 있을 시는, 소년 시에 재능을 발휘하지 못하고, 30세 이후에 두각을 나타나게 된다. 만약 化忌나 六煞星 중 하나라도 동궁하게 되면, 廉貞의 흉조를 부추기게 되고, 天府가 天羅地網(천라지망)을 沖出하게 되니, 비록 辛苦(신고)를 면하기 어려우나 종국에는 능히 성공하게 된다.
</td></tr>
<tr><td>巳亥</td><td>
<table>
<tr><td> 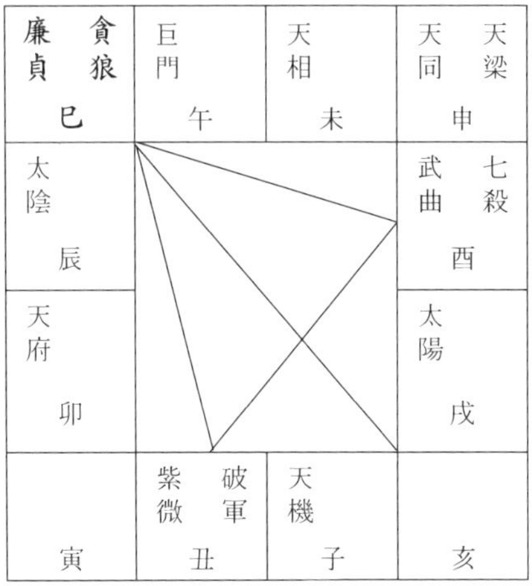廉貞 貪狼
巳</td><td>巨門
午</td><td>天相
未</td><td>天同 天梁
申</td></tr>
<tr><td>太陰
辰</td><td colspan="2" rowspan="2"></td><td>武曲 七殺
酉</td></tr>
<tr><td>天府
卯</td><td>太陽
戌</td></tr>
<tr><td>寅</td><td>紫微 破軍
丑</td><td>天機
子</td><td>亥</td></tr>
</table>
◆廉貞이 巳亥 二宮에 居하면, 공히 平地이며, 貪狼과 동궁하게 되고, 이런 경우의 貪狼은 매우 특수한 宮位에 있게 되는 것이다.
◆廉貞과 貪狼은 도화성계에 속하며, 巳亥宮은 平地에 居하는 것으로, 本身의 역량이 강하지 못하다. 따라서 文昌, 文曲, 紅鸞, 天喜, 天姚, 陷地, 沐浴 등의 도화성계와, 化祿을 보게 됨을 기뻐하지 않는데, 이는 상기의 성요들이 감성을 혼란시키는 성요이기 때문이다.
◆廉貞, 貪狼이 巳亥 二宮에 동궁이면 巳宮이 亥宮보다 길하고 이롭다.
◆만약 本宮에 主星이 없고 천이궁에 廉貞과 貪狼이 居하는 경우이면, 이를 "府相朝垣格(부상조원격)"이라 하여 食祿千鐘(식록천종)의 부귀격이며, 역시 巳宮에 있는 경우가 亥宮에 있는 경우 보다 길하고 이롭다.
◆廉貞, 貪狼이 巳亥 二宮에 동궁하는 경우 아래와 같은 정황이 발생하게 된다.
·祖業(조업)을 破(파)하고 고향을 떠나게 된다.
·男命은 放蕩(방탕)하고 女命은 貪淫(탐음)하며, 酒色(주색)으로 몸을 망치게 된다.
·格이 雜(잡)되고 불순하며, 刑厄(형액)을 당하게 된다.
·陷地에 居하고 四煞을 보게 되면, 도살업이나 刑厄(형액)을 당하게 된다.
◆廉貞, 貪狼이 巳亥宮에 동궁 시는, 대체로 花酒(화주), 賭博(도박), 放蕩(방탕) 등의 성질을 띠게 된다. 이는 貪狼은 물욕의 星이고, 廉貞은 감정적 요소가 重하므로 이의 조합으로 인한 폐단이 돌출하게 되는 것이다.
</td></tr>
</table>

巳亥	◆생활은 화려하고, 술을 좋아하고, 일생 여자문제가 따르고, 모험과 투기를 좋아하는 등의 도화적 성질이 많으며, 좀처럼 이것에서 벗어나지 못하는 경향이 많다. ◆위와 같은 조합의 경우에는 양호한 면도 많은데, 다정다감한 면과 화려한 색채의 의미로는 길한 면도 많아, 꾸밈과 설계 등이 많은 현대사회적 관점에서는 모두 흉하다 판단할 수 없는 것이다. ◆외면은 원활하고 中等의 신체이며, 피부는 황백색이다. ◆男命은 모험과 투기를 좋아하고 女命은 야성미가 풍부하다. ◆廉貞은 언변이 좋아 외교관계에 있어 무난하고, 사람을 대함에 능수능란하며, 마음과 말이 직선적이고, 심기가 감추어져 있고, 話術(화술)에 잔머리를 굴리지 않고, 뒷일을 걱정하지 않는다. ◆간혹 황폭한 면으로 인해 안하무인인 경우도 있으며, 이로 인해 得罪하는 경우도 있다. ◆언변이 좋고, 도화적인 면도 있으나, 主星의 宮位에 煞星이 없고 吉星이 臨하면, 성취됨이 있으나 다만 주색에 빠지기 쉽다. 혹, 化忌와 煞星을 보게 되면 四海를 분주히 왕래하게 되고, 군인이건 상인이건 風霜(풍상)과 辛苦(신고)를 면키 어렵다. ◆또한 廉貞과 貪狼의 조합이, 化忌와 煞星, 天刑, 大耗, 天空, 地劫 등의 회조가 있는데, 길성의 救濟(구제)가 없으면 타향에서 객사하기 쉽다. ◆貪狼이 四馬宮(寅·申·巳·亥)에 들면, 선과 악을 쉽게 넘나들며 심신이 부정하다. ◆貪狼이 巳宮에 居하면, 활동성이 원활하고 일생동안 재액을 만남이 많으나, 깨우침이 있으면 능히 刑厄(형액)을 벗어나 안녕을 기할 수 있다. ◆煞星과 惡星의 회조가 없으면, 위맹이 있어 名振四海(명진사해) 하고, 出將入相(출장입상)의 命으로 百官의 위에 설 수 있다. 그러나 煞星과 惡星의 회조가 있으면 經商界(경상계)에 활약하게 되고, 주거가 불분명하고, 군인이나 정치계통의 길을 가나 여러 풍파가 빈번하다. ◆貪狼이 亥宮에 居하면, 擎羊이나 陀羅, 도화성계를 만나게 되는데 이를 "泛水桃花(범수도화)"라 한다. 이리되면 풍류와 주색으로 인해 家破人亡하게 된다. ◆成格이 되지 못한 경우에는 필히 化祿이나 祿存을 봄을 요하고, 다시 左輔, 右弼, 天魁, 天鉞을 보게 되면, 재능이 있어 역시 성취됨이 기약된다. 만약 文昌, 文曲 등을 보게 되면 虛名(허명)이며 실속이 없다. ◆甲年生이 廉貞과 化祿을 보게 되면, 畵蛇添足之嫌(화사첨족지혐)이라 하여 經商(경상)에 소질이 있으나 역시 敗折(패절)됨이 많고, 囚星의 衝發的(충발적)인 면이 사라지니, 중년 이후에 가서 재능을 발휘하여, 사업적인 면과 가정적인 면에서, 안정을 찾고 안온한 생을 영위하게 된다.

12宮	廉貞(염정)
命宮	◆女命에겐 불리하다. ◆淸白하며 능히 분수를 지킨다. ◆祿星(天祿, 祿存)을 보거나, 化忌를 보게 되면, 뜻을 상실하고 타락하게 된다.

兄弟	◆이익 됨이 있으며 情感(정감)이 있다. ◆형제가 적음이 좋고 많음은 불리하다. ◆煞星을 보게 되면 조력을 얻지 못한다.
夫妻	◆불리하며 刑剋이 있다. ◆배우자에게 煞星, 破軍, 貪狼이 있으면 가출문제가 발생한다. ◆나이 많은 배우자이며 처는 미모이다. ◆도화성을 보면 妻에게 바람끼가 있다. ◆女命에 煞星의 회조가 있으면, 모두 허명이며 남편을 인도하지 못한다.
子女	◆이익 됨이 있으며 정감이 있다. ◆자녀가 적으면 좋고 많으면 이롭지 못하다. ◆三方의 煞星을 보게 되면, 자녀의 원망함이 있으나, 정서적으로 안정됨을 찾으려 하며 화를 내지 않는다.
財帛	◆수단이 좋다. ◆예술로써 득재한다. ◆경쟁 속에서 재물을 모으고, 또한 재물의 입출이 빈번하다. ◆化忌를 보게 되면 감성상의 곤란함이 발생하고, 破財(파재)가 뒤따른다.
疾厄	◆민감하며 太陰을 보면 성품에 손상이 있다 ◆血症(혈증)이 있으며 동궁한 성요의 성질에 좌우된다. ◆虛火(허화)의 상승기가 있고, 울화병이나 便血(변혈), 咯血(각혈) 등으로 心血의 손상이 있다.
遷移	◆고향을 떠나 타 지역에서 연이 많고 길함이 많은데, 혹 陰謀(음모)를 당하거나 血光災(혈광재)를 당하기도 한다. ◆化忌를 보게 되면, 外地에 있는 연고로, 女色으로 인해 재액이 있게 된다. ◆煞星, 化忌, 大耗, 天刑 등을 보며 吉星의 회조가 없으면 타향에서 객사한다.
奴僕	◆이익 됨이 있다. ◆적으면 붕우간 상호 감정이 있고 많으면 불리하다. ◆붕우가 많으면 조력이 적게 되고, 교우의 손실이 쉽다. ◆廉貞이 太陰을 보면 사적인 성질이 강하고 시종 경계심이 있다. 그러므로 사람과 친하지 못하고 외부인에 대해서는 감정이 매우 좋다. ◆가장 좋은 것은, 三方에서 祿星의 회조가 있는 것인데, 이리 되면 친우를 얻고 또한 이로 인해 득재를 하게 된다.
官祿	◆서두르지 말고 기다려야 한다. 점차적으로 운이 풀려나가고 성취됨이 있게 된다. ◆일을 처리해 나가는 솜씨가 중요하며, 藝(예)와 術(술)은 다음이다. ◆武職(무직)에 이롭다.
田宅	◆본시 불량한 성질이나, 예술 방면, 그리고 도살업이나 외과수술, 의원 등의 직업이 많다. 그렇지 않은 즉 불리하며 祖業을 破하게 된다. ◆吉星을 보고 煞星이 없으며, 다시 紅鸞과 天喜를 보면, 필히 화려한 주택에 거주하며, 누각의 매매에 관여하거나, 바쁘고 분주하다.

福德	◆ 정치적 수완이나 두뇌가 있다. ◆ 예의범절에 구속되지 않고, 漂浮放蕩(표부방탕)하며 말이 많다.
父母	◆ 불리하며 刑剋이 있다. ◆ 紅鸞, 天喜, 天姚, 天刑 등을 보면, 측실의 소생이거나, 부친의 外房子息(외방자식)이 있게 된다.

圖40 廉貞星 坐命

<table>
<tr>
<td>廉貞 貪狼 天鉞
恩光 孤辰 天喜 天空
晦氣 劫殺 飛廉
6~15
命宮 絕 乙巳</td>
<td>巨門 鈴星
解神 年解 天福 旬空 鳳閣
蜚廉 喪門 災殺 奏書
父母 墓 丙午</td>
<td>天相 地劫
三台 八座
貫索 天殺 將軍
福德 死 丁未</td>
<td>天同 天梁(祿)
天刑 龍池
官符 指背 小耗
96~
田宅 病 戊申</td>
</tr>
<tr>
<td>太陰
陰煞
太歲 華蓋 喜神
16~25
兄弟 胎 甲辰</td>
<td colspan="2" rowspan="2">女命
陰曆：1952. 12. 5. 申時
命局：火6局 覆燈火
命主：武曲 身主：文昌

甲 庚 癸 壬
申 午 丑 辰
74 64 54 44 34 24 14 4
乙 丙 丁 戊 己 庚 辛 壬
巳 午 未 申 酉 戌 亥 子</td>
<td>武曲(忌) 七殺
天廚 天才 月德
小耗 陷地 青龍
86~95
官祿 身宮 衰 己酉</td>
</tr>
<tr>
<td>天府(科) 左輔 天魁
地空 天貴
病符 息神 丙부
26~35
夫妻 養 癸卯</td>
<td>太陽 火星 陀羅
封誥 天관 天虛 天傷
歲破 月殺 力士
76~85
奴僕 帝旺 庚戌</td>
</tr>
<tr>
<td>文昌
天馬 台輔 天鉞 截空 天哭
弔客 歲驛 大耗
36~45
子女 長生 壬寅</td>
<td>紫微(權) 破軍
寡宿 天壽 破碎 天德
天德 攀鞍 伏兵
46~55
財帛 沐浴 癸丑</td>
<td>天機 文曲 擎羊
天姚 紅艶 天使
白虎 將星 官符
56~65
疾厄 冠帶 壬子</td>
<td>祿存 右弼
天巫 紅鸞 大耗
龍德 亡神 博士
66~75
遷移 建祿 辛亥</td>
</tr>
</table>

〈圖40 廉貞星 坐命〉

◆ 貪狼과 廉貞이 巳宮에 坐命하고 있다. 貪狼은 제1위의 도화성이고 廉貞은 次位이다. 貪狼은 속성이 木이니 巳宮에 居하면 "陷"이 되고, 廉貞은 속성이 火이니 巳宮에 居하면 "平"인 것이다. 桃花의 태동이 있는 것이다.

◆ 상기 女命은 혼인과 연관하여 감정상의 破折(파절)과 困擾(곤요)가 발생할 것임이 암시되는 것이다.

◆ 命宮에 貪狼과 廉貞이 居하고, 身宮에 武曲과 七殺이 居하니. 이성간에 도화적인 연분이 많은 것이고, 또한 개성이 剛强(강강)하며, 혼인감정에 불리함이 많은 것이다.

◆ 도화적 영향으로 인한 혼인에 불리한 조합은 다음과 같다.

· 貪狼과 廉貞이 坐命하는 경우.

· 天鉞이 命宮에 居하는 경우.

· 孤寡(고과)를 나타내는 孤辰이 坐命하는 경우.

· 三方四正에서 조숙함과 연관되는 紅鸞, 天喜의 회조가 있는 경우.

· 身宮에 武曲·化忌와 七殺이 居하는데, 이는 강강한 성격으로 女身男命으로 논하여 剋夫(극부)의 命이고, 다시 도화궁인 酉宮이 陷地인데 此宮에 낙궁한 경우.

· 본명궁에 貪狼과 廉貞, 天鉞, 天喜가 居하게 되면, 異性의 귀인과의 연이 많으며 또한 감정이 풍부하다.

· 천이궁에 祿存, 天馬. 紅鸞, 天巫가 居하는데, 천이궁은 이동성이고, 祿存과 天馬, 天巫는 財祿星이며, 紅鸞은 도화성이다. 종합하면 도화적 성향으로 이성과의 만남을 위한 외출이 잦은데 이는 財力을 겸비한 외출인 것이다.

· 질액궁이 子宮으로 생식계통과 연관되는 宮인데, 天姚가 居하니 정욕이 강한 것이며, 異性들의 초대와 관심이 많다 판단한다. 또한 煞星인 擎羊이 동궁하니 이성간의 사귐과 연관하여 관재구설이 다발함이 염려되는 것이다.

2) 천부성계(天府星系)

(1) 천부(天府)

<table>
<tr><th colspan="2">天府(천부)</th></tr>
<tr><th>宮位</th><th>解義</th></tr>
<tr><td>子午</td><td>
<table>
<tr><td> 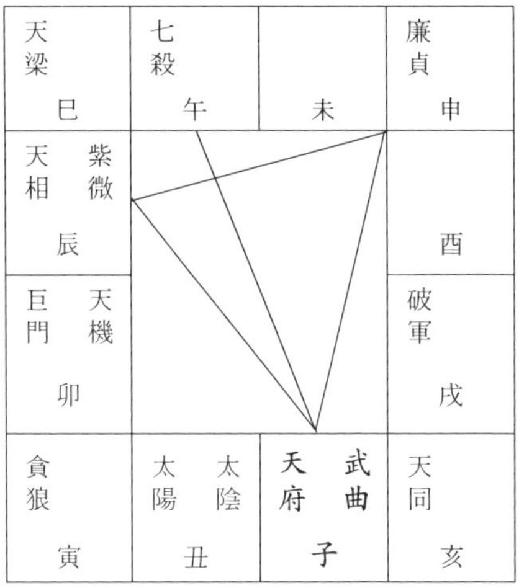天梁
巳</td><td>七殺
午</td><td>未</td><td>廉貞
申</td></tr>
<tr><td>天相 紫微
辰</td><td colspan="2" rowspan="2"></td><td>酉</td></tr>
<tr><td>巨門 天機
卯</td><td>破軍
戌</td></tr>
<tr><td>貪狼
寅</td><td>太陽 太陰
丑</td><td>天府 武曲
子</td><td>天同
亥</td></tr>
</table>

◆武曲星과 동궁이니 前述한 武曲星을 참조한다.
◆天府는 陽土이며 化忌는 “令(령)”이다.
◆天府는 南斗의 主星으로, 消災解厄(소재해액)의 능력이 있고, 재백과 전택을 主하고, 고독한 성질을 띠며, 종교 및 동양오술과 연관된 성요이며, 領導力(영도력), 培養(배양), 供養(공양), 養育(양육), 賢母良妻(현모양처) 등과도 연관된다.
◆天府가 子午 二宮에 居할 경우에는, 弱廟地에 거하는 것이며, 필히 武曲과 동궁하게 된다.
◆此 格은 총명하고 청수하며, 언행에 절도가 있고 사람과의 인연이 좋으며 학습능력이 강하다.
◆박학다식하며, 남을 관리하고 리더하는 지도자적인 역량이 있다.
◆본성은 은연자중하고 보수적 성격이 짙으며 책임감이 강하다.
◆天府는 祿庫之星(녹고지성)으로 재백궁, 전택궁에 居하게 되면 일생동안 의식주에 부족 됨이 없다.
◆天府가 落陷되지 않으면, 天相이 廟陷의 어느 궁에 居하는 가를 보고 길흉을 판단한다. 이는 “逢府看相(봉부간상)”을 말하는 것으로 대체로 의식과 체면을 중히 여긴다.
◆天府는 擎羊, 陀羅, 火星, 鈴星을 忌하며, 또한 地空, 地劫의 沖破를 매우 忌하는데, 이런 경우에는 辛勞(신로), 孤立(고립), 不利父親(불리부친), 자식곤란 등의 凶禍(흉화)가 따르게 된다.
◆祿庫星이 空·劫을 만나게 되면, 經商에 이롭지 못하고, 재물을 모으려 하나 暗耗(암모)가 있어 재물이 모아지지 않는다.
</td></tr>
</table>

<table>
<tr>
<td>子午</td>
<td>

◆天府는 南斗의 帝星으로, 역시 官爵(관작)을 주관하므로 안온한 공직자의 생활에 적합하다.

◆甲年生 : 문화예술에 관심이 많으며 수양이 있고, 언변이 있으며, 일처리에 순리적이고, 財源(재원)은 안정적이고, 명리겸전이다.
乙年生 : 전문기술이 있으며, 기획관련 부서에 종사하는 경우가 많다.
丙年生 : 심사숙고함이 있으며, 심지는 굳지 못하고, 여자에 많이 의지함이 있다.
丁年生 : 명궁이 午宮이면 祿存과 동궁이니 財源이 순탄하다.
己年生 : 財源이 풍부하며 富格을 이룬다.
庚年生 : 사업심이 강하며, 도전정신이 있고, 독단적인 면이 있어, 軍警(군경) 등의 武職(무직)에 이롭다.
辛年生 : 명궁이 午宮이면 天魁와 동궁이고, 재백궁에 天鉞이 居하니 "天乙拱命格(천을공명)"으로 길하며, 貴人들의 조력이 많다.
壬年生 : 일생에 貴人의 조력이 있으나. 凡事에 곤란함이 많고, 고독하며 불리함이 많다.
癸年生 : 명궁이 子宮에 居하면, 祿存과 동궁하며, 일생 財源이 순탄하고, 안정적인 생활을 한다.

</td>
</tr>
<tr>
<td>丑未</td>
<td>

<table>
<tr><td> 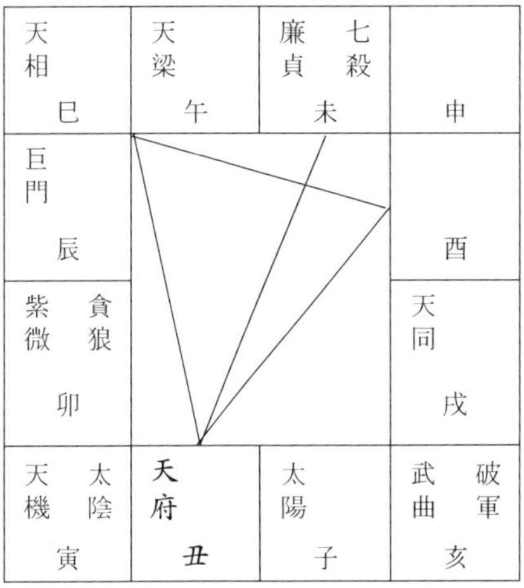天相
巳</td><td>天梁
午</td><td>廉貞 七殺
未</td><td>申</td></tr>
<tr><td>巨門
辰</td><td></td><td></td><td>酉</td></tr>
<tr><td>紫微 貪狼
卯</td><td></td><td></td><td>天同
戌</td></tr>
<tr><td>天機 太陰
寅</td><td>天府
丑</td><td>太陽
子</td><td>武曲 破軍
亥</td></tr>
</table>

◆天府가 丑未 二宮에 居하면, 旺平地에 居하는 것이며, 獨坐이고, 그 對宮에는 廉貞과 七殺이 있게 된다.

◆여러 성요가 入廟되면 아름답지 않은 것이 없으나, 天府가 丑未 二宮에 居하면 부진함을 면치 못한다. 이는 명반에서의 天府는 天相의 廟, 陷에 의지하여 그 길흉이 정해지기 때문이다. 따라서 天相이 平宮에서 회조되면 역량이 부족한 이치이다.

◆부모궁에서 天機, 太陰을 보고, 형제궁에서 太陽이 坐守하며, 다시 吉星의 회조가 있고 살성의 회조가 없으면, 이를 "日月夾命格(일월협명격)"이라 하여, 고서에서는 권세는 없으나 貴를 누린다고 했다.

</td>
</tr>
</table>

丑未	◆ 此 格은 소년 시에는 평온순탄하며, 부모의 덕으로 유복한 가정환경을 겪게 되고, 소년에 뜻을 얻어 점차 발전하고, 사회적으로도 상공업 면에서 성공하거나 혹은 금융계를 주관하는 위치에 오르기도 한다, ◆ 天府는 未宮에 居함이 丑宮에 居함보다 길하다. ◆ 天府가 未宮에 居할 시는, 太陽이 旺宮에 있게 되고, 太陰이 그 마땅한 곳에 거하기 때문이다. ◆ 天府가 丑宮에 居할 시는 太陽과 太陰이 불미하고, 虛名(허명)이 남게 되는 것이며, 종종 天府의 보수적이고 안정적인 면을 파괴하게 되는 고로. 번뇌가 허다하게 발생하게 된다. 此 格은 本宮이 旺해야 하는데 그렇지 않으면 불미한 점이 많은 것이다. ◆ 天府는 獨坐를 不喜하는데, 자신의 능력 밖의 일을 넘겨다보는 마음이 있고, 만약 六吉星의 來照가 없으면, 외적으로 고립됨을 초래하게 되어 독행적이 되며, 行함에 과도한 면이 있어 謹愼(근신)함이 요구되는 것이다. ◆ 복덕궁에 紫微, 貪狼 二星이 居하거나 行運에서 만날 시는, 일시적으로 이상한 생각과 행동을 하게 되고, 시종일관한 행태를 유지하지 못한다. 만약 六煞星의 회조가 있으면, 일에 있어 교활하고 순탄한 일의 완수가 어렵게 된다. ◆ 天府는 主星으로 紫微를 뒤따르는데, 紫微를 보게 되면 "百官朝拱格(백관조공격)"이라 한다. 또한 左輔와 동궁이고 四煞星의 沖破가 없으면 極品(극품)의 위치에 오르게 되며, 따라서 고서에는 左輔 동궁이면 萬乘(만승)의 위치에 오른다고 說했다. 또한 사업상으로도 수하인이 많고, 사람에게 굽히지 아니하고, 주도적 위치에 오른다고 한 것이다. ◆ 또한 文昌과 文曲이 좌우에 있으면, 고귀하게 되며, 사회적, 정치적으로 貴人의 은혜를 받고, 家門(가문)에 영화로움이 따르는 것이다. ◆ 天府는 祿存을 보는 것을 기뻐하는데 이는 祿存이 庫에 해당하기 때문이다. 따라서 祿存을 못 보는 경우에는 空庫(공고)가 되는 것이다. ◆ 天府가 祿存과 文昌, 文曲을 보게 되면, 經商으로 성공하여 수만금의 재산가가 되는 경우가 많다. ◆ 天府가 祿存을 보지 못하는 경우에는 空庫의 정황인데, 다시 四煞의 내조가 있는 경우에는, 노력하지 않고 계략으로 財를 구하려는 의도가 있는 것이다. ◆ 天府가 명궁에 들고 火星, 鈴星, 擎羊, 陀羅 등의 살성의 회조가 있으면 不勞所得(불로소득)을 취하려 하고 奸詐(간사)함이 많은 것이다. ◆ 또한 天府가 天空과 地劫과 동궁 시에도 空庫라 하는 것이다. ◆ 天府가 守命하고 化忌나 空亡地에 들면, 그 命은 孤立之命이라 했다. ◆ 또한 天府가 天空과 地劫을 만나면, 고독하며 복록이 적고, 소비되는 돈이 많고, 祿存을 본다 하더라도 經商에는 불리한 것이다. ◆ 天府가 天空, 地劫, 大耗, 化忌 등을 만날 시는, 방탕하고 일을 하지 않고 심정에 고민이 많게 된다. ◆ 左輔, 右弼이 없고 惡煞星의 회조가 있는 命은, 모략과 사기에 뛰어나고, 다시 살성의 충파가 있게 되면, 마음 씀씀이가 부정하고, 부귀와 享福(향복)을 누리지 못하게 된다.

<table>
<tr><td>丑未</td><td>◆ 天府가 丑未宮에 居하면 전문직업 면에서 발전이 있으며 權祿(권록)을 얻게 되는데, 정작 자신은 게으르며 타인을 부려먹기를 좋아한다.
◆ 天府가 丑宮에 있을 시는 사람을 사랑하지 않고 비굴한 면이 있게 된다. 따라서 未宮에 居할 시에 生氣가 있다 판단하는 것이다.</td></tr>
<tr><td>寅申</td><td>
<table>
<tr><td>巨門
巳</td><td>天相 廉貞
午관록</td><td>天梁
未</td><td>七殺
申천이</td></tr>
<tr><td>貪狼
辰</td><td colspan="2" rowspan="2"></td><td>天同
酉</td></tr>
<tr><td>太陰
卯</td><td>武曲
戌재백</td></tr>
<tr><td>天府 紫微
寅명궁</td><td>天機
丑</td><td>破軍
子</td><td>太陽
亥</td></tr>
</table>
◆ 紫微星과 동궁이니 前述한 紫微星을 참조한다.
◆ 天府가 寅申 二宮에 居하면, 平弱地이며, 紫微와 동궁이다. 대궁은 천이궁으로 七殺이 居하고, 三方인 재백궁은 武曲이 居하며, 관록궁은 廉貞과 天相이 居하게 된다.
◆ 天府, 紫微가 寅申宮에 坐命이면 “紫府同臨格(자부동림격)”이라 한다. 위인이 공명정대하고, 총명다재하고, 사람과의 교제가 양호하고, 衣食住에 어려움이 없으며, 귀인의 조력을 얻음이 많고, 부귀쌍전이다.
◆ 천이궁에 七殺이 居하면, 활동력이 증강하고, 가택에 거주함이 많지 않으며, 국내 및 국외의 출입이 잦고 변동성이 크다.
◆ 재백궁에 武曲이 居하면, 武曲은 財星이니 크게 길함이 있다. 반면에 성격이 剛强(강강)하고 과단하여 자연 고독감을 동반하게 된다.
◆ 관록궁에 天相과 廉貞이 居하면, 매사 일을 함에 온건하며, 일처리에 있어 공평무사하다.
◆ 甲年生 : 일을 함에 순리적이며 사업적으로 발달함이 있다. 만약 도화성을 보게 되면 감정상의 困擾(곤요)가 따르며, 풍류를 즐기고, 다시 煞星의 회조가 있으면 도박과 주색에 빠지기 쉽다.
◆ 乙年生 : 貴人의 조력을 얻고, 才華(재화)가 출중하며, 사업상 성취됨이 있다.
◆ 丙年生 : 관록궁에 廉貞과 化忌가 동궁이면 비관적이며, 桃色(도색)에 빠지기 쉽고, 감정상의 困擾(곤요)로 인해 여러 실패수가 따른다.
◆ 己年生 : 蓄財(축재)의 능력이 강한데, 다만 辰戌宮에 居하면 天羅地網(천라지망)에 해당하니 辛苦(신고)가 많다.
◆ 庚年生 : 사업상 신중하고 勞碌奔忙(노록분망)하나, 財運이 왕성하니, 여러 잡음이 많은 중 得財하게 된다.</td></tr>
</table>

<table>
<tr>
<td>寅申</td>
<td>

◆ 壬年生 : 자주독립적이며 사업상의 성취가 있다. 재백궁에 武曲과 化忌가 동궁이면, 錢財(전재)를 取하는 과정에서 시비구설이 발생한다.
◆ 天府는 남두주성이고 紫微는 북두주성으로 모두 帝座의 성요이니, 이 두 성요의 만남은, 강열하고 영향력이 많은 만남이니, 輔佐星인 左輔, 右弼이 없는 경우에는, 비록 財와 權은 성취함이 있다하나 고독과 고립을 면하기 어렵다.
◆ 유의할 점은, 유년운에서 輔佐星이 보이지 않게 되면, 오히려 흉하게 되어 유년 시에 예기치 않은 災禍(재화)가 예상되고, 혹은 부모와의 연이 薄(박)하게 되거나, 다른 방면에서 결함이 있게 된다.
◆ 天府와 紫微의 역량이 태강하므로, 行運에서의 배합됨이 있어 능력을 발휘함에 어려움이 없다면, 申宮에 居함이 寅宮에 居함보다 더욱 길하다. 특히 左輔, 右弼의 내조가 있다면 종신토록 부귀를 누린다.
◆ 天府와 紫微의 吉함은, 전적으로 현신의 보좌를 의미하는 左輔, 右弼의 功에 의지하게 되며, 이 두 성요를 보게 되면 길함이 무궁한 것이다.
◆ 祿存, 文昌, 文曲, 天同을 보게 되면, 理財의 능력이 있고, 능히 富家를 이루게 된다.
◆ 祿存과 天同만이 동궁하면, 오히려 불길하여 孤獨之命(고독지명)이다.
◆ 만약 祿存과 天馬가 동궁이면 이는 부귀가 겸전이다.
◆ 紫微와 天府가 동궁이고 七殺이 없으면 복록이 무궁하다 판단하는데, 그러나 六煞星을 보게 되면 간사하고, 다시 空星을 보게 되면 육친과의 연이 적다.

</td>
</tr>
<tr>
<td>卯酉</td>
<td>

<table>
<tr><td> 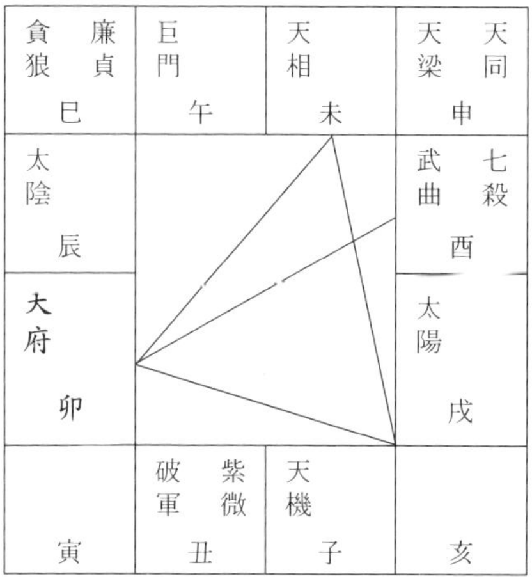貪狼 廉貞
巳</td><td>巨門
午</td><td>天相
未</td><td>天梁 天同
申</td></tr>
<tr><td>太陰
辰</td><td></td><td></td><td>武曲 七殺
酉</td></tr>
<tr><td>天府
卯</td><td></td><td></td><td>太陽
戌</td></tr>
<tr><td>寅</td><td>破軍 紫微
丑</td><td>天機
子</td><td>亥</td></tr>
</table>

◆ 天府가 卯酉 二宮에 居하면, 陷平地에 居하는 것이며, 獨坐라 하고, 대궁에는 武曲과 七殺이 있게 된다.
◆ 天府는 陽土에 속하니 酉宮에 居함이 卯宮보다 吉하고 이롭다. 酉宮의 天府는 天相의 회조를 받으며 平地이고, 卯宮의 天府는 落陷되어 빛을 잃고 旺하지 못한 것이다.
◆ 天府가 卯酉 二宮에 居하면 衣食이 풍족하고, 생장과정과 생활환경이 안정적이며, 영도적인 위치에 있게 되고, 종종 최고의 享福(향복)을 누리게 되나, 이러한 복록은 독립적으로는 이루어지지 않는 것이다.

</td>
</tr>
</table>

卯酉	◆ 비록 天府가 있어 享福(향복)을 누리는 경우라 하더라도, 天府가 본시 안일적 성향이 강하니, 스스로 忙祿(망록)의 환경을 조성하게 되는 면이 있는 것이다. ◆ 天府가 卯酉 二宮에 居하면, 行運과 연관되어서는 창조적 성향은 비교적 낮아진다. ◆ 女命은 직업주부가 많고, 남녀 공히 공직, 교사 등에 종사하는 경우가 많다. ◆ 만약 四煞星이나 天空, 地劫 등을 만나면 오히려 발전성을 이루는데, 이는 天府가 본시 경쟁성을 싫어하나, 흉성을 만나게 되면 충동적 자극으로 인해 진취적인 성향으로 바뀌기 때문이다. ◆ 만약 흉격의 경우에 다시 중첩되어 煞星을 보거나 來照가 있으면 天府의 본성이 파괴되므로 하늘과 타인을 원망하게 된다. 혹, 타인의 성취함이 있으면 이를 비평을 하게 되며 이로 인해 平常心(평상심)을 잃는 경우가 많다. ◆ 天府는 본시 안정과 보수적인 성향의 성요로, 坐命의 경우에는 錢財를 중시하고, 환경적 변화에 순응하고, 충동적 성향이 적으니 女命에 부합된다. ◆ 天府는 陽土에 속하며 令星(영성)이고 祿庫星(녹고성)이며, 타인을 조종하기를 기뻐하나, 다른 사람의 간섭을 받음을 기피한다. 그러나 독립성은 비교적 적다. ◆ 재물면에서는 얻으려는 욕구가 강하고, 자식들을 사랑하는 면이 많으나, 관련된 사안에 대해서는 깊이 講究(강구)함은 배척한다. ◆ 天府는 衣祿之星(의록지성)으로 福을 부르고, 衣食이 足하다. 性情(성정)은 중후하고, 총명기민하며 환경에 잘 적응한다. ◆ 성향은 善하며, 분규를 싫어하고, 영도자적 기질이 있고, 표현면에서는 소심하고, 매사 근신하며, 창의력이 다소 부족하고, 현재를 守成함에 뛰어나다. ◆ 심성은 온화하고 총명하며, 機智(기지)가 있고, 자신의 세계에 安分(안분)하고 仁慈(인자)하며, 節度(절도)가 있는데, 매력적인 면은 비교적 적다. ◆ 선량하고 巧智(교지)하며, 학업능력이 뛰어나고, 권력에 대한 경쟁심이 있으나, 계교로써 이익을 취하는 면은 비교적 적다. ◆ 외유내강이고 자중하며, 현실을 혐오함도 약간은 있으며, 낳은 자식에 대한 애정이 지극함은 다소 흠결이다. ◆ 외면은 厚重(후중)하고, 내심은 약하게 보이려 하지 않고, 적은 것으로 큰 결실을 보려는 사욕이 강하다. 의식이 족하며, 유유자적함을 좋아한다. ◆ 뜻이 고고하고 독립적이며, 창의적이고 명리를 중시한다. ◆ 자부심이 있고 자기과시욕이 있다. ◆ 총명교지하고, 사무의 여러 방면에서 능력을 발휘하고, 才藝(재예)가 있고 思想(사상)이 편중되지 않는다. ◆ 여명은 외모가 화려하며, 귀태가 있고 친절하며, 청수하고 高雅(고아)하며, 중년 이후는 귀부인의 상이다. ◆ 개성이 있으며 활달하고, 才媛(재원)과 素養(소양)이 있다. ◆ 지적이며 정감이 있고, 享福(향복)이 부족하지 않고 재능이 있으니, 안정적이며 발전성이 있고 직업의 변동이 적다. ◆ 남녀 공히 사회적으로는 대체로 사업을 하는 경우가 많고, 자신의 선호도에 따른 편가르기 함을 좋아하지 않는다.

<table>
<tr>
<td>卯酉</td>
<td>◆女命의 경우 卯酉 二宮에 있는 경우는, 丈夫를 보필하거나 본인 이 사업을 함이 좋으니, 그렇지 못한 즉, 丈夫를 도외시하려는 면이 나타날 수 있다. 煞星을 보게 되면 아름답지 못하고 고독에 빠지기 쉽다.</td>
</tr>
<tr>
<td>辰戌</td>
<td>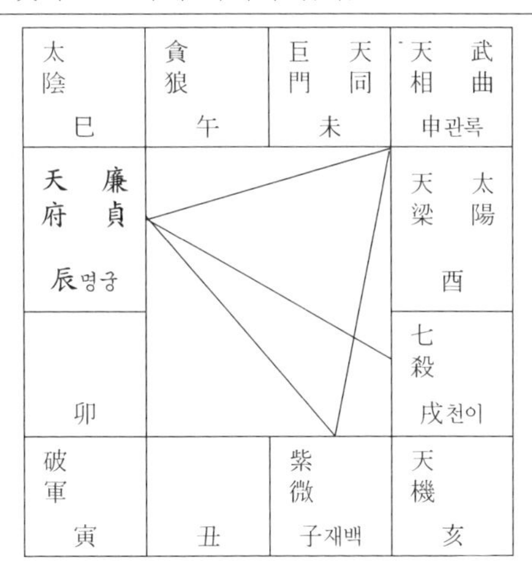

◆廉貞星과 동궁이니 前述한 廉貞星을 참조한다.
◆天府가 辰戌 二宮에 居하면, 平廟地에 居하는 것이며, 필히 廉貞과 동궁하게 된다.
◆戌宮에 居함이 辰宮에 居함 보다 길하고 이롭다. 대궁인 천이궁에는 七殺이 동궁하며, 三方인 재백궁에는 紫微가 동궁하고, 관록궁에는 天相과 武曲이 동궁한다.
◆상기의 조합은 일생에 있어 衣食住에 구애받지 않고, 재물복이 있으며, 활동력이 많고, 가택에 머무는 것보다는 밖으로 활동함을 더 좋아한다.
◆직업과 연관되어서는 생활상의 변화가 많으며, 타향이나 이국에서 더욱 발전됨이 있으며, 사업적으로도 성취됨이 있는 것이다.
◆성품이 온화하고 명랑하며, 후중하고 보수적인 성격이며, 근검절약함이 있다. 領導力(영도력)이 있으며, 大器晩成格(대기만성격)이고 부귀겸전이다.
◆天府는 廉貞과 辰戌宮에 동궁함을 크게 기뻐한다.
◆天府가 廉貞과 동궁이며 文昌, 文曲을 보게 되면, 天府의 보수적 성질이 文昌, 文曲의 우아한 기풍과 어울려, 능히 廉貞의 성질을 우아한 성질로 변모시킨다. 이런 연유로 廉貞이 文昌을 보게 되면 禮樂(예악)을 즐기는 경향이 많다.
◆天府가 廉貞과 戌宮에 居하면 上格인데, 天府가 戌宮에 居하고 四煞의 會照가 없으면, 甲·己年生은 腰金衣紫(요금의자)의 고귀한 신분이 되는 경우가 많은데, 腰金(요금)은 富를 의미하고 衣紫(의자)는 官貴를 의미한다.
◆甲年生 : 才華(재화)가 출중하고, 영도적인 능력이 있으며, 20세 이후 점진적으로 발전하여 성공을 이루니 대기만성격이다.
廉貞과 化祿이 命에 들고, 祿存과 化科가 관록궁에 들면 財가 帝座를 만난 格이니 吉하다.
◆乙年生 : 才華(재화)가 출중하고 귀인의 조력을 받음이 있고, 偏財星이므로 理財(이재)에 밝고, 동양오술과 문예면에서 발전을 이루며, 사업적으로도 성공한다.</td>
</tr>
</table>

辰戌	◆丙年生 : 叛骨(반골)의 기질이 많고, 번민으로 인한 困苦(곤고)함이 적어 감정에 좌우됨이 적으니 開創的(개창적)인 능력이 크다. ◆丁年生 : 天魁와 天鉞이 명궁을 夾照하고, 祿存이 財庫에 들면 역시 부귀가 있다. ◆己年生 : 사업이 순리적이며 財氣가 왕강하다. 己年生人이 祿存, 武曲, 化祿이 재백궁과 관록궁에서 會照가 있으면 富中取貴之格(부중취귀지격)이라 하여 富貴揚名(부귀양명)하게 된다. ◆庚年生 : 사업심이 강하고, 독립적인 성격이라 자수성가하려 하며, 은연자중하여 성취됨이 있다. ◆壬年生 : 辛苦(신고)를 겪은 후에 사업적으로 성공함이 있고, 또한 감정상의 困擾(곤요)로 인해 저해요소가 많다. ◆吉星과 輔星의 扶助(부조)가 있으면 軍政의 최고책임자, 당의 영수자, 각 부처의 장관 등을 지내게 되고, 상업으로는 財界의 巨頭(거두)가 된다. 혹, 기술과 예술, 발명 방면으로는 특수한 발전이 있게 되어 길이 揚名(양명)하게 된다. 이는 左輔, 右弼 등의 吉星의 扶持(부지)와 天魁나, 天鉞 등의 夾命이 있을 시에 上格이 된다는 의미이다. ◆고서에 文昌, 文曲, 左輔, 右弼 등의 來照가 있으면 임금의 은총을 받고, 이에 다시 左輔와 동궁시는 極貴(극귀)의 위치에 이른다 했다. 만약 동궁하지 않더라도 左輔의 회조가 있으면 富貴之格이 된다. 차 조합은 祿存의 회조가 있어야 眞格이 되는데, 이는 廉貞과 天府가 戌宮에 居할 시는, 紫微는 午宮의 廟地에 居하게 되고, 太陽은 卯宮에 있어 日照雷門(일조뢰문)이 되고, 太陰 은 亥宮에 居하여 月郎天門(월랑천문)의 宮位가 되기 때문이다. 또한 四煞의 沖破가 없어야 되는데, 그렇지 않으면 平常의 命이 된다. 만약, 火星, 鈴星, 擎羊, 陀羅, 天空, 地劫 등의 煞星의 회조가 있으면 일생에 풍파가 多發한다. ◆가장 기피하는 것은 擎羊, 陀羅가 명궁을 沖破하는 것인데, 다시 殺星의 沖破가 加하게 되면 善終(선종)을 기대하기 어렵고, 혹 吉星의 회조로 救濟가 있는 경우이면 일생에 성패가 다단하다. 마찬가지로 廉貞이 化忌를 보고, 다시 火星, 鈴星, 四煞을 보게 되면 官災口舌(관재구설)이 다발하게 된다. ◆廉貞, 天府가 辰戌宮에 居하면, 자연 對宮에 七殺이 居하게 되는데, 이리되면 廉貞이 天府의 영향을 받아, 은연자중하고, 가정을 돌보게 되고, 자신의 행할 바를 알게 되는 것이다. ◆廉貞은 陰火이고 天府는 陽土라 火生土의 상생의 관계인데, 한편으론 廉貞은 囚星이 되고 天府는 祿庫가 되는 것이라, 廉貞과 天府가 동궁이면 財庫와 긴밀하게 연결되는 연고로, 밖에서는 수전노의 소리를 들으나, 안으로는 근검절약하여 家計를 일구고 理財(이재)에 밝다는 소리를 듣게 된다. ◆만약 廉貞과 化祿이 있을 시는, 소년 시에는 辛苦(신고)가 따르고 재능을 발휘하지 못하나, 중년 이후에 두각을 나타나게 된다. ◆만약 염정과 천부의 조합이 化忌나 六煞星 중 하나라도 동궁하게 되면, 廉貞의 흉조를 부추기게 되나, 天府가 天羅地網(천라지망)을 沖出하게 되니, 비록 勞碌奔波(노록분파)가 따르기는 하나 종국에는 능히 성공하게 된다.

巳亥

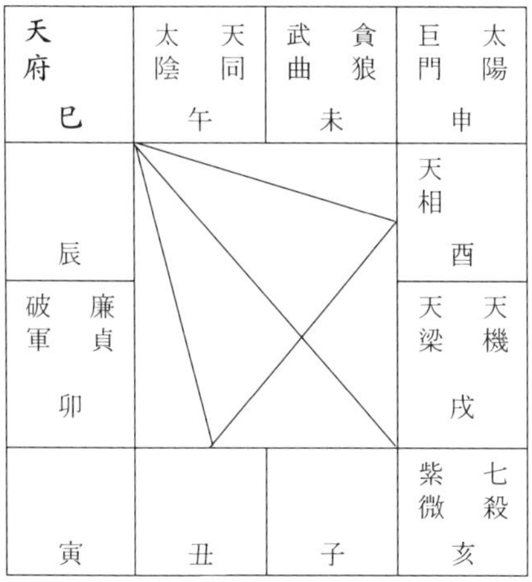

天府 巳	太陰 天同 午	武曲 貪狼 未	巨門 太陽 申
辰			天相 酉
破軍 廉貞 卯			天梁 天機 戌
寅	丑	子	紫微 七殺 亥

- 天府가 巳亥 二宮에 居하면, 旺陷地이며, 獨坐라 하고, 그 대궁에는 紫微와 七殺이 있게 된다.
- 天府는 陰土라 巳亥宮에 居할 시는, 빛이 희미하고 강하지 못하다. 또한 天府는 南斗의 帝座로 명령을 전하는 "印星(인성)"인 天相의 회조가 있어야 하므로, 자연 天府는 天相에 의지하는데 그 廟나 陷에 따라 그 길흉이 결정되는 것이다. 그리고 天府의 享福(향복)은 비교적 적다 판단하며, 辛苦(신고)가 많은 것이다.
- 亥宮에 居함이 巳宮 보다 길하고 이롭다.
- 天府는 남두주성으로 府庫(부고)이며, 영도적 재능이 있고, 자신을 잘 드러내지 않는다. 창조적 능력이 부진함이 결함이나 守成에 능하고, 현재 상황 하에서의 발전을 도모함에 능한데, 이리되면 天府의 우수한 면이 감쇠되는 것이다.
- 天府가 巳亥宮에 居하면 필히 대궁에 七殺이 居하게 되는데, 이런 조합은 天府의 權勢指向的(권세지향적) 성질이 발휘되지 못하는 것이다. 이는 七殺의 來照로 인한 결과이다.
- 天府가 巳亥 二宮에 居하면 天府는 獨坐가 되고, 대궁에 紫微와 七殺이 居하게 되어 威權(위권)과 연관하여 최적의 조합인 것이며, 貴함이 있으며, 타인보다 우월함을 자인하고, 길성의 부조가 있거나 동궁인 경우에는 大富大貴하게 되고, 長壽하기도 하며, 혹 貴人의 薦拔(천발)을 받아, 평범한 신분에서 靑雲(청운)의 뜻을 이루게 된다.
- 天府는 主星으로 紫微와 화합을 이루는데, 紫微를 보게 되면 "百官朝拱格(백관조공격)"이라 한다.
- 天府는 독좌를 기피하는데, 이것은 독좌의 분수를 넘는 행동을 싫어하기 때문이다. 만약 길성의 보필이나 부조가 없고, 火星, 鈴星, 擎羊, 陀羅 등의 악살성의 회조가 있게 되면, 善을 가장하여 모략을 일삼는다. 또한 天空과 地劫을 보게 되면 고독하고 복록이 완전하지 못하다.
- 天姚가 회조하고 동시에 煞星을 보면, 권모술수를 등에 업은 모사꾼일 뿐이며, 만약 天虛, 大耗의 회조가 있으면 계략을 일삼는 소인배이다.
- 만약 文曲을 보고, 文昌을 못 보게 되면, 斯文(사문)의 敗類(패류)이다.

巳亥	• 만약 文昌과 文曲이 동궁이면 마음과 의지가 굳세다. • 天府의 格局의 高低(고저)를 논하려면, 祿存과 化祿의 得과 不得으로 논하는데, 天府가 祿存이나 化祿을 보면 기뻐하는데, 이리되면 富庫(부고)의 이름을 얻는 것이고, 만약 祿存이나 化祿이 못보게 되면 空庫(공고)일 뿐이다. 또한 天空, 地劫과 동궁이어도 空庫이다. • 天府가 祿存과 文昌, 文曲을 보게 되면, 巨富의 命인 경우가 많다. 또한 空庫의 정황이란? 四煞星이 臨하게 되면 産出이 부진하므로 計略을 써서 득재하려 하니, 자연 산출이 많을 수가 없다는 의미이다. • 天府가 命宮에 臨하는데, 化忌를 보거나 空亡地에 落宮이면 "孤立(고립)"이라 표현한다. • 天府가 天空이나 地空, 地劫을 보게 될 경우에는, 錢財(전재)의 지출이 많게 되며, 祿存을 본다 하더라도 經商에는 이롭지 못하다. 이런 경우 환경이 고립된 상황이라 논하는데, 經商은 사람과의 인연을 중시하는 고로, 사람을 기피하고 고립되면 어찌 부자가 될 수 있겠는가? • 天府가 天空, 地劫, 大耗, 化忌 등을 보게 되면, 한가롭고 방탕하니 심정에 이러저러한 고민거리가 머물게 된다. 마찬가지로 凶星의 沖破가 있으면, 사람됨이 심술이 부정하고, 부귀의 享福(향복)이 줄어들고, 다시 四煞이 加하게 되면, 凶함이 重하여 奸詐(간사)하고 巧智(교지)하다. • 현대는 남녀 공히 사업을 하는 경우가 많은데, 女命의 경우 분별심이 적더라도, 天府가 巳亥 二宮에 있으며 吉格인 경우에는, 자신이 사업을 하지 않는 경우라면, 남편으로 하여금 능히 사업을 일으키게 할 수 있어, 가정적으로 和諧(화해)를 이루어 낸다. 제일 좋은 것은 남편으로 하여금 사업을 일으킬 수 있도록 돕는 것이고, 그렇지 않다면 본인이 사업을 꾸려나가는 것도 可하다. • 부부궁에 廉貞, 破軍, 煞星을 보게 되고, 다시 左輔, 右弼 중 하나라도 來會하거나 동궁함이 있으면, 그 남편이 二心이 있게 된다.

12宮	天府(천부)
命宮	• 長壽한다. • 格에 부족함이 있으면, 사회적으로 촉망받는 부서의 중책을 맡기가 역부족이다. • 그렇지 않으면, 과거로는 政丞判書(정승판서)의 신분과 같은 위치이며, 현대로는 정치계의 영도자의 보좌역을 맡게 된다.
兄弟	• 남두성은 生하고 북두성은 死하니 형제의 數가 많다. • 붕우를 좋아하나 자기 타입의 붕우를 좋아하는 편향적인 면이 있다. • 형제 역시 자신의 사적이고 이익만을 탐하는 성질이 있다.
夫妻	• 부부사이는 연령차가 많은 것이 좋다. • 天府가 陷地에 들거나 煞星을 보면 妻(처)보다 妾(첩)을 더 좋아한다. • 丑未宮에 있으면 처가 현숙하다. 다만 부부사이가 가깝지는 않다. • 太陰이나 天馬를 보게 되면 이별이나 사별이 있게 된다.

子女	◆ 貴氣가 있다. ◆ 남두성계가 많으면 득남한다. ◆ 空亡地에 들면 고독하다.
財帛	◆ 저축하는 것과 애호하는 물품을 수집함을 좋아한다. ◆ 재물이 모아지는 것을 보는 것을 좋아한다. ◆ 地空, 地劫, 大耗 등을 보면 破敗(파패)와 파손이 따른다. ◆ 擎羊, 陀羅, 火星, 鈴星, 天刑 등을 보면 재물로 인해 訟事(송사)가 발생한다.
疾厄	◆ 위장질환과 위신경통이 있다. ◆ 火星, 鈴星, 大耗 등을 보면 胃가 차다. ◆ 華蓋, 天才를 보게 되면 反胃(반위)이며, 까닭 없이 속이 울렁거리며 두려운 생각이 든다. 이는 土被木傷(토피목상)이 원인이다.
遷移	◆ 天刑과 七殺이 있게 되면, 幼年時에 擎羊과 陀羅를 보는 것이 불리하다. ◆ 명궁과 七殺을 중시하고 天刑의 회조가 불필요하다. ◆ 煞星이 重하면 客死하게 된다. ◆ 桃花, 文昌, 文曲을 보게 되면, 남에게 속임을 당하거나, 타격받음을 조심해야 한다.
奴僕	◆ 붕우를 사귐에 선택적이고 신중하다. ◆ 다년간 사귀어온 친구가 많고 친구 사귀는 것을 좋아한다.
官祿	◆ 안정적이다. ◆ 天祿과 天馬를 보면, 經商으로 致富(치부)하나, 새롭게 창업함은 불가하다. ◆ 地空, 地劫을 보거나 化祿의 회조가 있으면, 공업계통으로 진출하여 성취함이 있다.
田宅	◆ 안정적이며 낮은 지대이다. ◆ 재무계통과 연관된다. ◆ 능히 부모의 시업을 이어서 꾸려 나간다. ◆ 文昌과 文曲을 보거나 文星이 전택궁에 들면, 家率(가솔) 중에 학문이 높은 사람이 있다. ◆ 紅鸞과 天喜를 보게 되면 화려한 古宅이다.
福德	◆ 근신하고 소심하다. ◆ 자존심을 추구하고 享福(향복)을 누린다. ◆ 자신이 보수적이며 외부환경의 변화에 충격력이 적다. ◆ 세밀한 면이 있다. ◆ 天姚를 보게 되면 풍류와 연관됨이 많고 陰謀(음모)에 능하다. ◆ 명궁에 破軍이 있게 되면 인생에 破折(파절)이 많이 따른다. ◆ 가슴속에 품은 생각은 천박하다. ◆ 地空, 地劫을 보게 되면 조급함이 심하다.
父母	◆ 부모의 과분한 看守(간수)와 보살핌이 있다. ◆ 보수적이다. ◆ 처사에 온중함이 있다. ◆ 윗사람을 대함에 있어서는 냉담하다.

圖41 天府星 坐命

<table>
<tr>
<td>天相 文曲 天鉞

天巫 孤辰 天喜 天才 天空
晦氣 劫殺 飛廉
43~52
官祿 病 乙巳</td>
<td>天梁 ㊗

年解 天福 旬空 鳳閣 天傷
蜚廉 喪門 災殺 喜神
53~62
奴僕 死 丙午</td>
<td>廉貞 七殺

台輔 天壽
貫索 天殺 病符
63~72
遷移 墓 丁未</td>
<td>

解神 龍池 天使
官符 指背 大耗
73~82
疾厄 絕 戊申</td>
</tr>
<tr>
<td>巨門 左輔 ㉆

太歲 華蓋 奏書
33~42
田宅 衰 甲辰</td>
<td colspan="2" rowspan="2">男命
陰曆 : 1952. 1. 8. 丑時
命局 : 木3局 桑柘木
命主 : 巨門 身主 : 文昌

乙 己 辛 辛
丑 卯 丑 卯

79 69 59 49 39 29 19 9
癸 甲 乙 丙 丁 戊 己 庚
巳 午 未 申 酉 戌 亥 子</td>
<td>文昌

天刑 天廚 月德
小耗 陷地 伏兵
83~92
財帛 胎 己酉</td>
</tr>
<tr>
<td>紫微 ㊓ 貪狼 天魁 火星

封誥 恩光 八座
병부 식신 장군
23~32
福德 身宮 帝旺 癸卯</td>
<td>天同 右弼 陀羅

地空 天月 天官 天虛
歲破 月殺 官符
83~92
子女 養 庚戌</td>
</tr>
<tr>
<td>天機 太陰

天馬 陰煞 截空 天哭
弔客 歲驛 小耗
13~22
父母 建祿 壬寅</td>
<td>**天府**

天姚 寡宿 破碎 天德
天德 攀鞍 青龍
3~12
命宮 冠帶 癸丑</td>
<td>太陽 擎羊

地劫 紅艷
白虎 將星 力士

兄弟 沐浴 壬子</td>
<td>武曲 ㊁ 破軍 祿存 鈴星

天貴 三台 紅鸞 大耗
龍德 亡神 博士
93~
夫妻 長生 辛亥</td>
</tr>
</table>

〈圖41 天府星 坐命〉

◆ 명궁에 財庫星인 天府가 居하고, 身宮은 火星과 貪狼이 있어 火貪格을 이루며 紫微가 化權을 대동하니 吉格이다. 철공관련 제조업을 국내와 국외에서 운용하고 있는 것이다.

◆ 부처궁에 祿存이 居하고, 명궁에 天府가 居하며, 삼방사정에 文昌, 文曲, 天鉞의 보좌성이 회조하니, 그 처가 사업상의 능력이 있어 조력을 받음이 많고, 사업의 성취가 기약되며, 일정부분 경영을 책임지고 있는 것이다. 상기 명조인은 내성적이며 자기 주관이 강하고, 그 처는 외향적이며 활동성이 왕성한 것이다.

◆ 혼인관계에서는 부처궁에 化忌와 鈴星의 흉성이 居하고, 대궁에 天空과 孤辰의 沖照가 있으니 원만하지 못한 것이다.

◆ 43~52세는 乙巳大限이며 巳宮이 대한명궁이다.

· 대한 재백궁은 癸丑인데, 天姚와 破碎가 居하니, 여자문제로 인하여 사업상의 침체가 예상되며, 대한관록궁인 己酉宮은 天刑과 咸池가 居하니 桃花적인 문제로 인해 관재구설이 태동하게 되는 것이다.

· 대한명궁의 대칭궁은 亥宮으로, 凶星인 化忌와 鈴星의 沖照가 있어 매우 흉하다. 50세 전후하여 경영실적이 악화되자, 실적이 부진한 곳의 철공관련 제조업체를 정리했던 것이다.

(2) 태음(太陰)

<table>
<tr><th colspan="2">太陰(태음)</th></tr>
<tr><th>宮位</th><th>解義</th></tr>
<tr><td>子午</td><td>
<table>
<tr><td> 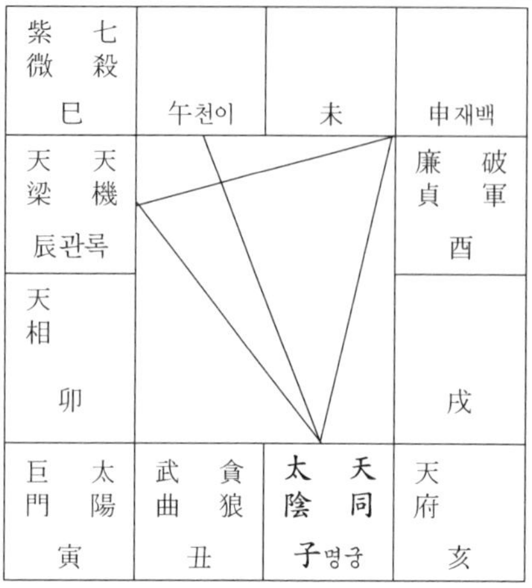紫微 七殺
巳</td><td>午천이</td><td>未</td><td>申재백</td></tr>
<tr><td>天梁 天機
辰관록</td><td colspan="2" rowspan="2"></td><td>廉貞 破軍
酉</td></tr>
<tr><td>天相
卯</td><td>戌</td></tr>
<tr><td>巨門 太陽
寅</td><td>武曲 貪狼
丑</td><td>太陰 天同
子명궁</td><td>天府
亥</td></tr>
</table>

◆ 天同星과 동궁하니 前述한 天同星을 참조한다.
◆ 太陰은 陰水에 속하며 化氣는 “富(부)”이다.
◆ 太陰이 子午宮에 居하면, 廟陷地에 거하는 것이며, 필히 天同과 동궁하게 된다.
◆ 太陰은 전택과 재백을 主하고, 錢財를 중시하며, 動星, 遠行 및 遊覽(유람), 女系星(여계성), 奔波勞祿(분파노록), 家運과 家神, 精神狀況(정신상황) 등과도 연관된다.
◆ 子宮의 太陰과 天同의 동궁은, “水澄桂萼格(수징계악격)”이라 하여, 부귀쌍전이고, 淸顯(청현)하며, 棟梁之材(동량지재)라 했으며, 복록이 많은 貴格에 해당된다.
◆ 삼합방인 재백궁엔 主星이 없고, 관록궁엔 天機와 天梁이 동궁하고, 명궁에 天同과 太陰이 동궁하니, 또한 이를 “機月同梁格(기월동량격)”이라 하며 貴格이다. 이런 명조는 기획력과 협조능력이 뛰어나고, 분석능력도 강하여 최고의 보좌인이 되는 것이며, 요직에 앉아 일을 하게 된다. 煞星을 보지 않으면 종국에는 성공함이 있는 것이다.
◆ 위인이 온화하고 겸손하며, 인자하고 성품이 곧으며, 기획력이 있고, 보좌능력이 출중하다.
◆ 힘써 일하며, 남을 돕기를 좋아하니 사람들로부터 원망을 들음이 적고, 사람과 사물을 대함에 있어서는 평화롭고 원만하다.
◆ 太陰이 午宮에 居하면 역시 天同과 동궁하는데, 丙年生과 戊年生으로, 祿存이 巳宮에 居하고 擎羊이 명궁에 居하면, 이를 “馬頭帶箭格(마두대전격)”이라 하여 武職(무직)으로 발전하는데, 大格으로 논하며 어려움 속에 성취감이 있음을 의미한다.
나라를 위해 힘쓰고, 兵符(병부) 大權을 장악하고, 大將으로 전쟁터에서 큰 공훈을 세워 威鎭邊疆(위진변강)의 길격이다.
◆ 太陰, 天同이 子宮에 居하면 廟旺地인 것이고, 午宮에 居하면 陷廟地인 것이다.
</td></tr>
</table>

子午	◆ 太陰, 天同이 子宮에 동궁이면, 太陰은 富星이고 天同은 福星으로, 廟旺地를 득한 것이니 부귀지격인데, 보좌성을 보게 되면 淸貴(청귀)하게 된다. ◆ 太陰과 天同이 午宮에 동궁이면, 太陰 水가 火를 만나 落陷한 것이니, 표류와 勞碌(노록)한 생활이 몸에서 떠나지 않고, 허약 다병하고, 技藝(기예)에 의지하여 살게 된다. ◆ 온유, 화순함은 天同的 성질이고, 문아하고 감성이 풍부함은 太陰的 성질이니, 才藝(재예)가 풍부함은 吉하나, 다만 유약한 성질이 함께 있음이 일점 흠이다. ◆ 男命은 풍류를 즐기고, 이성에게 관심이 많으며, 외적 요인으로 인해 동요하기 쉽고, 고향을 떠나 출외하여 영예를 얻기를 좋아 한다. ◆ 女命은 미모이고 온유현숙하며, 남을 대함이 온화하며, 아름답게 꾸미는 미용이나 요리업 등에 길하고, 피로한줄 모르고 즐거움을 찾는다. 예술가적 기질과 감각이 민감하고 세밀하며, 생활상의 정취와 향수에 젖음을 주의해야 하며, 일생 외국을 드나들며 여유로운 생활을 하게 된다. 추구함이 많으나, 감정상 기복이 많아 晩婚(만혼)이 좋다. 만약 煞星을 보게 되면 감정문제로 인해 破折(파절)하게 된다. ◆ 밤에 태어난 사람이 天同·化祿이나 太陰·化權을 보게 되면, 合格이 된 것이며 이를 "日月滄海格(일월창해격)"이라 한다. 此 格의 사람은 풍채가 있고, 얼굴이 둥글며 유학에 능하고, 총명교지하고 과묵하며, 심성이 호탕하고 밝고 명랑하며, 심사에 私心이 없고 심기가 곧고 바르니, 인연이 매우 길하며, 내적으로 상황에 따라 처세의 재능이 있다. ◆ 다만 情感(정감)에 치중됨과 자유방임을 멀리해야 하고, 구속받지 않으려는 생활과, 인간관계가 원활하며, 외교관계, 오락영업, 여관업, 감찰직과 評議(평의) 등을 맡는 淸高的(청고적) 직무에 적합하다. ◆ 乙年生 : 금전상의 문제로 번뇌가 많고, 금전의 입출이 많으나 손에 쥐어지는 돈은 적고, 이성간의 접촉이 많다. 丙年生 : 財官이 雙全하고 일생이 순탄하다. 丁年生 : 부귀복록이 온전하며, 午宮에 명궁이 居하고 다시 祿存이 동궁하면 더욱 길함이 있다. 戊年生 : 저체 됨이 많고, 심신이 不寧(불령)한데, 사업적으로는 성취됨이 있다. 己年生 : 교우관계가 광범위하다. 子宮에 명궁이 居하고, 삼합방인 재백궁과 관록궁에 각각 天魁, 天鉞이 있어 회조됨이 있으면, 이를 "天乙拱命格(천을공명격)"이라 하여 문예를 애호하며, 財官이 雙全이다. 庚年生 : 암암리에 女貴人의 조력이 있고, 문화예술방면으로 발전이 있다. 天同이 落陷되어 化忌를 보게 되면, 일하는 것을 싫어하니, 福은 다소 있으나 享受(향수)를 누리지 못한다. 壬年生 : 意外得財(의외득재)가 있으나 정신적으로 困擾(곤요)함이 증가한다. 癸年生 : 암암리에 女貴人의 조력이 있고, 문화예술방면으로 발전이 있다. ◆ 子宮의 天同과 太陰이 擎羊을 보면 신체에 傷함이 있다 했다. ◆ 天同과 太陰이 午宮에 居하고, 다시 擎羊이 동궁이면 말을 타고 전쟁터를 누비는 것에 비유되니 위맹이 변방까지 이른다 했다. 이는 "馬頭帶箭格(마두대전격)이라 하며, 武職(무직)으로 大格이라 논한다.

子午	◆ 太陰과 天同이 化祿을 얻으면 合格에 드는 것이나, 표류지명으로 고향을 떠나 他地나 외국에서 발전하고 武職으로 현달한다. ◆ 개성이 剛强(강강)하고, 刑傷을 당하기 쉽고, 사업면에서는 난관을 겪은 후 발전함이 있다. 만약에 煞星을 많이 만나고 吉星의 부조가 없으면 善終(선종)하지 못한다. ◆ 此 命은 대체로 일생에 흉함이 많으며, 女命은 감정과 연관하여 곤란함이 많다.
丑未	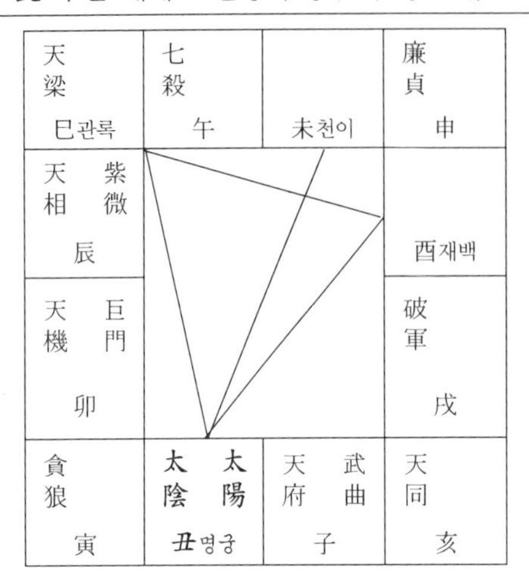 ◆ 太陽星과 동궁하니 前述한 太陽星을 참조한다. ◆ 太陰이 丑未宮에 居하면, 廟陷地에 해당하며, 太陽과 동궁하게 된다. ◆ 丑宮의 太陰과 太陽의 동궁은, "日月同宮格(일월동궁격)"이라 한다. 太陽은 빛을 잃은 상황이고 太陰은 달빛을 내뿜고 있는 상황이다. ◆ 吉星의 회조가 있으면 부귀와 복록이 여의하나, 煞星의 沖破가 있으면 인생에 파절이 많고 부모와 친인척간의 연이 박하다. ◆ 太陽이 丑宮에 居하면, 太陽은 휘광이 없고 太陰은 달빛이 아름다우므로, 太陰이 太陽을 돌아보는 格이라 女命에게 이롭다. 太陽이 未宮에 居하면, 달빛이 無光이고 太陽은 역량이 있어, 太陽이 太陰을 돌아보는 格이니 男命에게 이롭다. ◆ 丑宮은 표면적으로 太陰과 같이 유화적이나 내적으론 太陽과 같이 호쾌한 면이 있다고 논하며, 未宮은 太陽과 같이 성격이 剛强(강강)하고 동적이라 먼저는 動하고 나중에는 靜인데, 그렇다고 丑未宮의 속성이 내적으론 太陰의 성질과 같이 정적이며 외적으로 태양과 같이 성급함이 있다고 논하는 것과는 별개이다. ◆ 丑時는 01시~03시까지이니 태양의 광휘가 없는 것이다. 그러나 새벽이 다가오는 시점이라, 승천의 조짐은 있으나 어둠의 제압을 받는 정황이고, 太陰과 동궁인 경우는, 太陰은 月光을 대표하나 공허하고 희기만한 달빛이므로, 太陽이 요구하는 광휘를 다 줄 수는 없는 것이다. ◆ 太陽이 어둠에 受制당하나, 太陰이 있어 月光을 보조해주므로, 길성의 회조가 있으면 역시 吉함이 있는 것이다. ◆ 丑宮은 未宮에 비해 시비구설이 많다. 또한 일을 지음에 있어 未宮의 끈기, 권세에 대한 욕망, 정력 등이 부족하나, 다만 未宮에 비해 유교적 문화, 부드러움 등의 장점이 있다.

丑未	◆甲年生 : 명궁에 太陽이 居하고 化忌가 동궁하게 되니, 陽性人(양성인)과의 접촉은 불리하다. 따라서 부친과의 연이 薄(박)하다. ◆乙年生 : 명궁에 太陰이 居하고 化忌가 동궁하게 되니, 陰性人(음성인)과의 접촉은 불리하다. 따라서 모친과의 연이 薄(박)하다. ◆丁年生 : 財源(재원)이 순탄하고, 異姓과의 연이 좋고, 女命인 경우에는 온유 미려하나, 감정문제로 인해 破折(파절)이 있게 된다. ◆戊年生 : 女命에게 더 이롭고, 부인이 家權을 장악하고, 남편을 잘 이끌어 가택과 자손이 번창한다. ◆庚年生 : 辛勞(신로)가 적고, 女命은 高雅(고아)하며, 학술적인 면에서 발전이 있다. ◆辛年生 : 권위가 더욱 증강된다. ◆癸年生 : 권위가 출중하고 부귀하며 명성이 높다. ◆太陰이 未宮에 居하면 역시 太陽과 동궁하게 되는데, 太陽은 강열한 빛을 말하나 太陰은 빛을 잃게 되는 것이다. ◆此 格은 남성미가 증가하고, 성격이 조급한 면이 많으며, 여성스러운 면은 적어지고 섬세하고 자상한 성향이 적게 나타난다. ◆丑宮 보다 未宮이 더 길하고, 未宮의 太陽은 日落西山에 비유되고 太陰은 광휘가 없는 것이다. 이런 연유로 하나는 照함이 있어 하나를 바라보는 형국이니, 此 格은 근신하며 보수적이고, 溫情的(온정적)직업에 적합하다. 따라서 太陽의 호탕함과 太陰의 온화한 양면적 성격을 지니게 되는 것이다. ◆性情은 陰과 陽이 수시로 바뀌니 정형적 성격을 찾기 어렵다. ◆太陰이 丑未宮에 居하면, 부모와의 연이 없고, 부부사이의 길흉 간의 숙명은 자신으로 인한 것이며, 필히 祿存, 天馬 등의 길성의 내조가 필요한데, 비록 煞星의 沖破가 없더라도 육친간의 연이 薄(박)하다. 만약 煞星의 회조가 있으면 刑剋을 면치 못한다. ◆太陰, 太陽이 동궁하면 吉命이 되지 못하는 것이다. ◆太陰이 守命함은 來照함만 못하고, 蔭德(음덕)으로 福을 얻으나 흉액을 면치 못한다. ◆太陰이 丑宮에 居함이 未宮에 居함보다 길한 것이다. ◆太陰이 化祿, 化科를 대동하고 丑未宮에 거하면, 方伯(방백=관찰사)의 命으로 귀격이고, 天喜, 祿存, 化權, 化科 등의 회조가 있으면 文武가 출중하여 大貴之命이며 명리쌍전이다. ◆文昌, 文曲 등의 내조가 있으면, 貴가 높고 지방의 높은 관료로 명성이 자자하다. ◆太陰이 文昌, 文曲의 회조가 있으면, 출세하고 영화로움이 있으며, 家勢(가세)가 번창하고 상류사회로 진입한다. 만약 본명궁이나 부모궁에 煞星이 많고 沖破됨이 있으면 此格으로 논하지 않는다. ◆太陰, 太陽, 身宮이 丑未宮에 해당하고 三方에서의 길성의 회조가 없으면 흉하다. ◆太陰, 太陽이 丑宮에 있고 명궁이 未宮에 있거나, 太陰이 未宮에 있고 명궁이 丑宮에 있으면 지방의 首長(수장)이 된다 했다. ◆太陰은 擎羊과 陀羅를 매우 忌하는데, 이는 주위에 사람이 떠나가고 재물이 소산되기 때문이다. ◆丑未宮은 太陰, 太陽이 접하는 위치이기 때문에, 일생 勞苦(노고)가 많고 안정됨이 적으며, 사업의 성패가 다단하고, 성급하며 동적이고, 바쁘고 분주하며, 얻으려 하나 쥐어짐이 적고, 虛浮(허부)하고 부실함이 있어 孤獨之命(고독지명)이며 漂浪(표랑)의 命이다.

寅申

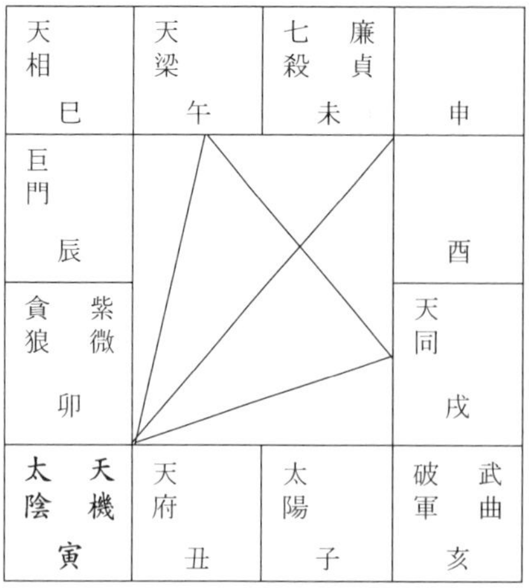

天相 巳	天梁 午	七殺 廉貞 未	申
巨門 辰			酉
貪狼 紫微 卯			天同 戌
太陰 天機 寅	天府 丑	太陽 子	破軍 武曲 亥

- 天機星과 동궁이니 前述한 天機星을 참조한다.
- 太陰이 寅申宮에 居하면, 平地에 居하는 것이며, 天機와 동궁하게 된다.
- 太陰과 太陽이 寅申宮에 동궁하면, 太陽은 해가 뜨기 전의 단계이고, 太陰은 서서히 그 모습을 감추어가는 시점이다.
- 매사 계획은 있으나 실천력이 부족하여 주저주저하고 있는 형국이며, 진퇴를 결정하지 못하는 정황이다. 帝星인 紫微, 天府가 相夾(상협)하니 길성의 보좌가 있으면 貴를 얻으나, 그렇지 못한 경우에는 평범하다.
- 申宮은 역시 天機와 동궁하게 된다. 男命은 생각과 행동이 민첩하고, 낭만적이며, 감성이 풍부하고, 사업적으로 발전이 있다. 女命은 첩살이 하는 경우가 많고, 성생활이 문란하며, 도화적인 성향이 있어 재혼하는 경우가 많다.
- 기회포착에 강하고 임기응변에 능수능란하며, 성격은 온후독실하고 자상하며, 원대한 이상과 계획을 지니는 경우가 많은데, 길성의 보조가 있으면 성취됨이 있다.
- 太陰은 天上의 月에 비유되므로, 男命에는 母星, 妻星, 女系星인 것이며, 女命에게는 모성이 되며 여성 자신인 것이다.
- 男命에서 太陰이 명궁에 居하면, 여성에게 접근이 수월하고, 온화하고 풍채가 있어 여성의 마음을 사로잡는다.
- 女命에서 太陰이 명궁에 居하면 미모가 있고, 현숙하고, 단정하며, 家事를 잘 꾸려간다.
- 太陰, 天機가 동궁이고 天同, 天梁이 三方에 있어 회조하면, 이를 "機月同梁格(기월동량격)"이라 한다. 과거에는 높은 관직을 차지한다고 논했으나, 현대적 의미로는 국가의 고위공직이나 국영기업체의 고위직이라 생각하면 될 것이다.
- "機月同梁格(기월동량격)"은 두 가지 장점이 있는데, 첫 번째는 봉급생활직에 길하고 자신만의 세계에 빠지지 않으며, 두 번째는 凡事에 일머리를 잘 알아 일의 완급과 경중을 조정하는 장점이다.
- 申宮에 居함이 寅宮에 居함보다 더 길하고 男命보다는 女命이 더욱 길하다.

寅申	◆ 인접하여 좌우에 紫微와 天府 二星이 있어 상호 보조됨이 있으면, 이를 "探花格(탐화격)"이라 하며, 일생동안 위인이 총명하며 발달함이 있다. 만약 본궁에 主星이 없고 대궁에 天機와 太陰이 있으면 此格으로 논하지 않고 寅宮보다는 申宮이 더욱 길하다. ◆ 太陰, 天機가 동궁하면, 표면적으로는 학문과 식견이 있으며 사람과의 연이 좋다. 또한 情感(정감)이 풍부하고 내공이 있으나, 성공하기 위해 자신의 권세와 음모를 활용함이 기장 아름답지 못한 것이다. ◆ 男命은 생각과 마음이 영민하고, 富하나 내색하지 않고, 衣食은 간편하고, 太陰이 있어 신경질적인 면이 있으나 증년 이후 발달하게 된다. ◆ 女命은 수려단장하고, 柔中强(유중강)하고, 정감이 풍부하며, 선량한 기가 있고, 약간 살이 오른 체형이나, 외적으론 청수하고, 화장을 짙게 하지 아니한다. 외모는 호감이 가고, 가정주부의 역할을 능히 잘해낸다. 도화적 성향이 있으니, 煞星을 보게 되면 감정세계의 흔들림이 있게 된다. ◆ 太陰이 申宮에 居하면, 웅대한 포부가 있으나, 寅宮에 거하면 성품이 의심이 많고, 진퇴가 명쾌하지 못하다. ◆ 左輔, 右弼이나 天魁, 天鉞 등의 길성을 보게 되면, 뛰어남이 있으며 일생동안 평안하다. ◆ 祿存과 동궁이고 左輔, 右弼을 보게 되면 富貴를 얻을 수 있다. ◆ 만약 文昌, 文曲, 天姚, 陷地, 沐浴 등의 회조가 있으면, 艷色(염색)의 기미가 있으니 연예계통으로 길하다. 만약 煞星을 만나게 되면 응당 勤愼(근신)하고 守舊(수구)해야 한다. ◆ 복덕궁에 巨門이 동궁이며, 다시 길성이 내조하면 감정의 굴곡이 심한 생활을 하게 된다. 도화성의 회조가 있으면 남의 집 첩으로 가게 되거나, 풍파가 많은 인생을 살게 된다. 만약, 紅鸞, 天姚, 陷地, 沐浴 大耗 등의 회조가 있으면 연예인계통의 직업을 갖게 된다. ◆ 天機, 太陰, 天同, 天梁이 寅申宮에 居하면 총명한 命이다. 男命은 영민하여 계획능력이 풍부하고, 공무원이나 기획부서, 설계부서 등에 길하다. ◆ 祿存, 文昌, 文曲 등을 보게 되면, 금융경제계통, 계획관리부서 등에 길하다. 만약 吉星이 없고 煞星이 있으면 평범하다. ◆ 太陰, 天機가 寅申宮에 동궁이면, 祖業을 파하게 되고 타향생활을 면치 못하는 命이다. ◆ 太陰, 天機는 본시 동적인 성요로, 四馬地(寅·申·巳·亥)에 거하면 두뇌의 움직임이 더욱 활발해진다. 이런 연고로 일을 함에 활동적이고, 책임자의 위치에 있게 되며, 經商(경상)과 관련하여 동분서주하게 되는 것이다. ◆ 甲年生 : 錢財(전재)의 획득이 순탄하고, 사업가적 성향이며, 직업과 연관하여 좋은 기회를 얻게 된다. ◆ 乙年生 : 지혜는 있으나 財運이 불리하고, 公職(공직), 敎職(교직)에 진출하여 성취됨이 있다. ◆ 丙年生 : 일생이 순탄하고 한가함을 추구하며, 타성에 젖기 쉬우며 진취성이 부족하다. 시비구설이 다발하고 타향이나 타국으로 진출하면 유리하다. ◆ 丁年生 : 財運이 왕성하고 사업운이 순탄하다. 異姓과의 연이 좋고, 일처리에 조리가 있고, 대기만성격이다.

<table>
<tr>
<td>寅申</td>
<td>◆戊年生 : 鑽牛角尖(찬우각첨)함이 많고, 노심초사함이 많으며, 매사 성사됨이 적고, 여성이 家權을 장악한다.
◆己年生 : 일에 있어 순탄하고, 국가고시에 유리하며, 명성을 얻게 된다.
◆庚年生 : 女性貴人(여성귀인)의 도움이 있고, 錢財(전재)면에서는 순탄치 못하다.
◆壬年生 : 윗사람이나 조상의 음덕이 있어 발전이 있다.
◆癸年生 : 여성귀인의 도움이 있고, 錢財면에서는 순탄치 못하다.</td>
</tr>
<tr>
<td>卯酉</td>
<td>
<table>
<tr><td>巨門 巳</td><td>天相 廉貞 午</td><td>天梁 未</td><td>七殺 申</td></tr>
<tr><td>貪狼 辰</td><td colspan="2" rowspan="2"></td><td>天同 酉</td></tr>
<tr><td>太陰 卯</td><td>武曲 戌</td></tr>
<tr><td>天府 紫微 寅</td><td>天機 丑</td><td>破軍 子</td><td>太陽 亥</td></tr>
</table>
◆太陰이 卯酉 二宮에 居하면, 陷旺地에 居하며, 獨坐이고, 그 對宮엔 天同이 居하게 된다.
◆太陰이 卯宮에 居하면 失垣(실원)인 것이며, 酉宮에 居하면 得垣(득원)이라 한다. 그 길흉의 판단은 전적으로 太陰의 廟陷(묘함) 여부에 따르게 되는 것이다.
◆밤에 태어난 사람은 太陰을 기뻐하고, 낮에 태어난 사람은 太陰을 기피한다.
◆女命은 太陰을 喜하고 男命은 太陰을 忌한다.
◆男命에서의 太陰은 母星, 妻星, 女系星으로 논하고, 女命에서의 太陰은 母星, 여성 본인으로 논한다.
◆太陰은 化祿, 化權, 化科, 祿存의 會照를 喜하는데, 이는 太陰이 富星이기 때문이며, 剛柔(강유)가 相濟(상제)한 연고이다. 만약 太陰이 文昌, 文曲 등의 挾侍(협시)가 있거나 회조가 있으면, 문장이 뛰어나고 박학다식하다.
◆太陰은 中天의 성요로 밤에 태어난 사람들의 主星이며, 또한 주성적 성질을 띠는 것을 기뻐하여, 길격을 이루면 "百官朝拱格(백관조공격)"이 되고, 文昌, 文曲, 左輔, 右弼, 祿存, 化祿, 化權, 化科 등을 보면 吉祥의 조짐이 있으며, 四煞星을 보게 되면 凶兆(흉조)의 조짐이 있는 것이다.
◆女命의 경우 太陰이 陷地에 들면 최고로 흉하다. 다시 文昌, 文曲 등을 보면 단지 총명함이 있을 뿐이고, 반대로 방탕한 면이 증가하게 된다. 左輔, 右弼을 보게 되나 會照가 성립되지 못한 경우에는, 제삼자에 대해 강압적으로 자신의 의견을 따르게 함이 있다. 天魁, 天鉞의 회조가 있으면, 貴하면서도 더욱 貴를 바라게 되는 등의 감정상의 불리함이 있다.</td>
</tr>
</table>

<table>
<tr>
<td>卯酉</td>
<td>
◆ 낮에 태어난 사람이 陷地에 드는 경우에는, 다시 도화성계를 만난 格이니, 가택이 불안하고 남을 헐뜯고 비방함을 기뻐하고, 四煞이나 地劫, 化忌, 天刑 등을 보면 육친을 刑剋함이 매우 심하고 주인은 고독하고 橫厄(횡액)이 따른다.
◆ 太陰이 卯酉 二宮에 居하면 對宮에 天同이 居하는데, 天同이 太陰의 내향적 정서를 더욱 증가시키게 된다.
◆ 卯宮의 太陰은 이미 太陰의 광휘가 全無하니 “反對(반대)”라 칭한다. 만약 左輔, 右弼 등을 만나면 길하게 변하고 능히 大富大貴之格을 이루는데, 청년기에 성취됨이 있어 자미명학에서 上格에 속하는 것이다.
◆ 남녀 공히 길성을 못보게 되면, 부모에 불리함이 있어 어려서 집을 떠나 타향에서 창업하거나 타가에 입양되기도 한다.
◆ 심성은 단정하고 온화하나 표정에 나타나지는 않는다.
◆ 太陰이 落陷인 경우에는, 男命은 桃花星을 띠게 되고 女命은 감정의 기복이 많아 실연당하기 쉽다.
◆ 太陰이 六吉星을 보게 되면, 교직이나 문화사업 등으로 平한 중 뛰어남이 있고, 六煞星을 보게 되면 破折(파절)이 따른다.
◆ 酉宮의 太陰은 길한 宮位로, 삼방인 재백궁에는 太陽이 居하게 되는데, 재백궁적 太陽은 자연 旺한 宮에 드는 것이므로, 煞星을 보거나 沖破됨이 없으면 역시 富格을 이룬다.
◆ 재물 방면의 부족함이 적고, 사업 방면에서도 능히 성취됨이 있는 것이다.
◆ 온화유순하고 자애심이 있고, 마음 속내가 깊어 동정심을 과하게 나타낸다.
◆ 本宮의 太陰과 對宮의 天同과의 관계는 女命에게 이롭다. 다시 길성을 보게 되면 필히 용모가 수려하고, 온유화순하고, 사람과의 인연이 좋아, 貴夫와의 연이 많으나, 감정상 여러 번뇌가 많이 따르는 경우가 있다.
◆ 공직, 문화사업, 대중매체, 문예 방면 등에 길하다.
◆ 煞星을 보게 되면 감정적인 면의 敗着(패착)이 따른다.
</td>
</tr>
<tr>
<td>辰戌</td>
<td>
<table>
<tr><td> 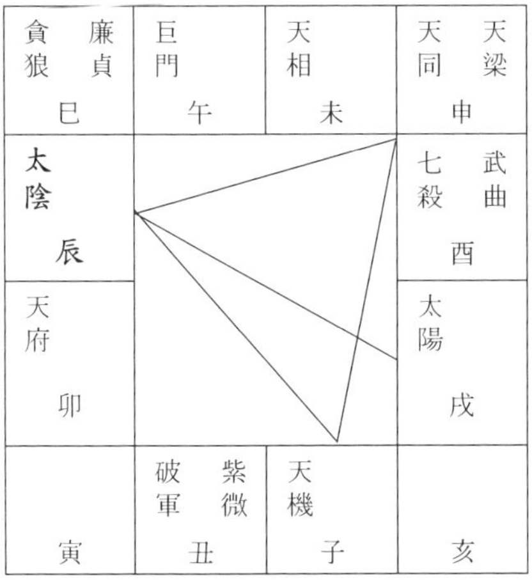貪狼 廉貞
巳</td><td>巨門
午</td><td>天相
未</td><td>天同 天梁
申</td></tr>
<tr><td>太陰
辰</td><td></td><td></td><td>七殺 武曲
酉</td></tr>
<tr><td>天府
卯</td><td></td><td></td><td>太陽
戌</td></tr>
<tr><td>寅</td><td>破軍 紫微
丑</td><td>天機
子</td><td>亥</td></tr>
</table>
◆ 太陰이 辰戌 二宮에 居하면, 陷旺地이며, 대궁에는 太陽이 居하게 된다.
◆ 太陰이 辰宮에 居하면 失垣(실원)이며 戌宮에 居하면 得垣(득원)인 것이다.
</td>
</tr>
</table>

辰戌	◆ 辰宮의 太陰은 때가 낮에 해당하니 광휘가 전무한 것이다. 男命은 부모, 처, 여자에게 불리하며, 女命은 부모와 자신, 여자 등에 불리하다. ◆ 太陰이 守命이면, 낮에 태어난 사람은 陷地에 드는 것이므로, 최고로 불리하여 母를 극하게 되고, 처를 傷하게 하는 명조이다. ◆ 太陰이 辰宮에 거하면 음양이 뒤바뀐 것으로, 太陰이 무력해지는 것과 같으니 辛苦(신고)와 奔波(분파)가 따르며, 고향을 떠나 타향에서 생활함이 길하다. ◆ 박학하고 교류가 넓으나 단지 장구하지 못하다. ◆ 금속류의 성요의 회조를 喜하는데, 化祿, 化權, 化科, 左輔, 右弼, 文昌, 文曲, 天魁, 天鉞 등의 회조가 있게 되면, 성취됨이 있고 "陰精人士格(음정인사격)"이라 하며, 영도자적인 능력을 갖추게 되고, 사업면에서도 크게 성취함이 있으나 辛苦(신고)를 면치는 못한다. ◆ 만약 煞星을 보게 되고 吉星의 보조가 없으면, 남녀 공히 신체상 건강문제와 혼인문제에 주의해야 한다. ◆ 太陰이 삼방사정에서 太陽, 擎羊, 陀羅를 보게 되면, 命主는 육친을 극하는 경우가 많으며, 매사 勞碌奔波(노록분파)가 따르고 종국에는 破財(파재)하게 된다. ◆ 太陽, 太陰이 陷地에 들고 惡殺星을 보게 되면, 매사 실패수가 높고 예기치 않은 禍厄(화액)이 따르는 경우가 많다. ◆ 太陰이 陷地에 들고 擎羊, 陀羅, 火星, 鈴星과 동궁이면, 신체의 손상이 있는 경우가 많다. 대체로 四煞을 보게 되면 흉조가 많은 것이다. ◆ 擎羊, 陀羅, 火星, 鈴星, 天空, 地劫, 化忌, 天刑, 天姚, 天月, 咸池 등을 많이 보게 되면, 대체로 命主는 주색방탕하고, 음모와 계략에 능하고, 마음이 악독하다 했다. ◆ 戌宮의 太陰은 시각이 밤중이니 정히 때를 얻은 것이라, 위인이 성품이 맑고, 밝으며 온유유덕하며, 희망적인 생각이 충만하다. 문학관련, 예술방면, 미적 감각과 연관하여 뛰어나며, 타인을 사랑한다. ◆ 煞星의 회조나 沖破가 없으면 "月照寒潭格(월조한담격)"이라 하여 上格이다. 성품이 온유 청아하고, 학식이 풍부하고, 보수적 성향이 있으며, 소년 시에 뜻을 얻는다. 또한 고집이 있고 성격이 강하며 종국에는 辛苦(신고)가 많은 중 성취함이 있으며, 운세가 여유와 흥함이 있으며 早婚(조혼)하는 경우가 많다. ◆ 男命은 내향적이나 기회를 놓치지 않고, 총명하며 사람을 대함이 선하고, 감정이 세심하며 사색이 많고, 이성과의 접근이 용이하다. ◆ 女命은 집안을 잘 다스리고 온유하며, 체구가 풍만하고, 예의가 밝고 총명하다. ◆ 남녀 공히, 인생에 풍파가 적고 온후단정하며, 변화가 있더라도 중심을 잡고 자기 분수를 지킬 줄 알며, 辛苦가 있은 후에 원대한 뜻을 얻게 된다. 대중매체, 전파업, 공직, 교직, 문학 등에 종사함이 많다. ◆ 六吉星을 喜하고 六煞星을 忌한다. 만약 煞星의 회조가 있거나 동궁 시에는, 色情(색정)과 감성적인 면으로 인해 심정에 여러 곤란함이 발생한다. 일생에 위태로운 경우를 면키 어려우나, 종국에는 능히 흉함이 길로 바뀌게 된다. ◆ 太陰이 辰戌 二宮에 居하며 煞星이 없고 吉星을 보게 되면, "機月同梁格(기월동량격)"이라 하며, 문예 방면의 소질과 협조능력, 師道(사도)의 풍모가 있다. 또한 군인, 공직, 교직, 經商(경상) 등에도 吉하며 재능이 출중하니 몸담고 있는 조직에서 요직을 맡게 된다.

巳亥

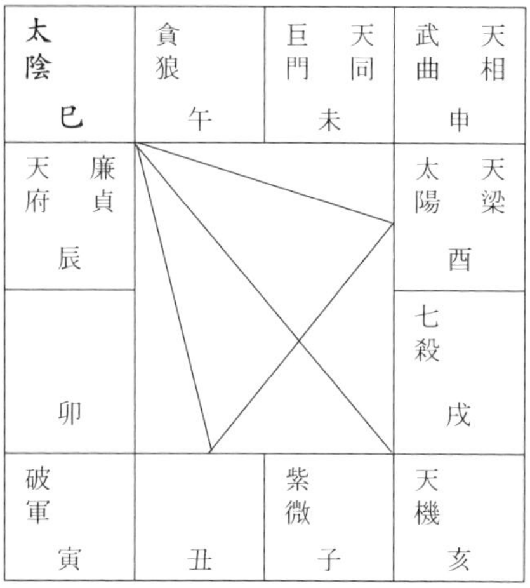

太陰 巳	貪狼 午	巨門 天同 未	武曲 天相 申
天府 廉貞 辰			太陽 天梁 酉
卯			七殺 戌
破軍 寅	丑	紫微 子	天機 亥

- 太陰이 巳亥 二宮에 居하면, 陷廟地에 居하는 것이며, 독좌이고, 그 대궁에는 天機가 있게 된다.
- 巳宮은 정오 전의 시각으로 太陰의 빛이 활발하지 못하여 그 역량이 강하지 못하다. 따라서 삼방 회조의 성요들을 잘 살피어 연구해야 한다. 六吉星의 扶持(부지)가 있으면 그 역량이 증가되는데, 化祿, 化權, 化科 등 길성의 회조가 있으면 부귀향복을 누릴 수 있다.
- 太陰이 巳宮에 坐命하면, 가까운 직계 여성 쪽의 가까운 인척들에게 불리한데, 이는 물론 길성의 회조 여부를 살펴보아야 한다. 또한 유년시의 辛苦를 면하기가 어려운 것이다.
- 또한 신체의 상해가 있게 되거나, 目疾(목질)을 앓거나, 시력이 나빠지거나, 학업운이 없게 되거나, 믿고 의지할 사람이 없게 되거나, 고향을 떠나게 되거나 등의 일이 발생하는데, 타향에서 성공하는 경우가 많다.
- 공직, 교직 등에 이롭고 經商이나 창업은 불리하다.
- 男命은 계략과 음모를 잘 꾸미고 술과 여자를 좋아하며 이성간에 연분이 좋다.
- 女命은 결혼이 늦고, 혹은 남편이 능력이 없거나 떨어져 지내는 경우가 많고, 혹 남편이 사람들과의 도모함에 있어서는 잘함이 있더라도 가정사를 도모함에는 잘하지 못하는 경향이 있다.
- 煞星을 보게 되면, 남녀 공히 감정상의 혼란과 번뇌를 벗어날 수 없다.
- 대궁의 天機는 太陰의 浮動性을 증가시키는데, 이는 太陰이 巳宮에 있게 되면 落陷되었기 때문이며, 진퇴에 머뭇거림이 있고, 가정을 꾸려나가려 하지 않는 성향이 있다.
- 太陰이 亥宮에 居하게 되면, 야반삼경에 해당하는 고로, 太陰이 12宮 중 최고로 길한 宮位에 있게 되는 것이다. 이는 마치 흰빛이 사방으로 그 빛살을 쏘아대는 것과 같은 상황이다. 고로 그 우수한 특성을 최고로 발휘하게 되어, 大富가 되기도 하고 혹, 의외의 得財가 있게 되기도 한다.
- 유학자의 풍모로 총명하고, 성품이 온화하고, 예의범절이 주도면밀하고, 개성이 명랑하고, 친화력이 좋고, 인연이 좋다.

巳亥	◆계략이 있고, 계책을 잘 세우고, 결벽하고, 재예가 풍부하고, 才藝(재예)로는 일가견을 이루고, 문예 방면으로 성취함이 있다. ◆일을 함에는, 소심하고 근신하며, 학문을 연구하기 좋아하고, 문화사업이나 예술 방면으로 발전이 있고, 早年(조년)에 뜻을 얻어 부귀하게 되고, 이성과의 연이 좋아 배우자는 지혜로운 사람을 얻게 된다. ◆온후단정하고 신뢰성이 중하나, 그 선한 면이 변하게 되면, 극단으로 치닫는 경향도 있어 일생의 命運은 불안정하다. ◆男命은 일생에 주동적으로 異姓에 접근하고, 풍류적인 면이 있어 감정상의 곤란함이 따르고, 사업상 성취됨이 있더라고 辛苦를 면치 못하게 된다. ◆女命은 얼굴의 相이 길고 우아하며 고전미가 있고, 면모가 청수하고 날씬한 체구이며, 男命과는 달리 표현함이 적극적이며 사업상의 성취가 있고 가정적으로 살림을 꾸려가는 능력이 있다. 사업적으로도 성공하는 경우가 많으나, 감정상의 波折(파절)을 면치 못한다. ◆太陰이 天門인 亥宮에 들면, "月朗天門格(월랑천문격)"이라 하며 官爵(관작)이 封侯(봉후)에 이르는 귀격이다. 이는 太陰이 化祿, 化權, 文昌, 文曲, 左輔, 右弼, 天魁, 天鉞과 동궁이거나 祿存과 동궁일 때를 이르며, 당연히 煞星이나 化忌를 안 보아야 成格인 것이다. 成格인 命은 지혜와 상업 능력이 뛰어나고, 학식이 넓고 사려가 깊으며, 총명과 인하고, 온화하며 근신함이 있고, 감정에 휘둘리지 않고, 겸손과 어짊이 있게 된다. 문예나 학술방면으로 성취가 있고, 早年(조년)에 뜻을 얻어 부귀영화를 누리게 된다. ◆太陰이 亥宮에 居하며 化忌와 동궁하게 되면 이를 "變景(변경)"이라 하는데, 검은 구름이 달을 가린 형국으로, 기이한 야경을 연출하나, 명조인의 의사대로 일이 풀리질 않고, 심정의 억울함이 때때로 발생하나, 이를 물리쳐야 일을 성취할 수 있게 되나, 대체로 현대인들은 단지 관망하고 탄식만 하는 경우가 많다.
12宮	太陰(태음)
命宮	◆陷地에 들면 고향을 떠나 타향에서 살게 되며, 여자를 따라 가계를 이어간다. ◆도화성을 보면, 酒色(주색)과 淫邪(음사)가 있고 마음 씀씀이가 부정하다. ◆廟宮에 들어 旺한데 桃花를 보면, 박학다재하고 풍류를 즐기나, 陷地에 들어 失地하면 風流文士(풍류지사)이다.
兄弟	◆化祿, 化權, 化科를 보면 형제 중 富貴人이 다출한다. ◆煞星, 地空, 地劫을 보게 되면 不和하고 分家한다. ◆天機와 化忌를 봄을 忌하는데, 이리되면 형제들이 각각 機心(기심=간교하게 속이는 마음)이 있다.
夫妻	◆남자는 나이가 적고 아름다운 처를 얻는다. ◆文昌과 文曲이 동궁이면 극히 美婦人(미부인)을 얻거나 多妻(다처)이다. ◆女命은 남편이 나이가 많거나 早婚(조혼)하게 된다. ◆煞星을 보면 刑剋은 없으나 이별하게 된다.

夫妻	◆ 文昌, 文曲을 보면 蟾宮美人(섬궁미인)을 얻는다. 이는 남편이 처로 인해 貴를 얻거나 소년 시에 美妻를 얻는다는 뜻이다. ◆ 化祿을 보면 妻로 인해 得財하거나 사업을 일으킨다. ◆ 女命이 化祿, 化權, 化科를 보면, 내적으로 丈夫의 기개가 있고 외적으로 교제에 능하다. ◆ 化忌를 보는 것을 忌하는데, 그렇지 않으면 배우자가 고향을 떠나게 된다. ◆ 女命에 太陰이 巳亥宮에 있으면, 남편이 외첩을 두거나, 혹은 나이차가 많은 남편을 만나는 경우가 많다. ◆ 독좌로 卯酉宮에 居하면, 남명은 연애에서 좌절을 겪게 되고, 여명은 남편이 밖으로만 돈다.
子女	◆ 딸이 많고 아들이 적다. ◆ 紅鸞과 天喜를 보면 자녀가 준수하다.
財帛	◆ 靜함과 연관되어 재물을 얻는다. ◆ 天同을 보면 자수성가 한다. ◆ 天機을 보게 되면 자신이 창업하여 성공한다. ◆ 地空, 地劫과 大耗를 보면, 자신이 남에게 편취를 당한다.
疾厄	◆ 眼. 腎에 해당된다. 오행 중 水에 해당하는 질병인데, 天同과 太陰을 보면 더욱 심해진다. ◆ 凶格이면 視網膜(시망막), 腦髓(뇌수), 척추관련 손상이 있다. ◆ 도화성의 회조가 있으면 腎虛(신허)와 내장기관이 차다. 女命은 冷感(냉감)하고 자식이 적다.
遷移	◆ 太陰은 이동함과 연관하여서는 靜的(정적)이다. ◆ 생활환경과 연관되어 성질이 천천히 변화됨을 喜한다. ◆ 外鄕(외향)에 가서 得財한다. ◆ 廟宮에 들면 인연이 좋다.
奴僕	◆ 廟宮이나, 旺宮에 들면 친구의 도움을 받고 같이 일을 행한다. ◆ 陷地에 들면 배반함이 있다. ◆ 擎羊, 陀羅, 火星, 鈴星을 보면 친구와의 이별이 있고, 또한 안면식이 조금이라도 있는 친구라면, 이를 빌미로 삼아 榮華(영화)를 얻으려 함도 있다. ◆ 陷地에 들면 그 곳 사람들의 陰謀(음모)가 있다. ◆ 火星과 鈴星을 보면 奔波(분파)하고 성취가 없다.
官祿	◆ 재무계통에 좋다. ◆ 靜한 직업이 좋다. ◆ 機月同梁格(기월동량격)이 되면, 아름답게 꾸미고 장식함을 좋아한다.
田宅	◆ 양호하고 淨(정)하다. ◆ 해변이나 농장이 좋다. ◆ 밝은 곳을 기피하고 밤에 일을 꾸려감이 좋다. ◆ 가택 밖으로는 녹색식물이 좋고, 집안으로는 녹색이나 남색 식물이 좋다. ◆ 太陰星系가 전택궁에 거하면, 풍수와 관련하여 변화에 민감하고, 여자들에게 陰事(음사)가 발생하는 경우가 많다.

福德	◆ 靜(정)하다. 사색적이다. ◆ 단장하고 온화하다. 안색이 우아하다. ◆ 계획적이며, 상상력이 풍부하다 ◆ 天機와 太陰을 보게 되면 권모술수가 있다. ◆ 巨門의 吉凶 정세에 따라 크게 영향을 받는다. ◆ 기쁜 일은 적으며 근심거리가 많다. ◆ 太陰星系가 명궁에 들면 특별히 중요하게 관찰해야 한다.
父母	◆ 刑剋이 있고 감정상의 차이가 있다. ◆ 太陰이 太陽, 擎羊, 陀羅 등을 봄이 重重하면 隣親(인친)을 극한다. ◆ 太陰이 擎羊, 陀羅를 보면 사람이 떠나고 破財하게 된다.

圖42 太陰星 坐命

<table>
<tr>
<td>太陽 左輔(科) 天鉞
地劫 地空 天月 孤辰 天喜
天空 晦氣 劫殺 飛廉
45~54
財帛 建祿 乙巳</td>
<td>破軍
年解 天福 旬空 鳳閣 蜚廉
喪門 災殺 奏書
35~44
子女 冠帶 丙午</td>
<td>天機
天貴
貫索 天殺 將軍
夫妻 沐浴 丁未</td>
<td>紫微(權) 天府 火星
封誥 天巫 解神 龍池
官符 指背 小耗
15~24
兄弟 長生 戊申</td>
</tr>
<tr>
<td>武曲(忌) 文昌 鈴星
天使
太歲 華蓋 喜神
55~64
疾厄 帝旺 甲辰</td>
<td colspan="2" rowspan="2">女命
陰曆 : 1952. 2. 11. 午時
命局 : 土5局 大驛土
命主 : 文曲 身主 : 文昌

甲 辛 癸 壬
午 亥 卯 辰

71 61 51 41 31 21 11 1
乙 丙 丁 戊 己 庚 辛 壬
未 申 酉 戌 亥 子 丑 寅</td>
<td>太陰 右弼
天廚 月德
小耗 陷地 青龍
5~14
命宮 身宮 養 己酉</td>
</tr>
<tr>
<td>天同 天魁
三台
病符 息神
65~74
遷移 衰 癸卯</td>
<td>貪狼 文曲 陀羅
天刑 天관 天虛
歲破 月殺 力士
父母 胎 庚戌</td>
</tr>
<tr>
<td>七殺
天馬 天姚 截空 天哭 天傷
弔客 歲驛 大耗
75~84
奴僕 病 壬寅</td>
<td>天梁(祿)
恩光 寡宿 天才 天壽 破碎
天德 天德 攀鞍 伏兵
85~94
官祿 死 癸丑</td>
<td>廉貞 天相 擎羊
台輔 陰煞 紅艶
白虎 將星 官符
95~
田宅 墓 壬子</td>
<td>巨門 祿존
八座 紅란 大耗
龍德 亡神 博士
福德 胞 辛亥</td>
</tr>
</table>

〈圖42 太陰星 坐命〉

- 命宮과 身宮이 동궁인데 太陰과 右弼이 居하니, 영도적인 능력이 있고 자기주관이 강하다.
- 三方에 天魁, 天鉞, 左輔, 右弼의 회조가 있으니, 貴人의 조력이 있고, 윗사람의 扶助(부조)와 이성간의 연이 좋은 것이다.
- 명궁과 재백궁에 太陰과 太陽이 있으니 日月竝明(일월병명)이고, 다시 化科와 化祿의 회조가 있으니 금상첨화로, 早年에 뜻을 이루고 명리쌍전의 吉命이다.
- 太陰은 전택을 主하며 祿庫之星(녹고지성)이니, 일생 富와 貴가 如意하고 성취가 있었던 것이다.
- 총명수려하고, 심성이 온화하며 다정하고, 문화예술방면에 뛰어난 재능이 있다. 享受(향수)를 누리기를 좋아하고, 생활정취면에서는 쾌락과 무사안일을 추구하는 면도 있다. 결벽하고, 의식과 채면을 신경 쓰고 세심하며, 도량이 관대하며 출중한 재능인이다.
- 女命에서 太陰이 命宮, 身宮에 居하는 경우의 동향
  - ·幼年(유년)에 모친을 刑剋(형극)하는 경우가 많으며, 중년에는 자신에게 불리하고, 말년에는 딸과의 연이 薄(박)하다.
  - ·童限(동한)에 조상과 친부모와 헤어지게 되고, 해외 입양되거나 양부모와 살게 되는 경우가 많다. 자손들은 외국에 사는 경우가 많다.
- 명궁이 桃花地인 酉宮에 居하니, 早年에 이성과의 연이 重하고, 이로 인해 감정상의 困擾(곤요)를 겪음이 많다. 따라서 晩婚(만혼)이 길하며 나이차가 많이 나는 배우자를 선택함이 좋은 것이다.
- 45~54세는 乙巳大限에 속하며 巳宮이 명궁이다.
  - ·大限命宮에 太陽이 坐하고, 巳宮은 四馬地에 해당하고, 左輔, 右弼, 天魁, 天鉞 등의 길성의 회집이 있으니 매우 길하다. 才華(재화)를 發하고 귀인의 薦拔(천발)과 조력이 있어 본인은 영도적인 위치에 오르게 된다.
  - ·地空과 地劫이 동궁하니 奔忙勞碌(분망노록)이 따를 것이나, 化科와 化祿 그리고 宮干 乙의 化權이 재백궁에 입궁하여 공조하니 매우 길하다. 연예인으로 인기가 절정이며 揚名(양명)했던 것이다.

◆ 55~64세는 甲辰大限에 속하며 辰宮이 명궁이다.

· 大限命宮이 본명질액궁에 落宮하고, 辰은 "天羅地網(천라지망)"에 해당한다. 또한 대한명궁의 武曲은 財星으로 化忌를 대동하고, 宮干 甲의 化忌가 본명궁인 재백궁에 입궁하니 공히 손재수를 암시하는 것이며, 다시 대한명궁의 鈴星, 文昌, 武曲과 대궁에 陀羅가 居하여 "鈴昌陀武格(영창타무격)"의 흉조가 있으니, 재물 및 신체건강, 예기치 않은 災禍(재화) 등 흉액의 태동이 염려되는 것이다.

· 다행인 것은 대한명궁의 宮干 甲의 化科가 대한명궁의 武曲에 부법되니 自化科인 것이고, 대한관록궁에 化權이 회조하니, 靜하여 안온함을 취함이 吉하며, 종교철학과 동양오술에 접근하여 휴식을 얻음이 길한 것이다.

(3) 탐랑(貪狼)

<table>
<tr><th colspan="2">貪狼(탐랑)</th></tr>
<tr><th>宮位</th><th>解義</th></tr>
<tr><td>子午</td><td>
<table>
<tr><td> 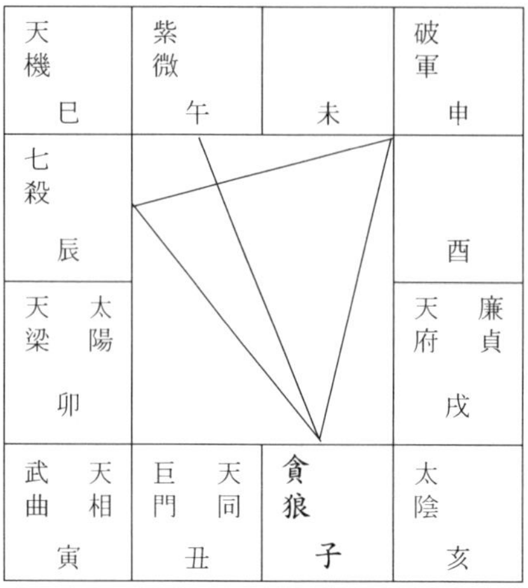天機
巳</td><td>紫微
午</td><td>未</td><td>破軍
申</td></tr>
<tr><td>七殺
辰</td><td colspan="2" rowspan="2"></td><td>酉</td></tr>
<tr><td>天梁 太陽
卯</td><td>天府 廉貞
戌</td></tr>
<tr><td>武曲 天相
寅</td><td>巨門 天同
丑</td><td>貪狼
子</td><td>太陰
亥</td></tr>
</table>
◆貪狼은 陽木에 속하며 化氣는 “桃花(도화)”이다.
◆貪狼은 妖婦(요부), 酒色雜技(주색잡기), 偏財(편재), 浪費(낭비), 賭博(도박), 解厄(해액), 慾望(욕망), 投機(투기) 등과 연관 되며, 도화적 성질, 동양오술, 예술, 수련, 교육, 延壽(연수) 등과도 관련이 많다.
◆貪狼이 子午 二宮에 居하면, 廟平地에 居하는 것이며, 獨坐(독좌)이고, 대궁에는 紫微가 있게 된다.
◆貪狼이 독좌궁이니 그 능력을 완벽히 발휘하게 된다. 남녀 공히 언변이 좋아 사람들을 끌어 모으는 재능이 있고, 또한 대궁의 紫微의 영향으로 문화예술과, 교양적인 면에서 우수함이 있다.
◆사회에 진출하여 대기업의 요직을 맡게 되고, 化祿, 化權을 만나면 성취됨이 있으며, 다만 經商系統(경상계통)으로의 진출은 불리하다.
◆주색, 도박 등을 좋아하고 또한 이에 능한 바가 있다.
◆일을 함에 성급하고 안정되지 못하고, 교묘한 술수가 있다.
◆性情(성정)은 평범치 않고 원대하며, 적게 베풀며 큰 것을 바란다.
◆활동성이 호탕하고, 다방면에 능하고, 시예, 酒色(주색), 도박 등도 즐기고 신선술 등에도 관심이 많다.
◆특별한 재능이 있어, 怨仇者(원구자)를 만난 경우에도, 능히 그 怨仇(원구)를 풀어내는 능력이 있는 것이다.
◆子宮에 있으면, 그 성질이 강하고 위맹스럽고, 증오감을 잘 풀어내지 못하고, 일을 함에 성급하며 인내심이 부족하다. 만약 擎羊과 동궁이면 “泛水桃花格(범수도화격)”이라 하며, 풍류방탕의 성질이 있고 酒色(주색)으로 인해 破家人亡한다.
◆子午 二宮의 貪狼은 대궁의 紫微의 영향으로 도화적 성질을 띠움이 적다.
</td></tr>
</table>

子午	◆ 帝座를 氾(범)하면 대체로 무익한 사람이라 논하는 것이다. ◆ 길성의 회조가 있으며 火星, 鈴星과 동궁이면, 그 능력을 발휘하는 것이다. ◆ 午宮의 貪狼이 子宮의 貪狼보다 길하며, 이를 "木火通明格(목화통명격)"이라 한다. 완고하고 위맹이 있고, 자신의 喜와 惡을 행사하려 하고, 義를 중시하며, 신뢰가 있고, 계책에 능하고, 권모술수에 능하다. ◆ 삼방에 煞星의 회조가 없으면, 사업을 크게 일구고, 經濟(경제)에 탁월한 기량이 있어 政·財界의 巨頭(거두)가 된다. ◆ 擎羊, 陀羅가 午宮에 동궁이면 "馬頭帶箭格(마두대전격)"이라 하여, 다시 煞星과 化忌의 회조가 없으면, 軍政界(군정계)와 연관하여 능력을 발휘한다. ◆ "馬頭帶箭格(마두대전격)"은 흉성을 보면, 夭折(요절)하지 않으면 刑傷(형상)을 입는 경우가 많다. 주로 住居가 일정치 않고 분주하며, 辛苦(신고)가 따르고, 윗자리가 되어서야 가정을 꾸리나 刑妻剋子(형처극자)하고, 자신에게는 예기치 않은 재앙이 다발한다. 만약 길성의 制化가 없으면 가벼우면 重傷이고 重하면 死亡하게 된다. ◆ 고향을 떠나 타향에서 창업하는 경우가 많으나 그 성패가 다단하다. ◆ "馬頭帶箭格(마두대전격)"은 길격이면, 군인으로 변방을 제압하여 威振萬里(위진만리) 공을 세우는 경우가 많다. 만약 삼방의 회조가 있는 경우에는 군대에 종사하지 않더라도 국외에서 발전함이 있는 것이다. ◆ 女命의 貪狼은 길하지 못하다 논하는데, 이는 貪狼이 淫佚(음일)함이 있음에 기인하는 것이고, 또한 貪狼은 物慾(물욕)의 성요이니, 煞星을 본즉 情慾(정욕)이라 논하며 흉하게 판단하는데, 현대에서는 연예계통으로 발전하는 경우가 많으니 일률적인 판단은 불가하다. ◆ 女命에서 貪狼이 명궁에 들면, 술과 담배를 즐기고, 종교 및 신앙과 관련하여 誠心(성심)이 있고, 성격이 강건하여 丈夫의 기질이 있다 ◆ 天刑이나 天空을 보면 반대로 淸白(청백)한데, 化祿, 化權, 左輔, 右弼, 天魁, 天鉞을 본 즉 발복됨이 있는 것이다. ◆ 貪狼이 旺宮에 들면 종신토록 鼠竊狗偷(서절구투=좀도둑)의 신세를 면하지 못한다. ◆ 貪狼이 子午卯酉宮에 들면 종신토록 能함이 없다 논한다. 이런 연유로 貪狼이 旺宮에 거하면, 위인이 物慾(물욕)이 심하다. 만약 文昌, 文曲 등의 도화계성의 회조가 있으면 情慾(정욕)이 심한 경우가 많은데, 그렇지 않은 즉 좀도둑 신세이다. ◆ 같은 이치로 破軍이 명·身宮에 居하며, 吉星의 내조가 없고 煞星의 내조가 있으면, 技藝(기예)와 謀略(모략)을 일삼는 인생을 살며, 漂浪(표랑)하며 辛苦(신고)가 따른다.

丑未

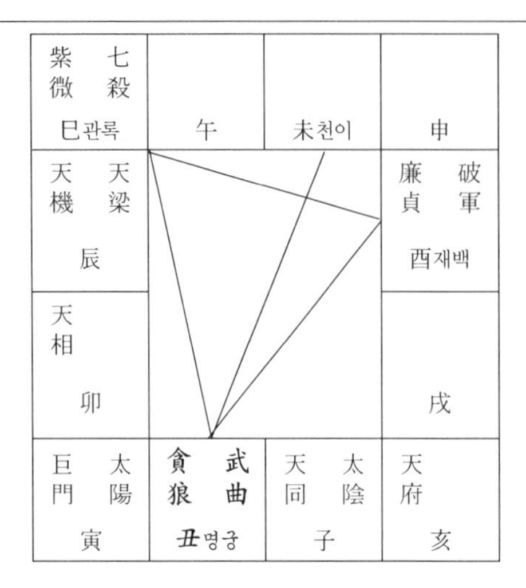

- 武曲星과 동궁이니 前述한 武曲星을 참조한다.
- 貪狼이 丑未 二宮에 居하면, 陷平地에 居하는 것이며, 필히 武曲과 동궁하게 된다.
- 丑未宮의 貪狼과 武曲의 동궁은, 成格이 되는데 이를 "武貪同行格(무탐동행격)"이라 한다.
- 貪狼은 偏財星이고 武曲은 正財星이니 동궁한 경우에는 30세 이전에 재물의 입출이 다단하며, 辛苦(신고)와 勞碌(노록)이 따르고 祖業을 물려받으나 이어가기가 어려운데, 중년 이후에 점점 안정되고 발전됨이 있어 성취감이 있게 된다. 이러한 命은 祖業(조업)에 의지하지 못하므로 行運의 길흉에 많이 좌우되는 것이다.
- 삼합방인 재백궁에는 破軍과 廉貞이 居하고, 관록궁에는 七殺과 紫微가 居하게 되는데, 이는 삼방에서 七殺, 破軍, 貪狼의 회조가 있는 것이니 이를 "殺破狼格(살파랑격)"이라 칭한다. 此格은 인생에 있어 길흉간의 변화가 크고 또한 원대하다.
- 此 格은 또한 명궁의 左에 太陽, 右에 太陰이 居하니 "日月夾命格(일월협명격)"이라고도 하는데, 外格에 속하며 필히 소년 시에 고향을 등지고, 祖業에 의지하지 않고, 조상의 음덕도 없으며, 타향에서 귀인의 도움을 받아 성취함이 있는 것이다.
- 未宮에 命宮이 居하면, "府相同來會命宮食祿足(부상동래회명궁식록족)"이라 논하는데, 이는 자연 삼방에 天府와 天相의 회조가 있게 되어 길격을 이루게 됨을 표현한 것이다.
- 貪狼과 武曲이 丑未宮에 居하면, 소년에 불리하고, 중년 이후에 發福(발복)이 따르게 되며, 先貧後富(선빈후부)하고 辛苦(신고)가 많은 인생을 살게 된다. 이것은 武曲과 貪狼이 재물을 탐하고 도화적 성향이 있기 때문이다.
- 此 武·貪의 조합은 반드시 勞苦(노고)가 있은 후에 재능을 발휘하게 되며, 만약 소년 시에 享受(향수)를 누리는 경우에는 훗날 사업에 있어서도 이러저러한 영향을 미치게 되는 것이다.
- 辰未戌丑은 墓庫에 해당되어, 어려서 辛苦(신고)가 따르고, 大器晩成(대기만성)이며, 丑宮이 未宮보다 길함이 있다.

丑未	◆ 貪狼과 武曲이 丑宮에 居하고 命宮이 未宮이며 14正星이 없는 경우, 또는 貪狼과 武曲이 未宮에 居하고 命宮이 丑宮에 居하며 14正星이 없는 경우에는, 역시 "武貪同行格(무탐동행격)"이라 판단하나, 正星이 없는 경우로 논하여, 필히 幼年(유년)에 孤貧(고빈)하다는 命이 바로 此格인 것이다. ◆ 武曲과 貪狼의 동궁은, 武曲의 剛强(강강)함과 貪狼의 탐욕이 혼재되어 있는 것으로, 성격이 剛强(강강)하며 욕심이 많으니, 오히려 非好感(비호감)을 부추기는 命이다. ◆ 辛苦(신고)를 마다하지 않고, 정신이 왕강하고, 일을 함에 勤快(근쾌)하며, 결단심이 강하여, 매사 속전속결하는 성향이다. ◆ 자기관리가 엄격하며, 사람과의 약속에 얽매이지 않고, 창조와 모험적 정신이 있으며, 남에게 굽신거리지 않고, 고향을 떠나 타향이나 타국에서 성공하는 命인 것이다. ◆ 대다수가 조업을 계승하지 못하고, 소년 시에는 辛苦(신고)가 따르고, 중년 이후 창업하여 발달함이 있으며, 투기성사업을 좋아하고, 고향 외의 먼 곳에서 사업을 발전시키며, 자수성가의 기질로, 국외의 거주나 軍警(군경)에 종사해도 발전이 있다. ◆ 또한 삶고 끓이는 기술이 있어 음식업에 적당하다. ◆ 만약 火星이나 鈴星이 동궁이면, 필히 軍警(군경)이 맞는 직업으로, 모험심을 발휘하여 변방에서 성공할 수 있어, 국가의 棟梁之材(동량지재)로 大權(대권)을 장악할 수 있다. 經商에는 횡재 운이 따르나 장구하지 못하므로, 노력과 근면으로 財를 축적하면 장구하게 유지할 수 있는 것이다. ◆ 武曲, 貪狼이 煞星과 化忌를 보면 기술인이다. 煞星과 化忌는 經商에는 이롭지 못하니 반대로 기술에는 도모함이 있는 것이다. ◆ 女命은 신경질이 많고, 인색하며, 학문과 견식이 높게 됨을 바라며, 차근차근 계획하며, 자유를 사랑하고, 사람에게 머리 굽힘을 싫어하고, 丈夫와는 다툼이 많으며, 일정부분 스스로의 성공적 결심이 있는 것이다. ◆ 만약 天姚와 咸池와 동궁이면, 桃花的 기질이 重하므로 감정으로 인해 발생하는 破折(파절)이 심하다. ◆ 甲年生 : 문화예술방면에 교양이 있으며, 天魁, 天鉞이 丑未宮에 나뉘어져 居하면 "坐貴右貴格(좌귀우귀격)"이라 하여, 文章(문장)에 특출난 재능이 있고, 귀인들의 조력을 받으며, 조상들의 음덕으로 성취됨이 있는 것이다. ◆ 乙年生 : 기획능력이 있고, 웅대한 포부가 있으며, 독립적이며 創的(개창적)인 능력이 있다. ◆ 丙年生 : 인생에 破折(파절)이 많은데, 이는 錢財와 관련함과 또한 감정상의 문제로 인해 기인하는 것이다. ◆ 丁年生 : 명궁이 未宮인데, 祿存이 午宮이고, 다시 명궁에 擎羊이 동궁이면 "擎羊入廟格(경양입묘격)"이라 하여 권위가 출중하고 부귀겸전이다. ◆ 戊年生 : 교제에 능하고, 사람과의 인연이 좋고, 天魁, 天鉞이 丑未宮에 나뉘어져 居하면 "坐貴向貴格(좌귀향귀격)"이라 하여, 문장에 특출난 재능이 있고 귀인들의 조력을 받는다. ◆ 己年生 : 명궁에 武曲과 化祿, 貪狼과 化權이 있으면 이를 "權祿巡逢格(권록순봉격)"이라 한다. 此格은 財源(재원)이 풍부하고 得財 능력이 강하며, 風流豪客(풍류호객)이며, 다재다능하고, 주관의식이 강하며 소년 시에 發財한다.

<table>
<tr><td>丑未</td><td>◆庚年生 : 사업심이 강하고, 창업능력이 있으며, "坐貴向貴格(좌귀향귀격)"으로 귀인의 조력이 있으며 성공이 기약된다.
◆壬年生 : 영도적인 능력이 강하며 귀인의 조력이 있으나, 본인은 고독감이 많다.
◆癸年生 : 意外得財(의외득재)가 있고, 처사에 적극적이나 풍류적 기질이 많아, 이로 인해 혼인과 감정상에 있어 영향을 많이 받는다.</td></tr>
<tr><td>寅申</td><td><table>
<tr><td> 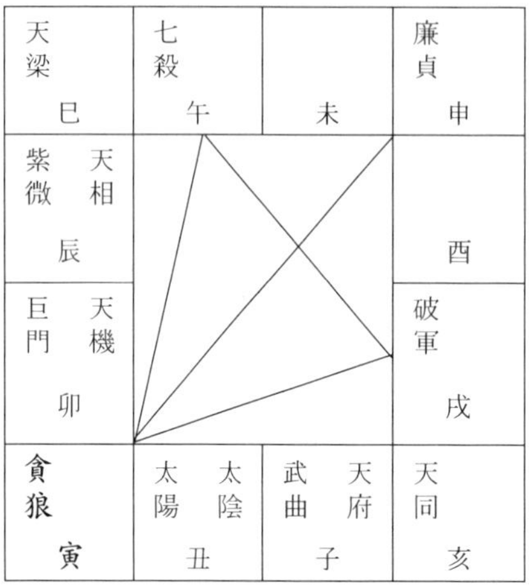天梁
巳</td><td>七殺
午</td><td>未</td><td>廉貞
申</td></tr>
<tr><td>紫微 天相
辰</td><td colspan="2" rowspan="2"></td><td>酉</td></tr>
<tr><td>巨門 天機
卯</td><td>破軍
戌</td></tr>
<tr><td>貪狼
寅</td><td>太陽 太陰
丑</td><td>武曲 天府
子</td><td>天同
亥</td></tr>
</table>
◆貪狼이 寅申 二宮에 居하면, 旺平地에 해당하며, 獨坐(독좌)이고, 그 대궁에는 廉貞이 있게 된다.
◆廉貞의 영향으로, 다재다능함은 적으나, 처세술과 사람을 다룸에 뛰어남이 있다. 또한 廉貞의 來照로 인하여, 뜻이 높고 기가 충만하며, 정치방면으로 발달함이 있다.
◆貪狼이 寅宮에 居하고 煞星의 회조가 있으면, 총명하며 소년 시에 발달하여 창업하게 되는 경우가 많으나, 사업의 발달함과 더불어 관재구설과 色亂(색란) 등이 따르게 된다.
◆陀羅와의 동궁을 忌하는데, 貪狼이 陀羅와 동궁이면 "風流彩杖 格(풍류채장격)"이라 하며, 이는 풍류 및 色情(색정)과 연관된 우환이 발생됨을 의미하는 것이다. 다시 擎羊, 天刑의 회조가 있으면 관재구설이 따른다.
◆貪狼이 申宮에 居하면, 木이 金의 제압을 받는 것으로, 풍류과객으로서의 명성이 세세에 이어지게 된다. 이는 일부분의 사람에 한한 것이고, 또한 일부분의 사람들은 오히려 이를 자랑스럽게까지 여기기도 한다. 일생에 사업적 면에서는 辛苦(신고) 끝에 得財를 하게 되는데, 만약 色情(색정)과 풍류에 빠지게 되면, 어렵게 일군 사업도 종국에는 실패가 따르게 된다.
◆性情(성정)이 靜(정)하지 못하고, 심중에 計巧(계교)가 많으며, 義氣(의기)를 중시하고, 신뢰가 있다.
◆煞星과 惡星의 회조가 없으면, 자수성가로 대업을 이루게 된다. 만약, 살성의 회조가 있으면, 관재구설이 다발하며, 일생 風餐露宿(풍찬노숙)이 다반사며 허다한 곤경에 처하기도 한다.</td></tr>
</table>

寅申	◆貪狼이 寅申 二宮에 居하는 경우에는, 寅宮이 申宮에 미치지 못한다. 寅宮에 居하면 비록 성취됨이 있다 하더라도 風流彩杖(풍류채장)을 면치 못하는 것이며, 煞星과 天刑을 보면 官災를 벗어날 수 없다. 만약, 祿存이나 化祿과 동궁이면 모면함이 있을 것이지만, 그렇지 못하면 매사 沮滯(저체)되고 곤란함이 따른다. ◆貪狼이 申宮에 居하면 길흉이 공존하는데, 고서에는 陷地逢生(함지봉생)에 비유하며 영화로움이 있다 했으며, 가택이 몰락했더라도 일시적으로 得財함이 있다 했다. ◆貪狼이 寅申 二宮에 居하면, 貪狼이 은연자중하게 되어, 擎羊, 陀羅, 天空, 地劫, 天刑, 化忌 등의 회조가 없으면, 오락업, 미용업 등으로 진출하게 된다. ◆火星과 鈴星의 동궁을 喜하는데, 다시 化祿, 祿存을 보게 되면 돌발적인 財를 얻게 된다. ◆문예와 연관된 經商에 발복됨이 있는데, 장신구 설계, 의복, 미용, 완구, 畵廊(화랑) 등과 연관된다. ◆文昌, 文曲 등과 동궁함을 不喜하는데, 동궁이면 화려하나 내실이 적으며, 色情(색정)과 연관된 사안들이 다발하게 된다. 文昌, 文曲은 時系星이니 한번의 貪狼을 회조하더라도 色情(색정)문제가 떠나지 않게 된다. ◆만약 文昌, 文曲이 天虛, 陰煞 등의 회조가 있으면, 일을 함에 내실이 적고 計巧(계교)와 거짓이 많다. ◆삼방에 煞星의 회조가 없고 길성의 회조가 있으면, 軍警(군경)이나 政界의 유력인사이다. ◆만약 化忌, 擎羊 등을 보거나 陀羅와 동궁하게 되면, 항시 시비구설이 따르고, 곤란한 경우가 다발하므로, 매사에 근신함이 필요하다. ◆만약 火星과 동궁이며 다시 擎羊과 陀羅를 보게 되면, 色情(색정)과 연관되며 技藝(기예)와 謀略(모략)에 능하고 일시적으로 성취됨이 있다. ◆만약 鈴星과 동궁이며 다시 天空, 地劫을 보게 되면, 공직에 길하고, 설계, 工程(공정) 등이 종시함이 길하다. ◆만약 空星과 天刑을 보게 되면 반대로 淸白端正(청백단정)하다. ◆貪狼이 명궁에 있는 命은, 身·命이 길격을 이루어 조화롭게 동참해야 쓰임이 있는 것이다. ◆고서에 貪狼에 命宮에 들고 七殺이 身宮에 들면, 남자는 좀도둑 신세요 여자는 화류계 신세라 했다. 길성의 회조가 있더라도 복을 얻음이 불능이고, 흉함이 거듭 누적되며, 매사 실패수가 따르니 虛華無實(허화무실)이라 했다. ◆고서에 貪狼이 命宮에 들고 破軍이 身宮에 들면, 남명은 술과 풍류도박과 방탕하고, 女命은 매력이 적고 음탕하다 했다. 가벼우면 손님을 접대하는 업에 종사하나, 重하면 歌妓(가기)가 된다 했다. ◆상기 고서의 이론은 命宮과 身宮에 공히 煞星의 회조가 있을 때를 말함이다.

卯酉

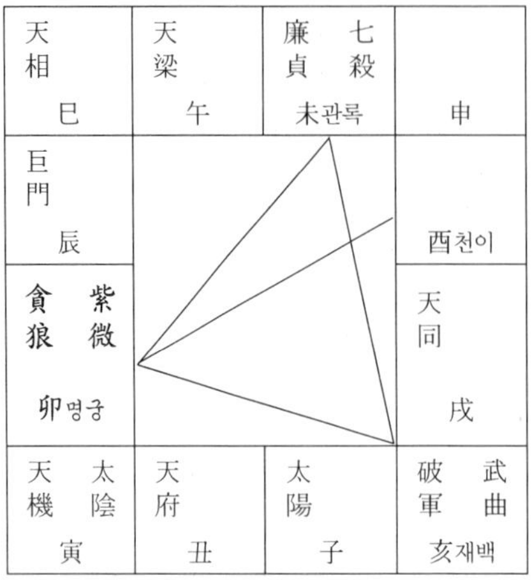

天相 巳	天梁 午	廉貞 七殺 未관록	申
巨門 辰			酉천이
貪狼 紫微 卯명궁			天同 戌
天機 太陰 寅	天府 丑	太陽 子	破軍 武曲 亥재백

- 紫微星과 동궁이니 전술한 紫微星을 참조한다.
- 貪狼이 卯酉宮에 居하면, 旺陷地에 해당되며. 紫微와 동궁하게 된다. 대궁인 천이궁에는 主星이 없고, 삼합방인 재백궁에는 武曲과 破軍이 居하고, 관록궁에는 七殺과 廉貞이 居하게 된다.
- 貪狼과 紫微가 卯酉宮에 居하면, 호쾌하고 개성이 剛强(강강)한데, 동궁한 貪狼은 다재다능, 도화적 기질, 주색잡기, 도박, 풍류 등과 연관되며, 문예, 예술, 악기, 언어, 음식, 編織(편직) 등의 어느 한 분야에 일가견이 있으며, 교제관계가 광범위하고, 풍채가 있으며, 반응이 민첩하고, 처세에 능하다.
- 女命의 卯酉宮의 貪狼과 紫微의 조합은, 才藝(재예)가 있으나, 집안 다스림에 있어서는 제멋대로이고, 다시 도화성계의 來照가 많으면 아름답게 꾸미는 것을 좋아한다. 만약, 도화성이 煞星의 沖破가 있으면, 자신만의 감정세계에 빠짐을 주의해야 하고, 감정의 혼란이 자주 발생하니, 유흥업계통의 유혹을 멀리해야 한다.
- 貪狼은 才藝(재예)의 성요로 도화적 성질을 띠고 있다. 고서에는 "桃花犯主爲至淫(도화범주위지음)"이라 하며, 桃花가 紫微를 犯하면 음탕함이 있다고 설하고 있는데, 여기서 도화는 貪狼을 의미하는 것이다.
- 貪狼과 紫微의 동궁은, 남녀 막론하고 성격이 호탕하고, 성격이 굳세며, 영민하고, 才幹(재간)이 뛰어나고, 처세에 능하니, 능히 사업적으로도 두각을 나타내고, 중요 직무를 감당해낼 수 있는 것이다.
- 貪狼과 紫微의 조합이 文昌, 文曲을 보고 다시 天姚를 보게 된다면 "泛水桃花格(범수도화격)"이라 하여 色情(색정)과 음탕함이 過하다. 만약 天空, 地劫, 化忌 중 하나라도 보게 된다면, 도화의 성질로 인해 크게 敗折(패절)하게 되고, 天空, 地劫, 化忌가 없는 경우라도 도화의 성질이 過(과)한 것이니 배움과 학습이 쓸모없게 된다.
- 貪狼과 紫微의 조합이, 行運에서 宮干 化忌가 卯酉宮에 入되는 경우에는, 대체로 化忌의 剋應(극응)이 있게 된다. 이는 男命에서 발생함은 의심할 바가 없으며, 다정하며 자식이 많은 문제가 도출되는데, 다시 天馬를 보게 되면, 원근의 도처에 妻子가 있게 되고, 이는 자신이 좋아서 하는 일이니 고치지 못하는 것이다.

卯酉	◆貪狼, 紫微가 동궁하고, 다시 咸池, 天姚, 紅鸞, 大耗 등의 성요가 회조하거나, 길성의 制化가 없거나, 혹은 化忌나 空亡을 보게 되면, 艶色(염색)의 凶兆(흉조)를 벗어날 수 없는 것이며, 혼란한 감정적 요인이 뒤섞이어 마음을 심란하게 한다. 또한 紫微는 제왕지성이니 신변에 요염한 미녀들이 많게 되면 풍류를 벗어날 수 없는 것이다. 그러나 六煞星이 도화성과 동궁하지 않는 경우이면 별개로 논한다. ◆貪狼과 紫微의 조합이 擎羊, 陀羅, 桃花의 沖破가 있으며 길성의 보좌가 없는 경우에는, 男命은 孤貧(고빈)하여 승려의 命이 많고, 女命은 음란하여 가정을 꾸리기가 어려우며, 妓房(기방)에 몸담는 경우가 많다. 또한 凶星이나 도화성계의 沖破가 없고, 吉星의 보좌가 있는 경우라면, 능력을 발휘하여 성취함이 있는 경우도 많다. ◆紫微는 여러 煞星을 制化하고 解厄(해액)하는 역량이 있지만, 여러 煞星 중에서 貪狼은 제외된다. ◆貪狼이 紫微를 犯하지 않는다면, 紫微의 능력과 역량이 증가되며, 또한, 貪狼이 거하여 흉하게 작동하는 경우에 이를 제어할 수 있게 된다면, 문화와, 문예 방면으로 능력을 발휘하게 된다. 이런 경우에도 貪狼의 勢(세)가 미력하거나, 煞星이 없는 경우를 말하는 것이며, 이리되면 成格이 되어 길하게 되는 것이다. 또한 이런 경우는 紫微가 居하는 十二宮 중 최고로 길하다 판단하며, 또한 酉宮의 格이 卯宮의 格보다 길함이 있다. ◆인연관계는 상호 어긋남이 있고, 신체는 건장하고, 입담이 좋고, 외모도 우호적이다. ◆연관 직업으로는 철공업 관련 업종이다. ◆낭만생활, 이상추구, 의복과 차량에 연연하지 않고, 동양오술학 등에 관심이 많다. ◆도화운이 도래시는 풍류주색과 연관된 장소를 가까이 한다. ◆도화성계의 來照가 있으면, 성생활을 즐겨하고, 감정이 복잡하며, 외적으로 淫行(음행)이 잦다. ◆貪狼은 擎羊을 제일 두려워하나, 天使의 會照가 있으면, 미적 감각과 色情(색정)과 연관된 사안이 나타나게 되나, 技藝(기예)를 학습함에는 적합한 능력이 있게 되는 것이다. ◆貪狼은 또한 火星과 鈴星을 喜하지만, 紫微가 火星과 鈴星을 控制(공제)하는 능력이 있으나, 化忌가 보이는 경우에는 영향력적인 면에서는 그렇지 아니한 것이다. ◆貪狼은 또한 化忌를 喜하는데, 이렇게 되면 도화성의 흉함이 감경되나, 또한 다른 한편으론 才藝(재예)방면, 언어방면의 뛰어남과 영향력이 化忌로 인해 감쇠하는 것이다. ◆文昌과 文曲을 보게 되며 학예와 문화계통의 발전이 있다. ◆左輔, 右弼을 보게 되면 문화사업 이외에도 경영적인 면에서도 발전이 있다. ◆化權을 보고, 天魁와 天鉞의 내조가 있으면, 정치계에 뛰어난 능력을 발휘할 수 있다. ◆만약 左輔, 右弼이 보이지 않고, 文昌과 文曲의 夾制(협제)가 있으면 평범한 命으로 일생에 크게 이룩됨이 없는 것이다. ◆擎羊, 陀羅가 동궁하면 經商에 이로우나, 火星과 鈴星의 來照가 있으면 그렇게 논하지 않는다. ◆空星이나 煞星을 보게 되면, 종교 및 신앙 방면으로 전환하는 경우가 많다. ◆甲年生 : 擎羊이 명궁에 居한 경우에는, 하나의 기술이나 才藝(재예)에 특장점이 있다. ◆乙年生 : 貴人의 조력이 많으며 다재다능하고 성취함이 있다. ◆丙年生 : 관록궁에 廉貞과 化忌가 居하게 되면, 감정상의 困擾(곤요)로 인해 재능을 발휘하지 못한다.

<table>
<tr><td>卯酉</td><td>
◆戊年生 : 명궁에 貪狼·化祿이 있고 煞星의 회조가 없으면, 총명하고, 교제관계가 넓고 좋으며, 사업적으로도 성공한다.
◆己年生 : 得財 능력이 강하나, 때때로 성공과 실패가 다단하고, 辛苦(신고)가 많이 따른다.
◆庚年生 : 勞碌奔忙(노록분망)하나 財運이 좋고, 복잡한 상황에서 得財에 성공하나 女命은 孤剋됨을 면키 어렵다.
◆壬年生 : 재백궁에 武曲과 化忌가 동궁이면, 錢財(전재)와 관련하여 불리함이 있다.
◆癸年生 : 桃花로 인한 시비구설이 많고, 성욕이 강하며, 허황되고 환상적인 면이 많다.
</td></tr>
<tr><td>辰戌</td><td>
<table>
<tr><td> 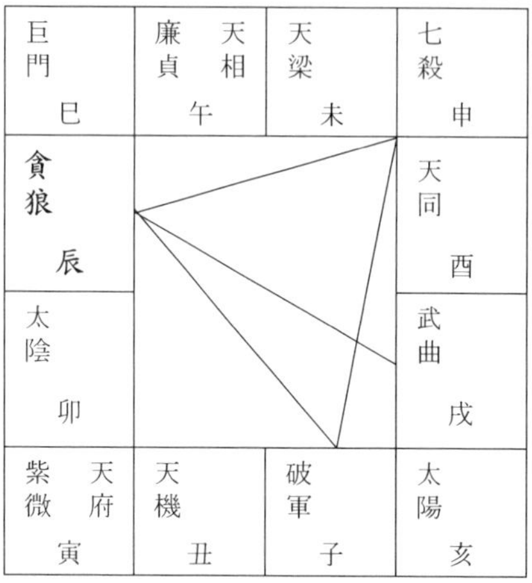巨門
巳</td><td>廉貞 天相
午</td><td>天梁
未</td><td>七殺
申</td></tr>
<tr><td>貪狼
辰</td><td colspan="2" rowspan="2"></td><td>天同
酉</td></tr>
<tr><td>太陰
卯</td><td>武曲
戌</td></tr>
<tr><td>紫微 天府
寅</td><td>天機
丑</td><td>破軍
子</td><td>太陽
亥</td></tr>
</table>
◆貪狼이 辰戌宮에 居하면, 廟弱地에 해당되며, 獨坐인 것이다. 그 대궁의 武曲은 旺平地에 居하는 것이며 역시 獨坐인데, 이들 武貪(무탐)의 조합은 최고의 길하고 이로운 조합인 것이다.
◆戌宮이 辰宮보다 길함이 많다.
◆辰戌 二宮은 天羅地網宮(천라지망궁)으로 貪狼이 羅網(나망)에 든 것이니, 貪狼의 우수점이나 결점이 오히려 발휘하지 못하게 되는 것이다. 따라서 早年(조년)의 운세는 펴나가지 못하게 되는 것이며, 중년 이후에 발전하기 시작하여, 인생의 후반 이후에 성취됨이 있는 것이다.
◆火星과 鈴星을 보는 것을 喜하는데, 이는 火星, 鈴星이 天羅地網 (천라지망)을 沖出하니 반대로 富를 득할 수 있는 것이다. 따라서 “火貪格(화탐격)” 혹은 “鈴貪格(영탐격)”의 조합은, 대궁이 武曲으로 財星이기 때문으로 財祿(재록)이 충만해지는 것이다.
◆貪狼과 火星이 四墓宮(사묘궁=진미술축)에 들면 富豪(부호)가 되며 官職(관직)이 侯伯(후백)에 이른다고 논한다. 財의 橫發(횡발)이 있고 富하며 貴를 얻게 되는 것이다.
◆고서에는 貪狼과 火星이 廟旺宮에 居하면 名振四海(명진사해)한다고 했으며, 또한 貪狼과 鈴星이 守命하면 將相의 命이라 했다.
◆此 格은 단지 富를 일구는 것뿐만 아니라, 보좌성 등이 있으면 貴를 또한 得할 수 있는 것이다.
</td></tr>
</table>

辰戌	◆ 貪狼은 辰未戌丑의 墓庫宮에 居함을 喜하는데, 이는 入格되지 않더라도 길성의 相扶가 있게 되면, 중년 이후 발달한다고 했다. 만약 길성이 없거나, 길성이 적고 煞星이 많거나, 길성과 살성이 交集(교집)되는 경우에는, 인생에 저해됨과 저체되는 면이 많으며, 호기만 부리고 성취가 없는 平生半作(평생반작)의 命이 된다. ◆ 길성의 회조가 있게 되면, 부귀영화를 누리고 軍·政界의 大權을 장악하고 名振四海(명진사해)하게 된다. 만약 惡煞星의 회조가 있으면 방탕과 호색과 도박으로 일생을 마친다. ◆ 貪狼이 辰戌 二宮에 居하면, 외향적이며 靜(정)하지 못하고 욕망이 크다. ◆ 性情(성정)은 강하고 흉맹하며, 심기가 깊으며, 화를 잘 내고, 일을 함에 급속히 처리함이 있으며 인내심이 적다. ◆ 생각이 명쾌하고, 순간적인 사리판단에 능하여 반응이 민첩하고, 신선술과 철학 등을 연구하기 좋아하며, 분석능력이 뛰어나고 기억력이 좋다. ◆ 성격은 평범하지 않고, 심중에 계교가 많고, 好勝心(호승심)이 강하고, 널리 對談(대담)하기를 좋아한다. ◆ 작은 것에 구애되지 않고, 기분이 豪快(호쾌)하며, 생활이 안정되고 여유가 있다. ◆ 풍취와 무게감이 있고, 기선을 제압하고, 자유를 추구하며, 구속됨을 싫어한다. ◆ 도화적인 기질과 환상이 풍부하고, 異姓(이성)에 대해서는 無心한 면이 많으나, 애인에게는 돈을 아끼지 않고 총애한다. ◆ 꾸미기를 좋아하고, 화려한 외출을 즐겨하며, 異姓을 끌어당기는 매력이 있으나, 일생 사랑에 빠져드는 경우는 적다. ◆ 욕망이 크고, 貪念(탐념)이 강하고, 愛憎心(애증심)이 많고, 愛恨(애한)이 많으며, 질투도 많고, 다정하나, 이성에 대한 생각이 바뀌기 쉽다. ◆ 성격이 원활하고, 기호심이 있고, 주량이 있고, 풍류한량이며, 人才로서의 자질이 있다. ◆ 才藝(재예)가 많으며 풍부하고, 문예를 좋아할 뿐만 아니라, 좋은 길로 잘 이끌어나가나, 사람의 도리를 행함에는 아쉬움이 있다. ◆ 술과 항락 등의 환경적 요소가 조성되면 이를 탐닉하는 경우가 많다. ◆ 愛와 恨에 있어서는 보복심리가 많으므로, 禍(화)와 福(복)과 연관하여서는 일순간에 이러한 일들이 발생하는 경우가 많다. ◆ 고서에는 貪狼이 天羅地網(천라지망)에 들면 반대로 正道로 가려고 한다고 논했다. ◆ 貪狼이 辰宮에 居하면 멀리 달려 나감을 喜하고, 惡星의 制裁(제재)를 받지 않게 됨을 喜하는 것이다. ◆ 貪狼이 戌宮에 居하면, 완고하고 본인에 닥쳐오는 喜와 惡에 대해 應酬(응수)하려 하며, 의기와 신뢰를 중시한다. ◆ 女命은 집안에 머무는데 있어서 불안정함이 있고, 안온하게 家事에만 전념하지 못함이 있다. 능히 사회에 진출하여 사업을 시작하고 또한 성취함이 있는 것이다. 다만 감정의 문제로 인해 破折(파절)이 따르는 경우가 많다.

巳亥

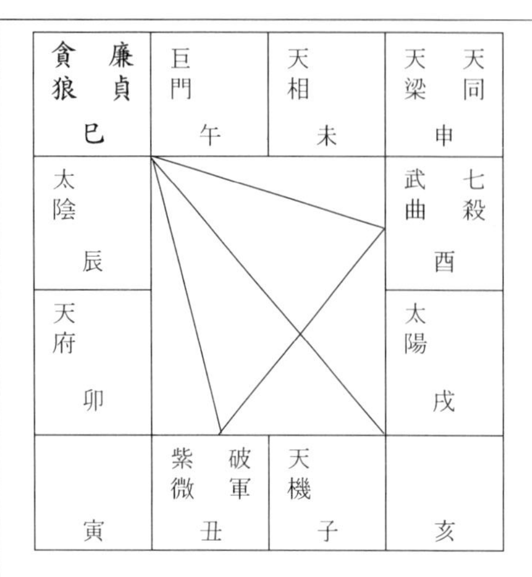

- 廉貞星과 동궁이니 前述한 廉貞星을 참조한다.
- 貪狼이 巳亥 二宮에 居하면, 陷廟地에 해당되며, 廉貞과 동궁하게 된다.
- 巳亥宮의 貪狼과 廉貞의 동궁은 "廉貪組合(염탐조합)"을 이루는 것으로, 巳宮이 亥宮보다 길하고 이롭다.
- 貪狼과 廉貞은 모두 桃花星의 성요인데, 貪狼이 第一位이고 廉貞은 次位이다.
- 男命은 매력이 있어 여자들이 많이 따르게 되고, 또한 여자들에게 상냥하고 친절하며 헌신적인 면이 많다. 반면 女難(여난)이 많이 발생하고, 부부연이 薄(박)한 경우가 많으며, 煞星의 회조가 있는 경우에는, 生離死別(생리사별)이 따르는 경우가 많다.
- 女命은 감정상의 困擾(곤요)로 인해 여러 破折(파절)이 많이 발생하는데, 다시 흉성의 회조가 있으면, 유흥업이나 화류계에 종사하기도 한다.
- 貪狼은 解厄之星(해액지성)이다. 廟旺地의 명궁에 居하게 되면, 난관에 봉착해서도 잘 이겨내고 풀어나가는 힘이 있으며, 犯法(범법)이나 禍厄(화액)이 닥치는 경우에도 능히 解神(해신)의 역할을 하여 무난하게 해결된다.
- 남을 敎化(교화)시키는 능력이 뛰어나고, 사람들과의 연이 좋으며, 자신의 잘못으로 인해 남들의 원한을 사는 경우라도, 종국에는 융화와 화합을 이끌어내어 원만하게 해결하는 경우가 많다.
- 貪狼은 桃花的 성질이 강하니 流年運에서 보게 되면, 이성 문제가 발생하고 家庭事(가정사)에 破折(파절)이 발생할 수 있으니 신경을 많이 써야 한다.
- 貪狼은 木星이니 受生되는 亥子宮의 桃花星을 만나게 되면 그 작동이 더욱 심하다.
- 貪狼, 廉貞은 桃花星系에 속하며, 巳宮의 貪狼은 陷地에 居하는 것으로, 본래 본신의 역량이 강하지 못하다. 따라서 文昌, 文曲, 紅鸞, 天喜, 天姚, 咸池, 沐浴 등의 桃花星系와, 化祿을 보게 됨을 기뻐하지 않는데, 이는 상기의 星들이 감성을 혼란시키는 성요이기 때문이다.
- 天魁, 天鉞, 左輔, 右弼의 보좌성의 회조가 있는 경우에는, 吉하여 공직자로서 상당한 위치에 오르는 경우가 많고, 국영기업체나 일반회사 근무자의 경우에도 관리자로서 높은 직책에 있는 경우가 많다.

巳亥	◆ 만약 本宮에 主星이 없고 천이궁에 廉貞과 貪狼이 거하는 경우이면, 자연 재백궁과 관록궁에 天相과 天府가 거하게 되니, 이를 "府相朝垣格(부상조원격)"이라 하여 食祿千鐘(식록천종)의 富貴格이다. ◆ 고서에는 貪狼, 廉貞이 巳亥 二宮에 동궁하는 경우, 아래와 같은 情況(정황)이 있음을 說하고 있다. ·祖業을 破하고 고향을 등지고 타향생활을 하게 된다. ·男命은 표류방탕하고 女命은 貪淫(탐음)하며 酒色(주색)으로 몸을 망치게 된다. ·흉성이 중첩되어 회조되면, 사고, 질병, 刑厄을 당하게 된다. ·陷地에 居하고 四煞을 보게 되면 도살업이나 刑厄을 당하게 된다. ◆ 貪狼과 廉貞이 巳亥宮에 동궁시는 대체로 酒色(주색), 賭博(도박), 放蕩(방탕) 등의 성질을 띠게 된다. 이는 貪狼은 物慾(물욕)의 星이고, 廉貞은 감정적 요소가 重하므로, 이의 조합으로 인한 폐단이 돌출하게 되는 것이다. ◆ 생활은 화려하고 술을 좋아하고, 일생에 여자문제가 따르고, 모함과 투기를 좋아하는 등의 桃花的 성질이 많으며, 좀처럼 이것에서 벗어나지 못하는 성향이 많다. ◆ 貪狼과 廉貞의 조합에는 양호한 면도 많은데, 다정다감한 면과 화려한 색채와의 연관성 등의 길한 면도 많아, 꾸밈과 설계 등이 많은 현대사회적 관점에서는 모두 흉하다 판단할 수 없는 것이다. ◆ 외면은 원활하고 中等의 신체이며, 피부는 황백색이다. ◆ 男命은 모험과 투기를 좋아하고 女命은 야성미가 풍부하다. ◆ 貪狼은 제1位의 도화성이고, 廉貞은 次位이다. 廉貪組合(염탐조합)에서 廉貞은 마음과 말이 부드럽고 직선적이며, 話術(화술)이 좋아 외교관계에 있어 무난하고, 사람을 대함에 능수능란하며, 화술에 잔머리를 굴리지 않고, 心機(심기)가 감추어져 있고, 후일을 걱정하지 않는다. 간혹 황폭한 면으로 인해 안하무인의 성향도 있으며, 이로 인해 物議(물의)를 일으키는 경우도 발생한다. ◆ 도화적인 면이 강하게 나타나며, 主星의 宮位에 煞星이 없고 吉星이 臨하면 성취됨이 있을 것이나, 다만 酒色과 방탕에 빠지기 쉽다. 혹, 化忌와 煞星을 보게 되면 四海를 분주히 왕래하게 되고, 군인이건 상인이건 風霜(풍상)과 辛苦(신고)를 면키 어렵다. ◆ 또한 化忌와 煞星, 天刑, 大耗, 天空, 地劫 등의 회조가 있는데, 吉星의 救濟(구제)가 없으면 타향에서 客死하기 쉽다. ◆ 貪狼이 四馬地(인·신·사·해)에 들면, 마음의 변덕이 심하고, 사기성이 많으며, 심신이 안정적이니 못하다. ◆ 貪狼이 巳宮에 居하면 활동성이 원활하고 일생동안 災厄을 만남이 많으나, 매사 심사숙고함이 있으면 능히 禍厄(화액)을 벗어나 안녕을 기할 수 있다. ◆ 煞星과 惡性의 회조가 없으면, 威猛(위맹)이 있어 名振四海(명진사해)하고 出將入相(출장입상)의 命으로, 百官의 위에 설 수 있다. 그러나 煞星과 惡星의 회조가 있게 되면, 經商界에서 활약하게 되고, 住居(주거)가 불분명하고, 군인이나 정치인으로 여러 風波(풍파)가 빈번하다. ◆ 貪狼이 亥宮에 居하면, 擎羊이나 陀羅, 桃花星系를 만나게 되는데 이를 "泛水桃花(범수도화)"라 한다. 이리되면 풍류와 酒色(주색)으로 인해 家破人亡(가파인망)하게 된다.

巳亥	◆成格이 되지 못한 경우라 하더라도, 필히 化祿이나 祿存을 보게 되고, 다시 左輔, 右弼, 天魁, 天鉞을 보게 되면 재능이 있어 역시 성취됨이 기약된다. 만약 文昌, 文曲 등을 보게 되면 虛名(허명)이며 실속이 없다. ◆甲年生 : 영도력이 있고, 經商에 이롭고, 偏財星이므로 財의 입출이 빈번하다. 先貧後富(선빈후부)로 논할 수 있다. 결단력이 있어 開創的(개창적)인 역량이 크고, 財官兼全(재관겸전)이고, 名利雙全(명리쌍전)이다. 다만 감정상의 困擾(곤요)로 인해 예상치 않은 破折(파절)이 따르기도 한다. 廉貞과 化祿을 보게 되면 畵蛇添足之嫌(화사첨족지혐)이라 하여, 經商에 소질이 있으나 역시 敗折(패절)됨이 많고, 囚星(수성)의 衝發的(횡발적)인 면이 사라지니, 중년 이후에 가서 재능을 발휘하여 사업적인 면과 가정적인 면에서 안정을 찾고 안온한 생을 영위하게 된다. ◆乙年生 : 偏財運으로, 열정과 정직함이 있고, 才藝(재예)가 출중하다. ◆丙年生 : 매사 불리하고, 감정상의 困擾(곤요)로 인해 능력을 발휘하지 못하고 반역적인 기질이 있다. ◆戊年生 : 명궁에 貪狼이 化祿을 대동하고 廉貞과 동궁이면, 貪狼과 廉貞이 모두 桃花星으로 다시 化祿을 보게 되니 畵蛇添足(화사첨족)의 象인 것이다. 이런 경우에는 오히려 불미스러우며 인생에 여러 困擾(곤요)가 따르게 된다. ◆己年生 : 財力이 증강하여 得財하며, 사업이 순탄하고, 財經이나 금융계통에 이롭고 출중함이 있다. ◆庚年生 : 사업심이 많고 자수성가한다. 女命은 孤剋(고극) 됨을 면하지 못한다. ◆壬年生 : 영도적이며 자주적인 성격이나 勞碌奔波(노록분파)가 따르고, 사업적으로는 불리함이 있다. ◆癸年生 : 名利兼全이고, 橫發(횡발)의 意外之財(의외지재)가 있으나, 환상을 추구하는 면이 있고 도화적 기질로 인해 시비구설이 많다.

12宮	貪狼(탐랑)
命宮	◆化忌를 보게 되면, 나무를 심을 생각이 없으면서도 수확만을 생각하는 것으로, 남의 것을 탈취할 생각이 있는 것이다. ◆空星을 보게 되면 절제의 마음이 이롭다.
兄弟	◆형제간의 우애는 적다. ◆형제간 각각 흩어져 살게 되고 같이 모여 사는 경우는 드물다. ◆같이 일을 도모하는 것도 제약이 많다.
夫妻	◆煞星을 보면 배우자에 대해 불만이 많다. ◆남명은 3번 결혼하게 되니 晩婚(만혼)이 좋다. ◆煞星을 보면 女命은 남편 외에 情夫가 있고, 化忌를 보게 되면 도화적인 기질이 다분히 있다. ◆女命은 부부 사이에 숨김이 있고 도화적인 기질은 감소한다.

子女	◆자식은 늦으며, 도화적 기질의 자식이 있는 경우가 많다. ◆자녀들의 성격은 모험심이 많고, 자극적인 것을 좋아하고, 요행을 바라는 경우가 많다. ◆化忌가 있으면 개성이 剛强(강강)하고 어려움을 오히려 교훈으로 삼는다. ◆훗날 자신의 힘과 위세를 통해 하인배의 재물을 취하게 된다.
財帛	◆오락이나 사람과의 교제를 통해 득재한다. ◆煞星이나 咸池, 天刑, 天姚, 紅鸞, 天喜, 陰煞, 大耗 등을 보면 酒色(주색)으로 인해 破財, 破家한다. ◆煞星이나 天月을 보게 되면 질병으로 인해 파탄난다.
疾厄	◆肝(간), 膽(담), 腎(신)에 발병한다. ◆貪狼, 火星, 紅鸞, 天喜, 陰煞, 擎羊, 陀羅 등을 보면 대체로 暗中 疾患(질환)이 있다. ◆貪狼이 廉貞, 火星을 보면 어지럼증이나 頭風(두풍)이 있게 된다.
遷移	◆고향을 떠나 타향에서 정착하게 되며, 그 곳에서 다소의 성취가 있다. ◆성격은 활동적이며 일을 처리함에 과단성이 있다.
奴僕	◆교제함이 오래간다. ◆음주와 고기를 즐기는 교제가 많다. ◆朋友(붕우)는 많으나 오만방자하고, 길들이기 힘든 사람들이다.
官祿	◆운동과 오락관련 사업이다. ◆신비적, 교제, 경쟁 등과 연관된다.
田宅	◆居所(거소)하는 곳은, 복잡한 상가와 잡화점 등이 많은 곳이거나 오락장 부근이다. ◆시장, 운동장, 파출소, 육식점, 시가지 등이다. ◆미용, 장식점, 내장인테리어 업소 등이다.
福德	◆기호적인 면이 강하고, 신비로운 것에 호기심이 많다. ◆機智(기지)와 모략이 심원하고, 좋아하고 싫어함이 일정치 아니하고, 일을 함에 성급하며, 남에게 베푸는 것을 좋아하나 공덕은 적다. ◆貪狼이 旺宮(子·午·卯·酉)에 居하면, 종신 소인잡배에 불과하다. ◆명궁이 子·午·卯·酉에 居하는 경우는 情慾(정욕)이 강한 사람이다. ◆貪狼이 帝座를 犯하면, 무익하고 한량인데 다만 百官朝拱格(백관조공격)은 예외이다. ◆貪狼이 武曲을 보거나 혹은 貪狼이 祿存을 보게 되면 사욕이 많다. 다만 火星, 鈴星이 있어 制化하는 경우에, 비로써 재능이 발현하고 물질에 대한 탐욕이 적게 된다. ◆貪狼이 化祿을 보면 물욕이 강하나, 空星을 보면 절제하고 자신의 분수를 알게 된다. ◆貪狼이 文昌, 文曲을 보게 되면, 총명하나 계교가 있고 淫貪(음탐)하다. ◆貪狼이 文昌, 文曲과 拱照 혹은 동궁이면, 男命은 방탕하고 女命은 荒淫(황음)하며, 주색으로 傷身한다. 다만 空星을 보면 刑剋(형극)은 면할 수 있다. ◆火星과 貪狼, 鈴星과 貪狼, 武曲과 貪狼이 있으면 길하고 기타는 次吉이다. ◆癸年生人이 가장 좋다. ◆貪狼이 申宮에 거하면, 木逢金制(목봉금제)라 하여 發財나 得財가 더디고 역시 破財도 더딘 것이다. 이는 아주 독특한 경우이다.

福德	◆ 貪狼이 子宮에 居하여 擎羊의 회조가 있거나, 亥宮에 居하며 陀羅의 회조가 있게 되면, 이를 泛水桃花(범수도화)라 한다. ◆ 貪狼이 寅宮에 居하며 陀羅의 회조가 있거나, 혹은 天刑이나 擎羊의 회조가 있으면 풍류를 즐기고 멋을 부리는 閑人(한인)이다.
父母	◆ 부모 양친은 상호 화기애애하지 못하고, 간략한 가정을 이룬다. ◆ 부모에게 재혼한 경우가 많다. ◆ 신분 상승의 욕망이 크다. ◆ 사람과의 교제와 사귐에 적극 노력함이 있으며, 사안에 대해 알기 쉽게 부연 설명하는 재능이 있다. ◆ 작은 예절에 구애받지 않는다. ◆ 감정은 충동적이고, 도박을 좋아하고, 물질에 대한 탐욕이 강한데, 이는 자신이 마음에서 기인한 것이다. ◆ 神仙術(신선술)이나 術數學(술수학) 등을 좋아한다.

圖43 貪狼星 坐命

<table>
<tr>
<td>太陽(忌) 火星
封誥 天廚 孤辰 天喜 天使
天空 晦氣 劫殺 小耗
76~85
疾厄 建祿 己巳</td>
<td>破軍(權)
解神 年解 紅鸞 鳳閣 蜚廉
喪門 災殺 將軍
86~95
財帛 帝旺 庚午</td>
<td>天機 文曲 文昌 天鉞
恩光 天貴 天官
貫索 天殺 奏書
96~
子女 衰 辛未</td>
<td>紫微 天府
地空 天梁 截空 龍池 天壽
官符 指背 飛廉
夫妻 病 壬申</td>
</tr>
<tr>
<td>武曲(科)
陰煞 三台
太歲 華蓋 青龍
66~75
遷移 身宮 冠帶 戊辰</td>
<td colspan="2" rowspan="2">男命
陰曆：1964. 12. 14. 卯時
命局：火6局 山頭火
命主：祿存 身主：文昌

己 庚 丁 甲
卯 午 丑 辰

76 66 56 46 36 26 16 6
乙 甲 癸 壬 辛 庚 己 戊
酉 申 未 午 巳 辰 卯 寅</td>
<td>太陰
台輔 天福 月德
小耗 陷地 喜神
兄弟 死 癸酉</td>
</tr>
<tr>
<td>天同 左輔 擎羊
天傷
病符 息神 力士
56~65
奴僕 沐浴 丁卯</td>
<td>貪狼
八座 天虛
歲破 月殺 病符
6~15
命宮 墓 甲戌</td>
</tr>
<tr>
<td>七殺 祿存
天馬 地劫 天月 旬空 天哭
天才 弔客 歲驛 博士
46~55
官祿 長生 丙寅</td>
<td>天魁 天梁 鈴星 陀羅
寡宿 歲破 天德
天德 攀鞍 官符
36~45
田宅 養 丁丑</td>
<td>廉貞(祿) 天相
天姚
白虎 將星 伏兵
26~35
福德 胎 丙子</td>
<td>巨門 右弼
天巫 紅鸞 大耗
龍德 亡神 大耗
16~25
父母 絶 乙亥</td>
</tr>
</table>

〈圖43 貪狼星 坐命〉

- 貪狼이 命宮에 居하면, 얼굴색은 청백 혹은 황색을 띠고, 얼굴은 長圓形(장원형)이며, 골격이 크고, 眉骨(미골)이 솟아있는 특징이 있다.
- 명궁에 도화성인 貪狼이 居하고, 재백궁에 紅鸞이 居하니, 자연 도화적인 기질이 농후하고 酒色(주색)을 탐닉하는 경향이 있다.
- 대궁에 財星인 武曲·化科가 居하고, 관록궁에 祿存과 天馬가 居하니 사업가로 성공할 명조이다.
- 부처궁에 截空과 地空이 居하고, 대궁의 地劫과 旬空이 沖照하니 부부연이 薄하다. 본처와 이혼하고 재혼한 것이다.
- 삼방사정에 八座, 鳳閣, 三台의 회조가 있으니, 다재다능하고 문화예술에 일가견이 있는 것이다.
- 명궁의 宮干 甲의 化忌가 질액궁에 입궁하니, 질병문제가 대두되는데 고혈압과 혈관계의 질환이 있는 것이다.

(4) 거문(巨門)

<table>
<tr><th colspan="2">巨門(거문)</th></tr>
<tr><th>宮位</th><th>解義</th></tr>
<tr><td>子午</td><td>
<table>
<tr><td> 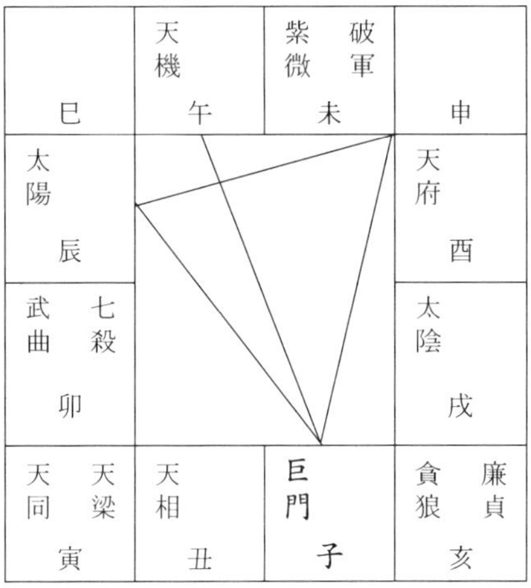巳</td><td>天機
午</td><td>紫微 破軍
未</td><td>申</td></tr>
<tr><td>太陽
辰</td><td colspan="2" rowspan="2"></td><td>天府
酉</td></tr>
<tr><td>武曲 七殺
卯</td><td>太陰
戌</td></tr>
<tr><td>天同 天梁
寅</td><td>天相
丑</td><td>巨門
子</td><td>貪狼 廉貞
亥</td></tr>
</table>

◆ 巨門은 陰水에 속하며, 化氣는 "暗(암)"이다.
◆ 巨門은 暗曜로, 시비다툼. 시기질투. 口才的 行業, 자기표현의 과다, 官災口舌(관재구설), 研究心(연구심), 模倣性(모방성), 車禍(차화), 東洋五術(동양오술), 妖女(요녀), 疑惑(의혹), 邪念(사념), 醫藥(의약) 등과 연관된다.
◆ 巨門이 子午 二宮에 居하면, 旺廟地에 해당되며, 獨坐이다. 그 대궁에는 天機가 있게 된다. 따라서 巨門이 가장 길한 宮位에 居하는 것이며, 장차 巨門의 우수함을 발휘하는데 沮礙(저애) 요소가 없는 것이다.
◆ 성질은 중후하고 이목구비가 清秀(청수)하며, 전문적인 지식과 재능이 있고, 정의감이 풍부하며 일에 즉흥적인 면이 없다.
◆ 多學이나 깊이가 적고, 법률, 기계, 의학, 예체능에 우수함이 있으며, 대중의 師表(사표)가 되며 頭領(두령)의 풍모가 있다.
◆ 말주변이 있고, 급한 말투이며, 말이 다소 많은 편이고, 언변에 재주가 있다.
◆ 만약 祿存과 동궁이면 福祿이 重重한 것이며, 性情(성정)은 검소하고 근신하며, 성취함이 있게 된다.
◆ 化權, 化祿이 있으면, 매력이 극대화 되고, 창업을 이루어 부귀함이 있게 된다.
◆ 만약 化忌가 있으면, 시비구설이 분분하고, 災禍(재화)가 多發하고, 凡事(범사)에 의심이 많고, 쉽게 결단을 내리지 못하며, 행동거지가 불안정하다.
◆ 女命의 경우도 男命과 동일하며, 역시 化權, 化祿, 祿存 등을 보게 됨을 喜하는 것이다. 현대적 관점에서는 남녀 공히 직업을 갖고 사회활동을 하는 것으로 보면 된다.
◆ 化忌를 보게 되더라도 巨門이 化忌를 다스리는 역할을 하여, 직업과 연관하여 언변, 재능 등과 관련하여 和解(화해)를 하여 흉변길이 되게 하는 것이며, 또한 연예, 기획, 公館(공관), 教師(교사) 등의 직업에 합당하다.
</td></tr>
</table>

子午	◆ 젊어서는 辛苦(신고)가 동반되어 창업을 하나, 중, 말년에는 성취됨이 있으나, 곤란함이 많이 동반되고, 천신만고의 경력을 쌓은 후에 사업적으로 성공을 이루는 것이다. ◆ 만약 煞星의 동궁이나 회조가 없고, 吉星의 회조가 있거나, 化祿, 化權 등을 보게 되면, "石中隱玉格(석중은옥격)"이라 한다. ◆ 고서에는 巨門이 子午宮에 居하며 化祿, 化科, 化權 등 三吉化를 보면 "石中隱玉格(석중은옥격)"으로 복록이 足하다 했다. ◆ 巨門이 化權, 化祿과 동궁이면 上格이며, 祿存과 동궁이면 次格이다. 만약 祿存과 化權, 化祿이 없는 命도 次格에 해당된다. 此 命人은 재능과 지혜가 있고 부귀쌍전이니, 최고봉에 오르지는 못하더라도 일생동안 복록이 풍부한 것이다. ◆ 안온하며 드러내기를 좋아하지 아니하므로, 최고봉에 오르지 못하는 것이고, 또한 강하게 자신을 나타냄을 忌하는 이유가 있기 때문이기도 하다. ◆ 만약 정점에 오르게 되면, 뒷날 과오를 남기는 경우가 많고, 사람들에게 견책을 당하게 되며, 명예의 손상을 입게 된다. 고로 "石中隱玉(석중은옥)"이라 하는 것이다. ◆ "石中隱玉格(석중은옥격)"은 젊어서 切磋琢磨(절차탁마)하고, 말년에 寶玉(보옥)을 얻는다는 의미로, 자수성가와 自利創業(자리창업)을 의미하며 천신만고 끝에 성취함이 있는 것이다. ◆ 才幹(재간)이 있고 舊習(구습)을 탈피하고, 연구하며 갈고닦아 활약이 크며, 동작이 기민하고, 세심한 관찰력이 있어 매사 看過(간과)하지 않으니, 중년 이후에 발달함이 있는 것이다. ◆ 早年(조년)에 辛苦(신고)가 있고 悔恨(회한)이 있으나, 끊임없는 刻苦(각고)의 노력을 기울이며 자신을 드러내지지 않아, 종국에는 성취됨이 있는 것이다. ◆ 玉在石中의 의미는, 하늘의 機微(기미)가 은복되어 드러나지 않고, 자기주장을 강하게 피력하지는 않으나, 타인들의 따름이 있는 것이다. ◆ 石中隱玉(석중은옥)은 갈고 닦아야 광채를 내는 것이라, 此 格의 명조자는, 뜻과 이상이 높고 원대하며, 평범한 사람이 실행하기 어렵고, 여러 辛苦를 거친 후에 그 재능이 훌륭하고 정확함을 인정받게 되는 것이다. ◆ 巨門이 子宮에 居함이 午宮에 居함보다 길하다. 子宮의 巨門은 근신, 집요함과 사안의 판단이 명쾌하고, 이상이 높고, 말주변에 막힘이 없고, 재능이 특별히 뛰어나다. ◆ 巨門이 午宮에 居하면 심중에 의심이 많으나, 化科, 化權, 化祿 등을 보게 되면, 명성이 높고 재무능력이 탁월하며, 무역에 적합하고, 대리업무, 문화, 교육 등에 길하다. 만약 擎羊과 동궁이면 破格이 되어 困苦(곤고)함이 따른다.

丑未

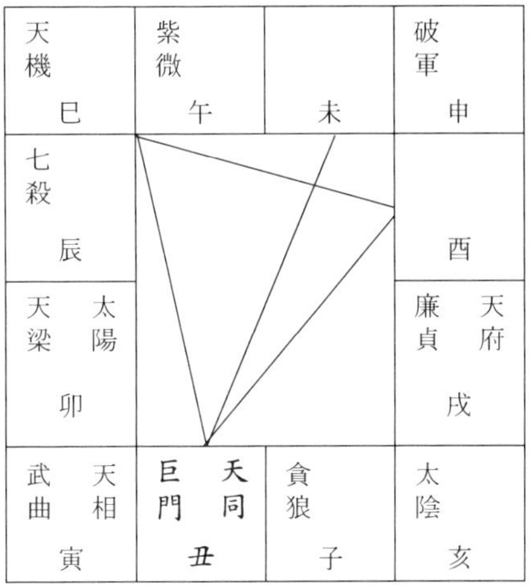

天機 巳	紫微 午	未	破軍 申
七殺 辰			酉
天梁 太陽 卯			廉貞 天府 戌
武曲 天相 寅	**巨門 天同 丑**	貪狼 子	太陰 亥

- 天同星과 동궁이니 前述한 天同星을 참조한다.
- 巨門이 丑未 二宮에 居하면, 平陷地에 居하는 것이며, 필히 天同과 동궁하게 된다.
- 소년 시에 辛苦가 있고 중년 이후는 비교적 편안하나, 큰 성공을 기대하기는 요원하고, 일생에 발전성이 유한하여 두각을 나타내려 하나, 오히려 시비구설만 야기하게 된다. 그러므로 감회어린 뛰어난 재주를 만나기 어렵다.
- 체격은 아담하고 탄력성이 있으며, 天同의 영향으로 본시 복록이 있는 命이나, 巨門과 동궁하니 시비구설이 따르게 된다.
- 性情은 온화하고, 유순함이 있고, 총명하며 언사가 바르고, 이상이 높으며 기억력도 좋으나, 인생에 있어 이러저러한 辛苦를 면하지는 못한다.
- 사람을 내함에 원만하나, 집안의 眷屬(권속)들과 不和하기 쉽다.
- 刑剋됨과 시비구설이 많으며, 化祿과 化權이 있더라도 길함이 장구하지 못하다. 이에 다시 煞星을 보게 되면 소년 시에 곤란함이 많고 이성문제로 인해 실패수가 높다.
- 丑未宮의 巨門은 土宮에 受制당하니, 언어의 표현과 기교에 흠결이 있어, 사람을 끌어 모아야 하는 경우에 오히려 사람을 흩어지게 하는 오류가 발생하기도 한다.
- 巨門과 天同이 동궁일 경우에는, 天同은 본시 福星이나 暗星(암성)인 巨門과 동궁하는 것이니, 福祿이 발휘되지 못하는 것이다. 또한 결국 엄중한 결점이 발생하는 것으로, 필히 化祿의 길성을 보아야 길함이 있는 것이다. 또한 내심으로는 속마음을 숨기려 함이 있음을 면하지 못한다.
- 天同은 본시 정서적인 면이 重한 성요로, 다시 巨門의 暗曜的 영향을 받으면 숨기려는 것이 쉽게 형성되어, 외부인과의 사귐이 부족하다.
- 男命은 남의 속임을 받기 쉽고, 타인과의 갈등을 풀기가 쉽지 않다.
- 女命은 치장을 좋아하고, 미적관념이 높으며, 異姓間(이성간)에 사귐에 대한 갈증이 많고, 이성문제로 인해 곤란함에 처해짐이 다발한다. 化祿의 길함의 부조가 적으면 이런 문제들이 결국 자신에게 닥쳐오게 된다.
- 직업적인 면에서는, 외교가 길하고, 봉급생활자가 많으며 일부분은 성공할 수 있다.

丑未	◆ 외부환경의 유혹을 받기 쉬워, 인생에 있어 바람직한 방향으로 머무르기 어려우며 종국에는 辛苦를 초래하게 된다. ◆ 만약 擎羊, 陀羅 등의 煞星과 化忌의 沖破(충파)가 있으면, 허명에 불과하며 실속이 없다. ◆ 위인이 此 格을 얻으면, 清秀(청수)하고, 才德(재덕)이 충만하고, 다시 文昌, 文曲의 회조가 있으면 文才가 뛰어나다. 단 감정 문제 혹은 혼인문제가 아름답지 못하고 복잡하다. ◆ 명궁이 未宮에 있으며 主星이 없고, 천이궁에 天同과 巨門이 坐하고, 太陽, 太陰이 삼합방에서 회조하고, 左輔, 右弼이 丑宮 혹은 未宮에서 來照해 오고, 다시 文昌, 文曲, 天魁, 天鉞 등을 보게 되면, 이를 "明珠出海格(명주출해격)"이라 한다. 此 命은 財 祿과 才藝(재예)가 있으며, 인생에 갈고 닦음이 있은 연후에 성취됨이 있는 것이다. ◆ 고서에 三合明珠(삼합명주)가 生旺地에 居하면 "穩步蟾宮(온보섬궁)"이라 했다. 明字는 日과 月의 合으로, 太陽이 卯宮에 있으며 재백궁이고, 太陰은 亥宮에 있으며 관록궁인 경우는, 日月이 분별되어 해면위에 부상함에 旭日(욱일)의 기세이니, 太陽은 旺하게 밝고 달은 고결하게 비추며, 대지에 광명을 대동하게 되니, 此 命은 心志가 밝고 사랑하는 마음이 충만하고 흥성함이 광범위하며, 떠오르는 기세가 왕성하여, 재주와 학덕이 출중하고, 소년 시에 사회적으로 명성을 얻고, 사람들의 눈길을 끌고, 명성이 혁혁하다. 다시 文昌, 文曲이 회조하면, 임기응변적 재주와 예술방면의 재능이 있어 才華(재화)가 풍부하고, 經商系로는 최고의 위치에 오르게 되는 것이다. ◆ 고서에 楊妃(양비=양귀비)의 艶色(염색)은, 삼합방에 文昌, 文曲이 있기 때문이라 했다. 이는 사랑에 쉽게 빠지고, 도취되고, 미련이 남게 됨을 의미한다. 따라서 결혼 후에는 직업을 갖거나 혹은 자기 사업을 함이 좋은데, 그렇지 않으면 가정의 풍파가 따르게 된다. ◆ 甲年生 : 天魁, 天鉞은 雙貴(쌍귀)로, 명궁과 천이궁에 居하며 각각 대조되면 "坐貴向貴格(좌귀향귀격)"이라 하여, 문장이 출중하고 귀인의 조력을 받음이 많다. ◆ 乙年生 : 사업상의 변동성이 크고, 지식을 악용하여 蓄財(축재)에 몰두한다. ◆ 丙年生 : 일생이 순탄하고 財官兼全(재관겸전)이다. ◆ 丁年生 : 일생에 시비구설이 多發하고 勞碌奔忙(노록분망)함이 많으며, 말년에 발달한다. ◆ 戊年生 : 天魁, 天鉞은 雙貴로, 명궁과 천이궁에 居하며 각각 대조되면 "坐貴向貴格(좌귀향귀격)"이라 하여, 문장이 출중하고 귀인의 조력을 받음이 많다. ◆ 己年生 : 未宮이 명궁이며 擎羊이 동궁이면 신체에 刑傷(형상)을 당하기 쉽다. ◆ 庚年生 : 일하기를 싫어하며 편안함을 찾고, 몸과 마음이 일치하지 아니하고, 壽福(수복)이 적으나, 귀인의 조력 받음이 많다. ◆ 辛年生 : 언변이 좋고, 설득력이 있으며, 입과 연관이 많은 교사, 법률가, 기자, 전파매체 종사자 등의 직업과 연관이 많다. ◆ 癸年生 : 언변이 좋고 설득력이 있으며, 입과 연관이 많은 교사, 법률가, 기자, 전파매체 종사자 등의 직업과 연관이 많다.

寅申

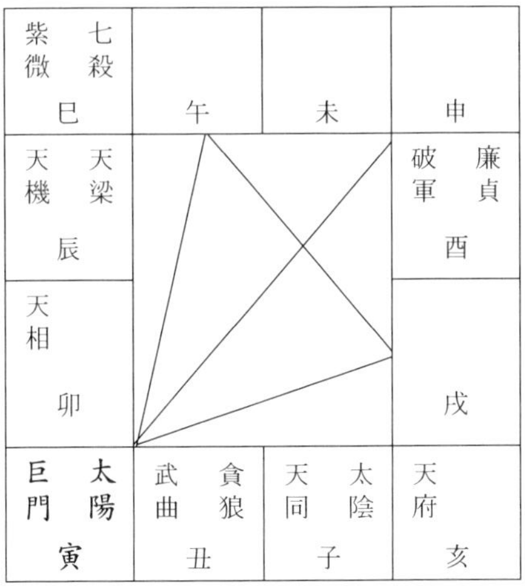

紫微 七殺 巳	午	未	申
天機 天梁 辰			破軍 廉貞 酉
天相 卯			戌
巨門 太陽 寅	武曲 貪狼 丑	天同 太陰 子	天府 亥

- 太陽星과 동궁이니 前述한 太陽星을 참조한다.
- 巨門이 寅申宮에 居하면, 弱廟地에 居하는 것이며, 필히 太陽과 동궁하게 된다.
- 寅宮의 太陽은 빛과 열기로 인해, 巨門의 어두운 점을 변화시키게 되어 이를 喜하는데, 申宮은 太陽의 勢(세)가 약해진 상태로, 巨門을 照하여 약한 勢를 오히려 소비하게 되므로, 寅宮에 居한 太陽보다 길하지 못하다.
- 此 命은, 뜻이 원대하고 이상이 있으며, 포부가 있고 은연자중하며, 풍채와 태도가 있고 수양이 있으며, 사람을 끌어당기는 능력이 있으며, 다재다능하면서도 일처리에 본질을 벗어나지 않으며, 맡은바 일에 정통하며 분발향상의 기질이 있다.
- 寅宮의 太陽은 새벽 3시~5시이니 旭日(욱일)의 기세가 동쪽에서 시작하여 퍼져나가려는 추이이다. 이는 "日出扶桑格(일출부상격)"이라 하여 福이 厚重(후중)하고 命이 현달한다.
- 申宮의 巨門과 太陽은, 巨門은 廟宮으로 왕하고 太陽은 日落西山(일락서산)으로 陽氣가 쇠퇴해지는 시점이다.
- 此 命은, 매사 용두사미이며, 이 사람은 배운 것이 많으나 성취됨이 적고, 처사함에 있어 敗折(패절)이 많다. 비록 호쾌하게 사람들을 사귀려 하나, 일을 함에 있어서는 먼저는 열심이나 곧 실증을 느끼며, 근시안적이고 계교를 잘 쓰고, 남이 잘한 것을 과대포장하여 천거하고, 사람들을 모아서 말하려 하나 모이지를 않고, 학문을 구하나 깊이가 없고, 일에 먼저는 動하나 일을 함에 끈기가 없으니, 종국에는 흩어지고 게으르며 편한 것을 따르려 한다.
- 또한 일생에 시비구설이 많고 의심이 많으며, 사람들과 어울림에 和하고 득실을 따지지 않고 마음을 여나, 모이고 따름에 있어 편안함을 추구한다. 主管(주관)함은 可하나 단지 小人의 일에 국한한다.
- 巨門은 본시 暗星으로, 太陽과 동궁하면 빛과 열을 득하여 온난해지므로, 巨門의 특성을 좋은 쪽으로 변화시키게 되고, 巨門의 근신하고 소심한 성질을 품어 안아 이익되게 하는 것이다.
- 호쾌하고 명성이 높고, 다방면으로 교제하는 능력이 강하고, 일을 함에 적극적이고, 사업은 신중하게 주관하여 하니 발달의 象이 있는 것이다.

<table>
<tr><td>寅申</td><td>
◆巨門, 太陽이 寅申 二宮에 있으면, 명리가 쌍전하고, 大富를 이루고, 이름이 널리 알려지게 되는데, 寅宮이 上格이고 申宮은 다음이다.
◆골격과 입술이 후하고, 성격은 호방하고 재능이 탁월하다. 언변이 좋고, 설교에 능숙하고, 衣食住(의식주)가 풍족하고, 공익에 열심이며 자선사업을 즐겨한다.
◆고서에 巨門과 太陽이 동궁이면, 관록이 三代에 이른다 했다. 현대적 의미로는 당정활동이나 정부기관, 공직 등에서 고위직에 오른다는 의미이다.
◆개성과 고집이 있고, 남에게 쉽게 동화되지 않고, 선의의 경쟁에 있어서 열심이며, 게으르지 않고 난관에 봉착해도 두려워하지 않는다.
◆사업에 있어 성취함이 있으나 적수 역시 많으며, 사업을 행함에 열심이고 성실하나, 경쟁관계를 벗어날 수 없어 勞苦(노고)를 면하지 못한다. 일생에 얻음이 크지 않고 시비구설이 많이 따른다.
◆어떤 일을 하든지 발전성이 있지만, 많이 알고는 있으나 정밀함이 적으니, 일생에 성패의 기복이 다단하다.
◆寅宮에 巨門과 太陽이 동궁한 者는 신체가 풍부하다.
◆女命은 경쟁대상과의 관계에서, 용이한 면이 있으나 실패수가 많고, 감정문제가 많이 발생한다.
◆巨門, 太陽이 寅申宮에 居하면 먼저는 명성을 얻고 나중은 財富가 따른다.
◆甲年生 : 명궁에 祿存이 居하고, 좌우에 擎羊과 陀羅가 협조하며, 太陽에 化忌가 부법되니 "羊駝夾命格(양타협명격)이 된다. 孤貧(고빈)하고 刑剋(형극) 됨이 많고 일생에 불리함이 많다.
◆丁年生 : 시비구설이 다발하고, 부모와의 연이 薄(빅)하고, 사람과의 교세관계에서 불리함이 많다.
◆庚年生 : 사업상 발전이 있고, 도화성이 보이면 연예사업 방면으로 성취됨이 있다.
◆辛年生 : 財官雙美하고 貴人의 조력이 많으며, 일생 평탄하고, 부귀영화를 누리게 된다.
◆癸年生 : 언변이 탁월하고, 외교관련 능력이 뛰어난 人才이다.
</td></tr>
<tr><td>卯酉</td><td>
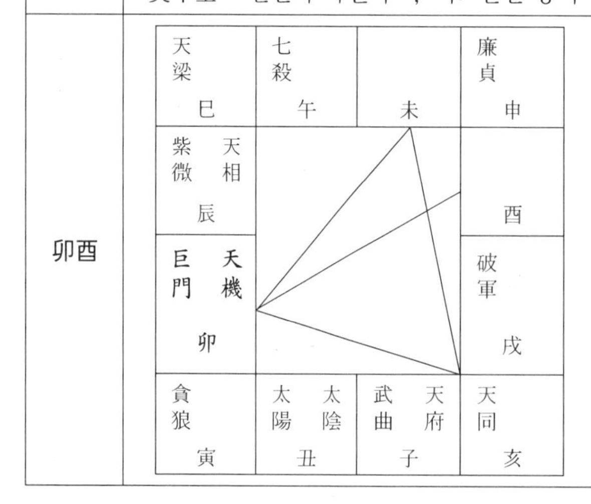

</td></tr>
</table>

卯酉	◆天機星과 동궁이니 前述한 天機星을 참조한다. ◆巨門이 卯酉 二宮에 居하면, 平廟地에 居하는 것이며, 자연 天機와 동궁하게 된다. ◆卯酉宮의 巨門은 平廟地이고 天機는 旺陷地이니, 공히 약하지 않으므로 煞星의 회조가 없으면 成格을 이룬다. 이를 "巨機同臨格(거기동림격)"이라 한다. ◆"巨機同臨格(거기동림격)"은 언변이 좋고, 연구심이 풍부하니, 고도의 지혜를 용하는 직업이나, 특수 예술직에 적합하다. 早年에는 辛苦가 따르나 중년 이후에는 발달함이 있고, 자수성가하여 가계를 발전시킨다. ◆計謀(계모)가 있고, 財運이 비록 좋으나 재물이 모아지지 않고, 개성과 고집이 세고 시비구설이 많으니, 일생의 성과는, 큰 능력이 잠복되어 있다하나 중간정도의 성과에 불과하다. ◆巨門, 天機가 卯宮에 居하면 조상대에 몰락 후 후손이 부흥한다고 논하는데, 이를 "巨機居卯格(거기거묘격)"이라 칭한다. ◆巨門, 天機가 卯宮에 居하면, 天機는 乙木으로 得祿한 것이고, 또한 巨門은 水星으로 상생되는 것인데, 만약 祿存 土가 있으면 木을 배양하니, 貴格으로 벼슬이 極品(극품)에 이르는 것이다. ◆巨門, 天機가 酉宮에 居하여 吉格을 득하면, 得財官하나 종국에는 영화롭지 못하다 했다. 이는 天機는 木, 巨門은 水로, 酉宮에 居하면, 木은 受剋되어 死地이고 水는 受生되어 旺해지나, 酉宮은 敗地이니 吉星의 내조가 있으면 일시적으로는 영화가 있으나 종국에는 破敗(파패)한다 한 것이다. ◆巨門과 天機가 동궁이면 公卿之位(공경지위)를 얻는다고 논하는데, 이는 巨門과 天機가 전적으로 卯宮에 居함을 말하는 것으로, 다시 化權, 化祿, 祿存이 동궁하고, 좌우에 天魁, 天鉞이 夾照(협조)하면 極貴(극귀)한다 한 것이다. ◆巨門과 天機가 酉宮에 居하면 비록 化權, 化祿, 祿存 등의 길성의 회조가 있다 해도, 貴하나 드러나지 못하고, 富하나 장구하지 못한 것이다. ◆巨門은 播蕩(파탕)이고 天機는 變動(변동)이니, 대체로 전반은 奔波(분파)하고 후반은 안정된다. 조업에 의지하지 않고 자수성가하여 성취함이 있다. ◆巨門은 일시적 暗星이고, 天機는 頭腦(두뇌)로, 언변과 기억력을 주관하니, 나타내는 바는 시비구설과 연관되지 못하는 것이다. ◆연구심이 많고, 학술연구에 치중하고, 학문에 있어 밑바닥까지 파헤치는 성격이니, 학문에 정통함을 이루어 전문성과 특장점을 습득하여 지니려 한다. ◆언변이 좋고, 사고력이 풍부하고, 두뇌회전이 명쾌하다. 따라서 사고가 巧智(교지)하고, 창작 능력이 있고, 예술방면, 특수 기술 분야, 기능을 요하는 분야 등에 재능이 있는데, 化科가 來照하면 이러한 능력이 더욱 중대된다. ◆박학다식하고, 사려심이 많으며, 昇遷(승천)에 이로움이 많으며, 고시공부 등에 이롭다. ◆祖業을 지키지 못하고, 소년시에 辛苦(신고)가 많으며, 성패가 다단하나 종국에는 자수성가 한다. 만약 조업을 이어서 하면 破敗 후 자력으로 성공한다. ◆창의력이 있으며, 사업에 있어서는 창작과 신상품으로 인해 성공하여, 후세까지 그 결과가 전달된다. ◆개성과 고집이 세어 자기주장이 강하니 사업은 피함이 좋고 봉급생활직이 可하다. ◆언변이 좋으니 돈을 모으는데 있어서도 능력을 발휘한다.

卯酉	◆吉星의 회조가 있으면, 매사에 전심전력을 다하여 능히 성공하게 된다. ◆자기 과시욕이 강하며, 남과의 사이에 시비다툼과 구설수가 빈번하게 발생하며, 자신의 재주를 믿고 오만함과 남을 깔보는 성향이 있다. ◆감정의 波折(파절)이 많고, 번뇌가 많으며, 감정이 복잡하여, 정서적으로 두서가 없고, 애정면에서 진솔한 면이 적으니 혼인은 晩婚(만혼)이 좋은 것이다. ◆女命이 위와 같으면 마음과 외모가 모두 아름다우며, 평상시에는 친근함이 적더라도, 情人이 생기면 열정을 쏟아 붓는 성향이 있다. 사업면에서도 발달함이 있고, 일을 하는데 있어서도 높은 결과를 얻게 된다. ◆乙年生 : 총명하고 언변이 좋으며, 생각과 행동이 민첩하고, 열심히 노력하며 辛苦(신고)가 있는 후에 득재한다. ◆丙年生 : 일생이 평온하며 財官兼全이다. 언변과 기획력이 있으며, 영도력도 있고, 항시 귀인의 조력이 있으며, 의식주에 부족 됨이 없다. ◆丁年生 : 시비구설이 多發하고, 인생에 여러 破折(파절)이 많으나 사업적으로 성공한다. ◆戊年生 : 명궁에 天機와 化忌가 동궁이면, 감정상의 困擾(곤요)로 인해 재능을 펴지 못하고, 鑽牛角尖(찬우각첨)함이 많으며, 두뇌의 困苦(곤고)함이 있다. ◆庚年生 : 재물을 지키기 어려우며, 酉宮이 명궁이고 擎羊과 동궁이면 형극과 파절이 따른다. ◆辛年生 : 언변과 口福이 있으며 말을 잘해야 하는 교직, 법조인, 방송인 등의 직업에 종사한다. ◆壬年生 : 卯宮이 명궁이며 天魁와 동궁이면 富貴之命이다. ◆癸年生 : 卯宮이 명궁이며 天魁와 동궁인데, 다시 巨門과 化權이 동궁이면, 언변이 좋고 "口"와 연관된 직업, 혹은 특수 직업에 종사한다.
辰戌	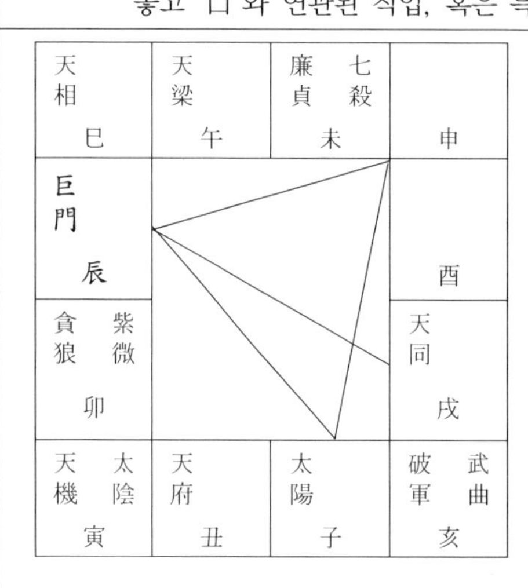 ◆巨門이 辰戌 二宮에 居하면, 平陷地에 든 것이며 獨坐이고, 그 대궁은 天同이 居하게 되는데 平陷地에 해당된다. ◆戌宮이 辰宮보다 이로움이 있다.

辰戌	◆ 辰戌宮은 天羅地網(천라지망)에 해당되니, 巨門은 꺾임이 있는 것이고 平陷地에 든 것이며, 특히 辛苦(신고)가 많고 발달함이 적은 것이다. ◆ 巨門이 辰宮에 居하며 化祿이나 化權을 보게 되면, 富를 이루고 다시 祿存의 회조가 있으면 大富의 命이다. ◆ 巨門이 辰宮에 居하며 文昌과 동궁이고, 또한 巨門이 化祿과 文昌, 化忌를 보게 되면, 이는 奇格(기격)으로 此 命人은 大富大貴하게 되고, 대궁의 天同이 福星이며 解厄星(해액성)이니 능히 化忌의 凶함을 유용하게 변화를 시키는 것이다. ◆ 巨門이 戌宮에 居하며 化祿, 化權을 보게 되면 역시 奇格으로, 이는 太陽이 午宮에 있는 것과 같아 日麗中天(일려중천)이며, 暗陰之氣(암음지기)가 이미 消散(소산)된 것이다. ◆ 凶星을 두려워하고 化祿과 化權을 좋아함은 巨門의 특성으로, 廟旺에 해당하는 太陽과 동궁이거나 회조를 받음을 극히 喜하는 것이다. ◆ 대체로 巨門은 四煞星과 동궁함을 최고로 忌하는 것이다. ◆ 巨門과 四煞星이 陷地에 들면 흉하고, 巨門이 三合方에서 凶星의 회조가 있으면 필히 흉액이 따른다 했다. ◆ 巨門이 火星과 鈴星을 보게 되면, 흉하여 죽게 되거나, 女難(여난)이 발생하거나 外道(외도)를 하게 되는 경우가 많다. ◆ 巨門이 명궁에 들고 擎羊과 陀羅를 보게 되면, 남녀 공히 荒淫(황음)한 경우가 많다. ◆ 巨門이 火星, 擎羊, 陀羅를 보게 되면, 종국에는 自縊(자액)하는 경우가 多發한다. ◆ 巨門과 擎羊, 陀羅가 身宮과 命宮에 각각 分居하면 질병이 따르는 경우가 많다. ◆ 巨門과 陀羅가 身宮이나 命宮에 동궁이면, 祖業을 破하고 빈곤하며, 奔波勞祿(분파노록)이 따르고 신체가 약하여 殘疾(잔질)이 많다. ◆ 巨門은 凶殺을 기피하는 특성이 있고, 煞星을 보게 되면 파격이 되는 것이다. ◆ 巨門은 暗星으로 辰戌의 墓地에 들고 혹, 四煞이나 天刑, 化忌를 보게 되면 刑訟(형송)을 당하게 되며, 이는 太陽이 陷地에 들어 원통함과 좌절됨을 겪는 것과 같다. ◆ 巨門은 시비구설을 主하는데, 이는 일종의 業力이며, 사안과 연관되어 야기되는 것이 아님을 유의해야 한다. ◆ 巨門이 守命인 者는 시비가 발생하게 됨이 명백한데, 시비지사를 피하고 바른 길을 가려해도, 자동적으로 시비가 발생하게 되고, 또한 일생 쉽게 시비구설에 휘말리는 경우가 많은데, 이는 모두 業力의 작동 결과인 것이다. ◆ 말재주가 있고, 말로 하는 직업에 종사함이 길하고, 공공기관에서의 일처리나 외교적인 면에서도 재주가 있다. ◆ 巨門은 분석력이 있으며, 언변이 뛰어나고, 생각을 많이 하고 연구하여, 자신의 이념으로 만듦에 능한 면이 있어, 추구하고자 하는 분야에서 어느 정도 성취감은 있으나 재물복은 적다. ◆ 化祿을 보게 되면 講話(강화)를 함에 있어 感聽(감청)하게 하니, 감성으로 강연하여 풍취가 있으며 또한 듣는 사람은 매료되는 것이다. ◆ 化權을 보게 되면 講話(강화)를 함에 권위가 있으니, 고전을 인용하고 말마다 도리에 맞고, 강연자가 힘이 있으니, 청중들은 믿고 따르고 신뢰하는 것이다.

<table>
<tr><td>辰戌</td><td>
◆化忌를 보게 되면 講話(강화)를 함에, 쉽게 지탄을 받을 수 있으며, 강연자가 열성과 감동을 주지 못하니, 듣는 자도 받아드림이 없는 것이다.
◆巨門이 辰戌 二宮에 居하면, 연구정신이 풍부하고 깊이 탐구하는 기질이 있어 연구원 등의 길이 좋다.
◆소년 시에 辛苦(신고)와 갈등을 겪은 후 재능을 발휘하여 얻어짐이 있는 것이다.
◆생각이 많고, 淸淨(청정)함이 적어 일에 진퇴가 반복되고, 의심, 의혹이 많으며, 박학하나 정밀함이 적다.
◆眼光(안광)이 예리하고, 매사 열심이고, 근신하며 관찰력이 있고, 분석력이 있으며, 기억력이 좋고 탐구열이 강하다.
◆남의 말을 잘 듣지 않고, 사사로운 감정이 重하고, 가까운 사람과 어울리고 대중에 나서기를 忌하고, 타인을 잘 신뢰하지 않으며 의심하기 쉬우니, 사람을 먼저 분석한 후 대화를 시작하는 경우가 많으며, 사람들에게 신비적인 감정을 품게 만드는 것이다.
◆女命은 매사 민감하며 신경질적이므로, 혼인에 있어서는 沮礙(저애)됨이 많다.
</td></tr>
<tr><td>巳亥</td><td>
<table>
<tr><td> 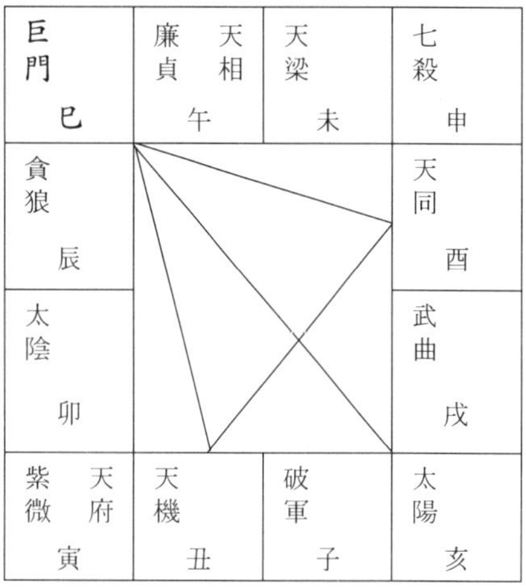巨門
巳</td><td>廉貞 天相
午</td><td>天梁
未</td><td>七殺
申</td></tr>
<tr><td>貪狼
辰</td><td></td><td></td><td>天同
酉</td></tr>
<tr><td>太陰
卯</td><td></td><td></td><td>武曲
戌</td></tr>
<tr><td>紫微 天府
寅</td><td>天機
丑</td><td>破軍
子</td><td>太陽
亥</td></tr>
</table>
◆巨門이 巳亥 二宮에 居하면, 平旺地에 해당되며, 獨坐이고 그 대궁에는 太陽이 있게 된다.
◆巨門이 太陽을 보게 되면, 巳亥宮은 驛馬宮(역마궁)에 있는 것이라 奔波勞碌(분파노록)이 많고, 고향을 떠나 타향에서 살게 되므로 독립심이 무척 강하다.
◆배우자와 자녀와의 연은 薄(박)한 편이고 아집이 강하다.
◆女命은 巨門이 巳亥 二宮에 居함을 不喜하는데, 만약 吉星을 보게 되면 사업상의 발전이 있고, 그렇지 못하면 감정상의 문제로 곤란함이 많다.
◆巨門이 巳宮에 居하면, 대궁의 太陽은 落陷된 것으로, 부친에게 이롭지 못하고 여러 辛苦(신고)를 겪은 후에 성취하게 된다.
◆幼年時(유년시)에 조상의 제사를 이어가거나, 대체로 幼年時(유년시)에 多病하고 殘疾(잔질)이 많은데, 그렇지 않은 경우이면 부친과 연관되어 傷함이 발생하는 경우가 많다.
◆太陽이 빛을 잃은 격이니, 일생 시비구설이 많고, 살아가며 겪게 되는 원한과 굴욕감을 씻어내기 어렵다.
</td></tr>
</table>

巳亥	◆此 命은 의심이 많고 일에 진퇴가 빈번하고, 다학이나 정밀함이 적고, 생각을 많이 하며, 좋아하는 일은 일정치 않다. ◆사람들과의 만남은 적으며 또한 시비가 많고, 일생동안 구설이 분분하다. ◆일생의 命運은 변화가 많고, 전문기술을 습득함이 좋으나, 勞苦(노고)가 많다. ◆만약 祿存과 동궁이면 복록이 重하나, 性情(성정)은 검박하고 근신함이 있으며, 富가 主가 된다. ◆만약 化祿, 化權과 동궁이면, 매력이 넘치며, 창업을 하여 富中貴를 얻게 된다. ◆巨門이 亥宮에 居하면 食祿(식록)이 滿堂(만당)이다. 太陽이 旺宮에 居하며 내조하게 되니, 조상의 음덕이 있고, 행동과 생각이 민첩하며, 반응이 명쾌하고, 말주변이 있고, 眼光(안광)이 예리하며, 일생동안 勞苦(노고)와 奮鬪(분투)가 많으나, 중년이후 발전하여 부귀를 얻게 된다. 언변 혹은 才談(재담)과 연관된 직업을 갖게 되나 시비구설은 분분하다. 따라서 강하게 자기주장을 펼치거나 거만함을 경계해야 한다. ◆일생의 命運은 극히 불안정하며 살아가며 발생하는 변화가 예측 불허이다. ◆化祿, 化權, 祿存과 동궁이면, 타향에서 부귀를 얻게 되며 또한 이름을 날리게 되고, 항상 분주하며, 뜻이 높고 거만하며, 남을 지적하기를 잘한다. ◆巨門은 言辯之星(언변지성)으로, 말주변이 좋고 언변과 연관된 직업에 길하다. ◆外交 등과 연관하여서는 극히 그 능력이 뛰어나다. ◆巨門은 暗星이니 廟旺宮에 居하면 비록 富貴는 있을지언정 장구하지 못하다. ◆일생 시비구설이 분분하고, 말을 하는 것마다 시비가 몸에서 떠나지 않는다. ◆어려서는 험난함이 많고, 육친과의 연도 적으며, 辛苦(신고)와 勞碌(노록)을 겪은 후에 성취함이 있는 것이다. ◆관찰력과 기억력이 좋으며 研修心(연수심)이 강하다. ◆일생 말과 연관하여 시비가 많으나, 만약 化權이 있게 되면, 말로 사람을 움직여 권위를 얻는 격이니, 국제무대의 외교관계에서 그 능력이 탁월한 것이다. ◆만약, 化祿, 化科, 紅鸞, 天喜, 文昌, 文曲, 天姚 陷地 등의 회조가 있으면 연예관련 사업이나 오락계통으로 발전이 있게 된다. ◆擎羊, 陀羅 등의 회조가 있으면 감정상의 변동을 일으키게 된다. 陀羅는 복잡한 감정상의 문제를 유발하고, 擎羊은 감정상의 문제로 인하여 폭력적인 문제가 수반된다. ◆晦氣와 官符가 있게 되면 是非와 官訟(관송)이 유발된다. ◆地劫과 天空 등을 보는 것을 忌하는데, 보게 되면 流年時(유년시)에 험난함과 辛苦가 따르게 되고 이를 겪은 후에야 성취가 있게 된다. ◆文昌과 동궁이 됨을 不喜하는데, 동궁하게 되면, 의심이 많고, 상실감이 크고, 진취성이 결핍된다. 또한 文曲과의 동궁도 不喜 하는데, 특히 女命에 가장 불리하며, 감정상의 혼란으로 인해 곤란한 점이 많이 발생하는 것이다.

12宮	巨門(거문)
命宮	◆化權을 喜하며 권위가 있다.

兄弟	◆ 상호간 은밀하며, 숨김이 있으며, 시기심도 있다. ◆ 煞星과 化忌를 보게 되면, 골육간에 慘狀(참상)이 발생하고, 和睦(화목)이 깨지고, 상호간 無情하게 된다.
夫妻	◆ 初緣(초연)은 필히 성사되지 않는다. 항시 시비구설이 따르고 결혼을 늦게 함이 좋으며, 나이차가 많은 사람을 배우자로 택함이 좋다. ◆ 天機, 巨門이 化祿, 化權, 化科, 文昌, 文曲 등을 보면, 배우자가 재능이 많고, 행동과 생각이 민첩하며, 청수하고 수려함을 겸비한 아름다움이 있다. ◆ 巨門이 太陽을 보면, 일을 함에 명랑하며, 처사에 적극적이고 근신함이 있다.
子女	◆ 필히 七殺星系가 命에 들게 되니, 일차 혹은 그 이상의 破折(파절)이 따르게 된다. ◆ 자신이 破折(파절)을 겪지 않더라도, 자녀로 인해 그런 문제가 발생한다. 이는 부모와 자식간 의사소통이 적었던 이유이고, 연분이 적었던 이유이며, 종국에는 시끄럽고 불미스러운 일이 당도한다.
財帛	◆ 口舌이 있은 후에 得財한다. ◆ 머리를 써서 求財하며, 자수성가하더라도 내적으로 破財의 기미가 있는 것이다. ◆ 만약 순수하게 자신의 능력으로 득재한다면, 破財의 禍(화)가 발생하지 않는다. 단 자녀들로 인한 破財를 방지해야 한다.
疾厄	◆ 口腔毛病(구강모병)이 있다. ◆ 脾胃(비위), 소화기계통의 질병이 있다. ◆ 祿存을 보게 되면 음식을 폭식하므로, 胃腫(위종), 胃病(위병)이 생긴다. ◆ 天機와 巨門을 보게 되면, 肝과 胃가 不和하고, 심기에 鬱血(울혈)이 있다. ◆ 巨門과 太陽을 보면 고혈압이 발생한다. ◆ 巨門과 동궁이면 좌골신경통, 습진, 汗癬(한선)이 있다.
遷移	◆ 시비를 초래하게 되어 타 지방으로 離鄕(이향)한다. ◆ 講學(강학)을 함이 좋으나 心志가 不逞(불령)하다. ◆ 煞星을 보면 인연이 薄(박)하다. ◆ 煞星과 化忌를 보게 되면 刑獄(형옥)의 禍厄(화액)이 있다. 出門하지 않음이 좋은 것이다.
奴僕	◆ 항상 불필요한 언사로 인해 구설에 오르게 된다. ◆ 친구와의 사이가 진실되지 못하고 시비가 많다.
官祿	◆ 언변이 좋고, 자수성가 하며, 전문기능이 좋다. ◆ 天馬를 보면 江湖를 유랑한다. ◆ 文昌, 文曲 등의 文星을 보게 되면 寒士(한사)이다.
田宅	◆ 불리하다. 漂浮(표부)하고 祖業을 이어가지 못하고 고향을 떠나게 된다. ◆ 저지대, 暗樓(암루), 厠所(측소), 下水道, 坑渠(갱거), 도랑, 낮은 도로 등이다.
福德	◆ 마음에 생각함이 많으며, 사려함에 있어 불순함이 있다. ◆ 일에 뇌우침이 있으면서 다시 뇌우칠 일을 하는 경우가 있다. ◆ 일을 행함에 세밀함이 있고 노력하는 마음이 있다.

父母	• 부모와의 연이 薄(박)하고 부모간 이별수가 있다. 이는 부모 사이에 상호 원망하는 마음이 쌓여서이다. • 일의 圖謀(도모) 후에 上司의 압박을 초래하게 된다. • 의심이 많고, 박학하나 정밀하지 못하다. • 일에 열심이지 않고, 심성이 부정하다. • 文昌, 文曲, 化科 등의 회조나 협조가 있으면, 학업을 보충하고 연마하려 하나 부족함이 있다.

圖44 巨門星 坐命

<table>
<tr>
<td>天鉞
孤辰 天喜 天傷 天空
晦氣 劫殺 飛廉
53~62
奴僕 病 乙巳</td>
<td>天機 台輔 陰煞 解神
年解 恩光 天福 旬空 鳳閣
蜚廉 喪門 災殺 喜神
63~72
遷移 死 丙午</td>
<td>紫微(權) 破軍
天刑 天使
貫索 天殺 病符
73~82
疾厄 墓 丁未</td>
<td>龍池
官符 指背 大耗
83~92
財帛 絶 戊申</td>
</tr>
<tr>
<td>太陽 文曲
天才 天壽
太歲 華蓋 奏書
43~52
官祿 衰 甲辰</td>
<td rowspan="2" colspan="2">男命
陰曆：1952. 11. 10. 子時
命局：木3局 桑柘木
命主：貪狼 身主：文昌

戊 丙 壬 壬
子 午 子 辰

76 66 56 46 36 26 16 6
庚 己 戊 丁 丙 乙 甲 癸
申 未 午 巳 辰 卯 寅 丑</td>
<td>天府
天廚 月德
小耗 陷地 伏兵
93~
子女 胎 己酉</td>
</tr>
<tr>
<td>武曲(忌) 七殺 天魁
八座
病符 息神 將軍
33~42
田宅 帝旺 癸卯</td>
<td>太陰 文昌 鈴星 陀羅
天月 天官 天虛
歲破 月殺 官符
夫妻 養 庚戌</td>
</tr>
<tr>
<td>天同 天梁(祿) 左輔(科) 火星
天馬 封誥 天巫 截空 天哭
弔客 歲驛 小耗
23~32
福德 建祿 壬寅</td>
<td>天相
寡宿 破碎 天德
天德 攀鞍 青龍
13~22
父母 冠帶 癸丑</td>
<td>巨門 右弼 擎羊
天貴 紅艶
白虎 將軍 力士
3~12
命宮 身宮 沐浴 壬子</td>
<td>廉貞 貪狼 祿存
地劫 地空 天姚 三台 紅鸞
大耗 龍德 亡神 博士
兄弟 長生 辛亥</td>
</tr>
</table>

〈圖44 巨門星 坐命〉

◆ 명궁과 身宮에 巨門과 擎羊이 居하고 右弼이 동궁하니 본시는 凶格이나, 본성이 성실하고 선량하며, 시민을 위한 봉사활동에 열심인 시의원의 명반이다.

◆ 43~52세는 甲辰大限이며 辰宮이 명궁이다. 좌우의 天鉞과 天魁가 대한 명궁의 太陽을 夾照하고, 文昌과 文曲의 회조가 있으니 시의원에 연임된 것이다. 그러나 甲辰大限 대궁의 鈴星과 陀羅, 그리고 대한재백궁에 擎羊의 沖照가 있으니 길 중 흉함이 있는 것이다. 또한 宮干 甲의 化忌가 太陽에 부법되어 대한명궁에 입궁하니 自化忌인 것이라, 명예손상의 조짐이 있었던 것이다. 시의원 선거에서 근소한 차이로 패배한 상대정당 후보와의 시비다툼과 관재구설이 발생하여, 종국에는 당선무효의 刑을 선고받고 53~62세 乙巳大限에 구속되었던 것이다.

◆ 53~62세는 乙巳大限이며 巳宮이 명궁이다.

· 대궁에 煞星인 地空, 地劫이 있어 대한명궁을 충조하여 흉하니, 6년형을 선고받고 복역을 한 것이다. 또한 乙巳大限의 宮干 乙의 化忌가 太陰에 부법되어 본명부처궁에 입궁하여 본명관록궁을 충조하니 역시 흉했던 것이다.

· 56세 小限은 巳宮에 해당하며, 소한명궁이고 天干은 辛이며 乙巳大限宮(53~62세)에 배속된다. 소한관록궁의 宮干支는 乙酉로 宮干 乙의 化忌가 太陰에 부법되니 이는 소한노복궁이며 또한 선천부처궁에 해당되므로 자연 부처간의 연에 금이 가게 되는 것이다. 소한노복궁의 宮干支는 丙戌로, 宮干 丙의 化忌가 廉貞에 부법되니 이는 소한천이궁에 해당되어, 자연 소한명궁을 충사하니 역시 매우 흉하다. 다시 동궁한 地劫, 地空이 56세 소한명궁을 거듭 충사하니 흉함이 중첩되는 것이다.

· 此 小限 56세에 처와 이혼하고 破家, 破財하게 되었던 것이다.

◆ 63~72세 丙午大限은 解神이 동궁하여 消災解厄(소재해액)하고, 대궁에 길성인 右弼과 天貴의 공조가 있으니, 유력 시의원을 지원하고 조력하여, 종국에는 당선인의 막료로 활동하며 자신의 명예회복의 길을 열었던 것이다.

(5) 천상(天相)

<table>
<tr><th colspan="2">天相(천상)</th></tr>
<tr><th>宮位</th><th>解義</th></tr>
<tr><td>子午</td><td>
<table>
<tr><td> 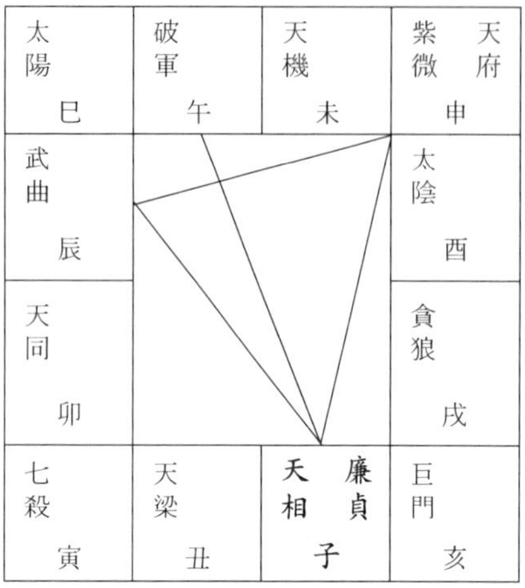太陽 巳</td><td>破軍 午</td><td>天機 未</td><td>紫微 天府 申</td></tr>
<tr><td>武曲 辰</td><td colspan="2" rowspan="2"></td><td>太陰 酉</td></tr>
<tr><td>天同 卯</td><td>貪狼 戌</td></tr>
<tr><td>七殺 寅</td><td>天梁 丑</td><td>天相 廉貞 子</td><td>巨門 亥</td></tr>
</table>

◆廉貞星과 동궁이니 前述한 廉貞星을 참조한다.
◆天相은 陽水에 속하며, 官祿을 主하고, 化氣는 “印(인)”이다.
◆天相은 官職(관직), 貴氣(귀기), 權勢(권세), 意識(의식), 東洋五術(동양오술), 美食(미식), 精敏(정민), 財物(재물), 孤獨(고독), 등과 연관된다.
◆天相이 子午 二宮에 居하면, 旺廟地에 居하는 것이며, 필히 廉貞과 동궁하게 된다.
◆대궁인 천이궁에는 破軍이 居하고, 삼합방인 재백궁에는 紫微와 天府, 관록궁에는 武曲이 居하게 된다.
◆天相과 廉貞이 동궁이면, 상호 보완하여 성취를 이루고, 이 두 성요는 밀착된 배합의 관계를 이루며 균형적인 발전을 도모하는 것이다.
◆天相과 廉貞은 균일하게 관록을 主하는데, 子午 二宮에 동궁하면, 외적으로 공적인 임무를 맡게 되거나, 煞星의 禍厄的(화액적) 우려가 없으면 평탄하게 青雲(청운)의 뜻을 이루며, 사업적으로도 결단력과 집행력이 있어 크게 발달하게 된다.
◆天相과 廉貞의 조합은 기본적으로는 창조성과 창업성이 크진 않지만, 삼방의 회조가 있어 유력하게 작동하여 主星과 같은 역할이 있거나, 사업적 성향인 武曲이 있으며 대궁에는 破軍이나 財祿의 성향인 紫微나 天府 등이 있는 경우이면, 능히 협조와 조력을 얻어 성취됨이 있는 것이다.
◆天相은 印星이며 속성이 水이고, 廉貞은 囚星이며 속성이 火인데, 차 조합은 廉貞의 흉하며 예의가 없는 성질을, 天相이 동궁하여 보듬고 교화시켜 廉貞의 흉함을 제압하게 되는 것이다. 이는 水剋火의 원리인 것이고 다시 木을 생하게 되는 이치 때문이다.
◆武職(무직)에 이로우며 문직과는 거리가 멀어, 정치, 학문, 문화 등에는 성취됨이 적다.
</td></tr>
</table>

子午	◆ 주도면밀함이 있고, 자아심이 강하고, 복무적 정신이 강하니, 勞碌奔波(노록분파)가 따르고, 허위와 부실 등의 면도 있으며, 외적으론 담대함이 느껴지나 실상 내심은 고독한 면이 있으며, 담대하지 못한 성격에 비해 자기 자신을 표출하기를 좋아한다. ◆ 化祿, 化權, 化科의 來會가 있고, 다시 六吉星을 보게 되면, 맡은 바 직책에 능력을 발휘한다. ◆ 此 命은 지혜가 있고, 威權(위권)이 있으며, 매사 근신하며 일처리에 책임을 다하니, 財經(재경)이나 企業界(기업계)에 이로운 것이며, 財富를 得하게 되고 大器晩成(대기만성)인 것이다. ◆ 子宮에 居하면, 일의 판단이 명쾌하고, 고집이 세고, 생기가 넘치며, 남의 호감을 쉽게 얻는다. ◆ 午宮에 居하면, 午宮은 火位라, 법과 인자함을 犯하기 쉽고, 아래 사람을 대할 때, 사상이 편벽되고, 正道와는 거리가 먼 경우가 있다. ◆ 복덕궁에 七殺이 居하니, 不合 됨이 많고, 마음에 번뇌가 많으며, 고독과 우울증 등이 주기적으로 나타나는 경우가 있다. ◆ 祿存의 회조가 있으면 富裕(부유)함이 있고, 다시 左輔와 右弼의 회조가 있으면 大權(대권)을 장악하기도 한다. ◆ 天相과 廉貞의 조합이 文昌과 文曲의 회조가 있으면, "廉貞文武格(염정문무격)"이라 하여, 이치에 밝고 禮(예)를 숭상하며, 음악을 좋아하는 반면, 감정의 기복이 많아 刑傷(형상)을 많이 당하고, 短命(단명)의 우려가 있는 것이다. ◆ 廉貞은 민감적 성요라 조급한 면이 있으나, 다시 天相이 동궁하면, 轉禍爲福(전화위복)이 되어 聰明巧智(총명교지)한 것이다. 이러한 조합은 政治에 불리하고 經商에 이로운 것이다. 단적으로 논하기는 어렵지만 총명과 재예가 있을 시에 사업적 기초가 될 수 있는 것이다. ◆ 天相과 廉貞이 동궁 시에, 文昌, 文曲, 龍池, 鳳閣, 天才 등을 보게 되며 煞星의 회조가 없으면, 官에 있어서는 유유사적한 직책으로 淸貴(청귀)하게 된다. 煞星의 회조가 있으면 才藝(재예)로 명성은 얻으나 안일함에 젖어 살게 된다. ◆ 天相과 廉貞이 子午宮에 동궁하고 紫微의 회조가 있더라도, 巨門과 化祿 혹은 化權을 얻거나 來照가 있거나, 혹은 祿存을 보게 된 연후에야 부귀를 얻게 되는데, 이때에 煞星과 化忌의 회조가 없어야 한다. ◆ 만약 火星과 동궁하거나, 天刑의 회조가 있거나, 대궁에 破軍이 있으면, 그 영향으로 自殺이나, 혹은, 자신의 착오와 불찰로 인해 번뇌하며 敗折(패절)하게 된다. ◆ 질액궁에 天機가 居하게 되므로, 비록 건강상의 문제가 발생할 수 있더라도 회복이 빠르다. ◆ 子宮에 居함이 午宮에 居함보다 吉하고 이롭다. ◆ 甲年生 : 財官이 아름답고 부귀가 겸전이다. 영도적인 능력이 있고, 勞碌奔波(노록분파)가 따르나 사업적으로는 성취됨이 있다. ◆ 乙年生 : 총명하고 才華(재화)가 있으며, 영도적인 능력과 처세술이 뛰어나다. 귀인들의 조력이 있고, 偏財星의 성향이 있으니 사업적으로도 성취됨이 있다. ◆ 丙年生 : 명궁에 廉貞과 化忌가 동궁이면, 변동성이 증강되고, 감정상의 문제로 재능을 발휘하지 못하고, 번민이 많으며, 정서적인 면에서 여러 破折(파절)이 따른다.

子午	◆丁年生 : 명궁이 午宮이며 祿存과 동궁이면, 부귀하고 사업적으로 성공한다. ◆己年生 : 매사 순탄하고 財運도 형통하다. ◆庚年生 : 사업심이 강하고 萬難(만난)을 이겨낸 후 최후의 승자가 된다. ◆壬年生 : 勞碌奔波(노록분파)가 따르고 감정상의 困擾(곤요)가 있으나, 사업적으로는 성공하여 자신에게 錢財(전재)가 항시 떠나지 않는다. 만약, 擎羊이 명궁에 居하면, 이를 "刑囚來印格(형수래인격)"이라 하여 시비구설이 많고, 범사 미혹에 잘 빠져들어 성공적 기회를 놓치게 되고, 해당 관청의 官訟이 있게 된다. 일생 訟事(송사)가 떠나지 않고 시비가 그치지 않는다. ◆癸年生 : 능히 중책을 맡게 되며, 변화성과 충동성의 특성이 있어 錢財와 연관하여 破折(파절)이 다르고 대규모 투자 경영에는 불리하다.
丑未	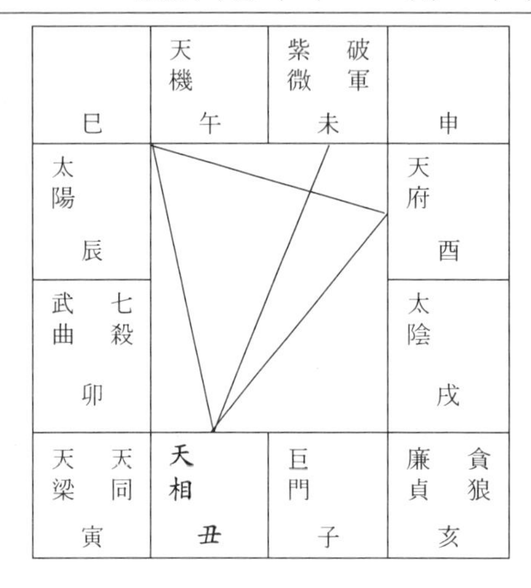 ◆天相이 丑未 二宮에 居하면, 平陷地에 居하는 것이며 獨坐이고, 그 대궁에는 紫微와 破軍이 있게 된다. ◆天相이 丑未宮에 居하면, 天相의 장점을 크게 발휘할 수 있는 宮位로, 일생동안 유유자적하며 살게 된다. 외향적 활동을 기뻐하며, 칩거하고 안정됨을 추구함을 忌한다. ◆정황상 美를 추구함과는 멀고, 번뇌를 버리고 실행에 옮기며, 사람으로 하여금 분발하게 하여 성공하게 하고, 자신은 능력 밖의 일을 하게 되는데, 그렇지 않은 경우에는 變格(변격)으로 논함에 무리가 없다. ◆丑未宮의 天相은 墓庫地이며 財帛(재백)을 主하는데, 이는 天府가 재백궁에 들어 得位함과 같다. 다만 破軍이 대궁에 있으니 종국에는 환경의 변화가 다단함을 궁구해야 한다. ◆丑宮의 天相은 성정이 온화하고, 언어가 진실되며, 의견이 上司에게 잘 전달되고, 고통과 勞苦(노고)를 잘 견뎌낸다. ◆길성의 회조가 있게 되면, 독단적인 면도 있으나 사업상으로는 성취할 수 있다. ◆未宮의 天相은 낙함되어 빛을 잃으며 약해지는 것으로, 인자한 반면, 대체로 낮은 직급에 종사하게 되는 경우가 많은데, 자연 이러한 命은 남의 밑에서 봉급생활 직업에 맞는 것이다.

丑未	◆天相은 대궁의 紫微의 영향으로 인하여, 독단과 독행에 있어 변화가 있게 되는데, 한편으로 권력욕의 증가함이 있으니 정치적인 면에 이로움이 있고, 經商的(경상적)으로도 다소의 성취함이 있다. ◆化祿, 化權, 化科 등을 喜하고, 또한 天魁, 天鉞, 左輔, 右弼, 恩光, 天貴, 台輔, 封誥, 三台, 八座 등의 회조를 공히 기뻐한다. ◆煞星이 없으면 정치적인 방면에 길하고, 만약 煞星이 있게 되면 經商(경상) 방면에 길하다. 다만 破軍의 흉한 영향이 적어야 하고 그렇지 않은 즉 좌절적 경향이 심하다. ◆고서에는 天相이 守命하고 左輔, 右弼, 文昌, 文曲 등의 회조가 있으면 권력을 움켜쥐게 된다고 했다. ◆女命에 天相과 右弼이 있으면 福이 따르는 경우가 많다. ◆天相은 도화적인 성질도 있어, 左輔, 右弼, 文昌, 文曲 등과 동궁하면 감정적인 혼란이 따르게 된다. 가장 忌하는 것은 陀羅와 동궁하는 것으로, 이리되면 저체되고 猶豫(유예)됨이 반복되는 것이다. 또한 火星, 鈴星과의 沖破를 기하는데, 이리되면 災禍(재화)가 다발하게 된다. ◆天相이 坐命이며 火星, 鈴星의 沖破가 있으면, 신체상의 상해가 빈번하게 발생하고 殘疾(잔질)이 많이 발생한다. ◆天相이 四煞과 동궁일 경우에는 破財가 다발하게 된다. ◆天相은 擎羊, 陀羅의 夾照를 忌하지는 않는데, 만약 중중한 來照가 있게 되면 여러가지 압박과 곤란이 있게 된다. ◆左輔, 右弼이 宮에 臨하고, 다시 化祿, 天梁 등의 夾持(협지)가 있으면 이를 "財蔭夾印格(재음협인격)"이라 하며, 부귀영화가 따르고 안락한 생활을 하게 된다. ◆만약 化忌와 擎羊이 좌우에서 夾持(협지)함이 있으면 이를 "刑忌夾印格(형기협인격)"이라 하며 관재구설과 刑傷(형상)이 다발하게 된다. ◆女命의 天相은 길하다 논하는데, 이는 夫君의 제왕적 권위에 조정자적이며 내조자로서의 역할을 하게 된다고 판단하기 때문이다. ◆또한 天相이 女命에서 길하게 형성되면, 자식이 貴하고 夫君이 賢臣(현신)이 될 것이라 논함과 같은 맥락이다. ◆女命에서 天相이 명궁에 들면, 총명하고 신중하며 丈夫(장부)의 기질이 있고, 다시 天魁, 天鉞, 左輔, 右弼, 天祿, 天馬 등의 길성의 회조가 있으면, 남편과 자식으로 하여금 모두 부귀영화를 누리게 하는 내조의 역할을 한다고 했다. 다만 文昌, 文曲 등의 도화계열의 성요의 회조가 없어야 한다. ◆女命의 天相이 文昌, 文曲 등의 회조가 있으면 단지 侍妾(시첩)에 불과하다고 했다. ◆현대적 의미에서는, 天相은 보좌적 의미의 성요로 판단하는데, 이는 사업상, 혹은 정치적인 면, 혹은 재능과 연관된 면에서의 보좌업무를 의미하는 것이다. 이러한 이치로 文昌, 文曲 등의 회조가 있는 경우에는, 도화적 기질이 태동하게 되니, 女命으로 하여금 才藝(재예)를 활용하여 安身하는 길로 가게 된다. ◆女命의 天相은 배우자가 연장자임을 喜하는데, 天相이 丑未宮에 居하면 독좌로서 12년 이상의 나이차가 연계되는 이치이다.

寅申

天機 巳	紫微 午	未	破軍 申
七殺 辰			酉
太陽 天梁 卯			廉貞 天府 戌
天相 武曲 寅	巨門 天同 丑	貪狼 子	太陰 亥

- 武曲星과 동궁이니 前述한 武曲星을 참조한다.
- 天相이 寅申 二宮에 居하면, 弱廟地에 居하는 것이며, 필히 武曲과 동궁한다. 삼합방인 재백궁에는 廉貞과 天府가 居하고, 관록궁에는 子微가 居하며 대궁인 천이궁에는 破軍이 거하게 된다.
- 대궁에는 破軍이 居하는 고로, 인생에 변동과 奔波(분파)가 많고, 먼저는 큰 성공을 거둔다 해도 辛苦(신고)와 勞碌(노록)을 면치 못한다.
- 天相은 壬水이고 武曲은 辛金으로 金水相生되며, 寅申宮은 驛馬位가 되니 이 사람은 일생에 이동수가 많고, 근검하며, 창소적 능력이 있고, 고향을 떠나 타향이나 타국에서 발전하는 경향이 있다.
- 天相, 武曲은 寅宮에 居함이, 申宮에 居함보다 이로우며 역량이 더 강하다.
- 天相은 武曲보다 강직하고, 포용력이 있고, 인내하고 양보하는 능력이 있으므로, 武曲이 天相의 후덕함을 얻으면, 은연하고 근신하며, 정의의 조력이 있고, 그 剛强(강강)한 勢와 孤剋(고극)됨을 누그러뜨려 원활하게 하나, 辛苦(신고)는 증가하게 된다.
- 天相이 武曲의 정직. 과단, 강강한 조력을 얻게 되면, 天相의 보좌적 능력이 증대되어, 봉급생활직 혹은 보좌역의 직책에서 人才가 된다. 다시 文昌, 文曲, 左輔, 右弼, 天魁, 天鉞 등의 회조가 있고, 살성의 회조가 없으면 輔國才人(보국재인)의 역량이다.
- 煞星의 회조를 忌하는데, 만약 살성을 보게 되면 복록이 감쇠하고, 고독하며, 다시 살성의 회조가 과다한 경우에는 평생 殘疾(잔질)이 몸을 떠나지 않는다.
- 天相, 武曲, 天馬가 동궁하면, 武曲은 偏財星으로 실질적이므로 經商에 이롭다. 天馬를 보면 이른 나이에 고향을 떠나 타향이나 타국에서 생활하는 경우가 많은데, 장차 큰 성공을 거두게 된다. 또한 祿馬交馳(녹마교치)가 되면, 사업적으로 대성공을 거두어 富를 크게 축적하게 되며, 官과 商을 兼하는 경우도 있다. 이런 연유로 得財하여 금의환향하는 경우가 많으며, 경영외적으로는 논할 바가 없는 것이다.
- 삼방사정의 武曲과 破軍은 파괴력이 크므로, 天相에 흉한 영향을 남기게 되며, 이로 인해 일에 있어 미흡하고 부족한 부분이 따르게 되며, 상시 마음의 변동이 많다.

寅申	◆ 가장 좋은 것은 祿存과 化祿을 보면, 祿의 영향으로 파괴력이 온화하게 바뀌는 것이다. 또한 보좌성을 보는 것을 喜하는데 이리 되면 煞星의 저항력이 약해지는 것이다. ◆ 天相, 武曲이 寅申宮에 居하면, 고독하며 본시 고지식하고 둔하며, 언사가 무뚜뚝한 면이 있다. ◆ 성품은 온화하고 정의감이 있고 清秀(청수)하며, 두뇌가 좋고 반응이 호쾌하며, 주관이 강하고 과묵함이 있다. ◆ 개인의 성향은, 酒食을 좋아하고, 근심걱정이 적은 편이고, 곤궁하지 않다. 객지에서도 사람을 잘 사귀고 도처에 朋友(붕우)가 있어 인연이 특별하나, 참된 知己(지기)를 만나기 어렵고, 교제범위가 광범위한 것이 흠결이 될 수도 있다. ◆ 寅宮에 居하면 말을 잘 뒤집으나, 申宮에 居하면 수하인을 아끼는 마음이 있다. ◆ 天相, 武曲이 동궁일 경우엔, 문무를 논할 시는 煞星이 있으면 武職으로 시작하여 文職으로 나아가고, 煞星이 동궁하지 않을 시는 軍警職(군경직)이나 法律系統(법률계통)의 직업에 종사하는 경우가 많다. ◆ 天相, 武曲이 文昌, 文曲과 만나면, 총명하고 교묘한 재능이 있는 경우가 많은데, 이는 武曲의 보편적 성질인 재능, 才藝(재예)를 뜻하는 것이다. 만약에 左輔, 右弼의 회조가 있으면, 권세가 있게 되는데, 이는 武曲의 성질이 권력으로 변화되기 때문이다. 다시 桃花星系를 보게 되면, 총명하고 才藝(재예)가 출중하여 명성을 얻는 경우가 많다. ◆ 고서에 武曲이 閑宮(寅 · 申 · 卯 · 酉 · 巳 · 亥)에 居하면 才藝(재예)가 많다고 했다. ◆ 女命에 天相과 武曲이 명궁에 居하면, 부부궁이 殺破狼格局(살파랑격국)이 되어 혼인에 破折(파절)과 불리함이 많다. ◆ 甲年生 : 부귀겸전이며 명예가 있고, 조상의 음덕이 있다. ◆ 乙年生 : 기획력이 뛰어나고, 학문, 문예의 연구 방면에서 독특함이 있다. ◆ 丙年生 : 재백궁에 廉貞과 化忌가 동궁이면, 桃花로 인한 시비구설을 방지해야 하고, 經商에서 능력을 발휘하여 부자의 명조이다. ◆ 己年生 : 財運이 순탄하고 得財하며 經商으로 성공한다. ◆ 庚年生 : 사업심이 강하고 자수성가하며 은연중에 성취됨이 있다. ◆ 辛年生 : 天魁가 명궁에 居하고, 天鉞이 관록궁에 거하면 "天乙拱命格(천을공명격)"이라 하여, 文章(문장)으로 일세를 風靡(풍미)하고 귀인의 조력을 얻는다. ◆ 壬年生 : 영도적인 역량이 있고, 辛苦(신고)가 따르나 사업적으로 성공한다. ◆ 癸年生 : 매시 일에 적극적이며 금융계통으로 명성을 얻는다.

卯酉

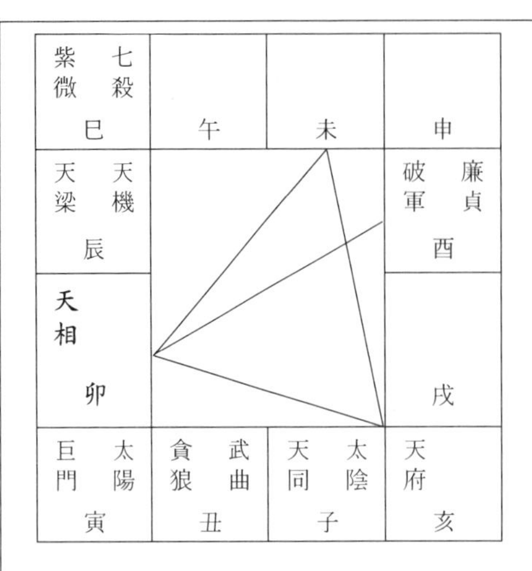

- 天相이 卯酉 二宮에 居하면, 平廟地에 居하는 것이며 獨坐이고, 그 대궁에는 廉貞과 破軍이 있게 되며, 卯宮에 居함이 酉宮에 居함 보다 길하고 이롭다.
- 天相이 平地에 居하는 경우에는 本身이 쇠약한 것이라, 天府의 견제를 받게 되고, 또한 보수적이며 근신을 하는 성향으로 금전 처리에 능력이 있다. 本身은 변화를 불희하고 나서기를 좋아하지 않는다.
- 대궁의 廉貞과 破軍의 영향으로 본인은 개성이 있고 사려가 깊다.
- 天相이 守命이면, 대궁의 廉貞의 영향으로 봉급생활직이나 공직에 이롭고, 말주변이 뛰어나다.
- 동궁한 廉貞은 민감한 성격이며 또한 조급한 점도 있으나, 天相의 공조가 있으면 총명하며 민첩하게 바뀌고 정치나 經商에 이롭다. 그렇지 않다면 자신의 才藝(재예)와 재능으로 사업상의 기초를 다지게 된다. 이러한 연유로 文昌, 文曲, 龍池, 鳳閣, 天才 등의 성요가 있으면, 더한층 본인의 才藝를 증가시키는 경향이 있다. 만약 煞星을 不見하면, 관직에 있더라도 閒職(한직)이나 淸貴(청귀)에 불과하고 煞星을 보게 되면, 才藝로 이름을 날리나 안일한 일상을 보내게 된다.
- 卯酉 二宮의 天相은 平廟地에 居하는 것으로, 行運에서 길성을 보게 되면 능히 성공할 수 있는 命이다.
- 天相이 卯酉宮에 있는 경우에는, 사업을 일관되게 하여 有始有終(유시유종)이 있으며, 行運에서 불리하게 미치는 영향이 있는 경우에는, 일생동안 직업의 변동이 다발하게 되는데, 이는 자연적인 情況(정황) 下에서의 변화이며 변화 후에는 안정적인 삶을 유지한다.
- 화합되고 품위가 있으며, 품성이 총명하고, 동정심이 많고, 언어가 진실되며, 일처리에 사기성이 없고, 곤란한 사람을 보면 惻隱之心(측은지심)이 생기고, 악한 행위를 보면 분개심과 불평과 항의가 많다.
- 생김새는 돈후하고 청백하며, 호기심이 많으나 중후하고, 봉급생활직에 적합하고, 實事求是(실사구시)를 추구하며, 다만 吹毛求疵(취모구자=터럭을 불어 헤쳐 흠을 잡아내는 일)의 성향도 있다.

<table>
<tr><td>卯酉</td><td>
◆ 붕우관계가 좋고, 사람을 대함에 온화하고 겸손하며, 개성이 돈후하고, 타인의 말을 잘 경청하고, 타인의 호감을 널리 얻게 되고, 붕우간 사귐에 있어 허심탄회하다
◆ 자유를 추구하니 나태함과 타성에 젖는 면도 있으며, 錦衣玉食(금의옥식)을 좋아하고, 외형적인 면을 비교적 중시하고, 장식에 관심이 많고, 자신을 잘 꾸미고, 말주변이 있으며, 혹, 말을 더듬어도 敗着(패착)이 되지 않는다.
◆ 일을 행함에는, 근신하고 정감이 풍부하고, 타인을 돕기를 즐겨 하고, 사려가 깊으며, 근면함으로서 성취감이 있게 된다.
◆ 신중하며 일생 한 직장에 종사하니 유시유종이 있는 것이다. 자발적으로 타인을 돕는 것이고, 한편으론 정성과 열정이 적은 편이니 또한 구해짐도 적은 것이다. 생각하는 일에 능히 전력을 기울이나 본인의 희생은 적다.
◆ 이러함이 幕僚(막료)로서의 능력이며, 일을 맡음에 기피함이 없고, 은연자중한 개성으로 능력을 발휘하니, 일을 파악하여 처리함에 흡족함이 있는 것이다.
◆ 卯酉宮의 天相은, 살성의 충파가 없으면, 능히 상류사회로 진출할 역량이 있으며 부귀를 얻게 되는 것이다.
◆ 左輔, 右弼, 天魁, 天鉞, 文昌, 文曲 등의 회조가 없으면 큰일을 성사시키지 못한다.
◆ 天相이 卯宮에 있으면 무정한 면이 있고, 酉宮에 있으면 수하인을 잘 챙겨주는 성향이 있다.
◆ 男命은 주관이 적고, 고용되어 주거하는 경우가 많으며, 女命은 苗條型(묘조형)에 비유되며, 남의 언행에 감동을 받기 쉽다. 만약 煞星 특히 擎羊을 보게 되면 결혼연이 薄(박)하다.
◆ 女命은 左輔, 右弼이 있으면 일생동안 안온하며, 文昌, 文曲 등을 보면, 혼인에 불리하며 감정상의 문제가 발생한다.
◆ 가장 기피하는 것은 桃花星系인데, 감정이 복잡하고, 혼인연에 변화가 많고, 이성으로서의 호감이 적어지니, 情人과의 사이에 이별수가 발생한다.
</td></tr>
<tr><td>辰戌</td><td>
<table>
<tr><td> 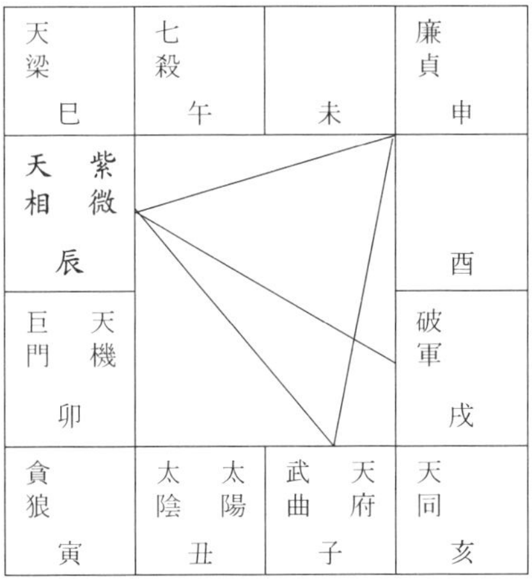天梁
巳</td><td>七殺
午</td><td>未</td><td>廉貞
申</td></tr>
<tr><td>天相 紫微
辰</td><td></td><td></td><td>酉</td></tr>
<tr><td>巨門 天機
卯</td><td></td><td></td><td>破軍
戌</td></tr>
<tr><td>貪狼
寅</td><td>太陰 太陽
丑</td><td>武曲 天府
子</td><td>天同
亥</td></tr>
</table>
◆ 紫微星과 동궁이니 前述한 紫微星을 참조한다.
◆ 天相이 辰戌 二宮에 居하면, 平陷地에 居하는 것이며, 紫微와 동궁하게 된다.
</td></tr>
</table>

辰戌	◆ 天相은 "印星(인성)"에 비유하니, 紫微와 동궁하면, 제왕이 옥쇄를 손에 쥔 것과 같은 것이며, 天祿, 天馬, 化祿을 보게 되면, 權柄(권병)을 휘두르고, 국고가 넘쳐나니, 명성이 자자한 帝王이 된다. 만약, 惡煞星을 만나게 되면 무도한 것이다. 悖惡(패악)하며, 사기가 많으니, 富貴가 있더라도 무도함을 덮을 수가 없게 된다. ◆ 天相과 紫微의 조합이 天府, 天魁, 天鉞, 左輔, 右弼, 文昌, 文曲 등과 회조하게 되면, 辰戌은 天羅地網(천라지망)에 해당하니, 辰戌宮에 居한 紫微는 平廟地에 해당하는 것이며, 天相은 속성이 水라 土의 受制를 당하는 것이라 역량이 크지 못하고, 또한 천라지망에 沖出되는 것이라, 용이 깊은 물속에서 곤고해짐에 비유되는데, 이는 속박되고 재능을 펼치지 못함과 상통하니, 이런 명조는 특수기능직에 종사하거나, 혹은, 예상치 못한 특별 행운을 만나게 되기도 한다. ◆ 天相은 水星으로, 辰戌 二宮에 居하면 모두 土의 受制를 당함이 있으나, 辰宮은 암암리에 申子辰 삼합수국으로 比和되어 旺해져 天相水를 부조하니, 辰宮이 戌宮보다 이로운 것이다. ◆ 天相과 紫微가 辰戌 二宮에 居하며 吉星의 회조가 있으면 老實人(노실인)이나, 만약 煞星을 보게 되면 不忠, 不孝, 不仁의 사람이 된다. ◆ 살성의 회조가 없으면, 개성이 온화하고, 처사에 신중하고, 남을 돕기를 좋아하고, 富하며, 정의감이 있다. ◆ 현상에 안주하지 않고 새로운 것에 도전의식이 강하다. ◆ 좋은 일에 臨(임)해서는 그 뜻을 견지하고, 의롭지 못한 일에서는 필히 관계를 끊고 거리를 둔다. ◆ 사업운이 좋으며, 귀인의 조력을 받으니, 사업적인 면에서는 항상 발전함이 있는 것이다. ◆ 일생에 환경적 변화가 많으며, 머무르는 곳에서의 여러 풍파를 면할 수 없다. ◆ 본인의 역량이 많지 않으니 세상사에 얻고자 면에서 힘의 부족을 느끼게 되고, 사람들의 밑에 있기를 원치 않으려 하는 반발심이 있고, 자신의 이상 세계에서 살려고 하는 성향이 짙다. ◆ 男命은 일생에 성공과 실패가 다단하며, 두 가지를 다 얻을 수 없으니, 貴를 얻으면 富가 적고 富를 얻으면 貴가 적은 것이다. ◆ 女命은 정서적으로 변화가 크고, 감정상의 문제로 인해 破折(파절)이 따르기도 한다. ◆ 辰戌宮의 天相과 紫微는 天羅地에 居하며, 대궁에는 破軍이 있는 것이라. 紫微가 辰戌에 있으면 "君臣不義(군신불의)"라 논하는 것이다. ◆ 命宮과 身宮이 辰戌에 나누어 居하면, 先貴後敗(선귀후패)한다. 그러나 身宮에 破軍이 居하지 않은 경우이면 그렇게 논하지 않는다. ◆ 吉星과 보좌성의 회조가 없으면 "無義(무의)"라 칭하며 困擾(곤요)한 명조가 된다. ◆ 破軍은 衝鋒(충봉)과 陷陣(함진)의 뜻이 있으니, 적의 선봉을 쳐부수는 의미도 있어, 대궁인 帝王의 命을 받게 되면, 어떤 요구사항도 없이 집을 떠나 적을 쳐부수는 임무를 수행하니 "無情無義"라 칭하는 것이다. ◆ 사람에게 정신적인 파탄이나 심장질환이 올 수 있는데, 吉星과 회조하게 되면, 無情이 有情으로 化되나, 일생에 여러 번 풍파가 있을 것임은 정연한 이치이다. 또한 알건 모르건 아랫사람에게 정감있는 표현이 적다.

<table>
<tr>
<td>辰戌</td>
<td>
◆ 고서에서 天相과 紫微가 辰戌宮에 있으면, 化權과 祿存은 만남을 기뻐한다고 했는데, 化權이 우선이고 祿存이 다음이다.
◆ 辰戌宮의 天相, 紫微가 左輔, 右弼과 文昌, 文曲을 보게 되면 貴하게 되고, 化祿과 化權을 보게 되면 上格의 命이다.
◆ 辰戌宮의 天相, 紫微가 天機와 化祿을 만나고, 天梁과 化權이 회조하면 最上格의 命으로, 天相이 매우 길하게 변하여 蔭德(음덕)으로 富가 있고 문서를 쥐게 된다.
◆ 辰戌宮의 紫微가 破軍을 보게 되면, 富하나 貴가 없고 虛名(허명)만 있게 된다. 이는 祿存은 있으나 化權이 없는 경우를 말하는 것이다.
◆ 또한 紫微가 破軍을 四墓宮(辰·未·戌·丑)에서 보게 되면, 신하는 불충하고 자손은 불효한다고 논한다. 이는 祿存과 化權의 吉星의 회조가 없음을 의미하는 것이다.
◆ 만약 吉星이 없이 煞星만을 보게 되면, 無情無義하니 이는 험난한 구덩이에 빠짐과 같은 것이다. 이에 다시 流年에서 煞星을 만나게 되면 말이 많고, 신경과민이 되고, 다시 擎羊을 보게 되면 詞訟(사송)에 휘말리게 되고, 陀羅를 보게 되면 매사 저체되는데, 다만 擎羊과 陀羅를 보게 되면 經商에는 이로운 면이 있다.
◆ 甲年生 : 매사 순탄하고 부귀겸전이며, 명예를 얻고 일생이 안온하다.
◆ 乙年生 : 일처리에 능력이 있고, 귀인의 조력이 있으며, 학술연구 방면으로 발전이 있다.
◆ 丙年生 : 관록궁에 廉貞과 化忌가 동궁이면, 재능을 발휘하지 못하고, 비관적이며 여자에 의지하여 삶을 꾸려간다.
◆ 己年生 : 得財의 능력이 있으며 財源(재원)도 왕성하다.
◆ 庚年生 : 勞碌奔波(노록분파)가 있으며, 이 와중에 得財하기도 하니, 財運이 강한 편이다.
◆ 壬年生 : 영도적인 욕망이 강하며, 錢財(전재)관련하여 항상 시비구설이 따르고, 감정이 불순하다.
◆ 癸年生 : 錢財에 대한 욕심이 많으며, 성공과 실패가 다단하고, 일처리에 적극적이다.
</td>
</tr>
<tr>
<td>巳亥</td>
<td>
<table>
<tr><td> 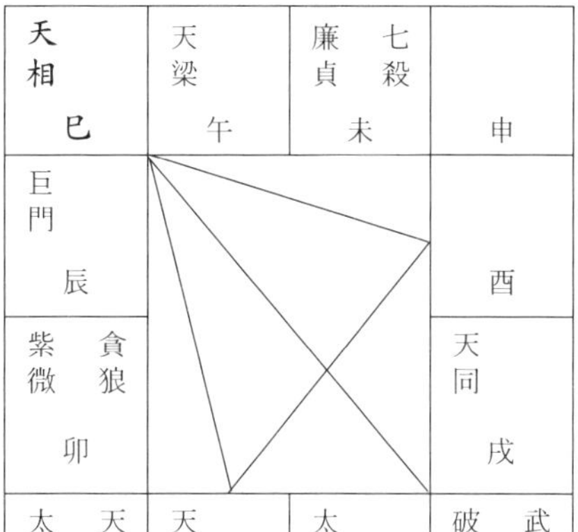天相
巳</td><td>天梁
午</td><td>廉貞 七殺
未</td><td>申</td></tr>
<tr><td>巨門
辰</td><td></td><td></td><td>酉</td></tr>
<tr><td>紫微 貪狼
卯</td><td></td><td></td><td>天同
戌</td></tr>
<tr><td>太陰 天機
寅</td><td>天府
丑</td><td>太陽
子</td><td>破軍 武曲
亥</td></tr>
</table>
◆ 天相이 巳亥 二宮에 居하면, 平旺地에 居하는 것이며, 獨坐이고, 그 대궁에는 武曲과 破軍이 있게 되며, 亥宮이 巳宮보다 吉하다.
</td>
</tr>
</table>

巳亥	◆ 巳亥 二宮의 天相은 대궁인 武曲과 破軍의 조력을 얻게 된다. 외향적으로 발전하게 되고, 능히 난관을 돌파하는 능력이 있게 되며, 쟁투하여 높은 위치에 이르게 된다. ◆ 다만 武曲과 破軍의 파괴적 성향이 꺼릴 정도로 크니, 그 영향력으로 天相에도 흉한 영향이 미치게 되며, 일을 행함에는 자신의 생각대로만 처리하며 또한 수시로 생각이 자주 바뀌게 된다. ◆ 祿存과 化祿을 보는 것을 가장 喜하는데, 祿星이 묶이고 스며들어 武曲과 破軍의 파괴적 성향은 온화한 성질로 바뀌게 된다. 또한 보좌성을 보는 것을 喜하는데 이는 대궁의 武曲과 破軍의 살성적 성질을 약하게 하기 때문이다. ◆ 天相이 명궁에 居하면, 性情(성정)이 돈후하고 태도가 웅대하며, 거동은 자중하고 정의감이 있으며, 불평함을 드러내지 않으며 상부상조하려 한다. ◆ 신앙심이 돈독하고, 감정이 충동적으로 바뀌기 쉬우므로, 다른 사람이 곤란함에 처할 시는 동정심을 일으킨다. ◆ 생김새는 돈후하고, 정신이 바르며, 언어는 진실되고 거짓이 없고, 대화를 나눔에 신중함이 있으며, 내용이 풍부하고 안목이 있게 된다. 자신의 능력 밖의 일을 대하게 될 때에는 노력하여 달성하려고 하는 성향도 있다. ◆ 心志가 선량하고 온화 강개하며, 귀가 엷어 남의 말을 쉽게 믿으며, 칭찬하는 말을 듣기 좋아하고, 사람을 대함에는 항시 웃고, 다른 사람의 아첨함을 좋아하고, 근엄한 얼굴표정이며, 복식을 꾸미기를 좋아하고, 조용히 지나가는 것이 없이 관여하는 것이 많다. ◆ 마른 사람은 호색하고, 살찐 사람은 錦衣玉食(금의옥식)을 좋아하며, 자기가 움직이지 않고 소소한 일들은 타인에게 혜택이 가도록 한다. ◆ 의로움이 있고, 자유를 좋아하고, 남을 돕기를 좋아하며, 일을 함에 주동적으로 하고, 구속되고 불평함을 배척한다. ◆ 청백하고, 언어가 신중하고, 힘써 일하고, 일을 함에 끝이 있고, 막료로서의 역할과, 은연자중함을 발휘하며, 공정하고 충성심이 있어 보좌적인 人才로 가장 적합하다. ◆ 天相이 巳亥 二宮에 居하면, 생활에 복록이 있고 총명하며, 자질구레한 일에 속박되지 않고, 財를 取하기도 하며, 공직이나 교직에 길하다. ◆ 삼방에서의 길성의 회조가 있으면 그 權柄(권병)이 작지 않은데, 만약 보좌성인 左輔, 右弼, 天魁, 天鉞, 文昌, 文曲 등의 회조가 없을 경우이면 큰일을 이루어 내지 못한다. ◆ 만약 四煞의 회조가 있으면, 일생에 있어 성패가 다단하고, 문서로 인해 번뇌가 발생한다. ◆ 고서에는 天相이 명궁에 居하며 火星, 鈴星의 沖破를 만나면 殘疾이 많다 했고, 天相이 四煞과 동궁이면, 재물의 침탈이 있게 되고, 天相이 陷地에 들며, 貪狼, 廉貞, 武曲, 破軍, 擎羊, 陀羅 등을 보게 되면 才藝(재예)로 安身한다 했다. ◆ 만약 煞星이 있고 吉星의 회조가 없으면, 그 우수한 점이 감소하고, 성공하더라도 자신만을 생각함이 크며 勤愼的(근신적)인 사람에 불과하다. 다시 四煞이나 天空, 地劫 등을 보게 되면, 흔들림이 많고, 문서로 인한 시비구설을 방지해야 한다. ◆ 天空이나 地劫의 夾照를 두려워하는데, 인생에 있어 난관과 파절이 많게 된다. 가장 기피하는 것은 擎羊과 陀羅의 동궁인데, 이리 되면 매사 일이 저체되고 길흉이 반복된다.

巳亥	◆天相은 桃花星系로 文昌, 文曲, 左輔, 右弼을 忌하는데, 이는 감정적인 困擾(곤요)가 따르기 때문이다. ◆巳宮에 文昌이 동궁할 시에는 "絕處逢生(절처봉생)"이라 한다. ◆女命은 左輔, 右弼의 회조를 喜하는데, 일생 안온하며 자중할 수 있게 된다. 만약 天空, 地劫과 동궁이면, 감정상의 파절이 있게 된다. ◆此 命이 부처궁에 紫微와 貪狼이 있게 되면, 男命은 능력이 있으며 개성있는 처자를 얻게 되는 경우가 많아, 나이가 많은 처자와 연분이 많다. 女命은 남편과 자식의 내조가 많은 命으로, 자연 나이가 많은 남편을 얻는 경우가 많다.
12宮	天相(천상)
命宮	◆동정심과 정의감이 있다. ◆영도자적인 자질이 있으나, 굳이 영도자가 되려 하지는 않는다. ◆손에 印章(인장)과 信心이 있으니 특권이 있는 것이다. ◆작동하는 성질은 天府와 일맥상통하니, 天相은 天府와 兼(겸)하여 그 동향에 있어 같은 맥락으로 판단해야 하는 것이다.
兄弟	◆紫微와 天相을 보면, 형제의 앞길이 순탄하고 높이 오른다. ◆武曲과 天相, 廉貞과 天相을 보면 형제간 의견이 불합된다. ◆武曲과 破軍이 있고 대궁에 天相이 있으면, 형제에게 刑傷(형상)이 있다. 그리고 이복형제가 있거나 나이차가 많은 형제가 있다. ◆祿存을 보게 되면, 형제들이 財와 권세가 있게 된다.
夫妻	◆합침이 적고 이별이 많다. ◆윗사람을 친근하게 대함이 매우 왕하다. ◆부부간의 금슬은 좋은 편이다. ◆祿存을 보면 妻로 인해 財를 얻고 피차 감정이 돈후하다.
子女	◆늦게 자식을 얻음이 길하다. 그렇지 않으면 長子의 損傷이 있다. ◆자식을 적게 둠이 좋고, 煞星을 보는 것을 가장 기피한다.
財帛	◆봉급생활직으로 財를 얻는다. ◆天府를 보거나 祿存을 보게 되면, 貴를 얻으며 자수성가한다. ◆武曲과 破軍을 보게 되면 불리하다. ◆財源(재원)은 다방면에서 들어온다.
疾厄	◆舊病(구병)이 다시 재발한다. ◆여러 질병이 겹쳐서 발병이 된다. ◆하나의 病症(병증)이 아니고 여러 病症(병증)인데, 예를 들면 여러 개의 담석이 있는 경우이다. ◆배설계통, 水症, 방광, 요도, 담증, 피부병, 옴 등과 연관된다.
遷移	◆天刑, 化忌가 印星(天相)을 夾照하면 이득이 없다. ◆피차가 감정이 후하다.

奴僕	◆ 정의감이 뛰어나다. ◆ 기본적으로 朋友로서 조력하는 힘이 자못 크다. 그러나 殺이 重하면 불리하다. ◆ 외국인과의 왕래가 많고 교제도 많다. ◆ 武曲과 天相을 보면 義가 없고 背信(배신)이 있으며, 廉貞과 天相을 보면 친우를 잃고, 武曲과 破軍을 보면 원망을 듣게 된다.
官祿	◆ 봉급생활직이다. ◆ 대변인, 대리업, 위탁업 등이다.
田宅	◆ 임대가 가능한 가옥이 좋고 저렴한 가격의 가옥이다. ◆ 舊屋(구옥)으로 1층에 여러 칸의 가게가 있는 것이다. ◆ 앞에는 점포가 있고, 뒤에는 거실이 있는 형태이다.
福德	◆ 중립적이다. ◆ 동궁이나 대궁의 성요로 판정한다. ◆ 구속됨이 있어도 불평이 없고, 언어는 꾸밈이 없고 담박하고 실질적이다. ◆ 일을 함에 감정적으로 하는 면이 있다.
父母	◆ 財蔭의 夾照가 있으면 天刑, 化忌의 沖照를 억누를 수 있다.

圖45 天相星 坐命

<table>
<tr>
<td>左輔 鈴星
天月 孤辰
貫索 亡神 大耗
46~55
官祿 身宮 建祿 辛巳</td>
<td>天機 文曲
天福 截空 旬空 龍池 天傷
官符 將星 伏兵
56~65
奴僕 帝旺 壬午</td>
<td>紫微 破軍 天鉞 陀羅
天喜 天壽 月德
小耗 攀鞍 官符
66~75
遷移 衰 癸未</td>
<td>祿存 文昌 天馬 台輔
天巫 解神 年解 天虛 鳳閣
天使 歲破 歲驛 博士
76~85
疾厄 病 甲申</td>
</tr>
<tr>
<td>太陽 ㊗(祿)
封誥 天哭
喪門 月殺 病符
36~45
田宅 冠帶 庚辰</td>
<td colspan="2" rowspan="2">男命
陰曆：1950. 2. 8. 寅時
命局：火6局 霹靂火
命主：巨門 身主：天梁

戊 庚 己 庚
寅 申 卯 寅

76 66 56 46 36 26 16 6
丁 丙 乙 甲 癸 壬 辛 庚
亥 戌 酉 申 未 午 巳 辰</td>
<td>天府 右弼 擎羊
地空 大耗 破碎
龍德 息神 力士
86~95
財帛 死 乙酉</td>
</tr>
<tr>
<td>武曲 七殺 火星 (權)
天才 天空
晦氣 咸池 喜神
26~35
福德 沐浴 己卯</td>
<td>太陰 (科)
天刑 紅艶 蜚廉
白虎 華蓋 青龍
96~
子女 墓 丙戌</td>
</tr>
<tr>
<td>天同 天梁 (忌)
天姚 恩光 八座 天廚
太歲 指背 飛廉
16~25
父母 長生 戊寅</td>
<td>天相 天魁
地劫 寡宿 紅鸞
病符 天殺 奏書
6~15
命宮 養 己丑</td>
<td>巨門
陰煞 天貴 三台
弔客 災殺 將軍
兄弟 胎 戊子</td>
<td>廉貞 貪狼
天官 天德
天德 劫殺 小耗
夫妻 絕 丁亥</td>
</tr>
</table>

〈圖45 天相星 坐命〉

- 명궁에 天相과 天魁가 동궁하니, 성격이 솔직하고, 매사 열심이며, 자애심과 선량함이 있다.
- 天相이 丑宮에 坐命하고, 天魁가 동궁하며, 대궁에서 天鉞이 來照하니 "坐貴向貴格(좌귀향귀격)"의 길격인 것이다.
- 三方에 左輔, 右弼의 회조가 있고, 대궁인 천이궁에 天官과 月德의 회조가 있으니 총명하고 才華(재화)가 있는 것이다.
- 본명궁과 대궁에는 도화성인 紅鸞과 天喜의 회조가 있어, 이성과의 연이 좋으며, 풍류다정하고, 일생동인 평온하고 안락하며 享樂(향락)을 누렸던 것이다.
- 身宮이 관록궁에 해당하니 사업심이 왕성하고, 기획력이 풍부하며, 적극적이며 진취적이다. 아쉬운 점은 본명궁이 삼방사정에서, 陀羅, 擎羊, 地劫, 鈴星의 凶煞星의 沖照가 있으니, 經商에 있어 破折(파절)과 起伏(기복)이 多端(다단)했던 것이다.
- 명궁12宮 중 子田線이 매우 길하다. 자녀궁의 太陰과 전택궁의 太陽은 廟旺宮에 居하며 化科와 化祿을 대동하니 "日月照壁格(일월조벽격)"이 되어 길격이다. 전택궁을 기준하면, 三方四正에서 祿存과 化祿이 있으니 雙祿의 회조가 있는 것이며, 다시 化科의 회조가 있고, 전택궁인 辰宮과 재백궁인 酉宮은 辰酉合으로 暗合되므로 자연 "暗祿入財格(암록입재격)"의 길격이 되는 것이다. 또한 재백궁의 左右에서 化科와 化祿의 夾財가 있으니 大財를 획득할 명조이다.
- 부처궁에 桃花星인 貪狼과 廉貞이 居하고, 삼방에 火星과 鈴星의 회조가 있으니, 妻의 내조를 크게 기대하기는 어렵고, 타인들의 助力과 陰德(음덕)이 많았던 것이다.
- 상기 명반은 三方四正에 擎羊, 鈴星, 地空, 旬空, 截空 등의 흉성의 회조가 많으니, 經商과 연관하여 성공과 실패가 다단한 인생이었던 것이다.
- 36~45세 庚辰大限은 "日月照璧格(일월조벽격)"과 "暗祿入財格(암록입재격)"이 되어 財를 發하게 되니 經商과 연관하여 최고의 전성기를 누렸던 것이다.

(6) 천량(天梁)

<table>
<tr><th colspan="2">天梁(천량)</th></tr>
<tr><th>宮位</th><th>解義</th></tr>
<tr><td>子午</td><td>
<table>
<tr><td> 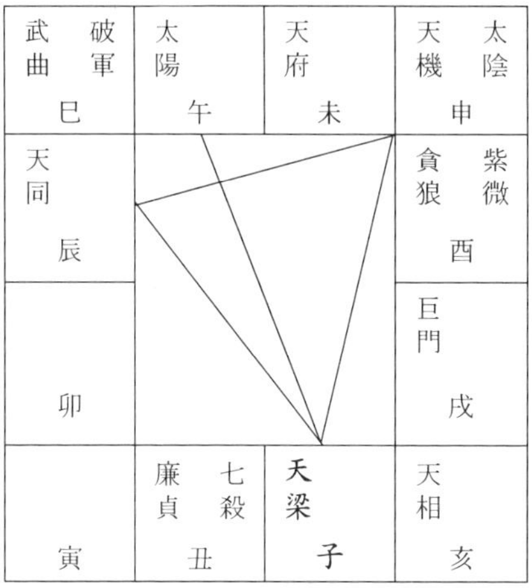武曲 破軍
巳</td><td>太陽
午</td><td>天府
未</td><td>天機 太陰
申</td></tr>
<tr><td>天同
辰</td><td colspan="2" rowspan="2"></td><td>貪狼 紫微
酉</td></tr>
<tr><td>卯</td><td>巨門
戌</td></tr>
<tr><td>寅</td><td>廉貞 七殺
丑</td><td>天梁
子</td><td>天相
亥</td></tr>
</table>
<ul>
<li>天梁은 陽土에 속하며, 化氣는 “蔭(음)”이다.</li>
<li>天梁은 福德(복덕), 解厄(해액), 醫藥(의약), 淸高(청고), 文敎 (문교), 高品格(고품격) 등과 연관되며, 軍警(군경) 등의 직업에 종사하는 경우도 많다.</li>
<li>天梁이 子午 二宮에 居하면, 弱廟地에 居하는 것이며, 獨坐이고, 그 대궁에는 太陽이 있게 된다. 午宮이 子宮보다 더 길하다.</li>
<li>子午宮의 天梁은 弱廟地에 居하는 것이니, 天梁의 특성을 비교적 왕성하게 발휘하게 되는 것이다.</li>
<li>성격은 호쾌하고 장대하며, 性情(성정)은 직선적이다.</li>
<li>災禍(재화)가 발생하더라도 해소되고, 건강하고 장수하며, 흉한 일도 능히 化解(화해)가 되며, 災難(재난)에 봉착하더라도 능히 消災(소재)가 된다.</li>
<li>풍류를 즐기고, 편안함을 따르며, 번뇌를 떨쳐내고, 일은 이끌어서 잘 추진해 나간다.</li>
<li>天梁이 子午 二宮에 居하며 煞星이 없으면, 이를 “機月同梁格(기월동량격)”이라 한다. 조상의 蔭德(음덕)이 있고, 문학과 才藝(재예)가 뛰어나고, 公敎職(공교직)에 길하다.</li>
<li>左輔, 右弼, 文昌, 文曲, 天魁, 天鉞 등이 동궁하거나 회조됨을 喜한다.</li>
<li>文曲이 天梁을 만나면 공직에서 고위직에 오르는 경우가 많다. 文昌과 文曲은 同類(동류)로, 총명하고 기민하며, 호쾌하고, 장대한 마음을 지닌다.</li>
<li>午宮에 居하며 文曲이나 天才와 동궁이거나 혹은 拱照이거나, 左輔, 右弼이 三方에서 회조가 되거나, 혹은, 天魁, 天鉞, 三台, 八座 등의 吉星과의 三方의 회조가 있는 경우에는, 정치나 입법, 감찰 등의 부서의 윗자리에 앉게 된다. 經商면에서도 공공기관의 감찰부서의 요직 혹은 이사직 등을 맡게 된다.</li>
<li>文曲과 동궁 됨이 上格이고, 文曲이 拱照됨은 次格이다.</li>
</ul>
</td></tr>
</table>

子午	◆天梁이 午宮에 居하며 吉星의 회조가 있으면 "壽星入廟格(수성입묘격)"이라 하며, 富貴를 얻고, 직언을 잘하며, 小人을 경멸하지는 않으나 小人을 기피한다. ◆天梁이 午宮에 居하면, 맡은 일에 시원하고 정직하게 처리하며, 타인의 착오를 지적하길 잘하고, 鋒芒太露(봉망태로=예기를 드러냄)함이 있다. ◆吉星의 회조가 있으면, 정치면에서는 청렴하고, 經商면에서는 성실하며, 일처리에 반듯하고, 비록 타인을 비평하더라도 그 사람의 능력은 인정하는 경향이 있다. ◆煞星의 회조가 있거나, 혹, 祿存과 동궁이면 타인을 비평함에 이롭지 못하다. 그렇지 않으면 타인의 원망을 듣게 된다. 또한 小人과 연이 있고 小人輩(소인배)에 불과하다. ◆此 格은 男命은 性情이 중후하고, 총명하고, 기민하며, 壽福(수복)이 雙全이고, 문장과 서예를 좋아하고, 풍류와 음악을 즐기며, 영도적인 재능이 있다. ◆女命은 남을 돕기를 즐겨하고, 남편과 자식을 내조하고, 사업면에서도 상당한 성취가 있다. ◆天梁이 午宮에 居하면 부귀가 淸하게 드러난다. ◆天梁은 "富"보다는 "貴"를 주관하는데, 이는 天梁이 化權과 化科를 喜하나, 化祿이나 祿存은 喜하지 않는 까닭이다. ◆天梁은 정직함의 성요로 淸官(청관)을 主하나, 만약 財의 성요들의 내조가 있게 되면, 본신의 官이 不淸하며 財를 추구하는 면이 있게 되는 것이니, 남들이 敬服(경복)하지 않게 되고, 시비구설이 따르게 되며, 小人들과의 시비에 휘말리게 된다. ◆天梁이 子宮에 居하면, 총명함이 태과한 것이라, 스스로 짓는 일이 모두 空된 것이며, 은혜를 베푸나 원망으로 돌아오게 된다. 또한 子宮의 天梁은, 午宮에 居하는 太陽의 내조를 받으니, 고극적 성질이 가장 엷어지고, 太陽 빛이 흩어져 반사해 옴을 막지 못하니, 자연 내적인 면에서는 수동적이고 고극적인 성향이 적어지는 것이라, 오히려 변화가 용이하니 대중에게 우뚝 설 수 있는 것이다. ◆天梁이 午宮에 居하면, 子宮에 居하는 太陽의 내조를 받으니, 太陽의 광휘가 부족해지는 것이며 침잠되는 것이라, 이 역시 妙(묘)함이 있는 것이며, 天梁이 子宮에 居함보다 침잠됨이 더욱 심한 것이다. ◆天梁과 연관된 여러 格局 중 "陽梁昌祿格(양량창록격)"이 최상격이다. 天梁은 본시 祿星을 보는 것을 不喜하는데, 祿星을 보게 되면 天梁의 침잠의 성질을 파괴하나, 만약 文昌의 동궁이나 회조가 있게 되면 成格을 이루게 된다. ◆"陽梁昌祿格(양량창록격)"은 그 뛰어난 공덕과 명예가 후대에까지 이르게 되니, 祭祀(제사)에서 맨 앞에 이름이 오르는 것이다.

丑未

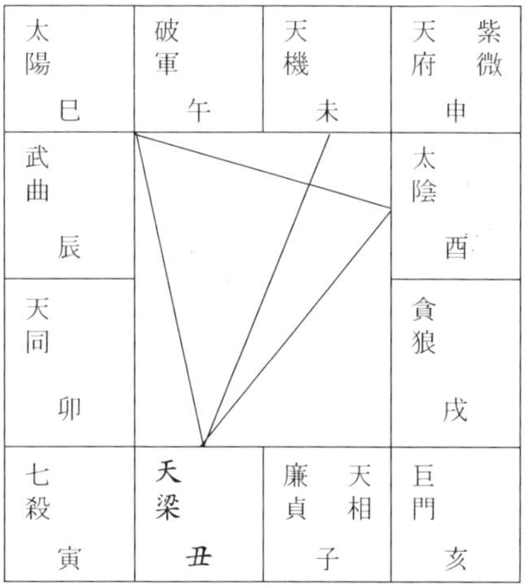

太陽 巳	破軍 午	天機 未	天府 紫微 申
武曲 辰			太陰 酉
天同 卯			貪狼 戌
七殺 寅	**天梁 丑**	廉貞 天相 子	巨門 亥

- 天梁이 丑未 二宮에 居하면, 旺平地에 居하는 것이며, 獨坐이고, 그 대궁에는 天機가 있게 되는데 陷平地에 居하게 된다.
- 天機는 天梁의 孤剋的 성질을 증가시키게 되어, 天梁의 영적이며 신비적인 면을 부각시키고, 종교 및 신앙심 등을 깊이 있게 하며, 術數學(술수학), 철학 등에 심취하게 한다. 그런 연유로 대궁의 天機가 陷地에 든 경우이면, 자연 天機의 역량이 약해지는 것이다.
- 陷地에 든 天機는 火星, 擎羊, 化忌 등을 不喜하는데, 이것들은 煞星으로 天機의 저항력을 결핍시키는 것이다. 만약 天機가 煞星과 동궁하거나 회조됨이 있으면, 天梁의 곤란한 면을 증가시키고 매사 破折(파절)됨이 多發하게 되는 것이다.
- 天梁이 丑宮에 居하면, 독좌이고, 정직하며, 두뇌가 총명하고, 일을 함에 소심하며 신중하다.
- 丑宮의 天梁이 未宮보다 吉하다.
- 丑宮의 天梁은 善을 취하고, 고집이 있고, 원칙을 중시하고, 사람을 대함에 원칙에 입각하여 대하고, 완고하게 일을 行한다.
- 不義(불의), 解約(해약), 嫉妬(질투) 등에 강한 반대감을 표시하나, 자신이 行하는 것에 대해서는 그렇지 아니한데, 이는 편집적인 自己愛(자기애)인 것이다.
- 未宮의 天梁은, 情에 있어서는 진실되고, 남의 오류를 지시하기를 좋아하고, 일에 있어 銳氣(예기)가 첨예하다.
- 脾氣(비기)가 조열하고, 生氣가 자주 動하며, 三方에서 吉星의 회조가 있으면, 정치적인 면에서 청렴하며, 經商에서 성실하고, 일처리에 반듯하고, 타인을 비평하나 타인의 능력은 인정한다.
- 煞星이 있거나 회조가 되면, 타인을 비평함에 이롭지 않은데, 그렇지 않으면 타인의 원망을 사게 된다. 젊은 사람과는 緣(연)이 있으나 소인배와는 거리가 멀다.
- 天梁이 丑宮의 명궁에 居할시, 太陽은 巳宮에 있고, 太陰은 酉宮에 있으니 廟旺地에 있어 旺한 것으로, 日月과 명궁이 三方을 형성하며 또한 밝으니 이를 "日月并明格(일월병명격)"이라 한다.

<table>
<tr>
<td>丑未</td>
<td>
◆"日月并明格(일월병명격)"은 구중궁궐의 君王을 보필하는 命이라 했는데, 此 명조는, 선량하며 공명정대하고, 처사에 사심이 없고, 정직하며, 일처리에 민첩하며, 일을 행함에 있어 타의 능력을 초월하고, 소년 시에 학문적으로 이름을 날리고, 이후 점진적으로 발달하여 功名(공명)을 얻게 된다.
◆만약 四煞과 天空, 地劫, 化忌 등의 沖照가 있으면, 吉함이 감쇠 하고 平常之人(평상지인)이며, 化忌, 擎羊의 회조가 있게 되면 부모를 剋하게 된다.
◆天梁이 未宮에 居하며 명궁에 든 경우에는 차이가 있는데, 日月과 명궁이 三方을 이루며 공히 陷地에 든 것이다. 명반상으로는 이와 같은 경우 吉하게 배치된 것으로, 역시 능력이 있고 성취됨이 있는 것이다.
◆天梁은 壽星(수성)이며 蔭星(음성)이고, 刑法과 紀律(기율)의 星이라, 고서에는 행함에 있어 사심이 없고 과단성이 있다 했다.
◆天梁이 命宮에 居하면 凶變吉이 되고, 곤란함도 해소되고, 일생동안 災厄(재액)과 憂患(우환)이 닥치더라도, 吉하게 변화시키는 역량이 부족하지 않으니, 난관에 봉착해서는 항시 길하게 변하는 공덕이 있는 것이다.
◆항시 곤란함에 처하더라도, 天梁이 능력을 발휘하여 和解(화해)와 消災(소재)에 힘쓰니, 공직, 교직 등에서 趨吉避凶(추길피흉)에 능력이 큰 것이다.
◆天梁이 명궁에 居하면 종교 및 신앙, 불교방면과 연관이 많으며, 善根(선근)이 있는 것이다.
◆女命의 天梁은 윗어른을 존경하고 아랫사람을 잘 보살핀다. 그리고 左輔, 右弼의 회조가 있게 되면, 남편과 자식에게 내조가 있고 마음이 자애롭고 정직하다.
</td>
</tr>
<tr>
<td></td>
<td>
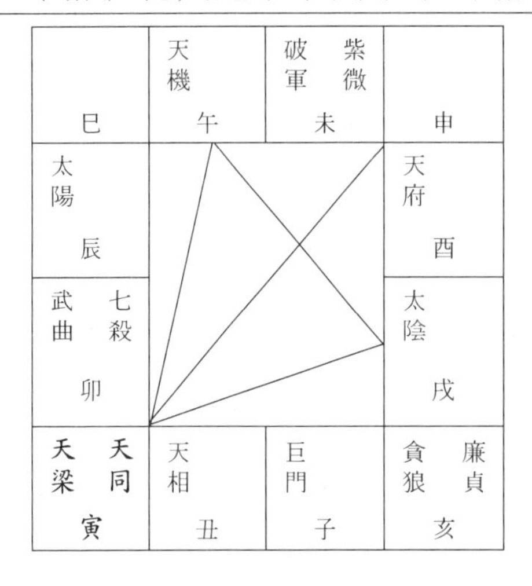

◆天同星과 동궁이니 前述한 天同星을 참조하라.
◆天梁이 寅申 二宮에 居하면, 平弱地에 居하는 것이며, 필히 天同과 동궁하게 된다. 삼합방인 재백궁에는 太陰이 居하고, 관록궁에는 天機가 居하니 이를 "機月同梁格(기월동량격)"이라 한다.
</td>
</tr>
</table>

寅申	◆ 機月同梁格(기월동량격)의 動向(동향) · 보좌역으로서의 역량이 크고 처세에 능통하며, 기획력이 있으며, 특수기술직에 재능이 있고, 총명하고 일생에 사업이 순탄하다. · 天同과 天梁의 영향으로 어떤 일이건 성취감이 있게 된다. · 총명하고, 才華(재화)가 출중하고, 특수직에 근무하거나 협조 능력이 뛰어나고, 大人과 長輩(장배)의 풍모가 있으며, "蔭星(음성)"과 "福星(복성)"의 영향으로 창업자의 길을 가게 된다. · 文昌, 文曲 등의 회조가 있으면, 예술방면, 公教職(공교직), 電波業(전파업), 문화사업, 등에 길함이 있는데, 이는 天同이 化祿이나 化權을 본 연후에 成格이 되는 것이다. · 평생 편안하고 공직에서 영화를 얻을 수 있다. 또한 상업이나 軍警職(군경직), 教職(교직) 등에 진출해도, 才華(재화)가 출중하니 항시 요직을 맡을 수 있는 것이다. ◆ 天梁은 蔭星이고 天同은 福星이니, 天同과 天梁이 동궁하면 흉액을 해소하는 역량이 있으니 禍厄(화액)이 당도해도 겁내하지 않는 것이다. ◆ 天梁은 凶을 만나도 吉하게 변화시키고, 天同은 福을 부르므로, 곤란함을 만나도 능히 성공함이 있게 되고, 蔭星과 福星이 모이면 많은 곤란함을 해결하나 사회적으로는 여러 난제가 생산된다. 현대에서는 곤란함이 있은 후 해결됨이 있다는 의미이고, 吉星이 없고 煞星만 있는 경우에는 역시 흉함을 면하지 못하나, 종국에는 험난한 앞길이 순조롭게 풀어져 나간다. ◆ 天梁, 天同이 寅申宮에 있으면 寅宮이 申宮보다 더 吉利가 있고, 申宮은 天梁이 弱地에 居한 것이라, 곤란함을 해소하는 역량이 부족하여 번뇌와 우려가 더욱 증가하는 것이다. 다시 煞星을 보게 되면 노심초사함이 많으며 곤란함이 중첩된다. ◆ 天梁은 長輩星(장배성)이고, 天同은 小兒星(소아성)이라, 이 둘의 조합은 成人의 노련함과 완성감이 있는 것이며, 한편으론 小兒의 천진난만한 기운이 있는 것이라, 자중함과 온화함이 공존하고 있는 것이다. ◆ 선량하고, 화합을 따르고, 思想이 淸高하고, 내적으로는 자세하고 정밀하며, 외적으로는 서투르고 정교하지 못한 면이 있으며, 또한 내적으로는 修養(수양)으로 자신을 닦음이 重하고 외적으론 화려함을 추구하지 않는 性向이다. ◆ 성격이 온화하고, 개성이 명쾌하고, 두뇌가 총명하나, 재주를 남에게 전수하지 않고, 친구 사귀기를 잘하고, 식욕이 좋으며, 외교성이 뛰어나고, 대인관계가 원만하나, 과도한 應酬(응수)로 인한 시비구설을 야기한다. ◆ 종교적으로 偏好(편호)함이 있고, 일생의 行業에 있어 凶變化吉이 되며, 일생동안 먼 곳과의 왕래 및 이동이 허다하다. ◆ 처음에는 종교적으로 경건하고 신앙심이 돈독한 것 같으나, 종국에는 虛僞(허위)가 있다. ◆ 祿存과 化祿의 회조가 있으면, 위인이 聰明巧智(총명교지)하고, 여러 사업과 연관되고 일생 여러 일에 손대게 된다. 祿存과 化祿의 회조가 없으면 사업의 변동이 많다. ◆ 左輔, 右弼, 天魁, 天梁 등의 회조가 있으면 정부기관에 종사하게 되고, 대규모 사업체의 참모 역할로 발전이 있고, 창업을 하거나 유한공사 등의 지분을 많이 갖게 되며 이로움이 많다.

<table>
<tr>
<td>寅申</td>
<td>
◆申宮에 天同, 天梁이 居하면 표류인생이다. 다만 吉星의 회조가 많으면 외국과의 거래나 먼 곳이나 객지에서 주로 생활하게 된다.
◆天馬, 咸池, 天姚, 紅鸞, 天喜 등의 성요의 회조가 있으면, 표류방탕하고 酒色(주색)으로 재물을 탕진한다.
◆女命인 경우에는 天梁과 天同의 蔭과 福이 있는 명조이나, 福이 있는데도 그 福을 알지 못하니, 더 많은 것을 추구하려고 욕심을 내니 번뇌가 많아지는 것이다.
◆女命의 天同, 天梁은 의지가 박약한 경우가 있으니, 고서에 天同과 天梁이 동궁이면 남의 妾(첩)이 되기 쉽다 했다. 또한 擎羊, 陀羅, 天馬 등을 보게 되면, 의지가 굳세지 못하여, 외부세계의 유혹에 쉽게 빠지게 되어 타락의 길로 빠지게 된다.
◆甲年生 : 祿存이 명궁에 드니, 財運이 좋고 일생이 순탄하다.
◆乙年生 : 財官雙美(재관쌍미)하고, 사업상의 변동성이 크다.
혼자 行하기를 좋아하며, 한가한 일을 좋아하고, 고향을 떠나 出外에서 성취함이 있다.
◆丙年生 : 財官雙美(재관쌍미)하고 사업이 순탄하다. 女命은 감정상의 困擾(곤요)가 따르나, 일의 판단에 대한 능력과 영도력이 있다.
◆丁年生 : 財官과 貴가 따르고, 귀인들의 조력이 있으며 대기만성이다.
◆戊年生 : 勞祿奔波(노록분파)가 있고, 항시 일의 변동성이 크며, 理財에 밝은 면이 있다.
◆己年生 : 문화예술 방면으로 才華(재화)가 있고, 창의성이 있으며, 사업적으로 성취됨이 있다.
◆庚年生 : 先苦後樂(선고후락)이다.
◆癸年生 : 재백궁에 太陰과 化科가 동궁하는데, 辰宮은 역량이 함몰되고, 戌宮은 淸白之財(청백지재)를 얻을 수 있다.
</td>
</tr>
<tr>
<td>卯酉</td>
<td>
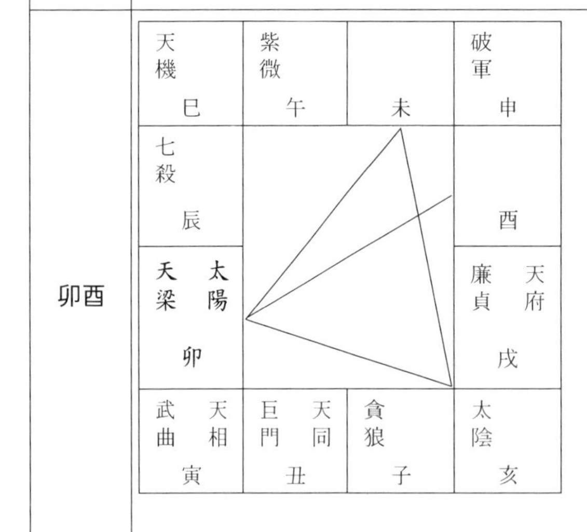

◆太陽星과 동궁이니 前述한 太陽星을 참조하라.
</td>
</tr>
</table>

卯酉	◆天梁이 卯酉 二宮에 居하면, 陷平地에 居하는 것이며, 필히 太陽과 동궁하게 된다. 三合方인 재백궁에 太陰이 居하게 된다. 卯宮의 太陽은 "日照雷門格(일조뢰문격)"이라 하여 富貴하고 揚名(양명)하는 것이다. 雷門(뢰문)을 照한다 함은, 太陽이 卯宮에 居하게 되면, 卯宮은 九宮八卦의 震宮(진궁)이라 震宮은 주역의 卦象(괘상)에서 雷(뢰)에 비유되기 때문이다. ◆男命은 정직하고 열정이 있으며, 포부가 크고, 남을 돕기를 좋아하고 영도적인 능력이 있으며, 교제에 수단이 좋으며, 錢財가 순탄하고, 생활이 풍족하며, 매사 속전속결이다. ◆女命은 남성과 같은 기개가 있으며, 家權을 장악하고, 살림을 도맡아 꾸려나가며, 개성이 강하며, 여성으로서의 온유함은 적다. ◆祿存, 文昌이 동궁하거나 회조가 있으면, "陽梁昌祿格(양량창록격)"이라 하여, 국가고시에 합격하여 높은 직책과 권리가 약속되고, 다른 한편으론 문예에서 천재적 능력을 발휘한다. 此 格은 辛苦가 있은 후에 성공하여 국가의 동량이 되고 명성을 얻는 것이다. ◆天梁이 卯宮에 居하면, 시간은 05시~07에 해당하며, 天梁은 陷地에 들어 무력하고, 동궁한 太陽의 기세가 왕강해지는 시점이다. 태양의 광휘가 뻗어나가니, 사람으로 논하면 포부가 크게 확장되어가는 것과 상통한다. ◆天梁은 蔭星이니, 드러나지 않게 암암리에 조력하는 일면이 있고, 禍厄(화액)을 해소하는 성요이며, 각종 곤란한 사안들을 해결하나, 한편으론 무력한 시점이니 驚惶(경황)되고 험난한 사안을 겪게 되기도 한다. ◆天梁이 酉宮에 居하면 오후5시~오후7시로, 平地에 드는 것이고, 동궁한 太陽은 弱地에 居하게 되며, 西山에 해가 지는 저녁노을에 비유되는 고로, 아름다움을 느낄 수는 있으나, 그 감상이 길지 못하니 황혼에 가까운 것이다. ◆天梁이 卯宮에 居하면, 동궁한 太陽의 영향으로, 성격이 강하고, 언어가 바르고, 정직하고 화합되며 호탕하고, 心志가 선량하고, 남을 돕기를 좋아하고, 책임을 맡음에 세심하며 책임감이 강하고, 타인을 대함에 공정하니 가히 영도자의 역량인 것이다. ◆체신이 있고, 이름을 널리 알리고, 人望(인망)을 얻고, 대인관계와 처세가 뛰어나다. ◆매사 일처리에 있어 반응이 빠르고, 일을 행함에 속전속결이고, 변함없는 일관됨이 다소 부족하며, 처음의 뜻이 환경적 요인에 따라 고쳐지고 변하는 점이 많다. ◆吉星의 회조가 있으면, 일생 영화롭고 풍족하며, 대장부적 기질이 있고, 다재다능하며, 부귀양명한다. ◆외적으로 활발하고, 마음이 관대하고, 열정이 淸高하고, 일처리에 적극적이며, 才幹(재간)이 있고, 才華(재화)가 출중하고, 사업면에서는 다소의 난관이 있으나 능히 성공을 이루고, 사회적으로도 명성과 능력을 인정받으니 지위가 있는 사람이 된다. 만약 煞星의 沖破가 있으면, 사회적으로 명성을 얻음에 흠결이 있으나 역시 능력은 있게 된다. ◆天梁, 太陽이 酉宮에 居하며 天空의 내조가 있으면, 이를 "萬里無雲格(만리무운격)"이라 하니, 이리되면 포부가 광대하고, 기세가 웅장하며 높은 성취감이 있어, 천하를 품고 구제할 수 있는 그릇의 命이다. ◆天梁이 卯宮에 居하면, 동궁한 太陽의 왕성한 영향으로 길한 면이 많이 작동한다. 그 장점은 化忌를 두려워하지 않으며, 오히려 기뻐하는 기색도 있는데, 이는 구름이 일순간 태양을 가리며 또한 그 예리함을 꺾는 것에 비유되기 때문이다.

<table>
<tr>
<td>卯酉</td>
<td>◆ 天梁, 太陽이 酉宮에 居하면, 太陽의 경우 日落西山(일락서산)이니 貴가 나타나지 않고 富가 장구하지 못하다. 외적으론 아름다우나 내적으론 공허한 것이다. 此 命人은 일을 함에 능통함은 있으나 無終(무종)이다. 또한 煞星을 忌하는데 刑剋之災(형극지재)가 따르기 때문이다.
◆ 酉宮의 天梁은 漂浪之客(표랑지객)이라 했으니, 고향을 등지게 되고, 일을 함에 외무적 성질이 많고, 일생에 辛苦奔波(신고분파)가 많이 따르며, 평안함을 얻기 힘들다.
◆ 재능이 있으나 하나도 성취됨이 없고, 한탄스런 인생으로 困苦(곤고)함이 많은 命이다. 뜻을 얻지 못하면 뛰어난 면과 심성이 강하고 凡事(범사)에 어떤 혜택을 누리기를 제일로 생각한다. 사람들에게 사기성의 인물로 그려진다.
◆ 희생하며 헌신하고 일을 하나, 성취됨이 없고 한탄스런 인생이니 철학, 종교 등과 연관됨이 많으며, 才藝(재예)와 표현 등에 결격이 많다.
◆ 만년에 발달하니, 사업은 중년 이후 재능을 발휘하며, 남녀불문하고 早婚(조혼)은 불리하다.
◆ 甲年生 : 太陽에 化忌가 부법되니, 성격이 급하고, 부모와의 연이 薄(박)하고, 신체상의 손상이 따르게 되고, 남자들에게 근시가 많으며, 불리함이 많다.
乙年生 : 재백궁에 太陰·化忌가 居하니, 여자들에게 근시가 많다. 사업상으로는 순탄하며 성취됨이 있다.
己年生 : 범사에 흉변화길의 이로움이 있다.
庚年生 : 전파매체나, 연예방면으로 성취됨이 있다. 재물 면에서는 勞祿奔波(노록분파)가 있은 후에 得財함이 있다.
辛年生 : 봉급생활직에 이로움이 있으며, 능력을 인정받아 요직에서 근무하게 된다.
壬年生 : 국가고시에 이롭고, 앞날이 밝다. 다만 錢財와 관련하여서는 困擾(곤요)함이 따르게 된다.
癸年生 : 전파매체나, 연예방면으로 성취됨이 있다.</td>
</tr>
<tr>
<td>辰戌</td>
<td>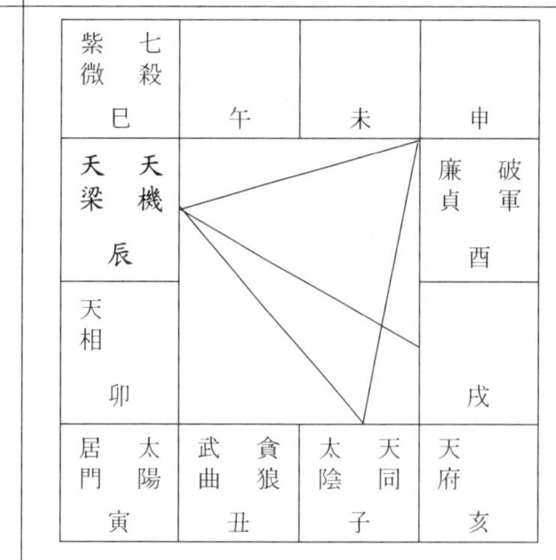

◆ 天機星과 동궁이니 前述한 天機星을 참조하라.
◆ 天梁이 辰戌 二宮에 居하면, 平廟地에 居하는 것이며, 필히 天機와 동궁한다.</td>
</tr>
</table>

辰戌	◆天機는 "善星(선성)"이고 天梁은 "蔭星(음성)"이므로, 동궁한 경우에는 "善蔭朝綱格(선음조강격)"이라 하여, 총명하고 機智(기지)가 있으며, 성품이 자상하고, 善을 즐겨하고, 남에게 베풀기를 잘한다. ◆天機, 天梁 좌우에 文昌과 文曲의 夾照(협조)가 있으면, 文은 淸顯(청현)하고 武는 忠良(충량)하다. ◆左輔, 右弼과 天魁, 天鉞 등의 吉星이 보이면 재능이 특출나고 요직에 근무하게 된다. ◆天梁과 天機가 동궁하면, 兵法을 논하기를 좋아하고, 才藝(재예)가 출중한데, 戌宮보다는 辰宮이 더 뛰어난 면이 있다. ◆언변이 뛰어나고 聰明巧智(총명교지)하며, 자기표현 능력이 좋고, 講說(강설)에 막힘이 없다. 기획력, 분석력, 참모역 등에 우수함이 있고, 특수한 技藝(기예), 기술을 요하는 분야에서 능력을 발휘한다. ◆다만 자신에게 필요한 일을 처리함에 있어서는 장애 요소가 많으니 참모역이나 기획과 연관하여 좋다는 것이다. ◆天梁은 消災解厄(소재해액)의 역량이 있으므로, 자신의 능력을 최대한 발휘할 여건이 되지 못한다면, 行함에 不實(부실)함이 있으며 오히려 경력에 일점 흠이 발생할 수 있다. ◆天梁과 天機는 宗教之星(종교지성)이기도 하다. 天機는 天梁의 孤剋之星(고극지성)이며 영적능력을, 더욱 증가시키는 역할이 있으며 동시에 신비적인 능력이 있다. 따라서 종교, 신앙과 연관됨이 많으며 자연 고독감이 많게 되는 것이다. ◆心志가 선량하고 자기관리 능력이 뛰어나다. 古今의 문헌에 통달하고, 박학다식하며, 한 가지 技藝(기예)에 출중한 면이 있는데, 化權의 내조가 있으면 이러한 경향이 더욱 강화된다. ◆대자연과 도가사상을 선호하고 남과의 다툼을 忌한다. ◆종교적 성향이 짙고, 東洋五術(동양오술)에 관심이 많다. ◆男命은 소심한 면이 있으나, 女命은 손재주가 있고 음식솜씨가 좋으나, 신경질적이며 정서적으로 명랑치 못한 부분이 있으며, 또한 정밀하지 못한 면이 있고, 종종 결혼연에 실패수가 많으니 晩婚(만혼)이 좋다. 그렇지 못하면 결혼생활에 破折(파절)이 따른다. ◆동궁한 天梁, 天機에 擎羊의 회조가 있으면, 젊어서 형극이 따르고 나이들어 고독해진다. 만약 擎羊의 沖破가 있으면 육친과의 緣이 薄(박)하고, 중년에 결혼생활에 변화가 온다. 女命의 경우에는 사적으로 奔波(분파)가 많고, 私通之事(사통지사)가 있는 경우가 많아 결혼연이 불미하다. ◆天梁, 天機가 辰戌宮에 坐命인 경우, 吉星의 회조가 있으면 富貴가 있으나, 만약 擎羊, 陀羅, 地空, 地劫 등의 凶星이 보이면, 불교의 교리연구의 길이나 승도의 길이다. ◆乙年生 : 총명교지하고, 편안을 추구하며, 독특한 견해가 있고, 일에 전력을 다하며, 재물은 풍족함이 있고, 포용력이 있어 능히 남을 복종시키나, 정신적인 困擾(곤요)가 따르게 된다. ◆丙年生 : 일생이 순탄하고, 財官兼全(재관겸전)이며, 귀인의 조력이 있고, 언변이 좋아 외교적인 능력이 있다.

<table>
<tr>
<td>辰戌</td>
<td>
◆丁年生 : 운세가 좋으며 財官이 雙美하다. 곤란을 당해도 귀인의 도움으로 벗어나고, 소년 시는 여러 어려움이 있으나, 중년이후 발달하는 대기만성형이다. 女命은 귀부인의 命이고, 가택의 실권을 장악한다.
◆戊年生 : 錢財(전재)에 있어서는 善用하려 하고, 사업상의 변화가 많고, 鑽牛角尖(찬우각첨)함이 있고, 여러 번뇌가 많으니 불면증에 시달리게 된다.
◆己年生 : 연구심과 창의성이 많고, 인연이 좋으며, 항시 부모나 윗사람, 貴人의 조력을 얻게 되나, 만약 煞星을 만나게 되면 매사 여의치 못하고 貴人의 조력을 얻지도 못한다.
◆庚年生 : 淸白之財를 얻고, 女貴人의 조력을 얻는다. 女命은 품성이 高雅(고아)하고, 학술방면으로 발전한다. 명궁이 戌宮이고, 부부궁에 祿存이 居하거나, 太陽이 化祿과 동궁하게 되면 이를 "祿合鴛鴦格(녹합원앙격)"이라 하여, 男命은 妻가 부자가 되고, 女命은 남편이 貴하게 된다.
◆壬年生 : 명궁에 天梁과 化祿이 동궁하니, 일생 어려움을 피해가게 되고 長壽(장수)하는데, 때때로 困擾(곤요)가 따르게 된다.
◆癸年生 : 女貴人의 조력이 있다.
</td>
</tr>
<tr>
<td>巳亥</td>
<td>
<table>
<tr><td> 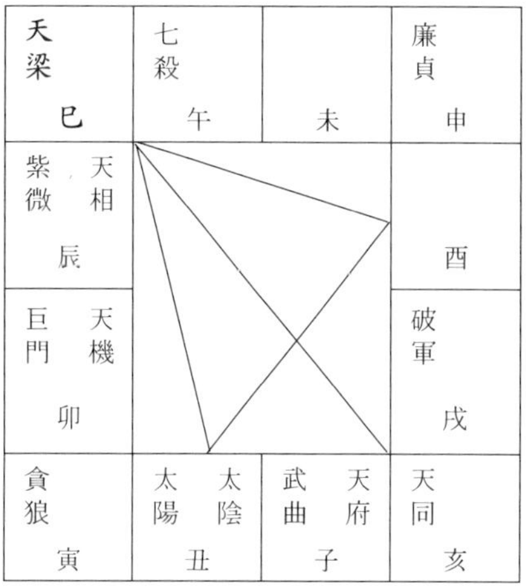天梁
巳</td><td>七殺
午</td><td>未</td><td>廉貞
申</td></tr>
<tr><td>紫微 天相
辰</td><td colspan="2" rowspan="2"></td><td>酉</td></tr>
<tr><td>巨門 天機
卯</td><td>破軍
戌</td></tr>
<tr><td>貪狼
寅</td><td>太陽 太陰
丑</td><td>武曲 天府
子</td><td>天同
亥</td></tr>
</table>
◆天梁이 巳亥 二宮에 居하면, 旺陷地에 居하는 것이며, 獨坐이고, 그 대궁에는 天同이 있게 된다.
◆旺陷地에 居한 天梁은, 대궁의 天同의 영향력이 자못 크므로, 享受(향수)를 누리기를 좋아하고, 신경 쓰이는 일을 忌하는 경향이 있다.
◆가장 큰 특성은, 男命은 표류방탕하고, 女命은 외적인 환경적 요소의 유혹에 끌리기 쉽다.
◆열성은 있으나 안정적이지 못하고, 牽腸掛肚(견장괘두=마음을 놓지 못하다)이다.
◆天梁이 陷地에 들면, 곤란함에 봉착 시에는, 天梁이 廟地에 든 만큼의 화해능력이 부족하므로, 經商을 피하고 근신하고 자중하려 노력한다면, 辛苦(신고)와 破折(파절)이 감소되는 것이다.
</td>
</tr>
</table>

巳亥	◆天梁은 廟地에 居함을 喜하고 陷地에 居함을 忌하는데, 廟地에 들면 안정적이고, 陷地에 들면 표류하게 되어, 따라서 巳·亥·申궁에 居하는 것을 不喜한다. 그렇지 않으면 표류방탕하게 된다. 만약 吉星의 회조가 있으면 원거리 여행이나 貿易(무역) 등에 길하다. ◆天馬, 天姚, 咸池, 紅鸞, 天喜 등이 있고, 祿存의 동궁이나 회조가 없는 命은, 風流放蕩(풍류방탕)하고 探色好淫(탐색호음)하고 방랑자의 성향이 있다. ◆擎羊, 陀羅 등의 회조가 있으면, 災禍(재화)가 多發하고 생명의 위험이 있거나 혹은, 刑獄(형옥)이나 災厄(재액)이 있게 된다. ◆火星, 鈴星과 동궁하게 되면, 虛事(허사)와 경황됨이 있고, 자살 등의 목숨을 쉽게 생각하기도 하며, 중범죄를 지어 官厄(관액)을 당하기도 한다. ◆天空, 地劫, 大耗 등과 동궁한 命은 표류방탕하고 身厄(신액)이 따른다. ◆巳宮에 天梁이 居하면 흉험한데, 또한 주거가 불안정하고 환경의 변화가 많다. ◆특수사명을 띠거나, 특수직에 근무하거나, 비밀업무를 수행하거나, 政·財界에서 특수직을 수행하거나, 혹은 군사와 연관된 비밀 활동을 하기도 한다. ◆煞星이 重한 命은, 위험에서 구사일생으로 살아남기도 하고, 종국에는 災禍(재화)에서 벗어나 안정을 찾기도 한다. ◆天梁이 巳宮에 居하면, 三方 중 丑宮에는 太陽, 太陰 등이 있게 되는데, 太陽이 丑宮에 있을 시는, 그 광휘가 쇠잔하며 天梁의 孤剋(고극)함을 해소시키지 못한다. ◆天梁이 亥宮에 居하면, 그 三方인 未宮에 太陽, 太陰이 있게 되는데, 이때는 太陽의 광휘가 아직 남아있게 된다. ◆고서에는 天梁과 天馬가 陷地에 들면 표류방탕은 의심할 바가 없다고 했다. ◆天梁이 陷地에 居하며 擎羊과 陀羅를 보게 되면 財破傷人(재파상인)하게 된다. ◆天梁이 陷地에 들며 火星, 擎羊을 보면, 破局이고 孤剋之命(고극지명)이며 夭折(요절)한다고 했다. ◆天梁과 天同이 각각 巳宮과 亥宮에 있어 상호 대립하면, 男命은 방탕하고 女命은 荒淫(황음)한 경우가 많다. 이것은 煞星의 회조가 있는 경우를 말하는 것이나. ◆天同은 天梁의 善蔭(선음)을 조성하며, 동시에 天梁의 속성인 원칙, 규율 등을 감소시키는 바, 이런 연유로 天梁의 孤剋됨을 조장하는 것이라 하는 것이다. ◆文昌, 文曲, 祿存, 天馬, 桃花 등을 보게 되면 표류방탕하며 주색을 탐한다. ◆男命은 혼인의 緣이 다변하고, 女命은 자신을 갈고 닦아 自愛토록 노력해야 한다. ◆文昌, 文曲, 龍池, 鳳閣 등의 회조가 있는 命은, 문화계로 진출하거나 혹은 문화사업이나 전파매체관련 사업으로 진출한다. ◆女命의 天梁은 孤剋的인 성질과 多淫(다음)의 성질에서 벗어나기 어렵다. 이는 巳亥宮의 天梁이 명궁과 동궁하는 경우인데, 다시 煞星을 보게 되면, 孤剋과 刑剋이 多發하고 혼인을 늦게 함이 길하고, 배우자는 나이가 더 많은 연장자가 길하며, 혹은 자신이 배우자보다 나이가 적은 것이 좋다.

12宮	天梁(천량)
命宮	◆水星이며 蔭德(음덕)이 있다. ◆유명인사의 기질이 있다. ◆나태함과 어려움을 소통시키므로 흉함을 길함으로 변화시킨다.

兄弟	◆ 刑忌之星이 되어 凶禍(흉화)가 따른다. ◆ 육친과 같이 살게 되면 불리하다. 분쟁이나 불화의 요인이 다발한다. ◆ 길성의 회조가 있으면 好事多魔(호사다마)이다.
夫妻	◆ 배우자간 연령차가 크다. ◆ 의식과 태도는 보수적이다. ◆ 완고하고, 군더더기가 없고, 결혼은 늦게 함이 좋다. ◆ 동거를 유지하게 되면 고극됨이 적다. ◆ 早婚(조혼)이면 이별이나 사별수가 있다.
子女	◆ 자녀는 매우 적다. ◆ 잉태시 필히 안정을 요한다. ◆ 태어난 후에는, 신경 쓰고 돌봐야할 일들이 다발할 것이고, 소심하다.
財帛	◆ 孤剋(고극), 災難(재난)과 연관된다. ◆ 刑剋과 연관된 것으로 財를 구하게 된다. 예를 들어 보험과 의원 등이다. ◆ 財로 인하여 신경쓰임과 골치 아픈 일들이 발생한다.
疾厄	◆ 胸廓(흉곽), 胃(위) 및 腸(장)관련 질환이 있다. ◆ 煞星과 化忌를 보면 重하게 병을 앓은 후 치유됨이 있다. ◆ 寅申에 居하면 위경통이 있다. ◆ 擎羊, 火星, 天刑 등을 보면 급성장암이다.
遷移	◆ 소심한 판단으로 인해 災難(재난) 등이 따른다. ◆ 일반적으로 出門함은 불리하다. ◆ 地空, 地劫, 大耗 등을 보면 風濕(풍습)과 서리는 증싱이 있다.
奴僕	◆ 불공평하며, 사적인 감정이 重하다. ◆ 사람과의 화합됨이 적다.
官祿	◆ 孤, 剋, 刑, 忌 등의 사업과 연관됨이 있다. ◆ 核數(핵수), 감호인, 검시관, 海員, 의대생, 稽核(계핵), 命理. ◆ 사람의 곤란함과 어려움을 해결해주는 사업 등으로 소방, 경찰, 감옥, 의약방면 등의 사업에 적합하다
田宅	◆ 조상의 蔭庇(음비)가 있고 家產이 있으며 舊宅(구택)이다. ◆ 刑剋과 연관된 기관의 복무나, 보험, 사회복리, 의원, 학교, 교당이다. ◆ 祿存을 보면 필히 일에 있어 번거로움이 발생한다.
福德	◆ 정신생활을 중시한다. ◆ 공익사업 등 의의 있는 일에 관여한다. ◆ 과감하며 결단력이 있고 뜻이 견고하다. ◆ 굴곡됨이 크고 화합됨이 적다는 의미이다.
父母	◆ 부모는 모두 온전하고 피차간 관심이 있으며 의사소통이 있다. ◆ 연령은 차이가 크다. ◆ 부모의 蔭庇(음비)가 있다. ◆ 부모의 이끌어 줌이 있는데, 부모가 사소한 일부터 큰일까지 참견과 관심이 있다.

圖46 天梁星 坐命

<table>
<tr>
<td>天梁 祿存 天巫 恩光
天貴 八座 天官 孤辰 天喜
天空 晦氣 劫殺 博士
2~11
命宮 絕 癸巳</td>
<td>七殺 擎羊
年解 鳳閣 蜚廉
喪門 災殺 力士
12~21
父母 胎 甲午</td>
<td>鈴星
貫索 天殺 青龍
22~31
福德 養 乙未</td>
<td>廉貞(忌)
地劫 解神 龍池
官符 指背 小耗
32~41
田宅 長生 丙申</td>
</tr>
<tr>
<td>紫微 天相 左輔 陀羅
截空
太歲 華蓋 官符
兄弟 墓 壬辰</td>
<td colspan="2" rowspan="2">男命
陰曆 : 1976. 1. 6. 酉時
命局 : 水2局 長流水
命主 : 武曲 身主 : 文昌

己 丁 庚 丙
酉 亥 寅 辰
80 70 60 50 40 30 20 10
戊 丁 丙 乙 甲 癸 壬 辛
戌 酉 申 未 午 巳 辰 卯</td>
<td>天鉞
天刑 三台 天才 月德
小耗 咸池 將軍
42~51
官祿 沐浴 丁酉</td>
</tr>
<tr>
<td>天機(權) 巨門
台輔 天壽
病符 息神 伏兵
夫妻 死 辛卯</td>
<td>破軍 右弼
天月 天虛 天傷
歲破 月殺 奏書
52~61
奴僕 冠帶 戊戌</td>
</tr>
<tr>
<td>貪狼
天馬 地空 陰煞 紅艷 天哭
弔客 歲驛 大耗
92~
子女 病 庚寅</td>
<td>太陽 太陰 文昌(科) 文曲
天姚 過速 破碎 天德
天德 攀鞍 病符
82~91
財帛 衰 辛丑</td>
<td>武曲 天府
天福 天廚 旬空 天使
白虎 將星 喜神
72~81
疾厄 帝旺 庚子</td>
<td>天同(祿) 天魁 火星
封誥 紅鸞 大耗
龍德 亡神 飛廉
62~71
遷移 身宮 建祿 己亥</td>
</tr>
</table>

〈圖46 天梁星 坐命〉

◆ 상기 명반인은 신체는 크고 말랐으며, 이목구비가 수려하고, 성격은 孤高하며, 談論(담론)을 즐겨한다.

◆ 명궁의 三方四正에 文昌, 文曲, 天魁 天鉞의 회조가 있으며, 紅鸞과 天喜가 있으니, 사람과의 연이 좋으나 결혼연이 薄(박)한 것이다. 부모가 일찍부터 배우자감을 찾았으니 배우자와의 연이 적었던 것이다. 44세까지 독신인 것이다. 10여 년간 사귀는 처자는 여럿 있었으나 결혼에 성공하지 못했던 것이다.

◆ 32~41세는 丙申大限이다.

·廉貞·化忌가 居하니 이성 간 감정의 困擾(곤요)가 있었고, 파절이 특히 많았던 것이다. 친구가 10여 명의 처자를 소개했으나 혼사는 성사되지 못했던 것이다.

·또한 丙申大限 宮과 그 대궁에 地劫과 地空이 沖照가 있으니 결혼이 성사되지 못하는 것이다.

◆ 명궁에 神明星인 天梁이 居하니 종교, 신앙, 철학, 동양오술에 심취하는 성격이며, 또한 孤辰과 동궁하니 고독감이 많은 것이고, 부처궁에 天機와 巨門이 化權과 동궁하니 혼인감정에 困擾(곤요)가 따르는 것이다.

◆ 부처궁의 宮干 辛의 化忌가 재백궁에 입궁하고, 본명궁의 宮干 癸의 化忌가 자녀궁에 입궁하니, 子田線(자전선)에 雙化忌의 沖破가 있으니 妻緣(처연)이나 子息緣(자식연)이 모두 薄(박)한 것이다.

◆ 상기 명반은 "孤僧修道格(고승수도격)"으로 논할 수 있다.

(7) 칠살(七殺)

<table>
<tr><th colspan="2">七殺(칠살)</th></tr>
<tr><th>宮位</th><th>解義</th></tr>
<tr><td>子午</td><td> 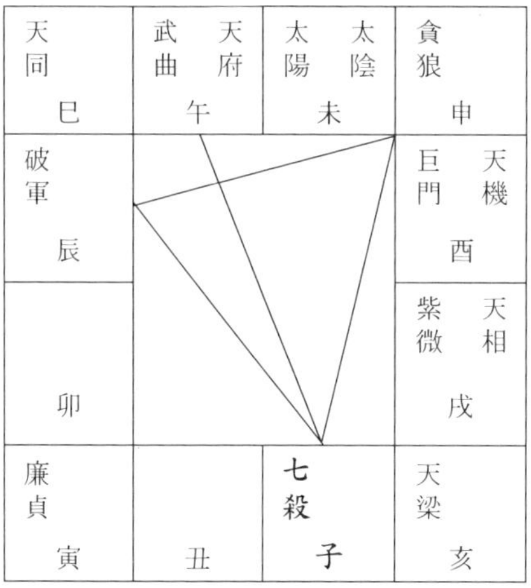
<table>
<tr><td>天同
巳</td><td>武曲 天府
午</td><td>太陽 太陰
未</td><td>貪狼
申</td></tr>
<tr><td>破軍
辰</td><td colspan="2" rowspan="2"></td><td>巨門 天機
酉</td></tr>
<tr><td>卯</td><td>紫微 天相
戌</td></tr>
<tr><td>廉貞
寅</td><td>丑</td><td>七殺
子</td><td>天梁
亥</td></tr>
</table>

◆ 七殺은 陰金이며, 化氣는 "權(권)"이다.
◆ 七殺은 血光星(혈광성), 變動性(변동성), 將星(장성), 肅殺星(숙살성), 驛馬星(역마성), 孤剋星(고극성), 偏財星(편재성) 등과 연관되며, 직업적으로 軍·警職(군·경직)에 종사자가 많다.
◆ 七殺이 子午 二宮에 居하면, 平陷地에 居하는 것이며, 獨坐이고, 그 대궁에는 武曲과 天府가 있게 된다.
◆ 午宮에 居함이 子宮에 居함보다 더 吉하다.
◆ 武曲과 天府는 財星으로 동궁하는 경우에는 祿存을 봄이 가장 길하다. 祿存과 동궁이지 않더라도 武曲과 天府의 역량으로 인해 七殺의 孤囂的(고효적) 성질을 和解(화해)시키는 역량이 있는 것이다.
◆ 此 命人은 성격이 剛强(강강)하고, 독립적이며, 자기주장이 강하여 公職(공직)과 教職(교직)에 이롭다.
◆ 七殺이 본시 변동과 변화를 초래하지만, 子午 二宮에 居하며 破軍의 회조가 있거나, 天羅地網宮(천라지망궁)의 來照가 있으면, 인생에 破折(파절)이 심히 크며 辛苦(신고)를 면치 못한다.
◆ 고서에 七殺이 子午宮에 있으면, 災禍(재화)가 多出하니 조상의 음덕이 있어야 한다고 했다. 이는 貴人이나 朋友(붕우)의 도움이 있어야 美格이 되는 것이며, 午宮이 子宮보다 길하다.
◆ 七殺이 午宮에 居하면 이를 "雄宿乾元格(웅숙건원격)"이라 하며 최고의 上格인데, 매력이 넘치고, 七殺 陰金이 午宮의 영향으로 火剋金으로 단련을 거치는 格이니 상호 유용해지는 것이다. 이런 이치로 子宮의 七殺은 格이 떨어지는 것이다.
</td></tr>
</table>

子午	◆此 命人은, 총명하고 재능이 있으며, 개성이 드러나며, 희로애락이 밖으로 표출되며, 승부욕이 강하고, 말이 많지가 않고, 정의감이 있으며, 군인이나 경찰직에 적합하다. ◆지혜가 있으며, 모략을 잘 꾸미고, 감투정신이 있고, 성급한 편이며, 권위와 위엄이 있고, 성격이 격렬하고 剛强(강강)하며, 창조적이고 背叛性(배반성)이 있으며, 사업은 종종 辛苦(신고) 끝에 독창성을 확립하며 성취가 있다. ◆소년 시는 어려움이 많고, 奔波(분파)와 불안정함이 있고, 辛苦(신고)가 많으며, 상시 勞苦(노고)가 몸에 밴 생활을 하게 된다. ◆외적으론 강직하나 내적으론 柔(유)한 점도 있고, 晚婚(만혼)이 좋으며, 감정상의 희로애락을 쉽게 표현함을 면하지 못한다. 早婚(조혼)은 길하지 못하다, 早婚인 경우에는 家出이 빈번하다. ◆외적으론 강하나 내적으론 정감이 많고, 花田月下(화전월하)의 풍류도 있으며, 일생이 漂漂(표표)하며, 출세의 이상에 사로잡히는 성향이 짙다. ◆男命은, 妻子가 모두 뜻과 이상이 높고, 性情은 외유내강하고, 배우자는 丈夫의 기질이 있는 경우가 많은데, 그렇지 않으면 刑剋과 이별과 잔병이 많고, 부부라고는 하나 부부간의 돈독한 정은 없게 되는 것이다. ◆子午宮의 七殺의 성질은, 겸손하고 검약하며 책임지기를 기피한다. 子宮의 七殺은 성격이 급하고 변화가 많으며 有頭無尾(유두무미)이나, 午宮의 七殺은 공명정대하고 정직하며 사심이 없다. ◆七殺은 祿存을 보는 것을 喜하고 煞星을 보는 것을 두려워한다. 가장 기뻐하는 것은, 化祿, 祿存과 동궁 혹은 회조를 기뻐하는데, 이렇게 되면 七殺의 흉하고 급한 면을 和解(화해)시키게 되는 것이다. ◆만약 火星, 鈴星, 擎羊, 陀羅, 天空, 地劫, 天刑, 大耗 등의 회조가 있으면, 刑剋(형극)과 傷害(상해)가 따른다. ◆七殺이 명궁에 臨하고 煞星의 회조가 있게 되면, 福이 온전치 못하다. 능히 富貴를 얻을 수는 있으나, 妻子(처자)의 刑剋(형극)이나 傷害(상해)가 따르고 혹은 자녀가 없게 된다. 혹은 女兒 (여아)가 많고 男兒(남아)가 적게 되거나, 질병이 多發하게 된다. ◆이는 此 格이 골육지간에 결점이 없고 신체 건강한 사람의 경우라면, 부귀와는 연이 멀게 되는 것을 의미한다. ◆七殺은 살성인 鈴星과 陀羅를 가장 忌하는데, 이에 擎羊이 가해지면 반드시 官災와 질병이 발생하며 破財하게 된다. ◆天姚와 동궁이면 이는 도화성의 기질로 禍厄(화액)을 유발한다. ◆文昌과 동궁이면, 此 命人은 實함이 적으며, 마음속에 詐(사)가 많으며, 다시 空亡이 가해지면 위엄이 감쇠한다. ◆女命의 七殺은 심히 흉하다. 현대사회에서는 男命과 女命을 평등하게 판단하는데, 다시 煞星을 보게 되면, 혼인에 아름답지 못하고, 인생에 있어 孤剋(고극) 됨이 많다.

丑未	

武曲 破軍 巳	太陽 午	天府 未	天機 太陰 申
天同 辰			紫微 貪狼 酉
卯			巨門 戌
寅	**七殺 廉貞** **丑**	天梁 子	天相 亥

- 廉貞星과 동궁이니 前述한 廉貞星을 참조한다.
- 七殺이 丑未 二宮에 居하면, 廟平地에 居하는 것이며, 필히 廉貞과 동궁하게 된다. 三合方인 재백궁에는 貪狼과 紫微가 居하고, 관록궁에는 破軍과 武曲이 居하게 되니 이를 "殺破狼格(살파랑격)"이라 칭한다.
- 此 格은 일생에 吉凶간에 대폭의 변화를 맞이하게 되는데, 大限이나 行運에서 보게 되면, "竹籮三限格(죽라삼한격)"이라 하여, 크건 작건 간에 반드시 큰 변동과 변화를 겪게 되는 것이다.
- 七殺은 전쟁터의 장수와 같은 역할로, 기본적으로 위험과 파동이 내재되어 있는 것이다. 따라서 동궁한 廉貞은 七殺의 영향으로 辛苦的(신고적) 情況(정황)을 띠게 되는 것이다.
- 廉貞은 도화적 성질과, 公職(공직)에 적합한 특성이 있어 공공 기관에 근무함이 吉하고, 여러 勞碌奔波(노록분파)를 겪은 후에 성취됨이 있는 것이다.
- 七殺은 廉貞의 도화적 성질을 얻은 후에 정상적인 발전을 이루게 되는데, 七殺과 廉貞이 丑未宮에 居하면, 문예 방면을 선호하는데, 이로 인해 정신적인 면과 물질적인 면을 겸하여 즐기게 되며, 또한 이로 인해 여러 기호적인 성향이 나타나게 된다.
- 七殺과 廉貞의 조합은 발전적 역량이 있는 성요의 회조가 있으면, 사람들과 힘을 합쳐 발전됨이 있고, 理財에 밝음이 있으나, 이는 財經機構(재경기구) 혹은 재무담당의 공직에 있음이 좋다는 것이며, 종국에는 어느 정도의 성취됨은 있을 것이나 독자적인 창업은 불리하다.
- 此 조합은 辛苦(신고)를 겪은 후에 발전함이 있는 것이니, 錢財면에서는 불리함이 많으며, 더욱이 煞星을 보게 되면 불리함이 더욱 가중된다.
- 모험심이 강하고, 독단적 행동을 하여 성패가 다단하다.
- 吉星을 보면 길하며 橫發的(횡발적) 好運이 따른다.
- 凶星을 보면 흉한데, 그동안 이룩해 놓은 것이 일시에 붕괴되는 위험도 있고, 신체에 傷害(상해)가 발생하기도 한다.

丑未	◆ 외모는 정중하고 무게감이 있으며, 심지가 굳고 포부가 크나, 내심으론 心計를 드러내려 하지 않는다. ◆ 자기 주장이 강하고 고집이 세어서, 의견이 다른 사람을 포용하기 힘들고, 외면적인 면으로만 보아서는 凶하다 판단할 수 있으나 내적으론 善한 사람이다. ◆ 한적함을 좋아하고, 자신을 알아주는 사람을 만나면 말하기를 좋아하고, 독립경영의 기획을 세우나 성과는 적은 것이다. ◆ 고서에 七殺과 廉貞의 동궁은 "浪蕩天涯(낭탕천애)"에 비유했다. 매사 분주함이 있고, 밖에서 도와주는 귀인을 기대하며, 창업심이 강하고, 야심도 크며, 큰돈을 벌기를 소망함은 많으나, 인생사 뜻대로 풀려나감이 적고 苦難(고난)이 중첩되어 당도하는 것이다. ◆ 뜻이 크고, 好勝心(호승심)이 있고, 이름이 높아 이득이 있고, 사업체를 여기저기 많이 세우게 된다. ◆ 理想(이상)이 높고 이지적이나, 반면에 이상이 높음과는 별개로, 인생에 추구하는 바에 있어서는, 오히려 辛苦가 많은 것이다. ◆ 未宮에 居하며 吉星의 회조가 있고, 煞星과 化忌, 天空, 地劫, 天刑, 大耗 등의 沖破가 없는 命은, 부귀겸전의 上格으로 "雄宿乾元格(웅숙건원격)"이라 한다. 매력적이고 포부가 웅대하고 이름이 고귀하다. ◆ 七殺은 陰金이고, 廉貞은 陰火이므로, 상호 相制하며 用하기도 하니, 黃山(황산)의 광석을 단련한 후 사용해야 하는 이치인 것이라, 이러한 단련은 오히려 揚名(양명)의 源流(원류)가 되는 것이다. 따라서 고서에서는 廉貞과 七殺의 동궁은 반대로 富貴之格이라 논했던 것이다. ◆ 七殺과 廉貞의 조합은 외적으론 발전이 있으나, 廉貞은 囚星으로 모든 것이 收藏되고 더디게 발전하는 의미도 있으니, 天府와 祿存, 化祿이 천이궁에 居하면, 밖에서 돈을 벌어 창고에 넣는 格이니 富를 이루는 것이 당연하다. ◆ 廉貞과 化祿이 있고, 天姚 등의 도화적 성요들의 회조됨이 없으면, "廉貞淸白格(염정청백격)"이라 하여, 女命은 美麗端裝(미려단장)하고, 웃고 즐거워함이 있어도 淸白(청백)의 相을 유지하니 貞節之女(정절지녀)라 한다. ◆ 상기의 格을 이루기 위해서는, 필히 化忌와 煞星의 회조가 없어야, 비로써 "廉貞七殺顯武職(염정칠살현무직)"에 합당한 것이다. ◆ 紫微의 회조가 있고 化權이나 天祿, 天馬를 보게 되면 역시 부귀를 얻게 된다. 만약 化忌, 天刑 등의 煞星을 보게 되면, 武職에 있는 者는 전장에서 死傷을 당하거나, 경찰직 등에 있는 者는 순직하게 된다. ◆ 未宮이 旺하고 丑宮이 弱한데, 丑宮에 吉星이 來照하면 富를 누리나, 化祿, 化權, 化科가 없고 살성이나 化忌를 보게 되면 불리하다. 이는 고서에 廉貞, 七殺이 동궁하면 殘疾(잔질)과 辛苦(신고)가 따른다고 표현한 것이다. ◆ 甲年生 : 권력욕이 크며, 돌발적 성향도 있고, 理財에 밝아 經商이나 財經界의 복무직에서 성취됨이 있다. 또한 七殺과 破軍의 회조가 있게 되니, 인생에 험난함이 많고, 이성 간의 연이 좋으며, 貴人의 조력으로 인해, 行業에 있어 순탄함이 따르며 성공할 수 있다. ◆ 乙年生 : 다재다능하며, 偏財運이 있으니 사업적으로 두각을 나타내고, 성공과 揚名(양명)의 결과를 얻을 수 있다.

<table>
<tr>
<td>丑未</td>
<td>
◆丙年生 : 破折(파절)이 따르고, 관재구설, 시비다툼, 번민 등이 다발하고, 재능을 펼쳐 나가지 못하고, 浪蕩(낭탕)함이 있고 불안하다.
◆戊年生 : 다재다능하며, 처사에 신중하며 법도가 있고, 문학과 예술방면으로 성취됨이 있고, 偏財運으로 귀인들의 조력이 있다.
◆己年生 : 사업적으로 성취됨이 있고 錢財면에서도 순탄하다. 횡발적 기회가 있으니 생각하는 바대로 즉시 획득이 가능하고, 또한 능히 이를 지켜나간다.
◆庚年生 : 사업심이 강하고, 스스로 行業하고 창업하기를 좋아하며, 萬難(만난)을 배제할 수 없으나 종국에는 성공한다.
◆壬年生 : 財運이 순탄하나, 勞碌奔波(노록분파)가 따른 후에 성취됨이 있다.
◆癸年生 : 開創業(개창업)에 적극적이며, 사업이 순탄하고, 능히 배우자의 협조로 성취됨이 있다.
</td>
</tr>
<tr>
<td>寅申</td>
<td>
<table>
<tr><td> 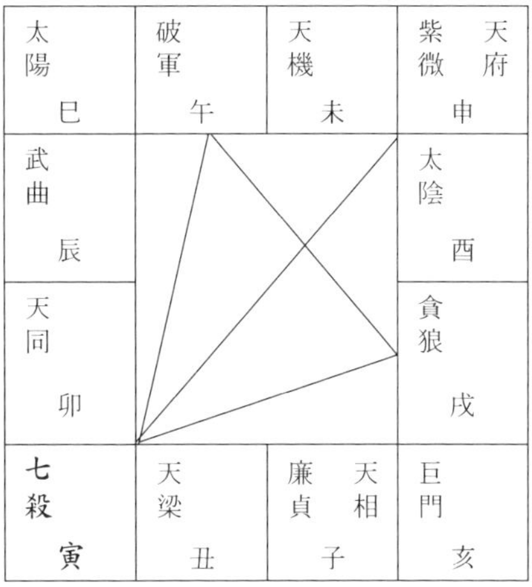太陽
巳</td><td>破軍
午</td><td>天機
未</td><td>紫微 天府
申</td></tr>
<tr><td>武曲
辰</td><td></td><td></td><td>太陰
酉</td></tr>
<tr><td>天同
卯</td><td></td><td></td><td>貪狼
戌</td></tr>
<tr><td>七殺
寅</td><td>天梁
丑</td><td>廉貞 天相
子</td><td>巨門
亥</td></tr>
</table>
◆七殺이 寅申 二宮에 居하면, 陷旺宮에 든 것이며, 獨坐이고, 그 대궁에는 紫微와 天府가 居하게 되는데, 이는 최적의 배합인 것이며, 寅宮이 申宮보다 吉하다.
◆개성이 강하고, 독단적인 면도 있고, 쉽게 노하지는 않으나 위엄이 있어 衆人들이 敬服(경복)하게 한다.
◆모략과 계책이 뛰어나고, 일생 사업에 있어 성취됨이 많고 또한 무게감이 있다.
◆일을 처리함에 밖으로는 과단하고 내실은 진퇴를 신중히 고려한다.
◆개성이 剛强(강강)하니, 상업적인 면에서 사람을 대함에 종종 분규를 일으키기도 하며, 사람과의 사이에 분쟁을 야기하기도 하여 원망을 사기도 한다.
◆일을 함에 권위가 있고, 성과가 드러나기도 하며, 辛苦(신고)를 겪은 후에 노력한 성취감을 얻기도 하며, 사업상으로는 주도적인 지위에서 성공하게 된다.
◆대궁의 紫微와 天府는 북두와 남두의 主星으로, 만약 煞星의 沖照가 없으면 이를 "朝斗(조두)"와 "仰斗(앙두)"의 격국이라 한다.
◆七殺이 寅宮에 居할시는, 紫微와 天府가 七殺이 居한 宮位의 上方에 있게 되므로 "七殺仰斗(칠살앙두)"라 한다.
</td>
</tr>
</table>

寅申	◆七殺이 申宮에 居할시는, 紫微와 天府가 그 七殺이 居한 宮位의 下方에 있게 되므로 "七殺朝斗(칠살조두)"라 한다. ◆朝斗(조두)와 仰斗(앙두)는, 같은 맥락으로 官祿이 창성함을 의미하며, 此 格이 成格이 되기 위해서는, 煞星과 化忌, 天刑, 大耗 등의 회조가 없어야 한다. ◆成格을 이루게 되면, 此 命人은 관리능력이 탁월하고, 재능이 뛰어나며, 모략이 있고, 淸하고, 대중의 귀감이 되고, 영도적인 자질이 있으며, 능히 책임을 맡으나 독단적인 일면도 있다. ◆또한 成格이면, 권위가 있고, 창조력과 기획력, 분석력, 사고력 등이 있으나, 그렇지 않으면 평범한 인물이다. 다시 吉星의 회조가 있으면, 국가의 동량이 되고, 出將入相(출장입상)의 명조이며, 貴人의 이끌어 줌이 있어, 平步(평보)로 靑雲(청운)에 이르게 되며 萬人을 이끌 棟梁之材(동량지재)이다. ◆財經職(재경직)과 공공기관에 복무하면, 발전이 있고 근무하는 사람들의 마음을 장악한다. ◆또한 필히 左輔, 右弼의 내조가 있은 연후에 재능을 발휘하게 되는 것이며, 일생에 奔波(분파)와 辛苦(신고)를 면치는 못하는데, 이런 과정을 거친 후에야 능히 성공하는 것이다. ◆"仰頭格(앙두격)"은 표현이 양호하고, 귀인의 도움으로 성공하며, 정재계에서 상당한 지위에 오르게 된다. ◆"朝頭格(조두격)"은 생각이 깊으며, 상사에게 의견 등을 제출함에 그 뛰어난 재능을 인정받는다. ◆仰頭格, 朝頭格은 모두 天魁, 天鉞, 左輔, 右弼, 文昌, 文曲 등의 동궁이나 회조를 喜하는데, 보게 되면 다같이 文武에 능하며 부귀를 얻게 된다. 다시 祿存, 化祿, 化權, 化科 등의 회조가 있으면 群衆(군중)의 옹호를 받으며, 국가의 大計를 책임질 지위를 감당할 수 있으며, 벼슬이 極品(극품)에 이르게 된다. ◆상공업 부분에서도 영도적 역할을 하며, 경제계를 좌지우지하며 名振四海(명진사해) 한다. ◆만약 煞星을 보게 되면 刑傷을 면치 못하고, 破財와 災厄을 벗어나지 못하며 富貴가 虛名이다. ◆實事求是(실사구시)를 추구하고, 실업계 방면에서 발전이 있으며, 공공기관에 적합하며 투기성은 금물이다. ◆政界나 軍·警界의 경우에는, 일차로 破折(파절)을 겪은 후에 변화가 들어오고, 經商면에서는 성공과 실패가 반복되며 난관이 돌출하게 된다. 투기적인 면은 일시적으로는 얻는 것이 있을 수도 있으나 장기적으로는 불가하다. ◆女命이 化祿, 化權, 化科 등의 회조가 있거나, 左輔, 右弼, 天魁, 天鉞, 恩光, 天府 등의 회조가 있으면, 총명하고 재능이 있으며, 권위가 대중을 압도하며, 女中豪傑(여중호걸)이라 칭할 수 있다. ◆남편과 자식을 이익되게 하고 부귀쌍전이며, 대장부와 같은 기개가 있어 上格이다. 그러나 化忌의 회조가 있으면 災厄과 질병이 몸을 떠나지 않고, 六煞星의 회조가 있으면 고독하다.

<table>
<tr>
<td>卯酉</td>
<td>
<table>
<tr><td>巳</td><td>天機
午</td><td>紫微 破軍
未</td><td>申</td></tr>
<tr><td>太陽
辰</td><td></td><td></td><td>天府
酉</td></tr>
<tr><td>七殺 武曲
卯</td><td></td><td></td><td>太陰
戌</td></tr>
<tr><td>天梁 天同
寅</td><td>天相
丑</td><td>巨門
子</td><td>貪狼 廉貞
亥</td></tr>
</table>
◆ 武曲星과 동궁이니 前述한 武曲星을 참조한다.
◆ 七殺이 卯酉宮에 居하면, 弱旺地에 居하는 것이며, 필히 武曲과 동궁하게 된다.
◆ 대궁인 천이궁엔 天府가 내조하니 위인의 相이 莊重(장중)하며, 삼합방인 재백궁에는 貪狼과 廉貞이 居하고, 관록궁에는 破軍과 紫微가 居하니 “殺破狼格(살파랑격)”이 되는 것이다. 此 格은 일생에 破折(파절)과 변동이 크고, 성패가 多端하고, 일을 함에 있어 수단과 방법을 가리지 않고, 돌발적인 횡재수가 있어 득재하나, 반면에 예기치 않은 사고수나 실패수도 있어, 일순간에 모든 것을 잃고 곤궁하게 살게 되는 경우도 있다.
◆ 卯宮이 酉宮보다 吉하고 이롭다.
◆ 七殺은 가장 흉한 성요로 刑殺(형살)과 孤剋(고극)을 主하고, 武曲은 將星이며 寡宿(과숙)의 성요이다.
◆ 七殺, 武曲이 동궁이면, 성격이 강직하고, 일을 함에 난관과 시행착오에 봉착됨이 많고, 완고하고 怪癖(괴벽)하며, 강렬한 개성이 있게 된다.
◆ 七殺과 武曲은 辛金으로, 모두 陰金에 속하여 武曲과 七殺이 酉宮에 居하면 그 勢가 강렬한 것이다.
◆ 七殺과 武曲의 동궁은 용맹하고, 일을 함에 열심이고, 승부욕이 강하여 지는 것을 인정하지 않는다.
◆ 엄격하며, 평시에는 말이 적고, 표정이 냉랭하며, 일을 행함에는 심사숙고한 후 실행한다.
◆ 식견과 모략이 있으며, 총명하고 機智(기지)가 있으며, 성급하나 才幹(재간)이 있다.
◆ 사람이 정직하고, 남을 돕기를 좋아하고, 원대함을 지향하며, 기획능력이 있고, 일을 함에 혼신의 노력을 다하고, 성격이 굳세나 처세술이 있다.
◆ 외모는 온화하며 풍채가 있고, 長子의 풍모가 있다.
◆ 七殺, 武曲이 卯宮에 居하면, 모두 金에 속하며 弱地에 居하게 되니, 무력해지는 것이라, 한편으론 동점심도 있는 것이며, 내심으로 이러저러한 복잡한 성격으로 인한 모순을 면할 수 없는 것이다.
</td>
</tr>
</table>

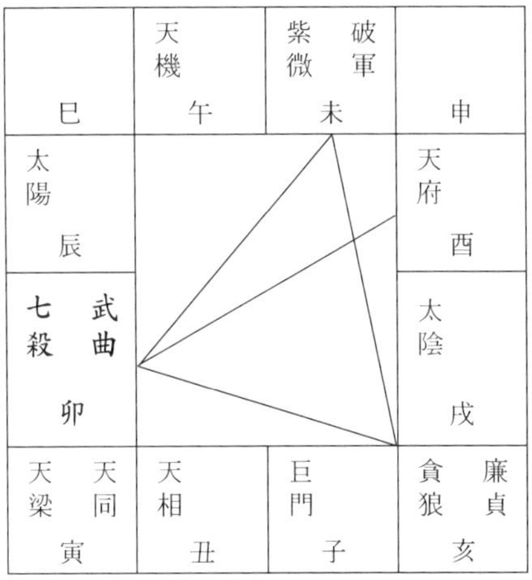

卯酉	◆七殺, 武曲이 卯宮에 居하면, 어떤 사람이든 客氣가 있고, 도처에 붕우가 있으며, 특별한 인연을 좋아하나, 자신을 알아주는 사람을 얻기 어렵다. ◆七殺, 武曲이 酉宮에 居하면, 마음이 좁아 먼저 자신을 보호하고, 소년에 뜻을 얻기 어렵고, 일생에 성패가 다단하다. 吉星의 회조가 있으면 일시적으로 橫發(횡발)하게 된다. 煞星의 회조가 있으면 어려서 多病하고 刑傷이 重하다. 만약 六煞星이나 天刑이 있으면, 군인 경찰이나 암살자나 가축의 도살업 계통에 종사하게 된다. ◆고서에 七殺과 武曲이 동궁하면, 祖業을 破하고 타향에서 발전하게 된다고 했다. ◆七殺이 震宮(卯宮)과 兌宮(酉宮)에 거함은 약왕지에 거한 것이니, 한편으론 재능, 재예와 모략이 있다 했다. ◆七殺과 破軍은 외출과 연관되고, 고향보다 타향에서 성공함이 크다. ◆七殺이 震宮(卯宮)과 兌宮(酉宮)에 거하며, 다시 煞星과 化忌를 보면 일생이 성패가 다단하고, 육친과의 연이 없고 자주 난관에 봉착함이 있다. 다시 地空, 地劫, 天空을 보게 되면, 매사 소극적이라 僧道(승도)의 길이라 했다. ◆七殺이 卯宮에 居하며 煞星이나 化忌가 있으면, 나무에 눌리는 사고가 발생하거나, 雷震(뢰진)의 災禍(재화)가 있으며, 酉宮에 煞星이 있으면 의외의 災禍(재화)가 있다. ◆七殺, 武曲이 卯宮에 있으며 對宮에 祿存의 내조가 있거나, 天馬와 동궁하거나 輔佐星이 보이면, 일을 함에 氣魄(기백)이 있고, 담력이 있으며, 貴人의 相으로 영웅적 인생을 보내게 된다. ◆甲年生 : 귀인의 조력이 있고, 부귀겸전이며, 조상의 음덕이 있고, 결단력과 영도력이 있으며, 대기만성형이다. ◆乙年生 : 기획능력이 풍부하니, 어떤 조직이건 명성과 지위가 올라간다. ◆丙年生 : 廉貞과 化忌가 동궁하고 桃花를 보게 되면, 인생에 역경과 破折(파절)이 많다. ◆戊年生 : 偏財運이 있어 채권이나 주식관련 투기업에 종사한다. ◆己年生 : 일생 평탄하고 재물운도 길하며, 득재의 능력이 강하다. 재물을 선호하며 횡발적인 득재의 기회가 많은데, 득재 후에 재물을 잘 지키지 못하면, 재물을 얻은 만큼 다시 빠져 나가게 된다. ◆庚年生 : 사업심이 강하고, 홀로 行業과 創業(창업)하여, 크게 발전한다. ◆壬年生 : 영도력이 있으며, 사업심이 강하나, 錢財에 있어서는 감정상의 紛糾(분규)로 인한 불리함이 있다 ◆癸年生 : 開創力(개창력)이 풍부하고 名利雙全(명리쌍전)이나, 감정상의 분규로 인해 破財하게 된다.

辰戌

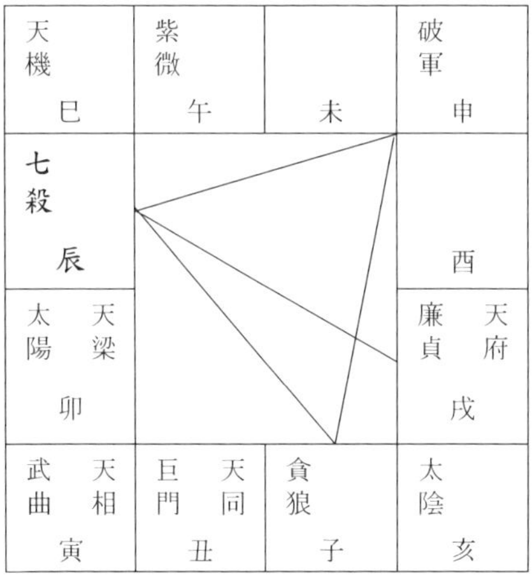 天機 巳	紫微 午	未	破軍 申
七殺 **辰**			酉
太陽 天梁 卯			廉貞 天府 戌
武曲 天相 寅	巨門 天同 丑	貪狼 子	太陰 亥

- 七殺이 辰戌 二宮에 居하면, 旺平地에 居하는 것이며, 그 대궁애는 廉貞과 天府가 있게 된다.
- 辰戌 二宮은 "天羅地網(천라지망)"宮이라 하며, 七殺이 羅網(나망)에 든 것이라 爭奪(쟁탈)의 禍(화)가 발생하고, 성취함에 있어 辛苦(신고)가 따르게 되며, 여러 驚惶(경황)된 일이 발생하는 宮位이다.
- 天羅地網宮은 능력의 제한을 받는 宮인데, 단 개성이 강직, 솔직하고, 主見이 있으며 독립적이나, 七殺이 있을 시는 운용함에 제약이 따르고, 그런 연유로 辛苦 끝에 조금의 성취가 있게 되는 것이다.
- 辰戌 二宮은 廉貞의 基盤的(기반적) 성질이 약화된 것으로, 理智(이지)에 있어 편향된 경향이 있다. 고서에는 七殺이 廟旺에 들면 謀略(모략)을 잘 쓴다 했다.
- 七殺이 廟旺에 들고 文昌, 文曲의 拱照를 얻으면, 生殺之權(생살지권)을 장악하며 富貴가 출중하다 했다. 만약 吉星의 회조가 있으면, 그 성취감이 종종 七殺이 寅申宮에 居하는 경우와 비교시 우열을 가리기가 힘든데, 이것 역시 辛苦와 여러 驚惶(경황)된 일을 겪은 후에 이루어지는 것이다.
- 辛苦를 겪는 중에, 사업을 일으키고, 활동성과 추진력이 힘차고, 경제에 일가견이 있게 되는데, 이는 초한지의 韓信(한신)이 병사를 다룸에 능통함이 있어 생겨난 고사 성어인, "多多益善(다다익선)"이란 의미와 일맥상통한다.
- 상상력이 풍부하고, 사업도 상상을 따라 추구하며, 사업을 함에 있어 그 바라는 바에 만족하지 못하고 새로운 구상을 늘 짜낸다.
- 七殺이 辰戌 二宮에 居하면, 그 대궁의 廉貞과 天府의 영향을 받는 것으로, 대체로 此 命人은 전문기술직이나 문예 방면에 관여하는데, 辰宮은 독립적인 성향이 강하므로 이런 분야에서도 독특한 견해가 있게 된다.
- 만약 文昌, 文曲, 天魁, 天鉞의 내조가 있으면, 공직에 복무하나 크게 기대할 바가 없는 것이다. 만약 煞星을 보게 되면 문예공작 방면으로 가게 되고, 천신만고와 여러 破折(파절)을 겪은 후에 성취함이 있는 것이다.

<table>
<tr>
<td>辰戌</td>
<td>

◆ 祿存을 보는 것을 기뻐하고 煞星을 보는 것을 기피하며, 가장 두려워하는 것은 鈴星, 擎羊을 만나는 것이다. 만약 火星, 鈴星, 擎羊, 陀羅, 天空, 地劫, 天虛, 陰煞 등의 성요를 보게 되면, 고독하며 福이 적고, 속세를 벗어난 수도자로서의 길을 가게 된다. 또한 환상적이며 심령상 공허함이 많다.

◆ 七殺은 謀略(모략)과 연관된 성요로, 이지적이고 독립적이며, 독단적으로 행동하려는 성질이 있다.

◆ 喜怒哀樂(희로애락)에 대한 얼굴색과 안위를 잘 드러내지 않으므로, 怒(노)하지 않으면서도 위엄이 있으니, 衆人의 敬服(경복)이 있게 된다.

◆ 독단적인 결정과 행동을 하므로, 막역한 친구 사이라도 소원함을 느끼는 경우가 종종 있게 된다.

◆ 감성적으로도 남들과 共鳴(공명)하지 못하며, 자신의 淸高한 자세를 유지하는 것이다.

◆ 謀略(모략)을 잘 꾀하고, 상업면과는 멀고, 공직으로 발전하며 중요 인사가 된다.

◆ 개성이 강하고 위엄이 있으며, 성격이 급하며 말을 많이 하지 않고, 정의감이 있으며 軍과 警察職(경찰직) 등에 적합하다.

◆ 소년 시에 어려움이 많고 辛苦와 奔波(분파)가 많으며, 고통을 감내하는 본성이 있어, 중년 후에 점진적으로 발전하며, 혼인은 늦게 함이 좋다.

◆ 外表는 剛强(강강)하나 내면은 온유담백하고, 女命은 남성적 일에 관여하며, 남편과 자녀의 조력자 역할을 하며, 직업적인 면에서도, 가정주부의 역할보다는 직업주부로서의 역할에 합당하며, 남성들의 직업범주에 뛰어드는 것도 可하다.

◆ 男命은 공업계통의 직업에 진출이 많으며 또한 길하다.

◆ 남녀 공히 감정상 스스로 孤高(고고)하며 高尙(고상)함을 면키 어렵다.

</td>
</tr>
<tr>
<td>巳亥</td>
<td>

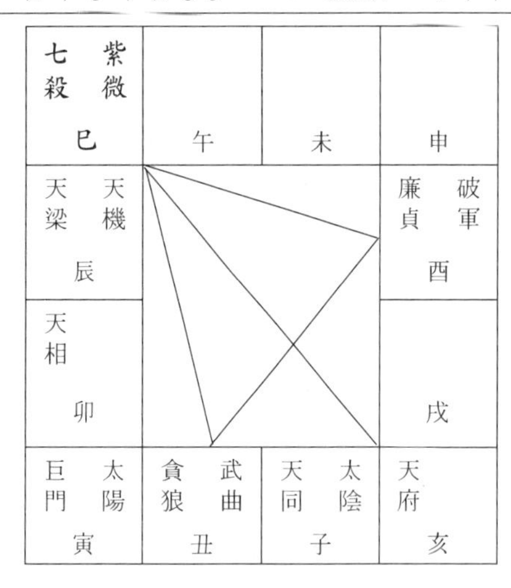

◆ 紫微星과 동궁이니 前述한 紫微星을 참조한다.

◆ 七殺이 巳亥 二宮에 居하면, 平弱地에 居하는 것이며 필히 紫微와 동궁하게 된다. 대궁에는 天府가 居하고, 삼합방인 재백궁에는 武曲과 貪狼이 居하며, 관록궁에는 破軍과 廉貞이 居하게 된다.

</td>
</tr>
</table>

巳亥	◆ 대궁에는 天府가 來照하니 "紫府朝垣格(자부조원격)"이라 칭하며, 고향을 떠나 타향이나 타국으로 진출하여 성공하며, 타인을 돕기를 좋아하고, 貴人의 조력이 있으며, 일생 의식주에 구애받음이 없고, 부귀겸전이다. ◆ 재백궁에는 武曲과 貪狼이 거하니 "武貪格(무탐격)"이 되는 것이다. 소년 시에는 辛苦(신고)가 많이 따르나, 중년 이후 발달하여 성공하는 대기만성형이다. 女命은 직업주부가 되고 역시 길하며 부귀한다. ◆ 관록궁에는 破軍과 廉貞이 居하게 되는데, 삼합방인 명궁의 七殺, 재백궁의 貪狼, 관록궁의 破軍의 회조가 있으니 "殺破狼格(살파랑격)"이 되는 것이다. 일생에 성공과 실패가 다단하고, 변화와 변동성이 크며, 고독함이 내재된 명조가 되는 것이다. ◆ 七殺은 紫微의 호위대장으로 二星이 동궁시는, 君王이 대장군을 거느리고 出征(출정)하는 것과 같다. 소리가 우렁차고, 기상이 드높은 것이 七殺의 호쾌, 장대함과 같은 것이다. 巳宮이 亥宮보다 길하고 이로움이 있다. ◆ 七殺과 紫微가 巳亥宮에 居하면, 그 기상이 헤아릴 수 없이 크며, 四生과 四馬에 해당하는데. 다시 祿存이나 天馬를 보게 되면 "縱橫天下格(종횡천하격)"으로, 국제적인 무역업과 투자업에 종사하게 된다. ◆ 개성이 강하고, 사람의 지시 받음을 忌하고, 자신의 세계를 구축하고, 봉급생활직을 좋아하지 않는다. ◆ 성격이 強堅(강강)하고, 일에 있어서는 전력을 다하고, 장막 안에서 여러 일을 계획하고 꾸미는 재능이 있다. ◆ 웅대한 포부가 있고, 독립성, 창의력, 자수성가, 發財함이 있다. 또한, 勞祿(노록), 掌權(장권), 사업심 등이 있으며, 지휘하고 영도적인 역량이 있다. ◆ 개성면에서는 스스로 강하고 괴팍스럽고, 한편으론 혐오스러움을 짓는 것이 있으며, 자신에게 노력이 요구되는 면에 있어서는 인내하며, 권세를 잡고자 하는 욕망도 있다. ◆ 자유를 추구하며, 사람과의 약속은 기피하는 편이고, 가까이에 있는 사람과는 일정한 거리를 두려고 하는 자신만의 원칙이 있다. ◆ 용맹스런 말의 기상과 같음이 있고, 낡은 것을 바꾸고 향상시킴과, 평생을 일과 같이 하려는 의지가 있다. ◆ 男命은 비교적 밖으로 표출함이 있고, 女命은 직업을 갖는 경향이 있으며, 그 배우자는 妻를 어려워하는 마음을 지닌다. 煞星의 회조가 없는 경우에는, 한편으론 능력이 많으나 독단적 일면이 있다. 煞星의 회조가 있으면 역시 드러남이 있으나, 行하는 일에 있어 장애요소가 많게 된다. ◆ 七殺과 紫微의 조합은 吉星의 회조 여부를 떠나, 有始無終(유시무종)이며, 호언장담하는 경향이 있다. ◆ 吉星의 조력이 있으면, 七殺의 강용함이 化殺威權(화살위권)이 되어, 武職(무직)에서 영웅적 성취를 이루어 권세를 얻게 된다. ◆ 吉星의 회조가 없으면 小人이 覇道(패도)를 얻으려 하는 것과 같으니 성패가 다단하다. ◆ 七殺은 孤剋之星(고극지성)이라 紫微의 命을 따라야 하는 것이며, 紫微가 七殺과 동궁이면, 七殺의 孤剋的 역량을 制化하여, 용맹하게 전진하기만 하고 뒤의 결과를 따지지 않으니, 이것이 七殺의 우선적인 임무인 것이다. 따라서 고서에는 紫微, 七殺, 化權이 있으면, 흉변길이 된다 한 것이다. 또한 紫微, 七殺이 보이고 祿存과 天同이 있으면 化殺威權(화살위권)이 되어 영웅적인 길을 간다고 했다.

巳亥	◆祿存을 보면 七殺의 흉함이 化殺되고, 七殺은 위태로운 전쟁터의 장군에 비유되는데, 紫微가 七殺에게 實權을 주는 격이니, 武功이 錚錚(쟁쟁)하고 文 역시 이름을 날리게 되는 것이다. ◆만약 七殺과 紫微가 동궁하고, 다시 火星과 鈴星을 보고, 擎羊과 陀羅의 회조됨이 있으면, 化殺之局(화살지국)이 成局되지 못하는 것이다. ◆紫微와 七殺이 동궁이고 四煞을 보게 되면, 貴하지 못하고, 고독빈천하며 刑傷(형상)이 다발한다. ◆七殺과 紫微가 동궁하고 다시 空亡을 보게 되면, 蔭德(음덕)이 있더라도 虛名(허명)에 불과한 것이다. 비록 조상의 蔭德을 얻었다 하더라도, 본인은 건실한 결과가 없고, 漂浪(표랑)과 허명인인 것이다. ◆만약 祿存과 吉星이 없으며, 六煞星이 없고, 空亡地가 아니고, 空星을 보지 않는다 해도, 차 명조인은 단지 허명을 얻을 뿐이라고 한 것이다. 만약 擎羊, 陀羅를 보면 經商에 마땅한 것이며, 女命이 四煞을 보게 되면 훗날 불미한 점이 있게 된다. ◆左輔, 右弼을 보고 祿存의 회조가 있으면, 평생이 평탄하고 능히 창업하여 순탄한 인생이 보장된다. ◆紫微, 七殺이 巳宮에 居하면 사상적인 면이나 기호적 측면에서 온당하지 못한 바가 있을 것이나, 化殺爲權(화살위권)이 될 시에는, 높은 위치에 오르게 될 것이며, 권세를 독차지하게 될 것이며, 또한 經商이나 仲介人의 역할에도 可한 것이다. 만약 天刑의 회조가 있으면 피부성형외과의 길을 가게 된다. 女命이 이와 같으면 財務方面(재무방면)이나 문서관리 기관에 이롭다. ◆七殺과 紫微가 亥宮에 居하면, 脾臟疾患(비장질환)이 있고, 生氣가 적음을 두려워하고, 명조인이 번뇌와 산만함이 있으며, 예술 방면에 재능이 있게 된다. 左輔, 右弼과 文昌, 文曲의 회조가 있으면 設計方面(설계방면)에 종사함이 이롭다. ◆甲年生 : 財官이 雙美하고 명성을 얻으나, 삼합방의 破軍의 회조가 있으니, 일생에 勞碌奔波(노록분파)가 많이 따르나 종국에는 성취함이 있다. ◆乙年生 : 일처리에 능력이 있으며 재예가 출중하고, 포부와 웅지가 있고, 독립적이며 開創的(개창적) 능력이 있다. ◆丙年生 : 관록궁에 廉貞과 化忌가 동궁이면, 신체적 상해와 역경이 따르고, 매사 불리하며, 감정적 困擾(곤요)로 인해 뜻을 펴지 못한다. ◆戊年生 : 偏財運이므로 투기관련업에 이롭고, 신중히 판단하고 맹목적인 것은 기피하며 火星, 鈴星과 동궁이면 橫發(횡발)함이 있다. ◆己年生 : 得財의 능력이 강하며 橫發運이 있으나, 근신하며 수구함이 좋은데, 주색과, 도박에 탐닉하게 되면 橫發橫破(횡발횡파)하게 된다. ◆庚年生 : 忙碌奔波(망록분파) 중에 得財함이 있고, 財運이 형통하다. ◆壬年生 : 자주독립적이며 영도적 능력이 있고, 사업적으로도 성공한다. ◆癸年生 : 의외의 得財가 있으나. 재물을 지킴이 쉽지 않다.
12宮	七殺(칠살)

命宮	◆ 이상적이고 몽상적이다. ◆ 七殺, 破軍은 擎羊과 陀羅의 受制에 길흉이 좌우된다.
兄弟	◆ 刑剋이 있고, 분리됨이 많으며 조력을 받음이 적다. ◆ 寅申宮에 居하면 재능이 많고 淸高하다. ◆ 巳亥宮에 居하면 형제에게 貴함이 있다. ◆ 辰戌宮에 居하면 富함이 있다. ◆ 煞星을 보게 되면, 災厄(재액)이 있고, 형제간 분리됨이 있다.
夫妻	◆ 異邦(이방)이나 異族(이족)과의 결혼이 좋다. ◆ 四煞이나 空劫을 보게 되면 세 번의 剋당함이 있다. ◆ 남녀 공히 표면적으로는 평온하나 내심으로 불만이 많고 有情하나 無緣이다. ◆ 子午宮에 居하면 파절이 많고, 타 지역으로 분가하거나, 비록 뜻이 높으나 달성됨이 적다. ◆ 寅申宮에 居하면 결혼이 늦고, 배우자가 조급함이 있다. ◆ 결혼 전에 桃花가 많으면 眼亂(안란)이 있다. ◆ 辰戌宮에 居하면 화해됨이 적고 좌절이 크고, 배우자가 필히 재능이 있다. 天德, 月德, 天福, 天壽 등이 있으면 능히 險(험)함을 안정되게 한다.
子女	◆ 길하며 집안을 일으킨다. ◆ 고독함이 있다. ◆ 먼저 딸을 낳고 후에 아들을 낳음이 길하다. ◆ 부자간에 간격이 있고 煞星을 보게 되면 자식이 없다.
財帛	◆ 財로 인하여 권위를 얻거나 혹은 좌절하게 된다. ◆ 吉星의 회조가 있으면 財源이 풍부하고 外財를 얻게 된다. ◆ 辰戌 二宮에 居함을 喜하는데 발달함이 있고 장구하다. ◆ 卯酉 二宮에 居하면 武殺로써 능히 橫發(횡발)하거나 暴敗(폭패)한다. ◆ 天災나 殺星을 보게 되면 災厄(재액)이 발생한다.
疾厄	◆ 七殺이 擎羊, 陀羅를 보게 되면, 질액이 발생하고 평생 잔병이 떠나지 않는다. ◆ 일생 고독하며 수명도 짧다. ◆ 호흡기계통의 질환을 앓게 된다. ◆ 刀傷이나 傷害가 있다. ◆ 幼年에 잔병치레가 많다. ◆ 火星을 보게 되면, 目疾(목질)이나 陰虛(음허)가 발생한다. ◆ 龍池를 보게 되면, 귀머거리가 되거나, 腎臟(신장)에 질병이 발생한다. ◆ 肢體障碍(지체장애), 골격계통의 질환, 혹은 주요 臟器(장기)의 질병이 발생한다.
遷移	◆ 고향이 아닌 타 지역에서 권위를 얻거나 좌절하기도 한다. ◆ 일반적으로는 타향에서 권위와 복록을 얻게 되어, 대체적으로 사람들은 敬畏感(경외감)을 느낀다. ◆ 天刑을 보게 되면, 타향에서 災禍(재화)가 있거나, 일에 있어 沮滯(저체)가 발생한다.

遷移	◆鈴星의 會合이 있으면 방비책을 세워야 한다. 辰戌宮에 있는 경우는 다른 사람과의 연루됨이 있거나 외적으로 압박을 받음이 있다. ◆天姚를 보게 되면 위협을 받거나 악운이 겹쳐서 닥쳐온다. ◆左輔, 右弼을 보게 되면, 사안에 편견이 있거나, 편집증세가 있고, 완고하여 자신이 오류를 범하거나 남에게 오류를 범하기도 한다. ◆擎羊, 陀羅를 보게 되면, 武職(무직)이나 工藝(공예)에 이로우며 사람과의 연은 적다. 여러 곤란함을 겪은 후 안정을 얻게 된다. ◆火星을 보게 되면 外財를 얻으나 쉽게 失財하기도 하고, 破軍이나 祿存을 보게 되면 처음 얻는 財가 이롭다. ◆鈴星을 보게 되면 武職(무직)으로 현달한다. ◆地空과 地劫을 보게 되면 투기사업에 이로운데 그렇지 못하면 放蕩漂流(방탕표류)한다.
奴僕	◆七殺은 강열한 성질의 성요로 刑剋(형극)을 맡고 있다. ◆억제를 받으면 붕우간의 화합에 沮害(저해)됨이 있다. ◆또한 흉해를 동반하는 성요이므로 불길하다. ◆붕우 간에 반목과 원한을 사는 성요이기도 하므로 장기간의 화합에 있어서는 불리하다.
官祿	◆독립적, 권위적인 면이 있다. ◆파고들어 깊이 연구하는 타입으로 개척적인 성질이 강하다. ◆化祿을 보게 되면, 기업의 조직관리에서 人才이다. ◆조직에서의 생활이 이롭고, 교육관리, 은행관리, 주점관리, 교육 등에 이롭다.
田宅	◆주택 부근에 관공서 혹은 독립적이 건물이 있는 곳이 좋다. ◆일생 고정자산에 있어서는 좌절이 따른다. 따라서 부동산업이나 장기적인 경영사업에는 불리하다. ◆煞星이 重하면 刑剋(형극)과 연관된 처벌을 받거나 受制(수제)가 있다.
福德	◆일생 분주하며 困苦(곤고)함이 따르며 실패수가 있다. ◆뜻이 높으나 오만함이 있다. ◆역량의 부족함이 있다. ◆성요의 조합에 따라 다름이 있으나, 대체로 고독하며 단체 활동에 있어 저해됨이 많다. ◆安身함이 있으며 怒하지 않으나 위엄이 있다. ◆성급하고 과단성이 있고 妻(처)에게 刑剋(형극) 됨이 있다. ◆결혼은 늦게 함이 좋으며 품격이 고상하다.
父母	◆刑剋 됨이 있다. ◆부모와의 연이 적다. ◆부모의 破家와 破折(파절), 혹은 부모에게 惡運(악운)이 따른다.

圖47 七殺星 坐命

<table>
<tr>
<td>天梁 文昌 祿存
天德
天德 劫殺 博士

兄弟 建祿 丁巳</td>
<td>七殺 擎羊
地空 天刑 天月 天廚
弔客 災殺 力士
6~15
命宮 帝旺 戊午</td>
<td>天鉞 火星
封誥 恩光 寡宿 紅鸞
病符 天殺 青龍
16~25
父母 衰 己未</td>
<td>廉貞
陰煞 天巫
太歲 指背 小耗
26~35
福德 病 庚申</td>
</tr>
<tr>
<td>紫微 天相 陀羅
地劫 解神 三台 紅鸞 蜚廉
白虎 華蓋 官符

夫妻 身宮 冠帶 丙辰</td>
<td colspan="2" rowspan="2">男命
陰曆 : 1968. 10. 4. 巳時
命局 : 火6局 天上火
命主 : 破軍 身主 : 天梁

乙 丁 癸 戊
巳 酉 亥 申

75 65 55 45 35 25 15 5
辛 庚 己 戊 丁 丙 乙 甲
未 午 巳 辰 卯 寅 丑 子</td>
<td>文曲
天空 破碎
晦氣 咸池 將軍
36~45
田宅 死 辛酉</td>
</tr>
<tr>
<td>天機(忌) 巨門 鈴星
天福 天官 大耗
龍德 息神 伏兵
96~
子女 沐浴 乙未</td>
<td>破軍
天姚 八座 天哭
喪門 月殺 奏書
46~55
官祿 廟 壬戌</td>
</tr>
<tr>
<td>貪狼(祿)
天馬 年解 旬空 天虛 鳳閣
天才 歲破 歲驛 大耗
86~95
財帛 長生 甲寅</td>
<td>太陽 太陰(權) 左輔 右弼(科) 天魁
天喜 天使 月德
小耗 攀鞍 病符
76~85
疾厄 養 乙丑</td>
<td>武曲 天府
截空 龍池 天壽
官符 將星 喜神
66~75
遷移 胎 甲子</td>
<td>天同
台輔 天貴 天傷
貫索 亡神 飛廉
56~65
奴僕 絕 癸亥</td>
</tr>
</table>

〈圖47 七殺星 坐命〉

◆ 상기 명반은 명궁에 七殺, 擎羊, 天刑이 있으니, 武職(무직)의 命이라 일찍부터 軍事職(군사직)에 종사했던 것이다.

◆ 성격이 강하고 과단하며, 다재다능하고, 가끔 남을 놀리는 경우도 있다.

◆ 대궁에 武曲과 天府가 있으니 활동력이 강하고 사람과의 연이 좋다.

◆ 36~45세 辛酉大限

· 巳宮이 대한재백궁이고, 丑宮이 대한관록궁이다. 대한관록궁에 太陽, 太陰, 左輔, 右弼이 居하고, 삼방사정에 文昌, 文曲, 天魁, 祿存의 吉星의 회조가 있으니 인생의 황금기를 맞은 것이다.

· 辛酉大限의 宮干 辛의 化祿이 선천자녀궁에 入宮하며, 삼방에 化祿, 化權, 化科의 회조가 있으니 三奇嘉會格(삼기가회격)을 형성한 것이고, 외표상으로 매사 여유롭고 풍족했던 것이다.

· 다만 대한재백궁에 文昌·化忌가 居하고, 대한재백궁의 宮干 丁의 化忌가 대한자녀궁에 居하여 명궁을 沖破하고, 대한천이궁의 天機·化忌와 煞星인 鈴星이 명궁을 沖照하니, 길한 중 흉함의 조짐이 내재되어 있었던 것이다.

◆ 46~55세 壬戌大限

· 대한천이궁이 본명의 身宮으로, 陀羅와 地劫의 煞星의 沖照가 있으니 흉하다.

· 대한재백궁에 七殺, 擎羊, 天刑, 地空의 凶星의 회조가 있으며, 대한 명궁의 좌우에 天傷, 天空, 破碎의 凶星의 夾照(협조)가 있으니 뜻대로 풀려나가질 못한 것이다.

◆ 56~65세 癸亥大限 이후는 매사 안정되고, 생활에 어려움이 없고, 가정도 화목했던 것이다.

◆ 상기 명반은 "七殺朝斗格(칠살조두격)"이며, 命·身宮에 空劫이 居하니 매사 어려움이 많았던 것이다.

◆ 다재다능하며, 진취성이 강하나, 본명궁의 대궁에 武曲 財星이 截空과 동궁하며, 본명궁을 沖照하니, 투자에 이롭지 못했던 것이다.

(8) 파군(破軍)

<table>
<tr><th colspan="2">破軍(파군)</th></tr>
<tr><th>宮位</th><th>解義</th></tr>
<tr><td>子午</td><td>
<table>
<tr><td> 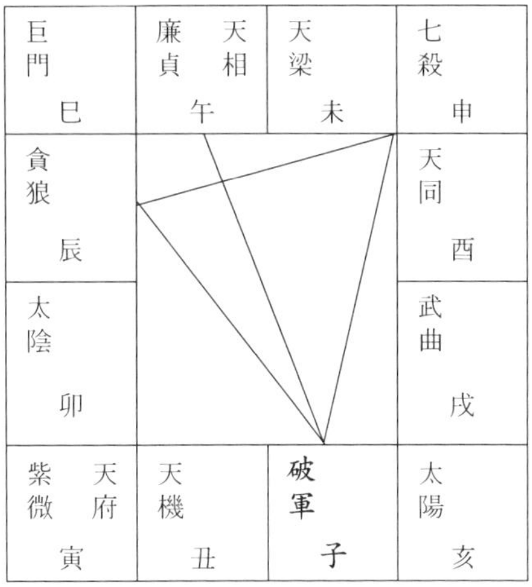巨門 巳</td><td>廉貞 天相 午</td><td>天梁 未</td><td>七殺 申</td></tr>
<tr><td>貪狼 辰</td><td colspan="2" rowspan="2"></td><td>天同 酉</td></tr>
<tr><td>太陰 卯</td><td>武曲 戌</td></tr>
<tr><td>紫微 天府 寅</td><td>天機 丑</td><td>破軍 子</td><td>太陽 亥</td></tr>
</table>

◆破軍은 陰水이고 化氣는 “耗(모)”이다.
◆破軍은 損耗(손모), 武職(무직), 改革(개혁), 暴君(폭군), 驛馬(역마), 冒險(모험), 勞碌奔波(노록분파), 奴僕(노복), 外出(외출), 運輸(운수) 등을 主하며, 大海水(대해수), 水産物(수산물). 貯藏室(저장실) 등과 연관된다.
◆破軍이 子午 二宮에 居하면, 旺廟地에 居하는 것이며, 獨坐(독좌)이다. 그 대궁에는 廉貞과 天相이 居하게 되는데, 이러한 조합은 破軍으로서는 최고의 길한 배치이다.
◆대궁의 廉貞과 天相의 조합은, 감정적 색채를 띠게 되며, 破軍의 조급함을 조화롭게 한다. 이는 양호한 결합 관계로 破軍의 특징인 波動星(파동성)을 적게 만드는 吉함이 있는 것이다.
◆破軍이 午宮에 居하면 “水火既濟(수화기제)”라 하며 午宮에 居함이 子宮에 居함보다 吉하다.
◆煞星과의 동궁함을 기피하며, 만약 破軍이 化祿, 化權 등의 吉星을 보게 되면, “英雄入廟格(영웅입묘격)”이라 한다.
◆破軍이 子午宮에 居하며, 化祿과, 化權을 회조가 있고 煞星의 회조가 없으면, 官과 財가 淸顯(청현)하며 지위가 三公에 이른다 했다. 이는 국가의 棟樑(동량)이 됨을 의미하며, 또한 出將入相(출장입상)의 명조로 福祿(복록)이 창성함을 이른다.
◆經商界(경상계)로 진출하면, 창업하여 대기업을 이룩하는 역량이 있는 것이다.
◆此 格은 주관이 뚜렷하고 창조적이며, 새로운 문물에 관심이 많고, 성급하면서도 과단하며, 문예적 재능이 있고, 투기성과 모험심이 있으며, 난관을 두려워하지 않고, 항시 변화와 개혁을 꾀하며, 어떠한 일과 사물을 대하든 심사숙고하여 판단하는 성향이 있다.
◆영웅적 기질이 있으며, 威名(위명)이 널리 알려지고, 부귀가 작지 않으며, 국외로 발전하여 외국과 연관이 많으며, 일생동안 환경적 변화가 많고 성공과 실패가 다단하다.
</td></tr>
</table>

<table>
<tr>
<td>子午</td>
<td>
◆破軍은 文昌, 文曲을 忌한다고 논하는데, 이는 文昌과 文曲은 文星으로 破軍의 武星과는 상호 충돌과 制剋(제극)이 있게 됨을 의미하는 것이며, 이는 사람으로 하여금 辛苦(신고)가 있게 하며 안정감이 결핍되는 요인이 되기도 한다.
◆한편으론 文과 武는 본시 거리감이 있는데, 文昌과 文曲을 보게 되면 문예 방면의 嗜好(기호)가 증대하며, 破軍의 波動性(파동성)과 정신적인 孤寂(고적)의 증가를 막을 수 있게 된다.
◆文昌, 文曲의 동궁이나 회조가 있는 경우는 일생 貧寒(빈한)한 경우가 많은데, 이는 文과 武 이 두 가지 성질이 상호 조화되지 않는 경우이기 대문이다.
◆子宮은 水地로 金에 속하는 文昌이 있게 되면 金이 능히 破軍인 水를 생하게 된다. 또한 文曲은 水에 속하므로 水氣가 범람의 상황이 되는 것이다.
◆午宮은 火地로 文曲이 臨하면, 이를 "火水未濟(화수미제)"라 하며 破敗的(파패적) 성향이 강하다.
◆煞星을 보거나 文昌, 文曲을 보게 되면 破格이라 하는 것이다.
◆破軍이 子午 二宮에 居하면, 위인이 중후선량하며, 용감하며 정직하고, 기세가 강하며, 과단성이 있고, 일을 주관적으로 하며, 창조정신이 있고, 처사에 열심히 노력하며, 사람과의 인연이 좋으며, 영도적인 능력이 있다.
◆子宮의 破軍은 경쟁심이 강하여 지기 싫어하고, 어려운 일을 즐겨 도맡아 하고 心志(심지)가 굳세다.
◆午宮의 破軍은, 심정이 불안하고, 예기치 않게 사람에게 피해를 주며, 한가하며 안정적인 일을 맡기를 좋아하고, 정감의 표출이 많다.
◆破軍은 "耗星(모성)"이라 하며, 化祿, 化權, 祿存을 보는 것이 가장 吉하며, 煞星을 不見하거나 회조가 없으면, 權貴(권귀)가 있으며 발달하나, 단지 소년 시는 吉하지 못하다.
◆破軍은 창조적인 성질이 있어, 구태를 새롭게 탈바꿈시키려는 성향이 많은데, 이는 새로운 사업은 舊業(구업)에서 기인하는바, 破軍이 祿星類(化祿, 祿存)를 얻게 되면, 일정기간 新, 舊業을 병행해야 하는데, 이는 舊業을 新業으로 바꾸는 데 있어 필연적인 과정이다.
◆女命은, 言辯(언변)에 修飾(수식)이 적고, 언사가 신중하나, 낭비성이 있으며, 남성적 기질이 있다. 만약 祿星을 만나면 의견을 경청하고 은연자중하다.
◆女命에 破軍이 子午 二宮에 居하면 吉利가 있으며, 복록이 풍족하고, 남편과 자식을 이익 되게 하며, 결혼은 晩婚(만혼)이 좋다.
</td>
</tr>
</table>

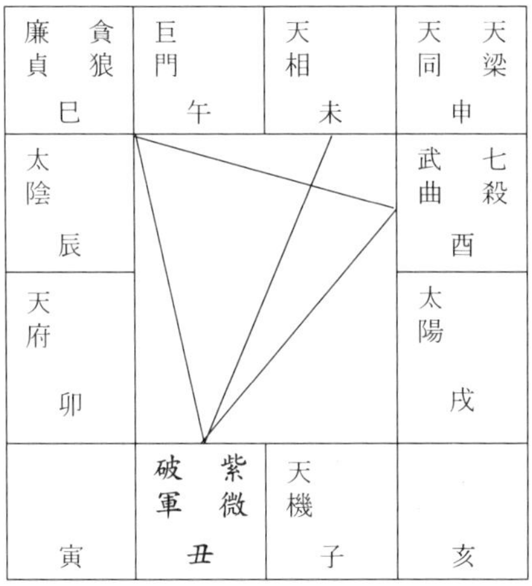 廉貞 貪狼 巳	巨門 午	天相 未	天同 天梁 申
太陰 辰			武曲 七殺 酉
天府 卯			太陽 戌
寅	**破軍 紫微 丑**	天機 子	亥

丑未

- 紫微星과 동궁이니 前述한 紫微星을 참조한다.
- 破軍이 丑未宮에 居하면, 平陷地에 居하는 것이며, 紫微와 동궁하게 된다. 대궁에는 天相이 居하고, 삼합방인 재백궁에는 武曲과 七殺이 居하고, 관록궁에는 廉貞과 貪狼이 居하게 된다.
- 대궁인 천이궁에 天相이 居하는 경우는, 出外하여 貴人의 조력을 얻게 되고, 橫發(횡발)과 橫破(횡파)가 자주 발생하나 종국에는 사업상의 성공이 있는 것이다.
- 紫微가 令(영)을 내리면 破軍은 이를 받들어 시행하는 것이다. 즉, 上의 뜻을 알고 이를 아랫사람에게 임무를 배분하는 것이다. 따라서 破軍의 본질은 조직의 根幹(근간)이 되는 것이며, 紫微가 갖추고 있는 정신과 재능면의 均齊(균제)를 이루는 역할을 하는 것이다.
- 남녀를 막론하고 사려심이 많고, 자주적이고 영도적이며, 결단력, 창조성, 多采多姿(다채다자)의 생활을 즐겨하나, 辛苦(신고)를 면치 못하고, 경직됨이 있다.
- 외모는 사람들에게 호감가는 相이며, 일을 추진함에 상식을 초월하는 경우가 많고, 자신이 행함에 가식이 없어, 남의 이러저러한 평을 듣기를 싫어한다.
- 고집이 세고, 이상도 높으며, 욕망도 많으며, 성격이 모나고 화합됨이 적다
- 破軍은 오행이 水이고 紫微는 오행이 土라, 土水가 상호 상극되는 것이다. 따라서 매사 奔波勞碌(분파노록)이 많고, 불안정하고, 주위환경에 대해 불만이 많으며, 현실을 개혁하고 돌파하려는 생각이 짙다.
- 此 명조는 사람을 관리하는 직업이나, 참모직, 봉급생활직을 좋아하지 않으며, 자신만의 이상세계에서 살기만을 추구하는 성향이 있다.
- 일생동안 항시 이성의 관심과 도움을 얻으나, 감정면에서는 솔직하게 본질에 다가서지 못하는 정황이 있으며. 반면에 상대는 이상적인 면을 좋아하지 않아 감정면에서 破裂音(파열음)이 자주 발생한다.
- 공공기관에 근무함이 吉하고, 경상계열이나 국영기업체 근무도 吉하다.

丑未	◆破軍과 紫微의 조합이 丑未宮에 居하고 化祿, 化權이 보이면 三公의 위치에 오른다고 했다. 다시 煞星이 없으면 더욱 좋은데 政界에 진출하여 그 역량을 발휘함도 가능한 것이다. 만약 化祿이나 天馬의 내조가 있으면 사업의 경영면에서도 발군의 실력을 발휘한다. ◆吉星의 來照가 있다 해도, 化祿과 天馬가 보여야 富格을 이루는 것인데, 만약 그렇지 않다면 六吉星의 來會가 있다 해도, 단지 政治界(정치계)의 方面에서 발전이 있을 뿐이다. ◆化祿, 化權, 化科가 보이지 않으며, 또한 보좌성이 보이지 않으면, 政界로 진출하나 크게 풀려나가지는 않는 것이다. ◆破軍, 紫微가 동궁이며 좌우에 보좌성이 없고, 吉星의 내조도 없고 흉성이 보이게 되면, 吉星이 없고 凶星만 있는 格이니, 이는 관직에 있더라도 필히 청렴하지 못하게 된다. 그러나 吉星의 來照가 있다면 공업, 기술계통에 이롭다. ◆破軍, 紫微가 丑未의 四墓宮(사묘궁)에 居하면, 신하는 불충하고 자식은 불효하는 것으로 논하는데, 이는 化祿, 化權이 없거나 吉星의 회조가 없는 것을 말하는 것으로, 더욱이 吉星이 없고 煞星만 있으면 無情하고 의롭지 못하여, 만약 사귀게 된다면 더욱 더 구덩이 속으로 빠지는 결과를 초래한다. ◆此 格이 擎羊을 보게 되면 단지 經商에 이롭다. ◆地空과 地劫을 보게 되면 예술계, 자유 업종, 종교계와 연관되는 경우가 많다. ◆華蓋와 동궁하고 복덕궁과 부처궁이 불길하면 신앙, 종교계통에 종사하나, 가정에는 和氣가 적다. ◆天姚, 陷地 등의 도화성계가 있으면 음탕함이 많으나, 없는 경우이면 그렇게 논하지 않는다. ◆破軍은 波動(파동)의 성질이니, 삼방의 내조에서 天使가 있으면, 武職(무직)을 제외하고는 한 가지 업종에 평생 종사하지 못한다. 혹, 換錢商(환전상)이나 항시 금전의 입출이 많은 것을 다루는 직업도 같은 맥락이다. ◆금전이라는 것은 波動을 忌하므로, 금전의 유동이 적은 직업에 이롭고, 자력으로 經商을 하는 것은 이롭지 못하다. ◆吉星의 회조가 없고, 左輔, 右弼의 보좌성이 없어도 성공하는 경우가 있다. 이는 流年에서 길성을 만나는 경우이나 그래도 파동은 면치 못하고, 硬直(경직)됨으로 인한 愚(우)를 범하거나 왕왕 물의를 일으키는 경우가 있다. ◆女命에 보좌성이 보이나 成局되지 못하고, 다시 煞星, 天刑, 地空 등을 만나면 종종 再嫁(재가)하는 경우가 있다. ◆甲年生 : 부귀겸전이며 재관쌍미하고, 困苦(곤고)함과 시련을 겪은 후에 성취가 있는 대기만성형이다. ◆乙年生 : 일생에 있어 貴人의 협조가 있고, 학술연구방면에서 성취됨이 있다. ◆丙年生 : 관록궁에 廉貞과 化忌가 동궁하니, 재주는 있으나 이를 써먹을 수 없게 된다. ◆丁年生 : 명궁이 未宮에 居하면, 入廟된 것이며 擎羊과 동궁하게 되는데, 이를 "擎羊入廟格(경양입묘격)"이라 한다. 성격이 剛强(강강)하고 굳세며 권위가 출중하다. ◆戊年生 : 관록궁에 貪狼과 化祿이 동궁하게 되니, 偏財星으로 오락이나 유흥업계통에 이익이 있다.

<table>
<tr>
<td>丑未</td>
<td>
◆ 己年生 : 재백궁에 武曲과 化祿이 동궁하게 되니, 得財의 능력이 왕하고, 일생에 錢財 면에서 부족됨이 없고, 만약 명궁이 未宮에 居하면 권위가 출중하다.
◆ 庚年生 : 사업심이 강하고, 스스로의 힘으로 開創業(개창업)하며, 적극적으로 분발하고 노력을 기울여 종국에는 성취함이 있다.
◆ 壬年生 : 自力自彊(자력자강)이며 영도적인 능력이 있다. 다만 재백궁에 武曲과 化忌가 동궁하게 되니, 守財가 쉽지 않고 破財를 예방해야 한다.
◆ 癸年生 : 일에 적극적이며 풍류와 주색관련 사안이 많이 발생한다. 명궁이 丑宮에 居하게 되면 擎羊과 동궁하게 되는데 이리되면 권위가 출중하다.
</td>
</tr>
<tr>
<td>寅申</td>
<td>
<table>
<tr><td> 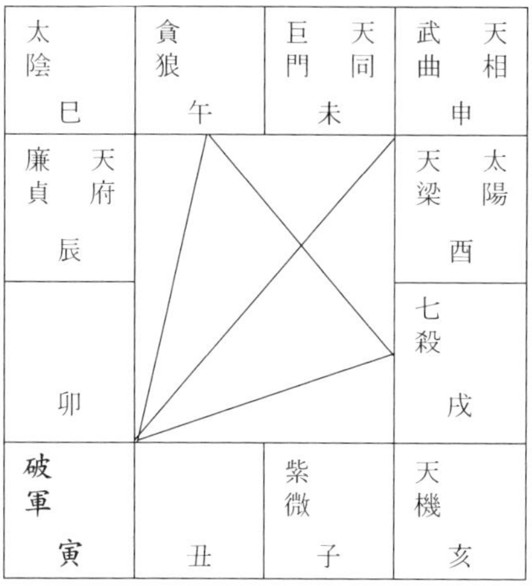太陰
巳</td><td>貪狼
午</td><td>巨門 天同
未</td><td>武曲 天相
申</td></tr>
<tr><td>廉貞 天府
辰</td><td colspan="2" rowspan="2"></td><td>天梁 太陽
酉</td></tr>
<tr><td>卯</td><td>七殺
戌</td></tr>
<tr><td>破軍
寅</td><td>丑</td><td>紫微
子</td><td>天機
亥</td></tr>
</table>

◆ 破軍이 寅申 二宮에 居하면, 弱廟地에 居하는 것이며, 獨坐이고 대궁에는 武曲과 天相이 있게 된다.
◆ 寅申宮의 破軍은 弱廟地에 해당되어, 破軍의 표준적 성향이 표출되지 못하고 대궁인 武曲과 天相의 영향으로, 사람이 밝고 곧으며, 심지가 선량하고, 의협심이 있고, 남을 돕기를 좋아한다.
◆ 寅宮의 破軍은 弱地에 居한 것이나, 능히 破軍의 특성인 창조와 파동의 본성이 있는 것이다.
◆ 弱地의 破軍의 역량은, 廟旺에 든 破軍의 역량에 뒤처지며, 본성의 역량을 발휘하지 못하며, 이로 인해 辛苦(신고)를 면치 못하고, 또한 부처궁에 居한 紫微의 경우는 본성이 孤(고)이니 혼인 연은 아름답지 못하다.
◆ 고서에 破軍이 身·命宮에 居하며 弱陷地인 경우에는, 祖業을 破하고 고향을 떠난다고 했으며, 인생살이에 있어 기복이 심하다 했다.
◆ 성격은 강건하고 용감하며, 한 가지 기술에 능하며, 申宮이 寅宮보다 吉하다.
◆ 破軍이 寅申宮에 居하며 남녀 공히 吉星의 회조가 없다면, 고향을 떠나 타향에서 발전하는 경우가 많다. 만약 煞星을 보게 될 경우에, 부모궁이 불길하면 幼年 時에 고향을 떠나 타향으로 가게 되고, 혹은 양부모를 모시게 되거나 刑剋(형극) 됨이 많다.
</td>
</tr>
</table>

寅申	◆女命이 煞星을 보게 되면, 남편과 자식을 剋하고, 일찍 부모를 떠나게 되며, 他姓을 잇게 되며, 남의 집 後妻(후처)로 가는 경우가 많다. 그렇지 않은 즉, 이별과 刑剋됨이 많고, 결혼을 하지 못하게 되거나, 간혹 타락한 인생을 살게 된다. 다만 일을 배우는데 있어서는 재능이 있다. ◆破軍이 寅申 二宮에 居하면, 개성이 강하여 남을 잘 인정하지 않고, 성격이 강하며, 남과의 화합이 적으며 남과 다툼이 많다. ◆성격이 급하고, 사욕이 많고, 호기가 강하며, 창조적인 능력이 있고, 임무에 충실하다. ◆일을 함에 진실되고, 나태하지 않으며, 끝까지 임무를 완수하려 하고, 먼저는 어려우나 나중은 쉬우니, 성공과 실패가 다단한 것이다. ◆보복심리가 있고, 한가히 지내기를 즐겨하고, 남의 신세지는 것을 忌하고, 대화는 직선적이며, 듣기 싫은 말은 바로 반대의사를 표하고, 남에게 잘못하여 죄를 얻음이 용이하다. ◆투기성과 모험심이 있으며, 그리고 일에 선봉을 서고 매사 과감히 나서니, 매력이 있으며 뒷일을 걱정하지 않는다. ◆다른 사람을 믿지 않으며, 일을 함에 애매모호한 면이 있으니 일생에 편안함을 얻기 어렵다. ◆인내심이 적으니, 매사 충동적 변환과 개혁을 좋아하고, 환경에 변화가 있더라도 쉽게 받아들이며, 일생에 起伏(기복)이 많다. ◆성격은 의심이 많고, 변하기 쉽고, 화를 잘 내고, 자신의 생각대로 기회를 잡기 어려우며, 마음과 행동이 바르지 못하니 공염불인 것이다. ◆財帛(재백)과의 연이 적고, 먼저는 破하고 나중은 성공하며, 재물을 움켜쥐는 능력이 부족하니, 女色의 유혹은 좀 석으녀 少年에 辛苦가 많고 중년에 풀려나간다. ◆文昌, 文曲과 동궁인 경우 孤貧(고빈)한 서생에 불과하다. 고서에 破軍이 文昌과 文曲을 보게 되면 刑剋과 辛苦가 많다 했다. ◆天空, 地劫과 동궁이면 표류방탕이다. ◆四煞과 동궁이면 고독하며 표랑한다. ◆擎羊과 동궁이면 殘疾(잔질)이 많게 된다. ◆火星, 鈴星과 동궁이면 奔波(분파)와 勞碌(노록)이 많다. ◆陀羅와 동궁이면 재물의 損耗(손모)가 많고 궁핍하게 산다. ◆空亡과 동궁이면 破財가 따르는데, 만약 재산이 없는 경우에는 신체의 傷害(상해)가 따른다. ◆破軍은 구태를 새롭게 바꾸는 특성이 있어, 고서에는 女命에 破軍이 있음을 不喜한다고 했으며, 多事多難(다사다난)한 명조라 했다.

卯酉

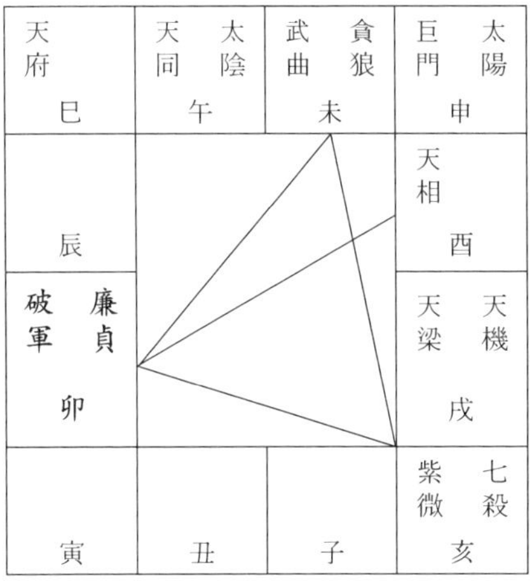 天府 巳	天同 太陰 午	武曲 貪狼 未	巨門 太陽 申
辰			天相 酉
破軍 廉貞 卯			天梁 天機 戌
寅	丑	子	紫微 七殺 亥

- 廉貞星과 동궁이니 前述한 廉貞星을 참조한다.
- 破軍이 卯酉宮에 居하면, 平廟地에 居하는 것이며, 廉貞과 동궁하게 된다.
- 대궁인 천이궁에는 天相이 居하고, 삼합방인 재백궁에는 紫微와 七殺이 居하고, 관록궁에는 武曲과 貪狼이 居하게 된다.
- 이러한 조합은 일에 열심이며, 결단력이 있고, 사업상의 변동이 많고, 외출 시는 風貌(풍모)가 있게 꾸미며, 한가함을 즐겨하며, 욕망이 강하다. 또한 투기적이고 모험적인 사업에 관여하며, 공직에 임해서는 財務系統(재무계통)에 종사함이 많으며 뇌물성 財와 연관되어 공직에서 오점을 남기기 쉽다.
- 酉宮에 居함이 卯宮에 居함보다 길하다.
- 破軍은 改變의 폭이 크며, 감정을 상하게 하는 요소가 크고, 廉貞은 감정이 重하고 理智的(이지적) 성요이므로, 廉貞과 破軍이 동궁한 경우의 조합은 여러 弊端的(폐단적) 요소가 다출하게 된다.
- 破軍과 廉貞이 卯酉宮에 동궁인 경우에는, 위험적 성질과 연관 되어지는 것이다. 廉貞과 破軍이 火星, 鈴星과 동궁인 경우에는 심중에 흉폭함이 있다 했으며, 또한 廉貞과 破軍이 四煞을 보게 되면 公門의 胥吏(서리)에 불과한 것이다.
- 破軍과 廉貞의 성질은 충돌과 분파 등의 불량적 조합을 형성하는 것이다.
- 破軍과 廉貞이 卯酉宮에 있어 天刑을 보게 되면, 차량의 전복사고나 타인으로 부터 예기치 않은 傷害를 입는다 했다.
- 破軍, 廉貞, 火星이 陷地에 居하면, 물에 투신자살하는 경우도 있다. 이는 위험의 징조가 내재되고, 祖業을 破하게 되며, 인생에 있어서 고난이 증가하여 나타나는 결과이다. 이런 경우에 祿存, 化祿, 文昌, 文曲 등을 보게 되면, 본래 廉貞과 破軍이 지니고 있는 흉한 성질이 많이 和解(화해)될 수 있는 것이다.
- 破軍과 廉貞의 조합은 배반적인 요소도 있다. 이는 廉貞이 化忌를 볼 시는 橫發(횡발)한 후 橫破(횡파)의 정황이 있는 것이다.

卯酉	◆破軍과 廉貞이 卯宮에 居하며, 역시 卯宮의 文昌과 文曲을 보게 되면, 이는 배반적인 요소가 있다. 文昌이 震宮(卯宮)에 낙궁 시는 吉하며 貴를 더하게 되는 경우가 있는 것이다. ◆破軍과 廉貞이 卯宮에 居하며 文曲과 동궁시는 "衆水朝東格(중수조동격)"이라 칭하며 白費心力(백비심력)이라 했다. ◆주된 요소는 調和之星(조화지성)으로 和解(화해)를 이루는 것인데, 자신과 상대에게 상호 배반적인 요소가 있는 것이며, 卯酉宮에 破軍과 廉貞이 동궁이면 平廟地에 居하는 것이며, 廉貞은 囚煞星이고 破軍은 耗星이니 "囚耗交格侵(수모교침격)"의 흉격이 되는 것이다. ◆또한 破軍, 廉貞이 卯酉宮에 있으며, 火星, 鈴星, 擎羊, 陀羅 등을 보면 관재구설과 질병이 따르는 경우가 많다. ◆破軍과 廉貞이 동궁이면, 강한 충동력과 포부와 뜻이 있으며, 자수성가하며, 제조업과 연관되나, 인생에 있어서 辛苦(신고)를 면하지 못한다. ◆幼年에는 刑傷(형상)이 따르고, 신체가 약하여 多病하고, 早産(조산)인 경우가 많다. ◆모험정신과 감투정신이 있고, 이상이 높으며 실천력이 강하고, 개혁파에 속하며, 충동전에는 일체 동요함이 없다. ◆사업의욕이 많고, 변동이 있어 불안정하고, 개성이 괴팍하고, 생활권은 비교적 협소하고, 독설적이라 사람들의 불만이 있으나 능력은 뛰어나며, 심사숙고함이 과하나 종국에는 사람들을 놀래게 하는 성취가 있다. ◆창조정신이 있고, 後果(후과)를 두려워하지 않으며, 祖業에 의지하지 않고, 활발하고, 투기와 모험심이 있으며, 크게 흥하고 크게 망하는 면도 있다. ◆破軍과 廉貞이 卯宮에 居하면 개성과 고집이 저변에 깔려있다. ◆破軍과 廉貞이 酉宮에 居하면 脾氣(비기)가 손상되어 生氣를 저해하니, 고집이 세며 극단적으로 가게 되며, 개성이 특히 강하며, 마음의 속내가 뒤틀리고 사납다. ◆命·身宮에 居하면 武職(무직)이 좋다. 또한 祿存과 化祿과 동궁이거나 회조가 있으며, 四煞이나 天空, 地劫이 없으면 부귀쌍전의 命이다. ◆吉星의 회조가 많으면 정부공직이나 국영기업체에서 요직을 맡게 되고, 혹은 대중매체와 연관된 직업에 종사하게 되며, 표현능력이 뛰어나 명성을 얻게 되는데, 이는 破軍의 창조와 영도적 능력에 廉貞의 본질적 능력이 융합되기 때문이다. ◆吉星이 臨하면 주관적 역할을 하게 되고, 四煞이 臨하게 되면 이상만 있고 결실을 맺기 어려워, 낮은 지위의 공직이나 전문기술직에 근무하게 된다. ◆此 조합에 火星과 鈴星이 있으면 心機(심기)는 풍부하나 虛事(허사)가 있다. ◆火星이 있으면 우울하며, 외부의 정신적 충격이 있을 시 꺾이기가 쉽다. ◆女命의 경우는 사무처리 능력에서 똑똑함은 떨어지나 조리가 있으며, 사회적으로 발전성은 있으나, 감성의 풍부함으로 인해 인생에 破折(파절)을 겪게 되니 결혼을 늦게 함이 좋은 것이다. ◆甲年生 : 매사 순탄하며 명리겸전이다. 돌발적인 상황이 발생하기도 한다. 七殺과 破軍의 회조가 있으니 환경적 변화가 많고, 비록 성공한다 하더라도 辛苦를 면치 못한다. ◆乙年生 : 독립적이며 귀인의 협조가 있고, 偏財星으로 포부가 크고 또한 성취됨이 있다.

<table>
<tr>
<td>卯酉</td>
<td>
◆丙年生 : 반역적인 성향이 강하고, 재능을 발휘 못하는 회한이 있어, 번민이 많고 즐거움이 적다.
◆戊年生 : 財源이 풍부하고 偏財運이 있으며, 이성으로부터 상부상조함이 있다.
◆己年生 : 財運이 순탄하며 才華(재화)가 있고, 일의 진행이 여의하며 성취가 있다.
◆庚年生 : 사업심이 강하고, 스스로 開創業(개창업)하며, 적극적이며 진취적인 면이 있어, 사업상 성취가 있다. 女命은 孤剋됨이 있고 혼인에 불리함이 많다.
◆壬年生 : 자주적이며 勞祿奔波(노록분파)가 따르고, 貴는 있으나 富가 없고, 감정상 불순한 면이 있다.
◆癸年生 : 財力이 있으나 대규모 투기사업 등은 피함이 좋고, 桃花的 기질로 인한 損耗(손모)를 방비해야 한다.
</td>
</tr>
<tr>
<td>辰戌</td>
<td>
<table>
<tr><td> 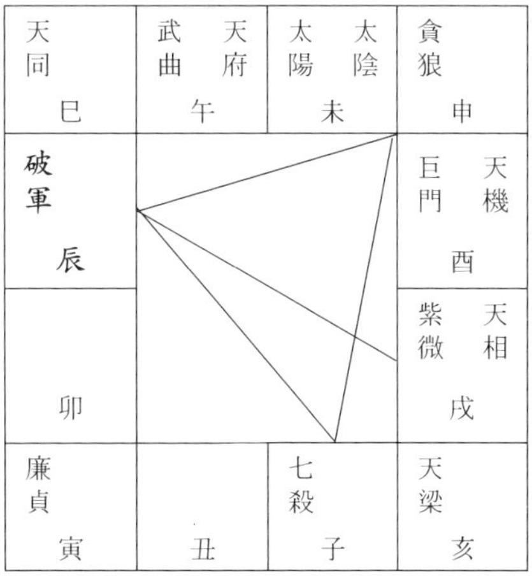天同
巳</td><td>武曲 天府
午</td><td>太陽 太陰
未</td><td>貪狼
申</td></tr>
<tr><td>破軍
辰</td><td></td><td></td><td>巨門 天機
酉</td></tr>
<tr><td>卯</td><td></td><td></td><td>紫微 天相
戌</td></tr>
<tr><td>廉貞
寅</td><td>丑</td><td>七殺
子</td><td>天梁
亥</td></tr>
</table>
◆破軍이 辰戌 二宮에 居하면, 半陷地에 居하는 것이며, 그 대궁에는 紫微와 天相이 居하게 된다.
◆辰戌 二宮은 天羅地網宮(천라지망궁)으로, 武將(무장)이 羅網(나망)에 든 것이니, 필히 올바른 방향으로 奮鬪(분투)가 있을 것이며 이러한 이치로 武職(무직)으로 길하다.
◆만약 吉星을 만나지 못하면 武職외의 行業에 종사하게 되며, 사람으로 하여금 불복종의 마음이 생기게 한다.
◆노력 분투하더라고 辛苦(신고)가 극히 심하며, 羅網(나망)의 제압당함으로 인해 틀에 박힌 생활을 하게 되며, 문예 방면을 좋아하거나 일가견이 있다.
◆破軍은 적진에 돌격하는 역할로 위험성이 있으며, 단신으로 뛰어들며 아군의 우려함이 없도록 살아갈 방도를 세우니, 此 格은 외부로부터의 수요와 원조가 필요한 것이다.
◆破軍이 祿存을 보게 되면, 뒤의 軍隊(군대)가 接濟(접제)에 필요한 보급물자가 끊어지지 않게 되니, 이를 "有根(유근)"이라 한다.
◆祿存이 辰戌丑未의 廟庫地에 들지 않으면, 化祿이 제외된 것과 같으니 祿存의 도움이 없는 것이다.
</td>
</tr>
</table>

辰戌	◆破軍이 辰戌 二宮에 居하면 平陷地에 든 것이며, 破軍과 紫微가 동궁에 든 것과 같이 受制를 당하는 것과 같으며, 대궁과의 관계는, 將帥(장수)가 밖에 있으니 君王의 명령이 있으나 이를 받을 수 없게 되는 처지인 것이라, 오히려 破軍的 특성을 충분히 발휘할 수 있게 되는 것이다. ◆일생에 비상한 災禍(재화)가 따르게 되거나, 혹은 특수한 질병을 앓거나, 심장, 신장, 뇌신경계통, 위장계통의 질병을 장구하게 앓게 된다. 그러나 끈질긴 생명력이 있으며, 예술적 기질이 있어 한편으론 깊이 있게 연구하나, 일생에 풍파가 많고 천신만고 끝에 그 재능을 펼치게 된다. ◆전택궁에 太陽, 太陰 二星이 있게 되면, 이를 "日月照壁格(일월조벽격)"이라 하며, 일생에 부동산을 허다하게 보유하게 되어 富함은 있으나 반면에 貴가 없으며, 또한 虛名(허명)이 있는 경우도 많다. ◆此 格은 戌宮이 辰宮보다 길하다. ◆육친과의 연이 적고, 祖業(조업)을 지키지 못하고, 인생에 좌절이 많으며, 배우자와 자녀를 刑剋(형극)함이 많다. ◆祿存을 보게 되면 조화를 이루게 되며, 貪狼, 化祿의 회조나 來照가 있으면 이롭다. 다만 祿存과 天馬가 같이 來照나 회조됨을 不喜하는데, 이렇게 되면 敗局(패국)이 되는 것이다. ◆고서에 破軍, 貪狼이 祿存과 天馬를 보게 되면, 男命은 방탕하고, 女命은 음탕하다 했다. ◆文昌과, 文曲을 보는 것을 忌한다. ◆文昌과 동궁이 되면, 일생동안 파란과 파절이 다발하며, 안정적인 생활을 유지하기 힘들다. ◆文曲과 동궁이면, 正道를 벗어나며 기이한 것을 내세우고, 波動性(파동성)이 있고 파손적 성향이 있다. ◆地劫과 동궁이며 吉星이나 化吉星 등의 동궁이 없으면, 남녀 불문하고 波動이 증가하며, 少年 시에 辛苦(신고)가 많고 결혼연 역시 길하지 못하니, 중년 이후에 점차 나아지기 시작한다. ◆破軍은 파괴 후에 건설의 의미가 있으니, 舊態(구태)를 버리고 새 것을 맞이하는 의미가 강하다. ◆破軍이 旺地에 居하면, 용감하고 정직하며, 처사에 항상심이 있고, 노력하며, 주관이 뚜렷하고, 성급하나 과단성이 있으며, 창조적인 성향과 영도자적인 역량이 있게 된다. ◆일생에 변동이 허다하고 印信事業(인신사업)이나 新環境事業(신환경사업) 등의 영도자 역할과 연관된다. ◆한 분야에 특장점이 있으며, 끊임없이 노력하며, 한가하게 일생을 보내는 사람이 아니다. ◆남과 잘 맞지 아니하니 다툼이 많고, 도박과 잡기를 좋아하고, 바르게 하는 것 같으나 그릇됨이 있으며, 자기 자신을 잘 꾸며내지 못하며, 투기성이 강하니 재물의 손실이 많다. ◆성격은 강하며 창조적이고 起伏(기복)이 많다. ◆辰宮의 破軍은 無情하며 불안정하다. ◆戌宮의 破軍은 破軍의 우수한 점을 비록 얻지는 못하나, 흉한 점이 내부까지 파고들지는 못한다.

巳亥	

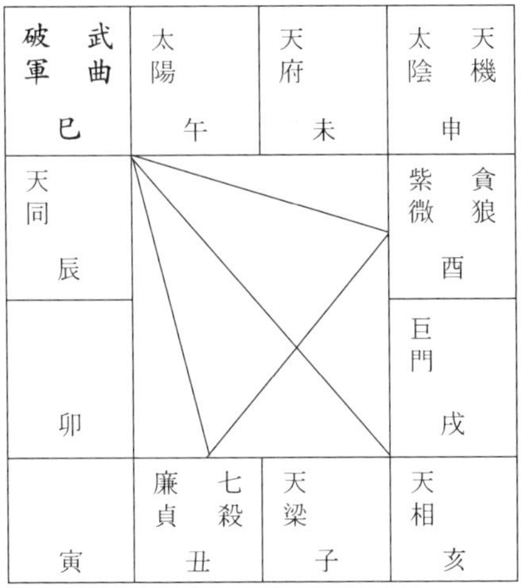

破軍 武曲 巳	太陽 午	天府 未	太陰 天機 申
天同 辰			紫微 貪狼 酉
卯			巨門 戌
寅	廉貞 七殺 丑	天梁 子	天相 亥

- 武曲星과 동궁이니 前述한 武曲星을 참조하라.
- 破軍이 巳亥 二宮에 居하면, 平旺地에 居하는 것이며, 필히 武曲과 동궁하게 된다.
- 巳宮이 亥宮보다 吉하고 이롭다.
- 破軍과 武曲이 동궁이면, 貴가 나타나지 않고 經商에 이로운 경우가 많다. 貴가 나타나지 않는다는 함은, 動亂的(동란적) 시대에 해당되고, 평상시의 경우에는 사업으로 성공하는 명조가 많은데, 이에는 먼저 勞碌(노록)과 辛苦(신고)가 따르며 이런 결과로 인해 결실이 있게 되는 것이다.
- 破軍과 武曲이 동궁인 경우에는, 破軍은 帝王인 紫微의 측근에서 호위대장이며 武將(무장)의 역할을 하며, 紫微의 命을 실행하는 위치인 것이다. 따라서 破軍과 武曲이 동궁인데 紫微의 相制가 없으면, 風波(풍파)와 勞苦가 따르게 되는 것이다.
- 化祿, 祿存을 만나게 되면 經商에는 불리하고, 재무계통에 있으며 결혼과 연관되는 사안에 이롭다.
- 破軍과 化祿이 있으면, 많은 사람들이 복종하며, 변방의 오랑캐를 제압하는 武將(무장)으로 이름을 날리게 된다.
- 破軍은 破耗之星(파모지성)이며 武曲은 高强之星(고강지성)인데, 四馬之地(寅·申·巳·亥)에 居하게 되면, 정신적으로 공허하며 辛苦(신고)와 勞碌(노록)이 따르게 된다.
- 破軍은 직설적이며 충동적이고, 武曲은 강강하고 과단성이 있으니, 일을 추진함에 왕왕 고립무원이고, 뒷일을 생각하지 않는 경향이 있다.
- 武曲은 財星이고 破軍은 耗星(모성)이니 財來財去의 象인 것이다.
- 총명하고, 모험심을 좋아하고, 투기성이 강하니, 반면에 일을 추진함에 독단적인 경우가 많다.
- 조업에 의지하지 않고 자수성가하는데, 소년 시는 여러 辛苦(신고)를 면하지 못하나, 고향을 떠나 타향에서 발전하게 되며, 중년 이후는 성공하게 된다.
- 개성이 강하고, 性情(성정)이 올곧고, 모험정신이 있고, 일을 함에 항상 충동적으로 결정을 하는 성향이 있다.

巳亥	◆ 고집이 세니 사람들과 어울리기 어렵고, 성격이 괴이하며, 규범을 잘 따르지 않고 독단적 성격이니 일생에 시비가 많다. ◆ 여자와 연관되어 돈을 씀에 절제할 줄 모르고, 재물운은 기복이 많아 안정되지 못하고, 祖業(조업)을 버리고 고향을 떠나 辛苦(신고)로서 富를 이루고, 전문적인 기술과 재능을 갖추고 있는 경우가 많다. 만약 火星, 鈴星, 擎羊, 陀羅를 만나게 되면 기술자의 명조이다. ◆ 고서에 武曲, 破軍이 文昌, 文曲을 만나게 되면, 평생 가난한 선비라 했다. ◆ 破軍은 文昌, 文曲을 보는 것을 忌하는데, 이는 상호 기질이 동일하지 않은 연고이며, 工藝業(공예업)에 종사하거나 특수직에 종사함이 천부적인 직업인 것이다. ◆ 대체로 鈴星, 文昌, 陀羅, 武曲이 있으면 실패수가 높은 경우가 많은데, 이는 자기 자신이 지은 業으로 인해 실패의 길로 인도된다는 것이다. ◆ 巳宮의 武破조합에서 대궁인 亥宮에 武曲이 居하는데 文曲이 동궁하면 박학다식이다. 또한 貪狼, 化忌와 다시 煞星을 보게 되면 意外性(의외성)이 있다. ◆ 武曲은 天府를 보는 것을 매우 喜하고, 破軍을 보는 것을 매우 忌하는 성향이 있다. ◆ 四化(化祿·化權·化科·化忌)와 武曲의 역량은 매우 큰데 역시 煞星의 영향도 매우 큰 것이다. ◆ 고서에 武曲이 四煞의 沖破가 있으면, 孤貧(고빈)하고 壽命(수명)에 손상이 있다 했으며, 武曲이 火星, 鈴星과 동궁이면 재물의 損耗(손모)가 있고, 武曲이 擎羊, 陀羅와 동궁이면 孤剋됨이 있고, 武曲이 擎羊, 陀羅, 火星을 보게 되면 財로 인해 命을 傷하게 한다 했다. 이는 武曲이 살성을 보게 되면 불길하게 반응함을 총칭한 것이다. ◆ 동궁한 武曲은 化祿을 보는 것을 喜하는데, 이리되면 왕성한 재물이 당도하게 되어 사업상의 발전이 있고, 威名(위명)이 만리 먼 곳까지 떨치게 되된다. ◆ 동궁한 武曲은 化忌를 보는 것을 매우 忌하는데, 이런 경우이면 사업의 실패가 따르고, 다시 煞星을 보게 되면 焦頭爛額(초두난액=머리를 태우고 이마를 그을림)으로 수습하기 어렵다. ◆ 女命은 性情(성정)이 剛强(강강)하여 丈夫(장부)의 기질이 있다. ◆ 此 格과 같이 破軍과 武曲이 동궁한 경우에는, 祿存과 天馬를 보는 것을 기뻐하지 않는데, 이는 고서에 破軍, 貪狼이 祿存과 天馬를 보면, 男命은 방탕하고 女命은 음탕하다고 설한 것에 근거한 것이다. ◆ 甲年生 : 理財(이재)에 밝고, 經商 혹은 금융계통에 종사함이 이롭고, 대기만성형이다. ◆ 乙年生 : 才華(재화)가 풍부하고 능력이 있으며 성취함이 있다. ◆ 丙年生 : 波動性(파동성)이 크고, 번민이 많으며, 감정적인 면에서 困擾(곤요)가 따른다. ◆ 戊年生 : 交際(교제) 및 錢財(전재) 그리고 감정적인 면에서 유리하다. 문화예술방면에서 성취가 있고, 또한 財經방면의 직무관련에서도 요직을 맡게 된다. ◆ 己年生 : 財官雙美하고, 일생이 순탄하며, 得財 능력도 왕하며, 재물에 대한 욕심이 강하여, 복무 관련하여서는 대체로 財經 관련 일을 하게 된다. ◆ 庚年生 : 사업심이 강하며 開創(개창)능력이 있고, 어려운 환경에서도 능히 임무를 완성한다. 女命의 경우는 孤剋(고극)됨을 면키 어렵다. ◆ 壬年生 : 자주 독립적이며, 영도적 능력도 있고, 개성이 강하며 怪癖(괴벽)됨이 있고, 辛苦(신고)를 겪은 후에 성취됨이 있다. ◆ 癸年生 : 금융계통에 근무 시는 능력을 발휘하게 된다.

12宮	破軍(파군)
命宮	◆破軍은 文昌과 文曲을 보는 것을 忌하며, 此 命은 좋지도 않고 나쁘지도 않다. 공상이 많고 실천력이 부족하다. ◆水厄이나 水에 기인한 險症(험증)이 있다. ◆女命은 地空, 地劫을 가장 혐오하고 인생의 절반이 孤寂(고적)하며 정신질환을 앓는 경우도 있다. ◆부부궁에 天刑, 文昌, 文曲, 化忌가 있으면 부부간 화목함이 없다. ◆破軍, 文昌, 文曲이 동궁이면 일생이 寒士(한사)이다. ◆破軍이 寅宮에 있으며 文昌, 文曲과 동궁이면 貴가 있다.
兄弟	◆형제간 연령차이가 8살 이상 난다. ◆자신이 長男이 되면 형제가 分居하게 되며 刑剋이 있다. ◆長兄(장형)이나 長妹(장매)의 夭折(요절)이 따른다.
夫妻	◆남편과 처의 나이가 8년 이상 차이 난다. 혹은 여자가 나이 많은 경우도 있다. ◆부부가 婚姻(혼인) 前이나 婚姻 後에 破折(파절)이 있거나 兩家에 불합됨이 있다. ◆배우자의 지배욕이 있다. ◆부부궁에 필히 결함이 있다. ◆破軍, 文昌, 文曲이 부부궁에 居하면 배우자의 房事(방사)가 심하다.
子女	◆자녀들은 反目과 不和가 많다. ◆腹中日數(복중일수)가 부족하면 작게 낳거나, 낙태하거나, 요절하게 된다. ◆天月, 鈴星, 擎羊을 보게 되면 상호 相從(상종)하지 않는다. ◆先花後果이니 아들은 늦게 둔다. ◆煞星을 보게 되면 아들이 있더라도 돌보지 않는다. ◆煞星이 重하면 불길한데, 부모와 자식 간 상호 相從하지 않고, 傷殘(상잔)함이 있다.
財帛	◆破軍이 재백궁에 居하면, 겨울철 눈이 끓는 물에 들어감과 같이, 財와 관련하여서는 허사이다. ◆財源(재원)은 뜬구름과 같다. ◆재물이 일정하지가 않고 쟁취와 실패가 반복된다.
疾厄	◆陰煞, 天虛, 大耗가 있으면, 생식기계통, 腎臟(신장), 膀胱(방광), 水病(수병) 등의 질병이 있다. ◆服中日數(복중일수)가 부족하여 태어나면 어려서 膿血病(농혈병)이 있다. ◆紫微와 破軍이 있으면 吐瀉(토사)가 있다. ◆武曲과 破軍이 있으면 齒疾患(치질환)이 있다.
遷移	◆고향을 떠나 창업함이 좋다. ◆분주하나 노력함이 적다. ◆고향에 있게 되면 창업과 창조성이 떨어진다. 따라서 명궁에 필히 天相이 居해야 한다.

奴僕	◆朋友(붕우)로 인한 破財가 있다. ◆煞星을 보게 되면 식견이 있으나, 朋友를 팔아 영화를 얻는다. ◆은혜를 베푸나 원수로 갚는다. ◆武曲이나 天姚를 보게 되면 사귐에 있어 말과 마음이 다르다.
官祿	◆겸직이 많다. ◆관련된 분야나 부서가 많다.
田宅	◆공공기관과 연관된다. ◆가정에 변동수가 많다. ◆거주하는 곳에 水厄(수액)이 따른다.
福德	◆辛苦, 변화, 개혁, 창조와 연관됨이 많다. ◆凡事에 친밀감이 있고, 매사에 전심전력을 다하게 되니 勞苦(신고)가 많은 것이다. ◆일처리에 신속하고 굳셈이 있으며, 과감하고 창조적이다.
父母	◆부모와 본인 간에 애정이 적다. 만약 桃花의 회조가 있으면 異父, 異母이다. ◆사회생활과 연관하여, 후에 예기치 않게 윗사람의 질타와 압박을 받으니, 옛날의 친밀함을 기대하기 힘들다.

圖48 破軍星 坐命

<table>
<tr>
<td>天同(祿) 祿存 鈴星
天姚 天巫 天官 孤辰
貫索 亡神 博士
12~21
父母 絶 癸巳</td>
<td>武曲 天府 文曲 右弼 陀羅
陰煞 龍池 天才
官符 將星 力士
22~31
福德 胎 甲午</td>
<td>太陰 太陽
天月 天喜 月德
小耗 攀鞍 青龍
32~41
田宅 養 乙未</td>
<td>貪狼 文昌(科) 左輔
天馬 台輔 年解 天虛 鳳閣
歲破 歲驛 小耗
42~51
官祿 身宮 長生 丙申</td>
</tr>
<tr>
<td>破軍 陀羅
封誥 截空 天哭
喪門 月殺 官符
2~11
命宮 墓 壬辰</td>
<td colspan="2" rowspan="2">男命
陰曆 : 1986. 5. 18. 寅時
命局 : 水2局 長流水
命主 : 廉貞 身主 : 天梁

丙 己 甲 丙
寅 亥 午 寅

74 64 54 44 34 24 14 4
壬 辛 庚 己 戊 丁 丙 乙
寅 丑 子 亥 戊 酉 申 未</td>
<td>天機(權) 巨門 天鉞
地空 天傷 大耗 破碎
龍德 息神 將軍
52~61
奴僕 沐浴 丁酉</td>
</tr>
<tr>
<td>火星
天空
晦氣 咸池 伏兵
兄弟 死 辛卯</td>
<td>紫微 天相
天貴 旬空 天壽 蜚廉
白虎 華蓋 奏書
62~71
遷移 冠帶 戊戌</td>
</tr>
<tr>
<td>廉貞(忌)
紅艷
太歲 指背 大耗
夫妻 病 庚寅</td>
<td>地劫 天刑 三台 八座 寡宿
紅鸞 病符 天殺 病符
92~
子女 衰 辛丑</td>
<td>七殺
解神 恩光 天福 天廚
弔客 災殺 喜神
82~91
財帛 帝旺 庚子</td>
<td>天梁 天魁
天使 天德
天德 劫殺 飛廉
72~81
疾厄 建祿 己亥</td>
</tr>
</table>

〈圖48 破軍星 坐命〉

- 상기 명반은 명궁에 破軍이 居하고 身宮에 貪狼이 居하고 있다. 破軍은 破耗之星(파모지성)으로 육친과의 연이 적고, 刑剋 됨이 많고, 성격이 剛强(강강)하여 화합하기 어려우며, 남과의 사이에서 쟁투와 언쟁이 많으며 好勝之心(호승지심)이 강하다.
- 모험심과 투기성이 강하며, 행운의 흐름에서 변화가 많으며, 波動이 심하고 勞碌奔波(노록분파)가 많이 따른다.
- 祿存을 보게 되면 종교, 신앙, 철학에 심취하고, 명궁이 子午宮에 居하게 되면, 南斗와 北斗의 교회점이니, 많은 학습과 시행착오를 통해 그 害惡(해악)된 면을 淨化(정화)할 수 있는 것이다.
- 고서에 破軍과 貪狼이 명궁과 身宮에 分居하게 되면, 남명은 방탕하고 여명은 多淫(다음)하다 했다.
- 명궁에 破軍이 煞星인 陀羅와 동궁하고, 身宮에 貪狼이 文昌과 동궁하니 매사 行業에 있어 正道에 기울기보다는 邪道(사도)에 편중되었던 것이다.
- 身宮과 관록궁이 동궁하고 文昌이 동궁하니, 勞碌奔波(노록분파)가 따르며, 寅宮의 化忌가 身宮을 沖照하니 육친과의 연이 적은 것이고, 다시 貪狼이 동궁하니 正業과의 연이 적고 邪行業(사행업)에 종사하고 있는 것이다.
- 破軍이 辰宮에 居하고 있다. 辰戌 二宮은 天羅地網宮(천라지망궁)이라 獨坐인 경우에는 뜻을 펴기가 힘든 것이다. 상기 명반은 辰宮의 破軍이 煞星인 陀羅와 동궁하여 天羅宮에서 沖出하게 하나, 일생에 기복변화가 많았고, 破折(파절)을 면치 못했던 것이다.
- 관록궁에 桃花星인 天馬가 동궁하니 周遊放蕩(주유방탕)하고, 부처궁에 廉貞·化忌가 동궁하고, 그 대궁인 관록궁에는 제1의 桃花星인 貪狼이 居하니, 婚姻(혼인) 관련하여 감정상의 불리함이 많은 조합인 것이다.

3) 육길성계(六吉星系)

⊙ 六吉星은 文昌, 文曲, 左輔, 右弼, 天魁, 天鉞의 여섯의 吉星을 말한다.

⊙ 貴人星이며 輔佐星으로 우수한 면이 많고 결점은 적은 편이다.

⊙ 六吉星이 坐命하며, 유력한 正星을 만나고 格局이 아름다우면, 금상첨화이며 매사 순탄하게 풀려나가고 성취됨이 있는 것이다.

⊙ 六吉星이 落陷되어 무력한 경우라 하더라도, 辛勞(신로)와 弊害(폐해)가 減輕(감경)되며, 禍厄(화액)도 일정부분 解消(해소)되는 功이 있다.

(1) 文昌星 坐命 - 圖49

紫微 七殺 陀羅 天馬 天刑 天巫 三台 天廚 天才 天壽 天使 弔客 歲驛 官符 74~83 疾厄 長生 乙巳	祿存 台輔 84~93 財帛 沐浴 丙午	擎羊 紅艷 太歲 華蓋 力士 94~ 子女 冠帶 丁未	天貴 孤辰 紅鸞 天空 晦氣 劫殺 青龍 夫妻 建祿 戊申
天機(科) 天梁 文曲 解神 寡宿 天德 天德 攀鞍 伏兵 64~73 遷移 養 甲辰	女命 陰曆：1967. 9. 6. 子時 命局：金4局 釵釧金 命主：祿存 身主：天相	戊丙己丁 子午酉未	廉貞 破軍 天鉞 火星 天姚 八座 喪門 災殺 小耗 兄弟 帝旺 己酉
天相 年解 截空 旬空 鳳閣 天傷 蜚廉 白虎 將星 大耗 54~63 奴僕 胎 癸卯	71 61 51 41 31 21 11 1 丁丙乙甲癸壬辛庚 巳辰卯寅丑子亥戌		**文昌** 鈴星 陰煞 貫索 天殺 將軍 4~13 **命宮** 身宮 衰 庚戌
太陽 巨門(忌) 右弼 封誥 天鉞 恩光 天官 天喜 龍德 亡神 病符 44~53 官祿 絕 壬寅	武曲 貪狼 天虛 破碎 歲破 月殺 喜神 34~43 田宅 墓 癸丑	天同(權) 太陰(祿) 左輔 大耗 月德 小耗 咸池 飛廉 24~33 福德 死 壬子	天府 天魁 地空 地劫 天福 天哭 龍池 官符 指背 奏書 14~23 父母 病 辛亥

〈圖49 文昌星 坐命〉

◆ 상기는 文昌과 鈴星이 坐命하고 있다. 文昌은 총명을 主하고, 鈴星은 殺을 主한다. 따라서 상냥하나, 성격이 剛强(강강)하며, 굽히지 않는 기질이 있다.

◆ 명궁이 戌宮에 居하고, 대궁에 天機, 天梁, 文曲의 來照가 있으니 "善蔭朝綱格(선음조강격)"이며, 또한 化科를 보니 貴人과의 연이 많으며, 두뇌가 明敏(명민)하고 다루는 악기가 많고, 반응이 명쾌하며, 口辯(구변)이 좋은 것이다.

◆ 명궁의 좌우에서 吉星인 天魁와 天鉞이 夾命하니, 부모와 형제자매, 윗어른들의 총애를 받게 되는 것이다.

◆ 재백궁에 祿存이 居하고, 복덕궁에 化祿과 化權이 居하며 상호 교류하니, 의식주에 沮礙(저애) 받음이 없었던 것이다.

◆ 부처궁에 桃花星인 紅鸞과 孤辰, 天空의 흉성이 동궁하니, 배우자가 다정함이 많아 남녀 간의 문제로 인한 다툼이 많이 발생하고, 자식과의 緣도 薄(박)했던 것이다.

(2) 右弼星 坐命 - 圖50

<table>
<tr>
<td>武曲 破軍(祿) 天鉞 天馬
地空 地劫 天福 旬空 孤辰
破碎 蜚廉 喪門 歲驛 奏書
22~31
福德 絕 丁巳</td>
<td>太陽
恩光 天官 天喜 天才 天壽
貫索 息神 飛廉
32~41
田宅 胎 戊午</td>
<td>天府
天月 年解 龍池 鳳閣
官符 華蓋 喜神
42~51
官祿 養 己未</td>
<td>天機 太陰(科)
天姚 封誥 紅艶 天傷 大耗
月德 小耗 劫殺 病符
52~61
奴僕 長生 庚申</td>
</tr>
<tr>
<td>天同 文昌 鈴星
天刑 天空
晦氣 攀鞍 將軍
12~21
父母 墓 丙辰</td>
<td colspan="2" rowspan="2">女命
陰曆 : 1963. 8. 16. 午時
命局 : 水2局 大溪水
命主 : 文曲 身主 : 天同

庚 己 辛 癸
午 卯 酉 卯

72 62 52 42 32 22 12 2
己 戊 丁 丙 乙 甲 癸 壬
巳 辰 卯 寅 丑 子 亥 戌</td>
<td>紫微 貪狼(忌)
天虛
歲破 災殺 大耗
625~71
遷移 沐浴 辛酉</td>
</tr>
<tr>
<td>右弼 天魁 火星
天哭
太歲 將星 小耗
2~11
命宮 身宮 死 乙卯</td>
<td>巨門(權) 文曲
天使
龍德 天殺 伏兵
72~81
疾厄 冠帶 壬戌</td>
</tr>
<tr>
<td>解神 三台
病符 亡神 青龍
兄弟 病 甲寅</td>
<td>廉貞 七殺 擎羊
截空 寡宿
弔客 月殺 力士
夫妻 衰 乙丑</td>
<td>天梁 祿存
台輔 陰煞 天貴 八座 紅鸞
天德 天德 咸池 博士
92~
子女 帝旺 甲子</td>
<td>天相 左輔 陀羅
天巫 天廚
白虎 指背 官符
82~91
財帛 建祿 癸亥</td>
</tr>
</table>

〈圖50 右弼星 坐命〉

- 명궁에 右弼과 天魁가 동궁하니, 얼굴이 길고 미모이며, 도화적 기질이 많고, 사람과의 연이 좋다.
- 명궁에 火星이 동궁하니 개성이 剛强(강강)하고, 삼방에서 紫微, 天府, 天相의 회조가 있으니 이른바 "府相朝垣格(부상조원격)"이다. 뜻이 높고 원대하며 현숙하고 영도적인 능력이 있는 것이다.
- 女命의 명궁에 右弼이 坐命한 경우는, 배우자를 조력하는 역량이 있으나 혼인연이 薄(박)하고, 天魁가 명궁에 홀로 좌명한 경우에는 귀인의 조력이 크며 사람과의 연이 좋으나, 그 대궁에 貪狼·化忌가 居하니 감정상의 困擾(곤요)가 따르는 것이다.
- 명궁에 右弼과 天魁가 居하니 본시 도화적 성향이 있는 것이고, 다시 命主가 文曲이며 身主가 天同이니 이성과의 연이 길한 것이다.
- 명궁에 火星, 부처궁에 擎羊이 있으니 필히 마찰음이 발생할 것이고, 다시 截空, 寡宿을 보게 되니 본 남편과의 緣이 薄(박)하여 이혼하고 재혼한 것이다.
- 부처궁에 擎羊과 七殺, 廉貞이 동궁하니, 그 배우자도 성격이 강직하며, 본명궁의 대궁에 貪狼·化忌가 居하여 본명궁을 沖照하고 있으니 이혼하게 되었고, 홀로 자녀들을 키웠던 것이다.
- 42~51세 己未大限은 未宮이 대한명궁이며, 巳宮이 대한부처궁이다. 대한부처궁에 化祿이 居하고, 己未大限의 宮干 己의 化祿이 대한부처궁에 入宮하니, 雙祿(쌍록)이 居하게 되므로, 재혼함에 佳緣(가연)이 있었던 것이다.

(3) 天魁星 坐命 - 圖51

<table>
<tr>
<td>廉貞(忌) 貪狼 祿存
天刑 台輔 天巫 天官 天才
破碎 病符 亡神 博士
63~72
遷移 病 癸巳</td>
<td>巨門 擎羊
天使
太歲 將星 官符
53~62
疾厄 衰 甲午</td>
<td>天相
天空
晦氣 攀鞍 伏兵
43~52
財帛 帝旺 乙未</td>
<td>天同(祿) 天梁
天馬 孤辰
喪門 歲驛 大耗
33~42
子女 建祿 丙申</td>
</tr>
<tr>
<td>太陰 陀羅
解神 年解 截空 寡宿 鳳閣
天傷 弔客 月殺 力士
73~82
奴僕 死 壬辰</td>
<td colspan="2" rowspan="2">女命
陰曆：1966. 9. 2. 亥時
命局：木3局 平地木
命主：巨門 身主：鈴星

辛 丁 戊 丙
亥 未 戌 午

72 62 52 42 32 22 12 2
庚 辛 壬 癸 甲 乙 丙 丁
寅 卯 辰 巳 午 未 申 酉</td>
<td>武曲 七殺 天鉞
天姚 紅鸞
貫索 息神 病符
23~32
夫妻 身宮 冠帶 丁酉</td>
</tr>
<tr>
<td>天府 文曲
天貴 天喜 天壽 天德
天德 咸池 青龍
83~92
官祿 墓 辛卯</td>
<td>太陽
地空 陰煞 龍池
官符 華蓋 喜神
13~22
兄弟 沐浴 戊戌</td>
</tr>
<tr>
<td>右弼 鈴星
天月 旬空 紅艷 蜚廉
白虎 指背 小耗
93~
田宅 絕 庚寅</td>
<td>紫微 破軍
封誥 三台 八座 大耗
龍德 天殺 將軍
福德 胎 辛丑</td>
<td>天機(權) 左輔 火星
地空 天福 天廚 天虛 天哭
歲破 災殺 奏書
父母 養 庚子</td>
<td>文昌(科) **天魁**
恩光 月德
小耗 劫殺 飛廉
3~12
命宮 長生 己亥</td>
</tr>
</table>

〈圖51 天魁星 坐命〉

◆ 상기는 女命으로 명궁에 "文貴星"인 文昌·化科가 居하니, 용모가 청수하고 총명하며, 사람과의 인연이 길하며 다재다능하다.

◆ 또한 명궁에 天魁가 居하고, 身宮에 天鉞이 居하니, 天乙貴人과 玉堂貴人의 雙貴星이 있는 것으로, 文彩(문채)가 뛰어나며, 일생 貴人의 조력이 있었던 것이다.

◆ 명궁의 文昌과 身宮의 武曲과 七殺은 문무겸비에 비유되며, 뜻이 높고 원대하여 대장부의 큰 뜻에 비유되며, 명궁이 亥宮에 臨하고 삼방에 天府와 天相의 회조가 있으니 "府相朝垣格(부상조원격)"의 吉格이다. 또한 文昌, 文曲, 天魁를 보게 되니 "絕處逢生格(절처봉생격)"이 되어 일생 貴人의 조력이 많았고, 凶變化吉되고, 능력이 출중한 才女였던 것이다.

◆ 명반이 본시 貴夫와의 연이 많은 것인데, 부처궁에 武曲과 七殺이 동궁하니 武職(무직)의 배우자와 연이 있어, 배우자가 外地에 머무는 시간이 많아, 가정을 돌볼 시간이 적었고, 또한 배우자의 성격이 剛强(강강)하며 또한 異姓(이성)과의 연이 많았던 것이다.

◆ 고서에 여명의 命·身宮에 武曲과 七殺이 동궁하면, 孤寡(고과)의 명조가 많다 했는데 상기의 명반이 이에 해당된다.

◆ 부처궁의 분석

· 명궁에 天魁가 單星으로 居하고 主星이 없다. 또한 文昌, 文曲의 회조가 있는데 이들은 도화적기질의 성요이며, 대궁에 역시 도화성인 貪狼과 廉貞·化忌가 居하니 자연 도화성으로 인한 감정상의 困擾(곤요)가 따르는 것이다.

· 부처궁에 도화성인 紅鸞, 天姚가 동궁하니, 본인 또한 도화적기질로 인한 異姓과의 연분이 강한 것이다.

· 명궁과 身宮에 貴人星이 중중하니, 귀인의 조력이 많았고, 본인 또한 才色(재색)을 겸비한 才女로 남자들의 총애를 많이 받았으며, 그 중 나이 많은 貴人과의 연분이 많았던 것이다.

· 명궁의 宮干 己의 化忌가 관록궁에 入宮하고, 재백궁에 天空이 있어 흉성인 天空과 化忌가 명궁을 會照하니 결국 이혼하게 된 것이다.

4) 육살성계(六煞星系)

⊙ 육살성은 擎羊, 陀羅, 火星, 鈴星, 地空, 地劫의 여섯 凶星을 말한다.

⊙ 害惡之星(해악지성)으로 발전을 저해하고, 인생의 命運에 심각한 타격을 주어 저해됨과 손상됨을 유발시키고, 만사 순탄하게 풀려나가지 못하게 한다.

⊙ 六煞星이 坐命하고, 그 흉함을 제압하는 성요를 만나지 못하거나, 居하는 宮位가 廟旺宮에 해당되면, 勞碌奔波(노록분파)이 지대하며, 命과 福에 심각한 타격을 받게 된다.

⊙ 六煞星이 凶星이라 하더라도, 타 성요와의 조합에서 흉변길의 작용을 하게 되면, 능히 善用을 장려하고 결함을 기피하게 하여, 비범한 성취도가 있게 하기도 한다.

(1) 陀羅星 坐命 - 圖52

<table>
<tr>
<td>陀羅
天馬
弔客 歲驛 力士
3~12
命宮 病 己巳</td>
<td>天機 文昌 祿存
封誥 八座
病符 息神 博士
父母 衰 庚午</td>
<td>紫微 破軍 擎羊
地空 天月
太歲 華蓋 官符
福德 帝旺 辛未</td>
<td>文曲(忌) 天鉞 天姚 三台
天廚 孤辰 紅鸞 天壽 天空
晦氣 劫殺 伏兵
93~
田宅 建祿 壬申</td>
</tr>
<tr>
<td>太陽
天刑 天貴 紅艷 寡宿 天德
天德 攀鞍 青龍
13~22
兄弟 死 戊辰</td>
<td colspan="2" rowspan="2">男命
陰曆：1979. 8. 10. 辰時
命局：木3局 大林木
命主：武曲 身主：天相

庚 庚 癸 己
辰 子 酉 未

77 67 57 47 37 27 17 7
乙 丙 丁 戊 己 庚 辛 壬
丑 寅 卯 辰 巳 午 未 申</td>
<td>天府
天官 截空
喪門 災殺 大耗
83~92
官祿 冠帶 癸酉</td>
</tr>
<tr>
<td>武曲(祿) 七殺 右弼
地劫 年解 鳳閣 蜚廉
白虎 將星 小耗
23~32
夫妻 墓 丁卯</td>
<td>太陰
台輔 天傷
貫索 天殺 病符
73~82
奴僕 沐浴 甲戌</td>
</tr>
<tr>
<td>天同 天梁(科) 鈴星
解神 恩光 天福 天喜
龍德 亡神 將軍
33~42
子女 絕 丙寅</td>
<td>天相 火星
旬空 天虛 破碎
歲破 月殺 奏書
43~52
財帛 身宮 胎 丁丑</td>
<td>巨門 天魁
陰煞 天才 天使 大耗 月德
小耗 咸池 飛廉
53~62
疾厄 養 丙子</td>
<td>廉貞 貪狼(權) 左輔
天巫 天哭 龍池
官符 指背 喜神
63~72
遷移 長生 乙亥</td>
</tr>
</table>

〈圖52 陀羅星 坐命〉

- 명궁에 陀羅가 單星으로 居하고 있다. 陀羅는 紛糾的(분규적) 성요로 "馬掃殺(마소살)" 혹은 "拖磨星(타마성)"으로 칭한다. 고향을 떠나 타향에서 성공 발전이 있는 것인데, 반면에 勞碌奔波(노록분파)가 항시 몸 주변을 떠나지 않는다.
- 身宮에 天相과 火星이 동궁하고 있어, 足部(족부)에 잔질의 발생이 있는 것이다.
- 상기인은 매사 열성적인데, 삼방에 天府와 天相의 회조가 있으니 "府相朝垣格(부상조원격)"이다. 뜻과 포부가 원대하고, 고집과 괴벽이 있으며, 집에 안주하지 못하고, 자신이 추구하는 취향과 열망을 찾아 분주한 것이다. 자신이 바라는 전문적 才藝(재예)를 익힘에 열성이었던 것이다. 미식가이며 요리솜씨가 좋으니 음식점을 개업한 것이다.
- 23~32세는 丁卯大限이다.
  - 대한명궁에 武曲과 七殺이 동궁하고, 삼방사정에서 左輔와 右弼이 회조하고, 다시 貪狼과 破軍이 있어 대한명궁의 七殺과 "殺破狼格(살파랑격)"을 이루니 길흉간에 命運이 강한 것이다.
  - 此 大限에 결혼한 것이며, 其 妻는 才幹(재간)이 있는데, 배우자가 성격이 강직하고 괴벽이 있으며, 주색을 탐하고, 시비구설이 다발하니, 상호간 개성적인 면에서 불합됨이 많았던 것이다.
  - 종국에는 이혼하게 된 것이며, 남녀 자녀들은 부부가 각각 한 자녀씩 키우게 되었고 그 妻는 再嫁(재가)했던 것이다.
- 본명의 부처궁이 丁卯大限宮인데, 煞星인 地劫이 동궁하고, 그 대궁에 凶星인 截空이 있어 부처궁을 沖照하니 부부연이 薄(박)했던 것이다.

(2) 火星 坐命 - 圖53

天梁(祿) 天鉞 鈴星 破碎 月德 小耗 劫殺 飛廉 85~94 財帛 絕 乙巳	七殺 左輔(科) 地劫 八座 天福 天虛 天哭 歲破 災殺 喜神 95~ 子女 胎 丙午	大耗	廉貞 右弼 三台 蜚廉 白虎 指背 大耗 兄弟 長生 戊申
紫微(權) 天相 地空 天月 恩光 龍池 天使 官符 華蓋 奏書 75~84 疾厄 墓 甲辰	男命 陰曆 : 1972. 3. 3. 未時 命局 : 土5局 大驛土 命主 : 文曲 身主 : 火星 丁 丁 甲 壬 未 丑 辰 子 76 66 56 46 36 26 16 6 壬 辛 庚 己 戊 丁 丙 乙 子 亥 戌 酉 申 未 午 巳		火星 封誥 天廚 天喜 天才 天德 天德 咸池 伏兵 5~14 命宮 沐浴 己酉
天機 巨門 文昌 天魁 天姚 紅鸞 貫索 息神 將軍 65~74 遷移 死 癸卯			破軍 陀羅 陰煞 解神 年解 天官 寡宿 鳳閣 弔客 月殺 官符 15~24 父母 冠帶 庚戌
貪狼 天馬 天巫 截空 旬空 孤辰 天傷 喪門 歲驛 小耗 55~64 奴僕 病 壬寅	太陽 太陰 台輔 天空 晦氣 攀鞍 青龍 45~54 官祿 衰 癸丑	武曲(忌) 天府 擎羊 天貴 紅艶 太歲 將星 力士 35~44 田宅 帝旺 壬子	天同 文曲 祿存 天刑 天壽 病符 亡神 博士 25~34 福德 身宮 建祿 辛亥

〈圖53 火星 坐命〉

◆ 명궁에 煞星인 火星이 獨坐하고, 대궁에 巨門과 天機가 卯宮에 居하여 "巨機居卯格(거기거묘격)"을 이루니 일생에 금전의 입출과 성공과 실패의 起伏이 다단한 명조이다.

◆ 25~34세는 辛亥大限이다.

· 대한 명궁인 亥宮에 祿存이 居하고, 대궁에 化祿이 居하고, 대한명궁의 宮干 辛의 化祿이 巨門에 부법되어 대한관록궁에 入宮하니 이른바 "三奇嘉會格(삼기가회격)"의 길격이다.

· 財源(재원)이 풍부하고, 생활에 부족함이 없으니, 주색풍류가 발동하게 되어 첩을 들이게 된 것이다. 이는 辛亥大限의 관록궁에 紅鸞과 天姚가 居하며 대한명궁을 회조하니 도화적 기질이 動한 이유이다.

◆ 35~44세는 壬子大限이다.

· 壬子大限 명궁에, 本命의 化忌와 대한명궁의 宮干 壬의 化忌가 武曲에 부법되어 동궁하게 되니 雙化忌(쌍화기)가 동궁하고 있어 매우 흉한 운이다.

· 대한명궁에 煞星인 擎羊이 居하고, 다시 대궁에 地劫, 대한관록궁에 地空이 居하여 3개 煞星이 대한명궁을 沖照하니 매우 흉하다. 此 大限에 금융투자의 실패로 인해 大財를 탕진하고, 債務(채무)관계로 인한 핍박을 피하려고 처자식과 遠方으로 피신하여 祖父宅에 기거하고 있는 것이다.

(3) 地空星 坐命 - 圖54

<table>
<tr>
<td>廉貞(忌) 貪狼 祿存
天官 天德
天德 劫殺 博士
33~42
田宅 病 癸巳</td>
<td>巨門 擎羊
天刑 天月
弔客 災殺 力士
43~52
官祿 死 甲午</td>
<td>天相 鈴星
寡宿 紅鸞 天傷
病符 天殺 青龍
53~62
奴僕 墓 乙未</td>
<td>天同(祿) 天梁
地劫 陰煞 天巫
太歲 指背 小耗
63~72
遷移 身宮 絕 丙申</td>
</tr>
<tr>
<td>太陰 陀羅
解神 三台 截空 旬空 天壽
蜚廉 白虎 華蓋 官符
23~32
福德 衰 壬辰</td>
<td colspan="2" rowspan="2">男命
陰曆：1956. 10. 28. 酉時
命局：木3局 松柏木
命主：祿存 身主：天梁

丁 辛 己 丙
酉 丑 亥 申

72 62 52 42 32 22 12 2
丁 丙 乙 甲 癸 壬 辛 庚
未 午 巳 辰 卯 寅 丑 子</td>
<td>武曲 七殺 天鉞
天使 天哭 破碎
晦氣 咸池 將軍
73~82
疾厄 胎 丁酉</td>
</tr>
<tr>
<td>天府
台輔 恩光 天貴 大耗
龍德 息神 伏兵
13~22
父母 帝旺 辛卯</td>
<td>太陽
天姚 八座 天哭 天才
喪門 月殺 奏書
83~92
財帛 養 戊戌</td>
</tr>
<tr>
<td>天馬 地空 年解 紅艷 天虛
鳳閣 歲破 歲驛 大耗
3~12
命宮 建祿 庚寅</td>
<td>紫微 破軍 文昌(科) 文曲 左輔
右弼 天喜 月德
小耗 攀鞍 病符
兄弟 冠帶 辛丑</td>
<td>天機(權)
天福 天廚 龍池
官符 將星 喜神
夫妻 沐浴 庚子</td>
<td>天魁 火星
封誥 孤辰
貫索 亡神 飛廉
93~
子女 長生 己亥</td>
</tr>
</table>

〈圖54 地空星 坐命〉

◆ 상기 명반은, 총명온화하며, 풍채가 당당하고, 口辯(구변)이 좋으며, 심성이 자애로우나, 명궁과 身宮에 地空과 地劫의 살성이 있어 破財, 破家한 명조이다.

◆ 43~52세는 甲午大限으로 午宮이 대한명궁이다.

· 甲午大限 명궁에 巨門, 擎羊, 天刑, 天月이 동궁하고, 대한재백궁과 대한복덕궁에 地空과 地劫이 동궁하니, 흉운의 조짐이 있는 것이다. 巨額의 破財가 따르고, 이로 인한 관재구설이 발생하는 흉운이다.

◆ 부처궁의 분석

· 명궁과 身宮에 地空과 地劫이 居하고, 대궁에 小耗가 居하니, 破財와 감정상의 困擾(곤요)가 발생할 조짐이 있는 것이다.

· 부처궁에 天機·化權이 동궁하니, 배우자는 총명하고 지혜가 있는 것이다.

· 부처궁의 三方四正에 흉성인 地劫과 截空, 旬空, 陀羅, 擎羊, 天刑, 天月의 중첩된 살성의 沖照가 있으니 부부연은 薄한 것이다.

· 부처궁의 宮干 庚의 化祿이 本命의 재백궁에 入宮하니, 처로 인한 복록의 증가가 예상되는 것이나. 남편 본인의 무절제한 생활로 인해 재물의 損耗(손모)가 있게 되니, 결국 혼인상의 破折(파절)을 맞게 된 것이다.

3. 사화 상론四化 詳論

1) 십간 사화(十干 四化)

(1) 화록(化祿)

<table>
<tr><th colspan="2">十干 四化</th></tr>
<tr><th colspan="2">化祿(화록)</th></tr>
<tr><td>解義</td><td>◆ 化祿은 福德과 財祿의 성요이다.
◆ 이는 재물을 탐하거나 蓄財(축재)함을 의미하는 것이 아니고, 단지 財源(재원)이 풍부하고 금전적인 여유가 있는 것을 의미하는 것이다.
◆ 化祿은 사람과의 사이에 연분이 많고, 교제가 많다는 것을 의미한다.
◆ 化祿은 原因(원인)을 대표하고 결과를 대표하지 않는다. 그 결과물은 오직 자신에게 달려있기 때문이다.
◆ 化祿은 조력자의 의미도 있다. 따라서 노심초사함이 많고, 심장이 약하며, 남을 돕는 역할을 한다.
◆ 財星은 化祿을 만남을 喜하는데, 財星과 化祿이 동궁 시는 재물을 얻기가 용이하다. 이는 財源이 끊어짐이 없다는 의미이다.
◆ 財星과 化祿이 재백궁에 동궁 시는 財旺함이 비할 바 없지만, 만약 재백궁이 四庫地(辰·未·戌·丑)이면 얻은 재물을 지키는 것에만 급급한 것이다.
◆ 化祿이 재백궁 혹은 전택궁에 居할 시는 財源을 대표하지만, 化祿이 재백궁에 있고 化忌가 명궁에 居한 者는, 금전이 들어옴은 있으나 나감은 없으니 守錢奴(수전노)와 같은 命이다.
◆ 化祿이 명궁에 들고, 化忌가 재백궁에 드는 경우에는, 나가는 것은 많으나 들어옴은 적은 것으로 身外之物(신외지물)이다.
◆ 化祿은 入, 出로 분별되는데, 化祿을 따르게 되면 化忌는 달아나는 것이다. 따라서 化祿이 명궁, 재백, 관록, 전택, 복덕, 질액궁에 입궁 시는 "祿入(녹입)"이라 하는 것이다.
◆ 化祿은 化忌를 보거나 沖破됨을 두려워하는데, 특히 化祿이 化忌와 동궁이거나 대궁의 化忌와 相沖 시는 극히 심해지는 것이다. 이리되면 財가 불안해지고, 財와의 인연에 흠결이 있게 되고, 財로 인한 勞碌(노록)과 근심이 따르는 것이다.
◆ 代表 : 財祿. 情緣. 才藝. 享受. 吉緣
本意 : 錢財. 貴人
會意 : 情. 義. 關心
事物 : 産業. 金錢
形體 : 多. 胖. 軟. 好機能
感性 : 樂天. 緣分. 惻隱之心(측은지심). 多情多感.</td></tr>
</table>

12宮	化祿
命宮	• 多情多感(다정다감), 聰明(총명), 吉緣(길연), 享受(향수), 衣食豊足(의식풍족)과 연관된다. • 소년시 체력이 약한 편이나 수명은 장수한다. • 유교적문화로는 禮가 있으며, 통속적이지 않고, 넓게 교류하나 본류가 아니며, 언변에 기교가 있고, 근신하며 분수를 지킨다. • 지혜와 商術(상술)이 있고, 자주, 독립적이며 인연이 매우 좋다. • 일생의 命運은 순탄하며, 범사에 흉함을 만나도 길하게 바뀌게 된다.
兄弟	• 형제간 우애가 좋으며, 상호 좋은 감정이 풍부하다. • 형제간 상부상조함이 많다.
夫妻	• 부부간 매우 이끼고 사랑함이 있다. • 早婚(조혼)하는 경우가 많으나 항상 그렇지는 않다. • 남녀간 사귐에 쌍방간 교제가 많고, 자유연애적 성질이 강하다. • 상호 배우자간 호감이 많으며 감정이 풍부하다. • 배우자가 총명하며 인연이 많은데, 이것이 錢財가 많음을 의미하는 것은 아니다. • 女命은 배우자에 대한 내조가 많다.
子女	• 자녀수가 많으며 성욕이 강하다. • 자녀를 사랑함이 지극하며, 자녀와의 연이 좋고, 총명하며, 才華(재화)가 있다. • 자녀들은 총명하나, 유들유들하여 순종하지 않는 면도 있으니, 많은 세월이 지난 후에야 성취함이 있다.
財帛	• 자립하며 자수성가의 命이다. • 財祿이 부족하지 않으며, 재물을 쓰는 것을 좋아하고 모으는 것을 좋아하지 않는다. • 창업적인 면이 많으며, 일에 있어 근신노력함이 있다. • 재물의 입출이 많은 정황이며 이는 축재의 의미는 아니다.
疾厄	• 몸집이 통통하고 성욕이 강하다. • 幼年에 災厄(재액)이 많으나 능히 凶變吉의 命이다. • 勞心(노심)과 총명함이 있으나 노력함은 부족하다. • 총명하고 낙관적인 반면, 타성에 젖을 수 있다.
遷移	• 낙천적이고 長壽(장수)의 命이다. • 일을 함에 전심전력이 부족하고, 뜬구름 잡는 생각을 많이 한다. • 타향에서 발전됨이 있으며 귀인의 도움을 받게 된다. • 역마적 기질이 있으며 타향에서 오히려 좋은 인연을 만난다.
奴僕	• 붕우관계에 깊이 빠져듦이 있으며 상호 상부상조 한다. • 붕우간 왕래가 빈번하여 결속관계를 유지하기를 기뻐한다. • 상호 왕래의 緣(연)이 있는 붕우들은 대체로 사회적으로 성취도가 있는 인물들이다. • 재물로 붕우를 도우려 하면 오히려 붕우와의 연이 나빠진다. • 붕우가 과도한 관심을 보이게 되면 오히려 역효과로 얽매이게 된다.

官祿	• 총명하나, 독서와 학업을 즐기고 좋아하는 것은 아니다. • 사업가의 기질은 있으나 성취하기 어려운 면도 있다. • 투자적 성향은 있다. • 命運은 아름다우나 자기사업에 한정지음이 좋다. • 공직자의 경우라면, 고위직에 오르게 되고 貴人의 도움을 받게 된다. • 일생의 運은 길하므로, 직장인이 되거나 창업 역시 모두 이롭다.
田宅	• 집안을 일구어 놓음은 있으나 遺産(유산)이 일정치 않다. • 상속받은 전답을 지키는 것이 이롭다. • 고향에서 자리 잡게 되면 조상의 음덕이 있고, 자립자족하게 되며 부동산이 많게 된다. • 재물의 입출은 많은데, 재물이 많이 모아지는 것은 아니다.
福德	• 享受(향수)가 있다. 손을 대면 그 범위가 크다. • 생활에 講究(강구)함이 있으며 좋아함과 싫어함이 있다. • 복택이 풍부한데 비교적 물질생활을 즐긴다.
父母	• 총명하고 낙관적이며 타성에 젖기 쉽다. • 양친 부모의 비호와 총애를 받게 되며, 윗사람과의 연이 좋다. • 부모와의 연이 깊고 관심도 많으며, 어릴 때부터 부모의 관심이 많으나 물질적 조력은 적다.

(2) 화권(化權)

十干 四化	
化權(화권)	
解義	◆化權은 才華之星(재화지성)이다. ◆권력에 대한 욕망이 크고, 개성과 고집이 있으며 책임감이 있다. ◆辛苦(신고), 爭取(쟁취), 干涉(간섭)의 성질이 강하다. ◆化權이 명궁, 신궁, 천이궁에 居하면, 맡은 바 분야에서 實權(실권)을 장악하는 능력이 있다. ◆化權이 육친궁에 居하면, 그 해당 육친궁이 나타내는 성격이 강해지므로, 의견 전달과 정에서 마찰이 자주 발생한다. ◆化權이 재백, 관록, 전택궁 등의 强宮(강궁)에 居하면 掌財(장재), 辛勞(신로), 창업적 성질을 나타낸다. ◆化權이 弱弓에 居하면, 도화적인 성질을 나타내며 인연이 특별히 좋다. ◆代表 : 成就. 管制. 覇道(패도). 自負心. 當權. 原則 本意 : 勸力. 威望(위방). 能力. 權勢(권세). 才華. 力量 會意 : 義. 禮. 法. 變動. 成就. 占有(원칙. 쟁집. 간섭. 장악욕망) 事物 : 技術 形體 : 大. 壯. 硬. 固執(고집). 爭取. 任性 感性 : 覇道(패도). 自慢(자만). 占有欲 ◆權星의 대표 성요로는, 武曲, 七殺, 破軍, 廉貞, 貪狼 등이 있는데, 이들 성요는 권력욕과 능력이 강하고, 행동이 적극적이나, 覇道(패도)의 성질은 아니다. ◆또한 天機, 天同, 太陰, 巨門, 天梁 역시 權星이나, 이들 성요가 나타내는 權星은 謀略(모략)과 계책방면이다. 이중 天同, 혹은 天梁과 化權은 花錢(화전)을 모음을 대표한다.
12宮	化權
命宮	◆機智(기지)가 있고 능력이 자못 강하다. ◆자기 과시욕이 있다. ◆책임감이 있으며 남의 의견을 잘 받아들이지 않는다. ◆타인을 간섭하기를 좋아하고, 자신이 남으로 인해 속박 받는 것을 좋아하지 않는다. ◆辛苦(신고)와 勞碌(노록)이 따르는데, 이는 일을 함에 率先(솔선)하여 재주를 활용하지 않음에 기인하는 것이다.
兄弟	◆형제들 보다 본인이 재능이 많고 성취함도 더 많다. ◆형제들 보다 본인이 재간이 있으나, 이로써 신고와 노록이 따른다. ◆대체로 형제들보다 본인이 여러 면에서 강함이 있다.
夫妻	◆배우자가 才幹(재간)이 있고 노력함이 있다. ◆배우자가 자못 강함이 있으며 권세를 잡기를 희망한다. ◆배우자가 주관이 있으며, 범사에 친히 나서기를 잘하며, 그로 인해 자연 勞苦(노고)가 따른다. ◆도화적 성질이 강하며 남녀간의 醜聞(추문)이 발생할 수 있다.

夫妻	• 異姓에 대한 점유 욕망이 강하여, 이로 인하여 결혼과 연관하여 여러 잡음이 발생할 수 있다.
子女	• 자녀수는 적다. • 도화적 성질이 강하고 성욕이 강하다. • 자녀들은 완고하며 재능이 있고, 사람을 관리하기를 좋아하며 원칙이 있다. • 才華(재화)가 있으나 윗사람과의 충돌이 많고 강압적인 교육은 맞지 않다.
財帛	• 재물을 모으려고 하니 辛苦가 따른다. 偏財運에 해당한다. • 理財에 밝고, 得財에 열을 올리고, 財權(재권)을 장악하려는 의도가 강하다. • 財를 활용하여 大權에의 욕심이 있고, 금전을 자유자재로 활용함에 뛰어남이 있다. • 大富가 되고자 하는 욕망이 강하고, 이를 위한 창업적인 욕구가 강하다.
疾厄	• 외부로부터 의외의 사고와 傷害, 질병이 따른다. • 辛苦가 따르므로 얼굴에 생기가 적다. • 웃음기 띤 얼굴을 찾아보기 힘들다. • 혼전 동거의 경우가 많다.
遷移	• 역마성이 있으며, 고향을 떠나 타향이나 외국에서 발전한다. • 집에 거주함이 적고, 밖에서 재능을 발휘하고 발전이 있다. • 위인이 공명정대하고 사람들의 존경을 받는다.
奴僕	• 왕래하는 붕우들과 비교하여 才幹(재간)이 있다. • 스스로 才華(재화)가 있으며 고상한 자태가 있다.
官祿	• 사업적으로 발전이 있고, 관리인으로서의 능력이 있으며, 승진운이 강하다. • 권세에 대한 욕망이 있으니, 자신을 돌아보면 역시 辛勞(신로)가 많이 따르는 것이다. • 사업적으로 권력과 욕망이 크고, 능력을 발휘하여 인정을 받게 된다. 그러나 역시 辛勞가 따른다. • 직장인은 대체로 직급이나 직위가 다름 사람에 비해 높고, 승진 운도 왕하다.
田宅	• 家率(가솔)들이 많고 부동산도 있다. • 부동산의 실질적 지배권을 지니며 또한 넓은 전답을 소유한다.
福德	• 지배권이 강하고 才幹(재간)이 있다. • 낭비적 습관이 있으며, 자식을 사랑하면서도 자식들이 자신과 같은 습성을 지니게 되는 것을 일체 불허한다. • 낭비성이 있으나, 이는 花錢(화전)과 掌權(장권)과 연관되며, 남에게 나서기를 좋아하며, 또한 두루 남에게 베풀려는 성질의 낭비인 것이다.
父母	• 부모는 능력이 많으며 자식들 사이에서는 다툼이 있다. • 부모는 주관적 의식이 강하나, 한편으론 자식들에게 친밀하게 대하려는 성질은 있지만, 부모와 자식들과의 사이에 의사소통이 적으며, 자식들은 서로 쟁취하려는 욕구가 강하다.

(3) 화과(化科)

十干 四化	
化科(화과)	
解義	◆化科는 文雅(문아)와 風趣(풍취)를 主한다. ◆化科는 회조를 喜하나 坐守함을 不喜한다. ◆化科는 貴人의 성질을 띠니 어느 宮에 居하는 가에 따라 길흉이 달라진다. ◆化科가 육친궁에 居하면 위인이 화합됨을 따르고 화목하다. ◆化科는 또한 淸白의 象으로 육친궁에 居할시는 출신이 淸白하고 風度(풍도)가 있다. ◆化科는 桃花的 기질도 있는데, 淸白의 象과 어울리면 도화적인 성질을 띠며 風度(풍도)가 있는 것으로, 남녀 간 교제함에 예의가 있는 것이다. ◆代表 : 善緣. 解厄. 貴人. 功名, 珍惜(진석). 才藝(재예). 本意 : 貴人, 科名, 敎化. 會意 : 仁. 理. 正當. 助力. 聲名. 隱定(은정). 好評(名望, 文雅, 風趣, 榮譽) 事物 : 學校. 才藝(재예). 形體 : 少. 小. 柔(유). 不胖. 斯文(사문). 樸素(박소). 順眼. 感性 : 化合. 好商量. 內涵(내함). 君子의 風度. 浪漫(交遊. 善緣. 關悔. 珍惜).
12宮	化科
命宮	◆文雅(문아). 風趣(풍취). 圓滑(원활). 風度(풍도)가 있다. ◆소년시는 체력이 약하나 長壽한다. ◆면상이 길쭉한 편이며 청수하고 총명하다. ◆문예를 즐기며, 인연이 좋고, 심장이 연약하며, 남을 돕기를 즐 겨한다. ◆講義(강의)함에 이치에 맞고 이를 펼쳐 보이며, 독서를 좋아하고, 국가고시에 이롭다.
兄弟	◆형제간에 연이 있으며 상호 상부상조하는 화목함이 있다. ◆형제간 관심정도는 유한하고, 자신이 情을 얻지 못했다 생각하면 조력함도 적은 것이다. ◆정신적으로 형제가 상호 상부상조의 결의는 하지 않았더라고 융함됨은 있는 것이다.
夫妻	◆배우자의 가택은 淸白(청백)하다. ◆총명하고, 才華가 있으며, 개성이 있고, 온유하며, 몸집은 통통한 편이다. ◆부부간 상호 존중과 배려가 있으며 부부해로하게 된다. ◆배우자가 청수하고 기교가 있으며, 중매를 통해 인연이 맺어지는 경우가 많다. ◆女命은 남편에게 내조가 있다. ◆본인과 배우자 모두 모임에 있어 野食(야식)은 기피한다.
子女	◆자녀들은 총명하고 부지런하며 독서를 좋아한다. ◆영리하며 교양이 있고 남들과의 연이 특히 좋다. ◆학문을 좋아하며 문예 방면에도 재능이 있다.
財帛	◆문서, 서류 등과 연관된 직업으로 발전이 있다. ◆辯論(변론)이나 供託(공탁) 등과 연관된다. ◆윗사람의 일과 연관하여 자질구레한 일들을 보조함에 길하다.

財帛	• 財祿(재록)의 수입은 평범하며 理財에 밝다. • 깊이 탐구함이 있다. • 淸白의 財가 아니거나 불명확한 財가 들어오면 모두 반려하니, 공직자라면 淸白吏(청백리)의 象이다. • 錢財(전재)가 많지는 않으나 그렇다고 부족하지도 않다. • 錢財의 손실 시는 비록 경황됨과 곤란함은 있으나 험난함에 빠지지는 않는다. • 만약 錢財의 손실이 발생하는 경우에는, 의외의 조력자가 나타나 도움을 준다. • 가정 경제면에서는 수입이 생긴 만큼 지출을 하는 타입이다.
疾厄	• 소년 시는 체력이 약하나 장수한다. • 비록 작은 病痛(병통)에 시달리기는 하지만, 化科의 吉한 작용으로 解厄(해액)이 되고, 험난함이 해소된다. • 文武로 분별하면 文이 主가 되며, 風度가 있고 令人(어질고 현명한 사람)으로 사귐에 있어 환영받는다. • 신체는 균형이 잡혀있고, 행동이 얌전하고 정숙하며, 꾸미기를 좋아한다.
遷移	• 낙천적이다. 長壽한다. • 밖으로는 귀인의 薦拔(천발)이 있고 암암리에 도움을 받는다. • 朋友가 많으며 또한 이들의 도움을 받는다.
奴僕	• 朋友와의 교제에 있어 왕래가 잦으며 상호 신뢰가 있다. • 성품이 온화하며 친밀감이 있다. • 朋友관계에 情이 있으며, 언변에 있어 이치에 합당하게 말하며 믿음이 있다. • 朋友를 사귐에 있어, 酒肉(주육)을 탐닉하는 朋友는 적고, 대체로 고상한 풍취가 있는 붕우들이다.
官祿	• 文과 연관하여 발전이 있고, 상류계층과의 어울림에 적합하다. • 사업에 이롭고, 사업을 할 시에는 귀인의 도움이 많고, 난관에 봉착함은 적다. • 사업이건 봉급생활이건 일생의 운세는 평온하다. • 사람과의 인연이 좋고, 귀인의 도움을 받으며, 범사에 凶을 만나도 吉로 化하게 된다.
田宅	• 가정환경은 평온하고 화목하다. • 가정은 청결과 정리정돈이 잘 되어 있고, 주택의 입지로 합당하다. • 가정에서는 허례허식이 적으며 고상한 기운이 풍겨난다. • 가정의 경제는 수입이 있는 만큼 지출을 하게 된다.
福德	• 문예생활을 좋아한다. • 정신생활 방면의 享受(향수)를 누린다. • 독서를 즐기나 이것이 대표적인 취미생활이 아니다. • 정신세계가 개방되어 있고, 특수한 기호 활동을 하며 또한 성취감이 있다. • 타인을 칭찬하기를 좋아하고 압박이나 비평하기를 기피한다. • 가정경제는 수입만큼 지출을 한다.
父母	• 윗사람과의 연이 좋고, 또한 윗사람의 조력을 받는다. • 부모의 관심이 많고, 생김새가 얼굴이 길쭉하며 부모를 많이 닮고 있다.

(4) 화기(化忌)

十干 四化	
化忌(화기)	
解義	◆化忌는 收藏(수장), 不順(불순), 變動(변동)의 의미가 있다. ◆化忌가 명궁, 천이궁, 자녀궁, 전택궁 등에 居하면, 驛馬나 변동의 성질을 띠며, 일생동안 의외의 禍厄(화액)을 당하는 경우가 많다. ◆化忌는 "得(득)"의 성질도 있는데 길흉 공히 작용한다. ◆化忌가 육친궁에 居하게 되면 "欠(흠)"의 성질도 있다. ◆化忌가 육친궁에 居하면, 사람과의 금전 거래는 기피함이 좋다. ◆"忌"는 "欠"에 속하는 것으로, 돈이 나가게 되면 들어오지 않기 때문이다. 같은 이치로 인지상정으로 인해 친한 사람에게 금전을 꾸어줄 시는 회수가 어려우며, 회수하는 과정에서 분규가 발생하기 쉽다. ◆代表 : 虧欠(휴흠). 道義. 凶禍. 黏住. 變動. 情義. 本意 : 是非. 多管. 困擾(곤요). 損失. 虧欠(휴흠). 紛糾(多咎. 不順. 阻礙). 會意 : 信. 直. 入. 退守. 收藏(수장). 動盪(동탕). 破壞(파괴). 多計較(破材, 不妥協). 事物 : 空地. 雜事物. 無用之水. 感性 : 磁性(자성). 黏性(점성). 乾柴烈火(건시열화). 黏住(점주).
12宮	化忌
命宮	◆성격이 솔직하다. ◆인생동안 우여곡절이 많은 勞碌(노록)의 命이다. ◆출생지에서 떨어져 타향에서 거하지 않으면 매사 배척당함이 많다. ◆솔직하며 사심이 없고 인정에 흠결이 없다. ◆밖에서는 貴人의 조력이 적은 편이고, 붕우의 이끌어줌이 있다. ◆개성과 고집이 있고, 災厄(재액)이 끊임없이 발생하니, 좀 더 나은 길을 모색하며 나아감이 이롭다.
兄弟	◆본인은 형제의 책임에 있어 흠결이 있으니, 형제간 책임을 분담함이 길하다. ◆연이 좋고, 형제간의 인연도 깊으나, 의견의 불합치도 많다. ◆붕우관계는 형제관계보다 친밀함이 더욱 있어야 하는데, 붕우간의 관계에서는 흠결이 있는 것이다.
夫妻	◆初緣(초연)은 길하지 못하고 晩婚(만혼)이 이롭다. ◆배우자와는 상호 반려자로서 연이 있다 ◆부부 공히 奔波勞碌(분파노록)함이 있으며, 모아짐이 적고 흩어짐이 많은 것이다. ◆今生에는 배우자로서의 역할이 흠결이 있으니 반드시 배우자에게 배려함이 있어야 한다. ◆배우자와는 애석함과 패려궂음이 있으니. 의심과 시기. 破折(파절)됨이 많다. ◆사업면에서는 열심이지 못하고, 봉급생활직 혹은 기술직이 많다.

子女	◆ 자녀는 끔찍이 사랑하나 일찍이 자녀들과 헤어지게 되고, 외지에서 공부하거나 취업하게 된다. ◆ 자녀들은 개성과 책임감이 있으나 지나친 사랑은 금물이며, 독립성과 자립심을 키워줌이 좋다. ◆ 가옥 앞에 미처 사두지 못한 땅을 사는 것이 좋으며, 주거환경의 변동이 많다. ◆ 먼저 고정자산을 형성한 후 집을 옮김이 좋다.
財帛	◆ 근검절약하고, 심리적으로는 돈을 탐함이 적고, 수입은 일정치 않으며 재물운에 있어 길흉이 반복된다. ◆ 錢財(전재)에 있어 뜻대로 되지 않으니, 본인의 享受(향수)를 누림에 만족한다. ◆ 理財에 밝지 못하고, 돈을 지킴이 어렵고, 항상 먼저는 돈을 움켜 쥐려하나 나중은 뜻대로 되지 않는 것이다.
疾厄	◆ 幼年 시는 체력이 허약하고 질병이 몸을 떠나지 않는다. ◆ 선천적 체질이 허약하므로, 마른 체질이고 비대하지 않다. ◆ 자기자신에 대해서는 가혹하게 다룸이 있다. ◆ 솔직하고, 일생에 풍파가 많으며, 勞碌(노록)의 命이다. ◆ 마음 씀씀이가 작아, 타인에게 손해를 입히나 자신에게만큼은 이롭게 한다.
遷移	◆ 항시 마음이 타향에 있으며 타향에서 발전이 있다. ◆ 出外로는 이룩됨이 적으며 貴人의 도움도 적다. ◆ 타향에서는 귀인의 도움이 적고, 小人에 의한 災厄(재액)이 따르고, 勞碌(노록)의 命이다.
奴僕	◆ 붕우관계에서는 흠결이 있다. 따라서 교유관계가 깊지 못하고 대체로 酒肉(주육)을 즐기는 정도의 붕우관계이다. ◆ 붕우와의 사이에 금전관계는 기피함이 좋으며, 그렇지 않은 즉 시비구설이 발생한다. ◆ 형제와의 연이 적다.
官祿	◆ 사업적인 면은 불리함이 많다. 그리고 변동을 싫어하고 고정적인 것을 좋아한다. ◆ 사업심은 분수에 맞지 않게 많으나, 창업적인 능력이 많은 것은 아니다. ◆ 사업은 은연자중함이 좋고 직접 뛰어드는 것은 좋지 않다. ◆ 사업운은 불리하고 풍파가 다발하니, 직접 관여하지 않고, 유유자적함이 좋은 것이다. ◆ 일생의 運路가 破折(파절)과 風波(풍파)가 많으니, 經商이나 창업은 불가하고, 사업 관련하여서는 변동의 상이 많다. ◆ 결혼은 늦게 함이 좋다.
田宅	◆ 가정에 관심은 많으나 늘상 바깥출입이 잦다. ◆ 집에 틀어박혀 있음을 좋아하지 아니하고, 가솔들과의 담소 등도 적은 편이다. ◆ 祖業(조업)에 의지하지 않고 자주 독립을 기뻐한다. ◆ 晩婚(만혼)이며 자식도 늦게 낳고, 자녀가 생긴 후에는 자녀들을 아끼는 성향이다. ◆ 가옥을 먼저 장만해 놓고 결혼함이 좋다. ◆ 부동산 매입이 吉하고, 전택을 구입하기 위한 재물을 모으는 것은 기피한다.

福德	◆ 勞祿之命(노록지명)이고, 福祿과 享受(향수)가 적으며, 마음의 안정을 기약하기 어렵다. ◆ 뜬구름 잡는 허황된 말을 잘하며 반응은 명쾌하지 않다. ◆ 수입과 지출에 어긋남이 많으니 항시 근심걱정이 많은 것이다.
父母	◆ 선천체질이 약하며 마른 체형이다. 살이 찌지 않는 체질이다. ◆ 부모로서의 책임에 흠결이 있으며, 본인은 필히 부모의 봉양이 있다. ◆ 부모에게 부족함이 많으나 孝順(효순)하다. ◆ 부모의 봉양이 필요할 때에, 뜻대로 되지 않는 경우가 발생할 경우에는 안절부절 못함이 있다. ◆ 인연이 좋으며, 특히 부모와의 연이 깊으나 평시에는 대화가 적다. ◆ 채무와 금전관계가 불명확하니, 官職(관직)에 근무함은 불가하다.

2) 자사화(自四化)

(1) 자화록(自化祿)

12宮	自化祿(자화록)
命宮	• 此 命人은 善을 펼치나 중간에 風波(풍파)가 있다. • 화법은 기교가 있고, 근신하며 분수를 알고, 이치에 맞는 말을 한다. • 타인에게 죄를 짓지 않으려 하고, 사람으로 하여금 감동하게 하여, 풍속에 물들지 않고, 유교의 교리에 맞게 행동하도록 한다.
兄弟	• 형제와 연분이 있고, 형제에 대해서는 무조건적인 자기희생을 한다. • 형제를 위해서는 역량을 다하여 봉헌하고, 금전적인 면에서도 같이 享受(향수)를 누리도록 하며, 금전적인 면의 득실을 따지지 않는다. • 客人도 같이 享受를 누림을 좋아하고, 형제 혹은 친근한 붕우 간에 대해서도 享受를 같이 누리고자 하는 마음이 매우 심하다.
夫妻	• 부부간 연분은 지나치게 깊고, 상호 사랑함이 있으며 또한 서로 돕는 마음이 있다.
子女	• 일생에 도화적 기질이 많으니 육욕적인 면에 지나치게 탐닉함이 있다. • 자녀가 많으며 또한 많이 낳기를 바란다. • 어린아이를 생각함이 지극하니 早婚(조혼)하게 되고, 자녀와의 연분이 많고 수양 자녀도 있게 된다. • 일생 남녀 문제로 인해 번뇌가 많은데, 그렇지 않은 즉 도화가 손상되어 淸하지 못하고, 그러한 즉, 도화적인 사귐으로 인해 함께 살지 못하게 되니, 이상적 사람을 만나는 것은 연이 닿지 않는 것이다.
財帛	• 돈을 씀에 있어 걱정하지 않고, 신변과 연관하여 돈의 씀씀이에 구애받지 않는다. • 명궁과는 삼합이 되니, 돈을 모으고 돈의 중요함은 인지하고 있지만, 인생에 크게 비중을 두고 생각하지 않는다.
疾厄	• 비만하고 열정이 있다. • 심성에 도량이 있고, 사람에게 계교를 쓰지 않고, 능히 붕우의 존경을 받는다. • 어느 성요가 自化가 됐는가를 살펴보아, 신체의 질병 여부를 알 수 있는데, 대체로 위장질환과 연관됨이 많다.
遷移	• 고향을 떠나 타향이나 타국에서 돈을 모을 수 있다.
奴僕	• 붕우와 연관하여 여러 의견을 모아 보는 것이 자못 크다. • 돈을 빌리고 갚지 않는 경우라면, 만나지 않으려 하는 의도가 있는 것이다.
官祿	• 은연자중하며 환영받음이 있고, 일을 함에 죄를 지은 사람과는 만나지 않으려 한다.
田宅	• 금전 문제에서는 거리낄 것이 없다.
福德	• 조상의 遺業(유업)이 있다. • 花錢(화전)에 걱정됨이 없고, 花錢으로 인해 享受(향수)를 얻을 수 있다.
父母	• 도량이 있고 관대하며, 주관적인 면에서 가장 표준적인 사람이라 하겠다.

(2) 자화권(自化權)

12宮	自化權(자화권)
命宮	◆ 시시한 일들에 매달리기보다는 대범하며 頭領(두령)의 기질이 있다. ◆ 회조가 있으면, 자기 혹은 자기 사람에 대한 변호가 있고, 분명한 구별을 한다.
兄弟	◆ 형제간에 주도권을 쥐려는 움직임이 있다. ◆ 형제간에 암투가 있게 된다. ◆ 朋友관계는 사회적으로 지위가 있는 사람과의 교제를 원한다. ◆ 밖에서는 朋友의 풍채 있음을 바라나 가정 내에서는 그렇지 않다.
夫妻	◆ 부부간 서로 양보함이 적고 다툼이 있다.
子女	◆ 자녀를 적게 낳으려 한다. ◆ 이성과의 교제에 있어 소심함을 요한다. 이는 갈라설 경우에 허다한 분쟁과 분규를 미연에 방지할 수 있는 것이다. ◆ 상호 아이를 낳는 것에 대해 상의함이 요구되고, 그렇지 않은 즉 가정 내에 분규가 발생한다.
財帛	◆ 得財의 運은 가볍지 않다. ◆ 한 번의 실패 후 성공운이 도래한다.
疾厄	◆ 신체에 발병이 있으면 치료가 용이하지 않고 장시간을 요하게 된다. ◆ 此 命人은 계교, 시비와 연관됨이 분분한데, 만약, 타인이 그렇게 할 경우 감내하지 못한다면, 脾氣(비기)에 손상이 따르게 된다.
遷移	◆ 出外해서는 사람과 다투지 않아야 한다. 그렇지 않은 즉 사람과의 사이에 시비분규가 발생한다.
奴僕	◆ 朋友관계는 자신과 경쟁관계에 있거나 이해관계가 있는 朋友를 주로 만나게 된다.
官祿	◆ 본인이 全權(전권)을 휘두르려 하니 분규가 발생한다. ◆ 충동적인 경향은 적으니 政治나 經商 등에 이롭다.
田宅	◆ 금전을 중시하므로 조금이라도 손해 보는 짓을 하지 않는다.
福德	◆ 타인에게 무관심하고, 자신만을 위하니, 자신의 안위는 무탈하다.
父母	◆ 위인이 일처리에 매력이 있으니, 상거래와 연관하여서는 衆人의 인정을 받는다.

(3) 자화과(自化科)

12宮	自化科(자화과)
命宮	• 談話(담화)하는데 있어 文章(문장)의 우아함이 있으며, 행동거지에 風貌(풍모)가 있다. • 내향적인 면이 많으나, 표면적으로는 文彩(문채)가 있으며 인연이 좋고, 성품이 훌륭하니 사람들과 사귀기를 기뻐한다.
兄弟	• 형제들은 많으며, 모두 貴格이고, 상호간 이해관계가 적으며 화목하다. • 외적으로 훌륭하고 어질며, 유교적 학덕이 있고, 붕우들도 모두 학식이 있으며 수양이 있는 사람들이다. • 붕우간의 왕래에 있어 신의가 있으며 이해관계가 적다.
夫妻	• 배우자가 교양이 있고, 풍모가 좋으며, 가정은 청백하고, 文士의 家風이 있는 가정이다. • 부부간 백년해로 하고, 상호 흠모하고 배려하는 면이 있으며, 상호 법도에 어긋남이 없다.
子女	• 자녀들은 淸秀(청수)하고 총명하다. • 만약 자녀를 많이 낳지 않는 경우라면, 건강상의 문제 등으로 인한 순리에 따르고자 하는 의도가 있음이다. • 婚前(혼전)에도 이성간의 문제가 덜 발생하고, 따라서 상호 우의를 다지는 것이 순탄하고, 이성간에 있어 도화적인 영향은 적은 가정이다.
財帛	• 금전적인 면을 추구하는 면은 적으며 또한 낭비함도 적다. • 만약 武星과 化科가 있는 경우는, 武官으로 文職에 해당하는 금전을 받고, 文星과 化科인 경우에는 문화사업에 종사함이 吉하다.
疾厄	• 질병에 대한 저항력이 강하여 질병 발생시엔 회복력이 일반인보다 빠르다. • 재난에 봉착시엔 貴人의 도움이 있다. • 심성은 중후하고 談笑(담소)에 風貌(풍모)가 있으며, 편한 것을 따르지 않는다면 脾氣(비기)에 발병이 있을 수 있으나 인품이 좋은 선생타입이다. • 자신에 대한 수양이 깊으니, 바르지 못한 사람들과의 만남은 기피한다.
遷移	• 외부로 나가 공부함이 좋다. • 고향을 떠나 타향에서 文職에 종사하면 더욱 좋은 昇遷(승천)의 기회가 많다.
奴僕	• 朋友들도 수양이 된 사람들이다 • 자신만을 생각하는 사람이 적고 모두 이해관계가 적은 사람들이다.
官祿	• 일을 처리함에 風度(풍도)와 규칙이 있다.
田宅	• 가정교육이 좋다. • 돈을 쓰고 아낌에 있어 절제가 있다.
福德	• 수양됨이 있으니 凡事(범사)에 이치에 맞게 행동하며 편중되지 않는다.
父母	• 자기 분수를 지킨다. • 상류 사회계층에 속한다.

(4) 자화기(自化忌)

12宮	自化忌(자화기)
命宮	◆ 勞碌(노록)과 破折(파절)이 많은 인생을 살게 된다. ◆ 인생의 運은 순탄하지 못하고, 개성이 솔직하며, 사람에 대해 계교를 부리는 것을 기피하며, 性情(성정)은 中人에 속한다. ◆ 일생에 시비구설이 많고, 命運은 굴곡 됨이 많다. ◆ 脾氣(비기)가 불온정하고, 맑으면서도 구름이 많이 낀 형국이고, 정서적으로는 외래적 요소나 자극에 쉽게 영향을 받는다. ◆ 잠재적으로는 타인을 불신임하고 시기심이 과도한 경향이 있다.
兄弟	◆ 형제자매간 상호 이해관계로 인한 충돌이 많다. ◆ 금전관계에서는 상호 확실하지 못하니 거래가 없는 것이 좋다. ◆ 朋友간에도 금전관계는 최고로 기피해야 하는 부류이다. 그렇지 않으면 분규를 피할 수 없다.
夫妻	◆ 부부간에 사소한 일로 인해 분쟁이 있다.
子女	◆ 이이를 낳음에 순탄하지 못하니 유산되거나 제왕절개 등의 문제가 따른다. ◆ 늦게 결혼함이 좋다. ◆ 이성교제간 불리한 면이 많으며 금전적 손실이 따르게 된다.
財帛	◆ 수입이 불안정하다. ◆ 금전을 모으기가 어렵고 수입만큼 지출이 따르게 된다. ◆ 일생에 재물로 인한 분파가 많고, 금전을 중시하는 경향이 있으며, 花錢을 모으는 것에 집착함은 있으나 돈이 모아지지 않는 형국이다. ◆ 享受(향수)를 누리려 함에 금전을 허비하는 경향이 있고, 타인의 財를 얻으려 하나 용이하지 못한데, 이는 재능이 이윤을 내는 것에 미치지 못하고, 또한 심사하고 노력함이 때를 맞추지 못한 연유이다.
疾厄	◆ 체력이 약하고 건강 조건이 좋지 못하다. ◆ 만성질병과 드러나지 않은 잠재된 질병요소가 있다. ◆ 心性은 猜忌(시기)가 많고 자기 모순적이다. ◆ 마음 씀씀이가 협착하며, 일을 지음에 사리사욕을 챙기고, 타인을 손상시킴에 거리낌이 없다.
遷移	◆ 소심하니 밖의 출입이 잦지 않고 가정 내에 머무름이 많다. ◆ 出外하는 경우는 귀인의 도움이 적으니 타향으로 遠行함은 기뻐하지 않는다.
奴僕	◆ 朋友간에는 상호 흠결이 있으니 분규가 많다. ◆ 일생 이익되는 朋友가 적으니, 朋友를 사귐에 근신하며 조심해야 한다.

官祿	• 사업은 불안정하고 돈을 모으는 일은 난관에 봉착한다. • 사업상 여러 변동요소가 많고 창업시에는 파절이 따른다. • 시업적으로 크게 성취함은 적고 멀리 내다보지 않는다. • 고정적인 봉급생활자에 적합하고, 상급 관리직에 나아갈 수 있다. • 생사 이별의 가능성도 있다.
田宅	• 가정에 있어서는 환대받지 못한다. • 花錢면에서는 절제하지 못하며, 밖으로 나도는 성향이 있다.
福德	• 일생 시비구설이 많고 생활면에서 안정됨이 적다. • 평생 우려와 勞碌(노록)이 많은 인생이다.
父母	• 肺力(폐력)이 허약하고 五官에 손상이 있을 수 있다. • 부모의 신체가 허약하다. • 부모와 같이 살면 불리하고, 分居하여 살림을 차림이 길하다. • 부모와의 관계는 피차간 화목함이 적다. • 자신은 독서함을 좋아하지 않는다. • 마음 씀씀이가 협착하니 작은 일에 의심을 품고, 이것이 한으로 쌓여 보복할 것만을 노리는 命이다. • 주관적인 행동은 부적합하니 상사 혹은 부하직원과의 화합됨이 적다.

3) 사화 상론(四化 詳論)

(1) 화록(化祿)

化祿(화록)	
廉貞·化祿	
解義	• 廉貞은 陰火에 속하여, 廟宮은 寅位이다. 이는 木生火의 뜻이 있는 것이다. 寅木은 甲木의 祿星地에 해당하므로 甲木은 廉貞의 化祿에 해당하는 것이다. • 廉貞은 官祿을 主하는데 陰火에 속하니, 廉貞의 官祿은 靜的인 상태라 논한다. 대표적으로 사업관계와 재정상태 등을 말한다. • 廉貞은 權柄(권병)의 성요이며 桃花의 성요이다. 化祿을 만나지 않으면 도화성의 기질이 잘 드러나지 않는데, 이는 廉貞과 도화성이 회조함과는 별개로 논한다. • 大限이나 流年運에서 廉貞·化祿의 경우에는, 과거에 해결되지 않았던 일들이 해결될 가망성이 있는 것이다. • 吉星의 회조가 있으면 喜慶之事(희경지사)로, 미혼자는 이상형의 배우자를 만나게 된다. • 만약 煞星의 회조가 있으면, 감정면에서의 얽힘이 있어 참담한 결과가 나오니, 煞星의 회조가 없어야 좋은 결과가 나온다.
命宮	• 재물운이 있으며 또한 도화성을 대동한다. • 매사 순리적이고 지위가 상승세의 象이다. • 보수적이고 충동성이 적으며 공직에서는 직책이 높다. • 男命은 威權(위권)이 있고, 朋友관계에서는 조력을 아끼지 않으며, 대체로 관계가 지속되는 성향이다.
兄弟	• 暗桃花(암도화)에 속하니 형제들은 이성간의 연분이 좋다.
夫妻	• 도화적 기질이 강하고, 농염한 색채의 배우자와 연이 많다. • 暗桃花(암도화)에 속하니 배우자와의 연이 좋다.
子女	• 暗桃花(암도화)에 속하니 자녀들도 이성간의 연이 좋다.
財帛	• 매사 순리적이며, 소임부서에서 고위관리직에 중용됨이 가능하다.
疾厄	• 호흡기 계통의 질환의 발생이 높다.
遷移	• 외국과 연계하여 사업상의 得財가 있거나 성취됨이 있다.
奴僕	• 수하인들의 조력을 얻음이 많고, 교제함에 상호 화합됨이 많다.
官祿	• 도화성에 준하여 판단한다. • 매사 순리적이며, 소임부서에서 고위관리직에 중용됨이 가능하다.
田宅	• 재물운이 있으며 이는 도화성과 연관되어 있다. • 가택에 평안함이 있다. 家率(가솔)들 간은 화합됨이 있다.
父母	• 暗桃花(암도화)에 속하니 부모도 이성간에 연분이 있다.

天機·化祿	
解義	◆ 天機는 陰木으로 발생의 기미를 대표하는 것은 아니다. ◆ 智慧之星(지혜지성)으로 지혜, 종교, 철학, 星名學들과 연관되며 재물과의 연관성은 적다. ◆ 天機는 變景(변경)의 象으로, 표면적으로 좋아 보이나 내면적으로 忙碌(망록)의 象으로, 가정적으로는 돈의 수입만큼 지출되는 일이 태다하니 남는 돈이 없는 것이다. ◆ 天機·化祿은 "善"을 나타내며 化氣의 뜻이 있다. 행운에서 天機가 坐한 宮에 입궁한 경우에, 天才의 회조가 있으면 발생의 작용을 하게 된다.
命宮	◆ 思想(사상)이 민첩하고 聯想力(연상력)이 있어, 지혜를 활용함이 매우 크다. ◆ 계획하는 일은 실현가능성이 크다 ◆ 神을 믿지 않으려 노력하나 극단적으로 치우치지 않는다.
兄弟	◆ 형제 중 지혜가 가장 우수하다. ◆ 형제와의 연분이 있으며 능히 그들의 조력을 얻을 수 있다.
夫妻	◆ 배우자와 연분이 있으며 능히 조력을 얻을 수 있다. ◆ 부부간의 감정이 금전적인 면에서의 조력과 연결된다. ◆ 經商은 피함이 좋고, 더욱이 투기적인 생각을 버림이 마땅하다. ◆ 재무방면에 종사함이 마땅한데, 이는 天機가 장차 그 능력을 마음껏 발휘하게 하기 때문이다.
子女	◆ 자녀와의 연분이 있으며 그들의 조력을 얻을 수 있다.
財帛	◆ 吉星을 만나면 財源이 끊임없이 연결되나, 凶星을 만나면 금전의 거래는 많으나 財神의 도움을 기대할 수 없는 것이다.
疾厄	◆ 木旺하여 土가 극제당하니 脾胃疾患(비위질환)이 염려된다.
遷移	◆ 환경적으로 길한 변환의 조짐이 있다. 四馬가 居하게 되면 능히 외국으로 진출할 수 있는 등의, 대체적으로 원행이나 변동의 사안이 발생한다. ◆ 巨門과 동궁하면 외국으로 나가 창립할 수 있다.
奴僕	◆ 수하인들의 조력을 얻을 수 있고, 이로 인하여 生財도 가능하다. ◆ 다만 조력을 얻음이 장구하지 못한 것이다.
官祿	◆ 사업적인 면에서는 변동성이 큰데, 이는 승천 등과 연관하여 길한 象이다. ◆ 煞星의 회조가 있게 되면, 화려하나 실속이 없고 空忙(공망)하다.
田宅	◆ 가택 근처에 교회나 종교시설물이 있다. ◆ 주거환경의 변동이 많은 象인데, 行運에서 天機가 도래하며, 太陰이 寅申位에 居하면 주거의 변동이 있게 된다.
福德	◆ 독특한 철학관과 인생관을 지니고 있다. ◆ 영감이 풍부하여 難題(난제)들의 해결에 도움이 된다.
父母	◆ 부모와의 연분이 많고 그들의 조력을 받을 수 있다.

天同·化祿	
解義	◆ 天同은 陽水에 속하며, 福星과 壽星, 그리고 享受之星(향수지성)으로 도화적 기질이 있다. ◆ 天同의 도화적 기질은, 그 대상이 良家(양가)의 규수와 연결됨이 많으며 혹은 요식업계통의 부녀와 연관된다. ◆ 의식주에 부족함이 적으나 크게 풍족하지도 못하다.
命宮	◆ 吉相이 못되고 향상됨이 적으며 향락에 빠진다. ◆ 향락을 추구하나 일을 열심히 하려는 의도가 없다.
兄弟	◆ 형제간에 화목함과 상호 다정함이 있다.
夫妻	◆ 처음의 緣은 결혼연이 薄(박)하나, 나중의 연은 재능 있는 사람과의 연분이 있으며 成家하게 된다. ◆ 결혼한 사이라면, 外情(외정)의 현상이 발생할 수 있다.
子女	◆ 소심하고 감정상의 분규가 많다. ◆ 결혼한 사이라면 外情의 현상이 발생할 수 있다.
財帛	◆ 길상이 못되고 향상됨이 적으며 향락에 빠진다. ◆ 향락을 탐하니 일을 하려는 의도가 없다. ◆ 의외의 橫財數(횡재수)가 있으나 가만히 앉아 이를 기대하는 象이다. ◆ 일을 하지 않고 橫財數(횡재수)만 바라는데, 그 재물의 근원은 貴人의 財와 연관되는 것이다.
疾厄	◆ 壽福(수복)이 증가하고 享福(향복)을 누림이 可하며, 어려운 상황을 모면하게 된다.
遷移	◆ 국외에서 정신생활에 풍족함을 느끼고 심신이 안정된다.
奴僕	◆ 교제는 넓게 하는 편이나 진실된 교제는 적은 편이다.
官祿	◆ 享受(향수)만을 탐닉하니 일을 하지 않는다. ◆ 무사안일만을 생각하며, 창조적인 면에서의 활력과 분투를 기대하기 힘들다. ◆ 化權이나 化忌의 沖照(충조)가 있게 되거나, 行運에서 도래할 시는, 안일함과 향락에 빠짐이 심하며, 적극적이며 진취적인 면이 결핍된다.
田宅	◆ 거주함에 인테리어나 장식적인 면의 취향이 있으며 아름답게 꾸미는 것을 좋아한다.
福德	◆ 壽福(수복)이 증가하고 享福(향복)을 누림이 可하며, 어려운 상황을 모면하게 된다. ◆ 주색에 빠지는 경우가 많다. ◆ 일생동안 壽福(수복)과 享受(향수)를 누리게 된다.
父母	◆ 부모와 자식간 상호 감정상 화합되며 흡족함이 있다.

太陰·化祿	
解義	• 太陰은 陰水로 財祿과 연관되며 財庫之星(재고지성)이다. 化祿은 財旺 함을 主하니 太陽·化祿이 并臨(병림)하면 消災解厄(소재해액)과 制化之功(제화지공)이 있는 것이다. • 男命을 논할 때에는 化祿을 桃花로 논한다. • 男命에서 배우자를 논할 시는, 太陰·化祿이 부부궁에 입궁할 시는 삼방사정의 성요로 판단한다. • 太陰은 驛馬星이기도 하다. • 太陰은 전택을 主하며, 대표적으로 母星, 妻星, 女兒星에 해당되며, 대체적으로 여성과 연관되며, 房地産(방지산)사업과 연계된다. • 회조가 있을 시는 財祿(재록)을 얻음과 관련하여 이득 됨이 있는 것이다.
命宮	• 異姓과의 연분이 좋고 본인은 존경받는 座長格(좌장격)이다. • 太陰은 財星이니 富裕(부유)함을 得할 수 있다.
兄弟	• 형제들은 부귀하고 재능이 많다. • 형제자매들의 조력을 얻을 수 있다.
夫妻	• 異姓과의 연분이 많다. • 妻財(처재)를 득하여 사업적으로 성공한다. • 男命에서는 배우자가 개성 있고, 온유하며, 다정하고, 남편을 내조한다. • 女命에서는 배우자가 개성 있고, 돈후하며 선량하고, 財祿의 富格을 이루고, 財經方面(재경방면)의 기관에 종사함이 적합하다.
子女	• 代를 이어야 하는 현상과 연관된다. • 자녀들의 得財가 가능하다.
財帛	• 遠方에서 이득을 얻을 수 있고, 異姓의 도움이 있거나 혹은 간접적인 도움을 받게 된다. • 富格을 이루고 존경받는 座長格(좌장격)이다.
疾厄	• 脾氣(비기)가 허약하다.
遷移	• 해외와 연계되어 經商과 貿易(무역)과 관련하여 得財하며 성취함이 있다.
奴僕	• 교우에게 금전적인 조력을 받을 수 있고, 수하인들로부터 부조를 받을 수 있다. • 상호 친밀함과 화합이 있는 관계이다.
官祿	• 존경받는 座長格이다. • 사업상의 발전과는 다소 차이가 있으나 지속됨이 있다. • 창업시는 辛苦가 倍가 따르게 되나 성취함은 있다. • 男命의 경우 처는 존경받는 선생격이다.
田宅	• 필히 富가 있다. • 부동산의 증가가 있으나, 이는 점진적으로 진행되는 결과이다. • 스스로 창업의 경우라면, 점포를 얻음에 처음대하는 업종이 이롭다.

<table>
<tr><td>福德</td><td>◆ 금융계통 혹은 투기사업과 연관하여 재능이 있으나, 格局이 아름답게 구성되어 있어야 한다.</td></tr>
<tr><td>父母</td><td>◆ 부모는 풍족하고 안락함이 있다.</td></tr>
<tr><td colspan="2">貪狼·化祿</td></tr>
<tr><td>解義</td><td>◆ 貪狼은 陽木에 속하며 財星이며 壽星(수성)이고 桃花星으로 禍福(화복)을 主한다.
◆ 貪狼·化祿이 亥子의 水宮에 居하면 泛水桃花(범수도화)라 한다.
◆ 貪狼·化祿이 辰未戌丑의 墓庫地에 居하면 桃花가 水制받는 格이니 財에 문제가 발생한다.
◆ 貪狼·化祿이 驛馬位인 寅申巳亥宮에 居하면 辛苦(신고)가 따르게 되고 壽와 연관되어서도 문제가 발생한다.
◆ 貪狼·化祿은 偏財星에 해당하니 투기성과도 연관된다.</td></tr>
<tr><td>命宮</td><td>◆ 財와 壽를 주사하고 桃花的 성질도 있다.
◆ 총명하고 세속과 얽매임도 있다.
◆ 食祿(식록)을 主하니, 복이 많고, 長壽하고, 인연이 길하다.</td></tr>
<tr><td>兄弟</td><td>◆ 형제간의 연이 薄(박)하다.
◆ 運이 도래하면 苦盡甘來(고진감래)의 기회가 있겠으나, 그러나 우려와 困苦(곤고)함을 벗어나지는 못한다.</td></tr>
<tr><td>夫妻</td><td>◆ 배우자의 外道(외도)와 풍류지심이 염려된다.</td></tr>
<tr><td>子女</td><td>◆ 자녀들은 총명하다.
◆ 세속과의 얽매임도 있다.</td></tr>
<tr><td>財帛</td><td>◆ 재물을 모을 수 있다.
◆ 偏財星이니 투기로 인한 재물이나, 혹은 탐욕과 연관된 재물을 모으거나, 또는 부당한 방법으로 재물을 모으게 된다.
◆ 火星, 鈴星을 보게 되면 橫發之財(횡발지재)가 있으며, 武曲의 회조를 기뻐하는데 이리 되면 재물을 모음이 크다.</td></tr>
<tr><td>疾厄</td><td>◆ 壽命이 늘어나고 禍厄(화액)을 解消(해소)한다.
◆ 성욕이 강하다.</td></tr>
<tr><td>遷移</td><td>◆ 총명하고, 세속의 이러저러한 일들에 얽매임도 있다.
◆ 외국과의 다양한 교제가 있고, 풍류와 享受(향수)를 즐긴다.</td></tr>
<tr><td>奴僕</td><td>◆ 교우나 수하인들의 조력을 받기 힘들고, 설사 조력을 받는다 하더라도 일시적이다.</td></tr>
<tr><td>官祿</td><td>◆ 재물을 모을 수 있다.
◆ 偏財星이니 투기로 인한 재물이다.
◆ 異姓의 조력을 얻어 성취할 수 있다.</td></tr>
<tr><td>田宅</td><td>◆ 財와 桃花를 主한다.
◆ 총명하고 세속과 연관되어 얽매임이 있다.
◆ 男命은 東洋五術(동양오술)과 연관됨이 많고, 女命은 문화방면으로 연관됨이 많다.</td></tr>
</table>

福德	◆ 守命이 늘어나고 禍厄(화액)을 解消(해소)한다. ◆ 성욕이 강하다. ◆ 상류급의 享受(향수)를 누리고, 돈에 있어서는 호탕하다.
父母	◆ 부모와 不和, 不睦(불목)함이 많다.
武曲·化祿	
解義	◆ 武曲은 陰金에 속하고, 正財星이며, 化祿은 財旺의 기미가 있다. ◆ 만약 재백궁에 居하며 武曲·化祿이 宮干의 轉祿(전록)인 경우에는, 飛化之星(비화지성)의 성향으로 논하며, 어떤 사업으로든 財를 얻으려 함에 어긋나지 않는다. ◆ 만약 재백궁의 宮干 化祿이 전택궁에 入되면, 이를 "祿入(녹입)"이라 하며 돈을 모을 수 있는 命이고, 전택궁의 宮干 化祿이 자녀궁에 入되면 "祿出(녹출)"이라 하여, 財는 밖에 있는 것이며, 자신의 소유가 되지 않으며, 過格財神(과격재신)에 속하는 것이다. ◆ 祿入은 財가 들어오는 것이고, 祿出은 財가 나가는 것이다. ◆ 武曲·化祿은 財來財去의 象이며, 四化의 변화에 의해 정해지는 것이다. ◆ 武曲·化祿은 積富(적부)의 개념은 아니고 단지 財旺의 개념이다.
命宮	◆ 經商이 可하고 발전이 있다. ◆ 돈을 모음이 可하고 일생 금전적으로 어려움을 겪지 않는다. ◆ 개성이 강하고 일생 財氣가 旺한 고로, 돈을 버는 제주가 있는 것이며 愛財(애재)의 命이다.
兄弟	◆ 수하인들의 조력을 받을 수 있고, 교우 간 금전적인 도움을 받을 수 있다.
夫妻	◆ 부부간 합작하고 상부상조함이 있다.
子女	◆ 자녀들에의 발전을 기대할 수 있다. ◆ 혹은 본인 수하인들의 신임과 조력 덕택으로 자녀들이 도육을 받을 수 있다.
財帛	◆ 일정액의 돈을 모음이 可하다. ◆ 財入庫의 象이니, 일생 금전적인 면에서 구애받음이 없다.
疾厄	◆ 비교적 가벼운 질환의 염려가 있다.
遷移	◆ 외국과의 연계나 거래를 통해 득재의 기회가 있다.
奴僕	◆ 자신의 심신이 불안하고 밤낮으로 분주하게 활동하니, 朋友나 수하인의 관계에서 흠결이 있다.
官祿	◆ 일정액의 금전을 모을 수 있는데, 이는 財氣가 旺하기 때문이다.
田宅	◆ 일생 금전적인 어려움이 없다. ◆ 일정액의 금전을 모으게 되고 돈의 씀씀이에 어려움이 없다.
福德	◆ 매사 결단이 명쾌하다. ◆ 일처리가 속전속결이다.
父母	◆ 부모나 상사, 윗사람을 잘 따르며, 이들로부터 자금의 조력을 받을 수 있다.

太陽·化祿	
解義	• 太陽은 陽火에 속하며 官祿을 主한다. • 太陽·化祿은 富를 主하지 않고 貴를 主하는 것이다. • 奔波(분파)와 忙碌(망록)이 있으며, 사업상의 성취는 있으나 이는 일시적인 것이다. • 형제궁, 노복궁, 자녀궁, 전택궁에 들면 尊長(존장)의 위치에 비유되나 실질적인 경영권은 없다. • 부모궁에 入되면 실권 없는 관리자인 것이고, 다른 사람들을 관리하는 직책에 오른다.
命宮	• 실권이 있으며 관리자로 높이 오르게 되고, 영도자로서의 자질이 있다. • 고용인이라도 상류급에 진출하며 실권을 쥐고 운영하는 높은 관리직에 오른다.
兄弟	• 형제자매간 상호 화합하고 상부상조함이 있다. • 매사 합작하고 사업적인 면에서는 힘을 모아 財源(재원)을 마련 할 수 있다.
夫妻	• 妻가 家權(가권)을 장악하고 살림을 꾸려 나간다. • 女命은 남성다운 기질이 있다.
子女	• 자녀들은 총명하고 상호간 돈독함이 있다. • 건강하며 활력적이다.
財帛	• 奔波(분파)와 忙碌(망록)이 따르나 득재가 가능하고, 일정액의 금전은 모을 수 있다. • 실권이 있으며 관리자로 높이 오르게 되고, 尊長으로서의 자질이 있다. • 고용인이라도 상류급에 진출하며, 실권을 쥐고 운영하는 높은 관리직에 오른다.
疾厄	• 고혈압과 심혈관계질환 등이 염려된다. • 뇌진탕이나 중풍의 염려가 있다. • 女命은 도화적인 기질이 있다.
遷移	• 고용인이라도 상류사회에 진출하며 실권을 쥐고 운영하는 높은 관리직에 오른다. • 해외로 나가 사업에 전념하여 득재한다.
奴僕	• 윗사람 혹은 상급기관의 조력을 많이 받는다. • 수하직원들이 많다.
官祿	• 실권이 있으며 관리자로 높이 오르게 되고, 존장으로서의 자질이 있다. • 고용인이라도 상류급에 진출하며 실권을 쥐고 운영하는 높은 관리직에 오른다. • 만약 化忌가 本宮에 들면, 비록 尊長의 命이나 파절과 불리함이 따르고, 설혹 고용인이 될 생각이 없다 하더라도 어느 하나라도 이룩됨이 없다.
田宅	• 가택이 화합되고, 조상을 유업을 지켜나간다.
福德	• 성격이 쾌활하며 거침이 없고, 사람과 가택 모두 후덕하다. • 정의감이 있다.
父母	• 부모는 건강하고 부모로서의 책임감을 완수하려 한다. • 가정과 자녀들에게 헌신한다.

巨門·化祿	
解義	◆ 巨門은 "口"를 主한다. 따라서 口福이나 "口"와 연관된 직업에 종사한다. ◆ 巨門·化祿은 화술이 좋고, 언변능력이 있으며 설득력이 있고, 화술로 남을 감복시키는 능력자이다. ◆ 巨門은 財星은 아니나 化祿이 없을시 금전에 대해 논하는 것은 허론일 뿐이다. 이는 化祿은 실제적으로 財를 추구하는 것과 연관되기 때문이다. ◆ 女命은 巨門을 忌하는데, 巨門은 水에 속하여 文昌, 文曲, 天姚, 紅鸞 등과 동궁 시는, 化祿 역시 水星으로 楊花的(양화적) 기질을 띠기 때문이다.
命宮	◆ 문예 방면에 소질이 있으나 정밀하지 못하다. ◆ 언변에 재주가 있으며, 언변과 연관된 직업에 종사함이 可하다. ◆ 口福과 변론 능력이 있다. ◆ 紅鸞, 天喜, 文昌, 文曲, 天姚, 化科 등을 보게 되면 오락계통으로 발전이 있다.
兄弟	◆ 상호간 친밀하고 화합됨이 있다. ◆ 상호간 조력하고 합작하며 일을 도모하려 한다.
夫妻	◆ 배우자는 언변과 연관된 직업에 이롭다. ◆ 사람과의 談論(담론)이나 교제에 용이하고 성취됨이 있다. ◆ 타인과 경쟁관계는 어렵지만 역시 辛苦(신고)는 감쇠된다. ◆ 化祿의 영향으로 부부지간에는 정감이 있으며, 불필요한 언쟁은 적으며, 설혹 있다하더라도 화해하며 소통하고자 함이 강하다.
子女	◆ 자녀들은 건전하여 탈선을 저지르지 않는다. ◆ 언변이 좋으며 성격이 활달하다.
財帛	◆ "口"에 의존하여 돈을 모은다. ◆ 勞碌奔波(노록분파) 끝에 성공한다. ◆ 경쟁관계에서 살아남아 성취감이 있다.
疾厄	◆ 脾胃(비위)와 식도질환이 염려 된다.
遷移	◆ 海外와 연관하여 경쟁관계에서 이겨내어 성취됨이 있다. ◆ 상업활동이나 教學(교학)과 연관된 사업으로 득재한다.
奴僕	◆ 능히 朋友의 도움으로 창업하고 이득이 있다.
官祿	◆ 정치와 연관됨이 많고, 사법기관이나 民意를 대변하는 기관에 종사함이 이롭다. ◆ 경영과 연관된 국영기관이나, 口福이나 享受를 누림과 연관된 기관에 모두 이롭다. ◆ 사업 혹은 國營機關(국영기관)의 복무와 연관하여 항상 口福이 있다.
田宅	◆ 조상 대대로의 家業과 연관됨이 있다.
福德	◆ 일생 口福과 享受(향수)가 많다.
父母	◆ 심성에 따라 好惡의 면이 다르게 나타날 수 있으나, 자녀들을 염두에 두는 성향이 있다.

天梁·化祿	
解義	◆ 天梁은 陽土로 蔭德(음덕)이 있게 하고, 父母, 上司, 長輩(장배)의 성요이며, 淸高之星(청고지성)이다. ◆ 天梁·化祿은 財를 主하지 않으나, 음덕이 있게 하고, 禍厄(화액)을 해소하는 특성이 있다.
命宮	◆ 신체건강하고 장수한다. ◆ 총명하고 온화하며, 사람과의 연이 좋으며, 선배들의 조력을 받게 되고, 일생 난관에 봉착하더라도 잘 풀려나간다.
兄弟	◆ 형제자매간 상호 화합되고 상부상조됨이 있다.
夫妻	◆ 감정이나 혼인에서 破折(파절)이 많다. ◆ 배우자는 經商에 불리하고 재물을 모으는 재주가 적다.
子女	◆ 자녀들은 총명하고 孝順(효순)하다.
財帛	◆ 의외의 得財數가 있는데, 종종 당사자가 이를 승계하지 못하는 경우가 있고, 혹은 의외의 財를 승계하더라도 불법으로 사용하게 됨으로써 분규가 발생하기도 한다.
疾厄	◆ 大病은 아니나 쉽게 완쾌되지 않고 장구하게 끌고 간다.
遷移	◆ 국내보다는 외국에서 발전하고 성취됨이 있다. ◆ 사람들로부터 존경을 받음이 많다.
奴僕	◆ 상호간 상부상조하며 유쾌한 교유관계를 유지한다.
官祿	◆ 文職(문직)에 종사함이 可하고 享受(향수)를 누릴 수 있다. ◆ 공직인이라면 淸高(청고)하여 지위 여하를 불문하고 초연함이 있다.
田宅	◆ 신체 건강하고 장수한다. ◆ 일생 일정만큼의 蔭德이 있으며, 자기가족을 건사할 만큼의 능력이 된다.
福德	◆ 신체 건강하고 장수한다.
父母	◆ 능히 부모의 助力이 있다. ◆ 부모와 조상의 음덕이 있어 享受(향수)를 누림이 가능하다. ◆ 흉액을 만나도 종국에는 吉하게 변화된다.

破軍·化祿	
解義	◆ 破軍은 부부, 자녀, 奴僕(노복)의 성요로 殺氣(살기)를 띠며 "耗星(모성)"이라고도 한다. ◆ 損耗之星(손모지성)이며 化祿을 만남을 가장 喜하는데, 破軍의 횡폭하고 어그러진 기운을 화합하여 적극적인 태도를 지니게 한다. ◆ 破軍은 財星은 아니며, 破軍과 化祿의 조합은 변화를 조성하게 되며, 물질적인 면보다는 정신적인 면을 주관함이 있다. ◆ 상대편에 비해 자신의 고집을 강하게 내세우며, 大限이나 流年 에서 破軍·化祿을 만날 시는, 타인의 좋은 말을 받아들여 지나간 언행의 잘못된 부분을 고쳐나가려 하고, 혹은 과거와는 다른 방법을 채택하여 일을 꾸려나가려는 성향이 있다.

解義	◆破軍이 부부궁에 居하면, 혼인문제나 자녀를 낳는 문제에서 불리한 영향이 있다. 그러나 化祿이 같이 할 때에는 暗의 상황을 明하게 바꾸는 현상이 있다. ◆破軍은 개업, 창조력 등이 있는데, 옛 것을 새롭게 바꾸는 고로, 破軍이 化祿을 得한 경우는, 兼行(겸행)과 兼業(겸업)을 하거나 兼職(겸직)하거나 등의 필히 기존과는 다름이 나타나게 되는데, 이는 옛것을 이어받아 새롭게 바꾸는 것과 연관되는 것이다. ◆고서에는 女命은 破軍을 不喜한다고 說하는데, 이는 위와 같이 繼舊換新(계구환신)의 현상이 많기 때문이다.
命宮	◆처세가 진취적이고 적극적이다.
兄弟	◆형제간의 우애는 상호 대체적으로 양호하다. ◆형제간 상호 조력을 얻을 수 있다.
夫妻	◆부부간 감정상의 파열음이 일부분에서 발생함이 많아, 옛 것으로 회귀하는 성향이 있다. ◆배우자의 조급하고 초조한 성향을, 이성적으로 설득하여 바뀌도록 표현함이 있다. ◆배우자의 일을 꾸며나가는 능력과 표현 능력을 증가시킨다.
子女	◆자녀들의 성격은, 자기 뜻과 생각을 잘 굽히지 않고 강직한 편이다.
財帛	◆財를 얻으려 하는 방식이 급진적이고, 뜻밖의 재물을 얻을 수 있다. ◆노력하여 돈을 모으고, 최소 두 개 이상의 行業으로 발전한다. ◆朋友간 상호 상부상조를 통해 다방면에서 財를 얻게 된다.
疾厄	◆당뇨병의 발생이 높다.
遷移	◆사회생활에 노록분파가 많다.
奴僕	◆상호간 연분이 적고 화합되지 못한다.
官祿	◆사업의 경우 노력하여 돈을 모으고, 성공과 실패가 다단하고, 굳센 의지가 있다. ◆經商에 종사하는 경우는, 兼行(겸행), 兼業(겸업)이 이롭고, 창조적인 성향이 있으며, 순리적으로 진행시키는 면에 있어서는 상호 동질성이 있다. ◆破軍의 본질은 개혁과 창조적인 命이니, 化祿과 같이 할 시는 개혁, 창조와 적극적인 면이 나타나므로, 사업의 개혁이나 창업 면에서 적극적으로 추진함에 가속력이 붙고, 또한 이 과정에서의 좌절감도 감쇠하는 것이다. ◆부부간 상호 의기투합하고 연분이 좋다.
田宅	◆자녀는 친근하다. ◆자녀간 상호 화목함이 있다.
福德	◆진취적이며 모험정신이 강하다. ◆사업적인 면에서는 투기적 성향이 짙다.
父母	◆가정 내에 여러 불협화음이 많이 발생한다.

(2) 화권(化權)

化權(화권)	
破軍·化權	
解義	◆ 破軍은 陰水에 속하고 廟宮은 申酉位이다. 水는 木의 長生地에 해당하니 化權에 해당하는 것이다. ◆ 破軍·化權은 驛馬(역마)를 主하고, 변동과 이동이 많은 變動之星(변동지성)이다. ◆ 廟地는 환경변동의 나타내는 象으로, 주동적으로 개혁과 변화를 일으키며, 능히 왕래를 통해 길한 방면으로 발전을 이루어 낸다. ◆ 만약 落陷의 경우에는 그 변동과 이동의 象이 종종 불리하게 작동하는 조짐이 보이기도 하는데, 四馬地(寅·申·巳·亥)에 入하는 경우에 비로써 능히 驛馬로서의 직용이 드러나게 되는 것이다.
命宮	◆ 용맹하고 강경한 기질이 있으면서도 매사 명쾌하다. ◆ 영도적이 기질과 능력이 돋보인다.
兄弟	◆ 형제자매간 상호 존중하며 상대편의 의견을 잘 받아들인다.
夫妻	◆ 부부간 상호 간섭하는 정황이 많이 발생하므로, 다툼이 많다.
子女	◆ 자녀들은 대화가 단절되고 말을 들으려 하지 않으며 반항심이 강렬하다.
財帛	◆ 偏財運이 강렬한 것이라, 橫發(횡발)하는 財運이 있으나. 花錢慷慨(화전강개)하여 재물이 들어오는 만큼 빠져나가는 상이다.
疾厄	◆ 大病은 아니나 산질이 자주 발생하고, 대체로 건강이 썩 좋은 편은 아니다.
遷移	◆ 勞碌奔波(노록분파)의 象이다.
奴僕	◆ 흉악한 성품으로, 그 주인이나 상사를 기만하는 경우가 많다.
官祿	◆ 성패가 다단하다. ◆ 사업상 노력함과 굳셈이 있다. ◆ 근면하고 돈을 모으려는 뜻이 있으며, 공직자라면 昇遷(승천)과 변동의 조짐이 있다.
田宅	◆ 거주환경은 정리와 수리가 잘 된 곳과 연이 있다.
福德	◆ 모험정신이 강하다. ◆ 사업적인 면에서는 開創性(개창성)이 강하고, 또한 새로운 환경에 대한 도전의식이 강하다.
	天梁·化權
解義	◆ 天梁은 陽土에 속하며, 父母, 上司, 長輩(장배)를 의미한다. ◆ 天梁은 蔭德之星(음덕지성)으로 天梁·化權의 경우에는 국가고시에 이롭고, 특히 行運에서 天梁·化權이 입 될 시에는 고시운이 특히 이롭다. ◆ 天梁이 煞星의 충파가 없으면, 동궁한 化權은 매우 길하다고 논한다. 다만 일생의 運路에 있어 성패가 다단하고 일정하지 않은 점이 결점이다.

解義	• 만약 煞星의 충파가 있는 경우라면, 天梁·化權이 동궁한 경우에 길흉간에 매우 차이가 큰데, 흉하게 작동하여, 도박을 좋아하고, 破家(파가)하여 타향으로 도망가는 경우도 발생한다. • 天梁이 四馬位(寅·申·巳·亥)에서 化權을 만나는 경우, 청소년기에 해당한다면, 조숙하며, 心浮(심부=마음이 뜬 상태)하고 氣躁(기조=조급한 기질)하여, 독서를 할 수 없게 된다. 만약 성년시의 경우라면 도화직 기질이 많아 분규가 잦고, 驛馬之象이 나타나며, 외국에서 무역이나 사업 등에서 잠재적 능력을 발휘하게 된다. • 天梁은 賭博性(도박성)을 의미하는데 四化星이 있을 시는 특히 엄중하다.
命宮	• 風流名士(풍류명사)의 계열이며 花錢이 있다. • 성품은 혼자 행동하기를 좋아하고, 무리와 어울리려 하지 않는다. • 사무적 견해로는, 독보적인 면이 있어 착하고 어진 사람을 능가한다. • 불편부당함도 없고, 한가한 일을 주관한다. • 대화를 나눌 때에는 자신만의 의견과 주장을 내세우는 경우가 많다.
兄弟	• 형제자매간 상호 화합됨이 있다.
子女	• 학교 및 사회에서의 배움의 과정에 있어서 진지하며 열성적이다.
財帛	• 도박을 좋아하고, 승부욕이 강하며, 금전을 중하게 여기지 않는다. • 돈이 생기면 노름판에 어울리기를 좋아하고, 평생에 금전의 입출이 빈번하다.
疾厄	• 多病과 잔질이 많다.
遷移	• 풍채에 신경쓰는 면이 있으며 성숙감이 증가된다. • 밖으로는 사람과의 교제에 이로움이 있고, 윗사람의 조력을 많이 받으며 권세를 얻는 반면 忙碌(망록)됨도 많은 것이다.
奴僕	• 성격이 포악하고 주인을 기만한다. • 교우간 상호 의심이 많고 화합됨이 적다.
官祿	• 주관의식이 강하고, 자부심이 강하며, 타인을 업신여김이 많고, 일을 함에 원칙을 준수하고 고집이 있는 자를 선택함이 있다. • 공직에 종사함이 이롭고 昇遷(승천)의 기회가 많다. • 관직에 臨하여 淸顯(청현)함이 있으니, 법관, 법률가, 의사 등의 직업에 적합하며 가장 성취감이 높다. 만약 經商의 경우라도 소임단체에서 권한을 움켜쥐는 능력이 있다.
田宅	• 지대가 높은 곳이 길하다.
福德	• 모험정신이 강하고, 사업적인 면에서는 국내외건 경쟁관계에서 이득을 얻음이 많다.
父母	• 부모가 권위를 내세우려 하니, 가택 내에서의 화합을 기대하기 어렵다.
	天機·化權
解義	• 天機·化權은 임기응변의 능력이 강하다. • 일을 함에 적극적이고 노력을 아끼지 않는다.

解義	◆ 天機는 變動之星(변동지성)이다. 따라서 化權과 같이 하면 出外하여 발달하는 상이다. 더욱이 四馬宮(寅·申·巳·亥)에 居하면 遠方으로 나가 발전함이 있으며 길하고 이롭다. ◆ 天機는 企劃(기획)의 성요이다. "機月同梁格(기월동량격)"이라면, 天機는 변동의 성질이 있으니, 化權이 있어 沖破하는 경우에는 出外하여 창업하게 된다. ◆ 참모직도 가능하며 動한 즉 성취함이 있는 것이다.
命宮	◆ 機智(기지)가 있으며 남을 설득하는 언변이 좋다. ◆ 능력이 강하고 종교적 성향이 짙다. ◆ 가정적이며 사업에는 여러 조심이 따른다.
兄弟	◆ 형제간에 동심하여 상호 상부상조함이 많다.
夫妻	◆ 家事 일과 연관하여 분쟁이 발생한다. ◆ 부부간의 감정이 다툼으로 비화되니, 상호 인내하고 양보하면 가정에서의 화목을 기대할 수 있다.
子女	◆ 학교 및 사회에서의 배움의 과정에 있어서 진지하며 열성적이다.
財帛	◆ 주체가 못되고 客의 현상이다. ◆ 貴를 만나면 得財가 可하나 흉을 만나면 客의 입장으로 돌아서는 격이라 不逞(불령)하다. ◆ 창업시는 자본금에 결함이 있고, 자금 차입의 재능은 능력 밖이다.
疾厄	◆ 뇌신경쇠약이 있다. ◆ 식욕부진이 있다.
遷移	◆ 遠行이나 국외 진출의 기회가 많다.
奴僕	◆ 직접적으로 간언하는 교우들이 측근에 다수 있다.
官祿	◆ 辛苦(신고)가 있다. ◆ 吉星을 만나면 기획방면에서 능력을 발휘하고, 개업이나 창업의 경우에는 昇遷(승천)이나 양호한 기회를 포착할 수 있다. ◆ 煞星을 보게 되면 변동성으로 인해, 뒷날 흉한 결과를 낳게 된다.
田宅	◆ 祖業을 계승하고 발전시켜 나간다. ◆ 改革(개혁)보다는 守舊(수구)하는 성향이다.
福德	◆ 심신이 不逞(불령)하고 사려함이 너무 심하다.
父母	◆ 부모간 불목함이 많다. ◆ 유소년 시절에 부모의 이혼이 암시된다.
	天同·化權
解義	◆ 天同은 福星으로 인생에 있어 향수를 누리고자 함이 강하다. 따라서 化祿과 같이 하면 진취적인 기질이 줄어드나, 化權과 같이 하면 분투적이고 적극적인 마음이 강해진다. ◆ 天同은 共同星이다. 따라서 服務業(복무업), 料食業(요식업), 服飾業(복식업) 등에 발전이 있다.

解義	• 巳亥宮에 居하면 복잡한 국면이 형성되고, 계획만 세우고 실천성이 부족하며, 실행시에는 破折(파절)이 따르게 된다. • 인생의 運路로 말하면, 선천적 환경과 연관하여 패착이 따르고, 또한 중도에 환경적 변화가 발생하게 된다. 그리고 여러 가지 난관과 破折(파절)을 겪은 후에 성공이 따르게 된다.
命宮	• 多學多能(다학다능)의 命이다. • 돈이 모아지는 命이다. • 辛苦(신고)가 많고 복록과 享受(향수)를 누림은 적다.
兄弟	• 상호 화합되고 존중함이 있다. • 상호 아끼며 양보하는 미덕이 많다.
夫妻	• 배우자는 일과 연관하여 성취함이 있고, 인생에 있어 낙관적이고 진취적인 태도를 지니고 있다. • 매사 사업에 적극적으로 노력함이 있다.
子女	• 부모에게 孝順하고 이치에 맞지 않는 행동은 하지 않으려 한다.
財帛	• 享受(향수)를 누림이 可하다. • 미리미리 생각하고 헤아리는 성향이 풍부하다.
疾厄	• 건강에 불리함이 많다. • 비뇨계통의 질환이 염려된다.
遷移	• 국내 보다는 오히려 외국에서 성취됨이 많다. • 외국 생활에서 享受(향수)를 누림이 많다.
奴僕	• 교우간 화목함과 친밀함이 적다. • 사적인 감정이 많이 개입된다.
官祿	• 창업의 轉機(전기)가 있다. • 財經方面(재경방면)에서 大權을 장악할 수 있다. • 개업과 창업방면의 능력이 뛰어나다. • 여러 사람과 합심하여 사업을 꾸려나감이 좋고, 단독적인 창업은 불리하다 • 공공기관의 투자 혹은 合資(합자)와 연관하여 능력을 발휘하고, 창업시의 투자금 유치 등에 능력이 있다. • 服務業(복무업), 料食業(요식업), 服飾業(복식업) 등에 유리하며 또한 발전이 있다.
田宅	• 자신의 가택에 딸린 점포의 개설과 운영 등에 이롭다. • 가정생활은 유쾌하다.
福德	• 한가하게 지냄을 바라며 享受(향수)를 누리는 것을 추구한다.
父母	• 부모와 자녀 사이에 화목함이 있다. • 부모는 가정생활에 충실하다.

	太陰·化權
解義	◆ 太陰은 陰水에 속하며 母, 妻, 女를 의미한다. 따라서 化權과 같이 하면 여성의 권한 강화와 연관된다. ◆ 太陰은 驛馬星이니, 太陰·化祿은 노력을 상징한다. ◆ 女命이 이러하면 스스로 창업함을 의미하지는 않지만, 太陰·化權이 같이 하면, 명궁, 재백궁, 관록궁을 같이 참조하여 판단해야 한다. ◆ 太陰은 田宅을 主한다. 이는 경영과 부동산을 의미하는 것이 아니고 家事, 家業과 관련한 사안이며, 太陰·化權이 같이 하는 경우에는, 전택, 재백, 자녀, 복덕궁 등을 같이 참조해야 한다.
命宮	◆ 성격이 강직하고 권위가 있다. ◆ 男命은 창업을 主한다. ◆ 女命은 勞碌奔波(노록분파)가 따르나 역시 창업을 主한다.
兄弟	◆ 형제는 부귀하고 재물이 있으며, 자매는 권한을 장악하게 된다. ◆ 창업은 주로 자매들이 한다.
夫妻	◆ 妻의 창업이 있다. ◆ 男命은 그 모친이 當權(당권)하니 노파적 현상이 염려된다. ◆ 男命은 妻가 집안을 맡아하고, 내외적으로 활동이 많으며, 가정을 중시하고 家權(가권)을 장악하게 된다. ◆ 女命은 배우자의 입김을 제외시키고, 자기주장과 응대능력을 키우며, 사업상 중임을 맡게 된다.
子女	◆ 남아보다는 여아에게 뛰어남이 있다.
財帛	◆ 금전을 운용함에 이롭고 富를 축적할 수 있다.
疾厄	◆ 당뇨병의 염려가 있다.
遷移	◆ 勞碌奔波(노록분파) 끝에 성취됨이 있다. ◆ 고향을 떠나 타향에 정착함이 인생에 이로운 면이 많다.
奴僕	◆ 여성 朋友가 권한을 장악한다. ◆ 수하인 중 여성의 조력을 많이 받는다.
官祿	◆ 창업이 可하고 권한을 장악할 수 있다. ◆ 관리직이며 노력이 필요한 업무에 종사한다. ◆ 男命은 사업에서 이성의 조력을 얻을 수 있다.
田宅	◆ 祖上의 遺業(유업)을 계승하고 잘 지켜나갈 수 있다.
福德	◆ 부자가 되고 싶어 하는 간절함이 있다. ◆ 勞碌奔波(노록분파) 끝에 성취됨이 있다.
父母	◆ 모친이 家權을 장악하게 된다. ◆ 모친의 사회활동이 많은 편이다.

	貪狼·化權
解義	◆貪狼·化權은 변동과 변천을 주한다. ◆貪狼·化權은 行運이 其 宮干의 大限에 해당할 시는, 현실에 만족하지 못하는 현상이 발생하여 창업적 야심이 있게 된다. ◆貪狼·化權이 巳亥 二宮에 居하면 廉貞과 동궁하게 되는데, 사람을 좋아하고 한편으로 女色을 탐하는 경우가 있다.
命宮	◆고집이 세다. ◆다름 사람의 지시를 받기를 싫어하고, 권한을 움켜쥐기를 기뻐한다. ◆자기주장이 강하고, 권세를 장악하기를 좋아하며, 사람을 좋아하여 풍류적인 면도 많다. ◆子午卯酉의 桃花地에 居하면, 女色을 탐함이 많은데, 巳亥 二宮에 居하는 경우도 女色을 탐하게 된다.
兄弟	◆형제자매간 상호 불화가 많고 상부상조함이 적다.
夫妻	◆이성과의 교제를 적극적으로 원하며, 실질적으로 그쪽으로 감정 상태가 발전한다. ◆女命은 정상적이지 못한 감정의 변화로 인해 분규가 많이 발생한다.
子女	◆가택 내에서 家權을 장악하려 하고, 자녀들 사이에 이견이 많고 화목함이 적다. ◆자녀의 생활과 언행에 대해 간섭이 많다. ◆가정 내에서는 독단적인 판단과 행동을 하니 자녀와의 사이에는 항시 거리감과 화합됨이 적다.
財帛	◆창업과 연관된다. ◆남의 지시를 忌하니 창업에 대한 강한 열망과 추구의식이 있는 것이다. ◆財를 장악한다. ◆武曲과 化祿의 회조를 喜하는데, 橫發(횡발)함이 있고 능히 수성에 성공한다. 그렇지 않은 즉 酒色(주색)으로 재산을 탕진하게 되고 종국에는 만사가 일장춘몽이다.
疾厄	◆의외의 질병과 傷害(상해)가 발생하고, 발병의 원인은 많은 번뇌와 스트레스에 기인한다. ◆간담질환이 염려된다.
遷移	◆한가하게 풍류를 즐기기를 좋아하며 외국의 출입이 잦다.
奴僕	◆교우나 수하인들로부터 조력을 얻을 수 있다.
官祿	◆창업과 연관된다. ◆남의 지시를 忌하니 창업에 대한 강한 열망과 추구의식이 있는 것이다. ◆변동과 변천의 상이 있으니 의외의 기회를 포착하기도 한다. ◆공직이나 봉급생활직에 종사하더라도 스스로 창업하고자 하는 열망이 강하다.
田宅	◆가택에 불화가 많다. ◆자신이 몸소 할 수 있는 산업에 적합하다.
福德	◆예상치 못한 상해가 발생하고, 발병의 원인은 많은 번뇌와 스트레스에 기인한다. ◆발병시에 저항 능력에 차이가 있다.
父母	◆부친은 낭만적인 성향이 있다.

	武曲·化權
解義	◆武曲은 陰金에 속하며 將星의 성요이다. 따라서 金星이 化權과 같이하면 刑傷(형상)과 연관된다. ◆血光之災(혈광지재)가 발생하기 쉽다. ◆성격이 강개하여 타인의 제압을 받기를 원치 않는 성향이 짙다. ◆군경계통의 직업에 종사함이 극히 이롭고, 또한 이 분야에서 昇遷(승천)이나 榮轉(영전) 등의 이로움이 많다. ◆女命은 孤剋(고극) 됨을 면하기 어렵고, 혼인이나 연분관계에서 불리한 영향을 많이 받게 되고, 생활상에서의 화합을 달성되기 힘들다.
命宮	◆文職보다는 武職에 더 적합하다. ◆재물과 권세를 추구함에 일정부분 성취됨이 있다.
兄弟	◆윗사람이나 상사에게 기대어 도움을 청할 수 있다. ◆금전적인 도움 외의 여러 가지 조력을 얻음이 可하다.
夫妻	◆妻가 家權을 장악한다. ◆男命은 妻가 남편의 권한을 빼앗아 행사하려는 의도가 많다. ◆만약 妻와 공동으로 사업을 하는 경우라면, 사업환경이나 재무관계 등의 문제로 인해, 실제적으로 처가 책임을 떠맡게 되거나 관리를 하게 된다.
子女	◆자녀들의 성격이 강직하다. ◆가정 내 자녀들의 훈육에 각별한 주의가 필요하다.
財帛	◆어려움 속에서 得財할 수 있다. ◆財源이 다양하고 실제적이니, 비록 忙祿(망록)됨이 있으나, 바쁜 중 財를 얻는 象이다. ◆武曲과 貪狼이 조합된 명조에는 매우 길하다. ◆大事業家로 존경받는 위치에 있게 된다.
疾厄	◆신체상 여러 禍厄(화액)이 따르게 된다. ◆女命은 여러 번의 유산이 있게 된다.
遷移	◆상공업계통에 이득이 있다. ◆고향보다는 타향에서 발전함이 있다.
奴僕	◆교우 간 사귐에 있어 신중을 기해야 한다. 이용당할 수 있다. ◆맺고 끊음을 명확히 해야 한다.
官祿	◆사업심이 강하고, 독자적인 투자를 좋아하며, 일확천금을 얻으려는 성향도 강하다. ◆上司의 구속과 간섭을 忌하며, 상급자의 잔심부름 등을 하게 되더라도 자신의 재능을 펼쳐보고자 하는 야심이 있어, 스스로 창업하고 일구어나가기를 바란다. ◆사람과의 교제에서 개선될 점이 많으며, 재능면에서는 뛰어난 점이 있어 이것이 득재의 길을 열어주는 역할을 한다.
田宅	◆조업을 안정적으로 지켜낼 수 있다. ◆外延(외연)의 확장보다는 수구함이 좋다.

福德	◆ 매사 결단이 명쾌하다. ◆ 기교를 쓰지 않고 결정한 사안에 있어서는 추진력이 강하다.
父母	◆ 부모는 엄격한 관리형이다. ◆ 자녀에 대해 賞罰(상벌)이 분명하다.
	太陽·化權
解義	◆ 太陽은 官祿을 主하니, 化權이 같이 하면 貴와 연관되는 것이다. 또한 통솔과 制御(제어)를 겸하는 것이다. ◆ 만약 四馬位(寅·申·巳·亥)에 居하게 되면 驛馬星을 나타내며 奔波忙碌(분파망록)이 따르고, 天才의 회합이 있으면 바라는 바를 달성하게 된다. ◆ 女命에서는 太陽·化權이 명궁이나 전택궁에 들면 불리하다. ◆ 男命에서는 太陽·化權이 부부궁이나 부모궁에 들면 불리하다. 이것은 부모궁은 부부궁의 전택궁이기 때문으로, 여성의 경우 才幹(재간)이 있어 家權을 장악하려 하기 때문이다.
命宮	◆ 주관적 의식이 강하다. ◆ 老大의 命으로, 장기적인 복무생활을 不喜하는데, 이는 자영업과 창업의 야심이 크기 때문이다. ◆ 女命으로서는 才幹(재간)이 뛰어나니, 권한을 얻으려 하므로 奔波勞碌(분파노록)이 많고 혼인생활이 아름답지 못하다.
兄弟	◆ 상부상조하고 화합됨이 있다. ◆ 형제간 의리를 지키려 함이 있다.
夫妻	◆ 婦奪夫權(부탈부권)의 象이다. ◆ 女命은 才幹이 많고, 권한을 장악하려 하니, 勞碌(노록)이 많고 결혼생활이 순탄하지 못하다.
子女	◆ 창업을 하고자 하는 생각이 강하다. ◆ 여러 명의 자녀를 두게 된다.
財帛	◆ 長輩의 命으로, 장기적인 복무생활을 不喜하는데, 이는 자영업과 창업의 야심이 크기 때문이다. ◆ 財源은 안정되고 작지 않지만 여러 분야에 분산되어 있다.
遷移	◆ 국외에서 발전됨이 있다.
奴僕	◆ 異族(이족)과 연관하여 이득이 있다. ◆ 수하인들의 조력을 얻을 수 있다.
官祿	◆ 자기 주관적이며, 開·創力(개·창력)이 강하고, 辛苦가 따르며, 범사에 자신이 직접 참여하기를 좋아한다. ◆ 전문직업인으로 남의 밑에 오래 있기를 주저하며, 개창적인 야심을 갖고 있다.
疾厄	◆ 고혈압과 심장질환이 염려된다.

田宅	◆ 창업적 능력이 강하며 성취됨이 있다. ◆ 전문직업인으로 남의 밑에 오래 있기를 주저하며, 개창적인 야심을 갖고 있다. ◆ 부녀자가 능히 집안을 꾸려나가고 家權(가권)을 장악한다.
福德	◆ 光明磊落(관명뢰락)에 비유된다. ◆ 가택과 家奉 모두 仁厚(인후)함이 있다.
父母	◆ 부친은 엄격함과 돈후함이 겸비되어 있다.
	紫微·化權
解義	◆ 紫微는 陰土로 官祿을 主하며 解厄之星(해액지성)이다. ◆ 자미가 명궁에 거하면 不偏不倚(불편불의)이며, 帝王之位이다. ◆ 領袖(영수)의 기세로, 化權과 같이 하거나, 左輔, 右弼의 보좌성의 회조가 있으면, 紫微의 본래 성질에 변화를 가져오나 그렇지 않은 즉 孤星이 된다. ◆ 紫微·化權은 紫微의 포용적인 성질을 더욱 견지하지만, 또한 자주성의 성요이므로 자기 자신을 압박하는 점 역시 불면하게 된다. ◆ 紫微·化權의 만남은, 권위를 나타내나, 육길성의 보좌가 있거나, 太陽, 太陰의 회조와 扶持(부지)가 있어야 大富大貴하게 된다. 그렇지 않으면 평상인에 불과하다.
命宮	◆ 貴人의 이끌어 줌이 있으니 昇遷(승천) 및 영전이 빠르다. ◆ 개성이 있고 주관적이나, 고립된 자주성은 기피하며, 老大家로서의 위치를 기뻐한다. ◆ 권세를 장악하고자 하는 열망이 지극이 강한 고로, 천성적인 老大家의 命인데 그렇지 않으면 자신에 대한 압박감을 면하지 못한다.
兄弟	◆ 상호 화합됨이 적다. ◆ 형제들의 도움을 받으려 함이 크다.
夫妻	◆ 배우자의 개성이 매우 강하고 영도적인 능력이 있다. ◆ 부처간 연령차가 크다. ◆ 天才의 회조가 없으면, 권한을 잡으려는 욕망이 강하니 불목함이 따르는 현상이다.
子女	◆ 금전적으로는 享受(향수)를 누림이 가능하고 지배권을 얻으려 한다. ◆ 재경관련 국영기업의 고급직 관리를 맡음에 이롭다.
財帛	◆ 귀인의 이끌어 줌이 있으니 昇遷(승천) 및 영전이 빠르다.
疾厄	◆ 사업을 함에 자체됨이 많고, 창업함에는 곤란함이 따르며 무력하다. ◆ 신체에 災厄이 많이 따르고 勞碌(노록)됨이 많다. ◆ 신체가 건강하지 못하고 胃腸多毛病(위장다모병)이 있다. ◆ 음식 섭취에 주의해야 하고, 脾胃疾病(비위질병)을 조심해야 한다.
遷移	◆ 기세가 지나치게 過하고 맹렬하다.
奴僕	◆ 수하인들과 의견 혹은 사업과 연관하여 괴리감이 많다.
官祿	◆ 귀인의 이끌어 줌이 있으니 승천 및 영전이 빠르다. ◆ 일생에 귀인의 도움이 많고, 능히 권한을 장악할 수 있으며, 사업적인 면에서는 일등으로 우위를 점유한다.

田宅	• 가택은 화려함과 美를 잘 갖추고 있다.
福德	• 심신이 불안정하나 사려심이 있는 편이다. • 권력욕이 강하다.
父母	• 부모가 여러 면에서 全權을 휘두르려 하는 성향이 있다.
	巨門·化權
解義	• 巨門과 化權이 같이 함은, 口舌과 연관하여, 실질적이건 혹은 추상적이건 가장 좋은 면이 발휘되는 동시에, 巨門의 시비구설적 단점이 감소된다. • 說話的(설화적) 기회가 증가하는 반면, 역시 巨門이 본래 지니고 있는 시비구설적 요소도 증가하는 것이다. • 巨門이 化權과 같이 하게 되면, "口"와 연관하여 설화적인 면에서, 巨門의 是非口舌的 요소가 和解的(화해적) 요소로 바뀌게 되는 것이다. • 女命의 경우 卯酉宮에 坐하면, 혼인에 파절이 발생하기 쉽고, 巳亥宮에 坐하면 출생과 연관하여 불리한 면이 작용하는 경우가 많다.
命宮	• 口辯(구변)과 說話(설화)의 재능이 있다. • 착하고 어질며 신뢰성이 많다. • 시비구설이 발생하더라도, 능히 그 오해의 부분을 설득하고 이해시킴으로 말끔히 해소가 된다. • 타인의 귀감이 되며 그 이름이 널리 밖으로 알려진다. • 言辯(언변)에서 조리가 분명하고, 사람의 신뢰를 얻고, 또한 권위도 얻게 된다.
兄弟	• 붕우간의 잡다한 일들에 관여한다. • 상호 의견 취합이 잘되지 못한다.
夫妻	• 배우자의 언행이 바르며, 능히 타인의 신임과 존경을 받는다.
子女	• 호기심이 많다. • 언사가 바르며 정직하다.
財帛	• 신경 써야 할 일들이 많이 발생하고, 시빗거리가 강하게 발생한다. • 언변과 연관하여 재물을 얻게 된다.
疾厄	• 비위계통이나 호흡기계통의 질환이 염려된다.
遷移	• 사람들의 존경과 관심을 받는다.
奴僕	• 붕우간의 잡다한 일들에 관여한다. • 忠言과 직접적인 諫言(간언)이 있다.
官祿	• 신경 써야 할 일들과 시빗거리가 많이 발생한다. • 권세를 얻음이 가하고 관직에서 昇遷(승천)에 이롭다. • 政界에서 활동함이 적합하고, "口"와 연관된 사업이나 업체에 종사한다.
田宅	• 자연스럽고 꾸밈이 없는 상태의 가택이다.
福德	• 多學多能이다.
父母	• 부모가 자녀들에게 지대한 간섭과 통제를 하려는 성향이 있다.

(3) 화과(化科)

化科(화과)	
武曲·化科	
解義	◆武曲은 陰金에 속하며 "財星"이며 "將星"이다. ◆金은 官殺을 主하고, 武曲·化科의 경우는 科名과 연관되는 것이다. ◆武曲은 正財星이다. 武曲·化科의 경우는, 財를 주관하는 것이 아니고 단지 財와 연관하여 이름을 알리는 것이다. 따라서 금융계통의 기관에 근무함이 가장 이로운 것이며, 昇遷(승천)과 영전에 있어서 길함이 많다. ◆일반인들은 그 명성이 현격하게 드러나게 된다. ◆재물과 연관하여 일반적으로 평균적인 財를 얻게 되고, 공직자는 淸高(청고)와 명예가 있다.
命宮	◆군인, 경찰 등의 무관직에 이롭고, 문예와 수양을 갖춘다. ◆氣質(기질)이 있고 財力도 있으며 지명도도 있다.
兄弟	◆형제자매간 상호 상부상조함이 있다. ◆교우의 조력을 얻을 수 있다.
夫妻	◆배우자와 합작하여 行業함이 가하다.
子女	◆자녀들의 數는 많지 않다. ◆학업에 있어 어느 정도 성취함이 있다.
財帛	◆得財하고 안온함이 있다. ◆여유 돈이 있어 은행에 예치할 정도이다. ◆가정주부는 여유 돈을 理財에 활용할 수 있다. ◆正財星이니 사업적인 면에서는 무력한 것이다. ◆煞星을 보게 되면 財가 모아지지 않고, 붕우간의 돈 거래는 회수하지 못해 손해 봄이 많다.
疾厄	◆건강은 비교적 양호한 편이다.
遷移	◆국내보다는 국외에서 활동 시 성취함이 있다.
奴僕	◆財經系統이나 軍警系統에 복무함이 길하며, 능히 이름을 얻을 수 있고 사업적으로도 성취됨이 있다. ◆落陷의 경우에는 財는 있으나 지배권을 상실한다.
官祿	◆군인이나 경찰계통의 직업에 복무 시 성공률이 높다. ◆금융계통 혹은 안정적 투자 사업에 성취감이 있다.
田宅	◆祖業을 승계 받고 잘 지켜나간다.
福德	◆매사 결단력이 명쾌하다. ◆매사 감성적이기 보다는 이성적으로 판단한다.
父母	◆부모가 임의대로 가정사를 관리하고 판단함이 있다.

	紫微·化科
解義	◆ 紫微·化科는 名望(명망)이 널리 알려지고 지위가 상승하는 것을 대표한다. 단, 吉星의 扶持(부지)가 있어야 가능하고, 만약 煞星의 沖照가 있는 경우에는 昇遷(승천)이 좌절되고 破財, 손상 등의 흉액이 따른다. ◆ 紫微·化科는 貴人과 연관되는데, 宮干 化科가 육친궁에 入한 경우에는 그 육친이 貴人임을 알 수 있다. ◆ 紫微·化科는 禍厄(화액)을 解消(해소)하고 制化하는 것을 대표하지 않는다. ◆ 宮干 化科가 명궁, 질액궁, 복덕궁, 천이궁 등에 居할 시에는 일생 귀인의 조력을 받을 수 있다.
命宮	◆ 명예를 얻을 수 있다. ◆ 화합됨을 따르고, 비교적 자기주장이 적다. ◆ 幼年 시는 남의 귀감이 되는 모범생이고, 나이 들어서는 名望이 있을 것임을 의미한다.
兄弟	◆ 윗사람이나 上司에게 기대어 도움을 청할 수 있다.
夫妻	◆ 혼인은 不和됨이 있고, 부부간 外情(외정)문제가 발생한다. ◆ 부인이 家權(가권)을 장악하고 사업적으로도 성취됨이 있다.
子女	◆ 학업에 성취감이 있다. ◆ 성격과 기질이 剛强(강강)하니 훈육에 어려움이 있다.
財帛	◆ 偏財星으로 의외의 득재가 있는데, 이는 교과서적인 표현이고 일반적으로 논하면 財는 다소 있으나 활용할 수 없는 財인 것이다. 즉, 虛名之財(허명지재)이다.
疾厄	◆ 일생 富하며 貴人의 상조가 있는 命이다. ◆ 흉액을 만나도 길하게 변화됨이 있다.
遷移	◆ 국외생활이 국내보다 더욱 평안함이 보장한다. ◆ 외국에서의 학업이 이득이 된다.
奴僕	◆ 文弱의 命으로 일개 書生(서생)의 풍모이다.
官祿	◆ 正官界 혹은 공공사업기관에 종사할 시 발전이 있다. ◆ 기획관련 부서나 광고업 등에 진출이 이롭다. ◆ 공직자인 경우는 참모계통의 직책을 맡을 시 발전이 있다.
田宅	◆ 스스로의 생산 활동으로 부유함이 기약된다.
福德	◆ 교양과 수양이 있고 인자한 사람이다. ◆ 일생 富하며 貴人의 상조가 있는 命이다.
父母	◆ 부모가 권위가 있으며 일상생활에서 교육과 수양에 비중을 많이 두는 편이다.
	文昌·化科
解義	◆ 文昌은 文職으로 科甲의 성요이며, 化科는 국가고시와 연관하여 매우 길하다. ◆ 학문과 연관하여 文昌·化科가 같이하면 학업성적이 우수하고, 국가고시에 합격하는 吉命이다.

解義	◆ 높은 등급의 학교에 진학함도 가하다. ◆ 文昌·化科는 학술방면, 문예 방면, 재능방면 등에 역시 이롭다. ◆ 大限, 流年에서 만날 시에는, 필히 국가고시 시험에 이롭고, 우수한 성적표를 얻을 수 있다.
命宮	◆ 지명도가 높아진다. ◆ 才藝(재예)가 뛰어나고, 학덕이 뛰어나다. ◆ 幼年 시절에는 모범생이고, 학업성적이 우수하며, 학술방면에서도 발전이 있으며 능히 성취감이 있다.
兄弟	◆ 형제간에 우애가 좋고 학업으로 성취됨이 있다. ◆ 형제간 합작으로 문화예술 계통의 사업의 추진도 가하다.
夫妻	◆ 배우자는 높은 학력의 수준이며, 문예 방면도 재능이 많다.
子女	◆ 자녀들은 총명하고 학업성적도 우수하다.
財帛	◆ 貴人으로부터 금전적인 면에서 도움을 받는다.
疾厄	◆ 정신질환이나 신경계통의 질환이 염려된다.
遷移	◆ 국내보다 해외에서 공부함이 더 이롭다.
奴僕	◆ 재학 시는 붕우들이 모두 학구파이며, 졸업 후에는 붕우들이 대다수 공직이나 교직에 근무함이 많다.
官祿	◆ 문화사업이나 예술관련 창작사업에 實利가 있다.
田宅	◆ 行業과 연관하여서는 순리적이다.
福德	◆ 문화예술에 대한 관심과 애정이 높다. ◆ 창작활동에 대한 희구열이 높다.
父母	◆ 교육을 중시한다. ◆ 문인을 많이 배출한 유서깊은 가문 출신이다.
	天機·化科
解義	◆ 天機·化科의 경우는, 위인이 총명하나, 두뇌를 활용하지 않고 노력하지 않는 경향이 있다. ◆ 天機·化科는 思考(사고)가 민첩하고 기획력이 있어, 채용이나 賞(상)을 받는 등의 방면에 이롭다. ◆ 국가고시에 이롭고 순리적이며, 두뇌를 활용하여 노력함이 부족하나, 대체적으로 불리하게 작동하는 것은 아니다. ◆ 天機·化科가 六吉星을 만나면, 才華(재화)를 발휘하고, 공공기관 등에 그 능력이 탁월하게 나타나며, 변론능력도 뛰어나, 상을 받고 찬양할 만하다.
命宮	◆ 이름이 널리 알려지나 이러저러한 波動을 면치 못한다. ◆ 煞星을 만나게 되면 虛名(허명)에 불과하다.

兄弟	◆ 형제자매의 數는 많다. ◆ 지인들이 많으나 그 관계는 장구하게 지속되지 않는다.
夫妻	◆ 배우자는 才華(재화)가 있고 변론능력이 매우 뛰어나다. ◆ 기획부서, 공공기관, 문예 방면에 종사함이 이롭고 능력을 발휘하여 성취됨이 있다.
子女	◆ 자녀들은 총명함이 출중하다.
財帛	◆ 유동성자금의 처리능력이 뛰어나, 재무계통, 회계, 출납 방면 등에 이롭다
疾厄	◆ 신경계통의 질환이 염려된다.
遷移	◆ 파견이나 변경 등의 일이 빈번하게 발생한다. ◆ 出門하여서는 貴人들의 도움을 받는다.
奴僕	◆ 교우나 수하인들로부터 조력을 받음이 있으나 장구하지 못하다.
官祿	◆ 관직자는 昇遷(승천)이나 변동 등의 象이다. ◆ 맡은바 임무에 있어 칭찬과 상을 받을 만하다. ◆ 학생은 학업의 진전이 있고, 국가고시는 순리적이다.
田宅	◆ 家門에 뛰어난 학자들이 많이 태어난다.
福德	◆ 華蓋, 文曲을 보게 되면, 術數學(술수학)을 탐닉하거나 신비로운 사물에 깊이 심취한다.
父母	◆ 교육을 중시한다. ◆ 부모간 화합되고 가정에 충실하려 한다.
	右弼·化科
解義	◆ 右弼·化科는 貴人을 主하며, 이로 인하여 연관된 사안에 있어서 성사됨이 있고 暗中의 협조가 있는 것이다. ◆ 右弼·化科는 하업단계에서는 중단적 현상이 발생한다. ◆ 右弼은 보좌성으로, 본시 타고난 역량을 一過性(일과성)으로 증가시키는 역량이 있는데, 化科는 더욱 보좌적 성질을 증가시키기 때문이다. ◆ 右弼·化科가 독좌로 宮에 居하는 경우에, 복무와 연관되어서는 자신의 발전을 이룩할 수 있는 여건이 형성되고, 타인의 보좌역을 할 경우에도 또한 연관하여 발전이 있는 것이며, 이로 인해 자신에게도 이익 됨이 발생하는 것이다. ◆ 같은 이치로 기타의 성요가 동궁할 경우에도 금상첨화라 논할 수 있다. ◆ 文星과 동궁시는 文人에게 이롭고, 문예 방면으로 이로우며 발전이 있다. ◆ 武職과 연관된 성요가 동궁시에도, 經商면에서 큰 이득을 취할 수 있다.
命宮	◆ 학업시기와 연관하여서는 留級(유급), 휴학, 재시험 등과 연관된다. ◆ 思考(사고)와 企劃(기획)에 이롭고, 귀인의 도움으로 명성과 지위를 얻을 수 있다.
兄弟	◆ 형제간에 상호 상부상조하며 사회적으로 발전과 성취됨이 있다. ◆ 형제간 상호 조력을 얻음이 可하다.
夫妻	◆ 배우자는 낙관적이고 진취적이며 남을 돕기를 좋아하고, 다방면으로 才藝(재예)가 있고 언변능력이 있다.

夫妻	◆ 右弼·化科의 독좌인 경우이거나, 煞星의 회조가 많은 경우에는 혼인에 파절을 겪게 되고 불리한 면이 많다.
子女	◆ 자녀들이 학문을 좋아하고, 부모 및 타인과도 연분이 좋으며, 사회적으로는 명성을 얻는다. ◆ 문예 방면에 천부적 재능이 있고, 또한 성취함이 있으며, 이로 인하여 家門의 榮華(영화)를 기약할 수 있다.
財帛	◆ 붕우 및 지인들의 협조로 인해 득재와 여러 이익 됨이 있다.
疾厄	◆ 비뇨기계통의 질환이 염려된다.
遷移	◆ 사회적으로 명성을 얻고, 사람과의 인연이 길하다. ◆ 체면을 중시하고, 밖으로는 귀인의 조력을 얻게 되고, 외국과 연관하여 발전함이 있다.
奴僕	◆ 붕우간 상호 융합됨이 있으며, 붕우의 조력을 얻음이 가하다. ◆ 붕우간 인연이 좋으며, 붕우 중에 명성을 얻는 사람이 많고, 이로 인해 음으로 양으로 외적인 도움을 받게 되는 경우가 많다.
官祿	◆ 타인을 돕고 배려하는 마음이 있어 사업적인 면에서 발전과 성취를 이루게 된다.
田宅	◆ 가택을 잘 꾸미기를 즐겨하고, 출생지가 유명지인 경우가 낳다. ◆ 家率(가솔)들은 상호 화목하고, 재물은 크게 부족됨이 없다. ◆ 가택 주변에 池湖(지호)나 개천이 있거나, 혹은 문구류 등과 연관된 곳이 있다.
福德	◆ 명성과 체면을 중시하는 성향이 있다. ◆ 享受(향수)와 口福이 있으며, 貴人과 연계되어 득재하게 된다. ◆ 살림살이는 크게 부족됨이 없고, 정신세계를 추구함이 있으며, 복덕이 있는 命이다.
父母	◆ 부모는 현명하고 연분이 좋다. ◆ 부모 및 윗사람들의 조력을 받음이 많고, 이들로부터 귀여움과 庇護(비호)를 받게 된다.
	天梁·化科
解義	◆ 天梁·化科는 그 貴的 역량을 더욱 증가한다. ◆ 天梁은 본시 解厄(해액)의 功이 있는 성요로, 곤란한 경우에 처해지더라도 번뇌와 얽매임을 감쇠시키는 역량이 있고, 化科는 禍解(화해) 후 사람으로 하여금 진일보하게 하는 역량이 있다. ◆ 天梁·化科의 특징은 국가고시에 이롭고, 신기술이나 신기능의 연습에 이롭고, 당사자의 학습능력과 지명도를 증가시킨다. ◆ 天梁·化科가 같이 함은, 貴人의 천거로 인해 昇遷(승천)의 이로움이 있고 국가고시 등에 길운이 트인다. ◆ 역사, 철학, 의술, 의약, 동양오술 등과 연관된 직업에 적합하다. ◆ 天梁은 蔭星(음성)으로 부모, 연장자, 上司 등과 연관되며, 육친궁에서 化科와 같이 하면, 長上과의 연을 득할 수 있고, 부모와 같은 도움을 받을 수 있고 上司의 천거를 득할 수 있다. ◆ 天梁·化科는 부모가 건강장수하고 상호 융합을 이룰 수 있다.

命宮	◆心志가 선량하여 思考的(사고적) 노선이 正道를 추구하며, 명성이 높고 좋은 연분을 이루게 된다. ◆기술방면의 이론적인 면에서 才華(재화)가 있고, 각 분야를 연구하고 또한 돌파하고자 하는 의욕과 창조적인 면도 갖추고 있다. ◆女命은 고급 윤락업소에 출입하는 경우도 있다.
兄弟	◆형제자매간 감정상으로는 평범하다. ◆형제자매간 떨어져서 지내는 경우도 많다.
夫妻	◆혼인 혹은 감정상의 문제에서 파절이나 난제가 도래하더라도 능히 해소하며, 쌍방 간의 감정상의 조절과 화해를 통해 더운 친밀감을 유지하게 한다.
子女	◆마음 씀씀이가 선량하다.
財帛	◆淸白之財를 얻을 수 있다. ◆天梁은 蔭星(음성)이니 化科와의 조합은, 타인의 증여 혹은 타인의 도움을 받을 수 있다.
疾厄	◆大病은 없으나 잔질이 장구하게 진행되는 경우가 있다.
遷移	◆하려고 하는 바에 있어서는 이롭다.
奴僕	◆직설적으로 간언하는 교우나 수하인들이 있다.
官祿	◆사업상으로는 실질적 권한을 갖지는 못하나, 품평이 좋으며 유명세를 탄다. ◆외출시에는 멋과 꾸밈을 좋아함이 결점이다.
田宅	◆積德之家(적덕지가)이며, 풍수가 길하다.
福德	◆종교적으로 심취하며 신앙심이 있다. ◆남에게 베풀기를 좋아하고 가택의 心은 후덕하다.
父母	◆장수하며 조상의 음덕이 있다. ◆부모사이는 소원하고 간격이 있다.
	太陰·化科
解義	◆太陰은 陰水에 속하며, 化科는 女性貴人에 속하니 暗貴라 논하는 것이며, 문화, 예술방면에서 능력을 발휘하고 이로운 것이다. ◆太陰은 田宅을 主하고 그리고 祿庫之星이다. 化科는 財祿에 있어 본시 化明한데 이것이 暗的 현상으로 化하게 되니, 대표적으로 부녀자의 私金融(사금융)과 연관된다. ◆庚干의 太陰·化科인 경우에는, 武曲·化權의 後이며, 武曲은 陰金으로 刑傷(형상)을 主하는데, 太陰의 속성인 陰水를 生하니 庚干의 太陰·化科는 血光의 象인 것이다. ◆癸干의 太陰·化科인 경우에는, 巨門·化權의 後이니, 巨門은 陰水에 속하며 시비구설을 主하며, 太陰 역시 陰水에 해당하니, 癸干의 太陰·化科는 桃花의 象이며, 此 桃花는 吉함의 징조가 있는 것이다.
命宮	◆私金融(사금융)과 연관하여 명성을 얻는다. ◆여성귀인의 暗中 助力이 있으니 성취됨이 있는 것이다.

命宮	◆ 市街地(시가지) 인근에 居하며, 그 사람의 됨됨이를 평가하기에는 부족함이 있으나, 명망있는 위치의 인물일 것이라 논하지는 않는 것이다.
兄弟	◆ 형제들이 부귀하고 才華(재화)가 있다.
夫妻	◆ 남편은 영준하고 처는 미모이다.
子女	◆ 私金融(사금융)的 정황이 있다. ◆ 暗中 자녀에게 주는 용돈이 거의 없으니 자녀들은 저축을 하게 되는 것이다. ◆ 먼저는 여아이고 나중은 남아이다.
財帛	◆ 돈을 모으는데 있어서는 淸白(청백)의 象이다. ◆ 여인의 도움으로 得財할 수 있다. ◆ 化明한 財祿이 暗的현상으로 化되니 私金融(사금융)을 喜하는 것이다.
疾厄	◆ 庚干의 太陰·化科인 경우는 일생에 몸에 칼을 대는 흉화가 있다. ◆ 酒色(주색)과 연관하여 暗病(암병)이 있다.
遷移	◆ 항상 금전상의 여유가 있으며, 私金融(사금융)을 운영하기를 좋아하고, 晩年에는 신변에 금전이 있어 享受를 누리게 된다.
奴僕	◆ 여성 수하인들의 조력을 받을 수 있다.
官祿	◆ 공직자라면 淸貴(청귀)하다. ◆ 중간상 계통에 종사하면 명성과 財를 득할 수 있다. ◆ 私金融(사금융)적 정황이다. ◆ 暗中 타인의 이름을 차용하여 가택을 사들인다.
田宅	◆ 조업을 잇지 못한다. ◆ 고향을 등지고 타향에서 생활함이 이롭다.
福德	◆ 문예 방면에 관심과 애정이 많다. ◆ 악기, 바둑, 서예 등의 창작활동에 시간을 많이 할애한다.
父母	◆ 모친이 家權을 장악한다. ◆ 가정 내에 부친의 영향력이 크지 못하다.
	文曲·化科
解義	◆ 文曲은 文星으로 국가고시를 主한다. ◆ 文曲은 化科를 만날시 가장 기뻐하는데, 文曲·火科는 文星이 지니고 있는 才華(재화)의 특성을 충분히 발휘하게 하기 때문이다. ◆ 文曲과 文昌은 공히 文星이나, 文昌은 학술연구 방면, 문화, 문예 방면으로 偏向(편향)되어 才華(재화)를 발휘하고, 文曲은 언변, 음악, 연출 등의 방면으로 偏向되어 才華를 발휘한다. ◆ 文曲·化科는 재학생인 경우에는, 학업성적이 우수하고, 국가고시 등의 시험운도 좋다. ◆ 文曲은 도화적 성질도 지니고 있어, 미혼 남녀가 文曲·化科를 만날 시에는, 감정상에 있어 새로운 진전의 계기가 되거나, 혹은 붕우관계에서 이성간의 문제로 새롭게 감정상의 변화가 발생하는 계기가 되는 것이다.

命宮	◆ 총명하고 언행이 솔직하고 문예 방면으로 천부적인 才華(재화)가 있다. ◆ 언변이 좋고 이로 인해 이익 됨이 있다.
兄弟	◆ 형제가 才華(재화)가 있어 명성을 얻는다.
夫妻	◆ 배우자는 학업수준이 높다. ◆ 문예 방면으로 뛰어난 才華(재화)가 있다. ◆ 도화적인 성향도 있다.
子女	◆ 外道로 인한 자녀가 있을 수 있다.
財帛	◆ 貴人의 조력을 얻을 수 있다.
疾厄	◆ 정신계통의 질환이 염려된다.
遷移	◆ 외국 유학을 통해 이득이 많다. ◆ 口才가 있으니 이로 인한 得財가 가능하다.
奴僕	◆ 재학 시는 학업성적이 우수한 학생들과 어울리고, 졸업 후에는 文職과 연관된 직업의 종사자들과 교제를 하는데, 이는 득실 및 이해관계가 없는 순수한 교제이다.
官祿	◆ 才華(재화)가 출중하다. ◆ 사업방면으로 성취가 있고 또한 명성을 얻는다.
田宅	◆ 行業과 연관하여 금전적으로 크게 저축되는 면은 없다.
福德	◆ 문예 방면으로 자질이 있으며 일정부분의 得財도 可하다.
父母	◆ 刑剋(형극)의 감소가 있다.
	左輔·化科
解義	◆ 左輔는 陽土에 속하며 "善"을 主한다. 左輔는 기타의 主星을 보좌하는 역할을 하며 그 능력과 역량을 발휘하게 하는 것이다. ◆ 左輔는 求財나 求權과의 직접적인 연관이 적고, 타인으로 하여금 그 임무를 돕는 역할이며 그 사람으로 하여금 자기 자신과 능력을 성취하게끔 하는 보조적 역할을 한다. 그리고 그 돕는 역할이라는 것은 직접적으로 관여하며 돕는 행위를 말하는 것이다. ◆ 左輔·化科의 機微(기미)와 특성은 다음과 같다. ·국가고시, 競技關聯(경기관련), 학술발표 등에 순리적으로 명성을 얻을 수 있다. ·貴人의 조력을 받는데, 이는 자기 자신의 노력 여하에 달린 것이며, 뛰어난 재능을 지니고 있어 이로써 명성을 얻는 것이다. ·타인의 일을 자신이 대체함으로써 성취를 이루고, 타인의 공적에서 일정부분의 享受(향수)와 도움을 얻는 것이다.
命宮	◆ 사고력과 기획력이 뛰어나고 귀인의 조력으로 인해 명성과 지위를 얻을 수 있다. ◆ 재학 시에는 불리한 면이 있어 유급, 휴학, 재시험 등의 현상이 있다.
兄弟	◆ 형제간에 상호 상부상조하며 사회적으로 발전 성취됨이 있다. ◆ 형제간 상호 조력을 얻음이 可하다.

夫妻	◆ 배우자는 낙관적이며 진취적이다. ◆ 남을 돕기를 좋아하고, 다방면으로 才華(재화)가 있고, 분별하는 능력이 있다. ◆ 左輔·化科가 독좌궁이거나 煞星의 회조가 있게 되면, 혼인 면에서 여러 破折(파절)이 따르게 된다.
子女	◆ 자녀들이 학문을 좋아하고, 부모 및 타인과도 연분이 좋으며, 사회적으로도 명성을 얻는다. ◆ 문예 방면에 천부적 재능이 있고 또한 성취함이 있으며, 이로 인하여 家門의 영화를 기약할 수 있다.
財帛	◆ 붕우나 年長者(연장자)의 도움으로 得財하고 이득이 있게 된다. ◆ 煞星의 沖破(충파)를 忌하는데, 沖破가 있게 되면 부귀가 장구하지 못하고, 붕우에게 求함이 있으나, 貸借(대차)하여 당도한 財는 무용지물이 되게 된다.
疾厄	◆ 비뇨기계통의 질환이 염려된다.
遷移	◆ 사회적으로 명성을 얻고, 사람과의 인연이 길하다. ◆ 체면을 중시하고, 밖으로는 귀인의 조력을 얻게 되고, 외국과 연관하여 발전함이 있다.
奴僕	◆ 붕우간 상호 융합됨이 있으며, 붕우의 조력을 얻음이 可하다. ◆ 붕우간 인연이 좋으며, 붕우 중에 명성을 얻는 사람이 많고, 이로 인해 음으로 양으로 외적인 도움을 받게 되는 경우가 많다.
官祿	◆ 타인의 도움과 협조를 득하여 자신의 사업면에서 발전을 이루게 된다. ◆ 煞星의 沖破가 있게 되면, 일생 길흉 간 남의 일에 관여나 하게 되고 본인에게는 정작 성취됨이 없는 것이다.
田宅	◆ 가택을 잘 꾸미기를 즐겨하고, 출생지가 유명지인 경우가 많다. ◆ 가솔들은 상호 화목하고, 재물은 크게 부족됨이 없다. ◆ 가택 주변에 池湖(지호)나 개천이 있거나 문구류 등과 연관된 곳이 있다.
福德	◆ 명성과 체면을 중시하는 성향이 있다. ◆ 享受(향수)와 口福이 있으며, 귀인과 연계되어 得財하게 된다. ◆ 살림살이는 크게 부족됨이 없고, 정신세계를 추구함이 있으며, 복덕이 있는 命이다.
父母	◆ 부모는 총명하고, 부모와의 연분이 좋다. ◆ 부모 및 윗사람들의 조력을 받음이 많고, 이들로부터 귀여움과 庇護(비호)를 받게 된다.

(4) 화기(化忌)

化忌(화기)	
太陽·化忌	
解義	◆ 太陽은 陽火에 속하며 子位에는 陷宮에 드는 것이고, 長生之氣가 壞(괴)되는 것이다. 그러므로 太陽에 甲干의 化忌가 부법되는 것이다. ◆ 太陽은 남성의 상징으로 化忌를 대동할 시는 남성에게 불리한 것이다. ◆ 女命의 太陽·化忌는 감정생활에 있어 破折(파절)을 겪게 되고, 失戀(실연)의 고통과 경험이 따르며 만혼의 경우가 많다. ◆ 太陽·化忌는 불길한 조짐이 있는 것이다. ◆ 化忌는 災厄을 主하며 신체의 傷害(상해)와 연관된다. ◆ 太陽은 陽明의 징조로 擎羊, 陀羅 등의 金星에 속하는 刑殺之氣를 만나게 되면, 눈과 눈동자에 害됨이 발생하고, 근시 혹은 눈과 연관된 질병을 앓게 되며 失明하기도 한다.
命宮	◆ 일생 勞碌(노록)과 奔波(분파)가 따른다. ◆ 女命은 젊어서는 남편을 剋하고, 나이 들어서는 자식을 剋하게 되며, 필히 결혼을 늦게 하게 되고, 혹은 남의 집 첩실로 가기도 한다. ◆ 寅申宮에 太陽·化忌가 巨門과 동궁이면 시비구설과 연관된 직업에 종사함이 吉하다. ◆ 巳亥宮에 太陽·化忌가 巨門과 동궁이면 시비구설을 면하기 어렵다. ◆ 교사나 법률가 民意를 대표한 직업 등에 종사함이 吉하다.
兄弟	◆ 형제간 불리하고 맏형은 傷害를 입음이 있다. ◆ 부친과 형제간에는 불화가 따르거나, 부친이 가정에 무책임하거나, 혹은 형제들의 속박을 받기도 한다.
夫妻	◆ 부부간 不和와 불리함이 많고 손상됨이 많다. ◆ 처는 남편을 刑剋하고, 남편 자신은 이롭지 못한 면이 많다.
子女	◆ 자녀는 이롭지 못한 면이 많고 자녀에게 질병과 災厄이 많다. ◆ 頭胎에 손상이 있고, 부자간에 엄중한 間隔(간격)이 있으며, 이끌어 줌이 오히려 퇴보적이 되니 원망함이 크다. ◆ 車禍(차화) 등의 잠재적 요소가 있는데, 기차나 자동차 등의 탈 것으로 인한 災厄의 발생 요소가 있으며, 손상되는 부위는 주로 頭部(두부)이다.
財帛	◆ 得財 함에 辛苦(신고)가 따른다. ◆ 求財의 경우 시비구설이 따른다.
疾厄	◆ 눈과 눈동자 부위에 질병이 있다. ◆ 불면증과 연관된다. ◆ 조급성과 정서적 불안 등과 연관된다. ◆ 혈액 혹은 치질관련 질병이 있다.
遷移	◆ 災厄(재액)이 발생한다. ◆ 車禍(차화) 등의 잠재적 요소가 있는데, 기차나 선박, 자동차 등의 탈 것으로 인한 災厄의 발생 요소가 있으며, 손상되는 부위는 주로 頭部(두부)이다.

遷移	◆廟旺宮의 太陽·化忌가 巨門을 만난다면, 사람들의 원망을 듣고 이유 없는 시비를 겪게 된다.
奴僕	◆交友 혹은 수하인들과 연관하여 구설과 紛糾(분규)가 多發한다.
官祿	◆사업은 불리하고 하나라도 이룩되는 것이 없다. ◆일생이 순탄하게 진행되지 못하고, 계획은 면밀하게 잘 세우나 중도에 변화가 발생하게 된다. ◆사업상 압력을 받게 되고, 口舌 및 競爭關係(경쟁관계)와 연관된 行業에서 오는 사안들을 和解(화해)하는 직업에 종사하게 된다. ◆政界는 절대 이롭지 못하다. ◆擎羊이나 天刑을 보게 되면 官災口舌이 발생한다.
田宅	◆祖業을 이어가지 못한다.
福德	◆스스로 奔波勞碌(분파노록) 됨이 있다.
父母	◆부친에게 불리하다. ◆太陰과 煞星이 동궁이거나 회조되면 모친을 剋하게 된다. ◆擎羊이나 天刑을 보게 되면 관재구설이 발생한다.
	太陰·化忌
解義	◆太陰·化忌는 여성에게 불리한데, 이는 太陰이 모친, 처자, 여아 등을 나타내므로, 太陰·化忌는 女性의 육친에게 불리한 면이 많은 것이다. ◆太陰·化忌는 여성적 영향이 있어, 심리적인 면에서 불안정하고, 조급성이 있으며, 감정상의 곤요적 현상이 발생한다. ◆건강상으로는 부녀 관련 질병과 비뇨기질환 등이 발생한다. ◆太陰은 財星이고 化忌는 耗星(모성)이므로, 太陰·化忌는 財運과 관련하여 손재적인 면이 발생한다. ◆太陰은 田宅을 主하는데, 太陰·化忌의 경우는 전택의 퇴보성과 연관되며, 주거환경의 변동, 이사, 축조와 수리 등의 문제가 발생한다. ◆太陰은 또한 驛馬를 主하는데, 명궁이나 천이궁에 化忌와 같이 하면, 고향을 떠나 타향으로 이사하는 조짐이 있고, 擎羊, 陀羅 등의 煞星을 보게 되면 財破人亡(재파인망)하게 된다.
命宮	◆心計가 많고 불성실한 면이 있다. ◆매사에 타인을 이용하여 이득을 취하려는 의도가 많다.
兄弟	◆형제자매간 不睦(불목)함이 많다. ◆상호 불신과 欺瞞(기만)이 팽배하다.
夫妻	◆감정생활에 불리함이 있다. ◆실연적 현상이 발생한다. ◆배우자는 고향을 떠나게 된다. ◆女命은 결혼을 늦게 하게 되거나, 혼인에 破折(파절)이 따르는 정황이 있다.

子女	◆ 자녀들은 올바른 길로 인도하기 힘들다. ◆ 학업과는 거리가 멀다.
財帛	◆ 財運은 불리하고 破財의 조짐이 있다. ◆ 재무상으로 투명하지 못하여 이로 인해 발생하는 여러 곤란한 상황을 면하기 어렵다. ◆ 살성이 동궁이면 여러 유혹적인 상황과 연관되어 파재가 따른다.
疾厄	◆ 질환이 다발한다. ◆ 여성은 暗疾(암질)의 징조가 있다.
遷移	◆ 진퇴가 명확하지 못하고 시비구설이 있다. ◆ 고향을 떠나 타향에서 살게 된다.
奴僕	◆ 원망을 듣게 되고 여러 속박의 요소가 있다. ◆ 소인의 음해와 배타적인 면이 발생하고, 여자와 같이 하는 일에서는 불화가 있고, 대체로 인간관계에서 불리함이 많다.
官祿	◆ 大器晩成(대기만성)이고 先破後成(선파후성)이다. ◆ 투기관련 사업은 금물이다.
田宅	◆ 財庫가 파괴되고 損財運이 있어 재물과의 연이 적다. ◆ 가택은 시비구설이 많이 발생한다. ◆ 양택의 경우 家産과 연관하여 불량적인 요소가 있다. 이는 家運이 불안정하기 때문이다.
福德	◆ 질환이 있다. ◆ 겉으로는 안정되어 보이나 내적으로 불안정하다. ◆ 暗災가 있고, 내적으로 經常的인 면에서 고민과 이상기류가 흐르고 노심초사할 문제가 발생한다.
父母	◆ 모친에게 질병이 다발한다. ◆ 어려서는 부친을 극하여 모친과 살게 된다. ◆ 擎羊, 陀羅를 보게 되면, 上司와 자신과의 사이에 불만이 쌓이게 되고, 다시 文曲을 보게 되면 사람의 讒訴(참소)가 있게 된다.
	廉貞·化忌
解義	◆ 廉貞은 囚星이고 化忌는 재주는 있으나 기회를 만나지 못하는 것이니, 逆境(역경) 속에 함몰된 象이다. ◆ 廉貞은 陰火로 亥子丑의 北方水運을 만나면 受制가 되고, 化忌를 만나면 시비가 다발한다. ◆ 廉貞은 桃花的 성질이고, 化忌가 水鄕(수향)에 낙궁이며 도화성을 보게 되면, 필히 桃花로 인한 분규가 발생한다. ◆ 廉貞은 또한 시비구설을 主하는데, 化忌를 가장 기피하고 필히 곤란함이 발생하는데, 이는 행정방면과 연관된 시비이다. ◆ 女命은 일생 困難之事(곤란지사)가 多發한다. ◆ 廉貞·化忌는 신체에 있어, 여러 질병이 많이 발생하는데, 암 발병 요인도 있다. ◆ 化忌가 煞星의 沖破가 있으면 잔질이 많다.

命宮	◆ 심정에서 확 트인 정황은 없다. ◆ 반역적인 성향이 강하고, 환경의 제약이나 속박을 받고 항시 번뇌와 고민이 있어 즐겁지 아니하고, 주변의 곤란한 사안들이 풀어질 조짐이 없고, 장기적인 압박을 받는 고로, 신경쇠약이나 불면증에 걸리기 쉽다. ◆ 몹시 착잡하고 뒤섞이어 어수선하게 느끼는 증상들이 발생한다.
兄弟	◆ 상호간 화합됨이 적다. ◆ 상호 조력을 받기가 힘들다.
夫妻	◆ 감정상의 분규가 발생한다. 이는 남녀 공히 구설과 번뇌에서 기인한다. ◆ 이혼 후 재혼수가 있다. ◆ 감정상 파열음이 따르는 형상이다. ◆ 감정과 연관하여 순리적인 마음이 적고, 상호간 감정으로 인한 얽매임이 있다. ◆ 사업상 과거의 기억 혹은 직장 내의 부조화에 기인한 여러 시비구설이 다발한다.
子女	◆ 자녀들은 질병이 많고 상해가 다발한다. ◆ 가택 내에 시비구설이 많고, 공직인 이라면 행정방면에서 관재구설이 발생한다.
財帛	◆ 錢財와 연관하여 분규가 발생한다. ◆ 財로 인하여 여러 재앙과 번뇌가 발생한다. ◆ 錢財(전재)는 남에게 被劫(피겁)당하고 되찾을 수 없다. ◆ 錢財가 남으로부터 동결당하니 압박이 가중되어 마음이 편치 못하다. ◆ 여자에게 기대어 살고, 경영상 특종 영업 혹은 유흥업소 등에 종사하게 된다.
疾厄	◆ 의외의 禍厄(화액)이 발생한다. ◆ 다른 사람으로 인해 질병에 시달리고, 또한 괴질에 걸리기 쉽고, 이로 인해 심정상 번뇌가 많다. ◆ 건강방면에서는 암이나 옹종, 그리고 잡병 등에 걸리기 쉽다. ◆ 또한 暗症, 화류병, 심기불편, 간질환, 불면증 등의 질병이 발생한다. ◆ 天府가 동궁한 경우에는 위출혈이 있다.
遷移	◆ 車禍(차화)나 跌傷(질상) 등의 의외의 災厄이 있다. ◆ 女命이 煞星을 보게 되면 賤業(천업)에 종사한다. ◆ 醜聞(추문)과 연관한 소요사건 등이 발생한다.
奴僕	◆ 교우나 수하인과의 관계는 건전하게 유지되지 못한다. ◆ 선남선녀가 되지 못한다.
官祿	◆ 관재구설이 발생한다. ◆ 여자에 의지하여 살아간다.
田宅	◆ 가택 내에 시비구설이 다발한다. ◆ 관재구설이 많다. ◆ 사업상으로도 시비, 訟事(송사) 등이 많다. ◆ 여자에 의지하여 살아간다.

福德	◆ 의외의 災厄이 발생한다. ◆ 落陷의 경우 곤란한 일들로 인해 심사가 불안정하고, 마음을 괴롭히는 일이나 불면증 등에 시달린다. ◆ 女命이 煞星을 보게 되면 초조함이 있고 賤業(천업)에 종사한다.
父母	◆ 부모에게 불리하다. ◆ 부모의 재혼이 있거나, 조상제사의 승계문제 등이 발생한다. ◆ 행정관련 시비구설이 다발한다.
	巨門·化忌
解義	◆ 巨門·化忌는 시비구설을 主한다. ◆ 무심결에 한 말로 인해 타인에게 죄를 얻게 되고, 혹은 일시적으로 격분돼서 한 말로 인해, 타인에게 평생 悔恨(회한)을 안겨 주기도 한다. ◆ 일생 시비가 다발하는데, 무형적으로 역량의 견제와 속박을 당하거나 소인과의 자질구레한 분규가 떠나지 않는다. ◆ 巨門·化忌가 天刑을 보게 되면 관재구설을 예방해야 한다. ◆ 巨門·化忌가 太陰宮에 居하면 陰煞(음살)과 연관되고, 陰廟(음묘), 符籍(부적), 呪術(주술), 法事(법사) 등을 멀리해야 한다. ◆ 巨門·化忌는 人事를 主하는데 시비구설을 동반한다. ◆ 巨門·化忌가 大限이나 小限에 들면 의외의 車禍(차화)를 당하는데, 차량에 끼어 사고를 당하거나, 화물차에 눌려 사고를 당한다. ◆ 巨門·化忌가 사망과 관련하여서는 女命이 主되고 男命은 主가 되지 않는다. 이는 巨門이 영구히 복덕적 연분인 太陰에 자리하기 때문인 것이다.
命宮	◆ 일생 시비구설이 많고 교제관계에서 순탄함이 적다. ◆ 언사가 정제되지 못하고, 타인이 들으면 불쾌한 면이 많아, 사람들로부터 허물을 얻게 되니, 정직 자신은 알지 못하며, 현실에 있어서 불만족한 경향이 있다. ◆ 언변과 話術(화술)과 연관된 직업은 이로운데, 변호사, 교사, 術 士(술사) 등에 이롭다.
兄弟	◆ 시비구설이 많다. ◆ 질병과 災厄으로 인한 破耗(파모)가 있다.
夫妻	◆ 시비구설이 다발한다. ◆ 자기로 인해 분규가 발생하는데, 이는 무의미한 분쟁인 것이다.
子女	◆ 올바르게 자라지 못하는 경향이 많다. ◆ 자녀들은 상호 불목함이 많다.
財帛	◆ 금전상 시비구설이 많다. ◆ 사람과의 爭財로 인해 시비가 발생하거나, 이해관계가 얽히고설키어 있으며, 숨은 底意(저의)가 있는 財와 연관하여 시비가 발생하며, 이로 인해 손실과 破財가 따르고 고소를 당하기도 한다.
疾厄	◆ 드러나지 않는 暗病(암병)이 있다. ◆ 신체상 고질병이 있는데 이는 음택풍수와 연관되는 것이다.

疾厄	◆ 한가한 일을 주관하기를 좋아한다. ◆ 女命은 말하는 것이 장황하고 수다쟁이이다.
遷移	◆ 밖에 나서서는 시비구설이 다발하나 내심은 그런 의도가 없는 것이다. ◆ 진퇴가 부정하고 의심이 많고 동부서주하며 勞碌(노록)과 辛苦(신고)가 따른다. ◆ 관재구설이 있다. ◆ 辰戌丑未의 四庫地에 落陷의 경우는 官訟(관송)이 발생하는데 必敗이다.
奴僕	◆ 붕우들의 도움이 적고 紛糾(분규)가 많으며 수하인과의 사이에 義가 없다. ◆ 사람과의 교제관계가 불리하고, 언행이 정제되지 못하여 사람을 압박하니 인연이 없는 것이다. ◆ 중재사안에 있어서는 힘을 다하지 않으므로, 반대로 상대편의 비평이 많으며, 따라서 한가한 일을 관리하게 된다.
官祿	◆ 사업상 官訟(관송)과 시비가 있다. ◆ 복무업에서도 官訟과 시비가 많다. ◆ 비정규직에 종사함이 많고, 시비구설이 많으며, 소송에 패소함이 많다. ◆ 일생 험난함과 辛苦가 많고, 경영사업 면에서는 사기를 당하여 폐업하게 된다.
田宅	◆ 가택이 불안하다. ◆ 구설시비로 인해 고향을 등지게 되거나, 가택 내에 이러저러한 구설이 빈번하여 訟事(송사)로 인해 收監(수감)될 수 있다. ◆ 天刑이나 擎羊을 보게 되면 收監之事(수감지사)가 발생한다.
福德	◆ 暗病이 몸을 떠나지 않는다. ◆ 심신이 불안정하고, 불면증이 있고, 일을 함에 하나라고 이루어지지 않는데, 이는 中途에 改變(개변)이 많거나, 혹은 取消(취소) 함이 많은 연고이다.
父母	◆ 질병이 몸을 떠나지 않고 陰疾(음질)에 걸리게 된다. ◆ 신체상 고질병이 많은데, 이는 음택풍수와 연관된다. ◆ 한가한 일을 관리하기를 좋아한다. ◆ 女命은 수다쟁이이다.
	天機·化忌
解義	◆ 天機는 思考의 성요인데, 化忌는 思想(사상)면에서는 아름답지 못한 성요이다. ◆ 天機는 형제를 主하고, 육친궁에 낙궁함을 不喜하는데, 대표적으로 육친의 가출문제 혹은 災厄(재액)을 나타낸다. ◆ 天機·化忌는 육친의 손상문제가 발생하는데, 이는 남자가 주로 해당되고 여자는 주로 해당되는 것은 아니다. 그리고 天機는 필히 太陽 혹은 복덕궁과 연관이 있다. ◆ 天機·化忌 혹은 自化氣인 경우는, 건강하지 못하고 체력이 약하므로 神佛(신불)에게 이름을 올리는 등의 풍속을 따르는 경우가 많다. ◆ 天機·化忌는 정신질환을 앓게 되거나, 머릿속에는 환상적인 세계가 가득하다. ◆ 天機·化忌는 이사와 변동이 많고, 머뭇거리며 망설임이 있어, 결정하지 못하고 우려함이 많다.

解義	• 天機·化忌는 신체적으로 장애가 있는 경우가 많은데 이는 신경계통의 손상 때문이다. • 天機·化忌는 뇌와 근육의 손상과 연관하여 첫 번째의 惡星인데 이는 주로 지혜 및 정신과 연관되어 있기 때문이다.
命宮	• 개성이 명쾌하지 못하고 독서를 좋아하지 않는다. • 대체로 사사로운 면에 심력을 쏟고, 생각과 사고방식이 명쾌하게 드러나지 않고, 번뇌가 많으며, 불면증에 시달린다. • 사상면에서 타인들과 이견이 많고, 총명한 것 같으나 그렇지 못하고, 桃花的 기질이 많으며, 결혼 후에도 이성문제가 따른다.
兄弟	• 형제의 손상이 있거나 조력을 얻지 못한다. • 형제간 화합됨이 적다.
夫妻	• 가택 내에 분규가 많다. • 남명은 처의 육친 중에서 남자들에게 결함이 있는 경우가 많다.
子女	• 자녀를 양육함에 불리한 면이 있다. • 의부모를 두거나, 神佛(신불)에게 義子(의자)의 이름을 올리거나, 후계자가 없는 친인에게 보내거나 등에 이롭다.
財帛	• 損耗(손모)가 있다. • 변동이 많은 연고로 불리함이 많은 상이고, 지혜에 의지하려 하나 지혜가 부족하다.
疾厄	• 肝膽(간담)이나 신경계통의 질환이 염려된다.
遷移	• 교통사고의 발생이 높다. • 어린아이는 迷兒(미아)가 되기 쉽다. • 巨門과 동궁이면, 외부의 젊은 사람과 연관되어 失意가 있다.
奴僕	• 교우나 수하인들과의 관계에 변덕이 많다. • 조력을 얻기 힘들다. • 교우관계가 공정치 못하고 편향되어 있다.
官祿	• 계획 중에서 經商과 연계된 것은 실패한다. • 직업을 바꿈이 많으며, 바꾼 즉 불리함이 많다. • 종종 진퇴유곡에 빠짐이 많고 또한 불리함이 많다.
田宅	• 가택에 잡다한 일이 많다. • 이사함이 많고 일상적으로 진행되는 면면에서도 변천이 많다. • 祖業(조업)을 잇기 힘들고 變業(변업)이 따른다.
福德	• 민첩하나 생각에 頭緖(두서)가 없다. • 일생에 편하고 한가함이 적고, 번뇌가 특별히 많으며, 고용되어서는 스스로 짓는 심려가 많다. • 스스로 짓는 고뇌가 많고, 신경계통의 질환이나 肝계통의 질환이 있다. • 번뇌가 많고 안녕하지 못하며, 매사 진퇴에 사려가 많고 초조하며 불면증에 시달린다.

父母	◆父의 손상이 있다. ◆부친의 가출문제나 혹은 부친에게 災厄이 발생한다.
	文曲·化忌
解義	◆文曲·化忌는 정제되지 않은 말을 쏟아내는 경향이 있어 시비구설을 자초한다. ◆擎羊과 煞星의 회조가 있으면, 문서, 계약, 주식 등과 연관하여 문제가 발생할 수 있고, 타인의 문서 등과 연관하여서는, 배서, 혹은 차량 등과 연관된 문서, 범칙금 등의 여러 문제들에 대해, 심사숙고하여 처리해야 한다. ◆文曲·化忌는 家宅의 異常(이상) 등과 연관된다. ◆文曲·化忌의 명조는, 도박은 금물이고, 만약 천성적으로 도박을 즐기는 성형이라면 破家亡身하게 된다. ◆破軍과 文曲, 文曲·化忌는 "耗星(모성)"이다. 損財(손재), 失戀(실연), 斷絕(단절) 등과 연관되거나, 혹은 골치 아픈 사안들의 처리와 연관된다.
命宮	◆才藝(재예)를 키워나가기 힘들다. ◆도화적 갈등과 분규가 있다. ◆일생에 乘運(승운)의 기회가 여러 번 있으나, 그 기운과 수단, 교제, 주선 등을 운용함에 불리함이 있다.
兄弟	◆형제자매간 상부상조함이 적다. ◆好不好가 편향되고 매우 심하다.
夫妻	◆감정생활면에서 파절이 많이 따른다. ◆배우자 간 喜怒가 不定하고 언어와 사상면에서 소통이 안 되고, 감정과 연관하여 불이익을 당함이 많다.
子女	◆주거지의 이동이 많은 상이다. ◆사생아를 두기 쉽다.
財帛	◆자금의 동결, 장부 등의 허위기재, 空手票(공수표), 문서계약 등과 연관하여 문제가 발생하여 破財하게 된다. ◆혹은 편법으로 이득을 취하는 경우도 있다.
疾厄	◆신경계통의 질환이 염려된다.
遷移	◆주거지의 이동이 많은 象이다. ◆出外하면 부당한 처사를 받기 쉽다.
奴僕	◆交友나 수하인들과의 관계는 진실성이 적다. ◆상호간 불신이 많고, 이용하여 편취하려는 생각이 많다.
官祿	◆국가시험이나 승진과 관련하여 이롭지 못하다. ◆일생 성취됨이 적다.
田宅	◆祖業을 破하게 된다. ◆편고된 직업을 갖는 경우가 많다.

福德	• 감정상 민감함이 크다. • 생각과 思考가 독특하고, 말을 함에 감정면에서 오류가 많다.
父母	• 부모간 관계는 不和함이 많다.
	天同·化忌
解義	• 天同은 壽福의 성요이고, 化忌는 禍厄(화액)을 제거하고 해소하는 공이 없는 성요이다. • 天同의 본질은 享受(향수)와 연관되는데, 化忌의 영향으로 나태한 성향을 나타내며, 힘든 일을 하지 않으며, 돈을 모으려 하나 모아지지 않고, 福은 있으나 享受(향수)를 얻을 수 없고, 좋은 기회를 놓치는 경우가 많으며 일생 勞碌(노록)한 인생을 보내게 된다. • 天同·化忌가 육친궁에 居하면, 해당 육친궁에 享福(향복)이 없게 되고 신체의 건강상태가 불리하니 스스로 자신을 돕는 것에 부족하다.
命宮	• 辛勞(신로)가 따르고 享福(향복)이 없는 命이다. • 열심히 노력하나 금전적인 면에서의 收支打算(수지타산)에 있어 만족한 결과를 얻지 못한다. • 나태한 성질이 있으니, 일하는 것을 忌하고 돈을 버는 것만을 추구하나, 享福(향복)을 득하지 못하고 좋은 기회를 포착하지 못한다.
兄弟	• 형제간 복이 없고, 享受(향수)를 누림도 없으며, 신체가 건강치 못하다. • 형제자매간 상호 不睦(불목)하고 조력함이 적다.
夫妻	• 일생 도화적인 면으로 분규가 많고, 감정생활에 어려움을 겪고, 혼인에 있어 破折(파절)을 면치 못한다. • 배우자가 복이 없고, 享受(향수)를 누리지 못하고, 신체가 건강치 못하다.
子女	• 자녀들은 不孝한다. • 夭折(요절)하는 자녀가 나올 수 있다.
財帛	• 수입과 지출에 평형을 이루지 못하고, 財를 보존하기 어렵고, 돈이 들어옴은 있으니 다시 빠져나가게 된다. • 수입이 충분치 못하여 가택의 살림살이에 곤란함이 있다.
疾厄	• 신체가 건강치 못하고, 享福(향복)도 없으며, 일생 勞碌(노록)한 命이다. • 평생 질병이 다발하고, 회복이 더디다.
遷移	• 사람과의 연이 박하다. • 出外하면 사람으로 인해 상심하는 일들이 많다.
奴僕	• 양호하지 못하다. • 붕우간 교제에 있어 곤란한 생활환경에 처한 자가 많아, 좋은 스승과 이익되는 붕우가 적고 힘을 얻지 못한다.
官祿	• 사업상 귀인의 도움이 적으니 奔波(분파)와 忙碌(망록)이 많다. • 勞碌(노록)이 따르고 성취됨이 적다.
田宅	• 行業을 함에 불리함이 많다.

福德	• 복록과 享受(향수)가 없다. • 災厄을 만나도 해소됨이 적다. • 신체가 건강치 못하고, 享福(향복)이 적고, 종국엔 勞碌(노록)됨이 많다. • 多病한 命이며 질병을 앓을 시는 회복이 더디다.
父母	• 刑剋됨이 있어 부모의 단명수가 염려된다.
	文昌·化忌
解義	• 文昌·化忌는 언행이 가벼워 시비구설이 다발한다. • 擎羊과 煞星의 회조가 있으면, 문서, 계약, 주식 등과 연관하여 문제가 발생할 수 있고, 타인의 문서 등과 연관하여 배서, 보증, 혹은 차량 등과 연관된 문서, 범칙금 등의 여러 문제들에 대해 심사숙고하여 처리해야 한다. • 文昌·化忌는 가택의 異常 등과 연관된다. • 文昌·化忌의 명조는 도박은 금물이고, 만약 천성적으로 도박을 즐기는 성형이라면 破家亡神(파가망신)하게 된다. • 七殺이 文昌과 동궁시에 文昌·化忌가 같이 함은, 흉살로 변하게 되는 것이니 문서 문제 혹은 血光之災(혈광지재)를 조심해야 한다. • 文昌·化忌는 애정관계에서 복잡하게 연루됨이 있어, 관계를 끊으려고 말하고 시도하나 본래의 상태대로 원위치가 된다.
命宮	• 매사 명확하지 못하고, 고집이 강하며, 사상의 비관과 더불어 고민이 많다. • 언사가 진실됨이 없고 장황하다. • 신경과민이나 신경계통의 질환이 발생하는 경우가 많고, 思想면에서 대중들과는 보편적으로 의견이 다르다.
兄弟	• 형제자매간 상호 상부상조함이 적고, 의견과 행동이 편향적인 면이 많다. • 상호간 조력을 얻기 힘들다.
夫妻	• 감정생활면에서 破折이 많다. • 애인 혹은 배우자간 喜怒(희로)가 不定하다. • 언어와 思想 면에서 소통이 되지 않고, 이로 인해 발생하는 오해로 인해 감정상의 傷害를 받게 된다.
子女	• 이사를 자주하는 현상이 있다. • 사생아를 낳는 경우가 많다. • 자녀들의 훈육에 어려움이 많다.
財帛	• 자금의 동결, 장부 등의 허위기재, 空手票, 문서계약 등과 연관하여 문제가 발생하여 破財하게 된다. • 문서 등의 편취로 인해 득재를 축구하는 경향이 있다.
疾厄	• 신경계통의 질환이 염려된다.
遷移	• 이사를 자주하는 현상이 있다. • 출외하여 삿된 허명이 널리 알려지기도 한다. • 사기와 편취를 당할 수 있다.

奴僕	◆ 교우나 수하인들로부터 災禍를 당하게 된다. ◆ 사기와 편취에 휘말릴 수 있다.
官祿	◆ 국가시험이나 승진과 관련하여 이롭지 못하다. ◆ 일생 성취됨이 적다.
田宅	◆ 行業에 있어 편향된 면이 있다.
福德	◆ 사상이 편중되고 편파적 성향이 짙다. ◆ 마음 씀씀이가 부정하다. ◆ 行業에 있어 불성실하다.
父母	◆ 부모는 정식 결혼하지 않은 경우가 많다.
	武曲·化忌
解義	◆ 武曲·化忌는 寡宿之星(과숙지성)으로, 孤剋됨이 있고 육친과의 연이 薄(박)하다. ◆ 武曲·化忌는 종교와 緣이 많고, 武曲은 본시 財星이나 化忌가 같이함으로 財가 불리한 것이다.
命宮	◆ 질병이 다발하거나 命이 짧은 경우가 많다. ◆ 육친과의 연이 薄(박)하고, 종교와의 연이 많으며, 神佛(신불)에 이름을 올리거나 庶出(서출)인 경우가 많다. ◆ 고독하며, 개성과 고집이 강하고, 기술의 모방에 의지하여 생활을 꾸려나가는 경우가 많으며, 귀인의 조력을 받거나 천거됨이 적다. ◆ 만약 擎羊과 陀羅의 夾照가 있을 시는, 자기 재산의 損耗(손모)가 다발하여 破財하게 된다.
兄弟	◆ 형제자매간 우애와 돈독함이 적고, 상호 조력을 받기 힘들다.
夫妻	◆ 결혼 연은 薄(박)하다. ◆ 결혼에 곤란함이 많이 따르고 부부간 불화가 많다. ◆ 결혼 후에는 사소한 일로 인하여 이혼하게 된다. ◆ 女命이 煞星을 보게 되면, 배우자가 무능하고, 배우자와의 정과 연분이 소원해져, 혼인생활이 소극적이다.
子女	◆ 자식이 없고 있더라도 자식에게 刑剋이 있다. ◆ 사생아가 있는 경우가 많다.
財帛	◆ 재무관계에서 고심이 많고, 또한 재무관계에서 시비가 다발한다. ◆ 경제에 곤란함이 많이 발생하고 재물을 지키기 어렵다. ◆ 재무관계에서 분규가 발생하여 破耗(파모)가 따른다. ◆ 擎羊, 陀羅가 겸하여 火宮에 居하면, 財로 인해 命에 손상이 온다.
疾厄	◆ 호흡기계통의 질환이 많이 발생한다. ◆ 예기치 않은 사고 질병수가 많이 따른다.

遷移	◆孤獨之人(고독지인)이며, 개성과 고집이 있고 편벽되며, 기술을 모방하여 생을 꾸려 나간다. ◆落陷되거나 幼年에서의 落陷이 있으면 타향살이를 하게 된다. ◆擎羊, 陀羅의 회조가 있거나, 擎羊, 陀羅의 挾侍(협시)가 있으면 타향에서 客死한다.
奴僕	◆수하인들의 침탈이 있고, 일에 있어 수하인들의 착오로 인해 손실이 발생한다. ◆七殺이 동궁하면, 붕우의 파산으로 인하거나, 혹은 직원의 사업상 실패로 인해 자신에게 압박이 발생한다.
官祿	◆사업상 沮滯(저체) 됨이 많고 진퇴가 곤란하다. ◆사업상의 발전이 없고, 노록과 분파가 따르고, 어떤 일을 해야 하는 지도 알지 못한다. ◆혼인에 곤란함이 많고, 결혼 후에도 이혼수가 많다.
田宅	◆노친과 연계하여 불리함이 많고, 家産에 있어 破耗(파모)와 紛糾(분규)가 따른다. ◆가업을 일으킴에 불리함이 많고, 남녀간 연분이 적으며, 도화적 기질이 강하니 상호 짝을 선택하지 못한다.
福德	◆精과 神이 소모됨이 있다. ◆福은 있으나 享受(향수)를 누리지 못하고, 일상적인 면에서 번민이 많고, 즐겁지 아니하며, 明活(명활)하지 못하고, 財로 인해 勞碌(노록)과 奔波(분파)가 많다.
父母	◆부모와의 담소가 적다. ◆만약 擎羊과 陀羅의 挾侍(협시)가 있으면, 배다른 형제가 있거나, 그렇지 않은 즉 먼저는 母를 剋하고 나중은 父를 剋한다.
	貪狼·化忌
解義	◆貪狼은 財星, 壽星, 桃花星이다. 따라서 대체로 財星 관련 혹은 桃花星 관련 문제가 발생한다. ◆貪狼과 化忌가 명궁, 질액궁, 복덕궁에 居하면, 신체적으로 건강한 정황이 발생하여, 성생활이 빈번해지고 이로 인해 신장병 등을 유발한다. ◆貪狼·化忌는 敎化(교화)의 뜻이 있으며, 辛苦(신고)를 면치 못하고, 기술을 모방하여 살아간다. ◆종교적으로는 불교에 가깝고, 동양오술에 관심이 많으며, 질병에 있어서는 무력하다.
命宮	◆風流的(풍류적) 성향이 있고, 감정을 오로지 한 곳에만 쏟지 못하므로, 이성간에 이별수가 있고 두 번 결혼하는 문제가 있다. ◆丑未宮에 居하면 換錢商(환전상), 문학, 예술, 철학 방면 등으로 진출하면 발전이 있다.
兄弟	◆상호간 不睦(불목)함이 많다. ◆상호간 합심하거나 조력을 얻기 힘들다.
夫妻	◆남녀 공히 배우자간 學識(학식), 家勢(가세), 나이, 생김새 등과 연관하여 불만족함이 있다. ◆풍류적 성향이 있고, 감정을 오로지 한 곳에만 쏟지 못하므로 이성간에 이별수가 있고, 두 번 결혼하는 문제가 있다.

子女	◆ 자녀에게 疾病과 災厄이 다발한다. ◆ 가택에서 시비비비가 발생하고 자녀간 不和가 있다.
財帛	◆ 조심하며 神佛에 귀의하나, 도화적 성질로 인해 破財하게 된다. ◆ 財를 지킴이 어렵고, 도화성으로 인해 분규가 발생하고 파재하게 된다. ◆ 도화적 기질로 인해 家産이나 금전과 연관하여 분규가 발생한다.
疾厄	◆ 잔질이 많고 長壽하지 못한다. ◆ 체력이 약하여 다병하고 발병 시에는 저항력이 약하다. ◆ 신체상 난치병이 있을 수 있다.
遷移	◆ 매번 다른 사람에게 사랑을 뺏기는 경우가 있다. ◆ 出外하면 여러모로 경쟁관계가 다발하게 된다.
奴僕	◆ 交友나 하수인들과 연관하여 조력을 받기가 힘들다.
官祿	◆ 사업은 불리하고 사업을 하게 되면 분규가 다발한다. ◆ 현금교역이나 오락방면으로 종사함이 이롭다.
田宅	◆ 조업을 이어가기 힘들다. ◆ 家産과 관련 시비가 발생한다. ◆ 일생 도화적 문제로 인해 분규가 다발한다. ◆ 女命이 더 불리한데, 질병이나 시비구설이 발생하고, 생산적인 면에서 불리한 현상이 발생한다.
福德	◆ 腎臟(신장)에 疾患(질환)이 있고 장수하지 못한다. ◆ 체력이 약하여 다병하고, 발병 시에는 저항력이 약하다. ◆ 일생 도화적 문제로 인해 분규가 다발하며, 심신이 불안정하다. ◆ 번뇌가 많고, 일을 함에 있어 분파가 많고, 성공이든 실패든 완결되지 않는다.
父母	◆ 신체상 난치병이 있다. ◆ 부모사이의 관계는 소원한 편이다.

제5장

격국格局

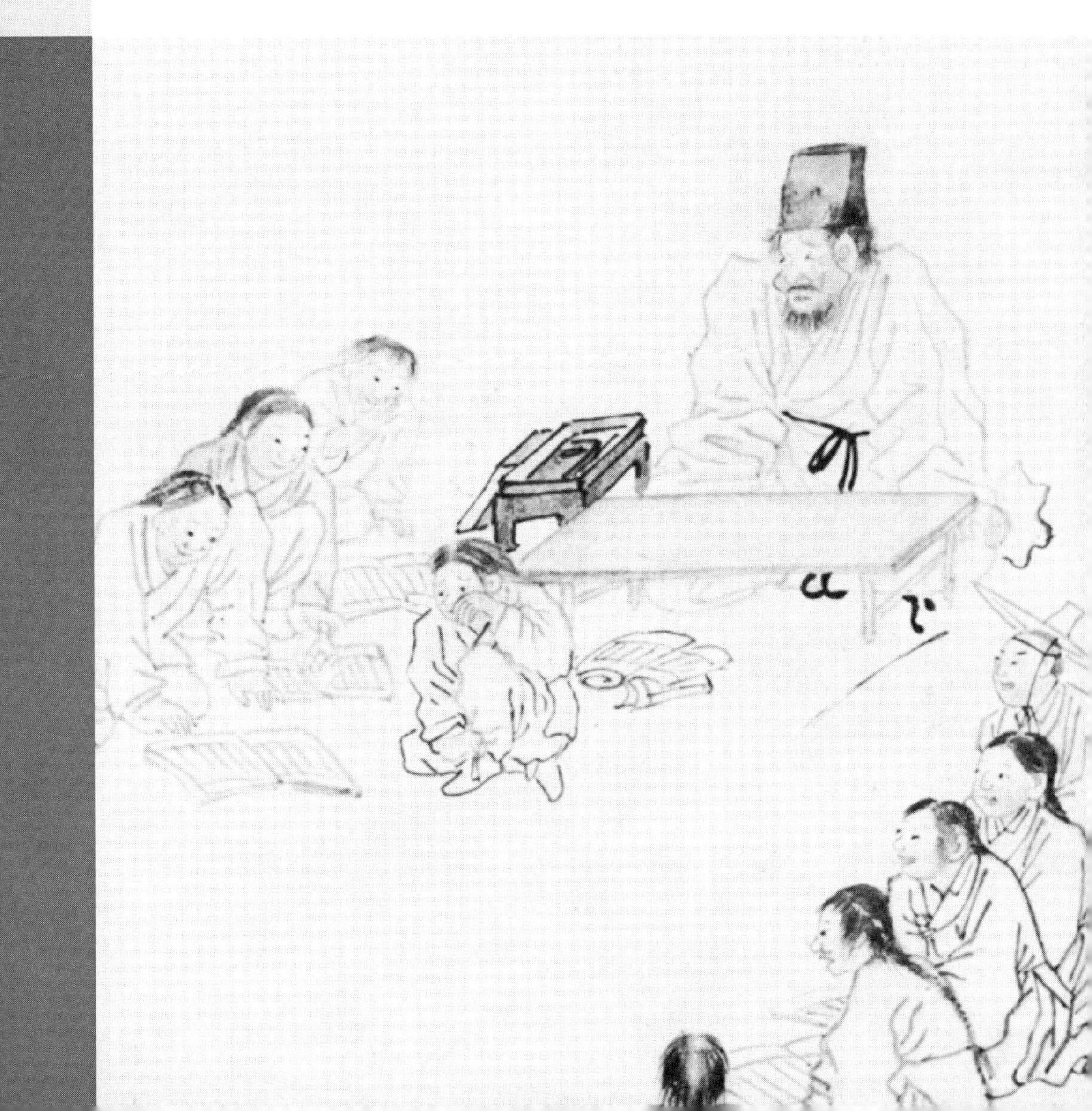

1) 권귀격(權貴格)

權貴格(권귀격)	
名稱	構成條件·解義(구성조건·해의)
日月夾命 일월협명	◆ 太陽, 太陰이 旺地에 居하며 명궁을 좌우에서 相夾하는 경우. * 太陽과 太陰은 만물의 주재자이다. 日과 月이 명궁을 相 夾하니 자연 富貴之命이 되는 것이다.
日出扶桑 일출부상	◆ 太陽이 卯宮에 坐命한 경우. ◆ 太陽, 巨門이 寅宮에 坐命한 경우. ◆ 일명 "旭日東昇格(욱일동승격)"이라 칭하기도 한다. * 太陽이 卯宮에 居함은, 太陽의 光輝(광휘)가 旭日昇天(욱일승천)하는 기세를 얻은 것으로, 자연 貴命之格이 되는 것이다.
紫府朝垣 자부조원	◆ 紫微와 天府가 삼방사정에서 명궁을 會照하고 다시 祿星(녹존·화록)과 天馬를 만나는 경우 * 紫微와 天府는 북두와 남두의 主星이며 主宰者의 자리인데, 이 두 개의 성요가 명궁을 照하니 자연 富貴之命格(부귀지명격)이다.
府相朝垣 부상조원	◆ 天府와 天相이 명궁의 삼방사정에서 회조하는 경우. * 天府와 天相은 능력이 강한 성요이므로, 자연 貴顯하게 된다.
紫府同宮 자부동궁	◆ 紫微, 天府가 동궁이며 煞星의 회조가 없는 경우.
月朗天門 월랑천문	◆ 太陰이 獨坐로 亥宮에 居하는 경우. ◆ 만약 太陰이 化忌를 보게 되면 "變景(변경)"이라 한다. * 太陰은 일생의 享福(향복)을 主宰(주재)하고, 亥宮은 天門에 해당하고 月出之時이다. 고로 貴命이 되는 것이다. 또한 太陰은 財富之意가 있어 得財가 용이하니. 따라서 富貴之命格인 것이다. * 일명 "月落亥宮格(월락해궁격)"이라 칭하기도 한다.

水澄桂萼 수징계악	◆ 天同, 太陰이 子宮에 坐命하는 경우. ◆ 太陰이 子宮에 坐命하거나 전택궁에 居하는 경우. ◆ 일명 "月生滄海格(월생창해격)"이라 칭하기도 한다. * 太陰은 太陽과 더불어 만물을 主宰(주재)하니 貴氣인 것이고, 또한 子宮은 太陰이 廟旺地에 居하는 것이니, 또한 富를 得함이 可한 것이다. 따라서 富貴雙全格인 것이다.
輔弼拱命 보필공명	◆ 紫微가 坐命이고 左輔, 右弼이 삼방에서 회조하는 경우. ◆ 紫微가 坐命이고 左輔, 右弼이 인접한 左右宮에서 相夾하는 경우. ◆ 일명 "輔弼夾帝格(보필협제격)", "輔弼拱主格(보필공주격)"이라 칭하기도 한다.
巨日同宮 거일동궁	◆ 巨門과 太陽이 寅宮에 동궁하며 坐命하는 경우. * 巨門은 陰暗之星이며, 太陽은 光明之星이니 太陽이 巨門의 陰暗의 성질을 光明으로 변화시키는 것이라, 자연 功名과 利祿을 得하기 용이한 것이다. 일명 "官封三代格(관봉삼대격)"이라 칭한다.
日照雷門 일조뢰문	◆ 太陽, 天梁이 卯宮에 坐命하고 대궁인 酉宮에 天空의 來照가 있는 경우. 일명 "萬里無雲格(만리무운격)"이라 칭하기도 한다. ◆ 만약 太陽이 化忌를 대동하면 이를 "變景(변경)"이라 한다.
君臣慶會 군신경회	◆ 紫微가 命宮에 居하고, 삼방사정에서 左輔, 右弼, 天府, 天相, 天魁, 天鉞 등 吉星의 회조가 있는 경우.
財印夾祿 재인협록	◆ 祿存이 명궁이나 재백궁에 居하고, 天梁, 天相, 武曲의 相夾이 있는 경우. ◆ 명궁에 化祿이나 祿存이 居하고, 재차 武曲과 天相의 夾照가 있는 경우.
坐貴向貴 좌귀향귀	◆ 명궁에 天魁, 天鉞이 居하거나, 대궁 및 삼방에서 회조하는 경우. ◆ 명궁의 좌우에서 天魁, 天鉞의 相夾이 있는 경우. * 此 格은 일명 "蓋世文章格(개세문장격)"이라 칭하기도 한다. 魁, 鉞은 貴星이며 보좌성인바, 귀인의 조력이 있는 것이며, 본인은 文章이 탁월하니 널리 명성을 얻게 되는 것이다. 일명 "天乙拱命格(천을공명격)" 또는 "公門格(공문격)"이라 칭하기도 한다.
日月並明 일월병명	◆ 명궁과 太陽과 太陰이 삼합방에서 상호 회조되는 경우. ◆ 太陽이 辰巳宮에 居하고, 太陰이 酉戌宮에 居하고, 명궁이 丑宮에 居하는 경우. 일명 "丹墀桂墀格(단지계지격)"이라 칭하며, 또한 "日巳月酉格(일사월유격)"이라 칭하기도 한다.
日月並明 일월병명	* 此 組合은 日月이 모두 廟旺地에 居하는 것이라, 소년 시에 青雲(청운)의 뜻을 품어, 종국에는 높이 성공함이 기약되는 格이다.
明珠出海 명주출해	◆ 太陽이 卯宮에 居하고, 太陰이 亥宮에 居하고, 명궁이 未宮에 居하는 경우.

日月同臨 일월동림	◆命宮이 丑宮에 居하고, 太陽과 太陰이 未宮에 居하는 경우. ◆명궁이 未宮에 居하고, 太陽과 太陰이 丑宮에 居하는 경우.
英星入廟 영성입묘	◆破軍이 子午 二宮에 居한 경우. ◆午宮에 居하면, 일명 "水火旣濟格(수화기제격)"이라 칭한다.
三奇嘉會 삼기가회	◆명궁의 삼방에서 化祿, 化權, 化科의 회조가 있는 경우. * 此 格은 化祿, 化科, 化科가 모두 吉星으로, 성공적 요건을 갖추고 있는 것이며 財官雙美의 格인 것이다. * 일명 "命格(명격)", "科權祿拱格(과권녹공격)"이라 칭하기도 한다.
巨機同臨 거기동림	◆天機, 巨門이 卯酉 二宮에 坐命하며 煞星을 안보는 경우.
子羽才能 자우재능	◆명궁이 申宮에 居하며, 대궁에 太陽과 巨門이 居하며, 三方에서 煞星을 안보는 경우. ◆此 格은 먼저는 이름을 떨치고, 나중에는 食祿을 得하는 格이다.
貪火相逢 탐화상봉	◆貪狼과 火星이 坐命하고 廟旺地인 경우.
祿權巡逢 녹권순봉	◆化祿, 化權이 동궁하며 廟旺宮에 좌명하거나, 혹은 명궁과 삼방에서 회조가 있는 경우. * 化祿은 財星이고 化權은 權星이니 利祿功名(이록공명)하여 富貴雙全인 것이다.
壽星入廟 수성입묘	◆天梁이 午宮에 坐命한 경우. ◆天梁이 子宮에 居하면 그 다음이다.
祿馬佩印 녹마패인	◆天相, 祿存, 天馬가 亥宮에 동궁하고 坐命한 경우. ◆天馬 前에 祿存이 居하고, 天相과 동궁하는 경우. * 祿馬交馳格(녹마교치격)과 상통한 면이 있으나, 此 格은 天相을 보아야 하는 것이고, 天相은 化氣가 "印"이므로 祿馬佩印格(녹마패인격)이라 칭하는 것이다. 祿存과 天馬는 財星과 연관되므로 得財가 可하여 富貴之命格인 것이다.
擎羊入廟 경양입묘	◆擎羊이 吉星을 만나고 辰未戌丑宮에 居하는 경우.
巨機居卯 거기거묘	◆巨門과 天機가 卯宮에 坐命하는 경우.
金輿扶駕 금여부가	◆紫微가 午宮에 坐命하고, 化祿, 化權, 化科의 회조가 있으며, 煞星의 충파가 없는 경우.
科明暗祿 과명암록	◆甲年生人이 亥宮에 坐命하며 化科가 동궁한 경우. * 甲干의 祿星은 寅木인데, 寅木은 암암리에 亥를 暗合해옴을 의미한다.

化殺爲權 화살위권	◆ 紫微, 七殺이 동궁하고 祿星(祿存. 化祿)을 보는 경우를 말한다, ◆ 만약 煞星의 회조가 있으면 흉하여 "孤獨刑傷格(고독형상격)"이라 한다.
公卿之位 공경지위	◆ 天相이 坐命하고, 左輔, 右弼, 文昌, 文曲의 회조가 있는 경우.
極向離明 극향이명	◆ 紫微가 午宮에 居하는 경우. * 紫微는 帝座로 속성이 土이고, 午宮은 火에 속하여 火生土하니 紫微가 剋旺해지는 것이라, 자연 帝座가 旺地를 득한 것이니 貴顯(귀현)함은 불가언이다.
文星暗拱 문성암공	◆ 명궁의 삼방에서 文昌, 文曲, 化科의 회조가 있는 경우. ◆ 명궁에 化科가 동궁하고, 삼방사정에서 文昌, 文曲을 보는 경우. ◆ 명궁에 化科가 居하지 않으나, 文星(化科, 文昌, 文曲, 龍池, 鳳閣, 天才)의 공조가 있는 경우. * 文昌, 文曲은 공히 文職으로 顯達(현달)하는 성요인 바, 拱照, 會照, 夾照가 있는 경우에는 필히 文職으로 재능을 발휘하게 된다.
天府朝垣 천부조원	◆ 天府와 廉貞이 戌宮에 坐命하고, 길성의 회조가 있고 살성의 회조가 없는 경우 * 戌宮은 乾卦位로 君位이며, 天府는 帝座로 신하들을 거느리니 大富大貴의 명조이다.
文梁振紀 문량진기	◆ 文昌, 혹은 文曲이 天梁과 동궁하며 廟旺地에 좌명하고, 육길성이나 三吉化(化祿·化權·化科)의 회조가 있는 경우. * 政界 진출이 이롭고 길성이 중첩되면 大貴의 命이다.
科權祿夾 과권녹협	◆ 三吉化(化祿·化權·化科) 중 2개가 명궁의 좌우에서 협명하는 경우.
朝斗仰斗 조두앙두	◆ 七殺이 寅申 二宮에 坐命한 경우.
木火通明 목화통명	◆ 貪狼이 午宮에 坐命하고 擎羊을 보는 경우.
昌曲夾墀 창곡협지	◆ 太陽, 太陰이 同守하고 좌우에서 文昌, 文曲이 相夾하는 경우.
蟾宮折桂 섬궁절계	◆ 太陽, 文曲이 廟旺地의 부처궁에 居하는 경우. * 상상속의 달나라에서 계수나무를 꺾어 치장한다는 의미로 과거급제 함을 의미한다.

2) 재부격(財富格)

財富格(재부격)	
一呼百諾 일호백락	◆紫微가 坐命이고 다시 左輔, 右弼이 동궁하는 경우.
財蔭夾印 재음협인	◆天相이 坐命하거나 전택궁에 居하며, 化祿이나 祿存을 보고, 다시 天梁이 夾照하는 경우. * 상사나 부모 혹은 윗 어른의 조력을 받아, 財富 혹은 사회적 지위를 얻는 경우이다.
明祿暗祿 명록암록	◆祿存이 명궁에 居하고 삼방사정에서 化祿을 보는 경우. * 命祿은 祿存이 명궁에 居함을 의미한다. * 暗祿은 가령 甲年生이 亥宮에 居하는 경우인데, 甲의 祿은 寅木으로 암암리에 寅木이 亥水를 暗合해오는 것을 의미한다.
日月夾財 일월협재	◆武曲이 坐命하거나 재백궁에 居하고, 太陽과 太陰이 좌우에서 相夾하는 경우. * 財星이 재백궁에 居하며 日月의 夾照를 받으니, 이는 天時를 얻은 것으로 가히 財富를 획득할 기회를 得한 것이다.
財祿夾馬 재록협마	◆天馬가 명궁에 居하고, 武曲과 祿存의 來照나 夾照가 있는 경우. * 天馬는 動하여 求財의 象이 있는바, 財星인 武曲과 祿存의 來夾이 있는 경우는, 動 中 獲得財富(획득재부)가 可한 것이다.
蔭印拱身 음인공신	◆身宮이 전택궁에 居하고, 삼방 혹은 대궁에 天梁, 天相이 있는 경우. * 身宮이 전택궁이고 天梁, 天相의 來會照가 있으니, 부동산 혹은 부동산으로 인한 재물의 획득으로 巨富가 될 象이다.
日月照壁 일월조벽	◆太陽, 太陰의 회조가 있거나 혹은 太陽, 太陰이 전택궁에 居하는 경우 * 전택궁은 財庫의 의미가 있는데, 太陽, 太陰의 吉星이 來照나 會照가 있다 함은, 부동산 혹은 財富가 풍부함을 의미한다.
日麗中天 일려중천	◆太陽이 午宮에 坐命하는 경우. ◆일명 "金燦光輝格(금찬광휘격)"이라 칭하기도 한다. * 太陽은 火에 속하고 午宮은 火旺之地인데, 太陽이 午宮에 居하게 되면 그 광휘가 강열한데, 太陽은 부귀의 상징이므로, 財富가 풍부하여 적국에까지 알려져 찬양받을 정도의 財富이다.
權宿朝元 권숙조원	◆廉貞이 身宮에 居하는 경우. ◆혹은 廉貞, 七殺이 未宮에 동궁하는 경우. ◆일명 "積富之人格(적부지인격)"이라 칭하기도 한다. ◆혹은 廉貞, 七殺이 廟旺地에 居하며 각각 명궁과 身宮에 해당하는 경우. * 廉貞, 七殺이 모두 旺하니 吉하고, 積財의 富貴之命인 것이다. * 廉貞. 七殺이 落陷의 경우에는 반대로 下賤之命格이 된다.

先貧後富 선빈후부	◆武曲과 貪狼이 명궁에 居하는 경우. * 소년시는 발달하지 못하고 중년 이후 발달하여 致富(치부)하는 격이다.
財蔭夾祿 재음협록	◆祿存이 재백궁에 居하고, 다시 天梁과 武曲의 相夾이 있는 경우. * 祿存은 財帛(재백)의 의미가 있으며, 天梁은 蔭星이고 武曲은 財星이므로 자연 풍부한 財富를 得함이 가능한 것이다.
祿馬交馳 녹마교치	◆祿存과 天馬가 坐命한 경우. ◆祿存과 天馬가 삼방사정에서 명궁을 회조하는 경우. ◆祿存과 天馬가 四生地(寅.申.巳.亥)에 居하며 拱照하는 경우. * 祿存과 天馬가 坐命한 경우는 上格이고, 회조의 경우는 次格이다. * 此 格은 奔波勞碌(분파노록) 중 得財가 가능한 것이며, 외지나 외국에 나가 재능을 펼치거나 經商에 종사하면 성공할 수 있는 格이다.
三合火貪 삼합화탐	◆명궁의 삼합방에 火星과 貪狼의 회조가 있는 경우. * 火貪格(화탐격)은 奇格(기격)으로 橫發(횡발)의 의미가 있으니 橫財格이 역시 가능한 것이라 富貴格에 드는 것이다. * 일명 貪火相逢格(탐화상봉격)이라 칭하기도 한다.
雄宿乾元 웅숙건원	◆廉貞이 寅申 二宮에 坐命한 경우. ◆七殺이 子午 二宮에 坐命한 경우. * 此 格은 능력이 심히 강하므로, 필히 대기업이나 대사업과 연관하여 성취됨이 있는 것이다. * 일명 "權星照垣格(권성조원격)"이라 칭하기도 한다.
陽梁昌祿 양량창록	◆太陽, 天梁, 文昌, 祿存의 四星이 명궁과 동궁하거나 혹은 회조가 있는 경우. ◆太陽, 天梁, 文昌, 祿存의 四星이 명궁이나 관록궁의 삼방사정에서 회조하는 경우. * 此 格은 公職(공직)에서 현달하는 命으로, 官貴와 名聲의 성취가 있는 길격이다.
雙祿朝垣 쌍록조원	◆祿存과 化祿이 동궁하거나 회조하는 경우. ◆일명 "雙祿交流格(쌍록교류격)"이라 칭하기도 한다. * 祿存과 化祿은 공히 財帛之星이므로, 명궁과 동궁하거나 회조하게 되면 財를 發하게 되고 貴顯(귀현)하게 된다.
雙祿夾命 쌍록협명	◆祿存과 化祿이 명궁의 좌우에서 夾命하는 경우.
石中隱玉 석중은옥	◆巨門이 子午 二宮에 坐命하며 化祿, 化權을 보고, 煞星을 안보는 경우. * 돌 속의 玉이니 연마와 수련을 거친 후에 眞價(진가)를 발휘하게 된다.
科祿巡逢 과록순봉	◆化祿, 化科가 동궁하며 坐命이거나, 명궁과 삼방에서 회조가 있는 경우.
科權拱照 과권공조	◆化權, 化科가 동궁하며 坐命하는 경우. ◆化權, 化科가 삼방에서 명궁을 회조하는 경우.

高第恩榮 고제은영	• 天府가 坐命하고 삼합방에 文昌, 文曲, 左輔, 右弼 등 四星의 會照가 있는 경우. • 또는 武曲과 天府가 동궁이고, 左輔, 右弼, 文昌, 文曲의 회조가 있는 경우.
尊居萬乘 존거만승	• 天府와 左輔가 동궁하고 坐命하며, 煞星의 沖破가 없는 경우.
腰金衣紫 요금의자	• 廉貞, 天府가 辰戌宮에 居하며, 吉星만 있고 煞星이 없는 경우.
廉貞淸白 염정청백	• 廉貞이 未宮에 있어 化祿을 동반하거나, 혹은 寅申宮에 居하며 祿存을 동반하는 경우.
廉貞文武 염정문무	• 廉貞이 坐命하고, 관록궁에 필히 武曲이 居하고, 삼방에서 文昌, 文曲을 만나는 경우.
玉袖天香 옥추천향	• 명궁이 巳亥宮이고, 文昌, 文曲이 복덕궁에 동궁한 경우.
祿文拱命 녹문공명	• 祿存이 坐命하고 삼방에 文昌, 文曲의 회조가 있는 경우. • 혹은 祿存, 文曲이 坐命하고 文昌의 來會照가 있는 경우.
左右同宮 좌우동궁	• 左輔, 右弼이 명궁에 동궁한 경우.
日遊龍門 일유용문	• 太陽이 辰巳 二宮에 坐命하는 경우
侯伯之材 후백지재	• 太陽, 太陰이 丑宮에 居하고 명궁이 未宮인 경우. • 혹은 太陽, 太陰이 未宮에 居하고 명궁이 丑宮인 경우. • 太陽, 太陰이 丑未宮에 坐命하고 化祿, 化權, 化科가 있는 경우.
遠方發財 원방발재	• 武曲이 入廟되어 坐命하고, 祿存과 天馬의 회조가 있는 경우.
出世榮華 출세영화	• 太陽, 太陰이 명궁에 居하고 文昌, 文曲의 회조가 있는 경우. • 혹은 文昌, 文曲이 명궁에 居하고, 太陽, 太陰의 회조가 있는 경우.
武貪同行 무탐동행	• 武曲, 貪狼이 공히 丑未 二宮에 坐命한 경우.
將星得地 장성득지	• 辰未戌丑年 生人이, 武曲이 四墓宮(진·미·술·축)에 入墓하고 煞星이 없는 경우. • 일명 "武曲朝垣格(무곡조원격)"이라 한다.
近貴榮財 근귀영재	• 太陽이 廟旺地의 복덕궁에 居하며 煞星이 없는 경우.
早配賢夫 조배현부	• 女命에서 太陽이 卯辰巳의 三宮에 坐命하며 煞星이 없는 경우.

貪鈴朝垣 탐령조원	◆貪狼이 좌명한데, 다시 鈴星이 동궁하거나 삼방의 회조가 있는 경우. *크게 사업을 일으키는 財格의 명조이다.
發財還鄕 발재환향	◆武曲과 天相이 동궁하고 祿存과 天馬를 보는 경우.
巨商高賈 거상고매	◆武曲이나 天梁이 길성을 대동하고 천이궁에 居하는 경우.
皇殿朝班 황전조반	◆太陽이 廟旺地에 居하며, 文昌이 관록궁에서 회조하는 경우.
絕處逢生 절처봉생	◆天相이 巳宮에 坐命하고 文昌이 동궁하는 경우.

3) 문인격(文人格)

文人格(문인격)	
昌曲夾命 창곡협명	◆명궁에 文昌과 文曲이 동궁하거나, 혹은 來照나 會照가 있는 경우. *文昌, 文曲은 공히 文職으로 현달하는 성요인바, 拱照, 會照, 夾照가 있는 경우에는, 필히 文職으로 재능을 발휘하게 된다.
多學多能 다학다능	◆명궁에 文昌, 文曲이 동궁하고, 辰, 戌, 亥, 卯, 酉宮에 居하는 경우. *文昌과 文曲은 文星으로 상기의 辰, 戌, 亥, 卯, 酉宮은, 廟旺地에 속하니 자연 文職으로 현달하는 命이다.
機月同梁 기월동량	◆명궁을 포함한 삼방사정에 天機, 太陰, 天同, 天梁의 四星의 회조가 있는 경우. *此 組合은 隱定的(은정적)인 성격이 강하므로 적극성이 부족하니 文職에 이로운 것이다. 일명 "公門命格(공문명격)"이라 칭하기도 한다.
文桂文華 문계문화	◆文昌, 文曲이 丑未宮에 坐命한 경우.
善蔭朝綱 선음조강	◆天機, 天梁이 辰戌 二宮에 坐命하고 祿存, 化祿, 化權, 化科, 左輔, 右弼, 文昌, 文曲의 회조가 있으며 살성의 회조가 없는 경우를 말한다. ◆고서에서는 이를 "文爲清顯(문위청현), 武爲忠良(무위충량)"이라 설하고 있다. 박학다식하며 총명과인이다. ◆만약 擎羊을 보게 되면, 早有刑剋晚見孤(조유형극만견고=早年에 刑剋이 있고 晚年에 孤獨하다.)라 논한다. *天機는 化氣가 "善"이고 天梁은 化氣가 "蔭"이라 善蔭인 것이다. *일명 "機梁加會格(기량가회격)"이라 칭하기도 한다.
輔拱文星 보공문성	◆文昌이 坐命하고, 左輔의 拱照가 있는 경우. *才藝(재예)가 출중한 文職(문직)의 명조이다.

巧藝聰明 교예총명	◆ 武曲과 天相이 동궁하며 文昌, 文曲의 회조가 있는 경우.

4) 무인격(武人格)

武人格(무인격)	
馬頭帶劍 마두대검	◆ 명궁이 午宮이며 擎羊이 居하고, 삼방에서 煞星의 회조가 없는 경우. ◆ 天同이나 貪狼이 午宮에 居하며 擎羊이 있는 경우. ◆ 擎羊이 午卯宮에 坐命하거나, 陀羅가 寅申巳亥宮에 좌명하는 경우. * 擎羊과 陀羅는 煞星으로, 상기의 宮位에 居함은 落陷된 것인데, 煞星이 落陷 시는 그 흉함이 매우 심해지므로 夭折과 刑傷이 따르는 것이다. * 擎羊은 속성이 陽金으로 午宮에 居하게 되면, 火剋金의 원리로 金을 제련하여 貴器(귀기)로 만들 수 있으니 貴格이 되는 것이다. 다시 吉星의 회조가 있으면, 군왕의 命을 받은 장수로 邊方(변방)을 평정하여, 威振邊疆(위진변강)의 武功을 떨치게 되므로 貴格으로 논한다.
將相之命 장상지명	◆ 鈴星과 貪狼이 廟旺地에 坐命하는 경우. ◆ 일명 "鈴貪格(영탐격)"이라 칭하기도 한다. * 鈴星은 火의 성질이고 貪狼은 木의 성질이니, 此 組合은 木火通明(목화통명)의 象을 이루는 것이다.
七殺朝斗 칠살조두	◆ 七殺이 坐命하고 대궁에 紫微와 天府가 있는 경우. * 紫微와 天府는 북두와 남두의 主星으로 하늘의 主宰者(주재자)의 자리이고, 七殺은 主君의 命을 따라 전심전력으로 군사를 통솔하는 將帥(장수)의 자리이다. 따라서 此 格은 富貴雙全이며, 능력이 심히 닥월하고, 성공적 기회가 자못 큰 것이다.
威權出衆 위권출중	◆ 火星과 貪狼이 廟旺地에 坐命하는 경우. ◆ 일명 "火貪格(화탐격)"이라 칭하기도 한다. * 火星은 火의 성질이고 貪狼은 木의 성질이니 역시 木火通明의 象을 이루는 것이다.
武曲守垣 무곡수원	◆ 武曲이 卯宮에 坐命한 경우, 기타의 宮은 이렇게 논하지 않는다. * 일면 "將星得地格(장성득지격)"이라 칭하기도 한다.
聲名遠播 성명원파	◆ 廉貞이 廟旺地에 坐命하고 煞星의 회조가 없는 경우. *廉貞은 본시 변동성이 큰 성요인데, 廟旺地에 居하며 煞星의 회조가 없으면 오히려 凶變吉로 化하게 된다.
威壓邊夷 위압변이	◆ 武曲, 貪狼이 동궁하며 擎羊을 보는 경우.

5) 빈천격(貧賤格)

貧賤格(빈천격)	
生不逢時 생불봉시	◆ 명궁에서 廉貞, 地空을 보거나, 혹은 기타 空星을 보는 경우. * 廉貞이 空星을 보게 되면 그 역할을 발휘하지 못하게 됨을 의미한다.
祿逢兩殺 녹봉양살	◆ 명궁에 化祿이나 祿存이 居하는데 다시 四煞이 동궁하는 경우. * 祿存과 化祿은 공히 財帛之星인데, 四煞을 보게 되면 재물을 지키기 어려우니 貧賤之命(빈천지명)이라 하는 것이다.
財與囚仇 재여인구	◆ 武曲과 廉貞이 삼방사정에서 명궁을 회조하는 경우. ◆ 武曲과 廉貞이 각각 명·신궁에 居하며 煞星을 대동한 경우.
馬落空亡 마락공망	◆ 天馬, 地空, 地劫이 동궁하고 삼방사정에서 擎羊의 회조가 있는 경우. 이런 경우를 "折足馬(절족마)"라 한다. * 馬는 動하여 求財의 象인데, 空星을 보게 되면 奔波勞碌 (분파노록)만 따르며 得財가 어려운 것이며, 다시 擎羊을 보면 折足(절족)인 경우이니 財를 얻기 어려운 것이다.
日月藏輝 일월장휘	◆ 太陽, 太陰이 反背(반배)하여 명궁에 居하는데 대궁에 巨門이 落陷한 경우. * 太陽, 太陰이 反背한다 함은, 太陽이 戌宮에 坐命하거나, 太陰이 辰宮에 坐命하는 경우를 말하는 것으로, 日月이 공히 빛을 잃은 격이며. 巨門 역시 낙함한 것이니 모두 빛이 감추어진 상황이다.
一生孤貧 일생고빈	◆ 武曲, 廉貞이 삼방사정에서 명궁을 회조하거나, 각각 命·身宮에 거하는 경우. * 이러한 조합은 求財에 있어 어려움이 많다.
兩重華蓋 양중화개	◆ 祿存, 化祿, 地空, 地劫의 四星이 명궁에 동궁하는 경우. * 祿存, 化祿은 財帛之星인데 地空, 地劫을 만나 허사가 되니 得財가 블능한 것이다. 이것을 "倒祿(도록)"이라 한다. * 女命의 경우는 감정상의 困擾(곤요)가 있어, 혼인생활에 실패수가 많고, 이성과의 연이 薄(박)하다.
命無正曜 명무정요	◆ 명궁에 14正星이 坐命하지 못하는 경우. * 자기 주관과 특색이 없고, 남의 의사에 피동적으로 행동하는 경우가 많다.
風流彩杖 풍류채장	◆ 貪狼과 陀羅가 寅宮에 坐命하는 경우. ◆ 貪狼과 擎羊이 寅宮에 坐命하는 경우. * 寅宮은 木宮이고, 貪狼은 木에 속하니 旺地에 거하는 것이다. 따라서 貪狼의 酒色, 桃花의 氣가 왕해지는 것이고, 煞星인 擎羊을 보게 되면 刑剋之災(형극지재)가 발생하는 것이다.
空劫夾命 공겁협명	◆ 天空과 地劫이 명궁의 좌우에서 相夾하는 경우. * 空劫은 煞星으로 奪財(탈재)의 무리로 분류되니, 명·신궁에 居하면 剝削(박삭)의 의미가 있으므로 貧賤之命인 것이다.

泛水桃花 범수도화	◆ 貪狼이 亥子 二宮에 居하며 擎羊이나 陀羅를 보는 경우. * 亥子宮은 水旺之地이고, 貪狼이나 廉貞은 桃花星이다. 따라서 桃花가 水를 만난 格이니 꽃과 꽃잎이 늘어져 아름다운 자태를 뽐내니, 此 格은 풍류주색과 桃花로 인한 災禍(재화)가 초래되는 것이다.
衆水朝東 중수조동	◆ 命·身宮이 寅卯宮이며 文昌, 文曲, 破軍의 회조가 있는 경우. * 寅卯宮은 東方이며 木旺之地이고, 破軍과 文昌은 水에 속하니 衆水朝東(중수조동)이라 한 것이다. 此 格은 흐르는 물위에 배가 지나가는 형국이니, 蓄財(축재)가 不可하여 貧賤之命(빈천지명)이라 한 것이다.
祿逢沖破 녹봉충파	◆ 祿存이나 化祿이 坐命인데, 대궁에서 天空이나 地劫 혹은 化忌의 충파가 있는 경우. ◆ 일명 "吉處藏兇格(길처장아격)"이라고도 칭한다. * 雙祿(쌍록)이 兩殺을 만나니, 財物과 安危(안위)가 위태로운 것이다.
刑忌夾印 형기협인	◆ 天相·化忌의 좌우에 인접하여 天梁의 相夾이 있는 경우. ◆ 天相·化忌의 좌우에 인접하여 擎羊의 相夾이 있는 경우. * 此 格은 化忌와 擎羊이 모두 煞星이니 安居와 進退가 불안하고 刑傷이나 災厄을 만나게 된다.
刑囚夾印 형수협인	◆ 명궁에 廉貞, 天相이 居하고, 다시 擎羊의 來照나 會照가 있는 경우. ◆ 만약 재차 白虎의 동궁이나 會照가 있으면 "刑杖難逃格(형장난도격)"이라 한다.
下賤孤寒 하천고한	◆ 廉貞이 坐命하고 命·身宮이 가각 巳亥宮에 居하고, 삼방사정에서 吉星의 회조가 없는 경우. * 廉貞은 도화적 성질을 대동한 흉성인데, 다시 吉星의 회조가 없으니 災禍(재화)가 많은 貧賤(빈천)의 命이다.
飄蓬之客 표봉지객	◆ 太陰이 落陷이고 天梁을 보는 경우. * 太陰, 天梁은 본시 孤傲的(고오적) 성질이 있는데, 이 두 星이 相會하니 漂浪(표랑)의 조짐이 있는 것이다. ◆ 天機와 太陰 二星이 坐命하는 경우. ◆ 혹은 天機, 太陰이 명궁과 身宮에 각각 分居하며 天馬를 보는 경우. * 만약 天機와 太陰이 落陷한 경우에는 "女淫且貧格(여음차빈격)"이라 한다. ◆ 혹은 天梁이 酉宮, 太陰이 巳宮에 거하는 경우.
生來貧賤 생래빈천	◆ 명궁, 身宮, 복덕궁에서 地劫, 地空을 보고 다시 落陷地에 해당하며, 宮에 吉星이 없는 경우. * 명궁, 身宮, 복덕궁은 길흉판단의 근본이 되는 宮인데, 吉星이 없으니 발전의 象이 없는 것이며, 다시 地劫, 地空의 煞星을 보니 복록과의 연이 없는 것이다.

極居卯酉 극거묘유	◆ 紫微, 貪狼이 卯酉宮에 坐命하는 경우. ◆ 紫微, 貪狼이 卯酉 二궁에 坐命하고, 또한 天空과 地劫이 동궁하며, 다시 煞星의 충파를 만나는 경우 * 此 格은 감정상의 困擾(곤요)를 겪거나, 사업적인 면에서 성취됨이 적은 것이다. * 일명 "脫俗僧人格(탈속승인격)"이라 칭하기도 한다.
梁馬飄蕩 양마표탕	◆ 天梁과 天馬가 相會하는 경우. * 天梁, 天馬는 모두 動的인 성질로, 相會하니 매사 안정적이지 못한 것이라 財物福이 적은 것이다.
羊陀夾忌 양타협기	◆ 化忌가 坐命하고 擎羊, 陀蘿가 좌우에서 인접하여 相夾하는 경우 * 擎羊, 陀羅, 化忌는 모두 煞星이다. 명궁과 동궁 및 夾照 하니 자연 발전됨이 적은 것이다.
羊陀夾命 양타협명	◆ 擎羊과 陀羅가 명궁의 좌우에서 인접하여 相夾하는 경우. * 擎羊, 陀羅는 모두 煞星인데 명궁을 相夾하니, 매사 성취됨이 없는 것이라 자연 貧賤(빈천)한 命이 되는 것이다.
命裡逢空 명리봉공	◆ 地空, 地劫의 二星이 坐命하는 경우. * 地空과 地劫은 모두 盜賊之星(도적지성)에 비유된다. 이 二星이 명궁에 거하니 剝削奪取(박삭탈취)의 의도가 있는 것이라 자연 貧賤命(빈천명)인 것이다.
火鈴夾命 화령협명	◆ 명궁의 좌우에 인접하여 火星과 鈴星의 夾照가 있는 경우. * 火星과 鈴星은 모두 煞星으로 명궁을 夾照하니, 충동적인 영향으로 인해 災禍(재화)가 유발되는 것이라, 재물복이 적은 것이다.
文星遇夾 문성우협	◆ 文星(文昌, 文曲)이 坐命하고, 다시 좌우에 인접하여 地空, 地劫, 擎羊, 陀羅, 火星, 鈴星이 相夾하는 경우. * 文星은 개인적이 才華(재화)로 표현되는데, 煞星의 협조를 받게 되니 才華(재화)가 불발되는 것이라, 자연 빈천의 命이 되는 것이다.
滾浪桃花 곤랑도화	◆ 文曲이 戌宮에 獨坐命하고, 寅宮에 太陽과 巨門이 居하는 경우.
日月反背 일월반배	◆ 太陽이 戌宮에 坐命하는 경우. ◆ 太陰이 辰宮에 坐命하는 경우.
桃花犯主 도화범주	◆ 紫微, 貪狼이 卯酉 二宮에 坐命하고, 다시 桃花星이 동궁하는 경우. ◆ 혹은. 명궁, 身宮, 복덕궁의 삼방에 桃花星의 회조가 있는 경우.

6) 단명격(短命格)

短命格(단명격)	
鈴昌陀武 영창타무	◆鈴星, 文昌, 陀羅, 武曲의 四星이 삼합방에서 상호 회조가 있는 경우. *此 格은 자미학에서 極惡之格(극악지격)에 속한다.
殺拱廉貞 살공염정	◆七殺, 廉貞·化忌가 辰戌 二宮의 명궁과 천이궁에 居하고, 擎羊, 陀羅의 拱照가 있는 경우. * 七殺, 廉貞은 본시 强剋(강극)함이 심한데, 天羅地網宮(천라지망궁)인 辰戌 二宮에 居하니, 장차 곤란함을 돌파해 나가기가 어려우며 불행의 조짐이 있는 것이다.
殘疾孤剋 잔질고극	◆天同이 巳亥宮에 坐命하고 四煞의 회조가 있는 경우.
刑戮災迍 형륙재둔	◆七殺이 鈴星, 擎羊, 白虎를 명·신궁에서 보는 경우.

7) 기타(其他)

其他(기타)	
在野孤君 재야고군	◆紫微가 坐命인데 入廟하지 못하고, 다시 百官朝拱(백관조공)이 없는 경우.
無道昏君 무도혼군	◆紫微가 坐命인데 삼방에 惡殺星만 가득하고, 吉星이 동궁하지 못한 경우.
凶惡胥吏 흉악서리	◆紫微, 破軍이 동궁이며, 左輔, 右弼과 吉星이 없는 경우.
君臣不義 군신불의	◆紫微, 破軍이 각각 명궁이나 身宮에 居하며 天羅地網宮(천라지망궁)인 辰未戌丑에 해당하는데, 다시 化祿, 化權이나 吉星의 회조가 없는 경우.
虛名受蔭 허명수음	◆紫微, 七殺이 동궁하며, 다시 天空과 地劫의 동궁이나 회조가 있거나, 혹은 空亡地에 落宮하는 경우.
囚耗交侵 수모교침	◆廉貞, 破軍이 卯酉 二宮에 坐命하거나, 혹은 落陷되어 명궁, 身宮에 거하는 경우. 만약 재차 火星을 보게 되면 "自縊投河格(자액투하격)"이라 한다.
浪蕩天涯 낭탕천애	◆廉貞, 七殺이 丑未宮에 坐命하고 煞星을 보는 경우. ◆일명 "路上埋屍格(노상매시격)"이라 칭하기도 한다. ◆만약 未宮에 坐命하고 煞星이 없는 경우라면 "積富之人格(적부지인격)"이라 한다.

九流術士 구류술사	◆太陰, 文曲이 명궁에 동궁하는 경우.
反成十惡 반성십악	◆太陰. 火星, 혹은 太陰, 鈴星이 명궁에 동궁하는 경우.
曲遇梁星 곡우량성	◆天梁이 入廟하며 坐命하고 文曲이 있는 경우.
傷風敗俗 상풍패속	◆天梁이 陷地에 들고 擎羊, 陀羅를 보는 경우.
仲由威猛 중유위맹	◆廉貞이 入廟되어 身宮에 거하고 將軍을 만나는 경우.
到處吃求 도처흘구	◆破軍이 擎羊이나 혹은 陀羅를 대동하고 관록궁에 居하는 경우.
因財持刀 인재지인	◆武曲. 七殺이 卯酉宮에 居하며 擎羊을 대동하는 경우
因財被劫 인재피겁	◆武曲과 火星 또는 鈴星이 동궁하는 경우. ◆武曲과 火星이 동궁하는 경우는 일명 "寡宿格(과숙격)"이라 칭하기도 한다.
喪命因財 상명인재	◆武曲과 擎羊 혹은 陀羅가 동궁하며 다시 火星을 대동하는 경우
一生寒士 일생한사	◆武曲과 破軍이 文昌, 文曲을 보는 경우.
鈴昌陀武 영창타무	◆武曲과 文昌, 鈴星, 陀羅의 四星이 회조하는 경우
天竺生涯 천축생애	◆天機, 天梁이 각각 명궁과 身宮에 居하며 空星을 보거나 落空亡된 경우.
鼠竊狗偷 서절구투	◆天機가 平陷宮에 居하며 惡煞星을 보는 경우. ◆혹은, 貪狼이 子午卯酉宮에 居하고 명궁의 오행과 合局이 되는 生年인 경우.
食祿馳名 식록치명	◆巨門이 亥宮에 坐命한 경우.
終身縊死 종신액사	◆巨門이 坐命하고 火星, 擎羊을 보는 경우.
亂倫敗俗 난륜패속	◆巨門, 天梁이 落陷되어 각각 명궁과 身宮에 居하는 경우.
巨門反背 거문반배	◆巨門·化祿이 文昌·化忌를 대동하고 辰宮에 坐命한 경우. ◆일명 "化星返貴格(화성반귀격)"이라 한다.

天同反背 천동반배	◆ 天同·化權이 戌宮에 坐命하고 四化의 회조가 있는 경우.
否極泰來 부극태래	◆ 天同·化忌가 辰宮에 居하고, 동시에 祿存이나 化祿을 보는 경우.
末路遇貴 말로우귀	◆ 武曲, 七殺이 卯宮에 坐命하고 祿存의 沖照가 있거나, 혹은 天馬와 동궁하거나, 輔佐星 등의 吉星의 회조가 있는 경우.
貪狼淸白 탐랑청백	◆ 貪狼이 天刑이나 空星을 보는 경우.
火貪鈴貪 화탐영탐	◆ 貪狼과 火星 二星이 廟旺地에 坐命하거나 회조가 있는 경우. * 此 格은 길흉이 공존하여, 길성의 회조가 있으면 橫發(횡발)하나, 흉성의 회조가 있으면 橫破(횡파)한다.
壽知彭祖 수지팽조	◆ 貪狼이 길성과 동궁 혹은 회조가 있고 長生地에 居하는 경우. ◆ 天同이 길성과 동궁 혹은 회조가 있고 長生地에 居하는 경우도 같은 맥락이다.
只愛風流 지애풍류	◆ 貪狼과 紅鸞이 동궁인 경우.
百工皆通 백공개통	◆ 貪狼과 破軍이 각각 명·신궁에 居하며 四生宮(寅·申·巳·亥)이나 四墓宮(辰·未·戌·丑)인 경우. ◆ 만약 祿星과 天馬의 회조가 있으면, 男命은 浪蕩(낭탕)하고 女命은 多淫(다음)하다.
腰駝目瞽 요타목고	◆ 命宮에 空星이 居하고, 질액궁에 太陽, 太陰이 동궁인 경우. ◆ 또한 七殺이 重하고 四煞을 만나게 되면 "腰駝背曲格(요타배곡격)"이라 하면 陣中(진중)에서 사망한다.
肥滿目眇 비만목묘	◆ 天同이 명궁이나 身宮에 居하며 化忌를 대동하거나 陀羅를 대동하는 경우.
疾病羸黃 질병리황	◆ 巨門이 落陷되어 擎羊을 보고, 陀羅가 명·신궁에 있는 경우
技藝羸黃 기예리황	◆ 天同, 太陰이 午宮에 坐命하고 煞星과 化忌를 보는 경우.
陷地逢生 함지봉생	◆ 貪狼이 申宮에 坐命한 경우. ◆ 일명 "吉凶交集格(길흉교집격)"이라 칭한다.
左右貞羊 좌우정양	◆ 左輔, 右弼이 동궁이며 명궁에 居하고, 廉貞과 동궁이거나 擎羊의 회조가 있는 경우.
虛而不實 허이부실	◆ 貪狼, 文昌이 동궁하며 坐命하는 경우. ◆ 貪狼이 坐命하고 三方에서 文昌, 文曲의 회조가 있는 경우. ◆ 일명 "政事顚倒格(정사전도격)" "粉身碎骨格(분신쇄골격)"이라 칭한다.

糊塗桃花 호도도화	◆ 天鉞, 紅鸞이 공히 명·신궁이나, 부처궁, 복덕궁에 居하는 경우.
欺公禍亂 기공화란	◆ 紫微, 破軍이 坐命하고 擎羊, 陀羅의 회조가 있는 경우.
梁馬飄蕩 양마표탕	◆ 天梁이 寅申巳亥宮에 坐命하고 天馬와 동궁하는 경우.

제6장

간명통론看命通論

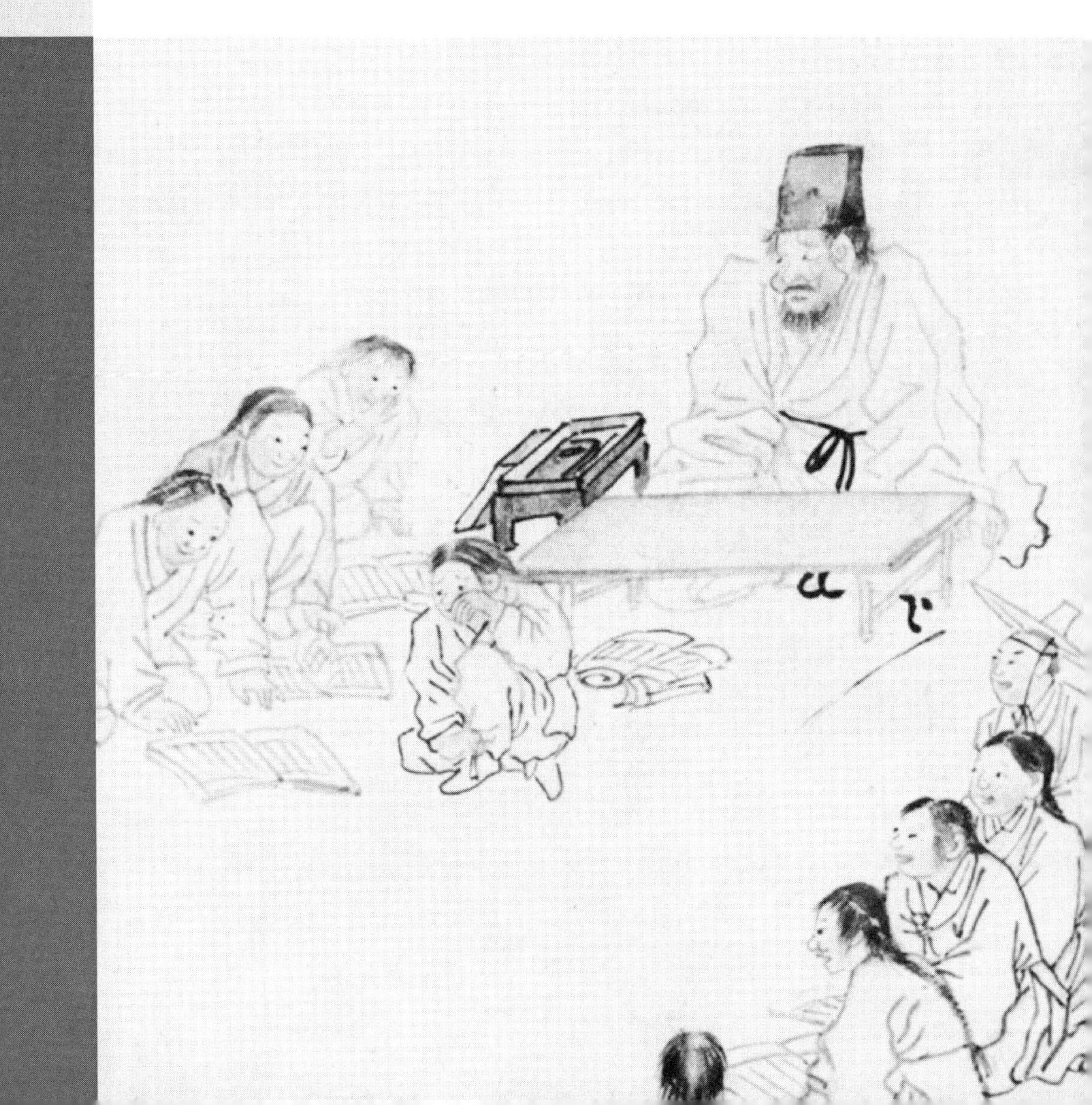

자미두수에서 운세의 추이를 통변하는데 있어, 주요하게 살펴보아야 할 사안들을 요약하여 열거하면 다음과 같다.

⊙ 命盤 作成

- 생년·월·일·시에 따른 올바른 命盤의 작성.
- 각 宮位에 배속된 星曜의 속성과 왕쇠를 파악한다.
- 각 宮位別 大限을 표시한다.
- 命宮에 배속된 星曜의 길흉관계를 파악한다.
- 좌우 夾命宮과, 對宮, 三方에서 會照되어 오는 星曜와의 연관관계를 살펴본다.
- 이로써 看命人(간명인)의 자미명학적 구성요소에 따른, 대략적인 운세의 추이를 살펴볼 수 있고, 또한 大運의 흐름에 따른 시간적 길흉관계를 파악해볼 수 있는 것이다.

⊙ 命盤을 작성하고 난 후에는, 먼저 각 궁위별로 배속된 煞星의 길흉관계를 분석하고, 이어서 특별하게 주의해야할 格局의 宮位 혹은 敗格의 宮位를 살펴본다.

- 煞星의 落宮處(낙궁처)를 알면, 일반적으로 비교적 용이하게 문제점을 파악할 수 있게 된다.
- 化忌의 낙궁처는 가장 주요하게 비중을 두고 살펴보아야 하는 宮位로, 看命人(간명인)의 일생에 걸쳐 가장 긴요한 문제점이 도출되고 발생하는 宮位이기도 하다.

⊙ 大限을 살펴볼 때에는, 각 궁위별로 배속된 대한궁이 바로 大限命宮이 되는 것이며, 이어서 역행하여 순차적으로 각 궁위에 형제, 부처, 자녀, 재백, 질액, 천이, 노복, 관록, 전택, 복덕, 부모궁을 부법한다.

- 각 성요는 배속된 위치가 不動이지만, 각 宮位는 변동되게 되는 것이다.

◆ 大限에 의거하여 각 궁위별로 이동하여 부법된 12事項宮과 本命盤, 小限盤, 流年盤, 斗君 등을 비교하여 분석하고 이의 길흉을 판단해본다.

⊙ 借宮法과 연관된 사안은, 먼저 對宮에 臨한 성요의 구성요소를 살펴보고, 다음으로는 해당 사안에 대한 연관궁을 살펴보아야 한다. 예를 들어, 혼인과 연관된 문제는 부처궁 뿐만 아니라, 전택궁과 복덕궁을 겸하여 살펴보아야 하는 것이다.

⊙ 大限宮에 臨한 북두성계 성요는, 大限運 10년 중 상반기 5년을 관장하고, 남두성계 성요는 하반기 5년을 관장한다.

⊙ 小限宮에 臨한 북두성계 성요는, 소한운 1년 중 상반기 6개월, 남두성계 성요는 하반기 6개월을 관장한다.

⊙ 看運法을 요약하면 다음과 같다.

◆ 天·地·人 三才와 四化星으로 길흉을 판단한다.

◆ 本命盤-大限盤-流年盤-流月盤-流日盤-流時盤

◆ 本命盤(天)을 기준하여 大限盤(地)을 포국한 후, 大限盤을 매개로 하여 각 궁에 流年盤(人)을 포국한다.

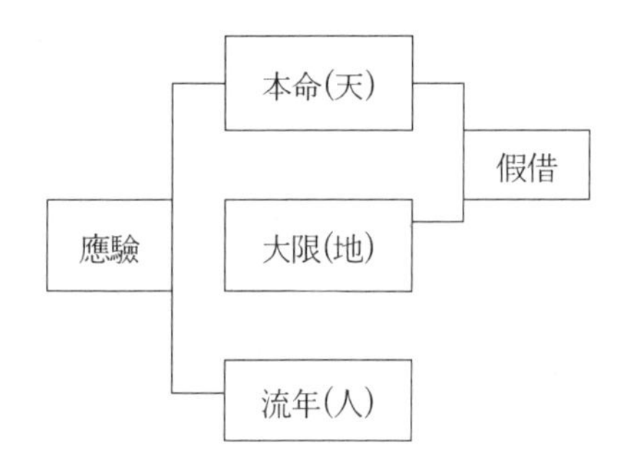

◆ 大限盤(天)을 기준하여 流年盤(地)을 매개로 하여 流月盤(人)을 포국한다.

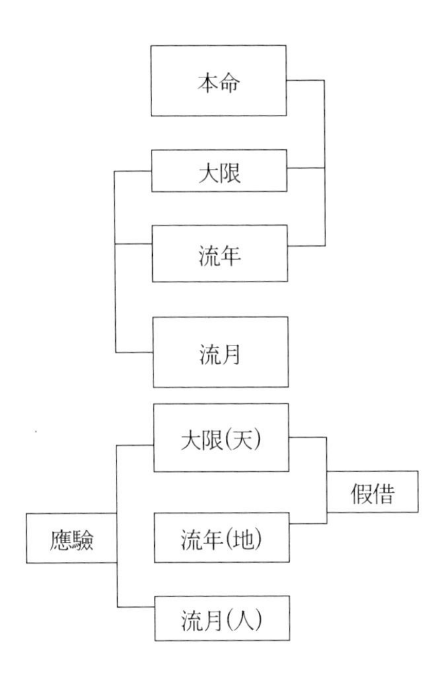

◆流年盤을 기준하여 流月盤을 매개로 하여 流日盤을 포국한다.

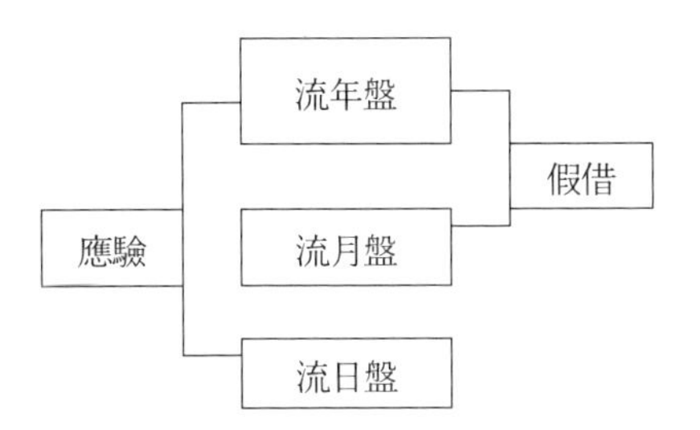

◆流月盤을 기준하여 流日盤을 매개로 하여 流時盤을 포국한다.

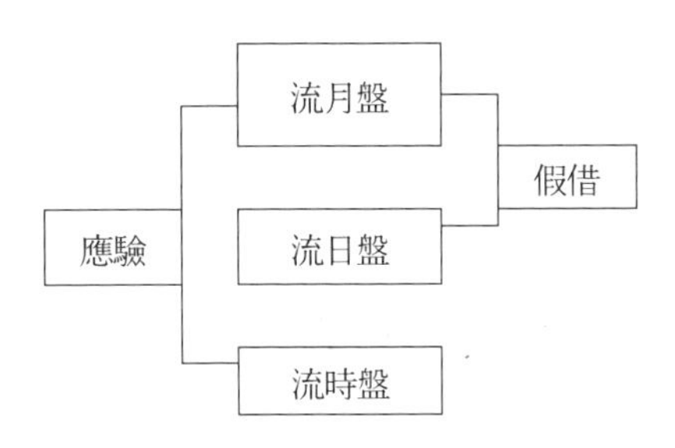

⊙流年의 斗君 낙궁처가 당해 年의 1月이 된다.

⊙流月의 宮干化忌가 斗君을 沖照하면 당해 月이 불리하다.

⊙流年盤은 "靜"으로 보고, 斗君은 "動"으로 보는데, 斗君四化의 정황을 살펴, 流年四化가 나타내는 길흉을 판단한다.

⊙斗君化科의 낙궁처로 당해 年의 吉方으로 잡는다.

⊙斗君本盤에서 用코져 하는 당해 月에 落宮하는 四化로, 어떤 사안이 발생 할 것인가를 살펴본다.

⊙재차 斗君本盤에서 用코져 하는 당해 月에 落宮하는 四化가, 어느 宮位의 宮干을 적용한 것인가에 따라, 발생할 사안의 원인을 파악한다.

⊙大限盤을 보고 발생 사안의 경과 과정을 살펴본다.

⊙流年運의 길흉의 판단은 大限盤에서 원인을 살펴보아야 한다.

⊙流年運의 길흉을 판단한 이후로는, 이를 토대로 계승하고 발전시켜, 관련된 시공간적 관계를 살펴본다.

⊙流年盤과 연계된 大限四化를 판단하고, 이를 本命盤과 倂合하여 판단한다.

⊙本命盤은 "天", 大限盤은 "地", 流年盤은 "人"으로 보고, 天地人의 三才 원칙으로, 流年의 쓰임과 본명반의 대응관계를 살펴본다.

⊙"天"은 象을 내리고, "地"는 이를 形成하고, '人"은 이를 成事시키는 것이다. 따라서 流年運을 살필 때에는 本命盤은 天盤, 大限盤은 地盤, 流年盤은 人盤으로 논하여 겸해서 살펴보아야 한다.

⊙大限은 정해진 運數가 어느 곳에 있는 것을 主하는 것이고, 길흉을 대표하는 것은 아니다.

⊙四化의 낙궁처로 미리 공간적으로 암시되어지는 상을 살펴볼 수 있고, 이의 쓰임은 大限盤이나 流年盤에서 지지에 시간적인 암시로 드러내어지는 것이다.

⊙天地人의 合一 관계에서 대한반은 이미 매개체로서의 쓰임이 있는 것이다.

⊙流年運의 看命 시에는 본명반은 "體(체)"로 보고 大限盤은 "用(용)"으로 본다.

⊙用(大限盤)의 化忌가 體(本命盤)를 沖照함은 不可하다. 沖照한 즉 필히 흉상이 드러나는 것이다.

⊙用(大限盤)이 體(本命盤)를 沖照함은 災禍(재화)가 重한데, 대한 10년이 불리한 것이다.

⊙ 體(本命盤)가 用(大限盤)을 沖照할 시는 災禍(재화)가 비교적 경미하고, 沖을 받는 流年運은 불리하다.

⊙ 流年運의 간명 시는 用(大限盤)인 大限四化星과 體(本命盤)의 화합 여부를 살펴보아야 한다.

⊙ 大限盤은 流年運의 간명 시에 매개체 역할을 하는 것이다.

⊙ 流年運의 간명은, 大限盤을 매개로 하여 판단하고, 그 應(응)함은 流年運에 나타나는 것이다.

⊙ 流月運의 간명은 流年運을 매개로 하여 판단하고, 그 應(응)함은 流月運에 나타나는 것이다.

⊙ 同類(동류)는 運을 主하므로 化忌가 이를 沖照함은 불가한 것이다.

⊙ 流年命宮에 宮干化祿이 있으며 재차 化祿이 宮干化忌에 坐하는 경우, 만약 化忌가 부모궁에 입궁하여 질액궁을 沖하는 경우, 혹은 化忌가 관록궁에 입궁하여 부처궁을 沖하는 경우, 혹은 化忌가 대한천이궁에 입궁하여 대한명궁을 沖하는 경우 등은 死亡의 災厄이 발생한다. 만약 沖함이 子午卯酉宮이면 本命의 壽命이 단축된다고 논한다.

⊙ 형제, 노복, 부모, 질액궁은 四宮位이나 兄奴線과 父疾線으로 연결된다.

⊙ 질액궁의 宮干化忌가 형제궁이나 노복궁에 입궁 시는 항시 災難(재난)이 발생한다.

⊙ 대한노복궁의 宮干化忌가 본명노복궁에 입궁 시는 災厄을 면하기 어렵다.

⊙ 대한노복궁의 宮干化忌가 본명노복궁에 입궁할 경우에 재차 본명노복궁에 自化忌가 있는 경우에는 死亡하게 된다.

⊙ 대한노복궁의 宮干化祿이 질액궁이나 명궁에 입궁 시에, 化忌가 명궁을 沖함을 만날 시는 생명에 위태로움이 발생할 수 있다.

⊙ 대한노복궁의 宮干化忌가 본명의 재백궁이나 복덕궁을 沖할 시는 세상사의 압박감으로 인해 自殺의 위험이 있다.

⊙ 대한복덕궁의 宮干化忌가 본명 복덕궁을 충할 시는 自殺의 경향이 짙다.

⊙ 대한궁의 宮干化忌가 질액궁에 입궁하여 부모궁을 沖할 시는 부모의 命이 단축될 수 있다.

⊙ 대한궁의 宮干化忌가 대한자녀궁에 입궁하여 대한전택궁을 沖할 시는 수명

이 단축된다.

⊙ 運을 추단함에 있어서는 四化星의 비중이 매우 큰데, 四化星은 斗數學의 변화의 주축인 것이다. 四化星의 용법을 충분히 이해하지 못한 경우라도, 약간의 이해함이 있으면 "算命(산명)"에는 도달한 것이고, 그마저 불능이면 "推運(추운)"에 불과한 것이다. 따라서 命運을 해석함에 있어서는 四化星의 용법을 간과해서는 안되는 것이다.

⊙ 소위 "化"라 함은 성요의 氣化를 의미하며, 取할 시는 능히 물질을 변화시키는 역량이 있는 것이다. 따라서 성요의 속성을 이해함이 중요하고, 이에 다시 化氣의 여러 운용법을 이해하게 되면, 그 재능의 운용이 神과 같게 되는 것이다.

⊙ 四化는 斗數學의 用神에 비유되고, 化氣는 그 골수에 해당한다고 보는 것이다.

⊙ 四化에서는 化祿과 化忌의 역량이 重한데, 이중 化忌의 역량이 가장 크다. 따라서 化忌의 沖을 받는 경우에는 대흉한 것이고, 化忌가 坐한 경우에는 그 흉함이 다음이다.

⊙ 生年의 化祿, 化權, 化科가 대한궁의 삼합방에 居할 시는 吉利가 있다.

⊙ 大限宮의 宮干四化가 본명반의 1, 5. 9, 10宮에 입궁 시는 가장 아름답다. 이리되면 化忌가 收藏(수장)되는 고로 흉하지 않다 판단하는 것이다.

⊙ 大限宮의 宮干化忌가 自化忌인 경우에는 대한 10년이 風波(풍파)가 많다.

⊙ 大限宮의 宮干化忌가 본명반의 삼합방을 沖함은 不可하고, 沖한 즉 대흉하다.

⊙ 자미명학에서 가장 기피하는 것은 同類의 相沖이다. 일단 발생하면 피할 수 있는 방법이 없는 것이다.

⊙ 大限宮의 宮干化忌가 본명반의 형제궁이나 노복궁에 입궁하면 災難을 主하게 된다.

⊙ 大限의 길흉은 生年四化의 영향을 받고, 流年의 길흉은 大限四化의 영향을 받으므로, 大限은 본명과 流年의 길흉에 판단하는데 있어서의 매개체 역할을 하는 것이다.

⊙ 大限의 삼합방의 化忌가 본명궁을 沖하면 10년간의 辛苦(신고)가 따른다.

- 만약, 대한 삼합방의 化忌가 출현하지 않거나, 본명궁을 沖하지 않을 시는 그 흉함이 1년에 국한된다.
- 만약 大限의 삼합방의 化忌가 流年 命宮을 沖할 시는 그 흉함이 3년간 지속된다.

◆ 만약 大限 삼합방의 化忌가 流年 재백궁이나 流年 관록궁을 沖하면 그 흉함은 1년에 국한된다.

⊙ 大限宮의 宮干化忌의 動向

◆ 명궁을 충하면 "失格(실격)"이 되며 인생에 흠결이 많게 된다.
◆ 관록궁을 충하면 "失運(실운)"이 되어 사업의 부진을 면치 못한다.
◆ 재백궁을 충하면 "失財(실재)"가 되어 손재수가 따른다.
◆ 전택궁을 충하면 "破庫(파고)"가 되어 조상의 음덕을 기대하기 어렵다.
◆ 육친궁을 충하면 "無緣(무연)"이 되어 육친과의 연이 박하다.

이중에서 運을 破함이 가장 흉한데 사람이 無運이게 되면 生死가 끊어지는 것이다.

⊙ 만약 대한궁의 宮干化忌가 전택궁에 입궁하면 역마와 연관된다.

⊙ 運氣의 好壞(호괴)를 보는 법은, 대한관록궁의 四化로 판단한다.

◆ 대한관록궁의 宮干四化가 명궁, 부처궁, 재백궁, 천이궁, 관록궁, 복덕궁 등의 6강궁에 들면 대한 운세의 역량이 강해진다고 판단한다.

⊙ 流年運에 어떤 사안이 발생할 것인가?

◆ 먼저 본명반과 관련이 있는 현상을 찾아보아야 하고,
◆ 또한 대한궁과의 연계관계도 살펴보아야 하며,
◆ 대한궁에 해당하는 流年과 流月의 동향도 겸하여 살펴보아야 한다.

⊙ 忌入

◆ 대한명궁의 宮干化忌가 본명 명궁에 입궁하는 경우.
◆ 대한재백궁의 宮干化忌가 본명 재백궁에 입궁하는 경우
◆ 대한관록궁의 宮干化忌가 본명 관록궁에 입궁하는 경우.
◆ 대한삼합방의 宮干化忌가 본명 삼합방에 입궁하는 경우.

상기의 경우는 大礙(대의)가 발생하나 중대한 손해까지는 가지 않는다.

⊙ 忌出

◆ 대한재백궁의 宮干化忌가 본명복덕궁에 입궁하여 본명재백궁을 沖하는 경우
◆ 대한삼합방의 宮干化忌가 본명삼합방을 충하는 경우.

상기의 경우는 손실이 발생하고 모종의 상해요소가 발생한다.

⊙ 論命(논명) 시에는 특별히 "忌入" 혹은 "忌出"을 명확히 판단해야 하는데, "忌出

"의 경우에는 化忌가 坐宮이나 沖宮을 불문하고, 損財와 불리함이 발생하는 것이다.

⊙ 대한재백궁의 宮干化忌가 본명복덕궁에 입궁하여 본명재백궁을 沖하는 경우는 "忌出"이라 하는데, 해당 流年의 化忌가 본명복덕궁에 입궁시는 當年이 불리하다.

⊙ 만약 流年의 化忌가, 본명재백궁의 化忌를 沖하면, 流月이 몇 月인가?를 살펴보고, 그 해당 月이 불리한 것이며 1년 전체가 불리한 것이 아니다.

⊙ 四化星이 본명삼합방에 입궁시를 "入"이라 하며, 만약 본명삼합방에 입궁하지 못하고 타 궁에 입궁시는 대개 虛而不實(허이부실)이라 논한다.

⊙ 대체로 대한삼합방의 三吉化(化祿, 化權, 化科)가 본명삼합방에 입궁함을 비로서 "入"이라 하는 것이고, 만약 본명삼합방에 三吉化가 입궁하지 못하면 모양은 같으나 虛象(허상)이라 하는 것이다.

⊙ 대한삼합방의 三吉化(化祿, 化權, 化科)가 본명삼합방에 不入이면 虛吉인 것이다.

⊙ 대한삼합방의 化忌가 본명삼합방에 不入이거나 不沖이면, 그 모양은 비록 凶象이나 虛驚(허경)인 것이다.

⊙ 대한삼합방의 四化가 유년삼합방에 들거나, 유년삼합방의 四化와 본명삼합방의 四化가 중첩된 경우는, 해당 대한삼합방의 四化의 역량이 더욱 강해지는데 이를 "重合(중합)"이라 한다.

⊙ 만약 대한삼합방과 유년삼합방이 중첩된 경우는, 그 해당되는 길흉이 배가 된다고 판단한다.

⊙ "忌入"은 흉함을 主하지는 않으나 收斂的(수렴적) 의미가 강하고, "忌出"은 凶象이나 대체로 손실과 연관된다.

⊙ 化科와 化忌가 동궁인 경우에는 化忌의 凶함이 吉한 化科의 영향으로 解除(해제)되는 것이다. 고로 "科忌不忌(과기불기)"라 한다. 즉, 化忌의 沖的 영향이 化科로 인해 해제되는 면이 있으나, 이는 일시적인 현상으로 판단하며, 化科가 化忌의 흉함을 단지 지연시킨다는 의미로 받아들여야 한다.

⊙ 化祿은 역량이 다소 뒤쳐진다. 이는 現象 혹은 幻想(환상)의 개념으로 논하는 경우가 많으며, 실질적으로 실현되는 경우가 다소 적다 판단하는 것이다. 가령 결혼 건에 대해서 생각할 경우, 化祿은 실행할 것인가? 실행하지 않을 것

인가? 망설임과 연관되므로, 化權을 취해야 양단간에 결말이 나는 것이다. 化權은 성취적 의사가 있는 것이므로, 化祿과 化權의 회합이 있은 후에야, 재능이 장차 理想(이상)과 實踐(실천)이 연계되는 것으로 나타나게 되는 것이다. 만약 化忌가 혼인과 연관되는 宮에 입궁 시에는, 化祿과 化權이 연계되어 나타나는 현상이 被奪(피탈)되는 것이라 판단한다.

⊙ 대한관록궁의 宮干化祿이 부모궁에 입궁하여 질액궁을 沖하면 사업상의 興旺(흥왕)함이 있게 된다.

⊙ 대한관록궁의 宮干化權이 부모궁에 입궁하여 질액궁을 沖하면, 비록 손실은 다소 있다 하더라도 종국에는 이득이 크다. 또한 사업적으로 큰 발전이 있으나 폭리를 취한다는 폐단이 있다.

⊙ 대한관록궁의 宮干化忌가 부모궁에 입궁하여 질액궁을 沖하면 사업상의 倒敗(도패)가 있다.

⊙ 대한관록궁의 宮干化忌가 질액궁에 입궁하여 부모궁을 沖하면 사업상의 침체는 있다 하더라도 倒敗(도패)에까지 이르지는 않는다.

⊙ 대한관록궁의 宮干化祿이 질액궁에 입궁하여 부모궁을 沖하면 사업상의 발전이 있다.

⊙ 대한관록궁의 宮干化權이 질액궁에 입궁하여 부모궁을 沖하면 사업상의 노력은 요구되나 경영상의 발전이 기약된다.

⊙ 대한관록궁의 宮干化科가 질액궁에 입궁하여 부모궁을 沖하면 運氣가 순탄하다.

⊙ 대한재백궁의 宮干化祿이 부모궁에 입궁하여 질액궁을 충하면 크게 得財하게 된다.

⊙ 대한재백궁의 宮干化祿이 자녀궁에 입궁하여 전택궁을 沖하면 田宅이 많다.

⊙ 대한재백궁의 宮干化祿이 복덕궁에 입궁하여 재백궁을 沖하면 享福(향복)이 있다.

⊙ 대한재백궁의 宮干化祿이 명궁, 천이궁, 재백궁, 관록궁의 4宮位에 입궁하면 자수성가한다. 단지 명궁과 천이궁에 들면 忙祿(망록)과 사업상의 勞祿奔波(노록분파)가 따른다.

⊙ 대한노복궁의 宮干化祿이 질액궁에 입궁하거나, 혹은 명궁의 化忌를 충할 시

는 생명이 위태롭다.

⊙ 대한노복궁의 宮干化祿이 명궁이나 질액궁을 沖할 시는 건강상의 문제가 발생한다.

⊙ 대한재백궁의 宮干化權이 부모궁에 입궁하여 질액궁을 沖하면 크게 得財하게 된다.

⊙ 대한재백궁의 宮干化權과 宮干化祿이 부모궁에 입궁하여 질액궁을 충하면 크게 得財하게 된다.

⊙ 대한재백궁의 宮干化忌가 부모궁에 입궁하여 질액궁을 沖하면 錢財가 消盡(소진)된다.

⊙ 대한재백궁의 宮干化忌가 질액궁에 입궁하여 부모궁을 沖하면 손재는 발생하나 다소의 資金은 남게 된다.

⊙ 부모궁이 질액궁을 沖하고, 관록궁이 부처궁을 沖하면 이는 死亡之線(사망지선)이다. 만약 질액궁이 부모궁을 沖하거나, 부처궁이 관록궁을 沖하면 이는 重病之線(중병지선)이다.

상기 二線을 雙死亡線(쌍사망선)이라 한다.

⊙ 대한명궁의 宮干化忌가 본명 부모궁에 입궁하여 질액궁을 沖하면 10년이 불리하다.

⊙ 대한명궁의 宮干化忌가 본명 질액궁에 입궁하여 부모궁을 沖하면 운수의 쇠퇴가 발생한다.

⊙ 대한명궁의 宮干化忌가 본명관록궁에 입궁하여 부처궁을 沖하면 10년이 불리하다.

⊙ 대한명궁의 宮干化忌가 대한부모궁에 입궁하여 질액궁을 沖하면 1년이 불리하다.

⊙ 대한명궁의 宮干化忌가 대한관록궁에 입궁하여 부처궁을 沖하면 1년이 불리하다.

⊙ 대한명궁의 宮干化忌가 본명명궁을 沖할시, 流年의 行運이 아직 명궁까지 도달하지 못한 경우에는 此 化忌는 작용하지 못한다. 이는 이미 行運이 大限을 지나쳤다고 판단하기 때문이다.

⊙ 大限과 本命과의 비교는 10년간의 운세의 길흉을 관장한다.

⊙ 大限과 大限과의 비교는 1년간의 운세의 길흉을 관장한다.

⊙ 流年과 大限과의 비교는 1년간의 운세의 길흉을 관장한다.

⊙ 天(本命盤)·人(流年盤) 合一의 관계는 地(大限盤)가 매개체의 역할을 한다.

⊙ 명궁이 子午卯酉의 四敗地에 居하는 경우는, 이를 桃花之地라 하며, 天盤之位라고도 한다. 이런 경우는 개성이 향락적인 경우가 많다. 다만 관록궁이 辰未戌丑의 四庫地이거나, 재백궁이 寅申巳亥의 四馬地에 거하면, 필히 錢財와 연관하여 勞碌奔波(노록분파)가 따르고, 한편으론 享受(향수)를 갈구하는 마음이 저변에 깔려 있다. 이런 경우는 理想을 추구하고, 享受를 누리기 위해서 得財와 연관하여 勞碌奔波(노록분파)가 따르므로, 한편으론 일을 하고 한편으론 享樂(향락)과 享受(향수)를 갈망하는 것이다.

⊙ 재백궁이 寅申巳亥의 四馬地에 居한 命은, 비교적 낙관적이며 왕왕 물질적 향수를 추구하나, 득재하기 위한 奔波가 적으니 얻기 힘든 것이다.

⊙ 명궁이 辰未戌丑에 居하는 경우는, 四墓之地 또는 墓庫之地라 하며, 地盤之位라고도 한다. 개성적인 면에서 독립심이 강하다.

⊙ 명궁이 辰未戌丑에 居하는데, 관록궁이 寅申巳亥의 四馬地에 거하고, 재백궁이 子午卯酉의 四敗地에 居하면, 일에 있어 지시하는 역할을 주하니 전형적인 영도적이 인물이다. 자금이 있건 없건 그것은 차치하더라도 매사 사업에 있어 적극적인 면이 있다.

⊙ 재백궁이 子午卯酉의 四敗地에 居한 命은 현실적으로 핍박을 받음이 많으니, 일을 하지 않고 계교를 써서 불로소득을 취하려는 성향이 있다. 財的인 수입은 계교를 쓰는 것에 비해 多少 있을 뿐이다.

⊙ 명궁이 寅申巳亥宮에 居하는 경우는, 四馬之地, 혹은 奔波之地라 하며 人盤地支라 한다. 개성이 동적인 면이 많다.

⊙ 관록궁이 子午卯酉의 四敗地에 있거나, 재백궁이 辰未戌丑의 四庫地에 있으면 享受를 누리고자 함이 重하다. 또한 자질구레한 일들의 시비다툼과 연관하여 중재하는 일에 종사함을 좋아하고, 大小事安에 대한 일의 끝마무리를 잘하며, 錢財를 중시하며, 신경질적인 면이 있다.

⊙ 재백궁이 辰未戌丑의 四庫地에 居한 경우는, 금전주의자이며 현실적이고, 得財를 위해선 수단방법을 가리지 않는 타입이다.

⊙ "性"은 명궁을 위주하고, 관록궁은 個性을 표현하는 宮이며, 또한 行爲를 표현하는 宮이다.

⊙ "心"은 질액궁을 위주하고, 心이 표출되는 것은 化忌가 어느 宮에 입궁하였는가를 보아 어떤 事案에 편중되었는가를 살펴본다.

⊙ 대기업의 총수, 정부의 고위직 관료나 통수권자, 一邦의 영도적 인물 등은, 반드시 化科, 化祿, 化權이 부모궁에 임해야 이러한 경향이 두드러진다.

⊙ 化祿이 부모궁에 입궁한 命은, 비교적 봉급생활자로의 진출에는 장애요소가 있고, 雄略은 활발하나, 得財를 갈망하는 것에 치우친다.

⊙ 자영업자로 化祿과 化權이 부모궁, 질액궁에 입궁한 命은, 필히 존경받는 위치에 오르고 大財를 득하고자 하는 생각이 많다.

⊙ 봉급생활자로 化權, 化科가 부모궁, 질액궁에 입궁한 命은 社會的인 면에서는 존경받는 위치에 이르고, 大財를 得하고자 하는 생각이 많다.

⊙ 봉급생활자로 化權, 化科가 부모궁, 질액궁에 입궁한 命은 회사나 단체관련하여서는 승진이나 영전하고자하는 생각이 많다.

⊙ 化祿, 化權, 化科가 本命盤의 형제, 노복, 부모, 질액 四宮에 居하는 자는 필히 得財와의 연이 많다. 生年干의 四化나, 大限 四化, 流年 四化, 流月 四化 등도 모두 같은 맥락이다.

⊙ 化忌가 本命盤의 형제, 노복, 부모, 질액궁에 居하면 손재적 현상이 암시되는 것이다.

⊙ 봉급생활자 중 化忌가 본명반의 명궁이나 부모궁에 입궁한 命은, 化忌의 영향력이 비교적 크지 않다. 관직자로는 높은 직책이나 승천의 기회가 비교적 적을 뿐이다.

⊙ 流年運을 논할 시는 당년태세의 天干을 사용함에 일정치 않은 면이 있으며, 本命盤 중 해당 流年의 宮干四化를 판단해보면 알 수 있는 면이 있다. 따라서 用事에 있어서는 위의 두 가지 용법에 차이가 많다.

⊙ 大限 順行의 양남음녀는 해당 流月宮이 初1日이 되며 이어서 순행시켜 부법하고, 大限 逆行의 음남양녀의 경우는 해당 流月宮이 初1日이 되며 역행하여 부법한다.

⊙ 형제, 노복, 부모, 질액의 四宮位는 兄奴線과 夫疾線의 二線으로 구축되는데

자미명학에서 가장 중요한 두 개의 軸인 것이다.

⊙ 노복궁의 宮干四化가 즉, 化祿, 化權, 化科, 化忌를 막론하고 行限에서 입궁 시에는 필히 災厄이 발생한다.

⊙ 만약 大限奴僕宮的 宮干化忌가 본명반의 노복궁에 입궁 시는 필히 禍厄(화액)을 면키 어려운 것이다.

⊙ 만약 본명반의 노복궁에 自化忌가 居할 경우에는, 此人은 命을 재촉하게 되고, 질액궁의 四化가 형제궁 혹은 노복궁에 입궁 시는 필히 災難(재난)이 발생한다.

⊙ 化忌가 兄奴線(형제-노복)에 입궁 시는 災難(재난)이 암시되는데, 그렇지 않은 경우는 금적적인 손재수 발생하거나, 신체적 혹은 건강적인 면에서 傷害(상해)가 있게 된다.

⊙ 질액궁의 宮干四化(化祿·化權·化科·化忌)가 兄奴線에 입궁 시는, 필히 災難(재난)이 발생하는데, 형제궁이면 대체로 損財가 발생하고, 노복궁이면 신체적 傷害(상해)가 발생한다.

⊙ 남자아이는 자녀궁, 여자아이는 부처궁을 위주하여 판단한다.

⊙ 노복궁에 自四化가 居할 시는 대체로 吉利한 현상이 적다.

⊙ 재백궁의 宮干化忌가 자녀궁에 입궁한 命은 經商(경상)과는 연이 적다.

제7장

통변通辯

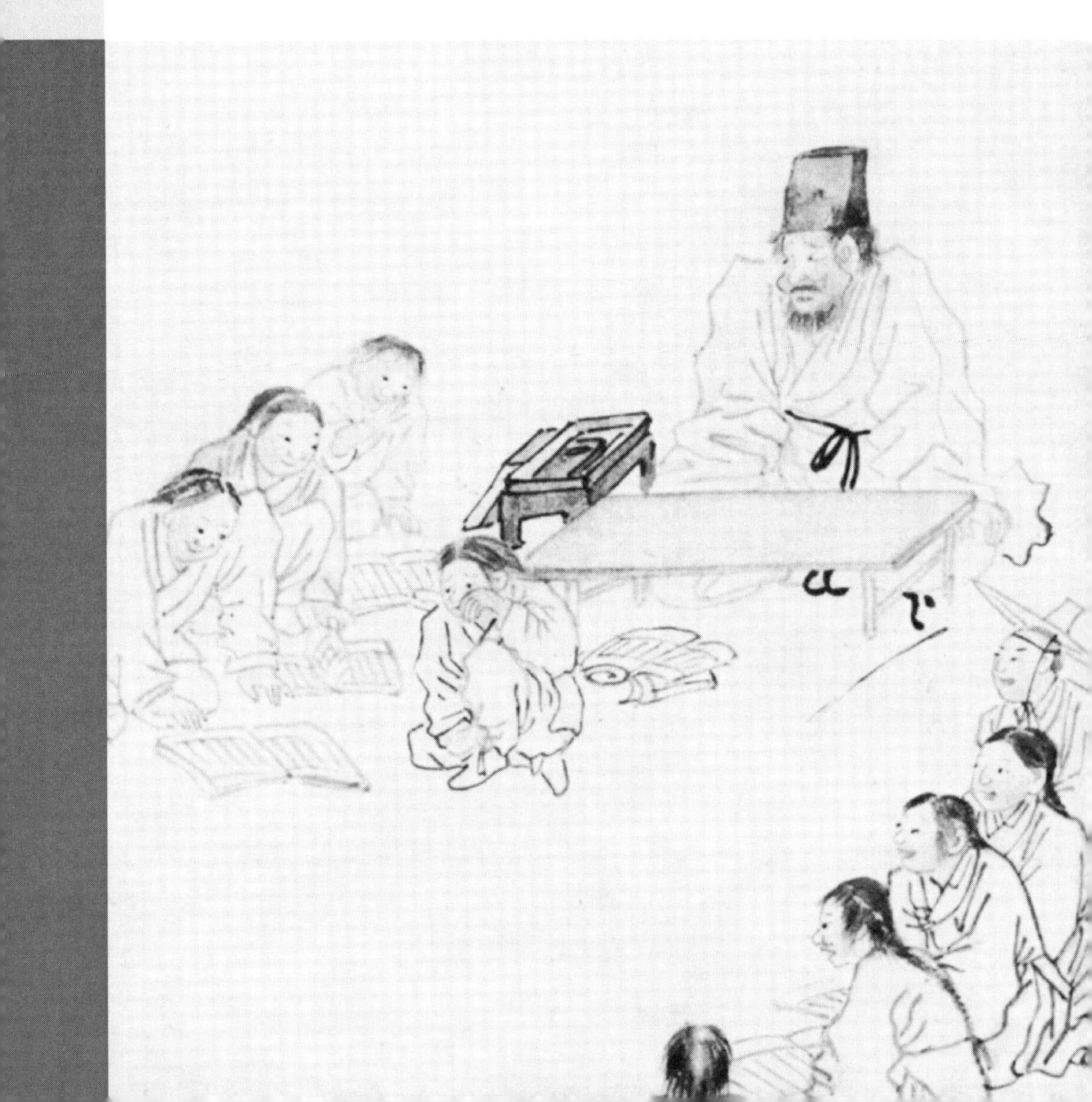

(1) 원인 불명의 怪疾(괴질)을 앓은 명조 - 圖55

天同平 天鉞平 鈴星平 孤辰 貫索 亡神 飛廉 空亡 流鈴 2 14 34~43 田宅 長生 乙巳	武曲陷㊀忌 天府廟 文曲廟 左輔廟㊀科 天貴 天福 龍池 官符 將星 喜神 小羊 流羊 3 15 44~53 官祿 身宮 沐浴 丙午	太陽平 太陰陷 三台 八座 天喜 天傷 月德 小耗 攀鞍 病符 大忌 4 16 54~63 奴僕 冠帶 丁未	貪狼平 文昌旺 右弼廟 天馬 台輔 年解 恩光 天虛 鳳閣 天壽 歲破 歲驛 大耗 流馬 流驛 5 17 64~73 遷移 建祿 戊申
破軍平 封誥 天月 旬空 天哭 天才 喪門 月殺 奏書 大火 流陀 小陀 小火 1 13 25 24~33 福德 養 甲辰	男命 陰曆：壬寅年. 3. 26. 寅時 命局：金4局 金箔金 命主：祿存 身主：天機 甲戊甲壬 寅戌辰寅 72 62 52 42 32 22 12 2 壬辛庚己戊丁丙乙 子亥戌酉申未午巳		天機陷 巨門廟 地空 天廚 天使 大耗 破碎 龍德 息神 伏兵 6 18 74~83 疾厄 帝旺 己酉
天魁廟 火星廟 天姚 天空 晦氣 咸池 將軍 大羊 大病 流火 小病 12 24 14~23 父母 胎 癸卯			紫微廟㊀權 天相陷 陀羅平 陰煞 解神 天官 蜚廉 白虎 華蓋 官符 流虎 大病 7 19 84~93 財帛 衰 庚戌
廉貞廟 天巫 截空 太歲 指背 小耗 大驛 大弔 大馬 小馬 小驛 小弔 天馬 流忌 11 23 4~13 命宮 絕 壬寅	地劫 寡宿 紅鸞 病符 天殺 青龍 大陀 流病 小病 10 22 兄弟 墓 癸丑	七殺平 擎羊平 紅艶 弔客 災殺 力士 大鈴 大虎 小鈴 流弔 小虎 9 21 夫妻 死 壬子	天梁陷㊀祿 祿存陷 天刑 天德 天德 劫殺 博士 8 20 94~ 子女 病 辛亥

〈圖55 명반분석〉

◆ 25세에 원인을 알 수 없는 괴질에 걸려 투병생활을 했던 명조로, 대한과 유년운의 명반분석을 통해 길흉을 판단해 본다.

〈大限(대한)분석〉

⊙ 25세는 甲辰大限(24~33세)에 속한다.

◆ 甲辰宮이 대한명궁이다.

◆ 대한명궁에는 破軍이 居하는데 平地에 해당하고, 天哭, 旬空과 동궁이다. 또한 흉성인 喪門이 居하고, 대한갑진궁의 火星은 대한갑진궁인 辰宮에 낙궁하고 대궁은 戌宮으로 본명상의 白虎가 居하며, 또한 戌宮은 대한갑진궁의 博士十二神을 적용시 病符가 居하며, 白虎와 病符가 공히 대한명궁을 沖照하고 있으니 흉액의 조짐이 있는 것이다.

◆ 甲辰大限의 자녀궁은 癸丑宮인데, 正星이 없고, 본명상의 地劫과 病符가 동궁하고 있다. 또한 대궁인 未宮에는 본명상의 病符가 대한자녀궁을 沖照하고 있다.

◆ 甲辰大限의 복덕궁은 丙午宮으로 身宮과 동궁한다. 武曲·化忌가 居하고, 甲辰大限 기준시 喪門이 동궁한다. 그 대궁은 壬子宮으로 본명상의 弔客과 大限火星과 大限白虎의 沖照가 있는 것이다. 다만 甲辰大限의 복덕궁에 武曲과 天府, 左輔, 化科, 文曲 등의 吉星이 重臨하니 大凶厄(대흉액)은 면했던 것이다.

◆ 甲辰大限 명궁의 宮干 甲의 化忌는 丁未宮인 本命의 노복궁에 입궁되나 未宮은 午未와 暗合되어, 대한복덕궁인 本命身宮에 이르며, 대한자녀궁을 沖照하는 것이다.

◆ 대한자녀궁인 癸丑宮의 宮干 癸의 化忌는 貪狼에 부법되니, 선천천이궁에 居하는 것이며 자연 선천명궁을 沖照하는 것이다.

◆ 대한복덕궁의 宮干 丙의 化忌는 廉貞에 부법되니 선천명궁에 입궁하는 것이다.

◆ 대한질액궁인 辛亥宮의 宮干 辛의 化忌는 文昌에 부법되니, 본명천이궁에 입궁하는 것이며 역시 선천명궁을 沖照하는 것이다.

◆ 상기에 서술한 甲辰大限의 여러 정황상, 흉성들이 본명궁을 충조하니, 此 大限에 질병이 발생했던 것이다. 다시 流年運이나 小限에서 역시 흉성의 沖照가 있을 시는 재차 발병을 피할 수 없는 것이며, 그 정도가 더욱 심화될 것이라

판단된다.

〈流年(유년)분석〉

⊙ 25세 流年은 太歲가 丙寅年이며 寅宮이 流年命宮으로 선천명궁인 寅宮에 해당되는 것이라, 길흉간에 그 영향이 더욱 심화되는 것이다.

<table>
<tr><td colspan="4">1986년 丙寅年(25세)
流年盤 宮干支 配屬</td></tr>
<tr><td>유년 전택 己巳</td><td>유년 관록 庚午</td><td>유년 노복 辛未</td><td>유년 천이 壬申</td></tr>
<tr><td>유년 복덕 戊辰</td><td colspan="2" rowspan="2">流年盤</td><td>유년 질액 癸酉</td></tr>
<tr><td>유년 부모 丁卯</td><td>유년 재백 甲戌</td></tr>
<tr><td>**유년 명궁 丙寅**</td><td>유년 형제 丁丑</td><td>유년 부처 丙子</td><td>유년 자녀 乙亥</td></tr>
</table>

- 流年명궁 寅宮에 廉貞과 天馬 등이 居하며 絕地에 落宮한 것이다.
- 流年명궁 寅宮에는 甲辰大限의 大限歲驛, 大限天馬, 大限弔客이 居하고, 小限 25세는 역시 大限甲辰宮에 해당하니, 小限歲驛, 小限天馬, 小限弔客이 동궁하게 되는 것이다.
- 流年명궁 寅宮의 좌우인 卯丑宮에, 大限甲辰의 大限擎羊과 大限陀羅가 居하며 流年명궁인 寅宮을 夾照하고, 또한 丑卯宮에 本命病符와 大限病符가 역시 夾照하며, 本命陀羅와 小限擎羊의 회조가 있으며, 다시 流年명궁인 寅宮에는 大限驛馬, 本命天馬, 大限天馬, 小限天馬가 絕地에 落宮이고, 流年天馬가 충조하니 五馬의 動함이 있어 흉한 것이다.
- 流年복덕궁은 辰宮으로 宮干은 戊이다. 宮干 戊의 化忌는 天機에 부법되니, 자연 유년질액궁인 酉宮에 입궁하는 것이며, 辰宮과는 辰酉合으로 暗合이 되는 것이라 "自暗合"인 것이며 "暗合化忌"인 것이다.
- 流年질액궁은 酉宮으로 宮干은 癸이다. 宮干 癸의 化忌는 貪狼에 부법되니 申宮에 入宮하는 것이며, 자연 流年명궁이며 선천명궁인 寅宮을 沖照하게 되는

것이라 흉하다,

◆ 流年명궁은 寅宮으로 宮干은 丙이다. 宮干 丙의 化忌는 廉貞에 부법되니 寅宮에 入宮하는 것이며, 자연 流年명궁에 流年自化忌가 居하게 되는 것이라, 25세 流年 丙寅年은 흉액의 조짐이 내재되어 있는 것이다.

〈結論(결론)〉

◆ 25세 流年은 丙寅年으로 寅宮이 流年명궁이며 또한 선천명궁에 해당된다. 廉貞이 居하는데, 流年化忌가 동궁하고, 廉貞은 無名症怪疾(무명증괴질)로 보며, 天馬는 流行性疾患(유행성 질환)으로 논하는 것이다.

◆ 24~33세의 甲辰大限과 小限 25세는 공히 대한명궁인 辰宮에 낙궁하는 바, 白虎와 病符가 공히 대한명궁을 沖照하고, 流年명궁인 寅宮에 五馬가 絕地에 落宮하고, 대궁에는 太歲驛馬와 流年天馬가 역시 絕地를 沖照하니 流行性怪疾(유행성괴질)을 앓게 된 것이다.

◆ 25세 流年명궁인 寅宮의 좌우에 大限病符와 本命病符가 夾制하니 病症(병증)이 가벼운 것은 아니다.

◆ 다만 본명궁에 14正星 중 廉貞이 坐命하여 吉하지 못하나, 그 대궁에 文昌, 右弼, 天馬, 台輔, 年解, 恩光 등의 吉星이 중중하게 來照하니 本命을 크게 손상시키지는 않았던 것이다.

(2) 政治人의 명조 – 圖56

<table>
<tr>
<td>天同平 文昌平 天馬 天巫
旬空
弔客 歲驛 伏兵
53 42~51
財帛 建祿 辛巳</td>
<td>武曲陷 天府廟 地空 天廚
病符 息神 大耗
54 32~41
子女 冠帶 壬午</td>
<td>太陽平 太陰陷(忌) 封誥 截空
太歲 華蓋 病符
22~31
夫妻 身宮 沐浴 癸未</td>
<td>貪狼平 天鉞陷 解神 天福
紅艷 孤辰 紅鸞 天空
晦氣 劫殺 喜神
12~21
兄弟 長生 甲申</td>
</tr>
<tr>
<td>破軍平 擎羊旺 左輔平 地劫
八座 天官 寡宿 天才 天使
天德 官符 攀鞍 天德
52 52~61
疾厄 帝旺 庚辰</td>
<td colspan="2" rowspan="2">男命
陰曆：乙未年. 1. 19. 巳時
命局：水2局 泉中水
命主：文曲 身主：天梁

丁 癸 戊 乙
巳 卯 寅 未

72 62 52 42 32 22 12 2
庚 辛 壬 癸 甲 乙 丙 丁
午 未 申 酉 戌 亥 子 丑</td>
<td>天機陷(祿) 巨門廟 文曲廟 天刑
喪門 災殺 飛廉
2~11
命宮 養 乙酉</td>
</tr>
<tr>
<td>祿存陷 鈴星廟 年解 鳳閣
蜚廉
白虎 將星 博士
51 62~71
遷移 衰 己卯</td>
<td>紫微廟(科) 天相陷 右弼陷 天月
恩光 三台
貫索 天殺 奏書
父母 胎 丙戌</td>
</tr>
<tr>
<td>廉貞廟 火星廟 陀羅陷 陰煞
天貴 天喜 天壽 天傷
龍德 亡神 力士
50 72~81
奴僕 病 戊寅</td>
<td>天姚 天虛 破碎
歲破 月殺 青龍
1 13… 49 82~91
官祿 死 己丑</td>
<td>七殺平 天魁廟 大耗 月德
小耗 咸池 小耗
92~
田宅 墓 戊子</td>
<td>天梁陷(權) 台輔 天哭 龍池
官符 指背 將軍
福德 絕 丁亥</td>
</tr>
</table>

〈圖56 명반분석〉

(명궁)

◆ 14正星으로는 天機와 巨門이 동궁하고 있다. 天機는 智慧之星(지혜지성)으로 酉宮이 陷地이며, 巨門은 是非之星(시비지성)으로 酉宮이 廟地에 해당하는 것이다.

◆ 天機가 陷地에 居하나 化祿을 得하니 두뇌가 출중한 것이고, 巨門이 暗星으로 廟地에 居하니 일생에 이러저러한 시비구설이 있었던 것이다.

◆ 文曲은 輔佐之星(보좌지성)으로 공직에 근무함에 있어 부하직원들의 보좌가 있었고, 天刑은 刑厄之星(형액지성)이나 酉宮은 弱地에 해당하니 일생에 큰 탈 없이 넘어갈 수 있었다.

◆ 대궁인 천이궁에 祿存이 拱照하니, 본명궁의 化祿과 더불어 雙祿의 회조가 있는 것이라, 국가의 祿을 받을 命으로, 행정고시에 합격한 후 공직생활을 시작하여, 도청의 행정부지사를 끝으로 국회에 입성한 貴格의 명반이다. 선천명궁의 대궁인 卯宮에 煞星인 鈴星이 居하며 廟地를 득했으나, 吉星인 祿存과 年解가 동궁하니 鈴星의 흉함을 감쇠시켰던 것이다.

◆ 삼방인 본명재백궁에 福祿之星(복록지성)인 天同과 輔佐之星(보좌지성)인 左輔, 驛馬之星(역마지성)인 天馬가 있으니 길격인데, 다만 虛事之星(허사지성)인 旬空이 동궁하니 재물복이 많지는 않았던 것이다.

◆ 삼방의 본명관록궁엔 正星이 없다. 따라서 대궁인 본명부처궁의 太陽, 太陰을 借星해오는 것이다. 日月을 借星해 오니 吉하나, 未宮의 日月은 平陷地라 旺하지 못하여 역량에 부족됨이 있으니, 행정직인 道伯(도백=도지사)의 소망은 달성하지 못했다.

(형제궁)

◆ 본명형제궁에 孤辰과 天空이 동궁하니 형제들이 적은 것이다. 早年에 부모가 작고한 연유로 獨子(독자)로 자랐던 것이다.

◆ 紅鸞과 투기성인 貪狼이 居하여 흉조가 있는데, 天鉞과 解神이 동궁하여 흉함을 감쇠시키니 흉조가 크게 대두되지는 않았다. 선출직의 당선여부와 관련하여서는 두수명반의 형제궁을 有權者(유권자)로 보고 길흉을 판단해야 한다.

(부처궁)

- 身宮과 동궁이며 太陽과 太陰이 동궁하고 있다. 未宮의 太陽은 日落 前이고, 未宮의 太陰은 月出 前이니 日月 공히 광휘가 왕하지 못하다.
- 太陰은 母星이요 妻星인데, 化忌를 대동하니 흉하다. 공직자로서 복무기간 중이나 국회의원 선거기간 중에 처의 내조를 기대하기는 요원했던 것이다.

(자녀궁)

- 武曲과 天府가 동궁하고 있다. 武曲은 財帛之星(재백지성)이고, 天府는 尊貴之星(존귀지성)으로 吉하나, 흉성인 地劫이 동궁하니 子女 代에 富는 있으나 貴가 적은 것이다. 또한 대궁에 七殺이 沖照하니 공직과의 연이 적어, 국영기업체의 연구직에 종사하고 있는 것이다.

(재백궁)

- 天同과 文昌과 天馬가 동궁하고 있다. 天同은 福祿之星(복록지성)이고, 文昌은 輔佐之星(보좌지성), 天馬는 驛馬之星(역마지성)이다. 재백궁에 길성인 天同, 文昌, 天馬가 동궁하니 大財를 發할 것 같으나, 虛事之星(허사지성)인 旬空이 동궁하니 大財와는 연이 적은 것이다.
- 재백궁의 宮干 辛의 化忌가 文昌에 부법되니 自化忌인 것이라 흉하다. 국회의원 선거 관련하여 금전상 損耗(손모)가 발생하는 것이다.

(질액궁)

- 六煞星 중 擎羊과 地劫의 二星이 동궁하여 흉하다. 다만 대궁에 紫微가 化科를 대동하고 내조하여 煞星의 기세를 감쇠시키고, 宮에 天德이 동궁하니 흉액이 크게 태동하지 못한 것이다.
- 또한 삼방사정에 天魁, 天鉞, 右弼 등의 吉星의 회조가 있으니 건강은 크게 걱정할 바가 없는 것이다.

(천이궁)

- 천이궁은 변동 및 昇遷(승천)과 연관된 宮이다. 흉성인 鈴星은 年解가 和解하니

흉함이 적었고, 다시 祿存의 길성이 있으니 공직생활 중 거듭 승진의 기회가 있었던 것이다.

- 또한 鳳閣, 將星, 博士 등의 文明星이 동궁하니 공직자로서 행정능력이 탁월했던 것이다.

(노복궁)

- 노복궁은 공직자의 경우 부하직원과 연관하여 길흉을 살펴보는 宮이다. 廉貞, 火星, 陀羅가 동궁하니 부하직원들의 부조가 적었고, 매사 손수 탐구하며 노력하는 유형이다.
- 陰煞이 동궁하니 예기치 않은 陰害와 시비구설에 휩쓸리는 경우도 있었다. 다행인 것은 天貴와 天官의 吉星이 있어, 上官의 조력에 힘입어 난관을 헤쳐 나갈 수 있었던 것이다.

(관록궁)

- 正星이 없으나 대궁에 길성인 太陽, 太陰을 借星해오니 흉하지 않다.
- 혐의가 되는 것은 대궁의 化忌가 충조하니, 노력한 만큼의 결실이 따르지 못한 면이 있었다.

(전택궁)

- 七殺과 大耗가 動하니 損耗(손모)가 있다.
- 다행인 것은 天魁와 月德이 동궁하니 공직자로써 청렴하여 재물과의 연이 적었으나 妻의 내조로 인해 다소의 得財가 있었다.

(복덕궁)

- 天梁, 台輔, 龍池의 吉星이 중첩되니 복록이 있다.
- 다만 대궁에 旬空과 弔客의 沖照가 있으니 재물과 연관하여서는 복록이 크지는 못한 것이다.

(부모궁)

◆紫微 天相, 右弼의 길성이 중첩되어 동궁하니 길함이 많았으나, 삼방사정에 擎羊. 地劫, 地空, 火星, 陀羅 등의 흉성이 중첩되어 회조하니 흉하다.

◆15세 이전에 부모가 모두 작고하여 조부모 슬하에서 자랐던 것이다.

〈大限(대한)분석〉

◆52~61세는 庚辰大限이다. 일희일비의 대운이다.

◆庚辰宮이 대한명궁이며, 戊子宮이 대한재백궁이고, 甲申宮이 대한관록궁이다.

◆대한명궁인 庚辰宮은 破軍, 地劫, 擎羊의 煞星이 동궁하니 흉함이 있다. 도지사 선거에 출마하여 낙선한 것이다.

◆此 大限의 재백궁에 天魁, 관록궁에 天鉞, 대궁인 천이궁에 右弼, 명궁에 左輔가 居하여, 삼방사정에서 天魁, 天鉞, 左輔, 右弼의 四吉星의 회조가 있으니 매우 길하다. 52~61세 庚辰大限 중 54세 戊子歲運에 국회의원선거에 당선되어 국회에 입성한 것이다.

〈小限(소한)분석〉

◆54세 小限은 午宮에 해당하며 宮의 干支는 壬午이다. 宮干 壬의 化權이 紫微에 부법되어 소한관록궁에 입궁하고 있으며, 또한 보좌성인 右弼이 동궁하고 있다.

◆壬午小限의 대궁은 戊子宮으로, 소한천이궁에 해당되며 七殺과 天魁과 동궁하고 있다.

◆삼방사정에 紫微·化權과 七殺, 天魁, 右弼의 회조가 있으니, 帝座인 紫微가 將帥인 七殺을 얻어 적을 물리치려고 진군하는 상황이니 형세가 장엄하며 길한 것이다.

〈流年(유년)분석〉

◆54세 流年은 戊子年으로 지반 子宮이 流年명궁이 되며 선천전택궁에 해당된다.

◆流年 戊子年의 天干 戊의 化祿이 貪狼에 부법되며 申宮인 유년재백궁에 居하고, 유년관록궁은 辰宮으로 破軍과 左輔가 居하며, 流年명궁인 子宮에 七殺과

天魁가 居하게 된다. 삼방사정에서 殺破狼格(살파랑격)을 이루어 凶兆(흉조)가 있으나, 다시 天魁, 天鉞, 左輔의 길성의 회조가 있으니 근소한 표차로 국회의원에 당선된 것이다.

(3) 결혼생활에 破折(파절)이 있는 명조 - 圖57

<table>
<tr>
<td>巨門平 祿存旺 紅鸞 大耗
小鈴 大鈴
青龍 亡神 博士
大命主 92~
田宅 建祿 丁巳</td>
<td>廉貞旺 天相廟 擎羊陷 地劫
天廚 小羊 流羊 小殺 大殺
白虎 將星 官符 流忌 小忌
小命主 82~91
官祿 冠帶 戊午</td>
<td>天梁平 天鉞旺 天月 寡宿
天傷 天德
天德 攀鞍 伏兵
72~81
奴僕 沐浴 己未</td>
<td>七殺旺 火星陷 天馬 天姚
天哭 小虎 流火 大虎
弔客 歲驛 大耗
62~71
遷移 長生 庚申</td>
</tr>
<tr>
<td>貪狼廟(祿) 陀羅旺 地空 天刑
旬空 紅艷 天虛 小陀 流陀
歲破 月殺 力士
1 13 25
福德 身宮 帝旺 丙辰</td>
<td colspan="2" rowspan="2">女命
陰曆：戊戌年. 8. 26. 未時
命局：水2局 大溪水
命主：祿存 身主：天相

己 戊 辛 戊
未 午 酉 戌

72 62 52 42 32 22 12 2
癸 甲 乙 丙 丁 戊 己 庚
丑 寅 卯 辰 巳 午 未 申</td>
<td>天同廟 封誥 天使
小火 大火
病符 息神 病符
流命主 52~61
疾厄 養 辛酉</td>
</tr>
<tr>
<td>太陰陷(權) 文昌弱 右弼平(科) 恩光
天福 天官 月德 大羊
小耗 咸池 青龍
26
父母 衰 乙卯</td>
<td>武曲平 鈴星旺
流虎 流鈴
太歲 華蓋 喜神
42~51
財帛 胎 壬戌</td>
</tr>
<tr>
<td>紫微平 天府平 解神 八座
龍池 天壽
官符 指背 小耗
27 2~11
命宮 丙 甲寅</td>
<td>天機陷(機) 天魁弱 台輔 破碎
大陀
貫索 天殺 將軍
28 12~21
兄弟 巳 乙丑</td>
<td>破軍旺 陰煞 年解 三台
截空 鳳閣 天才 蜚廉
喪門 災殺 奏書
29 22~31
夫妻 墓 甲子</td>
<td>太陽陷 文曲旺 左輔陷 天巫
天貴 孤辰 天喜 天空 大忌
晦氣 劫殺 飛廉
29 32~41
子女 絕 癸亥</td>
</tr>
</table>

〈圖57 명반분석〉

- 상기는 29세 나이에 결혼생활에 破折을 맞은 명반이다.
- 선천부처궁이 子宮으로 破軍이 居하고 截空과 동궁하고 있다. 子는 水로 水는 “貯”와 “流‘의 성질이 있는데, 空亡이 되면 貯에서 流로 바뀌므로 이미 혼인생활에 파절의 징조가 보이는 것이다.
- 대궁에는 擎羊과 地劫의 煞星의 沖照가 있으니 결혼생활의 파국이 예상되는 것이다.
- 본명궁에 紫微와 天府가 있어, 북두와 남두의 帝座가 동궁하나 보좌성이 보이지 않으니, 독단적이며, 개성이 剛强(강강)하고, 충동적이며, 희로애락의 변화가 심한 것이며, 언행이 자기 멋대로이고, 타인과 여러 면에서 화합을 이루지 못했던 것이다.

〈대한분석〉

- 29세는 甲子大限에 속하며, 선천부처궁에 해당된다.
- 甲子大限의 명궁은 子宮이며 天干 甲의 化忌는 太陽에 부법된다(太陽·化忌). 따라서 化忌는 대한부처궁을 명궁으로 볼 경우에 질액궁에 해당하는 巳宮을 沖照하는 것이다.
- 대한부처궁을 명궁으로 볼 경우에, 질액궁은 巳宮에 해당하며, 巳宮의 天干 丁의 化忌는 巨門에 부법되니 自化忌가 되는 것이며, 자연 自化忌가 대한부처궁적 질액궁에 居하게 되는 것이다. 대한명궁의 天干 甲의 化忌(太陽·化忌)가 대한형제궁에 입궁하는데, 이는 곧, 대한부처궁을 명궁으로 볼 경우의 질액궁을 沖照하게 되는 것이라, 여러 紛糾(분규)의 조짐이 있는 것이다.
- 대한복덕궁은 寅宮인데. 宮干 甲의 化忌는 太陽에 부법되며(太陽·化忌), 대한부처궁을 명궁으로 볼 경우의 질액궁을 역시 沖照하는 것이다.
- 대한부처궁은 戌宮이며, 宮干 壬의 化忌는 武曲에 부법되니 自化忌인 것이다.
- 상기 서술한 내용을 종합해보면, 대한부처궁에 自化忌가 居하고, 부처궁을 명궁으로 볼 경우 질액궁에 역시 自化忌가 거하여, 대한명궁의 부처궁과 대한부처궁을 명궁으로 볼 경우의 질액궁과 상호 化忌가 沖照하며, 대한명궁의 化忌가 대한형제궁에 입궁하여 대한부처궁을 명궁으로 볼 경우의 질액궁을 沖照하

니 부부연에 破折(파절)이 생김은 不問可知(불문가지)다.

〈流年(유년)분석〉

◆ 29세 流年은 丙寅年으로 지반 寅宮이 流年명궁이 되며 또한 선천명궁에 해당하는 것이다.

1986년 丙寅年(29세) 流年盤 宮干支 配屬							
유년 전택	己巳	유년 관록	庚午	유년 노복	辛未	유년 천이	壬申
유년 복덕	戊辰	流年盤				유년 질액	癸酉
유년 부모	丁卯					유년 재백	甲戌
29세 流年 丙寅年 명궁	丙寅	유년 형제	丁丑	유년 부처	丙子	유년 자녀	乙亥

◆ 본명상 부처궁은 子宮으로 破軍이 居하며 截空地에 落宮한 것이다. 子는 水로 水가 空亡되면 "流"가 되는 것이다. 대궁에는 擎羊, 地劫, 大限煞星(大殺), 小限煞星(小殺), 流年擎羊(流羊), 小限擎羊(小羊), 流年化忌(流忌), 小限化忌(小忌) 및 본명상의 白虎가 沖照하니 혼인생활이 극히 흉하다.

◆ 流年명궁은 寅宮에 해당하며 天干은 丙이다. 化忌가 廉貞에 부법되어(廉貞·化忌) 午宮에 입궁하니, 流年부처궁을 沖照하고 있다. 流年부처궁은 子宮으로 天干은 丙인데 역시 化忌가 廉貞에 부법되니(廉貞·化忌) 자연 雙化忌가 본궁을 沖照하는 형국이 되는 것이다.

◆ 流年복덕궁은 辰宮이며 天干은 戊이다. 戊의 化忌는 天機에 부법되니(天機·化忌) 丑宮에 입궁하는 것이며, 化忌가 유년부처궁을 명궁으로 볼 경우의 질액궁인 未宮을 沖照하는 것이다.

◆ 유년부처궁적 질액궁은 未宮으로 天干은 辛이다. 化忌가 文昌에 부법(文昌·化忌)되니 卯宮에 입궁하는 것이며, 따라서 化忌가 酉宮의 流年命主를 沖照하는 것이다.

◆ 상기 流年運을 종합적으로 살펴보면 역시 혼인생활의 파국이 암시되는 것이다.

〈소한분석〉

◆ 29세 小限은 大限甲子宮에 속하며 宮干支는 丙子이며 대한명궁에 臨하는 것이다. 이는 선천부처궁과 유년부처궁에 同臨하는 것이다.

29세 小限盤 宮干支 配屬			
소한 노복 己巳	소한 천이 庚午	소한 질액 辛未	소한 재백 壬申
1 13 25 소한 관록 戊辰	小限盤		소한 자녀 癸酉
26 소한 전택 丁卯			소한 부처 甲戌
27 소한 복덕 丙寅	28 소한 부모 丁丑	29세 소한 명궁 丙子	소한 형제 乙亥

* 女命 29세 소한은 대한갑자궁(22~31)에 해당되니, 대한갑자궁의 궁간 甲을 기준하여 월두법을 적용하여 상기와 같이 각 지반궁에 궁간지를 배속하는 것이다.

◆ 소한복덕궁은 寅宮에 속하며 天干은 丙으로 化忌가 廉貞에 부법되니 午宮에 입궁하는 것이다. 따라서 午宮의 廉貞·化忌는 소한명궁과 유년부처궁을 충조하며, 소한명궁은 子宮에 居하며 天干은 丙으로 역시 化忌가 廉貞에 부법된다. 따라서 午宮에는 雙化忌가 居하게 되는 것이며, 자연 소한명궁과 流年부처궁을 沖照하는 것이라 흉하다.

◆ 소한부처궁은 戌宮에 居하며 天干은 甲이며 化忌가 太陽에 부법되므로(太陽·化忌) 亥宮에 입궁하는 것이다. 따라서 亥宮의 太陽·化忌가 소한부처궁을 명궁으로 볼 경우의 질액궁인 巳宮을 沖照하게 되니 역시 흉하다.

〈결론〉

29세에 해당하는 대한분석과 유년분석, 그리고 소한분석을 통해 판단해본 결과, 29세 병인년의 혼인생활의 破折(파절)은 피할 수 없었던 것이다.

(4) 疾病관련 大厄을 겪은 명조 - 圖58

<table>
<tr>
<td>巨門平 天鉞平 火星平 破碎
病符 亡神 飛廉 大鈴
夫妻 絕 乙巳</td>
<td>廉貞旺 天相廟 文昌陷 天刑旺 封誥廟
天鉞 恩光 天福
太歲 將星 喜神
兄弟 胎 丙午</td>
<td>天梁平(祿) 鈴星旺 地空旺 天空
晦氣 攀鞍 病符
2~11
命宮 養 丁未</td>
<td>七殺旺 文曲廟 天馬陷 陰煞 天巫
天貴 旬空 孤辰
喪門 歲驛 大耗
12~21
父母 長生 戊申</td>
</tr>
<tr>
<td>貪狼廟 解神 年解 寡宿 鳳閣
弔客 月殺 奏書
92~
子女 墓 甲辰</td>
<td colspan="2" rowspan="2">男命
陰曆 : 壬午年. 10. 26. 辰時
命局 : 水2局 天河水
命主 : 武曲 身主 : 文昌

壬 辛 辛 壬
辰 卯 亥 午

72 62 52 42 32 22 12 2
己 戊 丁 丙 乙 甲 癸 壬
未 午 巳 辰 卯 寅 丑 子</td>
<td>天同廟 天廚平 紅鸞廟 天壽
貫索 息神 伏兵 大火
22~31
福德 沐浴 己酉</td>
</tr>
<tr>
<td>太陰陷 天魁廟 地劫廟 天喜平 天德
天德 咸池 將軍
82~91
財帛 身宮 死 癸卯</td>
<td>武曲平(忌) 陀羅平 天姚 台輔 天官
龍池
官符 華蓋 官符
32~41
田宅 冠帶 庚戌</td>
</tr>
<tr>
<td>紫微平(權) 天府平 三台平 截空 天使
蜚廉
白虎 指背 小耗
72~81
疾厄 病 壬寅</td>
<td>天機陷 左輔旺 右弼平(科) 天才平 大耗弱
龍德 天殺 青龍
62~71
遷移 衰 癸丑</td>
<td>破軍旺 擎羊平 八座弱 紅艷 天虛
天哭 天相
歲破 災殺 力士
52~61
奴僕 帝旺 壬子</td>
<td>太陽陷 祿存陷 月德
小耗 劫殺 博士
42~51
官祿 建祿 辛亥</td>
</tr>
</table>

〈圖58 명반분석〉

◆ 상기는 대장질환으로 평생에 걸쳐 3번의 대수술을 한 명조이다. 중고도서 판매점을 운영하며 축적된 財를 대장관련 수술로 인해 모두 허비하게 된 명반이다.

◆ 본명궁에 天梁, 地空, 鈴星, 天空이 居하고 있다. 天梁은 蔭星(음성), 福壽星(복덕성), 解厄星(해액성), 醫藥星(의약성)의 吉星으로, 명궁에 居하니 조상의 蔭德(음덕)이 있고, 解厄消災(해액소재)의 吉한 역할을 하나, 凶殺星인 地空, 鈴星, 天空이 동궁하니, 길성의 역할이 제압을 받는 것이며 또한 흉액의 징조가 있는 것이다.

◆ 삼방인 재백궁과 관록궁에 太陰과 太陽이 있어 명궁을 회조하니 "日月并明格"이라 논할 수 있으나, 太陰이 卯宮, 太陽이 亥宮에 居하여 日月이 모두 落陷된 것이라 빛을 잃은 格이니 그 역할이 유명무실한 것이다.

◆ 다행인 것은 대궁에 輔佐星인 左輔, 右弼이 居하고, 재백궁에 天魁가 居하여 본명궁을 회조하고, 명궁의 좌우에서 文昌, 文曲이 左右夾命(좌우협명) 하니 단명은 면했으나 일생에 대장질환으로 인해 대수술을 3번 받는 大厄(대액)을 겪었던 것이다.

〈질액궁 분석〉

◆ 본명 질액궁에는 紫微와 天府가 동궁하니 북두와 남두의 帝座가 한자리에 모인 格이라 본시 길하다. 다만 截空, 天使, 白虎가 동궁하니 길중 흉이 있는 것이다.

◆ 질액궁적 재백궁(본명상의 질액궁을 명궁으로 보는 경우의 재백궁)은 戌宮인데, 先天化忌가 居하고, 다시 선천 질액궁을 명궁으로 논할 때의 宮干 壬의 化忌가 선천 戌宮의 武曲에 부법되니 결국 雙化忌의 沖照가 있게 되는 것이다.

◆ 질액궁적 관록궁(본명상의 질액궁을 명궁으로 보는 경우의 관록궁)은 午宮인데, 宮干 丙의 化忌가 廉貞에 부법되니 自化忌인 것이며, 역시 선천질액궁을 會照하는 것이다.

◆ 질액궁적 재백궁과 관록궁에 모두 4개의 化忌가 선천질액궁을 沖照하니 病疾이 심하게 태동하는 결과가 되는 것이다.

◆ 또한 선천질액궁의 대궁인 申宮에는 七殺과 旬空, 喪門 등 흉성의 沖照가 있으니 역시 흉한 조짐이 있는 것이다.

〈대한분석〉

- 32~41세는 庚戌大限으로 명궁이 戌宮으로 선천전택궁에 해당한다.
- 庚戌大限의 재백궁은 午宮으로 선천형제궁에 해당하고, 庚戌大限의 관록궁은 寅宮으로 선천질액궁에 해당한다. 庚戌大限의 天干 庚의 化忌는 天同에 부법되니 선천복덕궁에 入宮하는 것이며, 庚戌大限의 대궁은 辰宮으로 宮干 甲의 化忌는 太陽에 부법되어 亥宮에 입궁하는 것이니, 庚戌大限의 명궁인 戌宮 좌우에서 化忌가 庚戌大限 명궁을 夾命하니 매우 흉하다.
- 庚戌大限의 질액궁은 巳宮으로 大限鈴星(大鈴)이 居하는 것이다. 선천명반의 火星과 大限鈴星(大鈴)이 동궁하니, 자연 질병으로 인한 흉한 조짐이 태동하게 되는 것이다.
- 庚戌大限의 관록궁은 寅宮으로 선천질액궁에 해당되며, 宮干 壬의 化忌는 武曲에 해당하니 庚戌大限의 명궁에 居하는 것이라, 결국은 선천의 武曲·化忌와 庚戌大限 관록궁의 宮干 壬의 化忌가 역시 武曲에 居하니, 雙忌가 공히 庚戌大限 명궁에 坐命하는 것이라, 此 大限에 1차 대장질환이 발병하여 大腸(대장=큰창자)을 30cm 이상 잘라내는 대수술을 받았던 것이다.
- 이후 약 10년 단위로 2차례 더 대장질환으로 인한 수술을 받았고, 그 여파로 인해, 대변 주머니를 항시 몸에 지참하고 다녀야 하는 大厄(대액)을 겪었던 것이다.

(5) 무속인의 명조 – 圖59

太陽廟 天鉞平 天刑 天巫 恩光 孤辰 天喜 天空 晦氣 劫殺 飛廉 35~44 子女 建祿 乙巳	破軍廟 文曲廟 年解 天福 旬空 鳳閣 蜚廉 喪門 災殺 奏書 25~34 夫妻 冠帶 丙午	天機平 大限天空 貫索 天殺 將軍 15~24 兄弟 沐浴 丁未	紫微弱㊓ 天府弱 文昌旺 台輔 龍池 官符 指背 小耗 5~14 命宮 長生 戊申
武曲旺㊌ 火星陷 封誥 解神 八座 天壽 太歲 華蓋 喜神 45~54 財帛 帝旺 甲辰	女命 陰曆：壬辰年. 9. 23. 寅時 命局：土5局 大驛土 命主：廉貞 身主：天相 戊 庚 辛 壬 寅 申 亥 辰		太陰旺 地空弱 天姚 天廚 月德 小耗 咸池 青龍 父母 養 己酉
天同平 天魁廟 天貴陷 天使平 病符 息神 病符 55~64 疾厄 衰 癸卯	71 61 51 41 31 21 11 1 癸 甲 乙 丙 丁 戊 己 庚 卯 辰 巳 午 未 申 酉 戌		貪狼弱 陀羅平 陰煞 三台 天官 天虛 歲破 月殺 力士 福德 胎 庚戌
七殺陷 右弼弱 天馬廟 天月 截空 天哭 弔客 歲驛 大耗 65~74 遷移 病 壬寅	天梁旺㊗ 地劫弱 寡宿 天傷 破碎 天德 伏兵 攀鞍 天德 75~84 奴僕 死 癸丑	廉貞廟 天相旺 左輔弱㊕ 鈴星廟 擎羊平 紅艷 天才 大忌 白虎 將星 官符 85~94 官祿 身宮 墓 壬子	巨門旺 祿存陷 紅艷 大耗 龍德 亡神 博士 95~ 田宅 絕 辛亥

〈圖59 명반분석〉

- 명궁에 紫微·化權과 天府가 동궁하니 북두와 남두의 帝王들이 무소불위의 권세를 얻은 格이고, 삼방사정에서 文昌, 右弼, 左輔가 보좌하니 국정운영에 賢臣(현신)들의 조언을 받을 수 있는 길격이다.
- 혐의가 되는 것은 삼방사정인 재백궁에 火星, 化忌, 華蓋 등의 凶殺星과 관록궁에 擎羊, 鈴星, 紅艷, 白虎 등의 凶殺星, 그리고 천이궁에 截空, 弔客의 凶殺星의 회조가 중첩되니, 神을 받고 무속인의 길을 간 것이다.
- 부처궁에 年解와 旬空이 居하니, 夫妻를 엮어놓은 인연의 줄이 풀어지고 허사가 된 것이라, 자연 부부연은 薄(박)한 것이다.
- 재백궁에 化忌, 火星이 동궁하니 損財數(손재수)가 발생하는 것이고, 다시 解神과 華蓋가 동궁하니, 타인들에게 재물을 나누어주어 공덕을 쌓으라는 것이니, 자연 재물의 損耗가 있게 되는 것이다.

  선천재백궁적 천이궁(선천 재백궁을 명궁으로 볼 때의 천이궁)은 戌宮이고 재백궁은 子宮인데, 子宮에 擎羊, 鈴星이 居하며, 戌宮에 陀羅, 陰煞 등이 居하여, 이들 凶殺星이 선천재백궁을 會照하니 역시 재물복이 적은 것이다.
- 노복궁은 교우 및 수하인의 길흉을 살펴보는데, 地劫, 寡宿, 天傷, 破碎, 伏兵 등의 흉성이 居하니, 자신이 양성한 제자들과의 사이에서 음해와 시비구설에 휘말리게 되어, 많은 재물의 손실과 명예의 실추가 따랐던 것이다.

〈대한분석〉

- 丙午대한(25~34세)은 선천부처궁에 해당된다. 대한명궁에 旬空이 居하고, 좌우에 天空과 大限天空이 居하여 二空이 夾命하니, 喪門에 따른 神病이 태동하여 아무 것도 할 수 없는 상황이다.
- 丙午대한의 삼방사정인 재백궁에는 截空, 관록궁에는 陀羅, 천이궁에는 驚羊과 鈴星 등의 凶殺星이 회조하니 此 大限에 神을 받고 무속인의 길을 가게 된 것이다.
- 乙巳대한(35~44세)은 太陽과 天鉞의 두 吉星이 세력을 얻으니 무속인으로 성취됨이 있어, 많은 제자를 양성하고, 재물과 명예를 얻었다.
- 甲辰대한(45~56세)은 선천재백궁에 해당되며. 武曲·化忌와 火星의 흉성이 동

궁하여 흉하나, 반면에 封誥, 解神, 八座, 天壽, 喜神 등의 吉星이 역시 동궁하니 일희일비의 운이다.

- 癸卯대한(55~64세)의 대한재백궁은 亥宮이고, 대한관록궁은 未宮으로 宮干 丁의 化忌가 巨門에 부법되어 대한재백궁인 亥宮에 입궁하였고, 대한천이궁인 酉宮은 煞星인 地空이 대한명궁을 沖照하고, 대한관록궁은 沐浴地이며 흉성인 天殺이 동궁하여 회조하고 있다, 이처럼 삼방사정에서 대한명궁을 扶助(부조)하는 기미가 보이지 않으니, 제자들과의 시비구설과 음해에 휘말리게 되어 재물과 명성에 있어서 많은 손실이 발생했던 것이다.

(6) 吉한 태몽의 명조 - 圖60

<table>
<tr>
<td>天梁旺 天鉞平 年解 三台 天福
鳳閣 天才 天傷
太歲 指背 喜神
74~83
奴僕 長生 丁巳</td>
<td>七殺陷 文昌陷 左輔廟 封誥 天貴
天官 天空
晦氣 咸池 飛廉
64~73
遷移 養 戊午</td>
<td>火星旺 地空旺 旬空 天使 蜚廉
喪門 月殺 奏書
54~63
疾厄 胎 己未</td>
<td>廉貞陷 文曲廟 右弼廟 紅艷 孤辰
貫索 亡神 將軍
44~53
財帛 身宮 絶 庚申</td>
</tr>
<tr>
<td>紫微平 天相平 天月 恩光 寡宿
天喜
病符 天殺 病符
84~93
官祿 沐浴 丙辰</td>
<td colspan="2" rowspan="2">男命
陰曆：癸巳年. 3. 12. 辰時
命局：金4局 海中金
命主：貪狼 身主：七殺

甲 丁 丙 癸
辰 巳 辰 巳

75 65 55 45 35 25 15 5
戊 己 庚 辛 壬 癸 甲 乙
申 酉 戌 戌 亥 子 丑 寅</td>
<td>八座平 龍池廟 破碎弱
官符 將星 小耗
34~43
子女 墓 辛酉</td>
</tr>
<tr>
<td>天機旺 巨門平㊡ 天魁廟 地劫廟 天姚
弔客 災殺 大耗
94~
田宅 冠帶 乙卯</td>
<td>破軍陷㊒ 台輔廟 陰煞 解神 紅鸞
大耗 月德
小耗 攀鞍 青龍
24~33
夫妻 死 壬戌</td>
</tr>
<tr>
<td>貪狼旺㊢ 鈴星廟 天巫 天德
天德 劫殺 伏兵
福德 建祿 甲寅</td>
<td>太陽陷 太陰廟㊮ 擎羊廟 截空 天哭
天壽
白虎 華蓋 官符
父母 帝旺 乙丑</td>
<td>武曲平 天府弱 祿存弱
青龍 息神 博士
4~13
命宮 衰 甲子</td>
<td>天同旺 陀羅平 天馬平 天刑平 天廚
天虛
歲破 歲驛 力士
14~23
兄弟 病 癸亥</td>
</tr>
</table>

〈圖60 명반분석〉

◆ 七殺이 午宮에 居하고, 廉貞이 申宮에 居하니 이는 "雄宿乾元格(웅숙건원격)"이다. 뜻과 포부가 크고, 남을 영도하는 능력이 있으며, 부귀쌍전의 貴格이다.

◆ 명궁이 子宮이며, 동궁한 武曲은 平地, 天府는 弱地, 祿存은 弱地에 居하여 3개 財祿의 성요의 勢가 旺하지는 못하나, 고서에서 언급한 것처럼 巨富의 命인 것이다.

◆ 武曲은 재백성이고, 天府는 녹고성이며, 祿存은 재록성에 해당하니, 財星이 중첩되어 臨한 것이라 그 格局이 비상하다.

◆ 此 格은 기획력과 통솔력이 출중하고, 인재관리에 뛰어나며, 삼방사정에 文昌, 文曲, 左輔, 右弼 등의 보좌성의 회조가 있으니, 재물을 바탕으로 높은 권력을 장악할 수 있는 자질이 있으며, 대궁의 七殺이 權星인 封誥, 天貴, 天官을 대동하고 拱照하니 부귀쌍전의 貴格이다.

◆ 성격이 후중할 것이며, 輔佐星이 중첩하여 명궁을 회조하니 두뇌가 총명하고 풍채에 貴함이 드러나며, 남의 밑에 있기를 싫어하고, 교우관계가 넓으며, 일생에 衣食이 足하고, 안정된 생활을 영위할 것임이 예상된다.

◆ 상기는 태몽이 길한 명반으로, 그 어머니 꿈에 큰 호랑이 한 마리가 뒤에 십여 마리의 호랑이들을 거느리고 언덕길을 오르는 꿈을 꾸고 나서 胎氣가 있은 후 낳은 아들이라 한다.

◆ 명반에 기재한 사주를 겸하여 참작하라.

(부모궁)

◆ 부모궁이 丑宮이다. 부모궁은 지혜, 학문, 두뇌를 主하는데, 太陽과 太陰이 동궁하고 있다. 太陽은 陷地이니 失地한 것이고 太陰은 廟地로 得地한 것인데 化科를 대동하니, 조상의 蔭德(음덕)으로 인해 국가고시 합격의 길함이 암시되어 있는 것이다.

◆ 부모궁은 문서와도 연관되는데, 대궁에서 地劫, 火星, 旬空 등의 흉살성이 沖照하니 계약, 문서로 인한, 시비구설과 損耗(손모)가 암시되는 것이다.

(질액궁)

- 질액궁이 未宮이다. 地空, 火星의 煞星이 동궁하니 예기치 않은 사고, 질병 등으로 인한 수술 건이 암시된다.
- 선천질액궁적 재백궁은 卯宮으로 煞星인 地劫이 동궁하고, 선천질액궁적 관록궁은 亥宮으로 陀羅와 天刑이 동궁하고 있다. 삼방사정에서 凶殺星이 중첩하여 선천질액궁을 충조하니 혹, 天壽를 누리지 못하는 위태로움이 있을까 염려된다.

〈대한분석〉

- 壬戌大限(24~33세)은 선천부처궁으로 破軍·化祿과 台輔가 동궁하고 있다. 破軍은 본시 損耗之星(손모지성)이나 化祿을 만남을 가장 기뻐하는데, 이는 破軍의 횡폭하고 어그러진 기운을 화합하여 적극적인 태도를 지니게 하기 때문이다. 또한 文學, 文章을 主하는 台輔와 동궁하니 文과 연관하여 길함이 암시되는 것이다.
- 壬戌大限의 재백궁은 午宮이며. 관록궁은 寅宮이며, 천이궁은 辰宮이다. 삼방사정에 七殺, 破軍, 貪狼의 회조가 있어 殺破狼格(살파랑격)을 형성하고 凶한 조짐은 있으나, 대한명궁에 破軍·化祿, 台輔, 解神, 月德 등의 吉星이 重臨하니 흉변길로 化되는 것이다.
- 此 大限에 권세와 명예를 얻을 수 있는 국가고시에 합격할 것임이 암시되는 것이다.

(7) 政治人의 명조 - 圖61

<table>
<tr>
<td>紫微旺 七殺平 天鉞平 封誥 年解
天福 鳳閣 天壽
太歲 指背 喜神
16~25
兄弟 絕 丁巳</td>
<td>火星旺 八座廟 天官廟 天空
晦氣 咸池 飛廉
6~15
命宮 墓 戊午</td>
<td>文曲陷 文昌旺 天月 旬空 蜚廉
喪門 月殺 奏書
父母 死 己未</td>
<td>地空陷 天姚廟 三台弱 紅艷 孤辰
貫索 亡神 將軍
福德 病 庚申</td>
</tr>
<tr>
<td>天機廟 天梁平 天刑陷 寡宿 天喜
病符 天殺 病符
26~35
夫妻 胎 丙辰</td>
<td colspan="2" rowspan="2">男命
陰曆：癸巳年. 8. 10. 卯時
命局：火6局 天上火
命主：破軍 身主：七殺

辛 辛 辛 癸
卯 未 酉 巳

73 63 53 43 33 23 13 3
癸 甲 乙 丙 丁 戊 己 庚
丑 寅 卯 辰 巳 午 未 申</td>
<td>廉貞弱 破軍廟(祿) 台輔平 龍池廟 破碎弱
官符 將星 小耗
96~
田宅 衰 辛酉</td>
</tr>
<tr>
<td>天相平 天魁廟 右弼平 恩光廟 天貴陷
弔客 災殺 大耗
36~45
子女 養 乙卯</td>
<td>紅鸞 大耗 月德
小耗 擎鞍 青龍
86~95
官祿 帝旺 壬戌</td>
</tr>
<tr>
<td>太陽平 巨門弱(權) 地劫廟 解神 天德
天德 劫殺 伏兵
46~55
財帛 長生 甲寅</td>
<td>武曲廟 貪狼陷(忌) 鈴星弱 擎羊廟 截空
天哭 天使
白虎 華蓋 官符
56~65
疾厄 沐浴 乙丑</td>
<td>天同旺 太陰廟(科) 祿存弱 陰煞
龍德 息神 博士
66~75
遷移 身宮 冠帶 甲子</td>
<td>天府陷 左輔陷 陀羅平 天馬平 天巫
天廚 天虛 天才 天傷
歲破 歲驛 力士
76~85
奴僕 建祿 癸亥</td>
</tr>
</table>

〈圖61 명반분석〉

- 상기는 공업고등학교 전기과를 나와, 전기시설관련 사업으로 得財하였고, 시의원에 출마하여 당선된 후 3選을 거쳐 시의회 의장을 역임했던 명반이다.
- 명궁이 午宮인데 14正星이 居하지 못하고, 中天星으로 四煞星의 하나인 火星이 居하여 旺地를 득한 것이니 格局이 본시 吉하지는 못한 것이다.
- 다행인 것은 명궁 좌우에 天鉞, 文昌, 文曲 등의 輔佐星이 夾命하니 흉변길이 된 것이다.
- 더욱 좋은 것은 삼방사정에서 재백궁에 巨門·化權과 太陽이 동궁하여 회조하고, 대궁에는 太陰·化科와 天同이 동궁하여 명궁을 회조하니, "日月并命格(일월병명격)"이루어 명반이 貴格이 되었다.

(부처궁)

- 天機와 天梁이 居하고 있다. 天機는 善星이고 天梁은 蔭星으로, 이 둘의 조합은 성품이 온화, 화합되고, 남에게 베풀기를 좋아하는 것이다.
- 다시 좌우에 天鉞, 天魁, 右弼 등의 輔佐星의 夾照가 있으니 그 妻가 전통음식 조리 등과 관련하여 명성을 얻었고, 또한 夫君에 대한 음으로 양으로 내조가 두터웠던 것이다.

(재백궁)

- 太陽과 巨門·化權이 동궁하고 있다. 太陽이 寅宮에 거하여 "日出扶桑格(일출부상격)"으로 사람이 뜻과 포부가 크며, 다재다능함이 있고, 인품이 훌륭하다.
- 동궁한 巨門은 본시 暗星이나 太陽과 동궁하면 태양의 광휘와 열기로 인해, 巨門의 근신함과 소심한 성격이 변화를 일으키어 장점으로 바뀌게 되니, 寅宮의 巨日이 동궁함은 吉格인 것이라 재물복이 많은 것이다. 또한 天德이 동궁하니 조상의 蔭德이 있는 것인데, 다만 혐의가 되는 것은 煞星인 地劫이 동궁하니 사업상의 부침이 많았던 것이다.
- 재백궁의 대궁은 복덕궁인데 地空과 天姚가 沖照하니, 사람들의 꾐에 넘어가 무리한 투자로 인한 사업상의 여러 부침이 많았고, 재백궁의 길함이 많이 감쇠됐던 것이다.

(관록궁)

- 正星이 없고 紅鸞, 大耗, 月德이 있다. 대궁의 天機와 天梁의 영향을 많이 받으니 智謀(지모)와 計略(계략)은 많으나 관록운이 많지 않았던 것이다.
- 관록궁의 格이 떨어지니, 시의회 의장직을 끝으로, 지방자치단체장 선거와 국회의원 예비 경선과정에서 연달아 고배를 마셨던 것이다.

〈대한분석〉

- 甲寅大限(46~55세)은 선천재백궁이다. 宮干 甲의 化忌는 太陽에 부법되니 自化忌인 것이다. 동궁한 巨門이 化權을 대동하니 선출직 선거에 길함이 있으나, 동궁한 太陽에 化忌가 부법되니 旭日昇天(욱일승천)의 기세가 꺾인 것이라 일희일비의 運인 것이다. 선천재백궁적 재백궁은 戌宮으로 14正星이 없고 紅鸞과 大耗가 있으니, 선거와 관련하여 損耗가 발생한 것이고, 선천재백궁적 관록궁은 午宮으로 墓宮에 해당하며 火星과 天空이 동궁하여 회조하니 관록운의 하락을 부채질하는 格이라, 大限의 末期運(말기운)은 크게 기대할 바가 없는 것이다.
- 선천재백궁적 천이궁은 申宮으로 흉살성인 地劫과 天姚가 沖照하니 역시 관록운에서 한 단계 더 올라감에 沮礙(저애) 요소가 되는 것이다.

(8) 凶한 태몽의 명조 - 圖62

<table>
<tr>
<td>天相平 祿存旺 地劫平 地空平 天才
天壽 破碎 月德
小耗 劫殺 博士
5~14
命宮 身宮 絕 丁巳</td>
<td>天梁廟 擎羊陷 天刑 天月 天貴
天廚 旬空 天虛 天哭
歲破 災殺 力士
15~24
父母 胎 戊午</td>
<td>廉貞旺 七殺平 天鉞旺 大耗
龍德 天殺 靑龍
25~34
福德 養 己未</td>
<td>火星陷 封誥弱 陰煞 天巫 蜚廉
白虎 指背 小耗
35~44
田宅 長生 庚申</td>
</tr>
<tr>
<td>巨門平 文昌旺 鈴星陷 陀羅旺 解神
八座 紅艶 龍池
官符 華蓋 官符
兄弟 墓 丙辰</td>
<td colspan="2" rowspan="2">男命
陰曆：戊子年. 10. 10. 午時
命局：土5局 沙中土
命主：武曲 身主：天府

甲辛癸戊
午亥亥子

80 70 60 50 40 30 20 10
辛 庚 己 戊 丁 丙 乙 甲
未 午 巳 辰 卯 寅 丑 子</td>
<td>天喜 天德
天德 咸池 將軍
45~54
官祿 沐浴 辛酉</td>
</tr>
<tr>
<td>紫微陷 貪狼旺(祿) 天福 天官 紅鸞
喪門 歲驛 大耗
夫妻 死 乙卯</td>
<td>天同陷 文曲陷 天姚 年解 三台
寡宿 鳳閣 天傷
弔客 月殺 奏書
55~64
奴僕 冠帶 壬戌</td>
</tr>
<tr>
<td>天機旺(忌) 太陰平(權) 天馬廟 孤辰
喪門 歲驛 大耗
95~
子女 病 甲寅</td>
<td>天府旺 左輔旺 右弼平(科) 天魁弱 天空
晦氣 攀鞍 病符
85~94
財帛 衰 乙丑</td>
<td>太陽陷 台輔弱 恩光 截空 天使
太歲 將星 喜神
75~84
疾厄 帝旺 甲子</td>
<td>武曲弱 破軍旺
病符 亡神 飛廉
65~74
遷移 建祿 癸亥</td>
</tr>
</table>

〈圖62 명반분석〉

◆圖62는 흉한 胎夢(태몽)의 명반이다. 상기 명반인의 어머니가 어느 날 꿈을 꾸었는데, 꿈에 이미 죽은 남편의 친구가 나타나 큰 물고기 한 마리를 건네주는데, 그 물고기가 배가 갈라져 피를 흘리고 있는 꿈이었다고 한다. 그 꿈을 꾸고 나서 胎氣(태기)가 있어 胎夢(태몽)임을 알았고 이후 아들을 낳았다는 것이다.

◆命·身宮이 동궁이며 14正星 중 天相이 居하며 독좌이다. 대궁에는 파괴적 성질이 큰 武曲과 破軍이 沖照하는데, 다행인 것은 祿存이 있어, 祿星이 묶이고 스며들어 武曲과 破軍의 파괴적 성향을 온화한 성질로 바뀌게 한다.

◆天相이 命宮에 居하면, 성정이 돈후하고, 태도가 웅대하며, 거동은 중후하고, 정의감이 있으며, 불평함을 드러내지 않으며, 타인들과 상부상조하려는 성향이 있다.

◆다만 안타까운 것은 煞星인 地劫과 地空이 동궁하니 天壽를 누리지 못할까 염려되는 것이다.

◆또한 명궁의 좌우에서 鈴星, 陀羅, 擎羊, 天刑 등의 凶殺星이 夾命하니 단명수가 염려되는 것이다.

〈대한분석〉

◆戊午大限(15~24세)은 선천부모궁에 해당되며 대한명궁이 된다. 부모궁은 부모의 건강, 수명, 음덕 등의 유무를 살펴보기도 하며, 본인의 두뇌, 지혜, 학습, 天命 등을 참조하기도 한다.

◆戊午大限宮에 擎羊, 天刑, 旬空, 天虛, 天哭 등의 凶星이 중첩되니 此 大限에 命이 위태로울 수 있는 조짐이 있는 것이다.

◆선천부모궁적 재백궁은 寅宮에 해당하며, 관록궁은 戌宮에 해당되고, 천이궁은 子宮이 된다. 戊午大限宮의 宮干 戊의 化忌는 天機에 부법되니 자연 寅宮에는 先天化忌와 大限宮의 宮干化忌가 居하게 되니 雙忌의 회조가 있게 되며, 다시 대한재백궁인 寅宮의 宮干 甲의 化忌는 선천질액궁인 子宮의 太陽에 부법되니, 戊午大限宮의 대궁인 천이궁에 化忌가 居하게 되며, 또한 子宮의 宮干 甲의 化忌는 역시 太陽에 부법되니 自化忌가 되는 것이라, 선천부모궁적 천이궁에 역시 雙忌가 居하게 되는 것이다.

◆ 戊午大限宮에 흉성이 중첩되고, 삼방사정인 대한재백궁과 대한천이궁에 공히 雙忌가 공히 대한명궁을 拱照하니 매우 흉하다. 애석하게도 命盤에 救濟(구제)의 성요가 적으니 단명수가 염려되는 것이다.

(9) 行政官僚(행정관료)의 명조 – 圖63

<table>
<tr>
<td>太陰陷(權) 文昌平 祿存旺 天巫 紅鸞
天壽 大耗
龍德 亡神 博士
83~92
財帛 病 丁巳</td>
<td>貪狼平(祿) 地空旺 火星旺 擎羊陷 天廚
白虎 將星 力士
93~
子女 死 戊午</td>
<td>天同陷 巨門陷 天鉞旺 封誥 寡宿
天才 天德
天德 攀鞍 青龍
夫妻 身宮 墓 己未</td>
<td>武曲旺 天相廟 天馬陷 鈴星陷 解神
天貴 天哭
弔客 歲驛 小耗
兄弟 絕 庚申</td>
</tr>
<tr>
<td>廉貞陷 天府平 左輔平 地劫陷 陀羅旺
恩光 三台 旬空 紅艷 天虛
天使 歲破 月殺 官符
73~82
疾厄 衰 丙辰</td>
<td colspan="2" rowspan="2">男命
陰曆 : 戊戌年. 1. 25. 巳時
命局 : 木3局 石榴木
命主 : 文曲 身主 : 天相

癸 辛 乙 戊
巳 卯 卯 戌

77 67 57 47 37 27 17 7
癸 壬 辛 庚 己 戊 丁 丙
亥 戌 酉 申 未 午 巳 辰</td>
<td>太陽弱 天梁平 文曲廟 天刑
病符 息神 將軍
3~12
命宮 胎 辛酉</td>
</tr>
<tr>
<td>天福 天官 月德
小耗 咸池 伏兵
63~72
遷移 帝旺 乙卯</td>
<td>七殺平 右弼陷(科) 天月 八座
太歲 華蓋 奏書
13~22
父母 養 壬戌</td>
</tr>
<tr>
<td>破軍弱 陰煞 龍池 天傷
官符 指背 大耗
53~62
奴僕 建祿 甲寅</td>
<td>天魁弱 天姚 破碎
貫索 天殺 病符
43~52
官祿 冠帶 乙丑</td>
<td>紫微平 年解 截空 鳳閣 蜚廉
喪門 災殺 喜神
33~42
田宅 沐浴 甲子</td>
<td>天機廟(忌) 台輔陷 孤辰 天喜 天空
晦氣 劫殺 飛廉
23~32
福德 長生 癸亥</td>
</tr>
</table>

〈圖63 명반분석〉

◆ 圖63 命盤은 행정고시에 합격하여 항만청의 고위직을 역임한 후, 국영기업체의 대표까지 지낸 명반이다.

(명궁)

◆ 명궁이 酉宮으로 太陽과 天梁이 居하고 있다. 太陽이 酉宮에 居하면 일락서산이니 貴가 적고 富가 장구하지 못하다. 외적으로는 화려하나 내적으로는 공허한 것이다. 此 格의 사람은 일을 함에 능통함은 있으나 결말이 아름답지 못한 경우가 많다. 다행인 것은 煞星의 회조가 없는 것인데, 그렇지 않으면 刑剋之災(형극지재)가 따르는 경우가 많다.

◆ 天梁은 陽土에 속하는 길성으로 본시 蔭星(음성)이며 福壽星(복수성)이며 解厄星(해액성)이다. 다만 酉宮의 天梁은 漂浪之客(표랑지객)이라 논했으니 고향을 등지고 타향에서 일을 行함이 있는 것이고 辛苦奔波(신고분파)가 많은 命이다. 철학, 종교 등과 연관됨이 많으며, 才藝(재예)와 언어표현 등에 다소의 결격이 많다. 만년에 발달하니, 사업은 중년 이후 재능을 발휘하며, 남녀 불문하고 早婚(조혼)은 불리하다.

◆ 상기 명반은 삼방사정에서 煞星의 회조가 없고, 輔佐星인 文昌, 文曲, 天魁, 天福, 天官, 月德 등의 吉星의 회조가 있으니, 국가고시에 합격한 후 관록운이 吉했던 것이다.

(부처궁)

◆ 天同과 巨門이 동궁하고 있다. 天同은 吉星으로 福壽星이며 解厄星이고, 巨門은 흉성으로 暗妖星(암요성)이고 疑惑星(의혹성)이다. 未宮의 天同과 巨門은 陷廟地에 속하여, 天同은 衰하고 巨門은 旺하니, 福星인 天同이 역량을 발휘하지 못하는 것이다.

◆ 또한 天同과 巨門이 墓宮에 居하는 것이니 땅 속에 갇힌 格이라, 夫妻 간의 돈독한 情은 기대하기 힘든 것이며, 孤獨之星(고독지성)인 寡宿이 동궁하니 혼인에 破折(파절)이 따르는 것이라, 중년에 이혼한 것이다.

(자녀궁)

◆ 자녀궁이 午宮이며 十二胞胎運星의 死宮에 居하는 것이니 자녀와의 돈독한 情은 기대하기 힘들다.

◆ 더욱 혐의가 되는 것은, 凶星인 貪狼, 地空, 火星, 擎羊 등이 동궁하니, 자녀들의 발전을 기대하기 힘들고, 또한 부모와 자식 간의 유대관계와 애정도 기대하기 힘든 것이다.

(부모궁)

◆ 부모궁은 부모의 동향과 더불어 명조인의 학업운을 논하기도 한다. 七殺, 右弼, 天月, 八座가 동궁하고 있다.

◆ 七殺은 본시 金에 속하는 흉성인데, 戌宮은 平地에 드는 것이라, 크게 태동하지 못한다. 동궁한 輔佐星인 右弼이 化科를 대동하고 文星인 八座가 居하니, 비록 天月의 흉성이 있어 3차례의 국가고시에 실패는 있었으나, 종국에는 합격의 경사가 있었던 것이다.

〈대한분석〉

◆ 癸亥大限(23~32세)은 선천복덕궁에 해당되며 대한명궁이다. 대한명궁의 재백궁은 未宮이고, 卯宮이 관록궁이다. 吉星이 重臨하니 此 大限에 행정고시에 합격하여 공직자의 길로 들어선 것이다.

◆ 癸亥大限宮에 天機, 台輔, 孤辰, 天喜, 天空이 동궁하고 있다. 正星인 天機는 智慧星(지혜성)이며 技術星(기술성)인데 化忌를 대동하니 그 길함이 감쇠하는 것이다. 아울러 孤辰과 天空이 있으니, 일에 있어 실패와 손상의 조짐이 있는 것이니 3차례의 행정고시에 낙방했던 것이다.

◆ 다행인 것은 癸亥大限은 亥宮으로 대한명궁인데, 삼방사정인 대한명궁적 천이궁은 선천재백궁으로 宮干 丁의 化權이 天同에 부법되니 未宮에 입궁하는 것이고, 化科는 天機에 부법되니 癸亥大限 명궁인 亥宮에 입궁하게 된다. 대한명궁적 관록궁은 卯宮으로 선천천이궁이고, 宮干 乙의 化祿이 天機에 부법되니 亥宮에 입궁하고 있다. 化權, 化科가 대한명궁에 居하고, 삼방에 天同, 天鉞, 天福, 天官, 月德 등의 길성의 회조가 있으며, 대궁인 대한명궁적 천이

궁에 太陰이 化權을 대동하고, 다시 文昌, 祿存, 天巫의 吉星이 拱照하니 행정 고시 합격의 경사가 있었던 것이다. 癸亥大限 末期에 해당된다.

(10) 사업가의 명조 – 圖64

<table>
<tr>
<td>太陽廟 天馬平 陀羅平 天刑 天巫
恩光 天廚 天虛
歲破 歲驛 力士
35~44
子女 建祿 乙巳</td>
<td>破軍廟 文曲廟 祿存廟
龍德 息神 博士
25~34
夫妻 冠帶 丙午</td>
<td>天機平(科) 擎羊旺 旬空 紅艶 天哭
天才
白虎 華蓋 官符
15~24
兄弟 沐浴 丁未</td>
<td>紫微弱 天府弱 文昌旺 台輔弱 天德
天德 劫殺 伏兵
5~14
命宮 長生 戊申</td>
</tr>
<tr>
<td>武曲旺 封誥平 解神 八座 紅鸞
大耗 月德
小耗 攀鞍 青龍
45~54
財帛 帝旺 甲辰</td>
<td colspan="2" rowspan="2">男命
陰曆 : 丁亥年. 9. 11. 寅時
命局 : 土5局 大驛土
命主 : 廉貞 身主 : 七殺

庚 丙 庚 丁
寅 子 戌 亥

75 65 55 45 35 25 15 6
壬 癸 甲 乙 丙 丁 戊 己
寅 卯 辰 巳 午 未 申 酉</td>
<td>太陰旺(祿) 天鉞弱 地空弱 天姚 破碎
弔客 災殺 大耗
父母 養 己酉</td>
</tr>
<tr>
<td>天同平(權) 天貴陷 截空 龍池 天使
官符 將星 小耗
55~64
疾厄 衰 癸卯</td>
<td>貪狼弱 陰煞 三台 寡宿 天喜
病符 天殺 病符
福德 胎 庚戌</td>
</tr>
<tr>
<td>七殺陷 右弼弱 天月 天官 孤辰
貫索 亡神 將軍
65~74
遷移 病 壬寅</td>
<td>天梁旺 地劫弱 天傷平 蜚廉
喪門 月殺 奏書
75~84
奴僕 死 癸丑</td>
<td>廉貞廟 天相旺 左輔弱 鈴星廟 天空
晦氣 咸池 飛廉
85~94
官祿 身宮 墓 壬子</td>
<td>巨門旺(忌) 天魁平 火星平 年解 天福
鳳閣 天壽
太歲 指背 喜神
95~
田宅 絶 辛亥</td>
</tr>
</table>

〈圖64 명반분석〉

- 申宮 명궁에 紫微와 天府가 동궁하고 있어 "紫府同宮格(자부동궁격)"이다. 紫微와 天府는 북두와 남두의 帝座로 절대적인 권세를 의미하는데, 輔佐星이 없는 경우라면 독재자적인 성향도 띠고 있는 것이다. 다행인 것은 輔佐星인 文昌이 동궁하고 삼방사정에 左輔, 右弼의 회조가 있어서 賢臣(현신)을 얻은 格이니, 위인이 성실하고 신용이 있으며, 도량이 넓고 대인관계가 원활한 것이다.
- 紫微와 天府가 同宮이며 天馬가 동궁하고 있어 적극적이며 활동적이나, 보좌성으로는 文昌 一位만 동궁하여 보좌의 힘이 약하고, 未宮 형제궁에 殺星인 擎羊이 居하니 獨子로서 고독한 성향도 있는 것이다. 따라서 소싯적에 형제들의 조력을 얻기가 어려웠던 것이고, 성년이 되어서는 형제들에게 의지함이 결여됐던 것이다.
- 삼방사정인 관록궁에 煞星인 鈴星이 회조하여 일정부분 局의 손상됨이 있으나, 여타의 煞星을 더 이상 만나지 않고, 보좌성인 천이궁의 右弼과 관록궁의 左輔가 紫微와 天府가 동궁한 宮을 회조하니 外緣(외연)이 매우 길했던 것이다.
- 또한 文昌과 天德이 명궁에 입궁하니 사업심이 강했던 것이고, 업무적으로도 능력을 발휘하여 흥왕함이 있으나, 관록궁에 鈴星이 동궁하여 일점 흠이 되어 길함이 장구하게 지속되지는 못했던 것이다.
- 재백궁에 武曲과 紅鸞이 동궁하고 있다. 武曲은 財祿星으로 재백궁에 居하니 蓄財(축재)의 의미가 있는 것이며, 紅鸞은 美的, 桃花的, 社交的 의미가 강하니, 이와 연관한 사안은 설계, 문예, 인테리어, 창작활동 등의 사업과 연관되는 것이다.
- 紫府同宮格은 고독함을 두려워하여, 가정을 중시하고 은연자중하는 성격이며, 책임감이 강하니, 가택의 화목함을 기약할 수 있는 것이다.
- 명궁과 부처궁에 煞星의 회조가 없으며, 또한 주색도화와 연관한 흉성이 보이지 않으니 이 또한 吉한 것이다.

(11) 경찰직을 역임한 명조 – 圖65

<table>
<tr>
<td>天機陷㉄ 文曲平 左輔旺 天馬平 天鉞平
天月 天廚 天虛 陀羅
歲破 歲驛 力士
94~
田宅 長生 乙巳</td>
<td>紫微廟 祿存廟 恩光
龍德 息神 博士
84~93
官祿 養 丙午</td>
<td>擎羊旺 台輔平 旬空 紅艶 天哭
天傷
白虎 華蓋 官符
74~83
奴僕 胎 丁未</td>
<td>破軍廟 天巫 解神 天德
天德 劫殺 伏兵
64~73
遷移 絶 戊申</td>
</tr>
<tr>
<td>七殺旺 紅鸞平 大耗 月德
小耗 攀鞍 靑龍
福德 身宮 沐浴 甲辰</td>
<td colspan="2" rowspan="2">男命
陰曆：丁亥年. 2. 23. 丑時
命局：金4局　金箔金
命主：祿存　身主：七殺

癸癸癸丁
丑巳卯亥

73 63 53 43 33 23 13 3
乙丙丁戊己庚辛壬
未申酉戌亥子丑寅</td>
<td>文昌旺 右弼廟 天鉞弱 天使廟 破碎弱
弔客 災殺 大耗
54~63
疾厄 墓 己酉</td>
</tr>
<tr>
<td>太陽旺 天梁陷 封誥 三台 截空
龍池 天壽
官符 將星 小耗
父母 冠帶 癸卯</td>
<td>廉貞旺 天府廟 地空旺 火星旺 天刑
寡宿 天喜
病符 七殺 病符
44~53
財帛 死 庚戌</td>
</tr>
<tr>
<td>武曲陷 天相弱 天姚 天貴 天官
孤辰
貫索 亡神 將軍
4~13
命宮 建祿 壬寅</td>
<td>天同平㊓ 巨門平㊐
天才 蜚廉
喪門 月殺 奏書
14~23
兄弟 帝旺 癸丑</td>
<td>貪狼廟 地劫廟 陰煞 天空
晦氣 咸池 飛廉
24~33
夫妻 衰 壬子</td>
<td>太陰廟(祿) 天魁平 鈴星平 年解 八座
天福 鳳閣
太歲 指背 喜神
34~43
子女 病 辛亥</td>
</tr>
</table>

〈圖65 명반분석〉

(명궁)

- 삼방사정인 재백궁과 관록궁에 天府와 紫微가 있고 다시 祿存이 있어 명궁을 회조하니 이른바 "紫府朝垣格(자부조원격)"의 吉格인 것이다.
- 명궁에 武曲, 天相, 天貴, 天官이 동궁하고 있다. 武曲은 財祿星이고, 天相은 官祿星이며 印星에 해당하고, 天貴와 天官은 權貴之星(권귀지성)인 것이다. 따라서 상기는 공직에 들어 국가의 祿을 받을 명조인 것인데, 대궁인 천이궁에 破軍이 공조하고 있다. 破軍은 驛馬星이며 將星에 해당하니, 연계하면 무관직으로 경찰직에 복무하며 고위직으로 昇遷(승천)이 가능한 명조인 것이다.
- 명궁에 역시 天姚와 孤辰이 동궁하고 있다. 天姚는 시비구설, 陰害와 연관되며, 또한 孤辰은 고독, 별거 등과 연관되니 경찰직에 복무하며 근무처의 이동이 많았고, 또한 복무 관련하여 이러저러한 시비구설과 陰害(음해)에 노출됨이 많았던 것이다.

(부처궁)

- 부처궁은 子宮으로 貪狼, 地劫, 陰煞, 天空이 동궁하고 있다. 吉星의 會集(회집)은 아닌 것이다. 따라서 부부연은 화기애애함과 돈독함이 적었다. 夫는 경찰직, 妻는 교직에 근무하며, 주말부부식의 생활이 많았던 것이다.
- 다행인 것은 부처궁의 대궁인 선천관록궁에 紫微, 祿存, 恩光 등의 吉星의 내조가 있고, 다시 부처궁의 宮干 壬의 化權이 紫微에 부법되어 내조하니, 각자 근무상 자연 별거의 기간이 많은 것이 오히려 흉변길이 되어 이혼까지 가지는 않았던 것이다.

(자녀궁)

- 자녀궁은 亥宮으로 太陰이 居하며 독좌이다. 太陰이 독좌로 亥宮에 居하면 太陰이 廟旺地에 든 것이니 이른바 "月朗天門格(월랑천문격)"이 되어 吉格인 것이다. 따라서 자녀 둘은 모두 외국 유학을 거쳐, 의사와 국제공인회계사 자격증을 획득하여 사회생활을 시작한 것이다.

◆ 다만 혐의가 되는 것은 선천자녀궁에 煞星인 鈴星이 居하고, 선천자녀궁적 재백궁인 未宮에는 擎羊과 旬空이 居하고, 선천자녀궁적 관록궁인 卯宮에는 截空이 居하고, 선전재백궁적 질액궁인 巳宮에는 陀羅가 居하며, 다시 巳宮의 宮干 乙의 化忌가 선천자녀궁의 太陰에 부법되어 宮을 沖照하는 형국이다.

◆ 이처럼 삼방사정에서 煞星인 擎羊, 陀羅, 鈴星과 흉성인 旬空, 截空이 자녀궁을 회조하니 흉화의 조짐이 암시되어 있는 것이다. 또한 선천자녀궁의 좌우에 煞星인 地劫과 地空이 있어 자녀궁을 夾制하니 매우 흉하다. 太陰은 女系星에 해당되므로 선천자녀궁의 大限(34~43세) 초기에 딸이 췌장암으로 치료를 받던 중 젊은 나이에 사망한 것이다.

(형제궁)

◆ 선천형제궁에 天同·化權과 巨門·化忌가 동궁하고 있다. 天同은 福星, 解厄星이며, 巨門은 暗星, 疑惑星(의혹성)인 것이다. 天同이 化權을 대동하니 형제자매들이 교직에 근무함이 많은 것이고, 巨門은 暗星인데 化忌를 대동하니 흉액의 조짐이 있는 것이다.

◆ 선천형제궁의 대궁인 선천노복궁의 宮干 丁의 化忌가 선천형제궁의 巨門에 부법되니, 선천 형제궁에는 雙忌가 居하게 되는 것이라 매우 흉하다. 형제 4남 1녀 중 남자형제 1명이 夭折(요절)한 것이다.

〈대한분석〉

◆ 庚戌大限(44~53세)은 戌宮에 居하게 되고, 대한명궁이며 선천재백궁이다. 동궁한 天府는 남두의 帝座로, 地空, 火星. 天刑 등의 凶殺星과 동궁하니 본시 흉하나, 좌우에 天魁와 天鉞의 輔佐星이 있으니 賢臣(현신)이 제왕을 측근에서 輔佐하는 格이라 흉변길이 되는 것이다.

◆ 庚戌大限의 대한명궁적 재백궁은 午宮이고, 천이궁은 辰宮이고, 관록궁은 寅宮이다. 대한명궁의 삼방사정인 午宮 재백궁에는 紫微, 祿存, 恩光의 吉星이 회조하고, 천이궁인 辰宮은, 宮干 甲의 化祿이 廉貞에 부법되니 대한명궁에 化祿이 입궁하게 되는 것이고, 또한 宮干 甲의 化科가 武曲에 부법되니 선천명궁에 化科가 입궁하게 되는 것이다. 대한명궁의 삼방사정에서 紫微, 祿存, 恩

光, 化權, 化祿 등의 길성이 회조하니 此 大限에 지방도시의 경찰서장으로 승진한 것이다.

(12) 정치인의 명조 – 圖66

<table>
<tr>
<td>天相平 天鉞平 天馬平 天貴 天福
天壽
弔客 歲驛 喜神
92~
田宅 建祿 丁巳</td>
<td>天梁廟 陰煞 解神 三台 天官
病符 息神 飛廉
82~91
官祿 冠帶 戊午</td>
<td>廉貞旺 七殺平 火星旺 天刑 天傷
太歲 華蓋 奏書
72~81
奴僕 沐浴 己未</td>
<td>鈴星陷 八座旺 紅艷 孤辰 紅鸞
天空
晦氣 劫殺 將軍
62~71
遷移 長生 庚申</td>
</tr>
<tr>
<td>巨門平㊒ 台輔平 寡宿 天德
天德 攀鞍 病符
福德 帝旺 丙辰</td>
<td colspan="2" rowspan="2">男命
陰曆：癸未年. 11. 5. 戌時
命局：水2局　大溪水
命主：祿存　身主：天梁

甲 甲 癸 癸
戊 午 亥 未

78 68 58 48 38 28 18 8
乙 丙 丁 戊 己 庚 辛 壬
卯 辰 巳 午 未 申 酉 戌</td>
<td>地劫弱 旬空 天才 天使
喪門 災殺 小耗
52~61
疾厄 養 辛酉</td>
</tr>
<tr>
<td>紫微陷 貪狼旺㊋ 天魁廟 年解 恩光
鳳閣 蜚廉
白虎 將星 大耗
父母 衰 乙卯</td>
<td>天同陷 天月
貫索 天殺 龍德
42~51
財帛 身宮 胎 壬戌</td>
</tr>
<tr>
<td>天機旺 太陰平㊍ 文曲弱 左輔平 天巫
天喜
龍德 亡神 伏兵
2~11
命宮 病 甲寅</td>
<td>天府旺 地空弱 擎羊廟 截空 天虛
破碎
歲破 月殺 官符
12~21
兄弟 死 乙丑</td>
<td>太陽陷 文昌平 右弼旺 祿存弱 封誥
大耗 月德
小耗 咸池 博士
22~31
夫妻 墓 甲子</td>
<td>武曲弱 破軍旺㊌ 陀羅平 天姚 天廚
天哭 龍池
官符 指背 力士
32~41
子女 絕 癸亥</td>
</tr>
</table>

(㊒=權, ㊋=忌, ㊍=科, ㊌=祿 — circled marks in the original)

〈圖66 명반분석〉

- 선천명궁에 天機, 太陰이 居하고, 재백궁에 天同, 관록궁에 天梁이 居하니 이른바 "機月同梁格(기월동량격)"의 吉格이다. 다만 此 格은 陰星인 太陰이 회조하여 조합을 이룬 것이니, 隱定的(은정적)인 성격이 강하므로 적극성이 다소 부족하니 武職(무직)보다는 文職(문직)에 이로운 것이다.
- 상기는 국회의원직을 역임한 후, 지방도시의 시장직을 3번 연임한 貴格의 명반이다.

(명궁)

- 天機, 太陰, 文曲, 左輔가 동궁하고 있다. 天機는 지혜, 지모, 기술의 성요이니 총명하고 기교가 있는 것이며, 太陰은 陰星인데 化科를 대동하니 두 어머니 문제가 대두되는 것이다. 文曲은 科甲(과갑)과 才華(재화)의 성요이니 언변이 좋았고, 문화, 예술에 대한 취향이 있었다. 左輔는 보좌성으로 賢臣에 비유되니 정치활동 중에 조언과 조력을 다하는 측근들이 있었던 것이다.
- 대궁인 천이궁에 煞星인 鈴星과 凶星인 紅艶과 紅鸞이 沖照하고 있다. 鈴星의 충조로 인하여 선거에서 여러 번의 낙선의 고배도 있었고, 또한 紅艶의 충조가 있으니 이러저러한 시비구설과 陰害(음해)가 발생했던 것이다.

(형제궁)

- 地空, 擎羊, 截空 등의 흉성이 동궁하니 형제자매간 화기애애함과 돈독함은 적었던 것이다.
- 형제궁이 長生十二神의 "死"에 낙궁하니 사회생활 및 선거과정에서 형제자매의 조력이 미흡했던 것이다.

(부처궁)

- 太陽, 文昌, 右弼, 祿存의 吉星이 동궁하니 夫妻의 緣은 吉하다. 다만 太陽이 子宮에 落宮하여 陷地이니 선거와 관련하여서는 妻의 조력이 크지는 못했던 것이다.
- 부처궁은 여성과도 연관성이 많은데, 右弼과 祿存은 선거와 관련하여서는 여

성지지자들과 관련이 있다. 右弼은 輔佐星이고, 祿存은 財祿과 解厄星이니 여성유권자들의 전폭적인 지지가 당선에 큰 역할을 하게 된 것이다.

(자녀궁)

- 武曲은 財祿星이고 破軍은 耗星이며, 陀羅는 煞星이고, 天姚는 桃花星이니 길하지 못하다. 자녀 代는 家門의 창달을 기대함이 요원한 것이다.

(재백궁)

- 天同과 天月이 동궁하고 있다. 天同은 福星이며 解厄星이고 天月은 凶星으로 재백과 연관하여서는 吉함이 적다. 상속받은 재산은 많으나 이를 바탕으로 得財에는 성공하지 못했던 것이다. 여러 번의 선거와 연관하여 재산상의 損耗(손모)가 컸던 것이다.

(질액궁)

- 地劫, 旬空 등의 흉성이 동궁하여 殘疾은 있었으나, 명궁이 吉하니 大病은 없었던 것이다.

(천이궁)

- 천이궁은 昇遷(승천), 이동, 여행 등과 연관된다. 鈴星, 紅艶, 孤辰, 天空 등의 흉성이 동궁하니 명반의 格에 비하여 높이 도약함이 적었다.

(노복궁)

- 노복궁은 후배나 수하인들과 연관된다. 廉貞은 才華(재화)와 桃花星이고, 七殺은 肅殺(숙살)과 孤剋星(고극성)이니 吉하지 못하다. 손발과 같이 움직여주는 수하인이 많지 않았고 아첨과 시비구설을 야기하는 인물들이 많았던 것이다.

(관록궁)

- 天梁은 蔭星이니 조상들의 蔭德(음덕)이 많을 것이라 판단되며, 陰煞은 凶星인데 解神이 있어 흉함을 많이 감쇠시켰고, 三台와 天官 등의 貴富之星이 있으니

관록운이 매우 吉했던 것이다.

- 대궁인 선천부처궁의 太陽, 文昌, 右弼, 祿存 등의 拱照가 있으니, 관록과 연관하여서는 크게 길했던 것이다.

(전택궁)

- 天相, 天鉞, 天馬, 天貴, 天福, 天壽 등의 吉星이 會集(회집)되어 있다. 조업을 계승하지는 못했으나 조상과 부모로부터 물려받은 유산을 지키는 데는 성공했던 것이다.

(복덕궁)

- 복덕궁은 본인 인생의 행복, 향락과 도덕적 행위, 신체건강 여부, 수명의 장단과 복록의 厚薄(후박) 등을 주관한다.
- 巨門·化權이 동궁하니 多學多能(다학다능)의 吉命이다.
- 寡宿이 동궁하니 外華內孤(외화내고)의 아쉬움이 있는 것이다.

(부모궁)

- 紫微와 貪狼·化忌가 동궁하고 있다. 貪狼은 본시 才藝(재화)와 桃花星으로 貪狼·化忌가 紫微와 동궁하면 紫微의 吉星을 犯한다고 판단하는데, 상기는 天魁, 年解, 恩光, 鳳閣 등의 吉星의 영향으로 貪狼·化忌의 凶禍의 태동이 제압되어 紫微의 촉진성의 영향을 받아, 문예, 창작활동, 악기 연주, 언어, 음식, 편직 등에 많은 관심과 재능이 있는 것이다.
- 貪狼·化忌가 부모궁에 居하면, 古書에 부모사이가 소원함이 있다 했으니, 상기 명반인은 어머니가 둘인 것이며 이복형제가 있는 것이다.

〈대한분석〉

- 壬戌大限(42~51세)은 선천재백궁에 해당되며 壬戌大限의 대한명궁에 해당한다. 壬戌大限의 대한명궁을 기준하여 삼방사정을 살펴보면, 午宮은 대한명궁적 재백궁이고, 辰宮은 대한명궁적 천이궁이고, 寅宮은 대한명궁적 관록궁에 해당된다.

- 壬戌大限의 宮干 壬의 化祿은 天梁에 부법되니, 대한명궁적 재백궁인 午宮에 입궁하는 것이고, 宮干 壬의 化科는 左輔에 부법되니 대한명궁적 관록궁인 寅宮에 입궁하는 것이다. 따라서 壬戌大限 명궁의 삼방사정을 살펴보면 午宮의 化祿, 대궁인 辰宮의 先天四化인 化權, 寅宮은 左輔에 부법되는 化科와 先天四化인 化科가 있어 雙科가 되는 것이다.
- 壬戌大限 명궁의 삼방사정에 化祿, 化權, 雙科가 臨하여 壬戌大限宮을 회조하니, 이른바 "三奇嘉會格(삼기가회격)"의 吉格을 이루어 此 大限에 국회의원에 당선된 것이다.

(13) 정치인의 명조 – 圖67

天機陷 天鉞平 火星平 天刑 天巫 八座 孤辰 貫索 亡神 飛廉 兄弟 絕 乙巳	紫微廟㊌ 文昌陷 封誥 天福 龍池 流火 三殺 官符 將星 喜神 2~11 命宮 胎 丙午	鈴星旺 地空旺 天喜 月德 流陀 小耗 攀鞍 病符 12~21 父母 養 丁未	破軍廟 文曲廟 天馬陷 年解 天虛 鳳閣 天才 歲破 歲驛 大耗 22~31 福德 長生 戊申
七殺旺 解神 天貴 旬空 天哭 天壽 喪門 月殺 奏書 夫妻 墓 甲辰	男命 陰曆：壬寅年. 9. 10. 辰時 命局：水2局 天河水 命主：破軍 身主：天機 戊 己 己 壬 辰 卯 酉 寅 71 61 51 41 31 21 11 1 丁 丙 乙 甲 癸 壬 辛 庚 巳 辰 卯 寅 丑 子 亥 戌		天姚平 三台平 天廚 大耗 破碎 流羊 龍德 息神 伏兵 32~41 田宅 沐浴 己酉
太陽旺 天梁陷㊗ 天魁廟 地劫廟 天空 晦氣 咸池 將軍 92~ 子女 死 癸卯			廉貞旺 天府廟 陀羅平 台輔廟 陰煞 天官 蜚廉 白虎 華蓋 官符 42~51 官祿 冠帶 庚戌
武曲陷㊐ 天相弱 右弼弱 天月 恩光 截空 流鈴 太歲 指背 小耗 82~91 財帛 身宮 病 壬寅	天同平 巨門平 寡宿 紅鸞 天使 流忌 病符 天殺 青龍 72~81 疾厄 衰 癸丑	貪狼廟 左輔弱㊍ 擎羊平 紅艶 弔客 災殺 力士 59세流年 庚子 62~71 遷移 帝旺 壬子	太陰廟 祿存陷 天傷旺 天德 天德 劫殺 博士 52~61 奴僕 建祿 辛亥

〈圖67 명반분석〉

◆紫微가 午宮에 坐命하니 이른바 "極響離明格(극향이명격)"의 吉格이다. 또한 紫微는 북두의 帝座로 化權을 대동하고, 다시 보좌성인 文昌이 동궁하고, 대궁인 천이궁에 보좌성인 左輔가 化科를 대동하고 내조하니, 길성의 회조가 중첩되어 매우 길한 명조이다.

◆혐의가 되는 것은, 삼방사정에서 대궁인 천이궁의 擎羊과 관록궁의 陀羅가 명궁을 沖照하니 官運이 크게 비약적인 발전을 이루지 못했다.

◆지방자치단체의 시장식을 연임했고 사업적으로도 성공한 명조이다.

(재백궁)

◆武曲, 天相, 右弼이 동궁하고 있다. 武曲은 財祿星이고 天相은 印星이며 財星이니 재물복이 많은 명조이다.

◆대궁의 申宮에 天馬가 居하여 재백궁을 내조하니, 제조업인 김치공장을 가족들과 같이 운영하며 크게 사업적 발전을 이룬 것이다.

(관록궁)

◆廉貞, 天府가 辰戌宮에 居하며 吉星만 있는 경우라면 "腰金衣紫格(요금의자격)"이라 할 만하나, 상기는 아쉽게도 煞星인 陀羅가 동궁하니 失格한 것이다. 따라서 비약적 발전을 기대하기 힘든 것이다.

〈流年(유년) 庚子년(2020년) 분석〉

◆流年 59세는 2020년 庚子年으로 국회의원 공천 여부를 문의한 것이다.

◆流年 59세인 2020년 庚子年을 기준하여 12地支宮에 宮干支를 부법하면 아래와 같다.

2020년 庚子年(59세) 流年盤 宮干支 配屬			
奴僕 癸巳	遷移 甲午	疾厄 乙未	財帛 丙申
官祿 壬辰	流年盤		子女 丁酉
田宅 辛卯			夫妻 戊戌
福德 庚寅	父母 辛丑	59세 命宮 庚子	兄弟 己亥

- 선천천이궁이 流年 庚子年의 명궁이 되고, 선천복덕궁이 재백궁이 되고, 선천부처궁이 관록궁이 된다.
- 59세 流年인 庚子年의 流年명궁은 子宮으로 貪狼이 居하고, 流年재백궁인 申宮은 破軍이 居하고, 流年관록궁인 辰宮은 七殺이 居하니, 殺破狼格(살파랑격)을 형성하여 흉하다. 또한 대궁인 午宮에는 流火와 三殺이 流年명궁을 沖照하니 雪上加霜(설상가상)의 흉운이다.
- 59세 流年 庚子年의 運은 삼방사정의 殺破狼格과 대궁의 流火와 三殺의 흉성이 명궁을 회조하니, 흉함이 중첩되어 국회의원 공천을 받는 뜻을 이루지 못한 것이다

(14) 법조인의 명조 – 圖68

紫微旺(權) 七殺平 天鉞平 恩光 三台 破碎 月德 小耗 劫殺 飛廉 64~73 遷移 長生 乙巳	天福 天虛 天哭 天使 歲破 災殺 奏書 54~63 疾厄 養 丙午	天月 天貴 天壽 大耗 龍德 七殺 將軍 44~53 財帛 身宮 胎 丁未	鈴星陷 天姚 蜚廉 白虎 指背 小耗 34~43 子女 絶 戊申
天機廟 天梁平(祿) 天刑 台輔 龍池 天傷 官符 華蓋 喜神 74~83 奴僕 沐浴 甲辰	女命 陰曆：壬子年. 8. 19. 戌時 命局：金4局 釵釧金 命主：巨門 身主：天府 丙 庚 己 壬 戌 申 酉 子	76 66 56 46 36 26 16 6 辛 壬 癸 甲 乙 丙 丁 戊 丑 寅 卯 辰 巳 午 未 申	廉貞弱 破軍廟 地劫弱 八座平 天廚 天喜 天德 天德 咸池 青龍 夫妻 墓 己酉
天相平 右弼平 天魁廟 紅鸞 貫索 息神 病符 84~93 官祿 冠帶 癸卯			陀羅平 年解 天官 寡宿 鳳閣 弔客 月殺 力士 14~23 兄弟 死 庚戌
太陽平 巨門弱 文曲弱 天馬廟 解神 截空 旬空 孤辰 喪門 歲驛 大耗 94~ 田宅 建祿 壬寅	武曲廟(忌) 貪狼陷 地空弱 天空 晦氣 攀鞍 伏兵 福德 帝旺 癸丑	天同旺 太陰廟 文昌平 火星廟 擎羊平 封誥 陰煞 紅艶 太歲 將軍 官符 父母 衰 壬子	天府陷 左輔陷(科) 祿存陷 天巫 天才 病符 亡神 博士 4~13 命宮 病 辛亥

〈圖68 명반분석〉

- 명궁에 天府가 居하고 대궁에 紫微의 來照가 있으니 이른바 "百官朝拱格(백관조공격)"의 貴格이며, 또한 天府와 左輔가 동궁하고, 삼방사정에서 煞星의 沖破가 없으니 "尊居萬乘格(존거만승격)"이기도 하다.
- 天府는 남두주성으로 祿庫星이며, 영도적 재능이 있고, 자신을 잘 드러내지 않는 면이 있다. 창조적 능력이 부진함이 결점이나, 守成에 능하고, 현재 시점에서의 안락함을 추구하는 성격이, 天府의 우수한 면을 감쇠시키는 결과를 가져오기도 하나, 보좌성의 扶助(부조)가 있는 경우라면 크게 염려 할 바는 없다.
- 天府가 亥宮에 居하면 天府는 獨坐가 되고, 대궁에 자연 紫微와 七殺이 居하게 되어 威權(위권)과 연관하여서는 최적의 조합인 것이다. 위인이 貴함과, 타인 보다 우월함이 암시되는데, 다시 左輔와, 祿存, 右弼, 天鉞 등의 보좌성의 扶助가 있으니 본시 大富大貴의 명조인 것이다. 혹 그렇지 못하면 귀인의 薦拔(천발)을 받아, 평범한 신분에서 青雲의 뜻을 이루게 된다.
- 상기는 일류대 법학과를 졸업하고 사법시험에 합격한 후 법조인으로 활동하고 있는 명조이다.

(명궁)

- 명궁에 祿存과 化科가 동궁하니, 또한 "科祿巡逢格(과록순봉격)"으로 국가의 祿을 받을 명조이다.
- 左輔, 天巫, 天才가 동궁하는데, 左輔는 보좌성이므로 현명한 사람들의 조력을 받는 것이고, 天巫는 遷官星(천관성)이니 관직에서의 昇官(승관)이 순탄한 것이고, 天才는 智謀星(지모성)이니 공직과 연관하여 현명한 판단을 내리는 능력을 갖춘 것이다.

(부처궁)

- 廉貞과 破軍, 地劫이 동궁하고 있다. 廉貞은 감정문제를 주관하고 이지적 성요인 반면, 破軍은 변동과 개혁의 폭이 크고, 감정을 상하게 하는 요소가 크므로, 廉貞과 破軍이 동궁의 경우의 조합은, 여러 패단적 요소가 다출하게 되는데, 다시 煞星인 地劫이 동궁하니 부처간 혹은 이성간의 감정상의 困擾(곤요)가

따르는 것이다.

◆ 결혼연이 薄(박)하여 독신으로 생활하고 있는 것이다.

(전택궁)

◆ 太陽과 巨門이 동궁하고 있다. 巨日同宮(거일동궁)의 吉格이다. 太陽이 寅宮에 居하면 새벽 3시~5시이니 旭日(욱일)의 기세가 동쪽에서 시작하여 사방으로 퍼져 나가려는 추이이다. 또한 巨門은 본시 暗星으로 太陽과 동궁하면 광휘와 열기를 得하여 온난해지므로, 巨門의 暗曜的(암요적) 특성을 흉변길이 되도록 변화시키게 되고, 巨門의 근신하고 소심한 성질을 지닌 것을 보듬어 품어 안게 되는 것이다.

◆ 주거의 안락함과 고품격의 생활과 享受(향수)를 누릴 수 있다.

(관록궁)

◆ 天相, 右弼, 天魁, 紅鸞이 동궁하고 있다. 天相은 印星이니, 명궁에 居하고 있는 남두의 帝座인 天府가 여러 명령을 내리는데 있어서 문서 역할을 하는 것이고, 또한 右弼과 天魁의 보좌성이 있으니, 賢臣(현신)의 보좌로 현명한 판단을 내리게 되는 것이며, 紅鸞은 婚姻星(혼인성)과 喜慶星(희경성)이니, 가정사와 연관된 소송 건의 재판에 있어 상호 화합되고 만족한 결론을 도출함에 그 능력이 출중한 것이다.

(15) 차량관련 인사사고가 발생한 명조 - 圖69

<table>
<tr>
<td>廉貞平 貪狼陷(祿) 右弼平(科) 祿存旺 恩光
八座 孤辰 天喜 天空 流陀
晦氣 劫殺 博士
22~31
福德 絕 丁巳</td>
<td>巨門廟 文昌陷 火星旺 擎羊陷 天姚
封誥 年解 天廚 鳳閣 蜚廉
喪門 災殺 力士
32~41
田宅 胎 戊午</td>
<td>天相陷 天鉞旺 地空旺 天貴 天才
貫索 七殺 青龍 流鈴
42~51
官祿 養 己未</td>
<td>天同廟 天梁弱 文曲廟 天巫 龍池
天傷
官符 指背 小耗
52~61
奴僕 長生 庚申</td>
</tr>
<tr>
<td>太陰陷(權) 陀羅旺 陰煞 紅艶
太歲 華蓋 官符
12~21
父母 墓 丙辰</td>
<td colspan="2" rowspan="2">男命
陰曆：戊辰年. 6. 1. 辰時
命局：水2局 大溪水
命主：文曲 身主：天相

庚 庚 己 戊
辰 午 未 辰

78 68 58 48 38 28 18 8
丁 丙 乙 甲 癸 壬 辛 庚
卯 寅 丑 子 亥 戌 酉 申</td>
<td>武曲旺 七殺旺 左輔平 三台 月德
小耗 咸池 將軍
62~71
遷移 沐浴 辛酉</td>
</tr>
<tr>
<td>天府陷 地劫廟 天月 天福 天官
天壽
病符 息神 伏兵
2~11
命宮 死 乙卯</td>
<td>太陽陷 台輔廟 旬空 天虛 天使
歲破 月殺 奏書
72~81
疾厄 冠帶 壬戌</td>
</tr>
<tr>
<td>鈴星廟 天馬廟 天刑 天哭
弔客 歲驛 大耗 流火
兄弟 病 甲寅</td>
<td>紫微旺 破軍平 天魁弱 寡宿 破碎
天德
天德 攀鞍 病符
夫妻 衰 乙丑</td>
<td>天機廟(忌) 解神 截空
白虎 將星 喜神
92~
子女 帝旺 甲子</td>
<td>紅鸞旺 大耗
龍德 亡神 飛廉 流陀
82~91
財帛 身宮 建祿 癸亥</td>
</tr>
</table>

〈圖69 명반분석〉

◆ 26세 癸巳歲運에 車禍(차화)로 인하여, 타인을 사망하게 하는 대흉액이 발생한 명조이다.

◆ 天府가 卯宮에 坐命하며 地劫과 동궁하고 있다. 天府가 卯酉 二宮에 居하면 衣食이 풍족하고 생장과정과 생활환경이 안정적이며, 영도적인 위치에 있게 되고, 종종 최고의 享福(향복)을 누리게 되나, 이러한 吉福은 보좌성의 조력이 있어야 가능하며 독립적으로는 이루어지지 않는 것이다. 상기는 보좌성이 全無하니 독자적인 노력으로 享福(향복)을 얻기가 힘든 것이다.

◆ 天府가 명궁에 있어 향복을 누리는 경우라 하더라도, 상기와 같이 地劫의 煞星을 보거니 來照가 있으면, 天府의 吉星이 파괴되므로 예기치 않은 사고와 질병 등이 발생하는 경우가 많으며, 이로 인해 하늘과 타인을 원망하는 경우가 발생하기도 한다.

(부모궁)

◆ 부모궁에 太陰·化權이 居하니 모친이 家權을 장악하고, 사회활동이 많은 것이다.

◆ 모친의 직업인 부동산 중개업이, 활발한 사회활동과 때마침 불어 닥친 부동산 투기 열풍에 힘입어, 수백억의 財의 획득이 가능하게 된 것이다.

(형제궁)

◆ 正星이 없고 天馬, 鈴星, 天刑, 天哭이 있다. 天馬는 본시 형제자매가 많음을 의미하나, 鈴星, 天刑, 天哭 등의 흉살성이 중첩되니 형제자매가 없는 것이다. 獨子(독자)이다.

(재백궁)

◆ 紅鸞과 大耗가 居하니 재물의 損財가 염려된다.

◆ 부친의 건설회사에 종사하고 있으나 실속이 적은 것이다.

(관록궁)

- 天相이 居하는데, 天相은 官祿星이며 印星이다. 문서와 연관되는 것이다. 또한 天鉞의 보좌성이 있고, 天貴, 天才가 居하니 본시는 남을 가르치는 직업이 可하나, 煞星인 地空이 동궁하니, 교직은 요원한 것이며 개인사업의 길을 가야하는 것이다.

(천이궁)

- 武曲과 七殺이 동궁하고 있다. 七殺은 가장 흉한 성요로 刑殺(형살)과 孤剋(고극)을 主하고, 武曲은 將星이며 財帛星이고 寡宿(과숙)의 성요이다.
- 성격이 剛强(강강)하고 일을 함에 난관과 시행착오에 봉착함이 다발하고, 완고하고 孤怪(고괴)하며, 강렬한 개성이 있게 된다. 다행인 것은 보좌성인 左輔가 동궁하니 독단적이지 않고 남의 의견을 경청하려 함이 있다.
- 또한 三台와 月德이 동궁하니, 財星인 武曲에 힘을 실어주어 사업적으로는 다소의 성취가 있으리라 판단한다.

〈대한분석〉

- 丁巳大限(22~31세)은 巳宮에 해당하며 대한명궁으로 선천복덕궁에 해당하는데, 此 大限 중 26세 癸巳歲限에 음주운전을 하다 횡단보도를 건너던 행인을 치어 숨지게 한 것이다.
- 丁巳大限(22~31세)의 대한명궁 좌우에 擎羊, 陀羅, 火星 등의 煞星이 명궁을 夾照하니 凶禍(흉화)가 암시되는 것이다.
- 지반 子宮은 선천자녀궁이며, 대한질액궁에 해당된다. 天機·化忌, 解神, 截空, 白虎가 동궁하고 있다. 解神이 있어 化忌의 흉화를 다소 완화시키지만, 截空과 白虎가 동궁하니 예기치 않은 사고의 징조가 암시되는 것이다.

〈流年(유년)분석〉

2013년 癸巳年(26세) 流年盤 宮干支 配屬			
26세 癸巳	甲午	乙未	丙申
壬辰	流年盤		丁酉
辛卯			戊戌
庚寅	辛丑	庚子	己亥

- 26세 流年은 2013년 癸巳年에 해당되며, 巳宮에 居하게 되어 丁巳大限 명궁과 重臨(중림)한다.
- 流年 癸巳年의 명궁적재백궁은 丑宮으로 天干은 辛이고 破軍이 居하고, 명궁적관록궁은 酉宮으로 天干이 丁이고 七殺이 居하며, 流年명궁은 巳宮으로 天干은 癸이며 貪狼이 居하니 이른바 "殺破狼格(살파랑격)"을 형성하니 예기치 않은 사고수와 실패수가 암시되어 매우 흉하다.
- 流年 癸巳年의 명궁적재백궁은 丑宮으로 삼방사정에 해당되며, 宮干 癸의 化忌가 貪狼에 부법되므로 流年명궁에 居하게 되어 自化忌로 흉하다.
- 流年 癸巳年의 명궁적천이궁은 亥宮이며 宮干은 己이다. 따라서 巳에 流陀가 부법되니 煞星인 流陀가 流年명궁인 巳宮에 입궁하고, 또한 사고, 질병과 연관되는 流年명궁적 질액궁에 선천化忌, 截空, 白虎가 동궁하는데, 白虎는 血光之神(혈광지신)으로 車禍(차화)와 연관되는 것이다.
- 상기에 서술한 내용을 종합해보면, 26세 流年 癸巳年은 흉화의 조짐이 매우 많은 것이다. 음주운전으로 인한 사망사고를 내고 구속되어 복역 중 합의가 잘 이루어져 합의금을 내고 풀려났던 것이다.

(16) 선천적인 질환자의 명조 - 圖70

<table>
<tr>
<td>巨門平(權) 天鉞平 天馬平 地劫平 地空平
天刑 天巫 天貴 天福 天虛
歲破 歲驛 奏書
15~24
父母 絕 丁巳</td>
<td>廉貞旺 天相廟 八座廟 天官
龍德 息神 飛廉
25~34
福德 胎 戊午</td>
<td>天梁平 天哭
白虎 華蓋 喜神
35~44
田宅 養 己未</td>
<td>七殺旺 封誥 三台 紅艷 天德
天德 劫殺 病符
45~54
官祿 長生 庚申</td>
</tr>
<tr>
<td>貪狼廟(忌) 文昌旺 鈴星陷 解神 紅鸞
大耗 月德
小耗 攀鞍 將軍
5~14
命宮 身宮 墓 丙辰</td>
<td colspan="2" rowspan="2">女命
陰曆：癸亥年. 9. 9. 午時
命局：土5局 沙中土
命主：廉貞 身主：七殺

壬 乙 壬 癸
午 亥 戌 亥

78 68 58 48 38 28 18 8
庚 己 戊 丁 丙 乙 甲 癸
午 巳 辰 卯 寅 丑 子 亥</td>
<td>天同廟 天姚 天傷 破碎
弔客 災殺 大耗
55~64
奴僕 沐浴 辛酉</td>
</tr>
<tr>
<td>太陰陷(科) 天魁廟 火星廟 龍池平 天才
天壽
官符 將星 小耗
兄弟 死 乙卯</td>
<td>武曲平 文曲陷 陰煞 寡宿 天喜
病符 天殺 伏兵
65~74
遷移 冠帶 壬戌</td>
</tr>
<tr>
<td>紫微平 天府平 右弼弱 天月 孤辰
貫索 亡神 青龍
夫妻 病 甲寅</td>
<td>天機陷 擎羊廟 截空 旬空 蜚廉
喪門 月殺 力士
95~
子女 衰 乙丑</td>
<td>破軍旺(祿) 左輔弱 祿存弱 台輔弱 天空
晦氣 咸池 博士
85~94
財帛 帝旺 甲子</td>
<td>太陽陷 陀羅平 年解 恩光 天廚
鳳閣 天使
太歲 指背 官符
75~84
疾厄 建祿 癸亥</td>
</tr>
</table>

〈圖70 명반분석〉

◆ 圖70 명반은 女命으로, 태어나면서부터 척추와 목뼈의 질환으로 인해, 일어나지 못하고 평생을 침대에서 누워 지내고 있는 선천적인 질병이 있는 명조이다.

(명궁)

◆ 貪狼·化忌가 居하고 삼방사정의 재백궁에 破軍, 관록궁에 七殺이 居하니 이른바 "殺破狼格(살파랑격)"이 형성되어 대단히 흉하다. 예기치 않은 사고와 질병이 암시되는 것이다.

◆ 또한 명궁에 煞星인 鈴星이 居하고, 명궁 좌우에 역시 煞星인 火星, 地劫, 地空이 있어 명궁을 夾照하니 凶禍(흉화)가 암시되는 것이다.

(천이궁)

◆ 삼방사정인 천이궁은 戌宮으로 宮干 壬의 化忌가 武曲에 부법되니 自化忌인 것이다. 자연 명궁의 선천化忌와 더불어 雙忌가 선천명궁을 沖照하게 되는 것이다. 아울러 선천적 질병과 연관되는 天殺, 病符殺과 흉성인 陰煞이 동궁하며, 명궁을 沖照하니 흉액을 면키 어려운 것이다.

(부모궁)

◆ 부모궁은 부모 사이의 연분 및 감정여부, 刑剋(형극)여부를 판단하며 또한 幼年시의 부모의 음덕 여부 및 조상 묘소의 길흉 여부도 더불어 판단한다.

◆ 흉성으로 暗曜星(암요성)인 巨門과 흉살성인 地空, 地劫, 天刑이 동궁하니 조상墓(묘)의 墓頉(묘탈)로 인한 흉화가 암시되는 것이다.

(질액궁)

◆ 太陽과 陀羅가 동궁하고 있다. 太陽이 亥宮에 居하면 落陷된 것으로, 고서에는, 대궁인 巨門의 영향을 받게 되므로 吉星의 회조가 없게 되면, 幼年期에 부친에게 불리함이 있고, 他家에 입양하게 되거나 후계가 없는 경우가 발생한다고 했다.

- 삼방사정인 선천재백궁인 子宮의 宮干 甲의 化忌가 太陽에 부법되니, 자연 선천질액궁에 化忌가 입궁하는 것이다.
- 太陽이 무력하고 煞星인 化忌와 陀羅가 동궁하니 大厄(대액)의 징조가 있는 것이다.

(17) 短命人(단명인)의 명조 - 圖71

巳	午	未	申
天相平 左輔旺 天月 破碎 月德 小耗 劫殺 大耗 25~34 福德 絕 辛巳	天梁廟 台輔廟 恩光旺 天福 截空 天虛 天哭 歲破 災殺 伏兵 小羊 35~44 田宅 胎 壬午	廉貞旺 七殺平 天鉞旺 陀羅旺 大耗 龍德 天殺 官符 45~54 官祿 養 癸未	祿存弱 天巫 解神 天傷 蜚廉 白虎 指背 博士 55~64 奴僕 長生 甲申
巨門平 文曲平 旬空 龍池 官符 華蓋 病符 小陀 15~24 父母 墓 庚辰	男命 陰曆：庚子年. 2. 10. 子時 命局：土5局 城頭土 命主：文曲 身主：天府		右弼廟 擎羊旺 天喜 天德 天德 咸池 力士 65~74 遷移 沐浴 乙酉
紫微陷 貪狼旺 紅鸞平 天才 天壽 貫索 息神 喜神 流羊 5~14 命宮 身宮 死 己卯	甲甲己庚 子午卯子 80 70 60 50 40 30 20 10 丁丙乙甲癸壬辛庚 亥戌酉申未午巳辰		天同陷(忌) 文昌平 鈴星旺 天刑 年解 紅艷 寡宿 鳳閣 天使 弔客 月殺 青龍 小鈴 75~84 疾厄 冠帶 丙戌
天機旺 太陰平(科) 火星廟 天馬廟 天姚 封誥 三台 天廚 孤辰 小忌 喪門 歲驛 飛廉 小火 兄弟 病 戊寅	天府旺 天魁弱 天空 晦氣 攀鞍 奏書 流鈴 夫妻 衰 己丑	太陽陷(祿) 陰煞 天貴 八座 流忌 太歲 將星 將軍 95~ 子女 帝旺 戊子	武曲弱(權) 破軍旺 地劫平 地空平 天官 病符 亡神 小耗 85~94 財帛 建祿 丁亥

〈圖71 명반분석〉

◆ 상기는 35세에 車禍(차화)로 인해 사망한 명조이다.

◆ 본명의 질액궁에 天同·化忌와 鈴星, 天刑이 동궁하고 있다. 이는 暗疾(암질)과 殘疾(잔질)과 殘傷(잔상) 등의 염려가 암시되는 것이며, 본인 혹은 부모의 신체 관련하여 예기치 않은 禍厄(화액)이 염려되는 명반이다. 또한 가족관계에서 모아짐은 적고 흩어짐이 많은 명조이니 늦게 一男을 둔 것이다.

◆ 命·身宮에 貪狼이 坐命하니 延壽(연수)를 主하는 것이다.

〈대한분석〉

◆ 35세는 壬午大限(35~44세)에 속하며, 宮干 壬의 化忌는 武曲에 부법되니 亥宮에 입궁하는 것이며, 따라서 壬午大限의 명궁적노복궁에 地空, 地劫, 化忌가 동궁하는 것이다. 또한 此 年度에 교우와의 시비나 소인과의 다툼을 조심해야 하며, 감정상의 困擾(곤요)가 발생되거나, 본인의 운세가 흉하니 예기치 않은 사고 및 질병이 염려되는 것이다.

〈流年(유년)분석〉

◆ 流年 35세는 甲戌年으로 戌宮이 流年명궁이며 본명질액궁에 해당하며, 天同·化忌가 동궁하니 신체상의 凶禍(흉화)가 염려된다.

◆ 流年 甲戌年은 戌宮에 해당하며, 宮干 甲의 化忌는 太陽에 부법되니, 甲戌流年의 流年명궁적 복덕궁인 子宮에 居하게 되며, 또한 身·命宮에는 煞星인 流羊이 동궁하니 흉하다.

〈소한분석〉

◆ 小限 35세는 申宮에 해당되고 소한명궁이 되며 宮干支는 戊申이다. 宮干 戊의 化忌는 天機에 부법되니 소한명궁적 천이궁인 寅宮에 입궁하는 것이라, 자연 소한명궁인 申宮을 沖照하는 것이며, 아울러 동궁한 小限火星도 소한명궁을 沖照(충조)하니 大厄(대액)이 예상되는 것이다.

35세 小限盤 宮干支 配屬			
32 소한 자녀 乙巳	33 소한 부처 丙午	34 소한 형제 丁未	35세 소한 명궁 戊申
31 소한 재백 甲辰	小限盤		소한 부모 己酉
30 소한 질액 癸卯			1 13 25 소한 복덕 庚戌
29 소한 천이 壬寅	28 소한 노복 界丑	27 소한 관록 壬子	26 소한 전택 辛亥

* 男命 35세 소한은 대한임오궁(35~44세)에 해당되니, 대한임오궁의 宮干 壬을 기준하여 월두법을 적용하여 상기와 같이 각 지반궁에 宮干支를 배속하는 것이다.

◆ 상기의 서술 내용을 종합해 볼 때 소한 35세 甲戌歲運에는 命을 보존하기 힘든 것이다.

(18) 溺死者(익사자)의 명조 – 圖72

<table>
<tr>
<td>廉貞平 貪狼陷(忌) 天鉞平 天馬平 火星平
天福 天虛
歲破 歲驛 喜神 大陀 小火
33~42
子女 病 丁巳</td>
<td>巨門廟(權) 左輔廟 鈴星旺 天官
小鈴
龍德 息神 飛廉
23~32
夫妻 衰 戊午</td>
<td>天相陷 地劫旺 三台平 八座平 天哭
天才
白虎 華蓋 奏書 大羊
13~22
兄弟 帝旺 己未</td>
<td>天同廟 天梁弱 右弼廟 紅艷 天德
天德 劫殺 將軍 小陀 流陀
3~12
命宮 建祿 庚申</td>
</tr>
<tr>
<td>太陰陷(科) 天鉞弱 紅鸞平 大耗 月德
小耗 攀鞍 病符
43~52
財帛 死 丙辰</td>
<td colspan="2" rowspan="2">男命
陰曆 : 癸亥年. 3. 2. 申時
命局 : 木3局 石榴木
命主 : 廉貞 身主 : 七殺

戊 壬 丙 癸
申 申 辰 亥

73 63 53 43 33 23 13 3
戊 己 庚 辛 壬 癸 甲 乙
申 酉 戌 亥 子 丑 寅 卯</td>
<td>武曲旺 七殺旺 破碎
弔客 災殺 小耗
父母 冠帶 辛酉</td>
</tr>
<tr>
<td>天府陷 天魁廟 地空廟 天姚 龍池
天使
官符 將星 大耗
53~62
疾厄 廟 乙卯</td>
<td>太陽陷 封誥廟 陰煞 解神 寡宿
天喜
病符 天殺 青龍 小羊 流羊
福德 沐浴 壬戌</td>
</tr>
<tr>
<td>文昌陷 台輔平 天巫 恩光 孤辰
小忌
貫索 亡神 伏兵
63~72
遷移 絶 甲寅</td>
<td>紫微旺 破軍平(祿) 擎羊廟 截空 旬空
天傷 蜚廉
喪門 月殺 官符
73~82
奴僕 胎 乙丑</td>
<td>天機廟 文曲旺 祿存弱 天貴 天空
晦氣 咸池 博士
83~92
官祿 身宮 養 甲子</td>
<td>陀羅平 天刑 年解 天廚 鳳閣
天壽
太歲 指背 力士
93~
田宅 長生 癸亥</td>
</tr>
</table>

〈圖72 명반분석〉

- 상기 명반은 19세에 바다에서 물놀이를 하다 溺死(익사)한 명조이다.
- 명궁이 庚申宮으로 天同, 天梁, 右弼이 동궁하고 있다. 天同은 福星이고 天梁은 蔭星이며 解厄星인데, 宮干 庚의 化忌가 天同에 부법되니 自化忌인 것이다. 此 化忌의 영향으로 天同과 天梁의 吉星의 역량이 감쇠하는 현상이 나타나는 것이다.
- 질액궁에 煞星인 地空이 居하니 신체상의 손상, 暗疾(암질), 災厄(재액) 등이 암시된다.
- 身宮과 관록궁이 子宮에 있어 동궁이며, 天機, 文曲, 祿存이 居하니 吉하다. 다만 부처궁의 宮干 戊의 化忌가 관록궁의 天機에 부법되니 夫官線(부관선)은 상호 相沖되어 흉하고 다시 化忌의 충조가 있어 禍厄(화액)의 조짐이 있는 것이다.
- 명궁의 天同·化忌, 관록궁의 文曲·化忌, 질액궁의 地空 등의 흉성이 會集(회집)되니 大凶의 암시가 있는 것이다.

〈대한분석〉

- 己未大限(13~22세)은 未宮으로 대한명궁이며 地劫이 居하고 있다. 이는 災厄(재액), 損財(손재), 감정의 困擾(곤요), 신체 및 운세의 불리함 등의 징조가 있는 것이다.
- 己未大限(13~22세) 명궁적관록궁은 亥宮으로 선천전택궁에 해당되어 天刑, 陀羅가 居하니 역시 흉하다. 또한 宮干 癸의 化忌가 貪狼에 부법되어 巳宮에 입궁하게 되므로 자연 雙忌가 居하게 되며 대한관록궁을 沖照하니 매우 흉하다.
- 己未大限 명궁적관록궁과 선천자녀궁은 본명반의 子田線을 이루는데 선천자녀궁의 雙忌가 대한관록궁을 沖照하니 大禍(대화)가 예상되는 것이다.
- 己未大限 명궁적질액궁은 寅宮이며, 선천명궁의 宮干 庚의 化忌가 天同에 부법되니 自化忌인 것이며, 己未大限 명궁적질액궁을 沖照하니 예기치 않은 사고와 질병이 암시되는 것이다.
- 己未大限의 대한명궁의 宮干 己의 化忌가 文曲에 부법되니 子宮에 입궁하는 것이며, 자연 동궁하고 있는 본명반의 身宮을 沖하는 것이며, 본명반의 身宮

은 대한명궁적 노복궁에 해당되므로 此 大限 10년간 형제자매간, 교우간 상호 조력이 무력해지거나 小人의 침탈이 염려되는 것이다.

〈流年(유년)분석〉

- 流年 2001년은 19세로 辛巳年이니 巳宮에 居하게 되며 流年명궁이다. 貪狼·化忌가 동궁하고, 대궁인 선천전택궁의 宮干 癸의 化忌가 貪狼에 부법되니, 2001년 流年宮인 巳宮에는 자연 雙忌가 居하게 되는 것이라 매우 흉하다.
- 19세 流年 辛巳年의 流年명궁적 질액궁은 子宮으로 선천관록궁에 해당되는데, 天機, 祿存, 文曲이 동궁하고 있다. 19세 流年은 辛巳로 巳宮에 居하는데, 巳宮은 丁巳大限宮에 해당되며 宮干 丁의 化忌가 巨門에 부법되니, 선천부처궁에 居하게 되는데, 이는 자연 流年질액궁을 沖照하니 매우 흉하다.

〈소한분석〉

- 小限 19세는 未宮에 낙궁하며 地劫과 동궁하고, 小限명궁적 질액궁은 寅宮인데, 대궁인 天同·化忌의 沖照를 받고 있으며, 또한 소한명궁적 身宮·관록궁은 亥宮이며 선천전택궁이고, 대궁인 貪狼·化忌의 沖照를 받으니 역시 흉하다.
- 小限 19세의 명궁은 未宮이며 宮干은 辛이다. 辛의 化忌가 寅宮의 文昌에 부법되니, 자연 선천명궁을 충조하게 되어 흉하다. 또한 소한명궁적 身宮은, 生時가 申時이니 未宮이 소한명궁일 경우는 자연 亥宮이 身宮이 되는 것이다. 따라서 亥宮에 身宮이 부법되므로 이는 선천전택궁이고, 대궁인 貪狼·化忌의 沖照를 역시 받고 있어 흉하다. 또한 소한명궁적 노복궁은 子宮으로 文曲·化忌가 居하는데, 대궁인 소한명궁적 형제궁인 午宮에 巨門·化忌가 있어 상호 化忌가 沖照하니 兄奴線(형노선)이 모두 손상되는 것이다.

〈결론〉

- 상기 서술한 내용을 종합하면 大運도 흉하고, 流年運도 흉하고, 小限運도 역시 흉하니, 비록 명궁에 天同, 天梁의 福星과 解厄星의 扶助(부조)가 있다 하더라도 命을 보존하기 힘들었던 것이다. 19세 2001년 辛巳年에 해변에서 물놀이하고 놀다 익사사고를 당한 것이다.

(19) 短命人(단명인)의 명조 – 圖73

<table>
<tr>
<td>太陽廟 天鉞平 鈴星平 天巫 天貴
紅鸞 天傷 大耗
青龍 亡神 飛廉 小陀 小鈴
73~82
奴僕 病 乙巳</td>
<td>破軍廟 文曲廟 天德
白虎 將星 奏書
63~72
遷移 衰 丙午</td>
<td>天機平 恩光旺 寡宿 天使 天德
天德 攀鞍 將軍 小羊
53~62
疾厄 帝旺 丁未</td>
<td>紫微弱㊼ 天府弱 文昌旺 天馬陷 台輔
解神 天哭
弔客 歲驛 小耗
43~52
財帛 建祿 戊申</td>
</tr>
<tr>
<td>武曲旺㊁ 左輔平㉌ 封誥 三台 天虛
歲破 月殺 喜神
83~92
官祿 身宮 死 甲辰</td>
<td colspan="2" rowspan="2">女命
陰曆：壬戌年. 1. 13. 寅時
命局：木3局 桑柘木
命主：貪狼 身主：天相

戊 庚 壬 壬
寅 申 寅 戌

71 61 51 41 31 21 11 1
甲 乙 丙 丁 戊 己 庚 辛
午 未 申 酉 戌 亥 子 丑</td>
<td>太陰旺 地空弱 天刑 天廚
病符 息神 青龍
33~42
子女 冠帶 己酉</td>
</tr>
<tr>
<td>天同平 天魁廟 火星廟 月德
小耗 咸池 病符
田宅 墓 癸卯</td>
<td>貪狼弱 右弼陷 陀羅平 天月 八座
天官 天才
太歲 華蓋 力士
23~32
夫妻 沐浴 庚戌</td>
</tr>
<tr>
<td>七殺陷 陰煞 截空 龍池 天壽
官符 指背 大耗
福德 絕 壬寅</td>
<td>天梁旺㊗ 地劫弱 天姚 破碎
貫索 七殺 伏兵
40세 소한명궁
父母 胎 癸丑</td>
<td>廉貞廟 天相旺 擎羊平 年解 旬空
紅艷 鳳閣 蜚廉 小火
喪門 災殺 官符
3~12
命宮 養 壬子</td>
<td>巨門旺 祿存陷 孤辰 天喜 天空
晦氣 劫殺 博士
13~22
兄弟 長生 辛亥</td>
</tr>
</table>

〈圖73 명반분석〉

(명궁)

◆ 廉貞과 天相이 동궁하고 있다. 廉貞은 囚殺星(수살성), 才華星(재화성), 桃花星(도화성)이고, 天相은 紫微 주변에 있어 印章(인장)을 관장한다.

◆ 煞星의 회조가 없는 경우라면 상호 보완하여 성취를 이루게 되며, 이 두 성요는 상호 밀착된 배합의 관계를 이루고 균형적인 발전을 도모할 수 있는 것이다. 상기는 삼방사정인 선천관록궁에 化忌가 居하고, 선천천이궁의 宮干 丙의 化忌가 廉貞에 부법되니 子宮에 입궁하는 것이며, 따라서 명궁에 흉성인 化忌가 臨하게 되므로, 廉貞과 天相의 조합이 그 길한 역량을 발휘하지 못하게 된 것이다.

◆ 또한 명궁에 擎羊과 旬空이 동궁하니 흉함이 암시되고 있고, 다시 명궁의 좌우에 煞星인 天空과 地劫의 夾照가 있으니 命이 위태로울까 염려된다.

(질액궁)

◆ 명궁에 廉貞과 天相이 居할 경우, 질액궁에 天機가 落陷된 경우에는 예기치 않은 건강상의 문제가 발생할 수 있다.

◆ 선천질액궁적 재백궁은 卯宮으로 煞星인 火星이 있어 질액궁을 會照하고 선천질액궁적 관록궁은 亥宮으로 天空이 있어 질액궁을 會照하고, 선천질액궁의 대궁은 丑宮으로 煞星인 地劫이 居하며 질액궁을 會照하고 있다. 선천질액궁의 三方에서 흉살성이 중첩되어 질액궁을 會照하니 매우 흉하다. 命이 위태로운 것이다.

〈대한분석〉

◆ 己酉大限(33~42세)은 酉宮에 居하며 대한명궁이고 선천자녀궁이다. 삼방사정인 대한명궁적 재백궁은 巳宮이며 煞星인 鈴星이 居하고, 천이궁은 卯宮이며 煞星인 火星이 居하고, 관록궁은 丑宮이며 煞星인 地劫이 居하고, 대한명궁에는 煞星인 地空이 居하니, 삼방사정에서 煞星이 모두 會集(회집)되어 대한명궁을 會照하니 命을 보존하기 힘든 것이다. 此 大限 중 40세에 급성백혈병으로 투병생활을 하다 사망한 것이다.

〈소한분석〉

◆小限40세는 己酉대한(33~42세)에 속하며, 丑宮이 소한명궁이며 宮干은 丁이다. 삼방사정인 소한명궁적 재백궁은 酉宮이며 地空이 居하고, 관록궁은 巳宮이며 鈴星, 小陀, 小鈴이 居하고, 천이궁은 未宮이며 小羊이 居하고 있다.

40세 小限盤 宮干支 配屬			
소한 관록 己巳	소한 노복 庚午	소한 천이 辛未	소한 질액 壬申
1 13 25 37 소한 전택 戊辰	小限盤		소한 재백 癸酉
38 소한 복덕 丁卯			소한 자녀 甲戌
39 소한 부모 丙寅	40세 소한 명궁 丁丑	소한 형제 丙子	소한 부처 乙亥

* 女命 40세 소한은 대한己酉宮(33~42세)에 해당되니, 대한己酉宮의 宮干 己를 기준하여 월두법을 적용하여, 상기와 같이 각 지반궁에 宮干支를 배속하는 것이다.

◆삼방사정에서 地空, 鈴星, 小陀, 小鈴, 小羊 등의 煞星이 會集(회집)되어 소한명궁을 沖照하고 있으니 大厄(대액)이 암시되는 것이다.

〈結論(결론)〉

◆상기 서술한 내용들을 종합해보면, 己酉大限(33~42세) 중 小限 40세에 命을 보존할 수가 없었던 것이다.

(20) 短命(단명)한 자녀가 있는 명조 - 圖74

巨門平㊉忌 火星平 陀羅平 旬空 天廚 破碎 白虎 指背 力士 22~31 夫妻 建祿 乙巳	廉貞旺 天相廟 文曲廟 祿存廟 紅鸞 天德 天德 咸池 博士 12~21 兄弟 冠帶 丙午	天梁平 擎羊旺 天月 天貴 紅艶 寡宿 弔客 月殺 官符 2~11 命宮 沐浴 丁未	七殺旺 文昌旺 天姚 台輔 天壽 病符 亡神 伏兵 流陀 父母 長生 戊申
貪狼廟 天刑 封誥 天才 龍德 天殺 青龍 32~41 子女 帝旺 甲辰	男命 陰曆：丁酉年, 閏8. 3. 寅時 命局：水2局 天河水 命主：武曲 身主：天同 庚 辛 己 丁 寅 丑 酉 酉 76 66 56 46 36 26 16 6 辛 壬 癸 甲 乙 丙 丁 戊 丑 寅 卯 辰 巳 午 未 申		天同廟㊉權 天鉞弱 地空弱 恩光 天哭 太歲 將星 大耗 福德 養 己酉
太陰陷㊉祿 右弼平 截空 天虛 歲破 災殺 小耗 42~51 財帛 衰 癸卯			武曲平 天空 晦氣 攀鞍 病符 流羊 92~ 田宅 胎 庚戌
紫微平 天府平 解神 天官 天使 大耗 月德 小耗 劫殺 將軍 52~61 疾厄 丙 壬寅	天機陷㊉科 地劫弱 年解 三台 八座 龍池 鳳閣 官符 華蓋 奏書 62~71 遷移 死 癸丑	破軍旺 鈴星廟 陰煞 天喜 天傷 流鈴 貫索 息神 飛廉 72~81 奴僕 墓 壬子	太陽陷 左輔陷 天魁平 天馬平 天巫 天福 孤辰 蜚廉 流火 喪門 歲驛 喜神 82~91 官祿 身宮 絶 辛亥

〈圖74 명반분석〉

(명궁)

- 天梁, 擎羊, 天月, 天貴가 동궁하고 있다. 天梁은 본시 蔭星(음성), 解厄星(해액성), 福壽星(수복성)으로 길성이나, 煞星인 擎羊과 동궁하니 그 길함이 감쇠하는 것이다. 또한 天月은 疾病星(질병성)이니 건강문제가 암시되는 것이다.
- 삼방사정인 선천재백궁은 卯宮으로 截空과 天虛가 동궁하고, 선천관록궁은 太陽, 左輔, 天魁 등의 吉星이 중첩되나, 또한 孤辰과 蜚廉 등의 凶星이 동궁하고, 선천천이궁은 丑宮인데 地劫이 동궁하고 있다. 截空, 天虛, 地劫, 孤辰, 蜚廉의 흉성들이 會集(회집)되어 명궁을 沖照하니 예기치 않은 건강상의 여러 문제가 암시되는 것이다.

(자녀궁)

- 貪狼과 天刑이 동궁하고 있다. 貪狼은 桃花星이고 天刑은 刑厄星이니 흉하다. 또한 宮干 甲의 化忌가 太陽에 부법되므로, 선천자녀궁적 질액궁인 亥宮에 居하게 되어 흉하고, 또한 선천자녀궁적 재백궁인 子宮에 煞星인 鈴星이 居하고, 선천자녀궁적 천이궁에는 天空의 沖照가 있고, 선천자녀궁적 관록궁에는 七殺이 居하고 있다. 삼방사정과 선천자녀궁적 질액궁에서 鈴星. 天空, 七殺, 化忌 등의 흉성이 자녀궁을 회조하니 매우 흉하다. 子女의 命을 재촉하는 암시가 있는 것이다.
- 4살 된 딸이 집 앞 골목에서 놀다 車禍(차화)를 당하여 죽은 것이다. 甲辰大限(32~41세) 중에 발생한 일이다.

〈流年(유년)분석〉

1991년 辛未年(35세) 流年盤 宮干支 配屬			
己 巳	庚 午	35 세 辛 未	壬 申
戊 辰	流年盤		癸 酉
丁 卯			甲 戌
丙 寅	丁 丑	丙 子	乙 亥

◆ 流年 辛未年은 1991년으로 35세에 해당하고 未宮에 자리하며 流年명궁이 되고, 甲辰大限(32~41세)에 배속되며 선천명궁에 해당된다.

◆ 流年 辛未年의 天干 辛의 擎羊(流羊)은 戌宮에 落宮하고, 陀羅(流陀)는 申宮에 落宮한다.

◆ 流年 辛未年의 地支 未의 火星(流火)은 亥宮에 落宮하고, 鈴星(流鈴)은 子宮에 落宮한다.

◆ 선천자녀궁의 대궁인 선천전택궁에 流羊이 居하며, 선천자녀궁을 충조하고, 선천자녀궁적 삼방사정인 子宮 재백궁에 선천鈴星과 流鈴이 居하고, 申宮 관록궁에 선천 七殺과 流陀가 居하며, 선천자녀궁적 질액궁인 身·官祿宮에 流火가 居하고 있다.

◆ 35세 1991년 辛未年의 流年運을 분석해 보면, 선천자녀궁적 삼방사정에서 流羊, 流火, 鈴星, 七殺, 流陀, 流鈴 등의 煞星들이 會集되어 선천자녀궁을 沖照하니 자녀의 命을 재촉하는 凶禍(흉화)가 발생했던 것이다.

(21) 桃花殺(도화살)의 태동으로 인한 흉액을 겪은 명조 – 圖75

<table>
<tr>
<td>天相平 天姚 天巫 孤辰 天壽
大存 小存 流存
貫索 亡神 大耗
82~91
財帛 絕 辛巳</td>
<td>天梁廟 右弼廟 陰煞 天福 截空
旬空 龍池
官符 將星 伏兵
92~
子女 胎 壬午</td>
<td>廉貞旺 七殺平 天鉞旺 陀羅旺 天月
天喜 月德
小耗 攀鞍 官符
夫妻 養 癸未</td>
<td>左輔弱 天馬陷 祿存弱 地劫陷 年解
天虛 鳳閣
歲破 歲驛 博士
兄弟 長生 甲申</td>
</tr>
<tr>
<td>巨門平 恩光陷 天貴 天哭 天使
喪門 月殺 病符
72~81
疾厄 墓 庚辰</td>
<td colspan="2" rowspan="2">男命
陰曆：庚寅年. 5. 5. 酉時
命局：水2局 泉中水
命主：文曲 身主：天機

丁丙壬庚
酉戌午寅

76 66 56 46 36 26 16 6
庚 己 戊 丁 丙 乙 甲 癸
寅 丑 子 亥 戌 酉 申 未</td>
<td>擎羊旺 大耗 破碎
小鉞 流鉞 大桃 小桃
龍德 息神 力士
2~11
命宮 沐浴 乙酉</td>
</tr>
<tr>
<td>紫微陷 貪狼旺 台輔陷 天空 桃花
大鸞 流火 大祿 流桃
晦氣 咸池 喜神
62~71
遷移 身宮 死 己卯</td>
<td>天同陷㊌ 火星旺 紅艷 蜚廉
白虎 華蓋 青龍 小祿 流祿
12~21
父母 冠帶 丙戌</td>
</tr>
<tr>
<td>天機旺 太陰平㊋ 地空廟 八座平 天廚
天傷
太歲 指背 飛廉
52~61
奴僕 病 戊寅</td>
<td>天府旺 文昌廟 文曲平 天魁弱 天刑
寡宿 紅鸞
病符 天殺 奏書 流鸞
42~51
官祿 衰 己丑</td>
<td>太陽陷㊏ 鈴星廟 解神 三台
弔客 災殺 將軍
32~41
田宅 帝旺 戊子</td>
<td>武曲弱㊑ 破軍旺 封誥陷 天官 天才
天德
天德 劫殺 小耗 小鸞
22~31
福德 建祿 丁亥</td>
</tr>
</table>

〈圖75 명반분석〉

◆ 37세 流年은 명궁에 대한桃花(大桃)와 소한桃花(小桃)가 동궁하니 이른바 "桃花犯主(도화범주)"의 象이다.

◆ 流年 37세 丙寅年에 桃花가 태동하여 그동안 가깝게 지냈던 여자와의 사이에 醜聞(추문)이 발생한 것이다.

◆ 선천본명은 酉宮에 坐하며 主星이 居하지 않고 있다. 따라서 대궁인 천이궁의 主星인 紫微와 貪狼을 借星해 와야 한다. 貪狼은 제1의 桃花星이니 "桃花犯主(도화범주)"에 해당된다. 또한 십이포태운성의 沐浴은 桃花로 논하는데, 명궁이 沐浴地에 落宮이니 자연 桃花의 태동이 암시되는 것이다.

◆ 대궁인 선천천이궁은 紫微와 貪狼이 居하는데, 다시 桃花星인 咸池와 동궁하고, 삼방사정에서 역시 桃花星인 天姚, 紅鸞의 회조가 있으니, 桃花의 태동으로 인한 흉액을 면하기 어려운 것이다.

◆ 상기와 같은 선천명반의 구성으로 인해, 명조인은 異姓(이성)과의 접촉이 수월했고 또한 異姓과의 사귐을 즐겨했으며, 따라서 桃花的 기질로 인한 흉화가 발생하게 되었던 것이다.

◆ 명궁은 酉宮으로 宮干 乙의 化祿이 天機에 부법되니, 선천노복궁에 居하게 되는 것이며 이는 선천부처궁적 질액궁에 해당된다.

◆ 선천노복궁은 寅宮으로, 宮干 戊의 化祿이 貪狼에 부법되니 卯宮에 입궁하는 것이며, 이는 선천천이궁에 해당하며 자연 명궁을 對照하게 되는 것이다.

◆ 천이궁은 卯宮으로 宮干 己의 化祿이 武曲에 부법되니 亥宮에 입궁하며 선천복덕궁에 해당하는 것이며, 선천복덕궁은 亥宮으로 宮干 丁의 化祿이 太陰에 부법되니, 선천노복궁에 居하게 되는데, 이는 선천부처궁적 질액궁에 해당되는 것이다.

◆ 요약하면 선천명궁의 宮干 乙의 化祿이 天機에 부법되니, 寅宮에 입궁하는 것이며 선천노복궁에 해당하는데, 이는 선천부처궁적 질액궁에 해당되고, 선천노복궁의 宮干 戊의 化祿이 貪狼에 부법되어 卯宮인 선천천이궁에 입궁하는 것이며, 이는 선천부처궁적 재백궁에 해당되며 명궁을 對照하고, 선천천이궁의 宮干 己의 化祿이 武曲에 부법되어 亥宮에 입궁하며 선천복덕궁에 해당되는데, 이는 선천부처궁적 관록궁이며, 선천복덕궁의 宮干 丁의 化祿이 太陰에

부법되어 寅宮에 입궁하는 것이며 선천노복궁에 해당되며, 이는 선천부처궁적 질액궁에 해당되며, 결국 化祿이 이처럼 상호 얽매어져 있게 되는 것이다. 化祿이 중첩되면 도화적 기질을 유발시키는데, 선천부처궁적 삼방사정과 질액궁에 化綠이 중첩되니 桃花로 인한 흉화가 암시되는 것이다.

- 자녀궁은 午宮으로 宮干 壬의 化祿이 天梁에 부법되니 自化祿인 것이다.
- 상기에 서술한 선천명반을 추론하면, 상기 명반인은 자연 桃色之事(도색지사)와 外遇(외우), 婚外情事(혼외정사) 등의 문제가 암시되었던 것이다.

〈대한분석〉

- 37세는 戊子大限(32~41세)에 속하며 子宮에 居하는 것이며 대한명궁이다. 좌우相夾宮인 亥宮의 소한紅鸞과 丑宮의 선천紅鸞의 협조가 있으니 桃花의 태동이 있는 것이다.
- 戊子大限의 대한천이궁과 대한질액궁에 右弼과 天鉞의 회조가 있다.
- 戊子大限의 대한부처궁에 紅艶이 동궁하니 桃色의 氣가 잠재해 있는 것이다.
- 戊子大限의 대한자녀궁은 酉宮으로 桃花星인 沐浴地에 居하는 것이며, 또한 主星이 없으니 대궁인 선천천이궁의 紫微와 貪狼을 借星해 와야 하므로, 역시 貪狼桃花가 戊子大限 자녀궁을 犯하는 것이다.
- 戊子大限의 대한노복궁은 巳宮으로, 대한부처궁적 질액궁에 해당하며 天姚가 居하고 大限祿存(大存)과 동궁하는 것이다.
- 戊子大限의 대한명궁, 대한자녀궁, 대한노복궁, 대한천이궁, 대한질액궁, 대한부처궁, 대한명궁의 좌우 협궁 등을 살펴볼 때 역시 桃花의 태동으로 인한 흉함이 암시되는 것이다.

〈流年(유년)분석〉

- 37세 流年은 丙寅年으로 丙寅宮에 居하게 된다. 夾宮은 卯宮과 丑宮이다. 卯宮에는 紫微와 貪狼이 居하니 자연 桃花犯主의 象이며, 또한 大限化祿과 桃花, 大限紅鸞, 流年桃花가 居하며 丑宮에는 文昌, 文曲, 紅鸞, 流年紅鸞 등의 桃花星類(도화성류)의 회조가 있게 되니, 此 流年運에 桃色之事(도색지사)가 발생한 것이다.

〈소한분석〉

- 37세 小限은 辰宮에 해당하며 宮干은 丙이고 소한명궁이다. 卯宮과 巳宮이 좌우에서 相夾하고 있는 것이다.
- 卯宮에 紫微와 貪狼이 居하는데 貪狼은 제1의 도화성으로 소한명궁을 협조하니 桃花犯主의 象이고, 大限化祿과 桃花, 大限紅鸞이 居하며 소한명궁을 夾照하고, 또한 流年桃花가 居하며 소한명궁을 夾照하고 있다.
- 巳宮에는 天姚, 大限祿存, 小限祿存, 流年祿存이 동궁하며 소한명궁을 夾照하고 있다.
- 소한명궁적 자녀궁은 丑宮으로 文昌, 文曲, 紅鸞, 流年紅鸞 등의 桃花類의 성요가 동궁하고 있다.
- 소한부처궁적 질액궁은 酉宮으로, 大限桃花, 小限桃花, 流年天鉞, 小限天鉞이 동궁하며, 또한 桃花地인 沐浴地에 落宮하고 있다.
- 이와 같이 小限과 연관된 宮位를 살펴보면 역시 桃花로 인한 흉액을 면키 어려웠던 것이다.

〈결론〉

- 선천명반, 37세 戊子大限, 37세 小限, 37세 流年運 등을 연계하여 살펴볼 때, 桃花星類(도화성류)가 크게 태동하니, 桃色(도색)으로 인한 흉액을 피하기 어려웠던 것이다.

(22) 職業軍人(직업군인)의 명조 – 圖76

<table>
<tr>
<td>巨門平 祿存旺 鈴星平 孤辰 天使
貫索 亡神 博士
72~81
疾厄 絕 丁巳</td>
<td>廉貞旺 天相廟 文曲廟 擎羊陷 陰煞
解神 天廚 龍池
官符 將星 力士
82~91
財帛 胎 戊午</td>
<td>天梁平 天鉞旺 天刑 天貴 天喜
月德
小耗 攀鞍 青龍
92~
子女 養 己未</td>
<td>七殺旺 文昌旺 天馬陷 台輔 年解
旬空 天虛 鳳閣
歲破 歲驛 小耗
夫妻 長生 庚申</td>
</tr>
<tr>
<td>貪狼廟(祿) 陀羅旺 封誥 三台 紅艶
天哭 天壽
喪門 月殺 官符
62~71
遷移 墓 丙辰</td>
<td colspan="2" rowspan="2">男命
陰曆 : 戊寅年. 11. 3. 寅時
命局 : 水2局 大海水
命主 : 祿存 身主 : 天機

戊丙甲戊
寅寅子寅

74 64 54 44 34 24 14 4
壬辛庚己戊丁丙乙
申未午巳辰卯寅丑</td>
<td>天同廟 地空弱 恩光 大耗 破碎
龍德 息神 將軍
兄弟 沐浴 辛酉</td>
</tr>
<tr>
<td>太陰陷(權) 火星廟 天福 天官 天傷
天空
晦氣 咸池 伏兵
52~61
奴僕 死 乙卯</td>
<td>武曲平 天月 八座 蜚廉
白虎 華蓋 奏書
2~11
命宮 冠帶 壬戌</td>
</tr>
<tr>
<td>紫微平 天府平 左輔平 天巫
太歲 指背 大耗
42~51
官祿 身宮 病 甲寅</td>
<td>天機陷(忌) 天魁弱 地空弱 寡宿 紅鸞
病符 七殺 病符
32~41
田宅 衰 乙丑</td>
<td>破軍旺 右弼旺(科) 截空 天才
弔客 災殺 喜神
22~31
福德 帝旺 甲子</td>
<td>太陽陷 天姚 天德
天德 劫殺 飛廉
12~21
父母 建祿 癸亥</td>
</tr>
</table>

〈圖76 명반분석〉

- 武曲은 將星(장성), 財帛星(재백성), 孤寡星(고과성)이며 陰金의 성질을 띠는데, 戌宮에 坐命하면 獨坐이며 入廟된 것이라 왕강한 것이며 대궁에는 貪狼이 居하게 된다.
- 성격은 독단적이며 慷慨(강개)하며 불의와 타협하지 않고, 일처리는 결단이 빠르고 속전속결의 성향이다.
- 武曲이 入廟하면 권세와 이름이 혁혁한 경우가 많고, 化權과 六吉星을 보게 되면 武職(무직)과 연관하여 쟁쟁한 이름을 날리는 경우가 많은 것이다.
- 상기 명반은 명궁의 삼방사정에 吉星인 文曲과 左輔의 보좌가 있으니, 전쟁터의 장수가 지략가를 얻어 전공을 세우는 格이다. 일개 사병으로 입대하여 장군의 위치에 오른 입지전적인 명조이다. 다만 化權 대신 化祿의 대조가 있는 것이니 부족함이 있어 별 하나인 준장의 지위에 그친 것이다.
- 명궁의 삼방사정인 재백궁과 천이궁에 煞星인 擎羊과 陀羅가 회조하니, 소년시는 家運이 기울어 학업을 계속할 수 없었고, 배운 것이 적으니 취직도 뜻대로 여의하지 못하자, 적은 봉급이라도 주는 軍에 입대하게 된 것이다. 그러나 이 煞星의 영향으로 군 생활 중 크고 작은 부상과 시비구설, 陰害(음해)가 다발했던 것이다.

(자녀궁)

- 자녀궁은 未宮이며 天梁, 天鉞, 天刑이 동궁하고 있다. 天梁은 蔭星(음성)이며, 長輩星(장배성)이고 福壽星(복수성)이라 조상의 蔭德이 있고 吉하며, 다시 보좌성인 天鉞이 동궁하고 대궁에 天魁가 있어 수하인들을 많이 거느리는 命이다. 아들이 육군사관학교를 졸업하고 군에 복무하고 있다.
- 혐의가 되는 것은 대궁이 전택궁인데, 선천 化忌와 地劫의 對照가 있고, 자녀궁에 天刑인 흉성이 동궁하니, 예기치 않은 사건으로 인해 진로에 장애요소가 발생할 징조이다. 장차 장군으로의 승진은 난해한 것이다.

(부처궁)

◆ 旬空과 天虛가 동궁하니 부부연은 크게 길하지 못하며 내조를 기대하기 힘든 것이다.

(형제궁)

◆ 天同이 居하는데, 天同은 福星이며 解厄星이라, 형제들은 각자 무탈하게 사회생활을 영위하나, 地空이 동궁하니 형제간의 상부상조는 기대하기 힘든 것이다.

(재백궁)

◆ 廉貞, 天相, 文曲, 擎羊이 동궁하고 있다. 廉貞은 다변화의 성요이고, 天相은 자미 주변에 있어 印章을 관장한다.
◆ 廉貞, 天相이 동궁하니 상호 보완하여 성취를 이룸이 있는 것이다.
◆ 삼방사정에 武曲, 破軍, 右弼, 紫微나 天府 등의 吉星이 회조하니, 능히 타인과 상사의 협조와 조력을 얻어 성취함이 있는 것이다.
◆ 다만 혐의가 되는 것은 煞星인 擎羊이 동궁하는 것인데, 이로 인하여 군복무 중 부동산 투기와 연관하여 損財(손재)가 컸던 것이다.

〈대한분석〉

◆ 甲寅大限(42~51세)은 선천관록궁에 속하며 대한명궁이다. 북두와 남두의 帝座인 자미와 천부가 동궁하니 "紫府同臨格(자부동림격)"의 貴格이 된 것이다. 또한 대궁에 七殺이 對照하니, 帝王의 命을 실천에 옮길 장수가 호위하고 있는 格이다.
◆ 甲寅大限(42~51세)의 대한명궁의 삼방사정에 文昌, 天馬, 文曲, 左輔 등 보좌성의 회조가 있으니, 이는 대한명궁의 紫微, 天府의 帝王星이 賢臣(현신)을 얻어 善政(선정)을 베푸는 格이니 吉하다. 此 大限에 將軍으로 승진한 것이다.
◆ 甲寅大限(42~51세)의 宮干 甲의 化祿이 廉貞에 부법되니 午宮에 입궁하는 것이고, 이는 대한명궁적 관록궁에 해당하는 것이고, 化科는 武曲에 부법되니 戌宮에 입궁하는 것이며 이는 대한명궁적 재백궁에 해당하는 것이다. 또한 대한명궁적 재백궁의 宮干 壬의 化權은 紫微에 부법되어 寅宮에 입궁하는 것이며 이

는 대한명궁에 해당된다. 자연 대한명궁의 삼방사정에 化祿, 化科, 化權의 회조가 있어 "三奇嘉會格(삼기가회격)"이 되는 것이니 매우 길하다. 此 大限에 맡고 있는 직업과 직책에서 경사가 있을 징조인 것이라, 將軍(장군)으로 승진하는 기쁨이 있었던 것이다.

(23) 예술대교수의 명조 - 圖77

<table>
<tr>
<td>廉貞平 貪狼陷 右弼平 三台 天才
破碎 月德
小耗 劫殺 大耗
4~13
命宮 長生 辛巳</td>
<td>巨門廟 文曲廟 天姚 天福 截空
天虛 天哭
歲破 災殺 伏兵
14~23
父母 沐浴 壬午</td>
<td>天相陷 天鉞旺 陀羅旺 大耗
龍德 天殺 官符
24~33
福德 冠帶 癸未</td>
<td>天同廟㊁ 天梁弱 文昌旺 祿存弱 台輔
天巫 蜚廉
白虎 指背 博士
34~43
田宅 建祿 甲申</td>
</tr>
<tr>
<td>太陰陷㉆ 火星陷 封誥 陰煞 旬空
龍池
官符 華蓋 病符
兄弟 養 庚辰</td>
<td colspan="2" rowspan="2">男命
陰曆：庚子年. 6. 9. 寅時
命局：金4局 白蠟金
命主：武曲 身主：天府

庚 辛 壬 庚
寅 卯 午 子

72 62 52 42 32 22 12 2
庚 己 戊 丁 丙 乙 甲 癸
寅 丑 子 亥 戌 酉 申 未</td>
<td>武曲旺(權) 七殺旺 左輔平 擎羊旺 地空
八座 天喜 天壽 天德
天德 陷地 力士
44~53
官祿 身宮 帝旺 乙酉</td>
</tr>
<tr>
<td>天府陷 天月 恩光 紅鸞
貫索 息神 喜神
夫妻 胎 己卯</td>
<td>太陽陷(祿) 年解 紅艶 寡宿 鳳閣
天傷
弔客 月殺 青龍
54~63
奴僕 衰 丙戌</td>
</tr>
<tr>
<td>天馬廟 天刑 天廚 孤辰
喪門 歲驛 飛廉
94~
子女 絕 戊寅</td>
<td>紫微旺 破軍平 天魁弱 地劫 天貴
天空
晦氣 攀鞍 奏書
84~93
財帛 墓 己丑</td>
<td>天機廟 鈴星廟 解神 天使
太歲 將星 將軍
74~83
疾厄 死 戊子</td>
<td>天官
病符 亡神 小耗
64~73
遷移 病 丁亥</td>
</tr>
</table>

〈圖77 명반분석〉

◆廉貞과 貪狼이 巳宮에 坐命하고 보좌성인 右弼이 동궁하고 있다. 巳宮의 廉貞과 貪狼은 平地이며 모두 도화성계의 성요이며 본신의 역량이 왕하지 못한 것이다.

◆巳宮의 廉貪조합은 다음과 같은 특성이 있다. 첫 번째는 祖業을 破하고 고향을 떠나 타향에서 살게 되며, 辛苦勞碌(신고노록) 끝에 성취됨이 있는 것이다. 두 번째는 廉貞과 貪狼이 공히 도화적 기질의 성요이니 貪淫(탐음)과 酒色(주색)에 깊이 빠지는 경향이 있는 것이다.
此 命人은 소년 시에 조실부모하고 형과 누이와 함께 고향을 등지고 타향살이를 시작한 것이고, 그 곳에서 대학을 마치고 또한 지인의 도움으로 외국 유학까지 다녀오게 된 것이다.

◆본명의 삼방인 재백궁에 破軍이 居하고, 관록궁에 七殺이 居하고, 본명궁에 貪狼이 居하여 "殺破狼格(살파랑격)"을 형성하니, 남들의 음해와 시기 질투, 주식투자의 실패, 그리고 믿고 의지했던 親兄의 短命 등의 흉화들이 거듭 발생하였던 것이다. 그러나 다행인 것은 본명의 삼방에 살파랑격이 형성되어 흉함이 있으나, 또한 삼방에 보좌성인 天魁, 左輔, 右弼 등의 회조가 있으니 흉중 길함이 많았던 것이다.

◆대궁에 天官이 居하고 있다. 天官은 부귀성이며 보좌성으로 부귀. 영예, 昇遷(승천), 발전 등과 연관되는데, 명궁을 대조하니 윗사람들의 薦拔(천발)이 많았고, 이로 인한 직장에서의 승급이 순탄했던 것이다.

(부처궁)

◆天府가 居하고 있다. 天府는 본시 衣祿之星(의록지성)으로 복록이 있고, 衣食이 풍족하며, 性情은 중후하고, 총명기민하며 환경에 잘 적응하는 길성이다. 따라서 夫妻간의 연은 길연이나, 흉성인 天月이 동궁하니 理財와 蓄財(축재)의 과정에서 이러저러한 불협화음이 많았다.

◆남명으로 본명부처궁에 남두주성인 天府가 동궁하고, 대궁인 본명관록궁에 보좌성인 左輔와 財星인 武曲의 拱照가 있으니, 財的으로 매우 길하다, 처가 치과의사로서 재물복이 많았고, 또한 家産의 蓄財(축재)에 있어 財源(재원)이 되었

던 것이다.

(부모궁)

- 暗星인 巨門이 居하고, 다시 天姚, 截空, 天虛, 天哭의 흉성이 동궁하니, 흉함의 조짐이 이미 내재되어 있었던 것이다.
- 본명부모궁적 재백궁에는 天刑과 孤辰이 동궁하고, 관록궁에는 寡宿과 天傷이 동궁하여, 본명부모궁을 회조하고 있다. 孤辰, 寡宿과 天刑, 天傷의 흉성이 본명부모궁을 會照하니 부모의 命을 재촉하는 요인이 됐던 것이다.

(관록궁)

- 武曲, 七殺이 동궁하고 있다. 성격이 剛强(강강)하고 일을 함에 난관과 시행착오에 봉착함이 많고, 완고하고 孤怪(고괴)하며 강렬한 개성이 있게 된다.
- 武曲은 將星이고 正財星이며 七殺은 孤剋星이다. 이 두 성요의 조합은 여러 노록분파와 시행착오 끝에 명예와 재물의 성취가 있게 되는 것이다.
- 보좌성인 左輔가 동궁하니 처와 지인들의 조력으로 得財(득재)함은 있었으나, 또한 地空, 擎羊의 흉성이 동궁하니, 직업관련 및 得財과정과 연관하여 또한 시비구설이 분분했던 것이다.
- 관록궁의 武曲·化權은 上司의 구속과 간섭을 忌하며, 상급자의 잔심부름 등을 하게 되더라도, 자신의 재능을 펼쳐보고자 하는 야심이 있어, 스스로 창업하고 일구어나가기를 바라는 마음이 많으며, 재능면에서는 뛰어난 점이 있어 이것이 得財의 길을 열어주는 역할을 하기도 한다.

〈대한분석〉

- 癸未대한(24~33세)은 선천복덕궁에 해당되며 대한명궁이다.
- 天相과 天鉞이 동궁하고 있다. 天相은 "印星"이고 天鉞은 보좌성이니, 이는 문서를 움켜쥐고 있는 형국으로 매우 길하다.
- 대한명궁적 재백궁은 卯宮으로 天府가 居하고, 천이궁은 丑宮으로 紫微가 居하니 자연 "紫府朝垣格(자부조원격)"의 길격이 되는 것이다. 또한 관록궁에 부귀와 영예를 主하는 天官이 회조하니 名聲(명성)이 顯揚(현양)될 조짐이 있는 것이다.

◆ 癸未대한(24~33세) 초에 대학교의 학생회장에 선출되었고, 이후 윗분들의 끊임없는 薦拔(천발)과 조력에 힘입어, 외국유학을 다녀온 후, 대학교수의 길로 들어 勞祿奔波(노록분파) 끝에, 丙戌대한(54~63세)에는 예술대 학장의 위치에 올랐던 것이다.

참고문헌

黃博全 編著, 『斗數講座』, 대만: 大孚書局, 2005.

施尙佑 編著, 『實用斗數理論實實證大公開』, 대만: 益群書店, 2005.

徐曾生 編著, 『紫微斗數命運分析(格局篇)』, 대만: 進源書局, 2010.

徐曾生 編著, 『紫微斗數命運分析(實例篇)』, 대만: 進源書局, 2016.

了然山人 編著, 『自學紫微斗數』, 대만: 知青頻道出版有限公司, 2023.

吳明修 著, 『紫微斗數全書』, 대만: 武陵出版社, 1997.

鄭景峰 著, 『初入門紫微斗數』, 대만: 武陵出版社, 2014.

陳雪濤 著, 『紫微講義』, 대만: 武陵出版社, 2005.

姚在實 編著, 『紫微斗數淺讀』, 대만: 益群書店, 2016.

林庚凡 編著, 『紫微斗數一本通』, 대만: 西北國際文化, 2014.

蔡上機 編者, 『紫微斗數命運實典(高册)』, 대만: 益群書店, 2005.

蔡上機 編者, 『紫微斗數命運實典(初册)』, 대만: 益群書店, 2007.

蔡上機 編者, 『紫微斗數命運實典(中册)』, 대만: 益群書店, 2012.

陸在田 編著, 『紫微斗數十日通』, 대만: 武陵出版社, 2004.

劉杰靂 著, 『紫微論三國』, 대만: 城邦印書館, 2020.

劉軍凌 著, 『紫微斗數玄義』, 대만: 武陵出版社, 2006.

梁若瑜 著, 『飛星紫微斗數』, 대만: 瑞成書局, 2007.

李樵 編著, 『斗數十二宮紫藤心解』, 대만: 普林特斯出版社, 2017.

傳統居士 編著, 『紫微講堂』, 대만: 青青出版有限公司, 2018.

傳統居士 編著, 『紫微師堂』, 대만: 現代美股份有限公司, 2021.

金于齋 著, 『紫微斗數精解』, 明文堂, 1994.

박종원 著, 『자미두수』, 동학사, 1987.

장정림 著, 『자미두수이론과 실제』, 백산출판사, 2009.

金善浩 著, 『紫微斗數入門』, 大有學堂, 2004.

金善浩 譯, 『紫微斗數全書(上)』, 大有學堂, 2003.

金善浩 譯, 『紫微斗數全書(下)』, 大有學堂, 2003.

金善浩 譯, 『深谷秘訣』, 大有學堂, 2004.

저자 김갑진

- 단국대학교 졸업
- 역술학 강의 이력

단국대학교 천안 평생교육원 2007년~2018년

- 기문둔갑
- 육임
- 주역
- 사주초급
- 사주고급
- 실전사주
- 사주통변술
- 관상학

중앙대학교 안성 평생교육원 2017년~2019년

- 사주(초급·중급)
- 풍수지리

나사렛대학교 평생교육원 2018년~현재

- 명리학
- 기문둔갑
- 생활풍수인테리어
- 육임

- (현)구궁연구회 회장
- (현)구궁연구회 상담실 운영(1991년 ~)
- 홈페이지 : www.gugung.kr
- 연락처 041-552-8777 / 010-5015-9156

실전 자미두수 [이론편]

2024년 5월 10일 초판 1쇄 펴냄

편저자 김갑진
펴낸이 김흥국
펴낸곳 도서출판 보고사

등록 1990년 12월 13일 제6-0429호
주소 경기도 파주시 회동길 337-15 보고사
전화 031-955-9797(대표)
02-922-5120~1(편집), 02-922-2246(영업)
팩스 02-922-6990
메일 kanapub3@naver.com
http://www.bogosabooks.co.kr

ISBN 979-11-6587-719-4 93180

정가 40,000원